GRUNDLAGEN DER ROMANISTIK
Herausgegeben von Eberhard Leube und Ludwig Schrader

12

Französische Lyrik
des zwanzigsten Jahrhunderts

Theorie und Dichtung der Avantgarden

von

Walter Pabst

ERICH SCHMIDT VERLAG

CIP-Kurztitelaufnahme der Deutschen Bibliothek

Pabst, Walter:
Französische Lyrik des zwanzigsten Jahrhunderts :
Theorie u. Dichtung d. Avantgarden / von Walter
Pabst. – Berlin : E. Schmidt, 1983.

  (Grundlagen der Romanistik ; 12)
  ISBN 3-503-01675-9
NE: GT

Für MARGOT PABST

ISBN 3 503 01675 9
© Erich Schmidt Verlag GmbH, Berlin 1983
Druck: Buchdruckerei Loibl, 8858 Neuburg
Printed in Germany · Alle Rechte vorbehalten

Dankwort

Bei Abschluß der Vorbereitungen für die Drucklegung dieser Arbeit, die als Manuskript im Mai 1980 fertiggestellt wurde, drängt es mich, meinen herzlichen Dank allen denen auszusprechen, ohne deren tätige Hilfe, Ratschläge und Anregungen ein solches Buch nicht hätte entstehen können. Besonders nachdrücklich habe ich zu danken Frau Dr. Erika Göring, Bibliothek des Instituts für Romanische Philologie der Freien Universität Berlin, sowie den Damen und Herren der Universitäts-Bibliothek der F. U., Frau Dr. Ellinor Kahleyss vom Erich Schmidt Verlag sowie den Herausgebern der Grundlagen der Romanistik, meinen Freunden Eberhard Leube, Universität Bonn, und Ludwig Schrader, Universität Düsseldorf. Den größten Dank schulde ich meiner Frau, die mir allezeit, nicht zuletzt bei den Korrekturlesungen und bei der Erstellung des Registers, unermüdlichen Beistand leistete.

Berlin-Dahlem, März 1982　　　　　　　　　　　　　　　　　　　　Walter Pabst

Inhaltsverzeichnis

	Seite
Dankwort	5

I. Wege zur neuen Epoche 9

1. Ziel und Grenzen 9
2. *le lyrisme* — ambivalenter Neologismus der Romantik 16

II. Klang — Paradoxie — Bewegung 42

1. Ohnmacht der Sprache — Gewalt statt Sprache 42
2. Vom entleerten Wort zum Mythos der *mots en liberté* 60
3. Das Prinzip *vitesse* 97
   Literatur in Auswahl 138

III. Auktoriale Grundpositionen 142

1. *Poésie pure — Poésie absolue* 142
   Exkurs 155
   Literatur in Auswahl 162

2. Dichtung als Protest und Veränderung:
   Eluard — Aragon — Breton — Césaire 165
   André Bretons Traum von der versiegelten Stimme (Exkurs) .. 197
   Literatur in Auswahl 205

3a. Dichtung als Experiment und Spiel 210

3b. *Poésie phonétique — Lyrisme sonore* — akustisches Experiment . 236
   Jean Arps burleske Zungenschmähung (Exkurs) 256
   Literatur in Auswahl 262

IV. Vom Bekunden zum Verstummen 263

1. Faszination und Beklemmung durch Räume
   Blaise Cendrars: *La Prose du Transsibérien* / Maurice Maeterlinck:
   Hôpital 263
   Literatur in Auswahl 289

Inhaltsverzeichnis

Seite

2. *La Voix de Robert Desnos* und die Orpheus-Renaissance der zwanziger Jahre 292
   Literatur in Auswahl 311

3. Antonin Artaud und die versagende Sprache 314
   Literatur in Auswahl 328

Literaturverzeichnis (LV) 330
   I. Texteditionen 330
  II. Anthologien 336
 III. Orientierende und kritische Fachliteratur/Poetologie 338

Verzeichnis der Abkürzungen 347

Namenregister 348
   I. Autoren, Gelehrte, Kritiker, Künstler 348
  II. Mythische und historische Namen 359

I. Wege zur neuen Epoche

1. Ziel und Grenzen

Die Aufgabe ist gestellt, Lernenden und Lehrenden, die sich dem modernen Frankreich zuwenden, Grundlagen für das Studium französischer Lyrik des 20. Jahrhunderts zu erschließen. Was ist bei einem solchen Vorhaben vorweg zu bedenken? Wie soll vorgegangen werden?

Unter *französischer* Lyrik verstehen wir grundsätzlich nicht nur die von Menschen französischer Nationalität hervorgebrachte Poesie, sondern Dichtung in französischer Sprache überhaupt, ohne Einengung durch Landes- und Staatsgrenzen. Auge und Ohr verschließen sich nicht vor den Belgiern, den Schweizern, den Kanadiern, den Frankophonen Afrikas und der Karibik und vor Angehörigen anderer Nationen, die vorübergehend oder dauernd in französischer Sprache dichten.

Was in unserem Jahrhundert und bei den hier gegebenen Verhältnissen unter *Lyrik* zu verstehen ist, wird in den folgenden Kapiteln unter jeweils wechselnden Perspektiven zu klären sein. Vor allem wird das französische Wort *lyrisme* als Neologismus mit dem herkömmlichen und weiteren Begriff *poésie* zu konfrontieren sein.

Unser Werktitel sagt nicht „Die Lyrik", weil kein Anspruch auf vollständige Darstellung erhoben werden kann; mit Bedacht heißt es hingegen: Lyrik *des* 20. Jahrhunderts, im Unterschied zu „Lyrik im 20. Jahrhundert", weil nicht das in lyrischen Formen überhaupt Hervorgebrachte, sondern mit Vorzug das diesem Jahrhundert Gehörige, das nicht einfach aus der Tradition Erwachsene, sondern das Typische und Neue ins Auge zu fassen ist. Es versteht sich, daß nicht allein diese Absicht und diese Vorwahl das weite Feld begrenzen werden, sondern daß — soll nicht in platt positivistische Aufzählung und Klassifizierung kolossaler Stoffmassen verfallen werden — unter Verzicht auf manche historische Einzelheit und auf die Behandlung wichtiger Individualitäten exemplarisch auswählend vorgegangen werden muß. Wie andere vor uns opfern wir notgedrungen eine chronologische Systematik und das Ideal der Lückenlosigkeit dem Ziel, Grundzüge der Erscheinungen und Richtungen sichtbar zu machen und vor ihrem historischen Hintergrund zu erklären. Die Vermißten-Anzeigen kritischer Leser sind in Kauf zu nehmen.

Auch bei dem Erfordernis zu bekennen, wann das *20. Jahrhundert* für Frankreichs Lyrik begonnen haben soll, finden wir Rückhalt bei kritischen Wegbereitern, ohne daß ein detaillierter Forschungsbericht vorgelegt werden müßte. Verfasser von Literaturgeschichten wie Autoren nicht systematisch historisch angelegter Monographien vermeiden übereinstimmend die Nennung fester Daten wie „1900" oder „1913" als Markierung eines poetischen Jahrhundertbeginns, denn niemand bezweifelt, daß geistige, insbesondere künstlerische und dichterische Umbrüche und Neuerungen sich sehr langsam anbahnen und erfahrungsgemäß langer Reifeprozesse bedürfen. Veränderungen in der Tonart der französischen Lyrik, die den Anbruch einer neuen Epoche spüren lassen, zeigen sich von etwa 1885 ab in einem Zeitraum von rund drei Jahrzehnten, das heißt genau in der sogenannten *Belle Époque*. Wenngleich das 19. Jahrhundert den Geist der Auflehnung und Gewalt noch nicht kennt, der das zwanzigste charakterisieren wird, kündigt sich etwas davon in dem Widerwillen, der Verbitterung oder Trauer über die Arroganz und den skrupellosen Rausch jener Hochblütezeit des Kolonialimperialismus bei den drei Vorläufern Alfred Jarry, Maurice Maeterlinck und Saint-Pol-Roux an. Genau genommen ist Maeterlinck der erste, der in den achtziger Jahren den Epochenstil des vom Symbolismus programmierten sprachlichen Wohlklangs mit dem Gedicht *Ennui* der *Serres chaudes* durchbricht und mit Kakophonien einen Überdruß äußert, den die Umwelt in ihrem Übermut nicht teilt. Es wäre eine schreckliche Vereinfachung, der Lyrik eine Jahrzehnte übergreifende lineare Evolution zu unterstellen — sie bildet viel eher neben-, durch- oder gegeneinanderlaufende Stränge mit Sprüngen und Brüchen —, und doch tragen die Wegbereiter vor der Jahrhundertwende schon das Stigma von Weltkorrektoren, mit dem die Sprachrevolutionäre und Ideologen der nachrückenden Avantgarden ihre konstanten Führungsansprüche auf dem Feld der Lyrik behaupten werden.

Es wäre müßig, unserer ungefähr angedeuteten oberen Zeitgrenze weitere Epochenmarken innerhalb des neuen Jahrhunderts folgen zu lassen. Die in Literaturgeschichten, Handbüchern und Monographien angestellten zahlreichen Versuche der Periodisierung, Generationengliederung oder Aufreihung von Lyrikern nach der vermeintlichen Zugehörigkeit zu Schulen, Richtungen, Strömungen, Vor- und Nachhuten und dergleichen lassen sich in ebenso vielen Tabellen oder chronologischen Tafeln resümieren, deren schematische Datenspeicherung durch ihre Diskrepanzen verwirrt, ohne ein umfassendes Bild der lyrischen Landschaft zu vermitteln[1]. Namen und Programme von Gruppen (Avantgarden) vermitteln ohnehin nur dürftige Orientierung über Form und Wesen ihrer lyrischen Erzeugnisse, denn auch bei ihnen herrscht, bis auf geringe Ausnahmen, das Gesetz der Antinomie zwischen Theorie und dichterischer Praxis; vor allem aber haben sie, bei aller Vitalität im Manifestieren, als Gruppen nur kurze Dauer. Nichts ist seinem Wesen nach kurzlebiger als der Avantgardismus[2]. In die Irre geht, wer nach der Gruppenideologie jeden Autor klassifiziert, der ihr auch nur kurze Zeit gehuldigt hat. Niemand — außer André Breton — war Surrealist auf Lebenszeit, und dem pauschalen Etikettieren von Dichtern als Surrealisten — ohne Vergleichung der Entstehungsdaten von Werken mit den Perioden der Mitgliedschaft im Clan — sollten endlich Grenzen gesetzt werden. Damit würde der durch Überdehnung nahezu unbrauchbar und gehaltlos gewordene Terminus *surréalisme* auf das gebührende Maß und auf einen Sinn im Bereich der Lyrik zurückgeführt werden. Artaud, Char, Eluard und mancher andere sind nicht als Gesamterscheinungen mit dem Etikett ‚Surrealisten' abzutun. Der Rumäne Tzara wird *nach* seinen dadaistischen Sprachzertrümmerungen ein echter Lyriker. Französische Lyrik brachte der Italiener Marinetti zutage, *bevor* er sich seiner futuristischen Agitation überließ, die er vorwiegend durch gereimte oder ungereimte Reportage-Versuche illustrierte, nicht durch Dichtung.

Dennoch ist die mittelbare Bedeutung des Avantgardismus für die französische Dichtung nicht zu leugnen: sie liegt vor allem im Bereich von gewaltsamen Einschränkungen und Beraubungen, von vielfältigen und fortschreitenden Privationen, durch die er — glücklicherweise mit nur partiellen Erfolgen — versuchte, den überkommenen Besitz humanistischer und sprachlicher Güter konsequent abzubauen und zu eliminieren. Dabei erwies sich die Revolutionierung der Sprache nur als Teilaspekt des Frontalangriffs auf die bis zur Jahrhundertwende intakt gebliebene humanistische Bildungstradition und das auf dieser und dem Christentum beruhende anthropozentrische Weltbild. Nicht erst die Surrealisten, wie von ihren Bewunderern immer

---

[1] Der Versuch, die Periodisierungsvorschläge von Apollonio, Baumgarth, Boisdeffre, Bosquet, Clancier, Clouard, Décaudin, Fry, Hofstätter, Klemperer, Lemaître, Mitchell, Picon, Richter, Rousselot und Waldberg zu koordinieren, mußte ergebnislos abgebrochen werden —, was keinen Einwand gegen die Belehrung, die wir ihren Werken verdanken, bedeutet.
[2] Vgl. Hartung, *Experimentelle Literatur und konkrete Poesie*, Kap. „Das Altern der experim. Lit.", 97 ff., und Anatol E. Baconsky, *Die Avantgarde muß verschwinden!* Seit 50 Jahren bringt die Literatur nichts Neues hervor. *Die Welt*, Nr. 144 (23. 6. 1973).

wieder behauptet wird, sondern der Futurist Marinetti proklamierte (seit 1909) diesen epochalen Zerstörungswillen, und er war es, der als erster die Eliminierung des Ich aus der Dichtung postulierte, eine Forderung, deren Erfüllung schon allein den Tod der Lyrik hätte bewirken können. Nach Marinettis Vorstellung hätte das literarische Ich durch die Materie und die Maschine ersetzt werden sollen.

Das Prinzip der Privation, das in dem experimentierfreudigen 20. Jahrhundert zu außerordentlichen Ehren gelangt, ist bereits in der Antike nachzuweisen. Das Aussparen oder Weglassen eines Buchstabens oder Lauts, beispielsweise des griechischen Sigma, aus ganzen Gebilden der Prosa oder Poesie wurde einerseits als Vermeidung von Mißklang oder Kakophonie hingestellt (die ältesten s-losen Texte stammen aus dem 6. vorchristlichen Jahrhundert), andererseits handelt es sich meist um spielerische Erzeugnisse, um Virtuosenkunststücke[3]. Die mit dem Terminus Lipogramm bezeichnete Art (gr. λείπω = unterlassen, weglassen + γράμμα = Buchstabe) ist bis in unsere Zeit lebendig geblieben[4]. Gehören die artifiziellen Gebilde dieser Art unleugbar zum Bereich des Manierismus, so erweist sich das Aussparen zunächst jedenfalls als ein kreatives Moment. So sind auch die anderen, seit dem beginnenden Symbolismus aufgekommenen privativen Tendenzen in poetischen Techniken vor allem als Experimente mit dem Ziel der Stiftung neuer Form zu bewerten. Privation soll Kreation bewirken. Schon bei den Wegbereitern zeichnet sich die experimentelle Struktur poetischen Verfahrens ab: man arbeitet mit Kombinationen, die auf den Sinn als Urheber und Quelle dichterischer ‚Inspiration' verzichten, die den Sinn vielmehr erst aus dem sprachlichen Laut oder ‚Material' gewinnen[5]. Auf dem so eingeschlagenen Weg verschiebt sich in der zweiten Hälfte des 19. Jahrhunderts das Spannungsverhältnis zwischen Sinn und Form von Kunstwerken immer mehr zugunsten der Form, in der Dichtung zugunsten der Phonematik in Abkehr vom Semantischen. So verkümmert zusehends die Kategorie ‚Inhalt'[6]. Radikaler spart — zum mindesten in der Dogmatik der Avantgarden — das 20. Jahrhundert aus: im futuristischen Status der *mots en liberté* wird der syntaktische Zusammenhang schon zugunsten onomatopoetischer Ge-

---

[3] Vgl. Liede, *Dichtung als Spiel,* Bd. 2, Kap. „Das Lipogramm", 90 ff.
[4] Nachweise bei Liede ebd. — Faksimiledruck von Franz Rittler, *Die Zwillinge.* Ein Versuch aus 60 aufgegebenen Worten einen *Roman ohne R* zu schreiben. (Wien, ³1820) m. e. Nachw. v. Karl Riha, „Zu F. R.", zum *Roman ohne R* u. anderen lipogrammatischen Texten", als Jahresgabe 1979/80 bei C. Winter Univ.-Vlg., Heidelberg.
[5] Vgl. H. Friedrich, *Struktur,* 17 und 113.
[6] Vgl. Bürger, *Theorie der Avantgarde,* 25 f., unter Berufung auf Adorno u. Plessner.

räuschsuggestionen wie Ballast abgeworfen. Das Dada verzichtet weitgehend auf die semantischen Kräfte der Sprache zugunsten eines Zungenredens in zusammenhanglosen, erfundenen, zum Teil fremdsprachlichen Phonemen und Lalemen. Den Verzicht auf die Kontrolle des kritischen Verstands sowie die Ausschaltung der Emotion proklamieren und praktizieren seit 1919 Breton und Soupault in der vorsurrealistischen *écriture automatique*; es bleibt ein ephemerer, weil im Grunde illusorischer Privationsversuch. Etwa seit der Mitte unseres Jahrhunderts verpönen die französischen Konkretisten des Spatialisme und des Lettrisme — diese Arrièregarde des futuristischen, dadaistischen und surrealistischen Spartriebs — nahezu total den semantischen Gehalt aus Wort, Silbe und Laut. Deklinationsmechanismen, Buchstabentrümmer oder erfundene Schriftzeichen (wie sie schon der frühe Breton im Dada entworfen hatte)[7], zu tabellarischer Formelhaftigkeit reduzierte Piktogramme, die audiovisueller Dechiffrierung bedürfen (und den plakathaften Kastentexten Albert-Birots aus den zwanziger Jahren nachgebildet scheinen)[8] oder dekorative Teppichmuster, die man als Poeme deklariert[9], wollen demonstrieren, daß Dichtung auf sprachliche Mitteilungskraft völlig verzichten könne. Wir befinden uns im Niemandsland kunstgewerblichen Virtuosentums. Hier hat der Privationseifer der Nachhut das Dogma des Futuristen Marinetti buchstäblich realisiert, hat in ihren Un-Texten den Menschen durch die Maschine — das Magnetophon — verdrängt und damit auch den Bemühungen der Dichtungsanalyse den Boden entzogen. Schon 1966 konstatierte Hugo Friedrich im Vorwort zur 9. Auflage seiner *Struktur*: „Die sogenannte ‚konkrete Poesie' mit ihrem maschinell ausgeworfenen Wörter- und Silbenschutt kann dank ihrer Sterilität allerdings völlig außer Betracht bleiben."[10]

Den Ikonoklasmus der Vor- und Nachhuten wird man aber nur als einen der kon- und divergierenden Stränge im unvollendeten Gobelin des Jahrhunderts zu bewerten haben. Um die Jahrhundertmitte nimmt die feindselige Polarisierung auf dem Felde der Lyrik in Frankreich so radikale Formen an, daß Alain Bosquet, einer der erfahrensten Sachkenner, den Zeitraum von 1950 bis 1968 als *notre guerre civile en poésie* charakterisiert, wobei er zwei,

---

[7] Z. B. in *Clair de terre* (1923), Titelblatt verso.
[8] Man konfrontiere ‚Poème sémantique', in P. Garnier, *Spatialisme*, 110 f., mit Albert-Birot, ‚Poème au mort' und ‚Poèmes-pancartes', in A.-B., *Poésie 1916—1924*, 404, 434.
[9] Vgl. Garnier, *Spatialisme*, Abb. 66 f., 77 etc., und Curtay, *La Poésie lettriste*, 216—235; Ähnliches bei den Deutschen Gomringer und Mon.
[10] Friedrich, *Struktur*, 13.

in sich wiederum zerklüftete, Kampffronten wie zum Vernichtungsgemetzel gegeneinander aufziehen sieht:

> les défenseurs d'un vocabulaire, d'une syntaxe, d'une façon de s'exprimer au service d'une énigme à plusieurs inconnues, et les croisés d'un démantèlement du langage où celui-ci devrait perdre toute trace de signification convenue, y compris le poids de son historicité, chaque mot ne pouvant avoir de vie que future et libérée de ses acquisitions mensongères.[11]

In dieser Periode unheilvoller Zerklüftung bietet die Lyrik dem Beobachter ein trostloses Bild:

> Vu de l'extérieur, notre lyrisme, si tant est qu'on puisse encore l'appeler ainsi, ressemble à une éruption de pustules sur un corps malade. Entre rêveurs et élèves laborantins aucune entente n'est possible, encore que les chercheurs d'absolu se situent à un niveau que les mâcheurs d'éprouvettes ne sauraient atteindre. (Ebd.)

Nach 1968 sieht der Zeuge eine Phalanx junger Poeten aufziehen, die in Abkehr von der geschilderten Blockbildung nichts kennen als:

> loin de tout art et de toute philosophie: protester et remplacer le poème proprement dit par le poème-tract, où ils s'insurgent contre la société, la consommation, le vrai, l'irréel, et toute la panoplie des valeurs. (Ebd.)

Durch diese historische Grenzziehung sieht sich der Verfasser des vorliegenden Buches in dem Entschluß bestätigt, die Entwicklung generell nicht über die Jahrhundertmitte hinaus zu verfolgen. Das Weiterbestehen echter lyrischer Äußerungen, deren Reichtum Bosquet in seiner zitierten Anthologie instruktiv gegliedert zu präsentieren vermag, kann selbstverständlich nicht geleugnet werden.

Die zu behandelnden Erscheinungen werden nicht ohne Heranziehung und Erläuterung von Texten einsichtig und glaubhaft gemacht werden können. Jüngst entstand aber angesichts einer Sintflut moderner Theoreme und hochgeschraubter Ansprüche der Textphilologie die Streitfrage, ob das Interpretieren überhaupt noch sinnvoll und nützlich sei[12]. Ja, der Ruf wurde laut, Texte und Lernwillige vor den Artefakten und dem Rigorismus professioneller Interpretierer zu schützen[13]. So sehr hat das ‚Opium für Intellektuelle

---

[11] A. Bosquet, *la poésie française depuis 1950/une anthologie.* aux éd. de la différence (Coll.: Le Passé Composé, I) 1979, 10 f.
[12] Dazu vor allem G. Mounin, *Poésie et société.*
[13] Z. B. H. M. Enzensberger, *Ein bescheidener Vorschlag zum Schutze der Jugend vor den Erzeugnissen der Poesie. Den Deutschlehrern der Republik zugedacht.* FAZ Nr. 215 (25. 9. 1976).

oder die Sucht nach Weltanschauung' — um es mit dem berühmten Werktitel von Raymond Aron[14] zu sagen — die seit der Antike entwickelten philologischen Verfahren neuerdings diskreditiert. Der Verfasser erhebt nicht den Anspruch, im Besitz der einzig richtigen Methode zu sein, er ist im Gegenteil überzeugt, daß es ein auf alle Texte anwendbares, vorgefertigtes Deutungsmuster nicht geben kann[15], da literarische und dichterische Hervorbringungen nicht bloße Quantitäten, nicht Vokabelhäufungen für den Computer und nicht Gattungen gleichartiger Naturerzeugnisse sind, sondern von Fall zu Fall verschiedenartige Schöpfungen individueller menschlicher Imagination, Empfindung oder Denkart, denen sich ein flexibler Verstehenswille nach Kräften anzupassen hat. So erhoffte es einer der großen Lyriker des Jahrhunderts, Pierre Reverdy, als er in *Le Livre de mon bord* (1930—1936) eintrug:

> Le poète, semblable au pigeon voyageur, porte dans sa plume un message, que d'autres devront, pour en extraire le vrai sens, déchiffrer.[16]

Die Vorstellung, den Werken der Dichtkunst mit stringenten, unfehlbaren, naturwissenschaftlichen Verfahren beizukommen, ist eine neopositivistische Illusion[17]. Es möge niemand vom Verfasser dieses Buches erwarten, daß er nach lebenslanger Praxis im Umgang mit Texten der romanischen Literaturen in spätes Theoretisieren verfällt. In dem Wunsch, an Beispielen zu demonstrieren, wie sich seit hundert Jahren Empfinden und Imagination in französischer Lyrik kristallisieren, und in dem Willen, Individualitäten jeder Wesensart ohne Vorurteil zu begegnen, macht er sich Spinozas Grundsatz zu eigen:

> *non flere non indignari sed intelligere.*[18]

---

[14] Aron, *Opium pour les intellectuels.* Frz. 1955, dt. 1956.
[15] Vgl. Armin Paul Frank, *Literaturwissenschaft zwischen Extremen* — Aufsätze u. Ansätze zu aktuellen Fragen e. unsicher gemachten Disziplin. Berlin/NYork, W. de Gruyter, Studienbuch, 1977 [Rez. W. Holdheim, *Arcadia* 14 (1979) 42 ff.].
[16] Zit. nach Charpier/Seghers, *L'Art poétique*, 533.
[17] Grundsätzlich hierzu H. Hatzfeld, *What is a Scientist? Biosciences Communications*, 4. NYork/Basel, 1978, 258—265.
[18] Spinozas lat. Original des *Brevis Tractatus de Deo, de Homine et de Salute* ist verloren; uns. Zit. ist Rückübersetzung nach e. holländ. Version (vgl. Nachweis bei Fumagalli, *Chi l'ha detto?* 179).

(Bibliographische Hinweise im allgemeinen Literaturverzeichnis am Schluß des Bandes.)

2. *le lyrisme* — ambivalenter Neologismus der Romantik

Abgesehen von der in der Tradition der abendländischen Kulturen gesicherten, noch heute fortlebenden triadischen Literatureinteilung in die Genera Lyrik, Epik und Dramatik gibt es eine Vielzahl je nach Sprachen, Epochen, philosophisch-ästhetischen Lehrsystemen und Standorten der Lyriker stark divergierender Auffassungen allein von der Wesensart „des Lyrischen", das — ohne an sich mit Lyrik identisch zu sein — als Tonart, Sprechhaltung oder Gestimmtheit auch in epischen oder dramatischen Werken begegnen kann[1]. Heikel ist der Versuch, die Lyrik als Gattung auf Formeln und Gesetzmäßigkeiten festzulegen. Der seit der Romantik mit Vorzug gebrauchten Differenzierung der Lyrik als „Subjektivität des geistigen Schaffens und Bildens", die „das einzelne Subjekt und eben damit das Vereinzelte der Situation und der Gegenstände" zu gestalten habe (Hegel[2]), dieser Abhebung der Lyrik von den anderen, potentiell objektiveren Genera, die den Dichter und sein persönliches Anliegen geradezu als Objekt einer Gattung anerkennt und kodifiziert, ist schon im 19. Jahrhundert widersprochen worden. *Die Geburt der Tragödie* (1871) gibt Friedrich Nietzsche Anlaß zur neuen Konfrontierung des Lyrikers mit Repräsentanten anderer Gattungen[3]. Dabei wird der Gegensatz zwischen Homer als dem ersten *objektiven* Künstler und dem Lyriker Archilochos als dem ersten *subjektiven* Künstler als eine Fehlkonstruktion der neueren Ästhetik zurückgewiesen, weil wir „ohne Objektivität, ohne reines interesseloses Anschauen nie an die geringste wahrhaft künstlerische Erzeugung glauben können"; wenn der Lyriker nach der Erfahrung aller Zeiten immer *ich* sage und eine ganze Tonleiter von Leidenschaften und Begehrungen vor uns absinge, so gebe er doch seine Subjektivität (durch das Einswerden „mit dem Ur-Einen, seinem Schmerz und Widerspruch", sodann der Umsetzung dieses Ur-Einen in Musik sowie schließlich seine „zweite Spiegelung" als einzelnes Gleichnis oder Exempel) zugunsten seiner „Einheit mit dem Herzen der Welt" auf:

> Das Ich des Lyrikers tönt also aus dem Abgrunde des Seins: seine *Subjektivität* im Sinne der neueren Ästhetiker ist eine Einbildung.

Unter solchem Aspekt überrascht es nicht, daß der französische Lyriker Jules Romains (1885—1972), der als erster im 20. Jahrhundert eine ganz neue

---

[1] Vgl. Staiger, *Grundbegriffe*.
[2] Hegel, *Ästhetik*, 998—1000.
[3] Zitate nach Nietzsche, *Werke* (Hg. K. Schlechta) I, 36 f. (Ullsteinbuch 2907) mit Hvh. Nietzsches.

"Einheit mit dem Herzen der Welt" sucht, sich mit kühnem Oxymoron der Begründung einer *objektiven Lyrik* rühmt; in der *Préface de 1925* zu seinem Zyklus *La Vie unanime. Poème*. 1904—1907 (Erstdruck 1908) schreibt er, unter ausdrücklicher Abkehr vom Mallarmé'schen Modell des symbolistischen Hermetismus, über die Lyrik unseres ersten Jahrzehnts:

> Mais sa principale audace, son plus haut titre, c'est peut-être d'avoir fondé *un lyrisme objectif* d'essence spirituelle. [...] Jusque-là le lyrisme, lorsqu'il avait réussi à se détacher de l'âme individuelle, à rompre l'enchantement de ses rêves et de ses délires, ce n'était pas de l'âme encore qu'il trouvait autour de lui, et qu'il s'appropriait [...].[4]

Lebendig ist bis in die Gegenwart hinein das Bewußtsein des musikalischen Ursprungs der Lyrik (in altgriechischer Dichtung die unter Begleitung des Saiteninstruments Lyra vorgetragenen Liedarten). Im französischen Sprachgebrauch stehen noch metaphorisch *lyre* für Dichtertalent, *enfant (fille) de la lyre* für Dichter(in), *maître de la lyre* für großer Dichter; *accorder* oder *prendre sa lyre* bedeutet: sich ans Dichten machen, *déposer, quitter, suspendre sa lyre*: das Dichten aufgeben; durch Jahrhunderte galten *poème lyrique* und *ode* als Synonyma[5]. Einige tradierte, früher als unabdingbar postulierte Merkmale von Lyrik werden heute nicht mehr von allen Autoren als verpflichtend empfunden. Von weither kommen Bedeutungswandlungen des Terminus Lyrik, denn schon frühere Dichter nahmen sich die Freiheit, von den vorwiegend nach römischen Vorbildern entwickelten Idealvorstellungen der Gattung abzuweichen[6]. Auflehnung gegen Form- und Haltungszwänge ist also durchaus kein besonderes Kennzeichen der modernen Lyrik; diese bewahrt hingegen manche tradierte Gesetzmäßigkeit oder ersetzt sie durch Strenge und Hürden anderer Art. Gesteigert wurde die Herausforderung des Lesers — ohne Zweifel ein Merkmal moderner Lyrik —, doch darf sie nicht als verminderter Selbstanspruch des Autors ausgelegt werden. Es wird

---

[4] J. Romains, *La Vie unanime*, 19 f. (uns. Hvh.); vgl. ebd.: „Pleine de respect, certes, pour un Mallarmé, mais apitoyée aussi par son interminable contorsion stérile." Zur Lyrik des Unanimisme vgl. uns. Interpretation von *Nous*, ASNSL (1979), 314 ff.

[5] Sachs-Villatte, *Encyclopädisches Wörterbuch*, sowie Littré, *Dictionnaire*, s.v. *lyre* u. *lyrique*.

[6] Zu griech. und röm. Lyrikformen vgl. *Lexikon der Alten Welt*, s.v. *Lyrik*, sowie Karl Büchner, *Die römische Lyrik*, Einleitung, Stuttgart, Reclam, 1976. Nachwirkung des röm. Vorbilds noch bei Staiger, *Grundbegriffe*, Kap. 1 und 4. Den griech. Ursprung aus der Musik bewahrt frz. *lyrique* vor allem in *tragédie lyrique* (= opéra sérieux), *comédie lyrique* (= opéra du genre gai), *théâtre lyrique* (= beide Operngattungen/Opernhaus).

zu demonstrieren sein, daß insgesamt *Lyrik* kein starrer Begriff, keine Invariante ist, nicht geschichtslos über Epochen, Strömungen und Individualitäten schwebt, sondern daß sie, in ununterbrochener natürlicher Bewegung oszillierend, permanent in Frage gestellt und umstritten ist.

An anderer Stelle wurde skizziert[7], wie sich der Sinn des für Lyrik meistgebrauchten französischen Worts — *poésie* — gewandelt, eingeschränkt oder erweitert hat: aus seiner herkömmlichen Bedeutung alles in gebundener Sprache Geschriebenen, also nicht nur der Lyrik, sondern auch des Versepos, des Versdramas, der Versnovelle usw., greift es heute in den Bereich einer Qualitätsbezeichnung über; *poésie* setzt nun Grenzen gegenüber dem bloßen Mitteilen, Informieren, Belehren, Erzählen, Diskutieren, Dekretieren, es benennt das über die prosaische Rede Emporsteigende, das einer nichtalltäglichen Sprachqualität Zugehörige. In der Konfrontierung von *poésie* und *prose* ist der Literaturkritik eine interessante Grundfrage gestellt. Von früher haftet aber dem Wort *poésie* noch eine Unschärfe an, die es empfehlenswert erscheinen läßt, diesem Nomen, wenn es die Gattung zweifelsfrei bezeichnen soll, das Attribut *lyrique* beizufügen; so hat auch dieses, unter Ellipse des Nomens substantiviert, die Gattungsbezeichnung geliefert: *la lyrique*, und analog: *le (poète) lyrique*[8], freilich ohne sich bei modernen Autoren besonderer Beliebtheit zu erfreuen. Ähnliche Sinnschwäche wie *poésie* kennt ja auch dt. *Poesie* in der Doppelbedeutung von Dichtung allgemein und Dichtung im Gegensatz zu Prosa. In Hegels *Ästhetik* bezeichnet *Poesie* alle Werke der „schönen Literatur", die drei Gattungen der epischen, dramatischen und lyrischen Poesie.

Große Unsicherheit stiftet im Französischen die Bedeutungsambivalenz aller adjektivischen und substantivischen Termini des lyrischen Bereichs, sie sind — je nach dem Standort des Urteilenden — meliorativ oder pejorativ zu verstehen. Diese Ambivalenz rührt aus der romantischen Epoche und der mit ihr aufgekommenen Parteinahme pro und contra Lyrik her. Die Anreicherung des lyrischen Ausdrucks mit angeblich unfranzösischen, importierten Gefühlsfermenten veranlaßte die traditionsbewußte Kritik, mit dem Unterton der raillerie von der Sache zu sprechen. Lexikalisch wird *lyrique* in der

---

[7] Vf.: *Die moderne französische Lyrik*, 28 ff.
[8] Littré und Petit Robert, s.v. *lyrique* (beachte: *le lyrique* = Gattung/Talent/Dichter); Nachweise oft widersprüchlicher, ja sinnloser *poésie*-Definitionen *(le charabia critique)* bei Mounin, *Poésie et Société*, chap. VII. — Zur deutschen Begriffsbestimmung (vor allem Anteil des ‚Gemüts'): v. Wilpert, *Sachwörterbuch*, s.v. *Lyrik*; für Vergleiche mit Lyrikbegriffen der Romania ungeeignet der Ansatz Staigers in *Grundbegriffe*.

le lyrisme — *ambivalenter Neologismus der Romantik*

Bedeutung: *d'une expression exaltée* auf das Jahr 1810 datiert (z. B. *Il devient lyrique quand il parle de son auteur préféré)* und daraus gefolgert, daß *s'exprimer avec lyrisme* nichts anderes bedeute als *s'exprimer avec exaltation*[5]. So tadelt ein Kritiker des 19. Jahrhunderts in Werken der Imagination das

> abaissement des passions. Comme des monstres qui ne connaissent plus de maître, elles ont pris *je ne sais quoi de lyrique* dans leur démarche. Leurs cris n'ont plus, pour ainsi dire, la noblesse de la voix humaine.[10]

Und verächtlich spricht Gustave Lanson von *l'impudeur naturelle au lyrique moderne*[11]. Das wesentlich mildere deutsche Analogon dazu findet sich in Nietzsches Vorrede zur 2. Auflage von *Die fröhliche Wissenschaft*, wo er über eine Handvoll dem Buch beigegebener Lieder bemerkt, daß sich darin

> ein Dichter auf eine schwer verzeihliche Weise über alle Dichter lustig macht. — Ach [...] die Dichter und ihre schönen ‚lyrischen Gefühle', an denen dieser Wieder-Erstandene seine Bosheit auslassen muß [...].[12]

Dem Tadel der einen steht aber zur gleichen Zeit und im gleichen Terminus die Bewunderung der anderen gegenüber, und man rühmt als *lyrisme intime* die Innerlichkeit des Empfindens und die religiöse Naturhingabe[13], wie sie Alphonse de Lamartine mit seinen *Méditations poétiques* (1820) für die französische Romantik stiftete.

Der aus dem Adjektiv *lyrique* hergeleitete romantische Neologismus *le lyrisme* wird lexikalisch erstmals bei Claude Boiste, *Dictionnaire universel de la Langue française* (postume Ausgabe 1834) nachgewiesen; die Académie Française wird das Wort erst 1878 anerkennen. Wir finden es aber bereits in dem 1828 verfaßten *Prospectus pour les Œuvres de Victor Hugo* von Sainte-Beuve[14]: Hugos berühmte Triadengliederung der Zeitalter in der *Préface de Cromwell*, wonach *Les temps primitifs sont lyriques, les temps antiques sont épi-*

---

[5] So z. B. in *Larousse de la Langue française*, 1977, s.v. *lyrique* (syn. passionné); syn. *exaltation*, lt. *Dictionnaire du Français contemporain*, Larousse, 1966, s.v. *lyrique* (lyrisme).
[10] Ximénès Doudan (1800—1872), zit. nach Oster, *Nouveau Dictionnaire de citations*. No. 9915; uns. Hvh.
[11] G. Lanson (1857—1934), zit. nach Petit Robert, s.v. *lyrique* 1.
[12] Nietzsche, *Werke*, II, 10; vgl. ebd. 14: Lyrik heute „eine Kunst [...] nur für Künstler".
[13] Vgl. Hess-Frauenrath-Siebenmann, s.v. *Romantik*, 6; der Neologismus *lyrisme* ‚schon' bei Littré (1863—1877).
[14] Sainte-Beuve, *Œuvres* I: *Premiers Lundis / Début des Portraits littéraires*. (Bibl. de la Pléiade) 1956, 297.

ques, les temps modernes sont dramatiques, sieht der Kritiker Sainte-Beuve sich in der Entwicklung des Dichters wiederholen:

> quand l'âme du poëte est complète [...], le triple élément lyrique, épique et dramatique s'y rencontre en germe, et s'y développe dans l'ordre marqué plus haut [...].

Doch wird die Möglichkeit einer speziellen, quasi räumlich begrenzten lyrischen Begabung zugegeben:

> Nous disions *Une âme complète de poëte,* car il y a des âmes hautement et admirablement poétiques qui, par une loi singulière de leur nature, sont exclusivement vouées à un mode de chant. La plupart de ces âmes prédestinées s'en tiennent au lyrisme, et dans le lyrisme à la rêverie; aussi hautes et aussi sublimes que les âmes poétiques plus complètes, elles sont moins vastes et tiennent moins largement à l'humanité par leur base.

Originell an dieser Victor Hugo huldigenden, aber auch Victor Hugo abgelauschten Formel ist im Grunde nur der Neologismus *lyrisme,* der volle Anerkennung dichterischer Größe unter der Voraussetzung seelischer ‚Komplettheit' durch triadische Begabung für alle Gattungen ausdrückt. Dem neuen Begriff wird also etwas Restriktives und mit dem Hang zur *rêverie* zugleich der Verdacht des Schwärmens in die Wiege gelegt, was ihm bis auf den heutigen Tag anhängt. So ist die Gegensätzlichkeit darin enthaltener Werturteile lexikalisch verbürgt[15]. Die Verallgemeinerung von *lyrisme* zur Bedeutung *enthousiasme, chaleur* führt aus der Poetik hinaus in Definitionen der Leidenschaft und Schwärmerei, die sich aber im Hinblick auf die gegenseitige Durchdringung der Begriffsschattierungen der Beachtung empfehlen. Wir zitieren nur zwei Beispiele. In *L'Amour et l'Occident* (Livre premier: *Le mythe de Tristan,* 1938) schreibt Denis de Rougemont:

> Ce qui exalte *le lyrisme occidental,* ce n'est pas le plaisir des sens, ni la paix féconde du couple. C'est moins l'amour comblé que la *passion* d'amour. Et passion signifie souffrance.[16]

---

[15] Littré registriert drei Bedeutungsnuancen von *lyrisme*: 1. Caractère d'un style élevé, poétique, langage inspiré. Le lyrisme de la Bible. 2. En mauvaise part, affectation déplacée du style lyrique, ou des formes qui le caractérisent. 3. En général, enthousiasme, chaleur. Cet homme a du lyrisme. Sa conversation a du lyrisme. Fortbestehen abwertender Sinnschattierung: Bailly, *Dictionnaire des Synonymes,* s.v. *enthousiasme*: ‚lyrisme se dit d'un e. qui rappelle celui des poètes et se manifeste uniquement par la recherche des expressions, par un langage passionné inspiré par les sentiments personnels.' — *Larousse 3 Volumes: lyrisme* als ‚Ensemble de la poésie lyrique', ‚Inspiration lyrique: *Les sources du lyrisme de Lamartine.*'
[16] Zit. nach Oster, No. 15 596 (u. Hvh.)

le lyrisme *als Qualitätsbegriff*

Über Antonin Artauds aufsehenerregenden Vortrag von 1947 im Théâtre du Vieux-Colombier berichtet André Gide in einem seiner *Eloges*, ohne dabei in irgendeiner Weise den Lyriker Artaud ins Auge zu fassen:

> [...] tout en lui racontait l'abominable détresse humaine, une sorte de damnation sans recours, sans échappement possible que dans *un lyrisme forcené* dont ne parvenaient au public que des éclats orduriers, imprécatoires et blasphématoires.[17]

Als literarischer Terminus hat *le lyrisme* bereits um die Jahrhundertwende genug Ansehen gewonnen, um in einen Werktitel einzugehen. Robert de Souza (geb. 1865), Angehöriger verschiedener neosymbolistischer Gruppen, Lyriker, Dichtungstheoretiker und Historiker des Verslibrisme, publizierte 1899 einen Versuch über *La Poésie populaire et le lyrisme sentimental,* in dessen *Préface* er eine spätere Untersuchung des modernen *lyrisme transfigurateur* versprach. Tatsächlich definiert er ein Vierteljahrhundert später, in einem Kommentar zur Debatte über das Prinzip der *poésie pure*[18], die transfigurative Kraft der Dichtung aus dem Ursprung des *lyrisme* in der Musik:

> En découvrant ce substratum musical de tout art, nous aboutissons enfin au *lyrisme*, condition même de l'oeuvre artistique particulière. [...] une exaltation personnelle, un „enthousiasme" [...], est d'abord à l'origine. [...] De cet art, naît surtout le poète, avec toutes les forces psychiques qu'il entraîne dans le poème. [...] Il possède la vertu transformante des sons et du verbe, vertu qui échappe à la raison ou la dépasse, qui ne dépend pas de la „conscience distincte". [...] il se considère comme en proie à un dieu, comme un *initié* [...].

Diese Aussage von 1926 bezeugt die Verbindung der Bedeutungsnuancen von *lyrisme* und das Fortleben und die Beharrlichkeit jenes als Grundlage des dichterischen Symbolismus erkannten Willens, dem ‚Wort' die Musikalität zurückzuerstatten, die ihm der Realismus angeblich geraubt hatte. Vollstrecker dieses Willens sind die Wortführer der *poésie pure*, in deren Vokabular *le lyrisme* höchste dichterische Qualität bedeutet; so noch 1933 von Maxime Formont im Vorwort *(Le Symbolisme)* zu seiner Anthologie *Les Symbolistes. Choix de poésies*[19] im Hinblick auf Paul Verlaine gebraucht:

[17] Artauds Vortrag *Tête à tête* (13. 1. 1947) nach Entlassung aus der Nervenklinik. Zit. nach André Gide, *Eloges,* Neuchâtel 1948, 144; vgl. Gide, *Hommage à A. Artaud (Combat,* 19. 5. 1948).
[18] Zit. nach H. Bremond, *La Poésie pure* (1926), chap. VIII: La Poésie (prose et vers) et la Musique — Le lyrisme; 274 (Hvh. des Autors).
[19] Formonts *Anthologie,* Libr. A. Lemerre, 1933, Zit. S. 18. Bekenntnis zur Musikalität der Lyrik auch bei Rubén Darío (1867—1916), im spanisch-lateinamerikanischen Modernismo.

Par son lyrisme, par son sens musical qui fut merveilleux et que manifestèrent tant de rhythmes légers, aériens, qu'il a créés ou repris; surtout par un charme de rêverie irrisée qui s'exhale de ses vers, il représente pourtant quelques-unes des meilleures tendances du symbolisme, son effort vers la poésie pure.

Inzwischen war aber *le lyrisme* in die Dienste des vehementesten Avantgardismus gestellt worden, der die Grenzen zwischen der literarischen und der beschriebenen außerliterarischen Bedeutung des romantischen Neologismus bewußt verwischte.

Dies entsprach dem Wesen des Futurismus, der es von Anfang an (seit 1909) auf mehr als nur literarische oder dichterische Wirkungen abgesehen hatte[20]. Die Vorliebe Filippo Tommaso Marinettis für das Wort *lyrisme* entsprach aber auch seiner Eigenschaft als französischer Lyriker, der er in seiner vorfuturistischen Zeit schon gewesen war (seit 1898). Durch ihn wird *lyrisme* zum herausfordernden, den herkömmlichen Sinn und Charakter des Lyrischen scheinbar anfeindenden Losungswort eines sprachlichen Umsturzes, einsetzend mit Marinettis *Manifeste futuriste* von 1913: *Imagination sans fils et les Mots en liberté*[21]. Der Abschnitt ‚Les mots en liberté' beginnt mit der Definition eines Enthusiasmus, der nicht nur zur Zerstörung der Syntax, zur Abschaffung aller sprachlichen Ordnungsprinzipien einschließlich der Interpunktion führen solle, der nicht nur eine plötzlich aufkommende und vorübergehende Begeisterung sei, sondern der Ursprung einer Begabung *(un ami doué de ce don lyrique/ce conteur doué de lyrisme)*, die imstande sein werde, die ganze Welt mit *d'immenses filets d'analogies* zu überziehen und zugleich eine telegraphische Sparsamkeit und Geschwindigkeit des Sprechens, einen unerhörten Lakonismus, zu stiften (144):

> Sans me soucier des définitions stupides des professeurs, je vous déclare que le lyrisme est la *faculté* très rare *de se griser de la vie et de la griser de nous-mêmes*; la faculté de transformer en vin l'eau trouble de la vie qui nous enveloppe et nous traverse; la faculté de colorer le monde avec les couleurs spéciales de notre moi changeant. [...]
>
> Voilà comment et pourquoi l'imagination du poète doit lier les choses lointaines *sans fils conducteurs*, moyennant les mots essentiels et absolument *en liberté*. (144. Hvh. M.s)

---

[20] Zum Futurismus Kap. II 2 (Marinettis *lyrisme*).
[21] Französische Zitate nach Giovanni Lista, *Futurisme*, Lausanne 1973, 142 ff.

Telegraphische Geschwindigkeit im Futurismus

Diese neuartige dichterische Redehaltung sei *un lyrisme très dynamique et très violent* (145), der — von allen Verbalformen nur den Infinitiv bewahrend — in seiner Eile *constitue la vitesse même du style*[22]; er müsse darauf abzielen

> à délivrer le lyrisme de l'atmosphère de componction et d'encens que l'on a l'habitude d'appeler l'Art avec un grand A. (145)

Der gewollte Gegensatz zum Herkommen wird nachdrücklich unterstrichen:

> Je défendais en revanche un lyrisme très rapide, brutal, violent, immédiat que tous nos prédécesseurs auraient jugé anti-poétique, un lyrisme télégraphique imprégné d'une forte odeur de vie et sans rien de livresque. (146)

Ein *lyrisme* der Kakophonie und der *onomatopée*, dessen Tempi durch eingeklammerte Geschwindigkeitssignale wie *(vite) (plus vite) (ralentissez) (deux temps)* geregelt werden sollen. Verbunden wird das Prinzip der Geschwindigkeit mit dem eines synästhetischen Simultaneismus:

> Außerdem habe ich den *viellinigen Lyrismus* erdacht, mit dem es mir gelingt, jene lyrische Simultaneität zu erreichen, die auch das Anliegen der futuristischen Maler ist, [...]. / Der Dichter schleudert auf mehreren parallelen Linien verschiedene Ketten von Farben, Tönen, Gerüchen, Geräuschen, Gewichten, Tiefen und Analogien. Eine dieser Linien kann zum Beispiel duftend, eine musikalisch, eine andere malerisch sein.[23]

Der viellinige Lyrismus hat seinen Ort innerhalb einer *Révolution typographique*, und dem Ausdruck einer nachdrücklich fünfmal hervorgehobenen *ivresse lyrique* soll eine eigens dafür zu schaffende *Orthographe libre expressive* dienen (Lista, 146 f.). — Wie nahe dieses aufrührerische Lyrikideal dem Gedanken der *poésie absolue* oder *poésie pure* kommt, zeigt eine Formulierung in Marinettis Brief vom 5. 7. 1915 an den späteren Dada-Promoter Tristan Tzara:

---

[22] Zur Geschwindigkeit als Sprachprinzip vgl. u. Kap. II 3 sowie Interpretationen von Breton-Soupault, in: Pabst, *Die moderne französische Lyrik*.
[23] Zit. nach der deutschen Übersetzung eines (im französischen Text bei Lista, *Futurisme*, 146, nicht enthaltenen) Abschnitts betr. den ‚viellinigen Lyrismus', in: U. Apollonio, *Der Futurismus,* Köln 1972, 129. In späteren futuristischen Manifesten: *le lyrisme synthétique* (Folgore, in: *Le Futurisme* (1917), bei Lista 93 f.) und *lyrisme dynamique* (Marinetti, in: *Le Futurisme mondial* (1924), bei Lista 94 f.). Jean Cocteau fand den Maschinen-Enthusiasmus der Futuristen „d'un lyrisme aussi fade que d'être en proie aux dieux" (zit. bei Lista, 39, Fn. 24).

I. Wege zur neuen Epoche

> Voici des *poésies futuristes parmi les plus avancées*. [...] Je vous envoie donc des *mots en liberté (parole in libertà)*, lyrisme absolu, délivré de toute prosodie et de toute syntaxe.²⁴

Mag Marinetti auch in mancher Hinsicht gegen Mallarmés Manier rebellieren („Ich bekämpfe die dekorative und preziöse Ästhetik von Mallarmé und seine Experimente mit dem seltenen Wort [...], bekämpfe [...] außerdem das statische Ideal Mallarmés"²⁵), er war doch ein Kenner, Bewunderer und in gewisser Weise Schüler Mallarmés, dessen Dichtungen er als erster den Italienern durch seine Übersetzung nahezubringen versuchte²⁶. Und Mallarmé war der Wegbereiter der *poésie absolue*.

Einen ganzen Fächer von *lyrismes* entfaltet der mit dem Futuristenchef Marinetti sympathisierende, die futuristischen Experimente aber mit kritischer Reserve beobachtende Guillaume Apollinaire in seinem programmatischen Vortrag vom 26. 11. 1917 über *L'Esprit nouveau et les poètes*. Bei aller Anerkennung der Möglichkeiten lyrischen Aufschwungs, die sich der Dichtung seit den formalen Neuerungen der Symbolisten, insbesondere aber seit der futuristischen ‚Revolution des Buchdrucks'²⁷ und der futuristischen Erfindung der ‚Geräuschkunst', des *bruitisme*²⁸, boten, macht er ernste Vorbehalte gegenüber einer bloßen Technisierung:

> Le vers libre donna un libre essor au *lyrisme*; [...] Les artifices typographiques poussés très loin avec une grande audace ont l'avantage de faire naître *un lyris-*

---

²⁴ Zit. nach Lista, 35 (Hvh. Marinettis).
²⁵ Abschnitt „Revolution des Buchdrucks" des Manifests über Befreite Wörter (1913), nach Apollonio, 128 f.
²⁶ St. Mallarmé, *Versi e prose*. Istituto Editoriale Italiano, Milano, 1916; Nachweis bei Lista, *Marinetti* (Poètes d'anjourd'hui, 231) 200. — Benjamin Crémieux, *Littérature italienne contemporaine*. Edit. du Sagittaire (¹⁶1928), 232: „Les mots en liberté ne sont que la recherche d'un art complètement pur, d'où tout didactisme serait banni, qui ne procèderait plus que par illuminations, par synthèse intuitive [...]"; „une maladroite déformation de l'esthétique de Croce".
²⁷ Vgl. Abschnitt ‚Révolution typographique' von Marinettis Manifest: *Imagination sans fils* (Lista, *Futurisme*, 146; vollständiger Apollonio, 128 f. [deutsch]). Die ‚typographischen Kunststücke' schon in Mallarmés *Un Coup de dés* (1897). Apollinaires *Calligrammes* (1918) enthalten geschriebene Gedichtfiguren (alte weltweite Tradition der Figurengedichte oder Textbilder), vgl. K. P. Dencker, *Text-Bilder*, Köln 1972; sowie Vf., *Interpretationsversuche an Textbildern*.
²⁸ Zu *bruitisme* vgl. die Manifeste Russolos (bei Lista, *Futurisme*, 311 ff., 318 ff.) sowie L. Russolo, *L'Art des bruits*. Mailand, Ed. futuristes de ‚Poesia', 1916 (Neudruck: Lausanne, L'Age d'Homme, 1975). Offenbar nimmt Apollinaires Text auf Russolos Buch Bezug. 1917 begannen die Zürcher Dadaisten mit der Inszenierung bruitistischer Gedichte, ‚Lautgedichte', ‚Simultangedichte'.

me visuel qui était presque inconnu avant notre époque. [...] par exemple, un poëme ou une symphonie composés au phonographe pourraient fort bien consister en bruits artistement choisis et *lyriquement* mêlés ou juxtaposés, tandis que pour ma part, je conçois mal que l'on fasse consister tout simplement un poëme dans l'imitation d'un bruit auquel *aucun sens lyrique*, tragique ou pathétique ne peut être attaché. Et si quelques poëtes se livrent à ce jeu, il ne faut y voir qu'un exercice [...].[25]

So macht Apollinaire einen Qualitätsunterschied zwischen den durch die Experimente der Futuristen gewonnenen Komponenten von *lyrisme* und dem höheren Anspruch der Lyrik:

> L'esprit nouveau admet donc les expériences littéraires même hasardeuses, et ces expériences sont parfois *peu lyriques.* C'est pourquoi *le lyrisme* n'est qu'un domaine de l'esprit nouveau dans *la poésie* d'aujourd'hui, qui se contente souvent de recherches, d'investigations, sans se préoccuper de leur donner de *signification lyrique.* [...] (485)

Der von Marinetti entwickelte Sinn von *lyrisme* ist damit gegenüber der *poésie*, unter der Apollinaire echte Lyrik verstanden wissen will, energisch abgewertet. Eine wesentliche Bereicherung sieht Apollinaire hingegen in der Rezeption des Lachens und des Lächerlichen in der Dichtung seit Alfred Jarry.[30]

> Nous avons vu aussi depuis Alfred Jarry le rire s'élever des basses régions où il se tordait et fournir au poëte *un lyrisme tout neuf.* [...] Aujourd'hui, le ridicule même est poursuivi, on cherche à s'en emparer et il a sa place dans *la poésie,* parce qu'il fait partie de la vie au même titre que l'héroïsme [...]. (485 f.)

Als ein weiteres Grundelement moderner Dichtung gilt Apollinaire die *surprise, le grand ressort nouveau*. Dichter nennt er aber nur, im ursprünglichen Sinne der Poïesis, den Schöpfer und Erfinder: *on ne doit appeler poëte que celui qui invente* (486 f.), ihm erkennt er mit der Sinndeutung der Schöpfung eine göttliche Sendung, den Auftrag ständiger Erneuerung der Menschheit zu. Damit ist Apollinaire der erste französische Dichter unseres Jahrhunderts, der die Dichtung mit dem Anspruch auf Gleichberechtigung mit den höch-

---

[25] *L'Esprit nouveau* in: G. A., *OC* (Ed. Décaudin) III, 900—910; uns. Zit. nach Charpier/Seghers, *L'Art poétique*, 482, 494.
[30] Die Lyrik Alfred Jarrys (1873—1907) in *OC* I. Deutsche Interpretationen von Gedichten Jarrys: *L'Homme à la hache*. In: *Die französische Lyrik* II (Hg. Hinterhäuser), 167—178; W. Raible, *Moderne Lyrik in Frankreich (La Chanson du décervelage,* 100—103).

sten Domänen menschlichen Geistes ausstattet. (Mit größtem Nachdruck wird später Saint-John Perse diesen Anspruch erneuern[31].)

> Les poëtes enfin seront chargés de donner par *les téléologies lyriques* et *les alchimies archilyriques* un sens toujours plus pur à l'idée divine, qui est en nous si vivante et si vraie, qui est ce perpétuel renouvellement de nous-mêmes, cette création éternelle, *cette poësie* sans cesse renaissante dont nous vivons. (489, u. Hvh.)[32]

Nicht zuletzt erscheint dem Italo-Polen Apollinaire die neue Lyrik als die frohe Botschaft Frankreichs an die Welt: *Les Français portent la poësie à tous les peuples; le lyrisme français* habe bis nach Rußland hin Nachahmer gefunden (489); ganze Schulen und Gruppen seien seine Pflanzstätten und Hüter: *La France est pleine d'écoles où se garde et se transmet le lyrisme, de groupements où s'apprend l'audace* (490). So werde sogar den mechanisierten Künsten der Zukunft ein lyrisches Instrumentarium völlig neuer Art zur Verfügung stehen:

> [Les poëtes] veulent enfin, un jour, machiner la poësie comme on a machiné le monde. Ils veulent être les premiers à fournir *un lyrisme tout neuf* à ces nouveaux moyens d'expression qui ajoutent à l'art le mouvement et qui sont le phonographe et le cinéma. Ils n'en sont encore qu'à la période des incunables. (491, u. Hvh.)

Diese zukunftsfrohe Fanfare Apollinaires von 1917 stattet die Termini *lyrique* und *lyrisme* nicht nur mit einem Akzent höchster Qualität aus, sondern begründet auch einen prophetisch-metaphysischen Zug der neuen Poetik. Auf solchen *esprit nouveau* und seine modernen Gesetze beruft sich 1922 Jean Cocteau in *Le Secret professionnel*[33]. Für ihn verleiht die Lyrik ihren Adepten ein überfeinertes Sensorium, ein metaphysisches Gespür:

[31] Vgl. Schrader, *Saint-John Perse: Vents.*
[32] *alchimies archilyriques* spielt auf Rimbauds *Alchimie du verbe (Une Saison en enfer,* 1873) an.
[33] Jetzt in: Cocteau, *Poésie critique I*, 15—66; Zit. ebd. 55 A. (bei Charpier-Seghers, 518 A.). Rimbaud gab das Losungswort aus: der Dichter habe ein *voyant* zu sein, Dichtung gehe der Aktion voraus (vgl. *voyant*-Briefe von 1871 an Izambard und Demeny). — Hinweise auf die Antizipationskraft der Dichtung nahmen die antike Tradition des ‚Mantis' und ‚Vates' wieder auf; V. Hugo kennt diese ‚futuristische' Sendung des Lyrikers: Le poète [...] En tout temps, pareil aux prophètes, / Dans sa main, où tout peut tenir, / Doit, qu'on l'insulte ou qu'on le loue, / Comme une torche qu'il secoue, / Faire flamboyer l'avenir. (*Fonction du poète.* In: *Les Rayons et les Ombres.* 1840. OP I, 1025). ‚Poème prophétique' ist der Gedichtzyklus des Belgiers Paul Dermée, *Lyromancie* (1932).

Dada ohne lyrisme

> La poésie prédispose donc au surnaturel. L'atmosphère hypersensible dont elle nous enveloppe aiguise nos sens secrets et nos antennes plongent dans des profondeurs que nos sens officiels ignorent. [...] nous ne sommes pas loin de l'esprit religieux [...].

Das ausdrückliche Bekenntnis zum ‚göttlichen' Sinn lyrischen Schaffens wird hier allerdings noch in einer Fußnote versteckt:

> L'importance primordiale accordée au *lyrisme* par des esprits comme les nôtres, les plus capables, croirait-on, de le mépriser, nous oblige à lui reconnaître un sens divin. (Ebd.)

Religiöse Schattierungen hatte 1921 der Kenner überseeischer Literaturen Francis de Miomandre sogar in *Le Lyrisme de Walt Whitman*[34] entdeckt:

> *Le lyrisme* de Walt Whitman est un phénomène unique et précurseur dans la littérature du XIXe siècle. / Il est prodigieux, je n'en connais pas de plus intense, de plus humain, de plus ardent, de plus personnel. [...] son accent. *C'est celui de l'optimisme absolu.* [...] je ne sais quoi d'éternel et de divin sur lequel la mort et le changement n'ont pas de prise. [...] Je ne sais quelle prodigieuse santé anime l'œuvre de Walt Whitman jusqu'aux derniers moments de sa vieillesse, alors que *le lyrisme* du jeune homme assagi par degrés, est devenu très calme, puis très faible. Mais la santé est restée. / A côté de son *lyrisme grandiose,* fervent, religieux, illimité, celui d'un poète comme Hugo apparaît d'une piteuse mesquinerie.

Der Begriff *lyrisme* begegnet nicht in den an den Futurismus anknüpfenden, aber dem Futurismus auch widersprechenden *sept manifestes Dada* (1916—1920) und in den etwa gleichzeitig entstandenen *Lampisteries* (1917—1922) des rumänischen Anführers der Zürcher Dadaistengruppe des französischen Sprachbereichs, Tristan Tzara[35]. Dies erscheint zunächst konsequent, wenn man die destruktive Haltung und den dégoût des Dada nicht nur gegenüber dem bürgerlichen Kriegs-Konformismus, sondern auch gegenüber der gesamten abendländischen Kulturtradition einschließlich Sprache, Literatur und Dichtung bedenkt. In dem *tristan tzara* überschriebenen Manifest hieß es beispielsweise:

> DADA propose 2 solutions:
> PLUS DE REGARDS!
> PLUS DE PAROLES! (Fn.: Plus de manifestes.)
> Ne regardez plus!
> Ne parlez plus! (47)

[34] F. de Miomandre, *Le Pavillon du Mandarin,* 153—156.
[35] Zit.: T. Tzara, *sept manifestes DADA/lampisteries.* Pauvert, 1963; dasselbe in T. Tzara, *OC* I, 353—424. — Zur Dichtung des späteren Tzara, *L'Homme approximatif:* Inge Backhaus, in: *Die moderne französische Lyrik* (Hg. Pabst), 169—186.

I. Wege zur neuen Epoche

Aber in seiner bizarren ‚Dialektik' läßt Tzara — wie häufig — der Negation eine reservatio mentalis bzw. ihren Widerruf auf dem Fuß folgen: *Car moi, caméléon [...] — je fais le contraire de ce que je propose aux autres* (Fr.: *Parfois*) (47). Eine Untersuchung der sieben Dada-Manifeste und der *Lampisteries* wird anhand der darin gebrauchten Schlüsselwörter und vorgetragenen Poetik-Entwürfe aufzudecken haben, welche Idealvorstellungen von *poésie* sich unter dem aufrührerischen Getöse von Tzaras Kundgebungen verstecken[36]. — Im Jahr der einsetzenden Dada-Revolte, am 18. 8. 1917, schrieb ein Sympathisant des Dada und Surrealist avant la date, Jacques Vaché, an seinen Freund André Breton:

> Donc nous n'aimons ni l'ART, ni les artistes (à bas Apollinaire) ET comme TOGRATH A RAISON D'ASSASSINER LE POETE! — Toute fois puisqu'ainsi il est nécessaire de dégorger un peu d'acide ou de *vieux lyrisme*, que ce soit fait saccade vivement — car les locomotives vont vite. Nous ne connaissons plus Apollinaire, ni Cocteau — Car — Nous les soupçonnons de faire de l'art trop sciemmant, de rafistoler du romantisme avec du fil téléphonique et de ne pas savoir les dynamos.[37]

Kurz nach dieser Verächtlichmachung des *vieux lyrisme* steht in demselben Brief ein Satz, der — an eine eigenwillige Umdeutung von ital. *umore*[37a] anknüpfend — den Keim für die Entstehung des Begriffs *Umour* [sic!] *noir* legt, über den später André Breton in seiner *Anthologie de l'Humour noir* (Abschnitt J. Vaché, S. 350) handeln wird; in diesem Satz des Briefs wird dem Protagonisten von André Gides *Les Caves du Vatican* (1914) respektvoll bescheinigt, er sei nicht von einer Sonderart des *lyrisme*, der Satans-Schwärmerei, angekränkelt:

> L'umore ne devrait pas produire — Mais qu'y faire? — J'accorde un peu d'UMOUR à LAFCADIO — car il ne lit pas et ne produit qu'en expérience[s] amusantes — comme l'assassinat — et cela sans lyrisme satanique — mon vieux Baudelaire pourri!!! Il fallait notre art sec un peu; [...] (58)

Die zweite Bedeutung von *lyrisme* (= *exaltation*) erlebt hier ihre anti-romantische Auferstehung.

---

[36] Vgl. u. Kap. II 2.
[37] J. Vaché, 1895—1919. Zit. nach *Lettres de Guerre* (Coll. Le Désordre, 7), 57 (u. Hvh.); im 1. Satz d. Zit. Anspielung auf Apollinaires Novelle *Le Poète assassiné* (1916). Vgl. die Erinnerung Bretons an J. V. im Kap. ‚Saisons' von *Les Champs magnétiques* (1919), interpretiert in Vf.: *Die moderne französische Lyrik*, 140 ff.
[37a] Zugrundeliegt die Nebenbedeutung: *Brio di osservatore caustico e satirico* (s. Zingarelli, *Vocabolario*, s. v. *umore*).

Breton, der in der Entstehungszeit seines Gedichtzyklus *Mont de Piété* (1918/1919) selbst dem Dada nicht fernstand, erklärte 1924 in einer rückblickenden Erläuterung dazu, er habe sich aus *amour de brusquer* bemüht, Hohlräume von Unausgesprochenem um alle Wörter herum zu schaffen, und, wohl ahnend, daß er poetisch auf einem Holzweg war, mit seinen Definitionen und Rezepten — *bravant le lyrisme* — dem lyrischen Ton (oder dem Enthusiasmus?) getrotzt und sich dabei angeschickt, der Dichtung ihren Platz im Reklamewesen anzuweisen, wobei er freilich eine desperate ‚Werbung' für kollektiven Selbstmord im Auge hatte:

> faisant mine de chercher une application de la poésie dans la publicité (je prétendais que le monde finirait, non par un beau livre, mais par une belle réclame pour l'enfer ou pour le ciel).[38]

lyrisme ist in diesem Grenzraum zwischen Dada und Surréalisme ein schillerndes, in der Bedeutung ständig wechselndes Wort; daran erinnert sich Breton noch 1952 in einem Rundfunkgespräch mit André Parinaud über das in Gemeinschaft mit Philippe Soupault konzipierte Frühwerk *Les Champs magnétiques* (1919): seine jeweiligen Auffassungen vom Lyrischen seien zeitgebunden gewesen, unter *lyrisme* habe er in seiner vorsurrealistischen Phase eine geradezu krampfhafte Überschreitung der vom Verstand kontrollierten Ausdrucksgrenzen begriffen:

> Ces préoccupations sont celles qui tendent à l'élucidation du phénomène *lyrique* en poésie. J'entends à ce moment [1919], par lyrisme, ce qui constitue un dépassement en quelque sorte spasmodique de l'expression contrôlée.[3⁵]

lyrisme und *poésie* sind demnach für den frühen Breton nicht kongruent, der herkömmliche Nebensinn des Enthusiastischen ist dem Wort geblieben.

Bald werden die Surrealisten Breton und Eluard den *lyrisme* eingehender beschreiben und mit diesem Unternehmen zugleich die Simultaneität antagonistischer Dichtungsauffassungen beweisen. Paul Valéry, der zeitlebens nicht müde wurde, scharfsinnige Betrachtungen über die Probleme der Poetik anzustellen, publizierte 1929 einige Reflexionen über das Wesen der Dichtung unter dem Titel *Littérature*[40]. Die ersten 39 Thesen seiner Schrift verkehrten

---

[38] Breton, *Manifestes du surréalisme*, 30 f. (bei Charpier-Seghers, 592). ‚Werbung für den Himmel' schon im Kap. ‚Saisons' von *Les Champs magnétiques*: „je guérirais les malades s'il me semblait bon. C'est dit; j'invente une réclame pour le ciel!" (Coll. Poésie, 38).
[3⁵] Breton, *Entretiens*, 48 (Hvh. d. Autors).
[40] Zuerst in Zs. *Commerce*, XX; noch im gleichen Jahr (1929) in Coll. Les Amis du Livre, Edit. Adrienne Monnier; 1930 bei Gallimard; jetzt in P.V., *O* II, 546 ff.

Breton und Eluard gemeinsam in ebenso viele Anti-Thesen: möglichst nahe am Text der Vorlage bleibend, revertierten sie die vorgefundenen ‚klassizistischen' Konzeptionen durch Negationen und Wortvertauschungen[41] und publizierten sie noch im gleichen Jahr in *La Révolution surréaliste* unter dem Titel *Notes sur la poésie*[42]. Um den gegensätzlichen Sinn von *lyrisme* bei Valéry und den Surrealisten richtig hervortreten zu lassen, müssen die in beiden Thesensammlungen zuvor vertretenen Grundanschauungen resümiert werden.

Programmatisch sind schon die gegensätzlichen Titel der Sammlungen: Paul Valéry zählt die *poésie* zu den Bereichen der *littérature*, während André Breton und Paul Eluard zwischen einer im Verlaineschen Sinn *(Et tout le reste est littérature.* In: *Art poétique*, 1874/1882) verächtlichen ‚Literatur' und Dichtung als einem hohen Wert unterscheiden. Seit der ironischen Betitelung seiner vorsurrealistischen Zeitschrift *Littérature* (1920) blieb Breton bis in seine letzten Jahre bei dieser Distanzierung. Von 1962 stammt sein Wort:

> Ich sehe weiterhin zwischen Literatur und Dichtung nichts Gemeinsames. Die eine, ob sie nun auf die Außenwelt gerichtet ist oder sich der Introspektion rühmt, trägt uns leeres Geschwätz vor; die andere ist ganz inneres Abenteuer, und dieses Abenteuer ist das einzige, das mich interessiert.[43]

So erhellt sich auch der Sinn des durch Reversion eines Bibelworts (Matth. 22, 21) entstandenen Mottos zu Breton-Eluards *Notes*[44]: *Il faut prendre à César tout ce qui ne lui appartient pas* (473), d. h. möge die Literatur im weltlichen Bereich ihre Wirkung suchen, doch was sie von der Dichtung usurpiert hat, sei der spirituellen Sphäre zurückgegeben! Während Valéry an die Machbarkeit von Dichtung, an ihre Entstehung ausschließlich durch das Wollen und den Intellekt glaubt, bekennen sich die Surrealisten zum Werden von Dichtung unter ausdrücklicher Ausschaltung von Intellekt und menschlichem Willen, zur Poesie aus dem Unbewußten, zur Inspiration. Die wichtigsten Thesen seien in Synopse konfrontiert:

---

[41] Fortführung des von Eluard zusammen mit Péret bei Kompilation der *152 Proverbes mis au goût du jour* (1925) angewandten Verfahrens; vgl. Vf., *Anti-Aphoristik und Paradoxie*. Vorläufer: Lautréamont, *Poésie* II.
[42] Text Eluard, *OC* I, 471 ff.; die Datierung 1936 bezieht sich auf das erste Erscheinen im Buchhandel.
[43] J. Pierre, *Lexikon des Surrealismus*, s.v. *Dichtung*.
[44] Eluard, *OC* I.

Surrealisten gegen Valéry

Valéry: *Littérature* (mit Hvh. V.s)[45]

Un poème doit être une fête de l'Intellect. / Fête: c'est un jeu, mais solennel, mais réglé, mais significatif; image de ce qu'on n'est pas d'ordinaire, de l'état où les efforts sont rythmés, rachetés. (546)

On *organise* tout le *possible* du langage. Dans le poète: [...]
C'est l'intelligence, l'éveil,
   qui enfante et rêve; (547)

La Poésie
Für V. ist Dichtung der Versuch, mit den Mitteln sprachlicher Artikulation vorzustellen oder wiederzugeben, was Schreie, Tränen, Liebkosungen, Küsse, Seufzer etc. nur dunkel auszudrücken suchen, und was die Dinge scheinbar ausdrücken wollen. (547)

La poésie n'est que la littérature réduite à l'essentiel de son principe actif.

Von allen Idolen und aller illusorischen Realität gereinigt, birgt sie keine Zweideutigkeit mehr zwischen der Sprache der *vérité* und der Sprache der *création*, etc. (548)

Dichtung ist in einer Epoche der Sprach-Simplifizierung, des Formenabbaus, *d'insensibilité à leur égard,* der Spezialisierung — eine *chose préservée*.

Je veux dire que l'on n'inventerait pas aujourd'hui les vers. (548 f.)

Schroff stehen einander gegenüber:

Valérys ernste, das Spiel nicht ausschließende Gedichtkonstruktion ...

Poète ist, wer ein System des Intelligiblen und Imaginablen anstrebt, zu des-

Breton-Eluard: *Notes [...]* (mit Hvh. B./E. s)

Un poème doit être une débâcle de l'Intellect. / Débâcle: c'est un sauve-qui-peut, mais solennel, mais probant; image de ce qu'on devrait être, de l'état où les efforts ne comptent plus. (474)

On bouleverse tout le possible du langage.
Dans le poète: [...]
C'est l'intelligence, l'éveil qui tue; (475)

La Poésie
Für B. und E. ist Dichtung der Versuch, durch Schreie, Tränen, Liebkosungen, Küsse, Seufzer oder durch Gegenstände auszudrücken, was sprachliche Artikulation nur dunkel zu formulieren strebt [...] (475)

La poésie est le contraire de la littérature.

Sie herrscht über alle Idole und illusorische Realität, sie erhält auf glückliche Weise die Zweideutigkeit von Sprache der *vérité* und Sprache der *création* aufrecht [...]. (475 f.)

Dichtung ist in einer Epoche der Sprach-Komplikation, der Bewahrung der Formen, *de sensibilité à leur égard,* der Alleskönnerei — eine *chose exposée*.

Nous voulons dire que l'on inventerait bien aujourd'hui les vers. [...] (476)

und die raillerie surrealistischer Sprachspiel-Regeln ...

Poète ist, wer ein System des Nicht-Intelligiblen und Nicht-Imaginablen an-

---

[45] Valéry, *O* II, 546 ff. Vgl. Eluard, *OC* I, 1468 ff.

sen Ausdruck auch *un bel accident de langage* gehören mag, irgend ein Wort oder Wortakkord, *tel mouvement syntaxique*, irgend eine *entrée* —, die der Dichter angetroffen, aufgeweckt, durch Zufall angestoßen und wahrgenommen hat. (549)

strebt, zu dessen Ausdruck auch *un bel accident de chasse* gehören mag, irgend ein Wort, ein *désaccord de mots, telle plaisanterie syntaxique*, irgendeine *sortie* —, die der Dichter mit voller Absicht angetroffen, aufgeweckt, angestoßen, aber kaum wahrgenommen hat. (476)

Diesen Aphorismen über zweierlei Dichtungsprinzipien folgen in beiden Sammlungen je zwei Aperçus über den *lyrisme*, deren erstes auf beiden Seiten nur aus einem apodiktischen Satz besteht:

Le lyrisme est le développement d'une exclamation. (549)

Le lyrisme est le développement d'une protestation. (477)

Gemeinsam sind beiden Lehrsätzen die Idee der Ausformung oder Weiterentwicklung einer Bekundung durch *lyrisme* und die Betonung seiner Emotionsgeladenheit, hier durch *exclamation*, dort durch *protestation*. Die vorangegangenen gegensätzlichen Bewertungen emotionellen Ausdrucks und divergierenden Qualifikationen der sprachlichen Artikulation werden in *exclamation* und *protestation* pointiert. Valérys *exclamation*, Quasi-Synonym von *cri*, kann Äußerung von Schmerz, Erschrecken oder Empörung sein, findet aber sein Genügen und Ziel in dieser Reaktion auf Erlittenes. Das surrealistische *protestation*, das die Vorstellung kraftvoller verbaler Kundgabe evoziert, ist nicht im Sinn von ‚Protestaktion‘, nicht als „protestation condamnant une action", sondern als ein *déclarer hautement*, wie es einer geschichtlich erhärteten Hauptbedeutung des Wortes entspricht[46], das heißt als ‚Beteuerung‘ zu verstehen. Der grundlegende Unterschied beider Arten von *lyrisme* ist demnach in ihrem Ursprung aus verschiedenen Bewußtseinsschichten zu suchen. Daß Valérys *exclamation* als Reaktion auf bewußt empfangene Eindrücke (Aufschrei oder nur Aussage), daß die surrealistische *protestation* als Beteuerung oder Zeugnisablegen von unwillentlicher Begegnung mit Vor- oder Unbewußtem zu deuten sei, behauptet tatsächlich die von Valéry einerseits und von Breton-Eluard andererseits formulierte zweite *lyrisme*-Maxime:

Le lyrisme est le genre de poésie qui suppose la *voix en action* — la voix directement issue de, ou provoquée par, — les choses que l'on voit ou que l'on sent comme présentes. (549, Hvh. V.s)

Le lyrisme est le genre de poésie qui suppose la *voix inactive* — la voix indirectement retournant à, ou provoquant — les choses que l'on ne voit pas et dont on éprouve l'absence. (477, Hvh. B.-E.s)

[46] Vgl. *Larousse de la Langue Française* (1977), s. v. *protestation*.

Für beide Richtungen ist also *lyrisme* nicht identisch mit *poésie* schlechthin, sondern ein *genre de poésie*. Die Besonderheit dieser Dichtungsart besteht für Valéry in der Betätigung der Stimme als direkte Reaktion auf die reale Umwelt und als reiner Ausdruck ohne Intention. Für Breton-Eluard setzt die Besonderheit des *lyrisme* die nicht-aktive Stimme voraus, die Nichtbeteiligung des Willens an der Äußerung, aber doch eine Stimme, die zu vorbewußten, unsichtbaren oder vermißten Dingen zurückführt oder sie sogar evoziert. So setzen beide Auffassungen mit der Existenz einer Stimme ein Ich voraus. Nur die Haltung der beiden Ich divergiert. Über eine Intention oder ein Gerichtetsein der Stimme (an ein Du) ist in beiden Lehrsätzen nichts gesagt: weder *exclamation* noch *protestation* bezwecken Wirkungen auf ein Gegenüber (ohne dessen Präsenz in Wirklichkeit doch beide sinnlos wären). Beide Lehrmeinungen sind, trotz ihrer Gegensätze, in Form von Paradoxen dargeboten. Valérys Stimme in Aktion, in Fortentwicklung eines Aufschreis, ist — da *issue de ou provoquée par les choses* — nur Reaktion, durch sinnliche Reizung in Bewegung gesetzter ‚tropisme', also passiv. Hingegen ist Breton-Eluards *voix inactive* — *retournant à ou provoquant les choses* — in Fortentwicklung einer *protestation* ein Organ im Dienst einer unpersönlichen, ‚höheren' Wirkkraft. Aus Valérys Postulaten müßte gefolgert werden, daß sein aktiver *lyrisme* sich mit der Interpretation und bloßen ‚Aussage' der sinnlich wahrnehmbaren Welt begnüge —, worauf sich Valérys Lyrik in Wirklichkeit keineswegs beschränkt. Auch die surrealistische Konzeption eines *lyrisme*, der nur auf die ‚Beteuerung' von Erkenntnissen aus dem Nichtwahrnehmbaren abzielt, deckt sich nicht mit der Praxis aller aus dem Boden des Surréalisme erwachsenen Lyriker, zumal kein ‚Surrealist' — ausgenommen André Breton — an den Programmen der Gruppe längere Zeit festhielt.

Von der profanen Auslegung als Exaltation und Schwärmerei befreit Pierre Reverdy den Begriff *lyrisme* zuerst in der Zeitschrift *Nord-Sud* (1918) und dann 1927 in seinen unter dem Titel *Le Gant de crin* veröffentlichten Maximen zur Poetik. Dabei will er ohne Zweifel die von dem Futuristenchef Marinetti gewollte Vermengung der beiden Bedeutungssphären des Wortes zugunsten des rein poetologischen Sinns wieder aufheben: *Le lyrisme n'a rien de commun avec l'enthousiasme, ni avec l'agitation physique*[46a]; hingegen setze diese Haltung die fast totale Subordination des Physischen gegenüber dem Geist voraus; *lyrisme* sei eine Hinwendung zum Unbekannten, *une explosion indispensable de l'être dilaté par l'émotion vers l'extérieur*. (37) Die Heftigkeit

[46a] *Le Gant de crin*, 36.

und der Leichtsinn, mit denen manche Junge *font figure de lyriques,* veranlaßt Reverdy, strenge Unterscheidung zwischen *le lyrique et l'exalté* zu fordern. (38) Entsprechend der religiösen Haltung, zu der er sich in diesem Werk bekennt, ist für ihn der nach dem Unbekannten suchende *lyrisme* eine natürliche Teilhabe am Mysterium; das Bewußtsein moderner Dichter, seiner teilhaftig zu werden, verbucht er als ein Charakteristikum seiner Epoche. Im Anschluß an seine vielzitierte ‚Theorie der Metapher' (i.e. Stiftung einer Analogie zwischen weit auseinanderliegenden Vorstellungen)[46b] identifiziert er geradezu diesen Vorgang mit *lyrisme* und *mystère: Il naît de deux mots pour la première fois et avec justesse accouplés. Il jaillit d'une image inouïe, forte, inattendue, vraie, capable de placer une production nouvelle de l'esprit dans la réalité.* (40) *lyrisme* kommt weder aus der Betäubung noch aus dem Rausch (42), denn Aufgabe des Dichters ist es, aus allen Dingen die Substanz zu ziehen, um sie kraft einer *sublime transformation* auf eine andere Ebene zu erheben; er wird sich daher stets weigern, die Dichtung den Bezügen des praktischen Lebens dienstbar zu machen, *à immoler ou à asservir la poésie à quelque sujet ou phénomène social que ce soit.* (44)

Reich gestalten sich die Sinnschattierungen von *lyrisme* infolge der Experimente, die in den Zonen der Sprachskepsis und Sprachbefreiung[47] von vielen Dichtern angestellt wurden. Unterscheidet Apollinaire in *L'Esprit nouveau et les poètes* (1917)[48] zwischen *lyrisme visuel, lyrisme auditif, lyrisme du rire* und so fort[49], postuliert Antonin Artaud 1932 im ersten Manifest: *Le Théâtre de la cruauté* eine objektive und konkrete Sprechweise, die

> dégage le sens d'*un lyrisme nouveau du geste,* qui, par sa précipitation ou son amplitude dans l'air, finit par dépasser *le lyrisme des mots.* Il rompt enfin l'assujettissement intellectuel au langage [...].[50]

Breton spricht 1939 im Picasso-Abschnitt der *Anthologie de l'Humour noir* vom *acte lyrique ininterrompu que constitue l'œuvre plastique de Picasso* (300). Überhaupt scheint das 20. Jahrhundert auf dem Weg zur Bevorzugung des im positiven und konkreten Sinn gebrauchten *lyrisme* gegenüber der begriff-

---

[46b] Im gleichen Text 32 ff.; vgl. u. Kap. III 3.
[47] Vgl. u. Kap. II 2.
[48] Zu Apollinaire s. o. Fn. 29.
[49] Zur gleichen Zeit experimentierten die Futuristen theoretisch und praktisch mit *tactilisme, plasticisme* und *olfactivisme,* vgl. die Manifeste *Le Tactilisme* (Marinetti, 1921), *Parolibres plastiques* (Rognoni, 1922), *poésie tactile* (Marinetti, 1925), aber auch schon 1912 ausgeprägter Olfaktivismus in Marinettis *Train de soldats malades, Zang toumb toumb* u. dergl.
[50] Artaud, *OC* IV, 108; vgl. Artaud-Interpretation, Kap. IV 3.

lich unschärferen *poésie* zu sein. Mag Louis Aragon in seinen theoretischen Äußerungen zu Fragen der Dichtung im Wesentlichen an der herkömmlichen *poésie* festhalten, so nimmt er den *lyrisme* einmal ausdrücklich gegen den Hochmut von Banausen in Schutz: im Geleitwort zu *Le Crêve-Cœur*, dem Essay *La Rime en 1940*[51], nennt er einen als *innovation romantique* abgewerteten Reim aus Victor Hugos *Hernani* (1830) *à l'heure qu'il est encore une leçon d'intolérable lyrisme à qui n'est pas poète.* — *lyrique* oder *lyrisme* begegnen als höchste Prädikate in Urteilen über die Dichter der *négritude*. So bewertet André Breton in *Un grand poète noir*[52] den Verfasser des *Cahier d'un retour au pays natal* (1939), Aimé Césaire aus Martinique, als Schöpfer des *plus grand monument lyrique de ce temps* (99), das ihm Gelegenheit zur Definition wahrer Lyrik bietet:

> [...] ce mouvement entre tous abondant, cette exubérance dans le jet et dans la gerbe, cette faculté d'alerter sans cesse de fond en comble le monde émotionnel jusqu'à le mettre sens dessus dessous qui caractérisent la poésie authentique par opposition à la fausse poésie [...]. (100)

Auch für Claude Bonnefoy in seinem ‚tour d'horizon' *La Poésie française aujourd'hui* (1976) ist *lyrisme* einer der größten Vorzüge der Dichtung der *négritude*, deren Repräsentanten

> ont contribué par *leur lyrisme*, leur sens des images, leur invention verbale ou la violence de leur imaginaire à renouveler profondément *la poésie* contemporaine.[53]

Mit *lyrismes* kennzeichnet Bonnefoy sowohl die individuellen Tonarten verschiedener großer Autoren *(les lyrismes, notablement différents, de Claudel, de Saint-John Perse et d'Apollinaire)* (44) als auch eine ganze Entwicklungslinie der triadischen Gliederung in der Lyrik des Jahrhunderts:

> La première s'inscrirait dans la tradition du siècle, celle du lyrisme ou de l'amour des mots, des grandes laisses de Saint-John Perse ou du merveilleux surréaliste. La seconde serait interrogation sur la parole poétique [...] et conduirait aussi bien à une poésie en lutte contre le silence qu'à une mise en pièce du langage. La troisième serait une poésie moins soucieuse de la forme, plus proche du quotidien [...] ou encore de l'engagement politique. (44)

Nicht zuletzt unterscheidet Bonnefoy bei einem einzelnen Dichter die Tonarten des *lyrique, érotique, cruel et ironique* (45), bei anderen *le lyrisme très aigu*

---

[51] Text bei Charpier-Seghers, 620.
[52] A. Breton „Un grand poète noir" (1943) in: *Martinique charmeuse de serpents*, 89—109.
[53] Cl. Bonnefoy, *La Poésie française*, 40—54; Zit. 42 (Uns. Hvh.).

oder *le sens d'un lyrisme contenu* und ähnliches (47—48), schließlich auch eine ganze Skala von Schattierungen in der

> poésie d'Alain Bosquet [...], qui n'ignore ni le lyrisme ou l'humour surréaliste, ni [...] le plaisir des rythmes classiques, ni [...] l'interrogation métaphysique ou la mise en cause de l'écriture, mais qui doit son unité à l'acuité du regard [...] (54).

Sogar mit politischem Engagement kann sich *lyrisme* nach einer Formel Bonnefoys verbinden:

> les poètes bretons [...] ou occitans [...] affirment avec lyrisme [...] leur identité, leur appartenance à un sol et font écho aux luttes des peuples du tiers-monde ou des noirs américains dont ils se sentent solidaires. (54)

Die Feststellung, daß einer der *poètes irréductibles à un courant,* Michel Deguy [geb. 1930], nach eigenem Zeugnis *sait maîtriser le lyrisme* (ebd.), führt sowohl auf die wiederholt von uns hervorgehobene zweite Bedeutung des Terminus *(lyrisme = exaltation,* Schwärmerei) wie auf ein von Meistern des Fachs den Dichtereleven eingeschärftes Gebot zurück. So mahnt Léon Paul Fargue im Jahr 1929:

> Coupe les cheveux à ton lyrisme. Coupe-lui même un peu les ailes. Laisse voir tes yeux entre tes doigts. Scalpe l'emphase. Une grande phrase est un cri de mondaine. Un mot, rien qu'un petit mot bien placé, je t'en supplie.[54]

Und Max Jacob dämpft in den *Conseils à un jeune poète* (1941) den von den Surrealisten geförderten Drang ins ‚Unbewußte':

> Le lyrisme est un état de pensée sans penser, de sentiments sans sentiments, prêt à nourrir une expression harmonieuse. — Les mots qui viennent alors sont dits lyriques. — Le propre du lyrisme est l'inconscience, mais une inconscience surveillée.

Für Jacob ist *lyrisme* ein unverzichtbares Ingrediens der Dichtung, er kennt sogar einen *lyrisme* im Zustand der Reinheit:

> Il peut y avoir lyrisme ailleurs qu'en poésie mais il n'y a pas de poésie sans lyrisme.

---

[54] Fargue, *Suite familiaire,* in: Charpier-Seghers, *L'Art poétique,* 472. — Schon Horaz macht sich in *De Arte poetica* über den schwärmenden Dichter lustig, der, in Begeisterung nachtwandelnd und Verse schmiedend, in die Grube fällt (Verse 455—460). Doch lyrischer Begabung soll sich keiner schämen: [...] ne forte pudori/sit tibi Musa lyrae sollers et cantor Apollo (406—407).

Naturnaher lyrisme

> Le lyrisme à l'état pur se trouve dans quelques romances populaires et dans les contes d'enfants.[55]

Der Kreis der Entwicklungen, ja sogar der kühnsten avantgardistischen Abweichungen vom Herkommen, scheint sich zu schließen und zu den Ursprüngen zurückzuführen, wenn man der Versicherung René Bertelés glauben darf, der in seiner *Préface*[56] zu *Corps et biens* (1930), anläßlich der Neuauflage dieser Summa surrealistischer Dichtungen von Robert Desnos im Jahr 1968, überraschend erkennt:

> Desnos nous rend ici *le lyrisme à l'état pur, le lyrisme* au sens d'effusion sentimentale et verbale qu'il a pris plus particulièrement *avec et depuis le Romantisme.* (8) [...] ses obsessions, à travers lesquelles nous retrouvons les thèmes qui sont ceux *du lyrisme de tous les temps*: l'amour, [...] la solitude, la mort [...]. (9) (uns. Hvh.)

*

Einen nicht völlig überzeugenden Versuch poetologischer Klärung des Terminus *lyrisme* unternahm Yvon Belaval in seinem Essay *L'Endroit et l'envers du lyrisme* (1949)[57]. Zugrunde gelegt wurde als Modell einer durch Naturnähe dem *lyrisme* unmittelbar geöffneten Dichtung die Lyrik Friedrich Nietzsches:

> Inspiratrice du lyrisme, la Nature, du même coup, en devient le thème majeur: n'est-elle pas cet au-delà du quotidien, où le poème nous convie à la fête des sens [...]? Dès lors, s'il fallait définir les caractères du lyrisme, le plus fondamental de tous serait sa liaison au vouloir-vivre et, sans doute, à la Libido. (136)

Dies ist freilich — so Belaval — nur die Vorderansicht des Problems, *l'endroit du lyrisme,* denn hier gibt es eine Parteinahme für einen Aspekt der Dinge:

> pour ce lyrisme, le vrai, le réel, le sérieux sont du côté de la Nature, tandis que le faux, l'illusoire, le comique, rejetés du côté des hommes. (137)

Diesem *lyrisme originel* stelle sich in der geschichtlichen Entwicklung ein durch die Entstehung der Großstädte aufkommender *lyrisme inverse* entgegen, der noch einer ästhetischen Darstellung harre (137). Seine Anfänge lie-

---

[55] M. Jacob, *Conseils à un jeune poète*, 56; bei Charpier-Seghers, 471.
[56] R. Desnos, *Corps et biens*, 5—14.
[57] In: Belaval, *Poèmes d'aujourd'hui*, 132—154. Y. B. geht von den poetologischen Untersuchungen Bachelards über Erde, Wasser, Feuer, Raum, etc. aus.

gen bei Baudelaire, dem Rimbaud, Whitman und Verhaeren als Repräsentanten eines noch vorwiegend optimistischen *lyrisme de bâtisseurs* folgen, bis unter der Einwirkung der zunehmend mechanisierten Großstadt-Zivilisation mit ihrer Hast und ihren sinnlichen und intellektuellen Rauschbedürfnissen eine neue Art Mensch und mit ihr *l'envers du lyrisme* (138) entstehe. Der Dichter in seiner Sonderstellung, von den Göttern verlassen und der Bedrückung durch die Mitwelt ausgesetzt, beginne seine Gaben quasi als Anomalie, böses Erbteil, eine Art Perversion oder gar Torheit anzusehen:

> Car tout est dit, couru, usé; et puis, sous les regards d'autrui, la grande exhibition lyrique, ça paraît un peu indécent. Tandis que le lyrisme naturel renvoyait à l'instinct de vie, tout se passe à présent comme si le lyrisme inversé renvoyait à l'instinct de mort. (138)

Nur noch der Traum verstatte eine scheinbare Evasion aus dieser Lage und könne als *une excuse au lyrisme* gelten; aber als ob er etwas gar zu Natürliches wäre, provoziere man nun den Traum durch Drogen oder ahme ihn durch *écriture automatique* nach (139).

Den hiermit angedeuteten Weg historischer Darstellung des *envers du lyrisme* geht aber Belaval in diesem Essay nicht weiter. Er glaubt die Rückseite des lyrischen Phänomens nun in Romanen wie Alfred Jarrys *Les Jours et les Nuits. Roman d'un déserteur* (1897) und Raymond Queneaus *Saint Glinglin* (1948) am stärksten ausgeprägt zu finden, so daß der Naturlyrik von gestern das lyrische Element in der epischen Menschendarstellung von heute entgegengehalten wird, strenggenommen also nicht Vorder- und Rückansicht „der Lyrik" konfrontiert werden. *le lyrisme* hat also in Belavals Titel einmal die Bedeutung eines Gattungsnamens, das andere Mal aber die Bedeutung einer Tonart-Bezeichnung. Die Heranziehung von Queneaus ‚Angriffen' auf die Sprache, die sich in der Tat auch in seiner Lyrik abspielen (152), ist ein zweites Abweichen in einen, nicht zum Thema des *endroit* und *envers* gehörenden Problembereich mit großer französischer Tradition[58]. Selbstverständlich ist nicht zu leugnen, daß seit dem 19. Jahrhundert die stärksten Grenzüberschreitungen ‚des Lyrischen' in andere literarische Genera stattfinden, und daß es seitdem auch ‚lyrische Romane' gibt[59].

Ein Roman birgt denn auch eine für den Lyrikbegriff unseres Jahrhunderts höchst wichtige Bedeutungsnuance von *lyrisme*. In dem zwischen 1918 und

---

[58] Zu dieser Tradition Bodo Müller, *Der Verlust der Sprache;* sowie uns. Kap. II 1 und 2.
[59] Zu Grenzüberschreitungen des Lyrischen vgl. Rousselot, *Dictionnaire de la Poésie fr. contemporaine,* s.v. *poésie et prose.*

1920 geschriebenen Schlüsselroman Louis Aragons, *Anicet ou le Panorama*, überhäuft André Breton, der hier unter dem ‚nom de guerre' Baptiste Ajamais auftritt, den Titelhelden, der natürlich den Autor repräsentiert, in Kapitel VI *(Mouvements)* mit freundschaftlichen Vorwürfen wegen angeblich unechter, nur vorgetäuschter oder nur verbaler Teilnahme an den Dingen und an der Mitwelt[60]; Anicets zur Schau getragene Affekte, die ohne Konsequenz für sein Handeln bleiben, nennt Baptiste einen falschen, ‚gemachten', konventionellen *lyrisme*:

> Tu parles, tu n'agis jamais: dans la rue tu lis toutes les affiches, tu pousses des cris devant les enseignes, tu *fais* du lyrisme, et de quel lyrisme! faux, facile, conventionnel; tu te fatigues, ça ne va jamais plus loin.[61]

Aus dieser Haltung erklärt sich für Baptiste auch Anicets Leidenschaft für den Film, der ihm — wie andern jungen Leuten der Epoche — geradezu als tägliches Surrogat für nicht gelebtes Leben und nicht getane Taten, als verhängnisvolle Schule der Nicht-Aktion diene:

> Tu y cherches les éléments de ce lyrisme de hasard, le spectacle d'une action intense que tu te donnes l'illusion d'accomplir; sous le prétexte de satisfaire ton besoin moderne d'agir, tu le rassasies passivement en te mettant à la plus funeste école d'inaction qui soit au monde: [...] à regarder vivre les autres. [...] Le mal que cette mécanique te fait, en t'ôtant le goût de la vie, n'est balancé par rien. (139)

Ganz verärgert weist Anicet diesen Ausbruch zurück und spricht dem Freund das Recht ab *de me croire incapable d'agir* (139).

Die entscheidende Information, die der Text liefert, ist die Einsicht, daß das Wort *lyrisme* für die damals 20- bis 25jährigen Intellektuellen in den Begriff des Affekts den Anspruch der Echtheit und Tatbereitschaft mit einschließt, während *lyrisme faux* bewußte oder unbewußte Affektation bedeutet. In dieser Schattierung weist die Formel Aragons durch den Mund Bretons erstmals auf ein großes Postulat des Jahrhunderts: daß der Dichter ein Mann nicht nur der starken Emotionen, sondern der Aktion und Veränderung zu sein habe.

Welch ahnungsvolle Ironie spüren wir heute in dem Umstand, daß dieses fingierte, aber auf Realitäten beruhende Gespräch gerade einen Breton bei Aragon das ‚Engagement' vermissen läßt, dessen Übermaß in Aragons *Front*

---

[60] Noch in Bretons *Entretiens* (1952), 45, ist Aragon ein *Etincelant*, Blender mit einer *assez grande laxité de ses opinions*.
[61] Zit. nach *Anicet*, 138 f. (Hvh. A.s)

Rouge ein gutes Jahrzehnt danach mit Bretons Polemik gegen die Politisierung der Lyrik den Bruch zwischen beiden Freunden verursachen wird[62].

Als Terminus der Literaturkritik erhielt *lyrisme* eine neue Nuancierung durch Gaëtan Picon. Bei der Darstellung der französischen Lyrik des 20. Jahrhunderts (*La Littérature du XXe siècle*, in: *Histoire des Littératures* III — *littératures françaises, connexes et marginales*[63]) vollzieht Picon eine klare Scheidung zwischen *lyrisme* und *poésie*. *Poésie* bleibt für Picon übergeordnete Gattungsbezeichnung („La Poésie au XIXe siècle', 887 ff., ,Domaine de la poésie', 1290 ff.). Als Sondergebiet innerhalb der Gattung wird *lyrisme* im Abschnitt über ,La Poésie d'aujourd'hui' herausgestellt (1320 ff.); unterschieden werden: *L'engagement / Le langage / Le réalisme / L'expérience interne / Le lyrisme*. Einziger Repräsentant des letzteren ist René Char (1324 f.), dessen Lyrik damit grundsätzlich von derjenigen aller anderen Zeitgenossen abgegrenzt wird: jene haben sich nämlich dem *lyrisme* als Bewußtsein einer zwischen Mensch und Welt bestehenden Harmonie verweigert:

> Pour différents que soient tous ces poètes [i. e. die Engagierten, die Rhetoriker, die Ponge und Michaux], quelque chose leur est commun: le refus du lyrisme comme conscience d'un accord entre l'homme et l'univers. Ils ne retiennent que le langage, un moi séparé du monde, ou encore un monde purement objectif. (1324)

Zwar erstreben einige dieser Autoren die Wiederherstellung einer Harmonie, d. h. eine Art ,Wiederversöhnung', doch ihr Weg führt *in Richtung auf* eine (verlorene) Ganzheit, er geht *nicht vom Besitz* einer Ganzheit *aus*.

> Cette rupture entre poésie et lyrisme témoigne évidemment de la rupture vécue, historique, entre l'homme et les conditions de son existence; elle est la poésie de la conscience malheureuse[64] (1324).

Solche Vitalität einer von der poetischen Erfahrung geschiedenen Dichtung empfindet Picon als beispiellos. Doch habe sie die Kontinuität des *lyrisme* nicht zerstören können, als deren Repräsentant René Char zu gelten habe. Der *lyrisme* dieses Autors beruhe auf *la plus étroite alliance entre la poésie*

---

[62] Vgl. Kap. III 3.
[63] *Encyclopédie de la Pléiade* (1963). ,Domaine de la poésie', 1290—1325.
[64] *la conscience malheureuse* (Terminus nach Hegel) wiedergebraucht von Sartre bei der Neudefinition von *les intellectuels (L'Ami du peuple*, in *Situations*, VIII, 457): „quand l'un d'eux se rend compte qu'il *travaille universel* pour servir le particulier, alors la conscience de cette contradiction — ce que Hegel appelait conscience malheureuse — est précisément ce qui le caractérise comme intellectuel." (Hvh. S.s)

comme expérience vécue et le poème comme chose écrite. Chars Lyrik mache Heideggers Lehre einsichtig, derzufolge

> la poésie est fondation du monde par la parole. La tension qui maintient, dans leur équilibre violent, les éléments du langage, est celle de la force qui traverse la vie et appelle, ouvre l'avenir. (1325)

Char unterwerfe die *phrase poétique* in ihrer Einheit und Vollkommenheit nicht einer retrospektiven Ordnung, sondern widme sie der Weckung einer neuen Kraft, eines Neubeginns.

So gewinnt der Terminus *lyrisme* bei Picon die Nuance eines — von der Skepsis des Intellektualismus unbeeinträchtigten — Aufschwungs.

(Bibliographische Hinweise im allgemeinen Literaturverzeichnis am Schluß des Bandes.)

II. Klang — Paradoxie — Bewegung

1. Ohnmacht der Sprache — Gewalt statt Sprache

> [...] n' as-tu pas senti ton esprit traversé par quelque pensée relative à la *puissance matérielle des paroles*? Chaque parole n'est-elle pas un mouvement créé dans l'air?
>
> Edgar Allan Poe: *Puissance de la Parole*

Der Lyriker Pierre Garnier, französischer Wortführer und Analytiker der *poésie concrète* und des *spatialisme*[1], stellte 1966 in einem Aufsatz über die *Jüngste Entwicklung der internationalen Lyrik*[2] fest:

> Der dialektische Prozeß zwischen Autor und Welt ist in den Hintergrund getreten und das Anliegen der Poesie ist die Sprache selbst geworden, die [...] als Materie entdeckt wird.

Es ist in der Tat eines der Grundmerkmale auch der französischen Lyrik des 20. Jahrhunderts, daß sie in weiten Bereichen die Sprache nicht mehr einfach als Nährboden und Behausung empfindet, sondern — im Bewußtsein der bereits historischen linguistischen Krise der Literatur — ihren eigenen Rohstoff, das Wort, zum Thema und Gegenstand von Experiment und Spiel und sprachkritischer Reflexion erhebt[3]. Das Innewerden der Ohnmacht und Insuffizienz des Worts, mindestens seit Flaubert, auf der einen Seite, der Wille auf der anderen, die Sprache aus einem Zustand literarischer Abnutzung und Entkräftung, aber auch der Fesselung und Knebelung durch grammatisch-syntaktische Regelsysteme und den Pragmatismus des Gebrauchs zu befreien, spätestens seit Victor Hugo, bestimmen das Klima, in dem sich die moderne französische Lyrik entfaltet. Die sehr alte, authentische oder affektierte Skepsis gegenüber der Ausdruckskraft der Sprache (vom rhetorischen

---

[1] P. Garnier, geb. 1928, Gymnasiallehrer (Germanist), Vf. von Essays über Nietzsche und Heine, übersetzte Dichtungen Goethes, Benns und Trakls; sein Buch *Spatialisme* [...] 1968.
[2] P. Garnier, 451.
[3] Vgl. B. Müller, *Der Verlust der Sprache*.

Unsagbarkeitstopos[4] bis zum metaphysischen Zweifel[5] an der Mitteilbarkeit seelischer und religiöser Erfahrung, etwa bei Dante, den Mystikern oder bei dem Romantiker Lamartine[6]) mündet bei den Wegbereitern der symbolistischen Lyrik in ein leidenschaftliches und fruchtbares Spannungsverhältnis zwischen höchstem Anspruch und Glauben an das Wort *(le Verbe)* als Träger sprachlicher Transzendenz, als Botschafter absoluter Idealität (Mallarmé), als Vorstoß ins *inconnu* (Rimbaud) — und tiefer Resignation im *indicible* des ‚schweigenden Gedichts' (Mallarmé), im faktischen Verstummen des Dichters (Rimbaud). Abgesehen von Rimbauds singulärem Verzicht auf Dichtung erweist sich die französische Sprachskepsis in ihrem Wechselverhältnis zur Glorifizierung der Sprache als höchst kreativ. Dem langen Ringen eines Flaubert um das einzig richtige Wort, seiner Verhöhnung einer als Vehikel von *idées reçues* mißbrauchten Sprache stehen Edgar Allan Poes Bekenntnisse zur ‚Macht des Worts' und zum Ideal absoluter Dichtung gegenüber, die in Frankreich über Mallarmé und Paul Valéry bis in Jean-Paul Sartres resümierende Lyrik-Definition von 1947[7] hinein nachhallen. Es ist wichtig zu beachten, daß Rimbauds Nachwirkung nicht von seiner Aphasie und Agraphie ausging, sondern von dem Optimismus der Gewaltsamkeit, den er in den *voyant*-Briefen[8] formulierte und in seinen Dichtungen aktualisierte. Richtig ist die Beobachtung, daß die semantische Krise nicht zum Rückzug aus der Poesie[5] führt, sondern neue Poesie erzeugt.

---

[4] Vgl. Curtius, *Europäische Literatur*; zur Redeunterbrechung (Aposiopese) vgl. Lausberg, *Elemente*, 137, Morier, *Dictionnaire (réticence)*.
[5] B. Müller unterscheidet metaphysischen, vorwiegend in der Dramatik begegnenden, pragmatischen und semantischen Zweifel.
[6] Die „Diskrepanz von Wollen und Vollbringen" (B. Müller, 229) schon in Michelangelos Sonett *Non ha l'ottimo artista*, Vers *8 : Contraria ho l'arte al disiato effetto*. — Die Frage „Verstummen die Dichter?" verneint H.-G. Gadamer in *Poetica. Ausgewählte Essays*.
[7] Vgl. Sartre zur nicht engagierbaren modernen Lyrik (*Qu'est-ce que la littérature?*, 63 ff., 81 ff., 85 ff.).
[8] Die *voyant*-Briefe in Rimbaud, *OC*, 267—273.
[5] Zum Rückzug aus der Poesie: Müller, 239 f.; seit der Entdeckung des Prinzips *silence* bei Mallarmé durch Blanchot (*L'Espace littéraire* und *Le Livre à venir*) erwies sich das Thema als außerordentlich fruchtbar: vgl. Sartre, *Situations* II, 94 f.; Friedrich, *Struktur*, 67, 117 f.; Raible, *Moderne Lyrik*, 30 f.; Kommerell, „Die Sprache und das Unaussprechliche", in *Geist und Buchstabe der Dichtung*, Frankfurt a. M., 1940; Brice Parain, *Recherches sur la nature et les fonctions du langage* (1942), (dazu Queneau, *Bâtons, chiffres*, 211—214). Das Schweigen oder Verstummen preisen: Tristan Tzara im *Manifeste T. Tzara* (1920) und passim seit 1917; Francis Ponge, (*Méthodes*, 231); Samuel Beckett (*Actes sans paroles*, *Eh Joe*, *Breath* etc.), der aber die Stimme das Verstummen überleben läßt (*L'Innommable*, *La dernière Bande*,

II. Klang — Paradoxie — Bewegung

Die Erkenntnis, daß nicht nur in Literatur und Dichtung, sondern auch in den Geisteswissenschaften unseres Jahrhunderts „die Sprache in allen Wissensgebieten zu einem Anthropologicum ersten Ranges geworden ist"[10], daß heute von Sprachphilosophie, Sprachtheologie, Sprachsoziologie, Sprachpsychologie, angewandter Sprachwissenschaft und von Sprachproblemen der Naturwissenschaften geredet werden muß[11], beweist die Fragwürdigkeit und Rehabilitationsbedürftigkeit, in die ein Element gedrängt ist, das der Antike und dem humanistischen Bildungsraum vergangener Epochen schlechthin als Grundlage und schützendes Dach für alles rational Erfaß- und Mitteilbare, alles vom Gefühl für wahr Gehaltene galt. Warum der Glaube an Geborgenheit in der Sprache nicht mehr universal weiterbesteht und gerade in den Kulturen des Westens bis in die Grundlagen erschüttert erscheint, diese Frage untersucht George Steiner in seinem Buch *Sprache und Schweigen. Essays über Sprache, Literatur und das Unmenschliche*[12], namentlich in den Kapiteln „Der Rückzug aus dem Wort" und „Der Dichter und das Schweigen". Die Ursache dieses fundamentalen Wandels sieht er in der Entwicklung der Mathematik seit Newton und Leibniz zu einer reichen, komplexen und dynamischen ‚Sprache' von fortschreitender Unübersetzbarkeit, einer Sprache, die das angestammte Instrument menschlicher Verständigung, die grammatisch-syntaktisch organisierte, gesprochene und geschriebene Sprache, an Exaktheit und Ausdrucksmöglichkeiten in staunenswertem Maß übertrifft. Demnach resultiert die Sprachskepsis der neuen Epoche aus der „einschneidendsten Veränderung im Tenor des westlichen intellektuellen Lebens seit dem 17. Jahrhundert", aus der „sukzessiven Unterwerfung weiter Wissensgebiete unter die Prinzipien und Methoden der mathematischen Wissenschaften"[13] sowie aus der Tatsache, daß die eigentlichen neuen Erkenntnisse der Menschheit über Realität, Materie, Energie und ihre raumzeitlichen Verbindungen, atomare Struktur, Wellennatur etc. „vom Worte her nicht mehr zugänglich" sind, „daß in kardinalen Bezügen jetzt Realität

---

etc.); J.M.G. Le Clézio, der in *le silence* die fruchtbaren Impulse des Todes aufspürt (*L'Extase matérielle,* 1967). Sein existentielles Dilemma zwischen Nicht-mehr-schreiben-Können und Verstummen-Wollen demonstriert schon Joseph Joubert in *Pensées*: „Parmi les trois étendues, il faut compter le temps, l'espace et le silence. L'espace est dans le temps, le silence est dans l'espace." (Vgl. Norbert Alcer: *Studien zu J. J., 1754—1824,* mit bisher unveröffentlichten Schriften. Diss. FU Berlin, 1973). — Interpretative Ergänzung unten Kap. IV 3.
[10] Müller, 241.
[11] Ebd.
[12] G. Steiners Essays zuerst englisch 1958 und 1967.
[13] Steiner, 58.

außerhalb der verbalen Sprache beginnt"[14]. Für die Franzosen wurde die Wende um so empfindlicher markiert, als Descartes und Spinoza zu „stillschweigender Gleichsetzung von Wahrheit und mathematischer Beweisführung" gelangten und damit alles philosophische Denken, das bis dahin immer auf Sprache beruht hatte, dem Primat der Mathematik unterwarfen[15]. Steiners Einsichten lehren, einige Grundmerkmale der Lyrik unseres Jahrhunderts — die sprachkritische Reflexion, die Sprachexperimente und Sprachspiele — aus ihren Ursachen, dem Prestigeverlust und der Entmachtung der Sprache durch Mathematik und Naturwissenschaften, herzuleiten und in diesem großen Zusammenhang besser zu verstehen.

Mort ou survie du langage? Dieser Titel eines dichtungskritischen Essays (1969) des Lyrikers Jean Rousselot[16] ist unter solchen Aspekten repräsentativ für die extremen Konditionen zeitgenössischer Dichtung. Die Beispiellosigkeit und extreme Gefährlichkeit der Konfrontation von herkömmlicher Sprache und mathematischer ‚Übersprache' dürfen aber nicht vergessen machen, daß menschliches Sprechen, vor allem dichterischer Ausdruck, von den mythischen Anfängen an im Geruch äußerster Verwegenheit und Herausforderung standen. Auf dem Wort und dem Dichter lastet von altersher der Verdacht von Anmaßung, Hybris und Gewalt, weil sie Verborgenes enthüllen, den Menschen mitteilen, was Götter als Geheimnis hüteten, weil sie die alte Ordnung und Hierarchie durch das Wagnis der Sprache untergraben. Orpheus, das Urbild des Dichters, wird wegen Mißachtung des Herkommens von Mänaden zerrissen, er wird zum *poète assassiné*; Thamyris wird erschlagen, Marsyas wird geschunden, weil beide gewagt haben, durch Dichtung in Wettstreit mit Göttern zu treten; der Thebaner Tiresias muß das Vorausseín mit dem Wort, die Sehergabe durch Verlust des Augenlichts bezahlen; Tantalus büßt die Nacherzählung belauschter Tischgespräche der

---

[14] Ebd. 61 (Hvh. Steiners). Beherzigenswert (ebd. 63) die Warnung: „Der falsche Ehrgeiz nach wissenschaftlicher Strenge und Voraussage hat so manche geschichtliche Arbeit von ihrem wirklichen Wesen, das recht eigentlich künstlerischer Natur ist, abgelenkt."
[15] Steiner, 65 f. Die Überlegenheit der Mathematik fasziniert auch französische Dichter unseres Jahrhunderts. In *L'Esprit nouveau et les poètes* (1917) sagt Apollinaire: „Déjà, la langue scientifique est en désaccord profond avec celle des poëtes. C'est un état de choses insupportable. Les mathématiciens ont le droit de dire que leurs rêves, leurs préoccupations dépassent souvent de cent coudées les imaginations rampantes des poëtes." (Charpier/Seghers, *L'Art poétique*, 490.) — Respekt vor der Mathematik ist Leitmotiv P. Valérys; vgl. Notierungen in seinen *Cahiers.*
[16] Rousselot (geb. 1913); seine Lyrik: *Les Moyens d'existence, 1934—1974.* Seghers, 1976.

Götter mit ewigen Höllenqualen; die Hybris des Nimrod wird durch das Sprachenchaos der Katastrophe von Babel geahndet[17]. Von Gewalt umwittert ist auch der Ursprung des Pegasos, den allerdings erst der Italiener Matteo Maria Bojardo (1441—1494) zum Inspirator der Dichter umstilisieren sollte. Schrecken und Bluttat begleiten in der griechischen Sage die Geburt dieses Fabelwesens: es entspringt aus dem Blut der grauenerregenden Gorgo Medusa, als Perseus ihr das Haupt abschlägt. Wurde nach einer der Überlieferungen das Flügelroß sogleich von Zeus erkoren, Blitz und Donner für ihn über den Himmel zu tragen; dressierte nach einer zweiten Bellerophon den Gorgonensproß für den Kampf gegen die furchterregende Chimaira[18] — wobei jeweils seiner gorgonischen Herkunft Genüge getan wird —, so schrieb eine dritte Tradition dem Nachkommen der Medusa den wunderbar schöpferischen Hufschlag zu, durch den auf dem Gipfel des Helikon die fortan den Musen geweihte Quelle Hippokrene (= Pferd-Brunnen) entsprang, womit auch der Dichtung eine heilige Stätte bereitet wurde. Demnach ist Überwindung des Grauens durch eine befreiende Gewalttat die mythische Voraussetzung für Erweckung geistiger Kreativität[19].

So gilt auch modernen Dichtern ihr eigenes Tun als Herausforderung und Wagnis, für das sie die Verantwortung — ohne Hilfe von oben oder von außen — zu tragen haben. In einem titellosen metapoetischen Gedicht vom Juni 1924 sagt Rainer Maria Rilke:

> Wie die Natur die Wesen überläßt
> dem Wagnis ihrer dumpfen Lust [...]
> so sind auch wir dem Urgrund unseres Seins
> nicht weiter lieb; *er wagt uns.* Nur daß wir,
> mehr noch als Pflanze oder Tier,
> *mit* diesem Wagnis gehn; es wollen; manchmal auch
> wagender sind (und nicht aus Eigennutz)
> als selbst das Leben ist —, um einen Hauch
> wagender.... [...][20]

---

[17] Vgl. Steiners Kap. „Der Dichter und das Schweigen".
[18] Chimaira im griech. Mythos feuerspeiendes Mischwesen aus Löwe, Ziege, Drache, von Bellerophon mit Hilfe des Pegasos getötet (s. *Lexikon der Alten Welt*, s.v. *Bellerophon* u. *Chimäre*).
[19] Zu Pegasos u.a. die Gorgonenmythen, *Ilias*, 5, 741, *Odyssee*, 11, 633 f., Ovid, *Metamorphosen*, 4., 5. u. 6. Buch. — Zum Pegasos Apollinaires von 1917: Vf., *Interpretationsversuch an Textbildern*.
[20] Rilke, *SW*, Bd. 3, 261: „(Für H. Frhr. Lucius v. Stoëdten)".

Die Sprache war die Welt

Der Philosoph Martin Heidegger deutete die Stelle, im Rilke-Gedenkvortrag von 1946[21], als eine Interpretation moderner Dichterrede:

> Diejenigen, die um einen Hauch wagender sind, wagen es mit der Sprache. Sie sind die Sagenden, die sagender sind. Denn dieser eine Hauch, um den sie wagender sind, ist nicht nur Sagen überhaupt, sondern der eine Hauch ist ein anderer Hauch, ein anderes Sagen als sonst das menschliche Sagen ist.

Die Empörung der Kritik über ein dichterisches Wagen und Anders-Sagen ironisiert Victor Hugo in seiner *Réponse à un acte d'accusation (Les Contemplations, Aurore*, VII [1854, unter Bezugnahme auf das Jahr 1834]); dabei erhebt er die Beschimpfung der Wagenden anläßlich einer von ihnen bewirkten Sprachbefreiung zum Ruhmestitel *(bandits/terroristes)*:

> Tous les mots à présent planent dans la clarté.
> Les écrivains ont mis *la langue en liberté.*
> Et, grâce à *ces bandits,* grâce à *ces terroristes,*
> Le vrai, chassant l'essaim des pédagogues tristes,
> L'imagination, tapageuse aux cent voix,
> Qui casse des carreaux dans l'esprit des bourgeois,
> La poésie au front triple [. . .],
> La muse reparaît, nous reprend, nous ramène [. . .].[22]

Als Terroristen sieht sich, auf seine schriftstellerischen Anfänge zurückblickend, Jean-Paul Sartre in *Les Mots* (1964); der Schriftsteller-Eleve war überzeugt, mit der Macht der Sprache alles Seiende bezwingen, die ganze Welt in seine Gewalt bringen zu können; da er die Welt durch die Sprache entdeckte, hielt er lange Zeit die Sprache für die Welt:

> Exister, c'était posséder une appellation contrôlée, quelque part sur les Tables infinies du Verbe; écrire, c'était y graver des êtres neufs ou [. . .] prendre les choses, vivantes, au piège des phrases: [. . .] mes trouvailles [. . .] me donnaient un pressentiment de mon rôle futur: j'imposerais des noms. Depuis plusieurs siècles [. . .] de vains ramas de blancheur réclamaient des contours fixes, un sens; j'en ferais des monuments véritables. *Terroriste,* je ne visais que leur être: je le constituerais *par le langage; rhétoricien,* je n'aimais que *les mots:* je dresserais *des cathédrales de paroles* sous l'œil bleu *du mot ciel.*[23]

---

[21] M. Heidegger, „Wozu Dichter?" in: *Holzwege,* 248—295, hier 293 (das zit. Gedicht, mit leichten Varianten gegenüber *SW,* Hvh. Rilkes).
[22] V. Hugo, *OP* II, 499 (uns Hvh.); über die Anlässe ebd. 1381 f. (Anm.); um 1862 schreibt V. H.: „Ni despotisme, ni terrorisme. Nous voulons le progrès en pente douce." (*Les Misérables,* IV, I, 5).
[23] Sartre, *Les Mots,* 151 f. (uns. Hvh.).

II. Klang — Paradoxie — Bewegung

Solche Besessenheit von der *puissance de la parole* erscheint beim werdenden Schriftsteller als natürlich; aber sie grenzt, unter anderen Voraussetzungen, an Bedrohliches, wie die summarische Beschreibung eines Paranoikers durch Elias Canetti im Kapitel „Herrschaft und Paranoia" von *Masse und Macht* („Der Fall Schreber', 2. Teil)[24] zeigt:

> Vielleicht die extremste Tendenz der Paranoia ist die zu einem kompletten Ergreifen der Welt durch *Worte*, so als wäre die Sprache eine Faust und die Welt läge darin. Es ist eine Faust, die sich nie wieder öffnet.

Wie sie es vermocht hat, sich zu schließen, das hängt nach Canettis bedeutsamer Erklärung mit einer *Kausalitätssucht* zusammen, „die sich als Selbstzweck setzt und die man in diesem Maße sonst nur bei Philosophen findet". Die vom Paranoiker erlebte Umkehrung der Sprachgewalt in die gegen ihn gewendete, ihn verzehrende, bestürzende Gewalt der Sprache hat Maurice Blanchot — lange vor Canetti — in den beiden Fassungen seines *Thomas l'Obscur* (1941 und 1950) visionär enthüllt: Wörter treten aus dem Buch zum tödlichen Kampf gegen den Leser an, nicht er liest die Wörter, sondern sie lesen und verzehren ihn; wie mächtige Nager und Raubvögel stürzen sie über ihn her, werden zu Wortmonstern und Wortbestien, lassen sich zu erbarmungslosem Gemetzel auf seinen Schultern nieder, ohne doch in ihrer Gewalttätigkeit von ihrer fast engelhaften Würde und Schönheit einzubüßen[25].

Die Nachwirkungen von Rimbauds *voyant*-Doktrin bleiben ein ganzes Jahrhundert lang spürbar; meist werden sie nur affirmativ als Appell zur Selbstüberbietung, zum Vorstoß ins unbetretene Land jenseits der Ratio bewertet. Aber der Aufruf an den Dichter zur Anwendung von Gewalt gegen sich selbst, zur Entstellung und Verstümmelung seines Wesens durch das *dérèglement de tous les sens* — denn *je est un autre*[26] —, hat, wie Pierre Seghers in seiner Anthologie *Poètes maudits d'aujourd'hui, 1946—1970*[27] nachweist,

---

[24] E. Canetti, *Masse und Macht*, 2. Bd., 201 (Hvh. C.s); Schrebers Verhältnis zur Sprache, ebd. 200: „das wichtigste war ihm die Unversehrtheit der *Worte*. [...] die Welt ist voller Worte. [...] Die Ruhe, die er meint, nach der er sich sehnt, wäre nichts als eine *Freiheit* von *Worten*. Aber es gibt sie nirgends. [...] Es ist unmöglich, die Bedeutung von Worten für den Paranoiker zu übertreiben. Sie sind wie Ungeziefer überall [...]".
[25] Vgl. Vf., *Victimes du Livre*, 521 f.
[26] Rimbaud, *OC*, 267 ff.
[27] Seghers, *Poètes maudits*, Introd., 9—13; vgl. Vf., Einf. zu *Die moderne französische Lyrik*, 25.

allzu folgsame Adepten in Elend, Drogenabhängigkeit, Selbstmord oder Hungertod getrieben.

Die Gewalt hingegen, zu der sich der Symbolist Saint-Pol-Roux im Widerstand gegen die Resignation des Fin-de-siècle[28] bekennt, ist metaphysischer Natur: in seinem Gedicht *Seul et la flamme* (1885) erkennt Gott im *Orgueil Humain,* der sich als drohende Flamme manifestiert, *la Force de demain;* sein Haar ergraut durch die Vorahnung kommender, vom Menschen verursachter Katastrophen, die Gottes ewigen Frieden stören[29]. In der Dichtung sieht Saint-Pol-Roux nichts geringeres als die Fortsetzung und Korrektur der göttlichen Schöpfung, ein Unternehmen, das ohne Gewalt nicht denkbar erscheint. So begegnet das Motiv aus *Seul et la flamme* abgewandelt in dem poetologischen Prosatext *Poesia* (1898): als *prodigieux explorateur de l'Absolu!* (also im Gefolge Rimbauds stehend) ruft der Dichter an der Schwelle des neuen Jahrhunderts, die mythischen Herausforderungen der Thamyris, Marsyas und Orpheus wiederaufnehmend, zur *violence* gegen und neben Gott auf:

> Dieu — ce pseudonyme de la Beauté — ne demande qu'à *céder à nos violences* car de même que l'ambition de l'homme consiste à se diviniser, celle de Dieu consiste à s'humaniser; aussi bien la définitive apothéose de la Vie relèvera-t-elle de la collaboration des hommes et de Dieu, celui-ci n'étant que ceux-là *prenant conscience de leur force.*[30]

Dieser Vorstellung metaphysischer Gewalt gegen und mit Gott im dichterischen Schöpfungsakt entspricht — auf einem der Gipfelpunkte französischer Lyrik um die Mitte unseres Jahrhunderts — die Imagination kosmischer Gewalt als Impuls einer Wiedererweckung kreativer Sprache nach und aus den Gebärden des Todes. Eines der Hauptwerke von Saint-John Perse, *Vents* (1946), setzt ein mit der Vision eines alten, scheinbar abgestorbenen Baums, den die Gewalt des Sturms zur Fähigkeit dichterischer Orakelsprüche wiedererweckt. Unter diesem an die Orakeleiche von Dodona erinnernden Symbol kündigt sich die Ablösung eines Zeitalters geistiger Dürre durch eine neue Epoche an. In geometrischer Gruppierung *(dans les quinquonces)* angepflanzt, stehen brav die Bäume des herkömmlichen Wissens; doch den

---

[28] *Fin-de-Siècle,* seit 1886/1888 Schlagwort für Stimmung der Dekadenz, Resignation, Pessimismus, Verzicht auf Aktion und Verantwortung etc. (Engler, *Lexikon,* 381).
[29] Texte von *Seul et la Flamme,* aus *Les Féeries intérieures* [1885—1906] (1907), und *Poesia,* aus *Anciennetés* (1903), zit. nach Briant, *Saint-Pol-Roux,* 123 ff., 185 ff.
[30] Zit. nach Briant, 186 f., vgl. u. Kap. II 2 u. III 3.

II. Klang — Paradoxie — Bewegung

magischen, mit urtümlicher Sprachgewalt der Weissagung wie ein blinder Seher (Tiresias-Motiv) begabten Baum in ihrer Mitte rüttelt der Wind aus seiner Lethargie:

> Très grand arbre mendiant qui a fripé son patrimoine, face brûlée d'amour et de violence où le désir encore va chanter.
> Comme ce grand arbre de magie [...]
> [...] léguant, liant au vent du ciel filiales d'ailes
>   et d'essaims, lais et relais du plus haut verbe —
> Ha! très grand arbre du langage peuplé d'oracles, de maximes
>   et murmurant murmure d'aveugle-né dans les quinquonces du savoir...
> (*Vents* I 1)[31]

Der symbolische Rahmen schließt sich am Ende des Werks, da die Gewalt des Windes ihr Erneuerungswerk vollendet hat:

> Quand la violence eut renouvelé le lit des hommes sur la terre,
> Un très vieil arbre, à sec de feuilles, reprit le fil de ses maximes...
> Et un autre arbre de haut rang montait déjà des grandes Indes souterraines[32],
> Avec sa feuille magnétique et son chargement de fruits nouveaux.
> (*Vents* IV 7)[33]

Auch die inneren Teile von *Vents* werden leitmotivisch durch Wörter wie *violence, intolérance, puissance* verknüpft (z. B. I 1, 5, 6, II 2, IV 7); die ‚gewaltsame' Aktion des Dichters, seine *colère poétique*, repräsentieren die *cygnes violents* (II 3), ein Oxymoron und eine paradoxe Steigerung des Dichtermythos[34].

Kurz vor der Jahrhundertwende treten Gewalt und Terror aus der Patenschaft für die Dichter unvermutet in den Bereich einer bis dahin unvorstellbaren und schockierenden Realität der Thematik. Alfred Jarry macht aus den finanzträchtigen Mordpraktiken seines dramatischen Unmenschen Ubu Roi (1896), der in seiner komischen Erscheinung ein ganzes Spektrum von

---

[31] Saint-John Perse, *OC*, 180; Quart-Ausgabe (Gallimard) von 1946 unpaginiert, daher nicht zitabel.
[32] Der erste der symbolischen Bäume erweist sich als Figuration des Autors, der im freiwilligen Exil in USA wieder zu schreiben begonnen hat; der zweite Baum aus den *grandes Indes souterraines* ist Allegorie des Hindu-Dichters Rabindranath Tagore (1861—1941), mit dem Saint-John Perse seit 1912 befreundet war und dem er anläßlich seines 100. Geburtstags (1961) sein *Hommage à la mémoire de Rab. Tagore* widmete (Text in S.-J. Perse, *OC*, 500 ff.). Vgl. die Widmung Gides „A Saint-Léger Léger" in Rabindr. Tagore, *L'Offrande lyrique*. Trad. de l'anglais par A. Gide [1914] [...]. Introd. d'A. Gide. [1913—1914] (Coll. Poésie) 1975, 27 f.
[33] S.-J. Perse, *OC*, 251.
[34] Vgl. Vf., *Hamburgo o el Reino de los cisnes*.

Diktatorenfiguren und die mechanisierende Vernichtungsfantasie kommender totalitärer Systeme vorwegnimmt, das grausame Scherzlied von der ‚Enthirnung', die Ballade vom Mordsspaß der Spießbürger am öffentlichen Spektakel der Menschenvernichtung. Das Lied erschien erstmals 1896 unter dem Titel *Valse* in *Les Paralipomènes d'Ubu*[35] und zwei Jahre danach in dem von den Editions du Mercure de France herausgegebenen ‚Répertoire des Pantins' als in-quart-Heft: *La Chanson du Décervelage* (Texte et lithographie de Jarry. Musique de Claude Terrasse) und wurde seit 1900 bei Aufführungen des Theaterstücks *Ubu Roi* als Dreingabe zur Belohnung der artigen Zuschauer gesungen[36]. Wie in der Farce *Ubu Roi* stellt Jarry auch im Lied das Fantastisch-Grausige mit Sarkasmus als Drolliges dar, mit jenem später von André Breton nach Jacques Vaché definierten *Humour noir: L'humour, comme processus permettant d'écarter la réalité en ce qu'elle a de trop affligeant*[37]. Ein biederer Pariser Handwerker, zugleich Icherzähler des balladesken Geschehens, genießt in der *Chanson du Décervelage* mit Frau und Kindern das allsonntägliche Vergnügen, in der Rue de l'Échaudé den Hinrichtungen wohlhabender Rentiers[38] beizuwohnen. Bei seinem Versuch, eines der Opfer, das seine Frau und er persönlich kennen und hassen, im letzten Augenblick unflätig zu demütigen, wird der übermütige *ébéniste* selbst zum Todesopfer des von ihm gebilligten staatlichen Terrors und der von ihm geteilten Massenpsychose. Daß er von seinem Ende noch berichten kann, entlarvt das Lied als boshaften Scherz; daß die *Valse* mit ihren Chorrefrains überhaupt einen erzählbaren Inhalt hat, zeigt ihren Abstand vom eigentlichen Dominium der Lyrik. Dieser Todeswalzer ist in unserem Zusammenhang dennoch erwähnenswert, weil darin das Dichtungsmotiv der Gewalt so bedeutsam umschlägt, daß — um auf den Vorstellungsbereich des Mythos zurückzugreifen — die Mutter des humoristisch finsteren Pegasus ihr grauenerregendes Gorgonenhaupt über der belachten Moritat zu erheben scheint[39].

[35] *Paralipomènes* mit *Valse,* in A. Jarry, *OC* I, 471 f., sowie in Anthologien wie Breton, Clancier, Bonnefoy, Lévesque; W. Raible, *Moderne Lyrik,* 100 ff., Text mit wertvollem Kommentar.
[36] Vgl. Raible, 200 (Anm.).
[37] A. Breton, *Anthologie,* 255 ff., Zit. 257. — Vgl. Gerd Henniger, *Zur Genealogie des schwarzen Humors. Neue Deutsche Hefte,* 110 (Jg. 13) 1966, 18—34.
[38] Im Gegensatz zu deutschen Verhältnissen waren französische „rentiers à la vie" Angehörige der wohlhabenden Oberschicht; histor. Nachweise bei Littré, *Dict.,* s. v. *rentier.*
[39] Jarry kommt in der Entwicklung der literarischen Sprache eine über die Lyrik hinausführende Rolle zu; vgl. M. Arrivé, *Les Langages de J.* und *Lire Jarry* sowie Einführung zu A. J., *OC;* L. Perche, *A. Jarry,* Kap. VI; Gedichtinterpretation *(L'Homme à la hache)* von Hinterhäuser, in: *Die französische Lyrik,* II, 167 ff. (dazu: Rez. Vf. ASNSL 214).

II. Klang — Paradoxie — Bewegung

Im ersten Jahrzehnt des 20. Jahrhunderts wird — wohl zum ersten Mal in der Geschichte der Literaturen — die *violence*, die nach dem Willen ihrer bisherigen Befürworter in der Sprache und der geistigen Aktion liegen sollte, als physische Gewaltanwendung proklamiert. Der Italiener Filippo Tommaso Marinetti beginnt sein am 20. Februar 1909 im Pariser *Figaro* in französischer Sprache publiziertes Gründungsmanifest des Futurismus mit folgenden drei Postulaten:

1. Nous voulons chanter l'amour du danger, l'habitude de l'énergie et de la témérité.
2. Les éléments essentiels de notre poésie seront le courage, l'audace et la révolte.
3. La littérature ayant jusqu'ici magnifié l'immobilité pensive, l'extase et le sommeil, nous voulons exalter le mouvement agressif, l'insomnie fiévreuse, le pas gymnastique, le saut périlleux, la gifle et le coup de poing.[40]

Dabei hatte er keineswegs nur die literarische *exaltation* der Prügel im Sinn, sondern die Ausübung von Brachialgewalt als Sprachersatz. Diesen Einfall will er nach seinen erfolglosen mehrjährigen publizistischen Bemühungen um die Befreiung des *génie lyrique italien* gehabt haben. Der Herausgeber seiner Manifeste, Giovanni Lista[41], zitiert dazu Marinettis Geständnis:

Le 11 octobre 1908, après avoir travaillé durant six ans dans ma revue internationale *Poesia* afin de libérer des chaînes traditionnelles et mercantiles le génie lyrique italien menacé de mort, je sentis, tout d'un coup, que les articles, les poésies et les polémiques ne suffisaient plus. Il fallait absolument changer de méthode, descendre dans la rue, prendre d'assaut les théâtres et introduire le coup de poing dans la lutte artistique.[42]

Die martialische Gesinnung des Avantgardismus trat also im Augenblick seiner Gründung unverhohlen hervor. Sie wird in den futuristischen Manifesten wiederholt und expressis verbis bestätigt: Gewalt, Haß, Grausamkeit, Zerstörung sind futuristische Ideale. Punkt 7 des Gründungsmanifests postuliert, noch mit einem Anflug von Metaphysik:

7. Il n'y a plus de beauté que dans la lutte. Pas de chef-d'oeuvre sans un caractère agressif. La poésie doit être un assaut violent contre les forces inconnues, pour les sommer de se coucher devant l'homme. (87)

---

[40] Zit. nach Lista, *Futurisme*, 87.
[41] Wir stützen uns auf Lista, Kap. 1 („Une stratégie et l'avantgarde").
[42] Auch bei einem friedlichen Elegiker schlägt einmal die Trauer in Zorn um: 1886 lautet in Jules Laforgues *Simple agonie (Derniers Vers,* VI) der Refrain: „Il n'y a qu'un remède, / C'est de tout casser." *(Poésies compl.,* 293 f.).

Die avantgardistischen Schläger

Kurz darauf heißt es aber im gleichen Manifest ganz pragmatisch:

> Viennent donc les bons incendiaires aux doigts carbonisés! [...] Et boutez donc le feu aux rayons des bibliothèques! Détournez les cours des canaux pour innonder les caveaux des musées!... Oh! qu'elles nagent à la dérive, les toiles glorieuses! A vous les pioches et les marteaux! Sapez les fondements des villes vénérables! (88)

Auch andere Futuristen bekennen sich zum Prinzip der Gewalt, wie Giovanni Papini in einer Deklaration von 1913[43]; oder sie unternehmen gemeinsame Strafexpeditionen, wie Marinetti mit Boccioni und Carrà, die eigens von Mailand nach Florenz reisen, um Ardengo Soffici wegen eines kritischen Artikels zu verprügeln, was diesen veranlaßte, sich begeistert dem Futurismus anzuschließen[44]. Solche Überzeugungskraft fand frohe Anhängerschaft und Nachahmung, vor allem bei Dadaisten und späteren Surrealisten wie Breton, Aragon und Soupault[45]. Um die gleiche Zeit wie Marinettis erste Gewaltproklamationen wurde der *coup de poing* auch in der bildenden Kunst beliebt; wie Illustrationen zu futuristischen Literaturwerken wirken *Les Boxeurs* (1911) von Segonzac, *Le Boxeur* (1912) von Picasso, *La Boxe* (1912) von Picabia, *Les Boxeurs* von Archipenko usw.[46]. Literatur und *coup de poing* vertrat in Personalunion der Boxer Arthur Cravan (1881—1920), bewunderter Freund und Anreger des dadaistisch-vorsurrealistischen Lagers, dessen athletische Gestalt in Bretons *Anthologie de l'Humour noir*[47] in effigie erscheint. Trotz äußerst schmaler literarischer Hin-

---

[43] Papinis Text bei Lista, 91, in frz. Übersetzung; vgl. ebd. 114 ff. Papinis Proklamation *Contre Rome et contre Benedetto Croce* (1913): „J'ai toujours aimé briser les vitres [...]. [...] des crânes illustres [...] montrent encore les bosses livides de mes coups de pierre [...], il faut enfoncer les portes [...], des coups de pied sont absolument nécessaires", etc.; bei Lista ebd. andere futurist. Manifeste mit Appellen zu Bombardements, Demolierungen, Gewaltanwendung auch gegen Personen, vornehmlich Professoren (119 ff., 125 ff. u. passim).
[44] Vgl. Lista, 16 f.
[45] Auf Einzelnachweise muß verzichtet werden. A. Bretons Drohung, mit dem Revolver blindlings in die Menge zu schießen, blieb verbale Kundgebung, aber programmierte Schlägereien bei Premieren endeten mit Verwundetentransporten in Kliniken; Höhepunkt: das surrealist. Bankett zu Ehren Saint-Pol-Roux' (1925), das, zum Entsetzen des Gefeierten, in Tumult mit Straßenschlacht ausartete.
[46] Vgl. Lista, *Futurisme*, 34. — Abb. eines Boxkampf-Plakats von Cravan (1916) im Ausstellungskatalog *Tendenzen der zwanziger Jahre*, Berlin 1977, S. 3/120; ebd. verzeichnete Boxkampfbilder von Marcel Duchamp (1913) S. 3/640 u. 3/641.
[47] Breton, *Anthologie*, 303 f.

terlassenschaft[48] kann Cravan als Quasi-Begründer einer neuen Art der literarischen Vituperatio oder Invektive gelten: der Publikumsbeschimpfung, die er durch folgende Ankündigung seiner ersten literarischen Boxveranstaltung aus der Taufe hob:

> Arthur Cravan, sur le fragile plateau des Noctambules, dansera comme boxe la Zambelli, boxera comme dans Joë Janette. Il initiera l'auditoire émerveillé aux plus audacieuses beautés des lettres présentes. Sa conférence sera un sensationnel coup de poing dans la sympathique figure du public.[49]

Seine ersten Adepten in diesem Genre ‚poetischer' Gewaltandrohung — dessen Zugehörigkeit zur Lyrik wir entschieden bestreiten — dürften die Dadaisten Ribemont-Dessaignes (mit einem kollektive Verprügelung der Zuschauer ankündigenden Manifest zum 5. Februar 1920) und Francis Picabia (mit seinem *Manifeste cannibale Dada* zum 27. März 1920)[50] gewesen sein. Daß in solchen Fällen der *humour noir* die Hand im Spiel hatte, ist allerdings nicht zu leugnen. (Zu großem Publikumserfolg brachte es bekanntlich Peter Handkes ‚dramatisierte' *Publikumsbeschimpfung*; zuerst im Forum-Theater Berlin, 1966).

Tatsächlich verstanden Marinetti und seine Gruppe Literatur und Lyrik seit 1909 als Bestandteile der Aktion und den Futurismus als eine politische Bewegung. Schon im Gründungsjahr des Futurismus publizierte Marinetti ein *Manifeste politique aux électeurs futuristes*; 1910 hielt er einen *Discours sur la nécessité de la violence*; von 1911 ab ließ er keinen der Kriegsschauplätze, auf denen sich Gewalt mit Waffen am ungehemmtesten zu entfalten pflegt, unbesucht: man sieht ihn 1911 an der Front des italienisch-türkischen Kriegs in Libyen, 1912 an der türkisch-bulgarischen Front (und diese Erlebnisse inspirieren ihn zum Entwurf einer Sprachrevolution, über die noch zu berichten sein wird); er agitiert vor und zu Beginn des ersten Weltkriegs für Italiens bewaffnete Intervention; 1935 geht er als Kriegsfreiwilliger in den Feldzug des faschistischen Italien gegen Äthiopien, nicht ohne diese Tat in

---

[48] Cravan-Zitate von 1914 bei G. Hugnet, *L'Aventure Dada*, 152 f.; Cravans literarische Hinterlassenschaft in: *A. Cravan/J. Rigaut/J. Vaché, Trois Suicidés de la société*. 33 bis 185; zuvor im gleichen Verlag (E. Losfeld): A.C., *Maintenant*. Textes présentés p. Bernard Delvaille, 1957. — Zum Verhältnis Cravan-Apollinaire (1914) Vf. *Interpretationsversuch an Textbildern*.
[49] Zit. nach Lista, 34.
[50] Diese beiden Manifeste deutsch bei Dawn Ades, *Dada und Surrealismus*, 3—4. Publikumsbeschimpfung in Buchprologen kannte die spanische Literatur: z. B. die des analphabetischen *vulgo* (Mateo Alemán, *Guzmán de Alfarache*, 1599—1603) und die der Theaterbesucher auf den Stehplätzen (Luis Vélez de Guevara, *El Diablo cojuelo*, 1641).

einem Manifest über die *Estética futurista della Guerra* literarisch umzuwerten[51]; noch 1942 meldete er sich als Freiwilliger an die Ostfront des zweiten Weltkriegs. So befolgte er konsequent einen der Kernsätze seines Gründungsmanifestes von 1909:

> 9. Nous voulons glorifier la guerre — seule hygiène du monde[52], — le militarisme, le patriotisme, le geste destructeur des anarchistes, les belles Idées qui tuent, et le mépris de la femme. (A. a. O. 87)

Die politischen Implikationen des Futurismus und seines Gründers gehen noch weiter. 1910 war Marinetti der ‚Vereinigung der italienischen Avantgarde', einer Kerngruppe des aufkommenden Nationalismus, beigetreten; 1913 entwarf er ein ‚politisches Programm des Futurismus'; 1918 markiert sein ‚Manifest der Futuristischen Politischen Partei' die Gründung sogenannter politisch-futuristischer Kampfbünde (Fasci), die auch über ein Presseorgan *Roma futurista* verfügen. Doch das Scheitern einer gemeinsamen Wahlliste in Mailand bewirkt die Trennung der Futuristen von den Fasci Mussolinis (1920) und schließlich den Verzicht auf eigene politische Aktivität der Futuristen im Jahr des faschistischen Marschs auf Rom (1922). Die Mitwirkung im faschistischen Lager besiegelt 1925 die Unterzeichnung des ‚Manifests der faschistischen Intellektuellen' durch Marinetti und den Minister für öffentlichen Unterricht Giovanni Gentile[53].

Die Erwähnung dieser Zusammenhänge war unumgänglich, weil ohne ihre Kenntnis Marinettis Versuche, auch auf dem Gebiet der Sprache und Dichtung Umstürze mit Gewalt herbeizuführen, nicht richtig eingeschätzt werden könnten. Die in Frankreich vorgefundenen Ansätze zu sprachlichen Veränderungen durch die Lyrik und zur Befreiung der literarischen Sprache aus

---

[51] Dieses Manifest soll Proteste von Louis Aragon und Walter Benjamin hervorgerufen haben.
[52] Worte M.s frei nach Heinr. v. Treitschke: „Der Krieg ist für krankende Völker das einzige Heilmittel" (*Politik*, 1. Buch, § 2, ‚Der Zweck des Staates'). *Guerre — seule hygiène du monde* wurde Titel einer 1910 gedruckten Kriegspropagandaschrift Marinettis gegen Österreich und in ital. Übs. 1915 im Kampf der Interventisten gegen die Neutralisten verwendet.
[53] G. Gentile (1875—1944), ital. Philosoph, seit 1922 in der Führungsspitze des faschistischen Regimes, bei Florenz von antifaschistischen Partisanen ermordet. — Zu Marinettis politischen Aktivitäten vgl. die einschlägigen Bücher von G. Lista. — Wie effizient die ‚metaphorische', von den Futuristen begründete Sprache der Gewalt in späteren anarchistischen Flugblättern (z. B. Berlin 1968) wiederauflebte, ist in Erinnerung; zu ihrer Interpretation vgl. die von Gerichten angeforderten philologischen Gutachten, *Sprache im technischen Zeitalter*, 28 (Okt.—Dez. 1968), 316 ff.

syntaktischen Zwängen steigert der Italiener bis zur Absurdität. Durch ihn erreicht die Sprachskepsis einen absoluten Tiefpunkt: der *coup de poing* ist ultima ratio für denjenigen, der dem Wort die Überzeugungskraft abspricht; die kurz danach von Marinetti proklamierte *Befreiung der Wörter* wird sich als ein weiterer Schritt aus der menschlichen Kommunikation durch Sprache, hinaus in die Zonen des Stammelns und der Aphasie erweisen. Die Überschreitung dieser Grenze wird später in dem erschütternden menschlichen Schicksal und in der Dichtung Antonin Artauds eine singuläre Spiegelung finden, in der — bisher kaum beachtet — futuristische Elemente enthalten sind; war Artaud doch auch als Doktrinär des *Théâtre de la Cruauté* (1931—1938), als der er heute weltweites Ansehen genießt, der getreue Vollstrecker nahezu sämtlicher auf die Revolutionierung des Theaters bezüglicher Thesen der Futuristen[54].

Wie das Studium der Manifeste lehrt, war der Futurismus unter Führung Marinettis seit 1909 im Kern der Versuch einer nationalen Erneuerung Italiens gewesen. Die italienische Nation erschien ihm als das Opfer des seit Jahrhunderten dominierenden Humanismus; diese große Schöpfung des italienischen Geistes drohte zu Beginn des 20. Jahrhunderts alle Entwicklung in Lethargie und Konservatismus zu ersticken. Der ideologische Frontalangriff des Futurismus richtete sich gegen die das Land beherrschenden rückwärtsgewandten Kräfte, die er als die verwerfliche Haltung des *passéisme* anklagte. Von den Hütern eines vieltausendjährigen Kulturerbes galt es das Land zu befreien, denn durch ihr Verschulden — so Marinetti — war es in geistige Sklerose verfallen, statt neue Kreativität zu entfalten. Aus einem Dasein, das sich weitgehend in Dienstleistungen für den internationalen Tourismus erschöpfte, sollte Italien zur Wiederentfaltung seines schöpferischen Genius geführt werden: das *génie lyrique italien* glaubte der Futurismus nur durch die Auslöschung und Zerstörung aller Werte der Vergangenheit retten zu können. So gerieten unter Marinettis Aggression die humanistischen Wissenschaften und Künste mit ihren Pflegestätten — Akademien, Universitäten, Museen —, mit den ausgegrabenen Denkmälern und Trümmerstädten der Antike, vor allem aber mit ihren gelehrten Verwaltern, Kustoden und Professoren auf die Anklagebank. Internationale Resonanz fand diese Bewegung nicht nur, weil Marinetti seine Manifeste meist in französischer Sprache verbreitete, sondern weil er den *passé-isme* als eine Krankheit der ganzen zivilisierten Menschheit hinzustellen wußte; so hatte

---

[54] Vgl. Vf., *Theater unserer Epoche zwischen Aufbegehren und Verstummen*, sowie unten Kap. IV 3.

der Futurismus nicht nur in Paris, sondern auch in Berlin und bis nach Rußland, Japan und Lateinamerika hin starken Widerhall, und seine Nachwirkungen sind bis auf den heutigen Tag weltweit zu spüren. Seine ideologische Aggressivität war ein geradezu vulkanischer Nährboden, aus dem die Feuergarbe der futuristischen Manifeste und Proklamationen von 1909 bis in die frühen dreißiger Jahre emporschoß. Und — dies ist am Rande, aber mit Nachdruck zu vermerken — die Futuristen unter Führung Marinettis, und nicht, wie Walter Benjamin 1929 in dem Essay *Der Sürrealismus* irrtümlich konstatierte, die ‚Sürrealisten‘ „sind die ersten, das liberale moralisch-humanistisch verkalkte Freiheitsideal zu erledigen"[55]; auf dieser Behauptung beruht auch der fundamentale Irrtum heutiger kulturkritischer Beurteiler des Intellektuellenaufruhrs der sechziger Jahre, seine Leitbilder stets nur im Surréalisme gesucht und seine futuristischen Ursprünge nicht erkannt zu haben[56].

Die Aufrufe Marinettis, mit allen humanistischen Institutionen und Überlieferungen zu brechen, ergingen in einem breit aufgefächerten Programm von Kundgebungen, Reden, Proklamationen und Manifesten[57] und betrafen alle Bereiche moderner menschlicher Kreativität: die bildenden Künste wie die Musik, die Architektur wie den Film, vor allem aber alle auf Sprachgebrauch angewiesenen Disziplinen und Künste wie Theater, Literatur, Dichtung, Ästhetik, Philosophie.

In Marinettis Manifesten weht aber der Geist Nietzsches. Seine aggressiven Thesen klingen vielfach wie ein Nachhall aus dem zweiten Stück der *Unzeitgemäßen Betrachtungen* (1873—1876): „Vom Nutzen und Nachteil der Historie für das Leben", wo es beispielsweise heißt:

---

[55] Benjamin, in *Angelus Novus,* 212. Die Bedeutung dieses Essays für die kritische Situierung des Surréalisme wird durch unseren Einwand in keiner Weise angezweifelt.
[56] Vgl. Flugblatt 8 der Berliner Kommune I vom 22. 5. 67, in: *Freie Universität und politisches Potential der Studenten* (Polit. Texte, 57) Neuwied-Berlin 1968; dazu *Merkur* Nov. 1967, 1069 ff.; sowie Gutachten in: *Sprache im technischen Zeitalter,* 28 (dort sogar Zit. aus einem futurist. Mf. (327)), mit nachträglichen Distanzierungen. Zusammenfassend: K.-H. Bohrer, *Die gefährdete Phantasie, oder Surrealismus und Terror.* Kap. II, mit Ablehnung von H.-M. Enzensbergers Hinweis auf „die totalitären Züge der klassischen Avantgarde", in: *Aporien der Avantgarde* (vgl. uns. Kap. II 2).
[57] Philologischen Untersuchungen sollten nur die französischen Texte der Manifeste (Lista, *Futurisme,* 85 ff.) zugrundegelegt werden, da Übersetzungen und Auszüge (Baumgarth bzw. Apollonio) nicht immer zuverlässig sind.

II. Klang — Paradoxie — Bewegung

> der Mensch [...] muß die Kraft haben und von Zeit zu Zeit anwenden, eine Vergangenheit zu zerbrechen und aufzulösen, um leben zu können; dies erreicht er dadurch, daß er sie vor Gericht zieht, peinlich inquiriert und endlich verurteilt; jede Vergangenheit aber ist wert, verurteilt zu werden [...]. Es ist nicht die Gerechtigkeit, die hier zu Gericht sitzt, [...] noch weniger die Gnade [...]: sondern das Leben allein [...]. (F. Nietzsche, *Werke* (Ed. Schlechta) I, 229)
>
> [Die Jugend] kennt die Wundsäfte und Arzneien gegen die historische Krankheit, gegen das Übermaß des Historischen [...] — *das Unhistorische und das Überhistorische*. [...] die Kunst und Kraft *vergessen* zu können [...]. (Hvhn. N.s) (ebd. 281)

Der in unserem Zusammenhang wichtigste Teil des futuristischen Umsturzversuchs ist die postulierte, wenngleich gescheiterte, sprachliche Revolution unter den Schlagworten *Mots en liberté* und *Imagination sans fils*. Sie wird im nächsten Teilkapitel darzustellen sein.

*

Der Weg in den heiklen Grenzbereich zwischen Sprache und Gewalt mußte unter ein Fragezeichen gestellt werden, denn: sind Gewalt und Sprache nicht vollkommene Gegensätze? An einer zentralen Stelle seines Essays *Zur Kritik der Gewalt* behandelt Walter Benjamin[58] das Problem der gewaltlosen Beilegung von Konflikten, der gewaltlosen Einigung *überall, wo Kultur des Herzens den Menschen reine Mittel der Übereinkunft an die Hand gegeben hat* (54); als vielleicht *tiefgreifendstes Beispiel* solch reiner Mittel gilt ihm *die Unterredung, als eine Technik ziviler Übereinkunft,* denn es ist seine tiefe Überzeugung,

> daß es eine in dem Grade gewaltlose Sphäre menschlicher Übereinkunft gibt, daß sie der Gewalt vollständig unzugänglich ist: die eigentliche Sphäre der „Verständigung", die Sprache.

Hingegen machte Jean Paulhan (1884—1968) die Entdeckung, daß eine gegen die klassischen Traditionen gewandte Strömung der französischen Kritik seit dem 19. Jahrhundert geradezu mit Sprachdoktrinen (von denen die Sprachwissenschaft nichts wisse) Terror ausübe, indem sie Schriftstellern und Dichtern verbieten wolle, gewisse Blüten der Rhetorik, die mit den Tadelsnamen *cliché, lieu commun* und *verbalisme* belegt werden, in ihren Texten zu gebrauchen —, ähnlich wie eine Tafel am Eingang des Parks von Tarbes angeblich das Mitbringen von Blumen untersage, weil es den Verdacht des Blumendiebstahls erwecken könne. Diese originellen Thesen von der ‚Angst

---

[58] Benjamin, *Angelus Novus.* 42—66; Zit. ebd. 54 f.

vor dem Wort' entwickelte Paulhan zuerst in dem Essay *Les Fleurs de Tarbes ou la Terreur dans les lettres* (1936/1941)[55], er wiederholte, kommentierte und verteidigte sie 1952 in Rundfunk-Kolloquien unter dem Titel *Les Incertitudes du langage*. Den Anlaß zu diesen kritischen Beobachtungen lieferte die weitverbreitete Lehrmeinung, der *verbalisme* überwuchere und erdrücke gleichsam Ideen und Empfindungen und Gefühle, so daß an die Sprache des verantwortungsbewußten Autors — ob *homme de lettres* oder *poète* — der rigoroseste Originalitätsanspruch gestellt werden müsse, um den Wörtern ihren reinen Sinn und ihre jungfräuliche Unberührtheit zurückzuerstatten. Die modernen *rhétoriqueurs* oder *rhétoriciens* werden dabei von Paulhan mit dem neuen terminus technicus *terroristes* als Vertreter dieser Dogmen gekennzeichnet. (Offenbar bedient sich J.-P. Sartre in dem zitierten Text aus *Les Mots* der Terminologie Paulhans, wenn er sich selbst in dem Dilemma zwischen *rhétoricien* und *terroriste* beschreibt.) Für Paulhan gibt es — mindestens in der ersten Hälfte seines berühmten Essays — einen zur Methode entwickelten ‚Terror der Literaturkritik' und sogar einen Philosophen der *terreur*, Henri Bergson. Dem Mythos vom *pouvoir des mots* sind aber, nach Paulhan, auch die Dichterschulen der vergangenen hundert Jahre zum Opfer gefallen:

> Ainsi en va-t-il des écoles diverses qui se sont succédé depuis le romantisme. Qu'il s'agisse du symbolisme ou de l'unanimisme, des paroxystes ou des surréalistes, il n'en est pas une qui ne nous frappe aujourd'hui par ses manies verbales. Il n'en est pas une non plus qui n'ait cru se fonder contre tout verbalisme et tout procédé — mais chacune d'elles commence par découvrir avec beaucoup d'énergie un objet: l'esprit, l'homme, la société, l'inconscient, que les écoles précédentes lui semblent avoir pris à tâche de dissimuler sous les mots.[60]

---

[55] Paulhan, *Les Fleurs de Tarbes;* vgl. Kap. „L'homme muet".
[60] Paulhan, *Les Fleurs de Tarbes*, 74 f.

2. Vom entleerten Wort zum Mythos der *mots en liberté*

> Le lecteur croit que
> les mots ont un sens.
>
> Léon-Paul Fargue, ‚Suite familière'
> (*Sous la Lampe.* 1929)

> Éveiller séparément les lettres
> à la vie [...]
> Le sens est second aux paroles
>
> Louis Aragon, ‚Prométhée'
> (*Les Poètes.* 1960)

Jean-Paul Sartre stellt in *Qu'est-ce que la Littérature?*[1] auch die Frage nach dem Wesen der Lyrik. Von vornherein dispensiert er die Poesie von der Pflicht zum *engagement*, weil Dichtung mit der Zeichensprache der Prosa nichts gemein habe, sich der Sprache nicht wie die Prosa *bediene*, denn Poesie *diene* der Sprache. *Les poètes sont des hommes qui refusent d'utiliser le langage*[2]. Der Dichter habe seinen Platz außerhalb des Zeichen setzenden, auf Ziele gerichteten, einem Wollen als Werkzeug unterworfenen Redens, er treffe seine Wahl für die *attitude poétique qui considère les mots comme des choses et non comme des signes* (64). Wer als Prosaautor spreche, betrachte die Wörter als domestiziert und als *domestiques*, der Dichter lasse sie im Zustand der Wildheit, wie in der Natur wachsendes Kraut oder wie Bäume. Das Wort verliere für ihn zwar nicht allen Sinn, aber als außerhalb überredender Sprache Stehender sehe er das Wort *à l'envers*, es sei ihm wie eine Barriere, eine Art Ding, das sich berühren, befühlen, abtasten lasse, das aber auch ein kleines Licht ausstrahle. Damit höre es für ihn auf, *signe* einer Weltansicht zu sein wie in der Literatur, es sei ihm vielmehr *l'image* einer solchen Ansicht (65). So besteht also das Geschäft des Dichters nicht im Wählen zwischen Bedeutungsnuancen von Wörtern, sondern im Verschmelzen ihrer verschiedenen *acceptions* wie stofflicher Qualitäten. Das Wort verwandle sich unter der Einwirkung des Lyrikers in solche Metaphern, wie sie Picasso erträumte, als er eine Streichholzschachtel machen wollte *qui fût tout entière*

---

[1] Vornehmlich im Abschnitt *Qu'est-ce qu'écrire?* (*Situations* II).
[2] Zit. nach *Situations* II, 63 ff., 84 ff.; Hvh. Sartres. Vor S. hatten u. a. die russischen Formalisten die Dichotomie Prosa — Dichtersprache zum Schwerpunkt der Analyse erhoben.

chauve-souris sans cesser d'être boîte d'alumettes (66). Auf solche Weise werde für den Dichter das Wort zu einem Mikrokosmos:

> La crise du langage qui éclata au début de ce siècle est une crise poétique. Quels qu'en aient été les facteurs sociaux et historiques, elle se manifesta par des accès de dépersonnalisation de l'écrivain en face des mots. Il ne savait plus s'en servir et, selon la formule célèbre de Bergson, il ne les reconnaissait qu'à demi; il les abordait avec un sentiment d'étrangeté tout à fait fructueux; [...] ils devenaient les choses elles-mêmes ou plutôt le cœur noir des choses. [...] on croirait qu'il compose une phrase, mais [...] il crée un objet. Les mots-choses se groupent par associations magiques [...], comme les couleurs et les sons, ils s'attirent, ils se repoussent, ils se *brûlent* et leur association compose la véritable unité poétique qui est la *phrase-objet*. (67 f.)

Substanz, nicht Bedeutung ist das Resultat solchen Verfahrens, das ein *engagement poétique* ausschließt: mögen Zorn, soziale Empörung, politischer Haß die Entstehung eines Gedichts auslösen, im Gedicht werden diese Leidenschaften nicht wie im Prosa-Pamphlet herausgestellt und geklärt, sondern die Wörter unterwerfen sich einer Metamorphose: die Wörter ‚überborden' überall die Emotionen, denen sie entspringen (69), der Leser sei nicht zu Empörung oder politischer Begeisterung aufgerufen, *on l'invite à considérer, avec les yeux de Dieu, le langage à l'envers* (70).

Bei der Suche nach dem Ursprung solcher Haltung gegenüber der Sprache entwirft Sartre, in einer bisher zu wenig beachteten Fußnote — nichts geringeres als eine Thematologie der zeitgenössischen Lyrik. Der Dichter, ursprünglich Stifter des Mythos vom Menschen, befand sich vor dem 19. Jahrhundert noch im Einvernehmen mit der Gesellschaft. Nun aber empfindet er, nicht anders als der Prosateur, die bürgerliche Gesellschaft als *invivable*. Den menschlichen Mythos als Ziel vor Augen, vermag er den Menschen in seinem Streben nicht mehr als erfolgreich darzustellen, denn dies hieße, ihn einer nur auf Nutzen bedachten Kollektivität zuzuordnen (85). Soll der Mythos vom Menschen in der Dichtung fortleben, so kann dies nur durch die Gestaltung menschlichen Scheiterns geschehen, denn scheiternd kehrt der Mensch zu sich selbst und zu seiner Reinheit zurück. Der Dichter habe nur Augen für *défaite* und *ruine*, obgleich es in der realen Welt natürlich auch den Erfolg gebe. Unter dem Aspekt unausweichlichen Scheiterns ändere die Welt ihr Aussehen, im Scheitern als letztem Weg lägen aber auch das Aufbegehren gegen die Welt und die Aneignung des Univer-

II. Klang — Paradoxie — Bewegung

sums. Scheitern wandle sich (freilich ohne ein Jenseits) zum ‚Heil'[2a], und dies erweise sich am Beispiel der Sprache (86 f.):

> le langage poétique surgit sur les ruines de la prose. S'il est vrai que la parole soit une trahison et que la communication soit impossible, alors chaque mot [...] recouvre son individualité, devient instrument de notre défaite et receleur de l'incommunicable.

Das als Sinnträger gescheiterte und nun sinnentleerte Wort wird zur Spiegelung reiner Nicht-Mitteilbarkeit, an die Stelle des Gebrauchs tritt in der Poesie die interesselose Intuition des Worts. So wird das Scheitern zum hohen Wert:

> Ce n'est pas qu'il y ait *autre chose* à communiquer: mais la communication de la prose ayant échoué, c'est le sens même du mot qui devient l'incommunicable pur. Ainsi l'échec de la communication devient suggestion de l'incommunicable; et le projet d'utiliser les mots, contrarié, fait place à la pure intuition désintéressée de la parole. [...] la valorisation absolue de l'échec [...] me paraît l'attitude originelle de la poésie contemporaine. (86 f.)[3]

Ist somit als Grundhaltung heutiger Dichtung die Statuierung des Scheiterns zum absoluten Wert in der sprachlichen Dimension erhoben, so hat Sartre damit auch die Basis für eine Funktion des Dichters in der demokratischen Kollektivität dieser Zeit gewonnen:

> dans une société très intégrée ou religieuse, l'échec est masqué par l'Etat ou récupéré par la Religion; dans une société moins intégrée et laïque, comme sont nos démocraties, c'est à la poésie de la récupérer. (87)

[2a] Sartres Gedanke erscheint hier eindrücklich als Säkularisierung der Passion Christi.
[3] Vgl. H. M. Enzensberger: „Während die orthodoxe Literatursoziologie sich [...] in das Innere eines Romans oder eines Dramas über die Eselsbrücke der Handlung noch halbwegs Einlaß verschaffen kann, schließt das Gedicht solche Zuwege von vornherein aus. Ein anderer Zugang als der über die Sprache ist nicht möglich. Deshalb ignoriert Lukács die Poesie. [...] Einig sind sich beide Seiten, sind Weidlé und Lukács (beispielsweise) sich darin, daß Poesie [...] und besonders moderne Poesie, stört, nicht ins Konzept paßt, [...] weil sie niemands Magd ist." (*Poesie und Politik*, in H. M. E., *Einzelheiten* II, 128 f.) — „Seit hundert Jahren kommt, was ihn vom politischen unterscheidet, im poetischen Prozeß immer deutlicher zutage: Je größer der Druck ist, dem das Gedicht sich ausgesetzt sieht, desto schärfer drückt es diese Differenz aus. Sein politischer Auftrag ist, sich jedem politischen Auftrag zu verweigern und für alle zu sprechen noch dort, wo es von keinem spricht [...] —" (ebd. 135 f.).

Sartres Definitionen zielen auf die Grundströmung der Lyrik unseres Jahrhunderts; wenn es auch leicht wäre, einzelne Autoren oder Richtungen namhaft zu machen, auf die das Konzept des Scheiterns nicht zutrifft, so könnte ein solcher Nachweis von ‚Ungleichzeitigkeit des Gleichzeitigen'[4] seine Thesen, die die Poetik der letzten Jahrzehnte resümieren, kaum entkräften.

Der Gedanke, daß Wörter nicht nur Sinn, sondern selbst Sache sind, und die Idee, das Wort aus den Zwängen der Kommunikation zu befreien, ein Gedanke, der die Idee einer Befreiung des Menschen durch die Sprache in sich birgt, sind in Frankreich nicht erst mit dem 20. Jahrhundert aufgekommen, dessen ‚avantgardistischer' Lyrik sie die ideologische Basis geben. Ihr Stifter ist Victor Hugo, der Anfang März 1830 im Vorwort zu *Hernani*, unter dem Eindruck der Februarrevolution, mit gedämpftem Liberalismus schrieb:

> Le romantisme, tant de fois mal défini, [...] n'est [...] que le libéralisme en littérature. [...] La liberté dans l'art, la liberté dans la société, voilà le double but auquel doivent tendre d'un même pas tous les esprits conséquents et logiques. [...] Cette voix haute et puissante du peuple [...] veut désormais que la poésie ait la même devise que la politique: *Tolérance et Liberté*.[5]

Ein Vierteljahrhundert später bringt Hugo in zwei Gedichten des Kapitels *Autrefois (1830—1843)* I. *(Aurore)* von *Les Contemplations* das Werk der dichterischen Sprachemanzipation in Einklang mit seiner inzwischen revolutionär gewordenen politischen Haltung. In Abschnitt VII. *Réponse à un acte d'accusation* (1854)[6] rühmt er sich, die von Akademie und Thron gehütete Ordnung der Sprache gestört und die Hierarchie der Wörter zerschlagen, die Gleichberechtigung unter den Wörtern hergestellt zu haben:

> [...] le mot propre, ce rustre
> N'était que caporal: je l'ai fait colonel;
> J'ai fait un jacobin du pronom personnel,
> Du participe, esclave à la tête blanchie,
> Une hyène, et du verbe une hydre d'anarchie.
> [...]
> J'ai dit aux mots: Soyez république! [...]

---

[4] Terminus Enzensbergers, ebd. 58, in: *Die Aporien der Avantgarde*. Der Philosoph Sartre spricht auch aus schriftstellerischer Erfahrung, Scheitern ist ein Motiv seiner literarischen Werke (vgl. Renate Fritsch, *Motive, Bilder und Schlüsselwörter in J.-P. Sartres literarischen Werken* [Diss. F. U. Berlin], Europ. Hochschulschriften, XIII 35. Frankfurt a. M.—Bern,, 1976, Kap. II 8).
[5] *OC de V. Hugo: Hernani*. Libr. J. Hetzel, o. J., 1—3.
[6] V. Hugo, *OP* II, 498 f.

II. Klang — Paradoxie — Bewegung

> [...] J'ai mis tout en branle, et, morose,
> J'ai jeté le vers noble aux chiens noirs de la prose.
> [...]Tous les mots à présent planent dans la clarté.
> Les écrivains ont mis la langue en liberté.[7]

Ein Hymnus auf das befreite Wort folgt 1855 in Abschnitt VIII. *Suite:* da ist *le mot — un être vivant/le mot, le terme, type on ne sait d'où venu/les mots sont des choses*[8]; das Wort führt sein Eigenleben, es hat seinen Willen, ist willfährig oder verweigert sich; der Mensch ist der Zögling *de quelque mot profond/ Les mots heurtent le front comme l'eau le récif/Le mot tient sous ses pieds le globe et l'asservit*[9]; das Wort kann Rache vollstrecken, töten, vernichten; es ist allmächtig. *Car le mot, c'est le Verbe, et le Verbe, c'est Dieu*[10]. Diese emphatische Glorifizierung des emanzipierten Worts, mit der sich der Autor des gewaltsamen Einbruchs ins Allerheiligste der französischen Klassik rühmt *(Les quarante fauteuils et le trône au milieu; [...] j'ai dans ce salon illustre,/ Même un peu cassé tout [...]*[11]), ist ein Manifest avantgardistischen Charakters avant la date. Hier braucht nicht daran erinnert zu werden, wie vieles das 19. Jahrhundert in Poetik und dichterischer Praxis von dem vorweggenommen hat, was geräuschvolle Neuerungen nach 1900 als unerhörte Novität auf ihre Fahnen schreiben sollten[12]. ‚Revolution der Sprache‘, ‚Magische Wirkung des Worts‘, ‚Suggestivkraft des Worts‘, ‚Sprachmagie‘, die gewiß im einzelnen nicht das gleiche bezeichnen wie die sprachrevolutionären Thesen unseres Jahrhunderts, geben doch den Tenor an, unter dem sich eine große, zusammenhängende Entwicklung anbahnt, nicht anders als auf dem Gebiet der Metrik, wo die Befreiung von Zwängen wie Silbenzählung, Reim, Verstraditionen, festen Gedichtformen in Erscheinungen wie *vers libéré* und *vers libre* mündet[13].

Die Wurzeln der von Sartre resümierten Poetik reichen zeitlich über Hugo zurück. Hier kann nur summarisch auf ihre Verästelungen verwiesen wer-

---

[7] Hugos große Vorläufer auf dem Weg zur Sprachemanzipation: Diderot und Novalis.
[8] V. Hugo, *OP* II, *Suite*, 500—503; der Gedanke der Identität von Bezeichnung und Bezeichnetem *(mot = chose)* schon in Mose I, 2, 19.
[9] Zu ‚Wort als Instrument der Macht‘ vgl. Hugo v. Hofmannsthals *Studie über die Entwicklung des Dichters V. Hugo* (Diss. 1901); *Essai sur V. H.*, Libr. Droz, 1937.
[10] Zu Hugos ‚Sprachbefreiung‘ und den Hintergründen seiner *Réponse à un acte d'accusation* vgl. Albouys Anm. in *OP* II, 1381—1390.
[11] Hugo, *OP* II, 498.
[12] Vgl. im ganzen H. Friedrich, *Struktur*.
[13] Zum Thema ‚Poesie und Prosa‘, Prosagedicht und *verslibrisme*, u. a. Vf., Einführung zu *Die moderne französische Lyrik*, 28 f.

den. Die englischen Kritiker Richard Hurd (1753) und Joseph Warton (1756)[14], vor allem aber der deutsche Romantiker Novalis in seinen *Fragmenten* (1795—1800)[15] bahnen die Wege für die Verabsolutierung lyrischer Rede, der das 19. Jahrhundert zum Durchbruch verhelfen wird. Den Terminus *poésie pure* gebrauchte als erster Franzose der Romantiker Alfred de Vigny in seinem 1826 entstandenen Roman *Cinq-Mars*[16], wo in dem Kapitel ‚La Lecture' die Sonderstellung der Poesie gerühmt und dem Klassiker Pierre Corneille die Äußerung in den Mund gelegt wird, sein *Polyeucte* habe ursprünglich ein ‚Poem' werden sollen, aber einer breiteren Wirkung halber *ce ne sera qu'une tragédie* (also etwas Bescheideneres), denn:

> La poésie pure est sentie par bien peu d'âmes; il faut pour le vulgaire des hommes, qu'elle s'allie à l'intérêt presque physique du drame.
>
> (OC II, 268; uns. Hvh.)

In den *Réflexions sur la vérité dans l'art*, die Vigny seinem Roman 1827 als Einleitung voranstellt, wird hinzugefügt:

> Or, ce n'est qu'à la Religion, à la Philosophie, à *la Poésie pure*, qu'il appartient d'aller plus loin que la vie, au delà des temps, jusqu'à l'éternité.
> (Ebd. 19; uns. Hvh.)

In der Kunst zähle nur die *Beauté idéale*, sekundäre Bedeutung habe hingegen *ce qu'il y a de vrai*. (25)

Von nun an begegnet das Ideal einer *poésie pure* bei französischen Autoren wie Victor Hugo (in der préface zu *Les Orientales*, 1829), Sainte-Beuve (im Urteil über V. Hugos *Chants du crépuscule*, 1835), in Flauberts *Correspondance* (1837), in einem Brief V. Hugos von 1852 und, als Definition des Stilideals der Parnassiens, in Heredias Widmung zu *Les Trophées* (1893) an Leconte de Lisle[17].

Als nachdrückliche Bestätigung dieser Entwicklung empfinden Frankreichs Lyriker die leidenschaftlichen Bekenntnisse des Amerikaners Edgar Allan Poe zur Unabhängigkeit des Worts und zur Zweckfreiheit lyrischer Sprachbehandlung. Mit der Selbstinterpretation seines Gedichts *The Raven*, in *The Philosophy of Composition* (1846), die Baudelaire unter dem Titel *Genèse d'un*

---

[14] Hurd, *Dissertation on the Provinces of the Drama*, 1753; Warton, *Essay on Pope*, 1756.
[15] Vgl. K. Wais, *Mallarmé*, W. Vordtriede, *Novalis und die französischen Symbolisten* (Sprache u. Literatur, 8) Stuttgart, Kohlhammer, 1963.
[16] A. de Vigny, *OC* II.
[17] Nachweise bei W. Engler, *Theoriegeschichtliche Einleitung*, 55 ff.

II. Klang — Paradoxie — Bewegung

Poème 1859 in Frankreich bekanntmacht[18], schuf er das Modell des Dichters als Konstrukteur und Techniker der Sprache, das Paul Valéry im 20. Jahrhundert verwirklichen wird; mit dem 1850 postum veröffentlichten Poetiktraktat *The Poetic Principle* (gleichfalls von Baudelaire mit Übersetzungseinlagen paraphrasiert)[19] bestätigt er das romantische Ideal einer nur um ihrer selbst willen entstehenden Lyrik, aus der er alle erzählerischen, beschreibenden, belehrenden, wissenschaftlichen und moralischen Bestandteile eliminiert wissen will:

> elle n'a pas la Vérité pour objet, elle n'a qu'elle-même.[20]

Den entscheidenden Bruch mit informativer Prosa und prosaischer Literatursprache vollzog seit 1865 Stéphane Mallarmé, beginnend mit dem Gedicht *L'Après-midi d'un Faune. Eclogue*. Dem Dichter stellte er 1876 in *Le Tombeau d'Edgar Poe* die Aufgabe, wie ein bewaffneter Hüter eines Bezirks der Reinheit die Wörter vom Ballast ihres trivialen Sinns zu befreien:

> *Donner un sens plus pur aux mots de la tribu.*[20a]

Bei Beantwortung einer Umfrage des *Figaro* über *le Vers libre et les Poètes* postuliert Mallarmé 1895 entschiedene Abkehr von der Realität (Incipit: *Toute l'âme résumée*). Den Bereich der Dichtung streng von dem der Eloquenz scheidend, erkennt er dem Wórt den Vorrang vor seiner Bedeutung zu:

> L'oeuvre pure implique la disparition élocutoire du poète, qui cède l'initiative aux mots, par le heurt de leur inégalité mobilisés; ils s'allument de reflets réci-

---

[18] Poe, *OenP*, 991—1009 (ebd. 472 das Motto zu ob. Kap. II 1). Neue Übs. von *Philosophie de la Composition* durch R. Lalou in: E. Poe, *Trois Manifestes*, Alger-Paris 1946 (Nachdruck bei Charpier/Seghers, *L'Art poétique*, 288—299); deutsch bei Höllerer, *Theorie der modernen Lyrik*, 11—23.
[19] Poe, *OenP*; 1070 ff.
[20] Ebd. 1072. Dagegen Lautréamont und Eluard: *La poésie doit avoir pour but la vérité pratique*, vgl. u. Kap. III 2).
[20a] Die Kritik an Unreinheit der Sprache und sinnentleertem Wort, die mit Montaignes *Essai* I, LI *(De la Vanité des paroles)* beginnt, reißt seit Mallarmé nicht ab. Zur Anklage Artauds gegen sprachzerstörende Literatur vgl. u. Kap. IV 3; Sammlung kritischer Aperçus über den Notstand des Worts: *Suite familière*, in Léon-Paul Fargue: *Sous la lampe* (1929); wie einen Kehrreim wiederholt Ferdinand Céline in *Voyage au bout de la nuit* (1932): *Avec les mots on ne se méfie jamais suffisamment*. Weitere Beispiele: *Méfions-nous des mots qui disent d'avance, pour ainsi dire, ce qu'ils veulent dire, et qui le tuent dans l'oeuf, des mots qui sont une musique, une propagande, une fumée* (Jacques Audiberti, *Le Mal court* (1947) II); *Plus la peine de*

proques comme une virtuelle traînée de feux sur des pierreries, remplaçant la respiration perceptible en l'ancien souffle lyrique [...].

(*Variations sur un sujet. Crise de vers*. 1886/1896)[21]

In einem Brief an François Coppée[22] steckt Mallarmé schließlich der symbolistischen Tendenz zur Dissoziation konventioneller Elemente ein neues, der sprachlichen Begrifflichkeit fernerliegendes Ziel; den im Gedicht bereits emanzipierten und gegen ‚draußen' abgeschirmten Wörtern sei die Fähigkeit gegenseitiger Spiegelung bis zum Verlust der eigenen Farbe zu verleihen, so daß sie nur Zwischentöne einer Tonleiter zu sein scheinen:

> Ce à quoi nous devons viser surtout est que, dans le poème, les mots qui déjà sont assez eux pour ne plus recevoir l'impression du dehors — se reflètent les uns sur les autres jusqu'à paraître ne plus avoir leur couleur propre, mais n'être que les transitions d'une gamme.[23]

So bereitet Mallarmé mit seiner Unbedingtheit zwei scheinbar divergierenden Richtungen des 20. Jahrhunderts die Straße: der nach aristokratischer Erwähltheit der Rede und nach klassischer Strenge strebenden Doktrin Paul Valérys und dem um anarchische Regellosigkeit von Wortstürzen bemühten, alles Herkommen zerstörenden Dogma F. T. Marinettis — der Revolte der *mots en liberté* und zugleich dem konsequentesten Versuch einer *poésie absolue*[24].

---

faire le procès aux mots. Ils ne sont pas plus creux que ce qu'ils charrient (Samuel Beckett, *Malone meurt*, 1951); *Seuls tombent les mots chargés de signification, alourdis par leur sens, qui finissent toujours par succomber, s'écrouler ... dans les oreilles des sourds* (Eugène Ionesco, *La Leçon*, 1951); *Le mot ne montre plus. Le mot bavarde. Le mot est littéraire. Le mot est une fuite. Le mot empêche le silence de parler. Le mot assourdit. [...] La garantie du mot doit être le silence.* (E. Ionesco, *La Crise du langage*. Chocs, in: *Journal en miettes*. 1967); der lyrische Appell, das Wort mit neuem Sinn zu verfremden: *Les mots, les mots / Ne se laissent pas faire / Comme des catafalques. // Et toute langue / Est étrangère* (Guillevic, *Art poétique* (I), in: *Terraqué*, 1942). Mit Stolz stellt Senghor dem ausgehöhlten Wort unserer Umgangssprachen das negro-afrikanische gegenüber: *Le mot est plus qu'image, il est image analogique sans même le secours de la métaphore ou comparaison* (*Ethiopiques*, postface. 1956). Der Sprachvergeudung der Epoche tritt Valéry entgegen: *Dialogue de l'arbre*, 1943; *Entre deux mots il faut choisir le moindre* (*Tel quel*, ‚Littérature', 1929).

[21] Mallarmé, *OC*, 366; zur Stellung Mallarmés vgl. Friedrich, *Struktur*, IV.
[22] Zu diesem Brief: Matila C. Ghyka, *Sortilèges du Verbe*, 176.
[23] Zit. nach Lévesque, *A. Jarry*, 28. Vgl. Jean Monval, *St. Mallarmé et Fr. Coppée* (Lettres inédites). *Revue des Deux Mondes*, 1. 10. 1923.
[24] *poésie absolue* bei P. Valéry, *O* I, u.a. 1275.

II. Klang — Paradoxie — Bewegung

Emile Verhaeren, der in seinem maßvollen Aktivismus[25] und in dem Epochenbewußtsein vor der Jahrhundertwende in dem Zyklus *Les Villes tentaculaires* (1895), z. B. in dem Gedicht *Vers le Futur*[26], die Emotion des Mitwirkens an bevorstehenden Weltveränderungen empfindet, äußert, noch vor den Futuristen, das Verlangen, sich denen zuzugesellen, die in Urlauten die Dinge zum ersten Mal benennen. Der Zeichen und Bedeutung stiftenden Prosa überdrüssig, *las des textes et des gloses*, sieht er das Ziel der Dichtung in der Wendung

> vers ceux qui, dans leur prime ardeur,
> Avec des cris d'amour et des mots de ferveur,
> Un jour, les tout premiers, ont dénommé les choses.
> (*Le Verbe*, in *La multiple Splendeur*. 1906.)[27]

Der vorsprachliche Äußerungsversuch — Schrei und Gestammel — erhält im Gedicht eine neue Würde.

Geradezu als Physiker, der die Wörter für den lyrischen Versuch präpariert, sieht sich Saint-Pol-Roux, dessen Gesamtwerk sich als ein kontinuierliches Experimentieren mit überraschenden Wortkonstellationen präsentiert[28]. Dabei verbindet er mit großem Einfallsreichtum die Behandlung der Wörter als tönende Objekte mit dem Zweck, ihren Sinn durch oxymorontische Paarungen schärfer und reiner hervortreten zu lassen. In verschiedenen Prosaschriften erläutert er sein Verfahren. Wir können hier nur einige Kernpunkte hervorheben. Der Aufsatz *Le Style c'est la Vie* (1896), in *De la Colombe au Corbeau par le Paon,* beschreibt die Entdeckung der *affinités secrètes entre des Mots brouillés depuis toujours;* der Versöhnung eines negativen mit einem affirmativen Wort entsprang der für seine dichterische Arbeit entscheidende Funke; seitdem ist er mit der Aufhebung künstlich errichteter Grenzen beschäftigt, Grenzen zwischen Wort-Gattungen, -Arten, -Familien, -Individuen, -Abstraktionen, -Elementen und -Objekten,

> dont la forme, l'hypothèse, l'émotion latente ou extérieure, le geste avaient été jusqu'ici catalogués et parqués en limites meurtrières, je les invitais à représenter

---

[25] Zuordnung Verhaerens zu den Aktivisten bei Klemperer, *Die moderne französische Lyrik*.
[26] Text in van Bever-Léautaud, *Poètes d'aujourd'hui* III, 333.
[27] Die Verse spielen an auf 1. Mose, 2, 19; deutsche Übertragung in E.V., *Ausgew. Gedichte*. Nachdichtung von Stefan Zweig. Leipzig, Insel, ²1910, 109 ff. *(Das Wort)*.
[28] Vgl. unten Kap. III 3.

Eigenleben der graphischen Zeichen

leur libre farce ou leur tragédie spontanée devant le public de mes cinq sens et de mon âme [...]²⁵

Er freut sich, mit äußerster Naivität Mischungen des Absoluten mit dem Natürlichen *par les Mots correspondants* herbeizuführen; er fügt nicht nur die verschiedenen Künste zu einem Mosaik³⁰; er gesellt auch den wegen angeblicher Dürftigkeit lange verschmähten Ausdruck dem großartigen Wort (vgl. V. Hugos *mot caporal — fait colonel*); er konfrontiert ein soziales Übel mit der Hoffnung auf eine Abstraktion; er läßt einen Gott mit den Nägeln seiner Lüge kreuzigen. Das Manuskript gestaltet sich zu einem Aufmarschfeld von Wortarmeen:

> Spectacle rare vraiment, sur le papier, cette armée de Mots divers venus de toutes les catégories au fin de concourrir au triomphe, frayant, vibrant, s'enlaçant, se querellant, riant, chantant, pleurant, agissant, pensant avec leurs couleurs, leurs parfums, leurs formes, leurs subtilités, leurs rythmes respectifs — population minime certes, mais forte de la virtualité de grandir spontanément [...]. (190)

Das durch Großschreibung stets hervorgehobene *Mot* ist Protagonist eines synästhetischen Fests. Aber nicht nur Wörter erweisen sich als faszinierende Lebewesen mit einem Eigenleben (nach obiger Lehre V. Hugos); Saint-Pol-Roux läßt auch Laute und Buchstaben als Individualitäten oder als Gegenstände aus ihrer graphischen Gestalt ästhetischen Wert und metaphorischen Zweck entwickeln; sie haben eine der Grundidee des Schreibens, der *pensée maîtresse*³¹, assistierende, physikalische (!) Bedeutung; je nach ihrer Schwere oder Leichtigkeit übernehmen die graphischen Zeichen überraschende Funktionen; da befächelt sich *la Pensée* mit den *v*, um sich einmal auf den Esel der *n* oder auf das Pferd der *m*, ein andermal auf das Fahrrad der *z* zu schwingen, hier auf den Schemel der *r*, wenn nicht gar im Sessel der *k* zu meditieren, sich da auf dem Feldstuhl der *x* zu räkeln oder schließlich dort am Balken des großen *I* kreuzigen zu lassen:

> cependant que les Idées, ces filles indivises, juponnées d' f, de g, de j, d' y se hèlent les unes les autres entre les pommes en porte-voix des guillemets ou se

---

²⁵ Zit. nach Th. Briant, 189 ff.; vgl. Jouffroy, *St.-P.-Roux, Les plus belles pages*, 103—109.
³⁰ Ideal der Vermischung der Künste schon bei A. de Vigny, im Gedicht *La Beauté idéale*; bei den Symbolisten durch R. Wagners Idee vom Gesamtkunstwerk neu angeregt.
³¹ Anspielung auf Taines *faculté maîtresse*, Kennwort der Überzeugung, alles Einzelne sei „Ausdruck und Körper einer einheitlichen Idee"; vgl. Klemperer, *Gesch. d. frz. Lit. im 19. u. 20. Jh.*, I, 211 ff.

parlent à l'oreille parmi le chambranle des parenthèses et que les articles, les conjonctions, les prépositions gaminent à même tout, essayant sur leur nez les bésicles des B, ébauchent les clowneries à la barre fixe des F, traversent le cercle des O et jouent aux billes avec les points de terminaison au pied de la muraille des majuscules ou bien encore à la toupie avec les virgules entre deux membres de phrase. (191)

Sprache und Schrift sind Figuren und Textbilder geworden, und stolz wohnt der Autor dem Vorbeizug der nunmehr gleichberechtigten Wörter bei — *les Mots, plastiques ou subtils, imprécis ou formels, beaux ou vilains, clairs ou sombres*, und empfängt die bescheidene Huldigung eines *Mot infiniment petit*, die er als Danksagung *en mémoire de sa rédemption* erkennt. (191)

Rédemption ist das Losungswort, das die Poetik Saint-Pol-Roux' in die von der Romantik über Poe und Mallarmé zum Futurismus führende Tradition der Wort- und Sprachemanzipation einreiht. Mit seinem Ansatz zur Befreiung der Wörter und Lettern ist Saint-Pol-Roux der unmittelbare Vorgänger Marinettis[32] und einer der Herolde jener Lyrik, die Sartre mit seiner oben beschriebenen Definition anvisiert. Mit Maurice Maeterlinck und Alfred Jarry öffnet Saint-Pol-Roux das Tor zum 20. Jahrhundert.

Die futuristische Doktrin einer durch *mots en liberté* und *imagination sans fils* gekennzeichneten lyrischen Sprache setzt, wenn man sie heute recht verstehen will, den im vorigen Teilkapitel dargestellten Hintergrund proklamierter und angewandter Gewalt voraus. Beide Äußerungsformen, Gewalt und *motlibrisme*, erwachsen aus dem Vorfeld der Aphasie: in starker Erregung verliert der Mensch die Fähigkeit der rational geordneten Sprache, er schlägt drein oder beginnt zu lallen[33]. Dem hochtönenden Programm der *écriture motlibriste*, mit dem Marinetti in mehreren Manifesten vom Mai 1912 ab hervortritt[34] und das die konsequente Weiterentwicklung seiner Auseinandersetzung mit dem *verslibrisme* der Symbolisten[35] darstellt, entspre-

---

[32] Über Saint-Pol-Roux als Inspirator des Futurismus besteht kein Zweifel, zumal der 15 Jahre jüngere Marinetti vor seinem Debüt, mit dem Gedicht *L'Echanson* (1898), Verbindung zu Saint-Pol-Roux hatte: dieser widmete ihm 1895 sein Prosagedicht *Le Poète au vitrail* (in *Les Féeries intérieures*).
[33] Eine der von R. Jakobson in *Essais de linguistique générale*, 57 ff., studierten Formen der Aphasie ist nach Fausto Curi, in *il verri*, Nr. 33—34 (Okt. 1970) 219—228, Marinettis *motlibrisme*; dazu Lista, *Marinetti*, 115.
[34] Texte bei Lista, *Futurisme*, 133 ff.
[35] Marinetti hatte, angeregt durch Gustave Kahns *Premiers Poèmes* avec une *Préface sur le Vers libre* (1897), den freien Vers zuerst in *Les vieux Marins* (1898), später in *Le Monoplan du Pape* (1911) verwendet, sowie 1905 in seiner Zeitschrift *Poesia* eine Umfrage veranstaltet, deren Ergebnisse 1909 in Mailand erschienen: *Enquête*

Absage an Logik und Syntax

chen in Marinettis dichterischer Praxis nur dürftige Experimente ohne lyrischen Rang, wie die Reportage über die Schlacht bei Tripoli (1911), *Bataille Poids + Odeur*[36] oder die Reportagen über das Bombardement von Andrinople und über den *Train de soldats malades* in *Zang Toumb Toumb* (1914)[37]. Trotzdem ist der Motlibrisme als Entwurf keine ephemere Erscheinung geblieben, so daß der Hinweis auf die Marinettische Antinomie kein Alibi für seine Übergehung liefert. Das Schlagwort ‚Wörter in Freiheit' wird beispielsweise 1973 von den Herausgebern der *Antianthologie - Gedichte in deutscher Sprache nach der Zahl ihrer Wörter*[38] in Vor- und Nachwort als Synonym für ‚Gedichte' gebraucht, so als ob dies ein jedermann in Deutschland geläufiger Slogan wäre und es der Erwähnung seines Urhebers Marinetti nicht bedürfte. Bei den unmittelbaren Nachfolgeerscheinungen des Futurismus in Frankreich, Dada und Surrealismus, aber auch bei der um die Mitte des Jahrhunderts in mehreren Ländern gleichzeitig aufgekommenen Letterndichtung und konkreten Poesie haben, neben anderen Vorläufern, die sprachrevolutionären Doktrinen des Futurismus entscheidende Anregungen gegeben.

Drei von Marinetti geschriebene Manifeste enthalten die wesentlichen Grundsätze, die — nicht für die Sprache schlechthin, sondern für die dichterische Sprache der Futuristen — fortan gelten sollten. Sie stellen tiefgehende Eingriffe in die seit der Antike syntaktisch geregelte Sprache und eine radikale Veränderung der tradierten Poetik dar. Es handelt sich um die Programmschriften *Manifeste technique de la littérature futuriste* (Mai 1912), *Supplément au Manifeste technique de la littérature futuriste* (August 1912) und *Imagination sans fils et les mots en liberté* (Mai 1913)[35]. Entsprechend der Absage an die Logik im ersten dieser Manifeste werden die Programmpunkte nicht in logischem Zusammenhang bzw. nur in einer Scheinordnung,

internationale sur le Vers libre, précédée du premier *Manifeste futuriste* (Edit. de Poesia); vgl. Kap. 6 *(Les Mots en liberté)* in Lista, *Marinetti.*
[36] Text bei Lista, ebd. 191 f. (und Lista, *Futurisme*, 140 f.).
[37] Texte ebd. 165—170; die Existenz des praktischen *motlibrisme* belegt Marinetti mit *Scelta di poesie e parole in libertà* (Raccolta di breviari intellettuali) Istituto Edit. Ital., Milano 1918, mit *Les Mots en liberté futuristes*, Edizioni Futuriste di *Poesia*, Milano 1919, sowie mit *Parole in libertà futuriste tattili-termiche-olfattive*. A cura di Tullio d'Albisola. In latta fotolittografata (Lilolatta, Savona). Ediz. Futuriste di *Poesia*, Roma 1932 (Abb. bei Lista, *Marinetti*, neben S. 129).
[38] *Antianthologie* [...], geordnet von Franz Mon u. Helmut Heissenbüttel, mit Nachworten, München, C. Hanser Vlg., 1973.
[35] Texte bei Lista, *Futurisme*, 129—157, Stichwort *Ecriture*; ebd. einschlägige Manifeste, auch anderer Futuristen; Faksimile-Drucke der Manifeste bei Lista, *Marinetti et le Futurisme* (Tafeln, zwischen S. 60 und 61).

einer zweifellos gewollten Unordnung vorgetragen, in der sich die Eile einer improvisierten Niederschrift ebenso spiegelt wie die schwer entwirrbare innere Verflochtenheit der angerührten Probleme. Wie die Entstehung des futuristischen Gründungsmanifests von 1909 auf eine Art Offenbarung durch das Erlebnis eines Autounfalls zurückgeführt wird[40], so will Marinetti die Inspiration zum Angriff auf die *inanité ridicule de la vieille syntaxe* und einen *besoin furieux de délivrer les mots en les tirant du cachot de la période latine*[41] während eines Flugs über der Stadt-Mailand, d. h. in dem von ihm verherrlichten Rausch der Geschwindigkeit[42], empfunden haben. Was in elf Punkten traktatartig gegliedert erscheint, entspricht tatsächlich eher der Wiedergabe tumultuarischer Inspirationsabläufe. Es beginnt mit dem Einfall einer linguistisch-graphischen Revolte, der eigentlich im Schlußteil erst wiederaufgenommen und zum Projekt einer *délivrance des mots* gesteigert wird, das die nachfolgenden Manifeste genauer beschreiben werden. In diesem ‚linguistischen' Rahmen drängen sich zwei daraus hergeleitete Umsturzpläne: systematische Anwendung paradoxer Analogiebildungen zur Schaffung einer a-logischen Metaphorik und Zerstörung des anthropozentrischen Weltbilds mit Ausblick auf die Möglichkeit eines mechanisch konstruierten ‚Menschen' mit austauschbaren Organen[43].

Ein inhaltlicher Gliederungsversuch muß auf die ständige Verzahnung der Teile und der drei Manifeste miteinander Rücksicht nehmen[44]. Voraussetzungen sind die Eingriffe in die Sprache: 1. Zerstörung der Syntax durch Reihung der Substantive, wie sie gerade einfallen *(au hasard de leur naissance;* 133); 2. Gebrauch des Verbs nur in den infiniten Formen, um es der Gewalt des schreibenden *moi* zu entziehen; mit diesem Postulat kommuniziert Punkt 11, der die Zerstörung des *Je*, der Psychologie und des Menschen überhaupt in der Literatur zugunsten der Materie fordert; 3. Abschaffung des Adjektivs, weil es das futuristische Prinzip der *vision dynamique* durch Nuancierung und Meditation behindere; 4. Abschaffung des Adverbs und der von ihm verursachten *fastidieuse unité de ton* im Satz; 6. Streichung aller Interpunktionszeichen; statt ihrer, Hinweise auf Bewegung und

---

[40] Vgl. Lista, *Futurisme*, 85 f.
[41] Ebd. 133.
[42] Zu Prinzip *vitesse*, unten Kap. II 3.
[43] M.s Vorläufer in diesen Vorstellungen: Villiers de l'Isle-Adam mit *L'Eve future* (1886) und M. Maeterlinck, der in *La jeune Belgique* (1890) vorschlug, den Menschen auf der Bühne durch Skulpturen und mechanisch gesteuerte Schatten zu ersetzen.
[44] Im folgenden die im Manifest verwendeten Nummern der Postulate.

Richtung durch mathematische bzw. musikalische Zeichen (x, +, :, -, =, > <)⁴⁵.

Das soeben übergangene 5. Postulat leitet von den rein sprachlichen und graphischen Fragen schon zum zweiten Themenkreis des Manifests über: es behandelt zusammen mit den Punkten 7. bis 10. des Manifests den ersten zentralen Gegenstand der poetologischen Revolte und fällt aus der Reihe der linguistischen Negationen durch Nennung eines kreativen Prinzips heraus: 5. jedem Substantiv steht ein *double* zu; ohne Vergleichspartikel, durch reine Analogie, sind zwei Substantive lapidar zu koppeln, etwa so: Mann / Torpedoboot; Frau / Reede; Menge / Brandung; Platz / Granattrichter; Pforte / Wasserhahn; solcher Analogismus mit Verkürzung auf das entscheidende Wort entspreche der im Flugzeitalter höchst beschleunigten Wahrnehmung von Entsprechungen durch den Menschen. Eine willkürliche und historisch unrichtige Behauptung, widerlegbar durch den Hinweis auf partikellose, absolute Metaphern z. B. im 17. und 19. Jahrhundert[46] und auf die Beobachtung der Schnelligkeit ihrer Bildung schon durch Cicero[47]. Punkt 7. fordert statt herkömmlicher Analogiebildungen durch naheliegende Vergleiche, wie Mensch / Tier, kühnere Konfrontationen wie: zitternder Foxterrier / kleiner Morseapparat, oder — futuristisch — Foxterrier / kochendes Wasser, das heißt analogische Gradsteigerung durch Aufdeckung immer tiefer liegender bzw. weiter auseinander liegender Bezüge. Das Wunschziel definiert sich so:

> L'analogie n'est que l'amour immense qui rattache les choses distantes, apparemment différentes et hostiles. C'est moyennant des analogies très vastes que ce style orchestral, à la fois polychrome, polyphonique et polymorphe, peut embrasser la vie de la matière. (134)

Damit wird auf das Phänomen der Synästhesien hingewiesen, das unter den modernen Franzosen spätestens Baudelaire mit *Les Correspondances (Fleurs du Mal*, IV) zur Domäne der Dichtung erhoben hatte. Marinetti nennt aber selbst einen älteren Beschreiber seines futuristischen Verfahrens, von dem er sich natürlich grundsätzlich distanziert: *Les images* seien nicht sparsam auszu-

---

[45] In neuerer Zeit hatte der von Marinetti bewunderte Mallarmé in *Un Coup de dés* auf Interpunktion verzichtet; vgl. G. Steiners Hinweise auf die Überlegenheit mathematischer Zeichen über syntaktische Sprache (ob. Kap. II 1).
[46] Vorläufer: die barocke Metaphorik; Baudelaire, Rimbaud und Saint-Pol-Roux.
[47] Cicero, *De Oratore*, 134, betr. das durch Analogien bewirkte schnelle Hin- und Hergleiten des Geistes: „qui motus cogitationis, *celeriter agitatus*, per se ipse delectat"; Leopardi zitiert dies im *Zibaldone*, Eintrag vom 10. 1. 1823, im Zusammenhang mit seiner Rühmung der *velocità* (vom 27. 10. 1821) (u. Hvh.).

wählende und zu pflückende Blumen *comme le disait Voltaire*, sondern das Herzblut einer Poesie, die nichts geringeres zu sein habe als *une suite ininterrompue d'images neuves* (134). In der Tat hat Voltaire die paradoxe Analogie und kühne Metapher als vornehmstes Kennzeichen des Esprit gerühmt (*Esprit*. Section première. In: *Dictionnaire Philosophique*)[48]:

> Ce qu'on appelle esprit, est tantôt *une comparaison nouvelle*, tantôt une illusion fine: ici l'abus d'un mot qu'on présente dans un sens, et qu'on laisse entendre dans un autre; là *un rapport délicat entre deux idées peu communes*: c'est *une métaphore singulière*; c'est *une recherche de ce qu'un objet ne présente pas d'abord, mais de ce qui est en effet dans lui*; c'est *l'art*, ou *de réunir deux choses éloignées*, ou *de diviser deux choses qui* paraissent se joindre ou de *les opposer l'une à l'autre*; c'est celui de ne dire qu'à moitié sa pensée pour la laisser deviner. (Uns. Hvh.)

In Punkt 8. des Manifestes schließt Marinetti — der Kritik zuvorkommend — jede Klassifikation analogistisch geformter Bilder aus; es gebe weder edle noch gemeine, weder elegante noch niedrige, weder exzentrische noch natürliche *images*; allein maßgebend sei *le style analogique* (134). Die Punkte 9. und 10. fordern, durch Beispiele aus Marinettis *Bataille de Tripoli* (1912) illustriert[49], Analogieketten zur Wiedergabe sukzessiver Bewegungen von Objekten und, unter Verachtung aller intelligenzgesteuerten Ordnung, eine ‚Orchestration' der *images en les disposant suivant un ‚maximum de désordre'* (135). Neu ist also nicht die Kühnheit der spitzfindigen Analogie (die im vierten Teil des Manifests zur absoluten Metapher unter Fortlassung des Basisbegriffs aufsteigen wird), neu ist vielmehr ihre Erhebung zum dominierenden poetischen Prinzip.

Marinetti bereitet mit seiner Doktrin der Reihung paradoxer poetischer Analogien jener Poetik der *images* den Weg, die unter Berufung auf Lautréamont, über Dada und Pierre Reverdy den stärksten Widerhall bei den Surrealisten fand; bezeichnenderweise wurde dabei namentlich durch Reverdys Aperçus zur kühnen Analogie (zuerst 1918 in den *Cahiers du sud*, dann 1927 in seinem Bekenntnisbuch *Le Gant de crin*) die Erinnerung an Mari-

---

[48] Zit. nach *OC de Voltaire*, Tome XL, Gotha 1786, 101 f., vgl. dazu Franz H. Mautner, *Der Aphorismus als Literatur* (*Wort und Wesen*, 279 ff.).

[49] Proben aus *Bataille de Tripoli*: „vous êtes, mignonne mitrailleuse, une femme charmante, et sinistre, et divine [...]. Vous êtes en ce moment un trépan tout-puissant qui perce en rond le crâne trop solide de cette nuit obstinée. Vous êtes aussi un laminoir d'acier, un four électrique, et quoi encore? ... un grand chalumeau oxhydrique qui brûle [...]" (134 f.); hier drängt sich die Erinnerung an Lautréamonts Flaneur auf, der so schön ist wie ‚die zufällige Begegnung einer Nähmaschine mit einem Regenschirm auf einem Seziertisch' (*Les Chants de Maldoror*, VI 3).

nettis Manifeste so gut wie verdrängt[50]. Man wird im übrigen fragen müssen, ob die im Lager von Dada und Surrealismus so begeistert willkommen geheißene futuristische Lehre Reverdys der Lyrik nicht einen Bärendienst geleistet habe, ist doch die paradoxe Analogie, wie schon obiges Voltaire-Zitat zu bedenken gibt — dem aphoristischen Geist der Aufklärung benachbart; die ihr verdankten *images* mögen überraschen, nur durch scharfsinnige Mitarbeit des Lesers effizient werden und geistreiche Bezüge herstellen; ist dies alles aber eine echte Bereicherung der lyrischen Dichtung[51]?

Wie man sah, war das Postulat, den Satz durch die Einschränkung auf ausschließlich infinite Verbalformen der Herrschaft des Autor-Ichs zu entziehen, erster Ansatz zur Behandlung des dritten Themas im Manifest, das voll einsetzt mit dem 11. und letzten Punkt: Zerstörung des literarischen (und lyrischen) Ich und damit Akzentverschiebung vom anthropozentrischen auf ein um die Materie zentriertes Weltbild. Für den Ausfall aller psychologischen Aspekte soll die Dichtung durch eine neue Aufgabe entschädigt werden, die sie den Naturwissenschaften gleich- wenn nicht gar überordnet:

> 11. — *Détruire le „Je" dans la littérature,* c'est-à-dire toute la psychologie. L'homme complètement avarié par la bibliothèque et le musée, soumis à une logique et à une sagesse effroyables n'a absolument plus d'intérêt. Donc, l'abolir en littérature. Le remplacer enfin par la matière, dont il faut atteindre l'essence à coups d'intuition, ce que les physiciens et les chimistes ne pourront jamais faire.
>
> Ausculter à travers les objets en liberté et les moteurs capricieux la respiration, la sensibilité et les instincts des métaux, des pierres et des bois etc. Remplacer la psychologie de l'homme, désormais épuisée, par l'*obsession lyrique de la matière.* (135. M.s Hvh.)

Daß diese Poetik nicht Vermenschlichung der Materie in uneigentlicher Rede meint, sondern konsequente Ent-Humanisierung der Dichtung, wird ausdrücklich und ausführlich dargelegt; kennzeichnend ist der Satz, daß die Wärme in einem Stück Eisen oder Holz heute erregender sei *(plus passionnante)* als das Lächeln oder Weinen einer Frau (136), eine Sentenz, die die neue Kälte jenes in Punkt 4. des Gründungsmanifests formulierten Aphorismus (ein in seiner Schußfahrt heulendes Automobil sei schöner als die Nike von Samothrake) noch unterkühlt. Zu rühmen habe der Dichter fortan die mechanisch funktionierenden Apparate, die Bewegungsabläufe *sans intervention humaine,* die kinematographischen Tänze der Objekte, die Motoren, das

---

[50] Zu Reverdy: Vf., in Einführung zu *Die moderne französische Lyrik,* 19 ff., 40 ff.
[51] Vgl. u. Kap. III 1, sowie Vf., *Anti-Aphoristik und Paradoxie.*

Gewicht, die Fliehkraft, den Geruch der Gegenstände, die Fühllosigkeit der Materie, aber auch die Kräfte, die ihr eigen seien: *le courage, la volonté et la force absolue* (136)[52]. An diesem Punkt des Entwurfs berühren und bedingen sich wieder der linguistische und der thematische Umsturz, denn die ‚freie Materie' wird sich angeblich nur einem *poète divinateur qui saura se délivrer de la syntaxe traditionnelle* (136) erschließen.

Damit ist das vierte Thema des Manifests angeschlagen, die Forderung des Verzichts auf logische Rede:

> Les intuitions profondes de la vie juxtaposées mot à mot, suivant leur naissance illogique nous donneront les lignes générales d'une *psychologie intuitive de la matière*. (136. M.s Hvh.)

Die als ‚Erforscher von Analogien' qualifizierten futuristischen Dichter werden, um ihr lyrisches Ziel zu erreichen, allen Ballast der Logik abwerfen müssen. Darum wird auch von den eingangs (Punkt 5.) geforderten Substantivpaarungen (jedem Subst. sein *double*!) der jeweilige Basisbegriff *(premier terme)* zu streichen sein, so daß allein die durch paradoxe Analogie gefundenen *seconds termes*, die absoluten, kühnen Metaphern, in ununterbrochener Reihe aufziehen können. *Il faudra pour cela renoncer à être compris. Etre compris n'est pas nécessaire*[53]. Die daraus resultierende *effrayante puissance d'analogie* und die *étonnante richesse d'images* (136), gepaart mit dem radikalen Verzicht auf die Dolmetscherrolle der Syntax, wird dem poetischen Werk die ideale Synthese *d'une cent-chevaux lancée aux plus folles vitesses terrestres* verleihen (137). Verzicht auf logische Rede und *Délivrance des mots* sind eins: *Après le vers libre, voici enfin les mots en liberté*. Der Durchbruch zu diesem radikalen Eingriff in die Sprache geht einher mit dem Eingeständnis der Gewalt. Die zu erwartenden Vorwürfe und Anklagen der linguistischen Kritik müssen hingenommen werden; statt der herkömmlichen Schönheit sprachlicher Harmonie

> Nous utilisons au contraire tous les sons brutaux, tous les cris expressifs de la vie violente qui nous entoure.[54]

> In dieser Welt ist die Kunst: un besoin de se détruire et de s'éparpiller, grand arrosoir d'héroïsme inondant le monde. [...] Faisons crânement du ‚laid' en littérature et tuons partout la solennité. (137)

---

[52] Stärkste Proklamation der Enthumanisierung: das futuristische Manifest *La Splendeur géométrique et mécanique et la sensibilité numérique* (1914), (Lista, *Futurisme*, 147 f.).
[53] Bis in Einzelheiten bleibt Marinetti Schüler Mallarmés; vgl. Mallarmé-Kap. bei H. Friedrich, *Die Struktur*, mit Hinweisen auf Enthumanisierung etc.
[54] Zu Geräusch, Laut und *bruitisme* u. Kap. III 3.

Inspiration neben Luzidität

Das *Supplément au Manifeste technique* (138—141) erweckt zunächst den Eindruck, nur bekräftigende Erläuterungen und abgrenzende Klarstellungen gegenüber Einwänden der literarischen Kritik zu enthalten (Distanzierung von Bergsons Philosophie der Intuition; Unterscheidung paradoxer Analogiebildungen von der Allegorie; nachdrückliches Bekenntnis zu den *onomatopées même les plus cacophoniques* in Abkehr von der alten und *fameuse harmonie du style*, eine Tendenz, die im nächsten Manifest zur radikalsten Folgerung der futuristischen Poetik getrieben werden wird). Für die geschichtliche Entwicklung der Poetik in Frankreich erweist sich aber nachträglich Ziffer 2. des *Supplément* als besonders relevant: zugestanden wird hier die beiderseitige Erhellung der *phénomènes intuitifs* und der *phénomènes de l'intelligence logique*, eine Grenzverwischung zwischen ‚unbewußter Inspiration' und ‚luzidem Wollen', denn unversehens könne aus bewußter künstlerischer Arbeit die Inspiration entspringen; nach Stunden harter, zielstrebiger Arbeit werde der *esprit créateur*, plötzlich aller Behinderungen ledig,

> la proie d'une étrange spontanéité de conception et d'exécution. La main qui écrit semble se détacher du corps et se prolonger en liberté, bien loin du cerveau qui lui aussi, en quelque sorte détaché du corps, devenu aérien, regarde de très haut, avec une effrayante lucidité, les phrases inattendues qui sortent de la plume. (138)

Solche ‚unerwartet aus der Feder fließenden Sätze', Schöpfungen also des Unbewußten, antizipieren 1912 bis zu einem gewissen Grade, was André Breton 1924 im *Manifeste du Surréalisme* zu einer Bedingung seines idealen kollektiven Schreibverfahrens — der *écriture automatique* — machen wird[55].

Den Schluß des *Supplément* bildet der Text *bataille poids + odeur*, eine Probe aus Marinettis futuristischem Bericht über *La Bataille de Tripoli* (1911), bei dessen Niederschrift er die ‚elastischen Intuitionen' zum *Supplément* gehabt haben will. Einige Zeilen aus diesem Paradigma der in Praxis umgesetzten Thesen beider Manifeste:

> *Bataille*
> *poids + odeur*
>
> Midi 3/4 flûtes glapissement embrasement toumbtoumb alarme Gargaresch craquement crépitation marche cliquetis sacs fusils sabots clous canons crinières roues caissons juifs blignets pains-à-l'huile cantilènes échoppes bouffées chatoiement chassie puanteur cannelle   fadeur flux reflux poivre rixe vermine tourbillon orangers-en-fleur filigrane misère dés échecs cartes jasmin + muscade

---

[55] *écriture automatique* als rasch enttäuschte Illusion, dargestellt in Interpretationen zu *Les Champs magnétiques*, in Vf., *Die moderne französische Lyrik*.

+ rose arabesque mosaïque charogne hérissement   savates mitrailleuses = galets + ressac + grenouilles Cliquetis sacs fusils canons ferraille atmosphère = plomb + lave + 300 puanteurs + 50 parfums pavé-matelas détritus crottin charognes flic-flac entassement chameaux bourricots tohubohu cloaque   Souk-des-argentiers dédale soie azur galabieh [...] (140; Blancs markieren Pausen im Text M.s)

Zwei der im *Manifeste technique* gesteckten poetologischen Ziele formen 1913 den Titel von Marinettis nächstem Manifest: *Imagination sans fils et les mots en liberté,* Erfindungen, die, ausschließlich im Hinblick auf *l'inspiration poétique* konzipiert, *le lyrisme essentiel et synthétique* realisieren sollen (142). In acht Abschnitte gegliedert, resümiert dieses neue Manifest zunächst in 17 Punkten die Grundlagen der *sensibilité futuriste,* aus denen sich der Umsturz entwickeln soll. Die stärksten Akzente fallen auf die Prinzipien *vitesse*[56], *imprévu, dépréciation de l'amour,* sportlicher *record,* Entwertung der Landschaftsidylle durch den Tourismus, Vervielfältigung der menschlichen Kraft durch die Maschine[57] und Herausbildung von Gruppenbewußtsein (von *maison* über *quartier* zu *zone géographique, continent* und *humanité,* was exakt der unanimistischen Grundkonzeption von Jules Romains entspricht[58] und diese in ihrer vorfuturistischen Rolle anerkennt). Während vier Abschnitte *(Les mots en liberté / L'imagination sans fils / Usage sémaphorique de l'adjectif / Le verbe à l'infinitif)* nur die Entwürfe des technischen Manifests paraphrasieren, rühmt der Abschnitt *Onomatopées et signes mathématiques,* der auf den Radikalismus eines späteren Manifests *(La Splendeur géométrique* [...]) vorausweist, die Heftigkeit und Gewaltsamkeit des futuristischen Angriffs auf die herkömmliche Dichtung:

> Je défendais [...] un lyrisme très rapide, brutal, violent, immédiat que tous nos prédécesseurs auraient jugé anti-poétique, un lyrisme télégraphique imprégné d'une forte odeur de vie et sans rien de livresque. D'où la nécessité d'introduire courageusement des accords onomatopéiques pour donner tous les sons et tous les bruits, même les plus cacophoniques, de la vie moderne. (146)

Tempo und Beschleunigung werden nun zu unentbehrlichen Bestandteilen des ‚lyrischen Stils' erklärt, ihre partiturenhafte Regelung und Steuerung wird angekündigt:

---

[56] Vgl. zum Prinzip *vitesse* unten Kap. II 3.
[57] Das Motiv des *homme multiplié,* ins Halluzinatorische transponiert, schon 1904 in der Dichtung Apollinaires.
[58] Vgl. Vf., ‚*Der Angelus des neuen Bewußtseins*'.

Typographische Revolte

Nous mettons de plus entre parenthèses des indications comme celles-ci: (vite) (plus vite) (ralentissez) (deux temps) pour régler la vitesse du style. Ces parenthèses peuvent aussi couper un mot ou un accord onomatopéique. (146)

Ein Verfahren, das — im Gefolge Marinettis — Breton und seine Gefährten bei der Erprobung der *écriture automatique* in vorsurrealistischen Texten praktizieren werden[55].

Unter der Devise *Révolution typographique* wird dann eine die optische Rezeption von Dichtung gründlich verändernde drucktechnische Aufmachung der Texte propagiert: Drei- oder Vier-Farben-Druck und bis zu 20 verschiedene Letterntypen auf einer Seite. Eine italienische Version des Manifests entwickelte Ende 1915 ein weitergehendes typographisches Programm[60]. Die Idee der Grenzüberschreitungen von Lyrik in den Bereich des Audiovisuellen, die seit der Romantik, namentlich aber seit der Epoche Richard Wagners als Tendenz des ‚Gesamtkunstwerks' und der ‚gegenseitigen Erhellung der Künste' vorbereitet wurde, sollte bald und bis in unsere Tage hinein spektakuläre Wirkungen zeitigen.

Den emphatischen Schluß dieses Manifests bildet der Abschnitt *Orthographe libre expressive,* der in hymnischem Ton die stufenweise Befreiung der *puissance lyrique de la race humaine* aus Fesseln und Regeln feiert und durch leitmotivartige Wiederholung von *ivresse lyrique* (fünfmal in rund 25 Zeilen) die Abkehr von sprachlicher und logischer Ordnung unterstreicht. Im letzten Textstück (3.) wird dem Bau der überlieferten, kommunikativen Sprache der letzte Stoß versetzt, denn den zuvor befreiten Wörtern widerfährt jetzt das Los der Deformation und Zerstückelung:

> [...] notre ivresse lyrique doit librement déformer, modeler les mots en les coupant ou en les allongeant, renforçant leur centre ou leurs extrémités, augmentant et diminuant le nombre des voyelles ou des consonnes. Nous aurons ainsi la nouvelle *orthographe* que j'appelle *libre expression.* Cette déformation instinctive des mots correspond à notre penchant naturel vers l'onomatopée. Peu importe si le mot déformé deviendra équivoque. Il se fondra mieux avec les accords onomatopéiques ou résumés de bruits et nous permettra d'atteindre bientôt l'*accord onomatopéique psychique,* expression sonore mais abstraite d'une émotion ou d'une pensée pure. (147, Hvh. M.s)

Anarchisches Resultat der Desintegration von Satz, Syntax und befreitem Wort für den Ausdruck von *ivresse lyrique* ist die Klangmalerei. Praktische

---

[55] Über Geschwindigkeits-Gebote zur *écriture automatique* u. Kap. II 3.
[60] Übs. bei Apollonio, *Der Futurismus*, 128 f.; Abb. bei Lista, *M. et le Futurisme*, 43 ff.

II. Klang — Paradoxie — Bewegung

Beispiele sind der Beschreibung des *Train de soldats malades* (in *Zang Toumb Toumb*, 1914) zu entnehmen, wo die Geräusche des rollenden Zugs die Geschoßdetonationen und das Schreien der Kranken und Verwundeten ‚untermalen':

> *(Contre-coup viscéral des onomatopées lyriques du train)*
> tlactlac ii ii guiii
> trrrrrrtrrrrrr
> tatatatôo-tatatatatôo
> *(roues)*
> currrrrr
> cuhrrrrr
> gurrrrrrr
> *(Locomotive)*
> fuufufufuufufu
> fafafafafa
> zazazazazaza
> tzatzatzatzatza
> [...] [...]   zang-toumb-toumb tatatatata stop
> huhuhuhu huhurlement des malades dans la
> crrrrrrépitation des balles sifflements fracas
> [...] [...] heeeeeeennissements très haut vers
> le ciel implorer flairer [...] huhuhuhurlement
> de 1500 malades aux portières fermées à clef
> [...][61]

Wie absurd es auch immer scheinen mag, der Aufruhr Marinettis steht als wichtiges Bindeglied in einer konsequenten dichtungshistorischen Entwicklung[62]. Von Mallarmé, seinem großen Lehrmeister, kommt er her; ihm verdankte er den oben zitierten Gedanken der *disparition élocutoire du poète* zugunsten des Worts als Voraussetzung einer *oeuvre pure* und damit die Motivation für die Abkehr vom Anthropozentrismus, zur Enthumanisierung der Lyrik; Mallarmé hatte vor ihm die Unverständlichkeit der Dichtung, ihre Absolutheit, Reinheit und Idealität proklamiert, schon spürbare Tendenzen der Dissoziation konventioneller Elemente gestärkt, das Wort im Gedicht seiner ausschließlichen Sinnträchtigkeit zugunsten klanglicher Qualitäten entledigt und nicht zuletzt die Möglichkeit des Verzichts auf alle

---

[61] Zit. nach Lista, *Marinetti*, 167 f.; philologische Definition von *onomatopée*: Morier, *Dictionnaire*, sowie *onomatopeia*: H. Lausberg, *Elemente*. — Im Gegensatz zu den Surrealisten verwahrt sich Supervielle gegen *ivresse lyrique*, diesen *état de transe* (*En songeant à un art poétique*, 1951, in: *Naissance, Poèmes*, 63; bei Charpier-Seghers, *L'Art poétique*, 495).
[62] Einzelheiten bei Lista, *Marinetti*, Kap. 2 und 6.

Interpunktion durch neuartige typographische Anordnung eines lyrischen Textes, *Un Coup de dés* [...], demonstriert. Marinetti steht nicht einmal mit seinen asyntaktischen onomatopoetischen Texten *(Bataille de Tripoli, Zang-Toumb-Toumb)* — wie abwegig und unerträglich sie dem Leser auch erscheinen mögen — im völlig luftleeren Raum des literarischen Anarchismus. Er erstrebt — und damit kehrt er sich von seinem Vorbild Mallarmé radikal ab[62a] — die extremste Exaktheit bei der naturalistischen Registration von Abläufen im wahrnehmenden Bewußtsein und geht damit über die Experimente hinaus, die im 19. Jahrhundert, etwa auf dem Gebiet des Romans, angestellt worden waren. Die Bewußtseinsvorgänge einer dieser Richtungen hatte der amerikanische Philosoph und Psychologe William James in *The Principles of Psychology* (1890) als den *stream of consciousness* bezeichnet; ein folgenreiches französisches Experiment, dessen Ziel es war, *le tout venant* im Bewußtsein eines Menschen aufzuzeichnen, wofür später der Terminus *monologue intérieur* geprägt wurde, fand seinen ersten literarischen Niederschlag in dem Roman *Les Lauriers sont coupés* (1887) des Symbolisten Edouard Dujardin, der anderen namhaften Autoren auch außerhalb Frankreichs zum Verfahrensmuster wurde[63]. Durch Abschaffung des literarischen und lyrischen Ich und damit des Monologcharakters wollte Marinetti ein geradezu mechanisiertes *enregistrement* der Wahrnehmungen erreichen. Dabei übersah er, daß Gedichte nicht nur nicht aus Gedanken gemacht werden (Mallarmé), sondern auch nicht aus bloßen Wahrnehmungen: so wurden aus den tumultuarisch und asyntaktisch registrierten Sensationen bei ihm auch keine *poèmes*, wie er glaubte, sondern bestenfalls Reportagen und Trivialtexte, die aber gerade die Konsumenten solcher Literatur nicht anzusprechen vermochten. In der Praxis war damit Marinettis Poetik gescheitert[64]. — Nicht zuletzt ist auch eines der Hauptmotive von Marinettis Futurismus, das Prinzip *vitesse*, ein nur durch die Berufung auf die aktuelle Beschleunigung des Lebens im Jahrhundert der Motorisierung variierter, tradierter Grundwert[65].

[62a] Zu Mallarmés Verhältnis zur Wirklichkeit: Doris Haas, *Flucht aus der Wirklichkeit. Thematik und sprachliche Gestaltung im Werk St. Mallarmés* [Diss.], (Romanist. Versuche u. Vorarbeiten, 32) Rom. Sem. d. Uni. Bonn, 1970; zur Gegenbewegung im symbolistischen Lager: Kuhn, *The Return to Reality*.
[63] Vgl. E. Höhnisch, *Das gefangene Ich*; E. Dujardin, *Le Monologue intérieur*. Paris, 1931; Franz Stanzel, *Die typischen Erzählsituationen im Roman*. Wien — Stuttgart, 1955, sowie *Typische Formen des Romans* (Kl. Vandenhoeck-R., 187), Göttingen 1964.
[64] Vgl. Lista, *Marinetti*, 111—116; positive Bewertung bei Thibaudet, *Histoire de la Litt. française*, 550.
[65] Vgl. zu *vitesse* unten Kap. II 3.

Nah- und Fernwirkungen von Marinettis Poetik sind, trotz seines eigenen Scheiterns beim Versuch ihrer praktischen Anwendung, bekannt. Einige Aspekte des unmittelbaren Widerhalls des Futurismus im zeitgenössischen Frankreich vor und nach dem ersten Weltkrieg sind in den zitierten Büchern von Giovanni Lista[66] dargestellt. Aber die Literaturwissenschaft hat u. W. die Frage, auf welche Widerstände der Futurismus in Frankreich stieß, und welche versteckten, doch bedeutenden Anregungen von Marinettis Poetik bei namhaften Autoren dieses Jahrhunderts zu spüren sind, noch nicht anvisiert. Auf verschiedene Weise und in ganz unterschiedlichen Intensitätsgraden wurden Tristan Tzara, Pierre Albert-Birot, Guillaume Apollinaire, Antonin Artaud, aber auch Saint-John Perse[67] von Marinettis Ideen berührt. Konkret abzulesen ist der Brückenschlag von Mallarmé über den Futurismus Marinettis bis zum Surréalisme aus André Bretons *Introduction au Discours sur le peu de réalité* (1924).

Persiflage bestimmt den Grundton der *sept manifestes DADA* (1916—1920), mit denen der Rumäne Tristan Tzara (1896—1963) die Haltung der von ihm gesteuerten Gruppe französischschreibender Dadaisten in Zürich charakterisieren wollte. Da gibt es kaum eine Äußerung, die nicht an anderer Stelle verneint würde, selten ein Kontra, dem nicht irgendein Pro gegenüberträte, denn Dada rühmt sich, das ganze Leben und zugleich gar nichts zu bedeuten. So negiert Tzara auch den Futurismus, aber da er ihn fortgesetzt persifliert, kommt er nicht ohne den Futurismus aus und wären seine Manifeste ohne Futurismus nicht denkbar, ja, wie dieser, lebt sein Dada von dem Zwiespalt zwischen gewollter Desintegration des Alten und dem Wunsch seiner Erneuerung durch die Idealität reiner Kunst.

Grundsätzlich wird der Zusammenhang mit dem Futurismus geleugnet:

> Ceux qui appartiennent à nous gardent leur liberté. Nous ne reconnaissons aucune théorie. Nous avons assez des académies cubistes et futuristes: laboratoires d'idées formelles. (23)[68]
>
> Je suis contre les systèmes, le plus acceptable des systèmes est celui de n'en avoir par principe aucun. (29)
>
> abolition du futur: DADA; (35)

---

[66] Insbes. Lista, *Futurisme*, Kap. I 5.
[67] Wir kommen darauf zurück.
[68] Zit. nach Tzara, *lampisteries précédées des sept manifestes dada*; der gleiche Text in *OC I (1912—1924)* 253—390. — 1916 trat Tzara mit italienischen Intellektuellen in Gedankenaustausch, seine antifuturistische Haltung wird aber seit Eintritt in die Pariser Dada-Gruppe von 1920 ab deutlich.

Dämpfung durch Dada

DADA est contre le futur. DADA est mort. DADA est idiot. Vive DADA. DADA n'est pas une école littéraire, hurle Tristan Tzara. (71)

Scheinbar wird die vom Futurismus proklamierte und praktizierte Gewalt akzeptiert, man rüstet zum *grand spectacle du désastre, l'incendie, la décomposition* (26), man will die ‚Schubladen' des Gehirns und der sozialen Organisation zerstören, *démoraliser partout* (27); der *Dégoût dadaïste* äußert sich ganz futuristisch in *protestation aux poings de tout son être en action destructive* (34)[65], ein großes Zerstörungswerk ist zu vollbringen, doch es erhält sogleich einen aufbauenden Sinn: *Balayer, nettoyer. La propreté de l'individu s'affirme après l'état de folie,* und nicht allein die physisch Starken werden überleben, sondern vor ihnen *Les forts par la parole* (33). Wie wild auch immer *monsieur aa l'antiphilosophe* sich in einem von Gewaltdrohungen strotzenden Manifest gebärden mag, meist wird das Böse durch die (von Marinetti so verabscheuten) Attribute gedämpft oder als Metapher entlarvt, da gibt es *les croque-morts de la combinaison,* den *coup de révolver cérébral,* man öffnet den *éventail des knock-outs pour la distillation de l'air qui nous sépare* (49); gesagt wird *Extermination,* aber man widerruft diesen Appell: *Mais n'existe pas.* Eindeutiger Protest gegen den futuristischen Mythos der Gewalt:

> Banditisme de grammophone, petit mirage anti-humain que j'aime en moi — parce que je le crois ridicule et malhonnête. Mais les banquiers du langage recevront toujours leur petit pourcentage sur la discussion. La présence d'un boxeur (au moins) est indispensable pour le match — les affiliés d'une bande d'assassins dadaïstes ont signé le contrat de self-protection pour les opérations de ce genre. [...]
> Foutez-vous vous-même un coup de poing dans la figure et tombez morts. (50 f.)

Der Botschaft der Gewalt wird im übrigen die parodistische Botschaft der Lüge (ebd.) und des Diebstahls, *la selfcleptomanie* (62), entgegengestellt. Denn ‚über die Aktion und über alles' stellt Dada *Le Doute* (ebd.).

Mit dem Futurismus stimmt Tzara in der Verurteilung des ‚passéisme' nur scheinbar überein, er fordert *abolition de la mémoire* und *abolition de l'archéologie,* aber nur um den Spieß sogleich umzudrehen und Abschaffung der Propheten und Abschaffung der Zukunft zu postulieren[65a]. Ohne Zweifel

---

[65] Tzara steht auch in der Tradition der Glorifizierung des Boxsports mit seinem Gedicht *Boxe* (*OC* I, 229—230) von 1919.
[65a] Tzaras Respekt vor Vergangenheit und Geschichte belegt H. Béhar im Vorwort zu Tzara, *OC* I, 7.

teilt Tzara sein dadaistisches Leitmotiv ‚Tod der Logik!' mit dem Futurismus; doch setzt er auch ihm einen ironischen Akzent auf:

> Logique serrée par les sens est une maladie organique. (28)
> La logique est une complication. La logique est toujours fausse. [...] Marié à la logique, l'art vivrait dans l'inceste, engloutissant, avalant sa propre queue [...] (31)
> abolition de la logique, danse des impuissants de la création: DADA (34)
> Il paraît que cela existe: plus logique, très logique, trop logique, moins logique, peu logique, vraiment logique, assez logique. (61)

Nur im Hinblick auf den Futurismus bekommen handschrift-faksimilierte Zahlenmanipulationen, die einigen Manifesten gleichsam als Kolophon angefügt sind, einen ‚Sinn': persiflieren sie nicht Marinettis Verbeugungen vor der Mathematik und den Ersatz der Interpunktion durch mathematische Zeichen, wie sie die futuristischen Manifeste empfehlen (Tzara, 17 und 78)? Auch die typographische Revolte Marinettis wird von Tzara akzeptiert in *proclamation sans prétention* (37 ff.) und in Abschnitt V des *dada manifeste sur l'amour faible et l'amour amer* (59), wo die verschiedensten Drucktypen und Schriftgrade in absurdem Durcheinander angewandt sind; doch der Sprachnonsens, den sie plakatieren, ist ihre Persiflage. Was könnte das scheinbar sinnlose Gleichungsspiel, mit dem Abschnitt I des genannten Dada-Manifests beginnt, anderes sein, als die ad absurdum geführte Applikation von Marinettis Postulat, jedes Substantiv müsse sein *double* bekommen, um poetisch zu werden?:

> I préambule = sardanapale / un = valise / femme = femmes / pantalon = eau / si = moustache / 2 = trois / canne = peut-être / après = déchiffrer / irritant = émeraude / vice = vie / octobre = périscope [...] (53)

Die Brücke zwischen den von Marinetti ersehnten *phrases inattendues qui sortent de la plume* und der später von den Surrealisten erträumten *écriture automatique* schlägt Abschnitt IV des gleichen Manifests, wo Tzara die Frage: *Faut-il ne plus croire aux mots?* unter Hinweis auf den vorrationalen Charakter der Sprache entschieden verneint:

> Depuis quand expriment-ils le contraire de ce que l'organe qui les émet, pense et veut? / Le grand secret est là: / *La pensée se fait dans la bouche.*
> (58; Hvh. T.s durch größeren Schriftgrad)

Diese paradoxe Formel schließt den Gedanken kunstvoller Sprachgestaltung ebenso aus wie die Vorstellung einer von außerhalb des menschlichen Körpers kommenden Inspiration oder Offenbarung. Die vor dem Einsetzen einer rationalen Kontrolle entstehende Sprache und *pensée* hat mitsamt ihrer Klanglichkeit materiellen Ursprung[65b]. Zwischen Persiflage und Vergnügen am Spiel bewegen sich Tzaras Experimente mit ‚Wörtern in Freiheit', wobei sowohl in den Dada-Manifesten wie in den zur gleichen Zeit entstandenen *Vingt-cinq Poèmes* (1918) Marinettis Radikalität erheblich übertroffen und sein ‚Modell' in Theorie und Praxis bis zur Wortcollage und zur Glossolalie gesteigert wird. Abschnitt VIII des gleichen Manifests empfiehlt *Pour faire un poème dadaïste* (64), einen Artikel in der Länge des geplanten Gedichts aus einer Zeitung und aus dem Artikel sodann Wort für Wort auszuschneiden, die Papierschnitzel in einer Tasche gut umzuschütteln, sie einzeln wieder herauszunehmen und nun die Wörter in der willkürlichen und zufälligen Reihenfolge aufzuschreiben; dies ergebe die Leistung eines Schriftstellers von hoher Originalität und charmanter Sensibilität — *encore qu'imcomprise du vulgaire* (Persiflage von Mallarmés und Marinettis Postulat oder Zugeständnis der Unverständlichkeit). Zur Illustration fügt Tzara einen Text an, der zwar nicht nach futuristischer Art auf finite Verbalformen verzichtet, hingegen aber keinen Bewußtseinsprozeß und wahrgenommenen Vorgang zugrunde legt:

> prix ils sont hier convenant ensuite tableaux / apprécier le rêve éloque des yeux / pompeusement que réciter l'évangile genre s'obscurcit / groupe [...] (64)[70]

Das Dada-Manifest über die schwache und die bittere Liebe, dem unsere Beispiele entnommen sind, endet mit einem Anti-Text (Abschnitt XVI), der — mit Ausnahme des abschließenden Verfassernamens Tristan Tzara und des ihm burlesk vorangehenden Relativ-Refrains *Qui se trouve encore très sympathique* — nur ein einziges Wort in 200facher Wiederholung enthält: in 25 Zeilen je achtmal die zur höchsten Lautstärke gesteigerte inquit-Formel *hurle* (75). Nichts könnte den Zustand der Aphasie, dessen Grenze Marinetti mit der Beseitigung der Syntax und der Zerstückelung der ‚befreiten Wörter' in Lettern und Laute überschritten hatte, stärker manifestieren als dieser Text, der bestätigt, was im vorangehenden Abschnitt XV so provozierend formuliert ist:

[65b] Ebd. 9—12 über Tzaras Einstellung zur Sprache.
[70] Das Verfahren, aus Zeitungsausschnitten Gedicht-Collagen zu fertigen, hatte Arno Holz im ‚Scherz-Phantasus' vor der Jahrhundertwende praktiziert (vgl. Anita Holz, in Vierteljahrsschrift *Die Horen*, Wilhelmshaven, Winter 1972/1973). 1899 publizierte Holz seine *Revolution der Lyrik*.

II. Klang — Paradoxie — Bewegung

Le bon Dieu a créé une langue universelle, c'est pourquoi on ne le prend pas au sérieux. *Une langue est une utopie.* Dieu peut se permettre de ne pas avoir de succès: Dada aussi. (73; uns. Hvh.)

Abgewandelt wird die Formel bei dem großen *Aphasique* des Jahrhunderts, Antonin Artaud, in der Dichtung *Ci-gît* (1948) unter dem Zwischentitel *Et ils ont tous foutu le camp* wiederbegegnen:

> tout vrai langage
> est incompréhensible,
> comme la claque
> du claque-dents;
> [...]⁷¹

Ausdrücklich hat sich Tzara, wie erwiesen, von dem futuristischen Mythos der Gewalt distanziert; schweigend entfernt er sich auch von anderen Grundmotiven Marinettis: die Dadamanifeste sind vorwiegend normal interpungiert, sie handeln weder von der Abschaffung der Interpunktion noch von *ivresse lyrique* oder von *lyrisme*; der Dadaist bleibt ostentativ bei dem herkömmlichen Terminus *poésie*, in dessen Nähe er die Schlüsselwörter *pur* und *pureté* ansiedelt. Seine Poetik von 1919, die *note sur la poésie* (in *lampisteries*), steht Marinettis Enthumanisierungstendenz und Maschinenkult völlig fern. Trotz betonter Aversion gegen Sentimentalität *(Le poète de la station dernière ne pleure plus inutilement,* 103) erwartet Tzara von der modernen Dichtung eine unmittelbare, augenblickliche (ausdrücklich nicht zukünftige), ermutigende und kreative Einwirkung auf die menschliche Realität einschließlich der Sensibilität:

> Le poète [...] sait allumer l'espoir *aujourd'hui.* Tranquille, ardent, furieux, intime, pathétique, lent [!], impétueux, son désir bout pour l'enthousiasme, féconde forme de l'intensité. (103)

Zwar soll er auch die Sprache der außermenschlichen Welt, der Kristalle, Muscheln, Schienen, Wolken, von Glas, Schnee, Licht und Kohle und *les rayons qui se groupent autour des pôles magnétiques* (103 f.)⁷² entziffern, um Spuren ersehnter neuer Kräfte zu finden, aber Analogien soll er nicht zwischen Ausdrucksformen verschiedener Künste suchen, sondern die Epoche prägen durch *le parallélisme constatant les directions d'une vie nouvelle;* sein Ziel sei die Schöpfung neuer Konstellationen, wo jedes Element seinen selbstän-

---

⁷¹ Artaud, *OC* XII, 95.
⁷² Breton und Soupault schrieben, in Übereinstimmung mit diesem Postulat, *Les Champs magnétiques* (1919).

digen Platz in der Gruppe habe. Höchstes dichterisches Ziel sei *communion avec la vie* (104). In deutlicher Wendung gegen Mallarmé leugnet Tzara jede Distanz zwischen Alltäglichem und *les humaines actions vues sous cet angle de pureté sous-marine*. Der ununterbrochene Wechsel der Erscheinungen ist *en l'instant* sprachlich zu formulieren. Zentrale Idee dieser Poetik ist das Zusammenwirken von *esprit* und *âme*:

> L'esprit porte de nouveaux rayons de possibilités: les centraliser, les ramasser sous la lentille ni physique ni définie, — populairement — l'âme. (105)

Unter solchen Aspekten ist Dichtung nicht formale Aktion mit *sujet, rythme, rime, sonorité*, sondern ihre Werte liegen im Essentiellen: in all demjenigen *qui représente une valeur susceptible de devenir humaine:* la sensibilité. (105) Den akustisch wahrnehmbaren Rhythmus ersetzt hier eine innere Ordnung,

> un rythme qu'on ne voit et qu'on n'entend pas: rayon d'un groupement intérieur vers une constellation de l'ordre. [...] le poète sera sévère envers son œuvre, pour trouver la vraie nécessité; de cet ascétisme fleurira, essentiel et pur, l'ordre. (Bonté sans écho sentimental, son côté matériel). (106)

In dieser dadaistischen Poetik, die ungerechterweise in dem Ruf steht, nur Herausforderung, Desintegration und ‚Anti' zu proklamieren, werden mit *âme, valeur humaine, sensibilité, ordre* und *bonté* Dimensionen wiederberührt, die in der enthumanisierten Welt Marinettis vergeblich gesucht würden. Nur beiläufig berühren sich die divergierenden Wege noch in der Verurteilung des herkömmlichen logischen Vergleichs; auch für Tzara hat er aus dem poetischen Instrumentarium auszuscheiden, weil er als literarisches Mittel nicht mehr befriedigt. Aber nur lakonisch zusammengedrängt begegnet Marinettis Schwerpunkt-Doktrin der paradoxen Analogie in Tzaras Maxime, die Elemente zur Bildung einer *image* seien fortan aus *des sphères différentes et éloignées* (106) zu gewinnen —, ausreichender Rückverweis auf das *manifeste dada 1918,* in dessen Schlußteil *(dégoût dadaïste)* die Paradoxie bereits mehr bedeutet als ein lyrisches Ingrediens; sie wird als compositio oppositorum zur ideologischen Grundlage einer nicht nur sprachlichen Freiheit:

> Liberté: DADA DADA DADA, hurlement des douleurs crispées, entrelacement des contraires et de toutes les contradictions, des grotesques, des inconséquences: LA VIE. (35)

In der Poetik fällt nicht minder wortkarg Tzaras Bekenntnis zum Prinzip der von Marinetti vergotteten Geschwindigkeit aus: *Le poème pousse ou creuse le cratère, se tait, tue ou crie le long des degrés accélérés de la vitesse* (106).

II. Klang — Paradoxie — Bewegung

Auf den ersten Blick ganz anders als in der Poetik von 1919 präsentiert sich Tzara in den gleichzeitig mit seinen ersten Manifesten entstandenen, erstmals 1918 in der Coll. DADA (Zürich) erschienenen *Vingt-cinq Poèmes*[73]. Charakteristisch für die dichterische Praxis ist hier zunächst die mit der Theorie der Manifeste übereinstimmende dialektische Struktur; grundsätzlich fußt alles auf der Überzeugung vom alles beherrschenden Sowohl Als Auch. In sämtlichen Gedichten der Sammlung fehlt — im Gegensatz zu den sieben Manifesten und den *lampisteries* — die Interpunktion; es wechseln syntaktische mit asyntaktischen Wortfolgen; auf Adjektive und Adverbien wurde nicht verzichtet; finite, häufig mediale Verbalformen, mit Hinweisen auf eine Dialogsituation mit *je* und *tu*, stehen abrupt neben ‚Wörtern in Freiheit' ohne grammatische Verbindung oder Wörtern aus fremden Idiomen oder sogar Silben bzw. Phonemen ohne erkennbaren Bedeutungsinhalt, Beispielen von Glossolalie[74]. Mit den vom unvorbereiteten Leser nicht ohne weiteres auf Bewußtseinsabläufe oder Registrierung von Sinneseindrücken beziehbaren Lexem- und Phonemfolgen, besonders mit den Einsprengseln aus exotischen (afrikanischen) Sprachen und der nicht als Geräusch- oder Lautmalerei erklärbaren, nicht onomatopoetischen Glossolalie scheinen Tzaras Gedichttexte die praktischen Experimente Marinettis mit befreiten Wörtern ebenso weit hinter sich zu lassen wie das in einem Dada-Manifest empfohlene Verfahren mit der umgeschüttelten Papierschnitzel-Wörter-Tasche *Pour faire un poème dadaïste*.

Als Beispiel einer syntaktisch geordneten Rede seien vier freie Verse aus dem Text *Droguerie-Conscience* zitiert, zumal ihr Schreiber seinen Leser darin anspricht, um ihn davon zu überzeugen, daß er selbst transparent werden müsse, um die Gedichte ihrerseits nachdenkend und einfühlend zu durchschauen, womit die Möglichkeit des Vertrautwerdens mit den Texten unterstellt wird:

> si tu penses si tu es content lecteur tu deviens pour un instant transparent / ton cerveau éponge transparente /
>
> et dans cette transparence il y aura une autre transparence plus lointaine / lointaine quand un animal nouveau bleuira dans cette transparence (96)

Diesen Sätzen steht auf der nächsten Seite der Text *Retraite* gegenüber, beginnend mit teils horizontal, teils vertikal aneinander gereihten ‚Wörtern in Freiheit' ohne syntaktisch geknüpften Sinnzusammenhang (wir kennzeichnen die Zeilenschlüsse durch Beistriche):

[73] Text in Tzara, *OC* I, 85—119 *(Vingt-cinq Poèmes / Vingt-cinq et un Poèmes)*.
[74] Zu Glossolalie: Jakobson, *Tel Quel*, 26.

oiseaux enfance charrues vite / auberges / combat aux pyramides / 18 brumaire / le chat le chat est sauvé / entrée / pleure / valmy / vive vire rouge / pleures / dans le trou trompettes lents grelots / pleure / les mains gercées des arbres ordre / pleure / lui / postes / vers le blanc vers l'oiseau / pleurons / vous pleurez / glisse (97)

Mit dem vom Autor erbetenen guten Willen kann der Leser, namentlich wenn er Philologe ist, einen lexikalischen Orientierungsversuch unternehmen. Er sieht *oiseaux* zweimal im Text und zweimal *le chat*, Subjekt des einzigen kurzen Syntagmas; Tiere und ihr Ergehen treten also hervor; er sieht in unverbundenem Wechsel ‚Gegenstände' wie *charrues, auberges*, die aufgesprungenen Hände der Bäume [kühne Metapher für kahle Baumkronen], die Katze, die sich in Sicherheit bringt, einen Eingang — ebenso wie eine Bewegung (*vite* oder *glisse*), eine Farbe (*rouge* oder *le blanc*) oder die Richtung von Bewegungen: *vers le blanc, vers l'oiseau;* neben diesen visuellen Elementen wird Akustisches registriert: *trompettes* und *lents grelots*. Der Leser bemerkt die unvermittelt dazwischen fallenden historischen Daten: *combat aux pyramides, 18 brumaire, valmy*, aber auch die als kleine Leitmelodie aufklingenden Formen des fragmentarisch konjugierten Verbs *pleurer*: dreimal *pleure*, je einmal *pleures, pleurons, vous pleurez*. Dieses Neben- und Durcheinander von Ausblicken in die Natur und Rückblicken in die Geschichte, unterbrochen durch *pleurer*, scheint entschlüsselt zu werden durch das einzige Abstractum: *enfance*. Wahrscheinlicher Sinn: Ein Kind, das ein Geschichtspensum lernen muß und sehnsüchtig durchs Fenster hinausschaut, weint[75]. Wir behaupten nicht, richtig gedeutet zu haben — zumal den 20 untersuchten Zeilen nach einem Blanc noch weitere 9 Zeilen folgen; doch hoffen wir, gezeigt zu haben, daß der Text in der Tat bis zu einem gewissen Grad transparent gemacht werden kann und daß sich hinter dem Wörtervorhang eine Art melancholischer Gefühlshorizont öffnen läßt. Indessen ist noch auf andere charakteristische Züge der *Vingt-cinq Poèmes* kurz zu verweisen[76].

Über den Anteil der Glossolalie an seinen Texten hat sich Tzara in einem Brief vom 30. Oktober 1922 geäußert[77]. In Analogie zu den collage-Techniken der Maler Picasso, Matisse und Derain, die fremdes Material in Bil-

---

[75] Mit unserem Deutungsversuch stimmt Béhar, in Tzara, *OC* I, 654, weitgehend überein: „Le poème paraît, dans sa première partie, recomposer le souvenir d'un enfant feuilletant un livre d'histoire ou, mieux, un album d'Epinal." (Epinal, durch ein Volkskunstmuseum berühmte Vogesenstadt.)
[76] Nachweise Béhars in Tzara, *OC* I, 640—660.
[77] Brief an Doucet in Tzara, *OC* I, 642 f.

der einfügten, will er bewußt *ces sonorités (qui n'avaient rien de commun avec les sons imitatifs),* also keine onomatopoetischen Mittel, gesucht haben:

> En 1914 déjà, j'avais essayé d'enlever aux mots leur signification, et de les employer pour donner un sens nouveau, global au vers par la tonalité et le contraste auditif. Ces expériences prirent fin avec un poème abstrait „Toto-Vaca"[78], composé de sons purs inventés par moi et ne contenant aucune allusion à la réalité. (643)

Die zeitlich frühesten der *Vingt-cinq Poèmes,* die vor dem Winter 1916 geschrieben wurden, zeichnen sich durch den überraschenden Rhythmus solcher Klangwirkungen aus, die entweder fremden Sprachen entliehen oder einfach erfunden sind; da liegt zweifellos die Absicht des Autors in der Anwendung der rein akustischen und expressiven Sprachelemente, nicht in der Vermittlung von rational erfaßbarem Sinn. (Es hängt mit dem lebhaften Interesse Tzaras an afrikanischen und sonstigen exotischen Kulturen zusammen, daß interpolierte Phoneme den Negersprachen entnommen zu sein scheinen; doch sollten sie keineswegs als Sinnträger gegenüber einem Leserkreis fungieren, bei dem entsprechende Sprachkenntnisse nicht vorauszusetzen waren. Tzara war einer der ersten europäischen Sammler und Kenner afrikanischer Kunst und Dichtung in unserem Jahrhundert, seine Nachdichtungen der *Poèmes nègres* liefern dafür einen überzeugenden Beweis[75].) Hier wenige Beispiele aus dem ersten der *Vingt-cinq Poèmes, Le Géant blanc lépreux du paysage:*

> [...]
> bonjour sans cigarette *tzantzantza ganga*
> *bouzdouc zdouc nfoùnfa mbaah mbaah nfoùnfa*
> macrocystis perifera embrasser les bateaux[80]
> [...] [...]
> le caolin fourmille dans sa boîte crânienne
> *dalibouli obok* et *tombo* et *tombo* son ventre est une grosse caisse
> [...] [...]
> le lecteur veut mourir peut-être ou danser et commence à crier
> il est mince idiot sale il ne comprend pas mes vers il crie
> il est borgne
> il y a des zigzag sur son âme et beaucoup de *rrrrrrr*
> *nbaze baze baze* regardez la tiare sousmarine qui se dénoue en
>   algues d'or

---

[78] Das Gedicht unter Tzaras *Poèmes nègres* (*OC* I, 488 f.).
[75] Vollständige Sammlung der *Poèmes nègres* in: *OC* I, 441—488.
[80] Macrocystis perifera, nach Béhar (in Tzara, *OC* I, 650) eine Algenart.

hozondrac trac
nfoùnda nbabàba nfoùnda tata
nbabàba (87 f.; uns Hvh.)

Auf zwei andere Arten sprachlicher *collage* in den *Vingt-cinq Poèmes* kann hier aus räumlichen Gründen nur kurz verwiesen werden, weil einer Interpretation auch der bescheidensten Textproben ausführliche Kommentare vorausgehen bzw. Illustrationen aus der bildenden Kunst der Epoche beigefügt werden müßten. So hat Tzara Verse oder Satzstücke aus den *Prophéties* (1555) des Michel Nostradamus in einige Texte interpoliert, deren Bedeutung nicht in logisch erkennbaren Sinnbezügen liegt, sondern in dem Hinweis auf eine überzeitliche Verbundenheit beider Autoren durch ihre Freude an der Kryptographie, ihrem Streben nach sprachlicher Verrätselung; beide laden ja durch bewußtes Vorenthalten klarer Aussagen und durch vage Andeutung geheimen Wissens den Leser zur Entzifferung ihrer Verse ein. Tzara scheint übrigens durch diese Solidarisierung mit Nostradamus eine Welle neuer Enträtselungsversuche entfesselt zu haben, die genau zwei Jahre nach Erscheinen seiner *Vingt-cinq Poèmes* einsetzte[80a]. — Die dritte und vielleicht wichtigste Form poetischer *collage*, die in den 1917 geschriebenen Texten der Sammlung begegnet, ist ein Beitrag zur wechselseitigen Befruchtung der Künste, der bildenden und der redenden Kunst, die ja in den ersten Jahrzehnten unseres Jahrhunderts von französischen Lyrikern ganz allgemein und leidenschaftlich gefördert wurde[81]. Voraussetzung war bei Tzara seine Freundschaft und Zusammenarbeit mit mehreren Malern der Zürcher Dada-Gruppe (im Cabaret Voltaire und an der Zeitschrift *Dada*). Seine *Vingt-cinq Poèmes* erschienen 1918 in einer bibliophil ausgestatteten, von Hans Arp mit Einbandschmuck und *10 gravures sur bois* illustrierten Ausgabe; auch die Neuausgabe der *Vingt-cinq et un Poèmes* von 1946 erschien mit Zeichnungen von Arp. Den Malern Marcel Janco und Arp sind denn auch einige Gedichte der Sammlung gewidmet; diese und andere Texte enthalten, wiederum ohne logischen Sinnzusammenhang interpoliert, gleichsam Transpositionen von Formen oder Gegenständen der Malerei in Sprache bzw. eine synästhetische Verbindung und Solidarisierung der beiden Künste. Das *h.arp* gewidmete Gedicht *Printemps* ‚zitiert' verschiedene Holzschnitte oder sonstige Kunstwerke, wie umgekehrt die Maler der Zeit hie und da Textfragmente ohne erfaßbaren Sinnzusammenhang in ihre Bilder klebten; hier als Beleg nur die letzten vier Verse des Gedichts:

[80a] Zu *Propheties de Nostradamus* vgl. Laffont-Bompiani, *Dictionnaire*, IV 162 f.
[81] Vgl. Vf. in *Die moderne französische Lyrik*, 18, sowie *Der ‚Contraste simultané' im Spiegel der Dichtung*.

semer *des sauterelles brisées*
planter *des cœurs de fourmis* le brouillard de sel *une lampe tire la
   queue sur le ciel*
les *petits éclats de verreries* dans *le ventre des cerfs en fuite*
sur *les points des branches noires courtes* pour un cri
(106; uns. Hvh.)[82]

Es bedarf kaum der ausdrücklichen Feststellung, daß die während des ersten Weltkriegs ausgebrochene Dada-Revolte ebenso wenig wie der Futurismus nur gegen sprachliche, literarische oder andere künstlerische Traditionen gerichtet war. Im Gegenteil war sie ursprünglich die Auflehnung gegen eine Gesellschaft, die durch den Krieg schuldig geworden war, deren Sprache ihrer wichtigsten Aufgabe, der Verständigung, den Dienst versagt hatte. Wie sehr sich Tzara und andere die Narrenfreiheit wilder sprachchaotischer Demonstrationen nahmen, ihr ‚Spiel' zielte auf mehr als auf linguistische Effekte ab, die Befreiung der Wörter war nur die geräuschvolle Basis des leidenschaftlichen Strebens nach Befreiung der Menschen von der Gedankenlosigkeit und Resignation, mit denen sie sich in die blutige Katastrophe hatten treiben lassen. Nur oberflächliche Beschäftigung mit den kabarettistischen, kunstparodistischen und literaturkritischen Kundgebungen von Dada konnte zu der weitverbreiteten Fehldiagnose führen, es habe sich nur um idiotischen Lärm und Zerstörungswut gehandelt, den Pegasus der Dichter habe man zum Steckenpferd (*dada*) degradiert. Tatsächlich äußerten die Dadaisten und nicht zuletzt der Organisator der Zürcher Gruppe, Tristan Tzara, mit allem Nachdruck den Wunsch und die Hoffnung, nicht nur Dichtung und Künste, sondern den ganzen Menschen durch einen Prozeß zu reinigen, der notwendigerweise die Zerstörung der *lieux communs* und *idées reçues*[83] in allen Bereichen der Intellektualität voraussetzte. Eines der Schlüsselwörter in Tzaras Vokabular ist *liberté*, und — ohne dem Gedanken einer *littérature engagée* zu huldigen — war dieser Autor ein Vorkämpfer von *sincérité* und *pureté* im weitesten Sinn aller Lebensbezüge. In einem *Dada*

---

[82] Zu Arp als Lyriker französischer Sprache: u. Kap. III 3.
[83] Berühmt ist der Kampf Flauberts gegen die *idées reçues*; um die Jahrhundertwende begannen Rémy de Gourmont, Marcel Schwob und Henry Bergson einen energischen Kampf gegen „la démission de la pensée devant le langage dans ce qu'il a de plus matériel: de mécanique" (Paulhan, *Les Incertitudes du langage*, 162). Es ist grundfalsch, dem Dadaismus sein Scheitern in der ‚politischen Aktion' vorzuwerfen; sein Ziel war nicht politischer, sondern intellektueller und moralischer Natur (den Vorwurf erhebt Robert Rovini, Rez. von Liede, *Dichtung als Spiel*, *Cahiers DADA Surréalisme* I (1966) 200—212).

Dada — Aktion, nicht Dogmatik

1957 betitelten Rückblick[84] resümiert er die Prinzipien und Grundgedanken seiner Haltung: Dada habe weniger die Kunst und Literatur zu zerstören versucht als vielmehr die Idee, die man sich zuletzt davon gemacht hatte; Dada habe sich als *anti-artistique, anti-littéraire et anti-poétique* erklärt, weil die Künste alle Bindungen an *les contingences humaines* zu verlieren drohten; *sa volonté de destruction était bien plus une aspiration vers la pureté et la sincérité que la tendance vers une sorte d'inanité sonore ou plastique.* Dada habe nicht gepredigt, sondern Wahrheiten in Aktion gezeigt, denn Kunst und Poesie seien Aktion; Dada habe jede Art ‚Modernismus', wie Futurismus, Expressionismus, Kubismus, bekämpft, weil alle Dogmatik zu neuem Akademismus, also zu neuer Erstarrung, führe[85]. So entspricht auch Tzaras seit seinen ersten Manifesten bekundeter Wille zur Vereinigung der Gegensätze in Kunst und Dichtung einem tiefverwurzelten Wunsch nach Veränderung des Menschen:

> Toute mon angoisse et le feu qui la soutient, je la confie à l'espoir de voir un jour prochain, grâce à la réduction des monstrueux antagonismes entre l'individu et la société moderne, s'exprimer librement, ouvertement, couramment, l'ambivalence des sentiments. (*Grains et issues*, 1934.)[86]

Es kann kein Zweifel daran bestehen, daß die Schwer- oder sogar Unverständlichkeit von Tzaras Lyrik ein Bestandteil seiner Auflehnung gegen die bürgerliche Gesellschaft war, dennoch zählt Unverständlichkeit, von dem *Odi profanum vulgus* des Horaz bis zu Mallarmés *Toute l'âme résumée*, aber auch nach dem Zeugnis der Friedrich Schlegel, Hegel und Emil Staiger zu den anerkannten Freiheiten der Lyrik[87].

Durch Revolutionierung der Sprache will auch der Surréalisme die Haltung der Menschen verändern. Bretons Poetiktraktat *Introduction au Discours sur le peu de réalité* (1924)[88], der mit Marinetti-Zitaten *(sans fil* und *imagination*

---

[84] In Schifferli, *Dada in Zürich*, 76 ff.
[85] Die moralischen Ziele bekräftigt Richard Hülsenbeck, ebd. 74 f.: „Wir kämpften nicht für kürzere Arbeitsstunden und ein größeres Gehalt, sondern für eine neue Wertordnung. — Der Dadaismus, der für die Persönlichkeit focht, kämpfte deshalb für die Erkenntnis eines Notstandes. [...] Was wir wollten, war ja nicht nur die Zerstörung einer Tradition, sondern auch die Errichtung einer neuen. Wenn sich der Dadaismus gegen den Humanismus und seine Überschätzung in den Künsten richtete, erzitterte er doch vor dem Unmenschlichen."
[86] Zit. nach Béhar, in Tzara, *OC* I, 9.
[87] Zur Unverständlichkeit von Lyrik vgl. Hegel, *Ästhetik*, 1007 f., Friedr. Schlegel, *Über die Unverständlichkeit* (darüber Liede, *Dichtung als Spiel*, I, 113 f.) sowie Staiger, *Grundbegriffe*, 51.
[88] Text in: Breton, *Point du jour* (Coll. Idées, 213), 7—29.

sans fil) beginnt (7), unterstellt, der überkommene Sprachgebrauch erwecke ständig die Illusion, die Welt alten Modells existiere noch (21); darum müsse in der Dichtung das Schwelgen in *ciels étoilés / pierres précieuses / feuilles mortes* endlich aufhören (22); Marinetti hatte bekanntlich schon 1909 postuliert *Tuons le clair de lune!* (es war der von Nietzsche ererbte Zorn gegen Sentimentalität und Kitsch). Nun will Breton durch Umsturz der alten Wortfolge die ‚heile Welt' als Schein entlarven:

> Qu'est-ce qui me retient de brouiller l'ordre des mots, d'attenter de cette manière à l'existence toute apparente des choses! Le langage peut et doit être arraché à son servage. Plus de descriptions d'après nature, plus d'étude de mœurs. (22 f.)

Nur mit der Versicherung, ‚natürlich' die Syntax respektieren zu wollen, entzieht er sich dem naheliegenden Verdacht, in die Fußstapfen des *motlibrisme* treten zu wollen. Doch äußert er Respekt vor dem Futurismus noch 1930 im Nachruf auf Majakoswki[89]. Sein Wunsch, durch das erneuerte, aus Imagination und Träumen genährte Wort die Wirklichkeit zu verändern, offenbart sich pragmatisch in der Idee, auf solchen Wegen erfundene Objekte nachträglich fabrizieren, also die Phantasie Wirklichkeit werden zu lassen, freilich unter dem Vorwand, die unausrottbare Lesererwartung: *que c'est arrivé,* diesen *fétichisme humain* (24), zu beschwichtigen; lieber dies, als bei der Reproduktion überalterter Realitäten nach herkömmlichem Sprachgebrauch stehen zu bleiben.

In einem langen historischen Prozeß hat sich das Ungenügen an der rational organisierten französischen Sprache entwickelt. Die aus der Sprachkritik resultierende Veränderung lyrischer Rede kann daher nicht als plötzlich hereinbrechendes revolutionäres Ereignis zu Beginn unseres Jahrhunderts datiert werden. Das unaufhaltsame Abweichen poetischen Sprachgebrauchs von der mitteilenden prosaischen Rede seit der romantischen Epoche belegt Jean Cohen in *Structure du langage poétique*[90] mit exakt erarbeiteten Befunden, deren einige abschließend dieses geschichtliche Phänomen kennzeichnen mögen. Anhand ausgewählter, repräsentativer Texte verschiedener Epochen und Stile, die nach lexikalischen und syntaktischen Kriterien analysiert wurden, ließ sich zeigen, daß:

---

[89] Text ebd. 71—83; gegen den Vorwurf, er sei ‚d'essence impérialiste', verteidigt B. „le futurisme en tant qu'entreprise de renouvellement de la forme en art et réaction contre la décadence académique", als eine Erscheinung mit weltweitem Widerhall vor dem ersten Weltkrieg.
[90] Cohen, *Structure* (Nouvelle Bibliothèque scientifique) 1966.

la versification n'a pas cessé d'accroître la divergence entre le mètre et la syntaxe, elle est allée toujours plus loin dans le sens de l'agrammaticalisme. (69) Der Vers wird zunehmend *antigrammatical*:
Il est un écart par rapport aux règles du parallélisme du son et du sens qui règne dans toute prose. Ecart systématique et délibéré. [...] le vers c'est l'antiphrase. (72)

Schon in der Auflockerung von Reimgesetzen deutet sich diese Tendenz an. Unter den Reimen nahmen die *rimes non catégorielles* (Reimstellungen nicht zur gleichen Kategorie gehöriger Wörter) in der Klassik mit nur 18,6 % eine bescheidene Position ein, doch steigerte sich ihr Anteil in der Romantik auf 28,6 %, im Symbolismus auf 30,7 % und in dem, allerdings vereinzelten Beispiel Mallarmés auf 100 % (85). Die fortschreitende Poetisierung und Entrationalisierung lyrischen Sprechens spiegelt sich im steigenden Gebrauch der Oxymora (123): in den untersuchten Texten der Klassik 3,6 %, der Romantik 23,6 %, des Symbolismus 46,3 %; in der steil ansteigenden Kurve des Gebrauchs farblicher Oxymora (132), die in der Klassik noch verpönt (0 %), sich in der Romantik mit 4,3 % hervorwagten, um bei den Symbolisten 42 % zu erreichen. Der Unterschied zwischen den Kategorien der Rede äußert sich auch im Verhältnis zur Redundanz der Epitheta (148 f.), sie begegnet in wissenschaftlicher Prosa nur mit 3,66 %, in literarischer Prosa mit 16,66 %, in der Lyrik hingegen mit 35,66 % der Anteile; bei Verbindung von Oxymora mit Redundanzen ist die Skala noch steiler: in wissenschaftlicher Prosa 3,66, in literarischer Prosa 18,40, in der Lyrik 58,50 %. Im Epochenvergleich lyrischer Texte treten hervor: redundante Epitheta mit 40,3 % in der Klassik, mit 54 % in der Romantik, mit 66 % im Symbolismus; in der Kontamination von Redundanz und Oxymoron steigt die Skala von 42 (Klassik) über 64,6 (Romantik) sogar auf 82 % (Symbolismus) (150).

Aus diesen und anderen, teilweise noch subtileren Einzeluntersuchungen zieht Cohen eine Reihe wichtiger Schlüsse für die Kennzeichnung lyrischer Rede: die von der Poesie erstrebte *mutation de la langue* ist in sich nichts anderes als *une métamorphose mentale* (115). Der Unterschied zwischen Prosa und Poesie kann nicht aus den klanglichen, geschweige denn aus ideologischen Substanzen erklärt werden, er ist rein formaler, rein linguistischer Natur; Dichtung ist ein *genre de langage,* Poetik daher *une stylistique de genre* (14); das Gedicht stellt zwischen *le signifiant* und *le signifié* einerseits und den verschiedenen *signifiés entre eux* eine Sonderart von Relationen her, die alle darauf abzielen *de violer le code du langage usuel* (199 ff.). Cohen kommt es nicht auf die Formulierung von Grundbegriffen an, er behauptet aber auch nicht, daß Lyrik, daß das Wesen der Dichtung sich in sprachlichen Absurditäten oder Paradoxien erschöpfe. Wenn er definiert, daß in Rimbauds *Illuminations* ‚*le fil du discours ne se renoue pas*' (180), weil zwischen Satz und Satz kein logischer Zusammenhang bestehe, so verliert damit Marinettis Devise der *imagination sans fil* ihren Innovationsanspruch, und die vermeintlich systematische *écriture automatique* der Surrealisten, die der Lyrik einen halluzinatorischen Charakter zu geben trachtete — und bis zu einem gewissen Grad auch gab —, steht in Analogie zu dem Experiment Rimbauds als *une rupture perpétuelle de soi à soi spontanément réalisée par une pensée de basse tension* (181). In der Tat hat André Breton mit Nachdruck auf die Aszendenten verwiesen, in deren Gefolgschaft er seine Diktate von jenseits der Ratio zu empfangen glaubte.

3. Das Prinzip *vitesse*

— Il nous reste encor *galoper*
Tirons-en le meilleur parti.

Jules Supervielle
(*Le galop souterrain,* 1938)

Es scheint eines der großen Kennzeichen unseres Jahrhunderts in Frankreich zu sein, daß Geschwindigkeit, wie in vielen anderen Lebensbereichen, auch in der Dichtung oft zum kreativen Prinzip erhoben wird. Ein repräsentatives Beispiel gibt René Guy Cadou (1920—1951) mit seinem Gedicht *Art poétique,* in *Le Diable et son train* (1947/1948, erschienen 1949)[1]. 22 ungleich lange Verse, von 4 bis zu 17 Silben, bilden drei interpunktionslose Gruppen *(laisses)* von abnehmender Länge (9, 7, 6 Verse). Die zur Schau getragene Unregelmäßigkeit ist Augentäuschung, denn an das Ohr wendet sich ein recht kunstvolles Gefüge von Reimen und Assonanzen: flankierend stehen außen je zwei assonierende Verse (1/2 und 18/19) und je eine Reimtrias *(noire,* 4; *phares,* 5; *savoir,* 7 und *là,* 17; *pas* (= nicht) 21; *pas* (= Schritte) 22, während im Innern die Verse 3/6, 8/9, 10/11, 13/14 und 15/16 jeweils durch Reime verbunden sind; nur die Verse 12 und 20 korrelieren weder durch Reim noch Assonanz, wodurch sie besonderes Gewicht erhalten. Trotz des äußeren, optischen Eindrucks besteht das Gedicht also nicht aus freien Versen. Diesem Antagonismus von graphischem Bild und Klangstruktur entspricht die Antinomie zwischen der dominierenden lautlichen Harmonie und der paroxystischen Doktrin dieser Ars poetica. Der Dichter wendet sich nach Horaz-Tradition mit Imperativen an den Eleven: *O mon poète, aie garde* (5), *Appuie* (6), *Enfonce-toi* (7), *N'appelle pas* (21), *Mais entends* (22). Seine Anweisungen gleichen einem Befehl zur Selbstvernichtung im Rausch der Geschwindigkeit. Zwar wird nicht von *vitesse* oder *rapidité* gesprochen, aber der Text verherrlicht eine motorisierte Raserei, die zur kreativen Explosion führen soll, — Umdeutung des *furor poeticus* mit den Vorstellungen eines technischen Zeitalters. Wir resümieren den Sinn:

> I Du, in schwarzer Nacht, irgendwo auf einer Straße im Wald, allein in der Limousine, hüte dich, Dichter, die Scheinwerfer einzuschalten, drücke mit aller Kraft auf das Gaspedal (*le champignon de la beauté,* 6), nichts wissend und unbesorgt ob des Sturms gegen deine Windschutzscheibe dringe wie ein Ertrunkener in die wütende berauschende Nacht ein!

[1] Cadou, *OPC* II, 76.

II. Klang — Paradoxie — Bewegung

II Nach Verlust aller Orientierung spürst du plötzlich einen großen Schock, liegst ganz nah bei dir im Kraut — bist wie tausend kleine Schlüssellöcher, die in deinen aufgeplatzten Kopf und auf die verstreuten Elemente der Schönheit blicken.

III Wer sollte dich da suchen? Sobald du insgeheim über eine Bestimmung für dich entscheidest, die dich nicht mehr allein lassen kann, rufe nicht, sondern lausche auf diesen unzählbaren Vorbeizug von Schritten!

Die äußere Gliederung in drei *laisses*, entsprechend den drei Phasen des Geschehens (I rasende Fahrt des Einsamen, II Katastrophe und Halluzination, III Ende des Fürsichseins durch die Gabe der Vision), verdeckt die Symmetrie zweier, aus je 11 Versen bestehender Zustandsbilder: Erzwingung von Bewußtlosigkeit durch *vitesse*, dann Eintritt in eine Welt unaufhaltsamer Bewegtheit. Mit Vers 12 *(Et tu sens soudain un grand choc)*, der ostentativ ohne reimende oder assonierende Äquivalenz bleibt, wird die gewollte, physikalische Bewegung durch das Geschenk überrealer Bewegtheit abgelöst. Zwei andere Korrelationen liefern ergänzende Schlüssel zum Verständnis durch Widerhall-Effekte: der eine wird spürbar durch die Vereinzelung von Vers 20 [un destin] *Qui ne peut plus te laisser seul;* dieser nicht reimende und nicht assonierende Vers hebt die Isolation des zur Fahrt aufgebrochenen Dichters *(Et toi tout seul dans une limousine,* 2) auf; der andere Schlüssel liegt in der Homophonie der Versschlüsse *de la beauté* (6/16). Hier liegt gleichsam die Pointe des Gedichts; denn es war befohlen worden, mit aller Kraft auf den *champignon de la beauté* zu drücken (6), und nun gipfelt die Halluzination nach dem *grand choc* in dem Blick der tausend kleinen Schlüssellöcher in den offenen Kopf und auf *Les éléments de la beauté* (16).

Dies ist Metaphorik des *humour noir*[2] (gewaltsamer Durchbruch zur Inspiration) und zugleich Spiel mit dem Doppelsinn von *beauté*, zuerst als Attribut des *champignon* und eindeutiges Synonym von *vitesse*, dann als Metapher für die Elemente und Materialien poetischer Arbeit. *Art poétique* behauptet also, Geschwindigkeit bis zur Betäubung führe zur dichterischen Initiation. Abgesehen von der Modernität der Vorstellung, daß dieser Vorgang von der Kraft eines Motors bewirkt werde, ist Cadous Idee der berauschenden und sublimierenden Macht von *vitesse* nicht aus der Luft gegriffen. Schon der ita-

---

[2] Zu *Humour noir* vgl. o. Kap. II 1, anläßlich Jarry; der schwarz-humorigen Paradoxie in Jarrys ‚Definition' der Augen: „On eût dit que c'étaient deux puits dans le crâne, forés pour la joie de voir le dedans de la chevelure à travers" (s. v. *yeux* zit. in Breton/Eluard, *Dictionnaire abrégé du surréalisme*. Supplément) kommen die zentralen Verse von Cadous *Art poétique* (14—16) nahe: „Tu es comme mille petits trous de serrure / Qui regardent dans la tête éclatée / Les éléments épars de la beauté."

lienische Romantiker Giacomo Leopardi (1798—1837) notierte am 27. Oktober 1821 in seinem *Zibaldone*:

> La velocità, per esempio, de' cavalli o veduta, o sperimentata, cioè quando essi vi trasportano (vedi in tal proposito l'Alfieri nella sua *Vita*, sui principii) è piacevolissima per se sola, cioè per la vivacità, l'energia, la forza, la vita di tal sensazione. Essa desta realmente una quasi idea dell'infinito, sublima l'anima, la fortifica, la mette in una indeterminata azione, o stato di attività più o meno passeggero. E tutto ciò tanto più quanto la velocità è maggiore.³

Wichtigstes Analogon in beiden Rühmungen der Geschwindigkeit ist die Überzeugung, daß sie die Empfindung oder Idee von etwas Überwirklichem, von Unendlichkeit und seelischer Aktionsbereitschaft erwecke.

Kein schrofferer Gegensatz läßt sich aber denken als zwischen Cadous Vorstellung von der Erweckung des Dichtertums und derjenigen des Poetikers der französischen Klassik, Boileau:

> Travaillez à loisir, quelque ordre qui vous presse,
> Et ne vous piquez pas d'une folle vitesse.
> Un stile si rapide, et qui court en rimant,
> Marque moins trop d'esprit, que peu de jugement.
> (*Art poétique*, I. 1674).⁴

Mag hier auch keine volle Äquivalenz der Situationen bestehen — der Schreibvorgang gleicht nicht der Initiation —, so wird doch der unüberbrückbare Kontrast zwischen ‚vernünftiger' Schreibarbeit und rauschhafter Konzeption, zwischen tradierter und moderner Doktrin deutlich. — Aber auch als rauschhafte Empfindung und als technisches Erzeugnis war *vitesse* noch manchem Romantiker und späteren suspekt. So äußerte im jungen Maschinenzeitalter Alfred de Vigny (1797—1863), unter dem Eindruck eines schweren Eisenbahnunglücks, echten Horror vor der Geschwindigkeit der Lokomotiven, die er als Brandopfer fressende eiserne Stiere sah *(La*

---

³ Zit. nach *Tutte le Opere di G. Leopardi*, a cura di F. Flora. *Zibaldone di Pensieri*. Tomo primo. Milano, Mondadori, 1937, 1249 f. (Gestützt auf Vittorio Alfieri, erklärt L. das Erlebnis der Geschwindigkeit beim Reiten als höchst lustvoll; sie erwekke die Idee der Unendlichkeit, sublimiere die Seele, stärke und versetze sie in Zustände der Tatbereitschaft. Vgl. die vorromantische Sehnsucht nach Gefahr durch Geschwindigkeit, Befreiung aus verzweifelten Lebenslagen, sensationelle Steigerung des Lebensgefühls (Germaine de Staël, Brief III 8 von *Delphine*, 1802; Benjamin Constant, *Cécile*, Septième époque, Eintragung vom 6. 12. 1807; dazu: Vf., *Die Stilisierung des literarischen Selbstportraits in B. C.s Cécile*. In: Vf., *Themen und Texte*, 126—142.

⁴ Boileau, *OC* (Bibl. de la Pléiade, 1966), 161.

II. Klang — Paradoxie — Bewegung

Maison du berger. Poèmes philosophiques, I, XII. 1844)⁵. Aber gleichzeitig machte als erster der Maler William Turner die unheimliche Suggestionskraft der Geschwindigkeit durch die Andeutung einer durch Regen und Rauch fast zur Idee der Bewegung entkonkretisierten Lokomotive impressionistisch sichtbar in dem Gemälde *Regen, Dampf, Geschwindigkeit* (1844)⁶. Und noch im 19. Jahrhundert wird die neue Gottheit *vitesse* von Emile Zola durch die Geschichte der Lokomotive ‚Lison' in *La Bête humaine* (1890) personifiziert und beseelt⁷.

Eine bisher zu wenig beachtete Nuance des Fin de siècle ist die Entwicklung der lyrischen Analogien- oder Metaphern-Assoziation zu einem, auf der Schnelligkeit durchlaufener Impressionen und Empfindungen beruhenden, Verfahren. Sein Entdecker ist der Symbolist Saint-Pol-Roux (1861—1940), in dem später die Surrealisten einen ihrer nobelsten Vorläufer erkennen sollten. In Dichtungen wie *Sur un Ruisselet qui passe dans la luzerne* (1890), *La Volière* (1892) und *L'Œil goinfre (dans le rapide Marseille-Paris)* (um 1895) gleitet die Imagination auf der Woge der *vitesse* mit Scherz und Empfindsamkeit oder religiöser Emphase aus der physischen Wahrnehmung ins Metaphysische hinaus. Stellenweise wird dadurch — lange vor der durch Marinettis Futurismus eingeleiteten Entwertung des anthropozentrischen Weltbilds⁸ — ein *déshumanisme* erreicht, aus dem sich im 20. Jahrhundert neue Haltungen und Formen entwickeln werden. Was Saint-Pol-Roux so als junger Lyriker absichtslos oder unbewußt (?) in

---

⁵ A. de Vigny, *OC* I, 175.
⁶ Vgl. Abb. von Turner, *Pluie, vapeur, vitesse*, in: C. Bonnefoy, *La Poésie française*, 289.
⁷ Kennzeichen der Modernität ist *à toute vapeur* bei Mallarmé, *Chronique de Paris* (*La dernière mode*, 1874: *OC*, 719), aber Schnelligkeit nur Mittel zum Zweck des Ankommens (vgl. G. Goebel, *Mode und Moderne. Der Modejournalist Mallarmé*, 45). — Geschwindigkeit als Reiseluxus in der Sonderart moderner Lyrik und Aphoristik, die 1903 mit Valery Larbauds *Ode* an den Luxus-Expreß (*A. O. Barnabooth, ses œuvres complètes*: V. L., *O*, 44 f.) einsetzt; glänzender Repräsentant: Paul Morand u. a. mit Reiseromanen wie *Flêche d'Orient* (1932), *Le Voyage. Notes et Maximes* (1927), *De la Vitesse* (1929); dabei erklären die ‚Editeurs' von *Le Voyage* die aphoristische Kurzform aus der Hast der Zeit; das Publikum sei *pressé, comme jamais public ne le fut, sein Leben halète sous le signe de la vitesse* (5), die Kürze *s'apparente à l'instantanéité du cinéma, à l'ubiquité de la T. S. F.* (6); Beispielmaxime: *La vitesse est vraiment le vrai vice nouveau* (57). Fleisch gewordenes Prinzip *vitesse* ist der Protagonist von Morands Roman *L'Homme pressé* (1941), als „Der Antiquitätenhändler" 1977 verfilmt (Ausstrahlung ZDF, 21. 4. 1979). — Zu Luxuszug und Geschwindigkeit: Clancier, *Panorama critique* (Kap. ‚Poètes de l'Espace', 229 f.)
⁸ Zur Enthumanisierung u. a. Marinetti (unten), Audiberti, *L'Abhumanisme*, Friedrich, *Struktur*, Kap. III/IV.

Lyrische Qualitäten von vitesse

Bewegung brachte, faszinierte ihn auch noch zwischen 1932 und 1934 in seinen Aufzeichnungen über *Vitesse*, einem aus lyrischen *métaphorismes* bestehenden aphoristischen Notizbuch[5]. Der Darstellung dieses wichtigen Vorläufers ist unser Kapitel III 1 gewidmet.

Die durch erhöhte Geschwindigkeiten ausgelösten seelischen Atavismen entdeckte wenig später der andere große Wegbereiter der modernen Lyrik, Maurice Maeterlinck (1862—1949). In seinem Essay *Le double Jardin* (1901, publ. 1904) widmet er der Impression der über den Autofahrer dahinstürmenden Landschaft ein kleines Prosastück, dessen er sich in *La Vie de l'Espace* (1928) aus der ironischen Distanz erinnerte, die dem archaischen Erlebnis in einer kleinen *trois chevaux et demi* (30 km/st auf abschüssiger Straße) nach drei Jahrzehnten zukam:

> [...] le naïf témoignage dans une page du *Double Jardin,* [...] où lyriquement je célébrais la route „qui s'avançait vers moi d'un mouvement cadencé, qui bientôt bondissait, s'affolait, se précipitait à ma rencontre, dans un élan vertigineux, tandis que les arbres qui la bordaient, accouraient, rapprochaient leurs têtes vertes, se massaient, se concertaient pour me barrer la voie".[10]

Entscheidende Bedeutung kommt der Geschwindigkeit als schöpferischem Impuls in *La Vie unanime*, dem zwischen 1904 und 1907 entstandenen *Poème* von Jules Romains (1885—1972) zu[11]. In seiner Préface (1907) erhofft sich der Autor für seinen Gedichtband die Mitwirkung der Geschwindigkeit als Verständnishilfe bei den Lesern: einer möge die Gedichte *en haut d'un omnibus* lesen, wo beim Gerüttel während der Fahrt *tous les mots / Entreront les uns dans les autres* (27), wo also schon die Wörter eine beseelte Einheit, ein *unanime*, bilden, ein anderer möge nach der Lektüre durch die Suggestion schneller Bewegung *(Un sifflement de train au nord)* wachgehalten werden, ein dritter möge in der Eisenbahn lesen, denn:

---

[5] Teildrucke von Saint-Pol-Roux' *Vitesse* 1932 in *Revue de l'ouest*; die 1932 bis 1934 auf lose Blätter geschriebenen Texte ordnet G. Macé in seiner Edition von 1973 nach 12 Themenkreisen (Bezeichnung dieser metaphorischen Aphoristik: *métaphorisme*); *Vitesse* sei „le jeu de l'analogie", eine Flucht nach oben aus der Materialität; sie annulliere die Zeit. Gegenteil von *vitesse* sei Gott; Ziel des Dichters sei *le déshumanisme.* (*Vitesse*, 6—18.)
[10] Maeterlinck, *La Vie de l'espace*, 138; ebd. 193 ff. zur *vitesse de la lumière*; zum beklemmenden Raum in M.s Lyrik vgl. u. Kap. IV 1 sowie Vf., *M. Maeterlinck, belgischer Wegbereiter.*
[11] Zu Romains Vf., *Der Angelus des neuen Bewußtseins* — Zit. nach Ausgabe Gallimard, 1975.

> La vitesse échauffera le poème;
> Il prendra feu, il étincellera;
> Le souffle du train lui fera des flammes;
> Les coups de piston secoueront les vers
> Comme des torches brandies à la course. (28)

Geschwindigkeit und Bewegung sind also die richtige Einstimmung auf das Werk, das mehrfach die *vitesse* glorifiziert, weil sie ein neues, gesteigertes Lebensgefühl stiftet. Durch sie wird der Mensch aus seinem Solipsismus erweckt und verwandelt in dem Gedicht *Dynamisme* (Première Partie, III 2). Den Fahrgästen in einem von einem Zwanzigjährigen gesteuerten Fahrzeug widerfährt das neuartige Erlebnis gemeinsam empfundener Erhebung aus ihrer Alltagsdumpfheit durch *la vitesse* und der Umsetzung dieses Gefühls *en désir de puissance et d'étreinte* (99). Durch das Motorgeräusch werden aber auch die Fußgänger draußen und die Leute in ihren Wohnungen wie Pflanzen geschüttelt und gleichsam von ihrem welken Laub befreit: *Et l'esprit redevient de la force onduleuse* (100 f.). Wie in Filmblenden, die Bewegung an andere Bewegung knüpfen, wird ein *Mouvement qui se propage* zum *fleuve de force,* in einer Klimax verschiedener *vitesse*-Grade von der langsamsten Gangart bis zur schwindelerregenden Schußfahrt (Gedicht *Dimanche,* 112). Aus der Empfindung des raschen Fahrens entsteht das beglückende Bewußtsein einer Befreiung, die zugleich die Imagination beflügelt, in dem Gedicht *Le Départ* (Deuxième Partie, II: *Moi en révolte*): *Mes fièvres au galop dépassent la machine [. . .]* (194). Höchstes Ziel solcher Idealvorstellungen ist es, daß der Rhythmus der neuen Zeit, repräsentiert durch das Dahinbrausen der Expreßzüge, auch das Denken verwandeln und anfeuern wird. Unter dem Motto *Toutes les forces vont chanter* werden im Schlußteil *Nous* (III 3) sogar die Systeme der Philosophen in neue Bahnen gelenkt:

> L'élan des express traverse les chambres
> Des philosophes, avec un bruit dur
> [. . .] [. . .] [. . .]
> Les systèmes attendent un signal
> Pour s'ébranler irrésistiblement,
> Et suivre plus loin que tout horizon
> La continuité des rails logiques. (251 f.)

Ode V im dritten Buch von Romains' *Odes* (1913) wird schließlich den Sirenenton dahinjagender Züge als Echo metaphysischen Sehnens sublimieren[12].

---

[12] Romains, *Odes et Prières,* 65 f.

Für keinen Autor des Jahrhundertbeginns gewann das Thema *vitesse* stärkere Bedeutung als für den späteren Begründer des Futurismus, Filippo Tommaso Marinetti. Ein neues dynamisches Lebensgefühl löst bei ihm, nachweislich im Jahr 1904, eine Periode der lyrischen Glorifizierung von Meer und Raum ab; es ist die berauschende Empfindung der Geschwindigkeit, die seinen *vitalisme technologique*[13] begründet. Es ist der Auftakt zur futuristischen Periode. Symptomatisch ist dabei — abgesehen von den vielfältigen Anregungen, die er der französischen Malerei und Dichtung jener Jahre verdankt[14] — die innere Wandlung, die sich im Schlußteil von Marinettis Gedicht *Destruction* (1904)[15] spiegelt: ein junger Reisender wird im fahrenden Zug vom *démon de la vitesse* aus Versonnenheit, Melancholie und Trauer durch die Empfindung einer schwindelerregenden Beschleunigung des Zeitablaufs aufgerüttelt, von Bedrückung durch Gewissensbisse und Angst vor der Vergangenheit durch ein überraschend aufkommendes Bewußtsein eigener Kraft zu aggressiver Haltung angestachelt. Dies ist die subjektive Vorbereitung zur Flucht in die Gewalt, die aus den futuristischen Manifesten sprechen wird. Zunächst aber finden die neuentdeckten Qualitäten der *vitesse* ihren Niederschlag in Marinettis Lyrik. Der Rennwagen als Vehikel metaphorischer Verklärung wird 1905 in dem Gedicht *A l'Automobile de course* glorifiziert, das, bei seinem zweiten Erscheinen als *Dithyrambes à mon Pégase* betitelt[16], ein metapoetischer Vorläufer von Cadous *Art poétique* genannt werden darf.

Dieses Gedicht in 53 freien Versen von 8 bis zu 14 Silben Länge, unter denen der 12-Silber dominiert, gliedert sich in sieben ungleich lange Versgruppen, deren längste mit 11 Versen die erste, deren kürzeste mit 4 Versen

---

[13] Den Terminus gebraucht Lista, *Marinetti*, 34.
[14] Lista weist ebd. auf Saint-Pol-Roux und Marcel Duchamp, doch bei Letzterem *vitesse* erst von 1911 ab (Trauriger Jüngling im Zug) in Bewegungsstudien und Titeln wie *Zwei Akte, ein starker und ein schneller / König und Königin von eiligen Akten durchquert / König und Königin von schnellen Akten umgeben* (alle 1912; Abb. 46—53 bei Robert Lebel, *Duchamp*). — Als Fernand Léger 1913 Geschwindigkeit als Element visueller Erfahrung pries, nahmen die Futuristen diesen Kubisten für ihr Lager in Anspruch; ihn interessierte aber nicht *vitesse* als Arbeitsprinzip, sondern als ästhetische Faszination (vgl. U. Boccioni, *Der futuristische Dynamismus und die französische Malerei*, 1913, zit. von Apollonio, *Der Futurismus*, 131; sowie Edward Fry, *Der Kubismus*, 150, Anm. zu Nr. 32 (F. Léger)).
[15] *Destruction, poèmes lyriques*. Paris, Ed. Vanier-Messein, 1904 (ital.: Mailand, 1911).
[16] Lista, *Marinetti*, 155; Zweitdruck in: Marinetti, *La Ville charnelle*, Paris, Sanson, 1908; dt.: *An meinen Pegasus* (Baumgarth, *Geschichte des Futurismus*, 262 f.).

die letzte ist. Es gibt 18 assonierende Versschlüsse (12/13, 18/19, 32/35/37, 34/38, 40/41, 42/47/48, 43/44, 45/49) und erheblich weniger Reime (an der Spitze die viersilbige Homophonie *minérales/sidérales,* 5/6; sowie die Reime 8/10, 14/15, 22/23, 29/30, 31/36). Dieses Gemisch läßt das Schwanken des Autors zwischen metrischen Traditionen und dem Streben nach Unregelmäßigkeit erkennen; von der späteren, futuristischen Anarchie ist weder im metrischen Gefüge noch in der sprachlichen Gestaltung eine Spur zu finden. Vor allem zeigen die Kongruenz der Sinnabschnitte und syntaktischen Gebilde mit den Versgruppen sowie die Handhabung von Metaphorik und Personifikationen bzw. Animismus kein Ausbrechen aus dem poetischen Herkommen. Die französische Syntax wird voll respektiert. — Wenn dem Gedicht im Zweitdruck der Titel *Dithyrambes à mon Pégase* gegeben wurde, so entspricht dies der Apostrophierung des Automobils als Reittier im Text. Dieses ‚Lebewesen' befindet sich in permanenter Metamorphose: es ist *Dieu véhément d'une race d'acier* (1), *Automobile ivre d'espace* (2), also schon als Maschine beseelt und einem zunächst unbenannten Tier gleich: *qui piétines d'angoisse, le mors aux dents stridentes!* (3) Als Pferd, wie es das ungeduldige Stampfen und Knirschen am Gebiß insinuiert, erweist es sich aber nicht, denn die dritte Apostrophe lautet:

> O formidable monstre japonais aux yeux de forge,
> nourri de flammes et d'huiles minérales,
> affamé d'horizons et de proies sidérales, (4-6)

und weist auf ein drohendes Fabelwesen von verschlingender, diabolischer Natur. Auf die einfache, clichéhafte Analogie von Rennwagen und Rennpferd ist es nicht abgesehen, mit dem Bild vom *monstre japonais* ist der Boden der Realität schon verlassen, so daß der Leser auf die kolossalen Übertreibungen, die in Versgruppe II folgen, vorbereitet ist. Dort (12 ff.) fällt die Sonne bei den furchtbaren *abois de ta voix,* während sie untergehend den Horizont berührt, in den rasenden Galopp des Maschinenmonsters. Zugleich verkehrt sich das Verhältnis von Reiter und Tier, von Herr und Gehorchendem, in sein Gegenteil. Hatte in Versgruppe I der Lenker noch Gewalt über sein Gefährt *(je déchaîne ton coeur aux teufs-teufs diaboliques,* 7; *Je lâche enfin tes brides métalliques,* 10), so erweist sich in Versgruppe III der Wagen-Dämon als der Stärkere: *Qu'importe, beau démon, je suis à ta merci... prends-moi!* (17); selbstzerstörerisches Fieber packt den Fahrer, denn die Peitschenhiebe der durch höchste Beschleunigung aufgepflügten Luft treffen ihn — nicht seinen *beau démon* — *à coups de glaive en pleins naseaux!...* (21).

Dieser Fahrwind ist die metaphorische Brücke zum nun beginnenden zweiten Teil des Gedichts. Die kalten Arme des Winds, die den Fahrer umschlingen, wecken assoziativ den Gedanken an eine andere Umarmung, die er am Ziel seiner Fahrt erhofft, und damit wechselt die an den Wagen und Reisepartner gerichtete Rede plötzlich den Adressaten. Versgruppe IV eröffnet eine Reihe berauschter Raum-Apostrophen, deren erste genau in der Mitte des Gedichts steht und damit als Schwerpunkt markiert ist:

> Ce sont tes bras charmeurs et lointains qui m'attirent!...
> Ce vent, c'est ton haleine engloutissante,
> *insondable Infini* qui m'absorbes avec joie!...
> (25—27; uns. Hvh.)

Doch das Ziel ist noch nicht erreicht, den Weg dorthin säumen in den Versgruppen V—VI Zeichen überwirklicher und gigantischer Bewegung, Visionen einer dem Fahrenden entgegeneilenden, durch seine *vitesse* ‚infizierten‘, aus Gleichmaß und Ruhe aufgescheuchten Welt (Analogon zu Maeterlinck und Romains): schwarze ‚schlaksige' Mühlen erwecken den Eindruck, auf ihren mit Fischbein gespreizten Flügeln wie auf riesigen Beinen daherzurennen; Berge — *ô Bétail monstrueux! ô Mammouths / qui trottez lourdement* (34 f.) — sind mit ihren immensen gekrümmten Rücken im Nu vorbeigezogen, in Nebelstreifen ertrunken. Der Fahrer vernimmt hinter sich nur noch ungenau das dumpfe Traben ihrer Siebenmeilenbeine auf den Straßen. Je näher die Fahrt dem Ziel kommt, um so farbiger wird die vorbeistürmende Welt. Im Angesicht der Sterne werden die Präsenz des unter dem Reisenden galoppierenden Monstrums, der Rhythmus seiner Bewegung, das Gebell aus seinen stählernen Lungen stärker vernehmbar. Den entgegenstürmenden Sternen wird ein Geschwindigkeitswettbewerb angeboten:

> J'accepte la gageure... avec Vous, mes Etoiles,
> Plus vite!... encor plus vite!... et sans répit, et sans repos!
> ... (46 f.)

Erst die vier Verse der letzten Laisse verkünden die Erreichung des Ziels: *Plus de contact avec la terre immonde!*... (50) Losgelöst von allem Irdischen schwebt der Reisende hinaus in die berauschende Fülle der *Astres ruisselant dans le grand lit du ciel* (53).

Was Baudelaire in *Elévation (Les Fleurs du Mal,* III) der *agilité* seines Geistes und der *imagination* zuschrieb, den Aufschwung *bien loin de ces miasmes morbides,* das will Marinetti dem Rausch der Geschwindigkeit und der Realität des motorisierten Zeitalters verdanken. Durch den neuen Mythos der *vitesse* und die ihm dargebrachte Bewegungsmetaphorik kann er den Pastiche-Charakter seines Gedichts zwar nur leicht verhüllen, aber er macht mit dieser lyrischen Übung einen entscheidenden Schritt auf dem Weg, der in die Erhebung von *vitesse* zum poetischen Prinzip münden wird. In der Beschreibung des Höhenflugs von Gazourmah, *Fils ailé de Mafarka* (in: *Mafarka le Futuriste*, 1909/1910), wird die Geschwindigkeit zur Sphärenmusik der Flügel, wird Fliegen zur Inspiration:

> *Sublime espoir de la Poésie.*[17]

Von nun an ist *vitesse* das Grund- und Leitmotiv von Marinettis literarischen Äußerungen, seien es freie Verse, seien es die Paragraphen seiner futuristischen Manifeste. Geschwindigkeit überwindet *Les Licous du temps et de l'espace* in dem politischen Versroman *Le Monoplan du Pape* (1912):

> Tenez! Ma volonté tenace
> et ma sensibilité collaborant avec l'hélice
> font de *la vitesse une chose absolue!* ... (Uns. Hvh.)[18]

Vitesse als literarisches und poetisches Prinzip wird Voraussetzung und Komponente futuristischer Aggressivität, aus ihr wird der künstlerische und revolutionäre Dynamismus dieser Bewegung entwickelt. Im Gründungsmanifest von 1909 sagt Marinetti nicht nur das statuarisch-majestätische Schönheitsideal antiker Herkunft tot, sondern er ersetzt es durch den heulenden Rennwagen als Sinnbild moderner Schönheit:

> 4. Nous déclarons que la splendeur du monde s'est enrichie d'une beauté nouvelle: la beauté de la vitesse. Une automobile de course [...], une automobile rugissante [...] est plus belle que *La Victoire de Samothrace.* (M.s. Hvh.)[19]

Da werden nicht nur Zeit und Raum durch das vom menschlichen Geist geschaffene neue Absolutum, die *éternelle vitesse omniprésente* (87, § 8) verdrängt, sondern das ganze Manifest verdankt seine Konzeption, wie der Vorspruch ausführlich beschreibt, dem Schock eines (glimpflich verlaufenen) Autounfalls und dem sofort danach wieder einsetzenden Rausch der *vitesse* (86), der sich in den Schlußsätzen als die gewünschte Lebenshaltung eines neuen, harten Geschlechts darstellt:

---

[17] Vgl. Lista, *Marinetti*, 161.
[18] Ebd. 164.
[19] Lista, *Futurisme*, 87 f. Hingegen lyrische Verherrlichungen der *Nike*, beginnend mit D'Annunzio (1904), bei Kranz, *Gedichte auf Bilder*, 30 ff.

Politischer Charakter von vitesse

Car l'art ne peut être que violence, cruauté et injustice. [...] nous avons déjà gaspillé des trésors, des trésors de force, d'amour, de courage et d'âpre volonté, *à la hâte, en délire, sans compter, à tour de bras, à perdre haleine*. (88) Regardez-nous! Nous ne sommes pas essoufflés ... Notre coeur n'a pas la moindre fatigue! Car il s'est *nourri de feu, de haine et de vitesse!* ... (89; uns. Hvh.)

War Marinetti mit solchen Äußerungen auch nicht der erste oder einzige, der in französischer Sprache die ‚Ideale' von Heftigkeit, Haß und Gewalt vertrat[20], so enthüllen sie bei ihm doch unmißverständlich den politisch-ideologischen Charakter des Prinzips *vitesse*. Geschwindigkeit ist nicht nur modern als Errungenschaft des technischen Zeitalters, sondern erscheint den von ihr Berauschten auch als Ausdruck ihres Aufbegehrens. Ruhige Haltung, Gelassenheit, Gemessenheit waren nicht nur, wie in Boileaus *Art poétique*, Prinzipien klassizistischer Literaturproduktion, sondern Statussymbole. Im Ancien Régime äußerte die Oberschicht durch die gelassene Attitüde ihr Hegemoniebewußtsein. Der Monarch, die Aristokratie, die Herrschenden, die Großbürger, das ‚Establishment' zeigen mit Betonung, wo und wann immer, keine Eile. Macht und Würde werden auch heute durch feierlich langsames Abschreiten von Ehrenformationen demonstriert[21]. Der Ferne

---

[20] Sie wiederholen Grundsätze und aggressiven Ton, mit denen sich Saint-Georges de Bouhélier (1876—1947) namens der *École naturiste* gegen den Symbolismus erhob; sein kraß nationalistisches *Manifeste* (*le Figaro*, 10. 1. 1897) konstatiert u. a., man sei beherrscht von der *puissance ethnique; La haine se communique de l'un à l'autre; la violence de leurs pères* verleihe den Jungen *un extraordinaire caractère de frénésie intellectuelle*, politische Ereignisse erfüllten die Menschen mit ‚tragischer Vehemenz', auch Literatur vermöge moralische Gewalt zu erzeugen *qui confine à la dictature;* weitere Schlagwörter: *ces haines généreuses; caractère de véhémence; les généreuses fureurs; cette ivresse militaire; Nous glorifierons les héros; les jeunes poètes sont passionnés d'énergies; Il semble qu'un culte nouveau soit près d'être installé; La littérature demeure infiniment violente*, etc. etc. (Mitchell, *Les Manifestes de la Belle Epoque*, 49 ff., 58 ff.). Ein Mitarbeiter Saint-Georges', Marius Leblond, und sein Bruder Ary Leblond publizierten im Gründungsjahr des Futurismus (1909!) die Doktrin des *Naturisme, L'Idéal du XIXe Siècle*, wo es u.a. heißt, in dem von der Geschwindigkeit beherrschten modernen Leben *la parole même, en tant que discipline est annulée* (Lista, *Futurisme*, 76, entdeckt Verwandtschaft zwischen *naturisme* und *futurisme*).
[21] Ausnahme: der dem Futurismus gewogene Benito Mussolini, der Ehrenformationen fast im Laufschritt ‚abzuschreiten' pflegte und das Spiel von Nationalhymnen durch ungeduldige Gesten unterbrach. — Verbindung von ‚Macht und Geschwindigkeit' konstatiert Elias Canetti (*Masse und Macht*, II, 9—11): im Bereich der Macht sei Geschwindigkeit eine des *Ereilens* oder des *Ergreifens*, bzw. der *Entlarvung*. „Die physische Geschwindigkeit als Eigenschaft der Macht hat sich seither in jeder Weise gesteigert" (10).

II. Klang — Paradoxie — Bewegung

Osten sah bis vor kurzem in Unruhe, Eile, Dynamik und Hast die auffallendsten Charakteristika der nach Leistung und Fortschritt strebenden, auf Veränderung bedachten okzidentalen Welt und im Hang zur Geschwindigkeit eine Kundgebung revolutionärer Gesinnung[22]. Im Brahmanentum sind rasche Bewegungen verpönt[23]. — Wenn Marinetti in der Apotheose von Gazourmah im 12. Kapitel des *Mafarka*-Romans die Ikaros-Mythe nachzuerzählen scheint, so wendet er doch mit dem unaufhaltsamen Aufstieg seines verklärten Fliegers, der unter den Sphärenklängen seiner Flügel den Himmel erreicht — analog dem Fahrer im Gedicht *A l'Automobile de course,* den der heulende Motor dorthinführt —, den warnenden Tenor der antiken Sage ins Gegenteil. Diese endet ja mit Absturz und Tod des tollkühnen Fliegers. Im Grunde verkörpern aber weder Ikaros noch Gazourmah nur die Passion der Geschwindigkeit, sondern vielmehr die metaphysische Sehnsucht nach dem grenzenlosen Raum, nach dem Aufgehen im Nichts. Wie die Mythe von Phaëton, dem verwegenen Lenker des väterlichen Sonnenwagens, beweist die Ikaros-Sage, daß die Antike ein ambivalentes Verhältnis zur Vorstellung der menschlichen Versuchung durch kosmische Geschwindigkeiten oder zur Bewegung in kosmischen Dimensionen hatte: sie imaginierte sie zwar als großartiges Wagnis, bestrafte sie aber zugleich als Auflehnung und Revolte der Unerfahrenen. Den unmittelbaren Zusammenhang des Prinzips *vitesse* mit Revolte und Auflehnung erkannte Leo Trotzki in einer Äußerung über den Futurismus, dem er Gegnerschaft gegen Mystizismus, jede Art von Faulheit und Bequemlichkeit, gegen Träumerei und Weinerlichkeit bescheinigte und den er folgendermaßen rühmte:

---

[22] Lista, *Futurisme,* 28, zitiert einen japanischen Gelehrten (nach Paul Morand): „La condition du progrès est l'activité, son compagnon est la liberté, son symbole l'électricité et sa manifestation la vitesse. [...] La frénésie de la vitesse est une manifestation de l'esprit de révolte, une phase du conflit entre l'inertie et le mouvement. L'inertie des habitudes, les héritages de race, les traditions sociales travaillent contre la vitesse."

[23] Lista ebd. 29, zitiert (nach Morand, aus einem Indienbuch Catherine Mayos), die Engländer hätten Brahmanentöchter nur schwer zum Hockeyspiel überreden können, weil nach ihrer Auffassung „un être de classe supérieure ne doit pas courir". Hintersinn: „La vitesse c'est la démocratie." Als Krankheitssymptom, da sie einem cholerischen Temperament entspringe, begegnet Schnelligkeit in einem älteren italienischen Text: „Gli Huomini ingannevoli, & litigiosi sono nelle loro operationi veloci, e precipitosi, & veloce hanno ancora l'imaginatione". (Francesco Stelluti, *Della Fisonomia di tutto il corpo humano,* Roma, 1637; zit. in K. Henning Mehnert, *Der Begriff ingenio bei Juan Huarte und Baltasar Gracián.* Ein Differenzierungskriterium zwischen Renaissance und Barock. RF 91 (1979). Ein Grundsatz Graciáns: „Nicht hastig leben" (*Oráculo manual,* 1647).

vitesse als *Arbeitsprinzip*

il est pour la technique, l'organisation scientifique, la machine, la planification, la volonté, le courage, la vitesse, la précision, et il est pour l'homme nouveau, armé de toutes ces choses. La connection entre cette *révolte* esthétique et la révolte sociale et morale est directe.[24]

Durch Proklamationen und Manifeste der Futuristen zieht sich die Verherrlichung des Prinzips *vitesse* wie ein roter Faden. Hinter den die Welt durchstürmenden Neuerern versinkt die allegorische *Ville de Paralysie,* überwunden durch *notre allure véloce,* in *Tuons le clair de lune* (Marinetti, 1909)[25]. Wind, Unwetter, Stürme werden zu Stellvertretern schöpferischer Schnelligkeit in seinem *Discours futuriste aux Vénitiens* (1910)[26]. Die eigentliche Erhebung von *vitesse* zum Arbeitsprinzip vollzieht sich im *Manifeste technique de la littérature futuriste* und seinem *Supplément* (beide 1912) sowie in *Imagination sans fils et les mots en liberté* (1913)[27]. In Analogie zum Gründungsmanifest will Marinetti das *Manifeste technique* in einem Geschwindigkeitstaumel, während eines Flugs, konzipiert haben, wobei ihm bemerkenswerterweise zuerst seine Antipathie gegen die langsamen alten Sprachen, besonders gegen die schwerfällige Syntax des Lateinischen zum Bewußtsein kam (133). Die Fluggeschwindigkeit wird da zum Stifter der Erkenntnis, daß der moderne Mensch seine Welt ‚flugs' durch Analogien begreife, daß die Schnelligkeit des Erfassens, Vergleichens und In-Beziehung-Setzens notwendigerweise auch zur Verkürzung der Sprache führen müsse[28]. Die Mechanisierung der Künste vermöge, Geschwindigkeiten ins Phantastische zu steigern oder rasche Bewegungen umzukehren, beispielsweise im Film (136). *vitesse* schenke dem Sprachkünstler eine Überfülle von *images* (137) und ein köstliches *maximum de désordre* (135). Ganz und gar aus der Geschwindigkeit hergeleitet und auf die wissenschaftliche Technisierung des modernen Lebens zurückgeführt wird die *sensibilité futuriste* in dem Manifest *Imagination sans fils et les mots en liberté:* durch *vitesse* ist die Welt kleiner geworden, durch *vitesse* entsteht die Möglichkeit ubiquitärer Vertrautheit aller Menschen mit dem gleichzeitigen Tun ihrer Zeitgenossen auf der ganzen Welt.

[24] Lista, *Futurisme,* 29 (Hvh. ebd.).
[25] Text ebd. 107 f., auch die folgenden Zitate.
[26] Text ebd. 112 f.
[27] Texte ebd. 133, 138, 147 ff.
[28] Zu Marinettis Doktrin o. Kap. II 2, Hinweis auf Cicero, *De Oratore* (Schnelligkeit der Analogiebildung und des Verstehens von Metaphorik); wissenschaftliche Bestätigung in Morier, *Dictionnaire,* s.v. *métaphore*: Vergleichspartikeln kennzeichnen die *figures moins rapides,* nicht die eigentliche Metaphorik (645); *La m. répond à une appréhension immédiate de deux ou plusieurs affinités au sein de l'analogie universelle* (647).

II. Klang — Paradoxie — Bewegung

Eine *divine vitesse* liegt auch der Doktrin der von Interpunktion und Syntax befreiten Sprache, der *mots en liberté*, und der mit telegraphischem Tempo funktionierenden *imagination sans fils* zugrunde. *vitesse* verleiht ein neues ästhetisches Wertgefühl, das in Punkt 16 definiert wird:

> — Dégoût de la ligne courbe, de la spirale et du tourniquet. Amour de la ligne droite et du tunnel. La vitesse des trains et des automobiles qui regardent de haut les villes et les campagnes, nous donne l'habitude optique du raccourci et des synthèses visuelles. Horreur de la lenteur, des minuties, des analyses et des explications prolyxes. Amour de la vitesse, de l'abréviation, du résumé et de la synthèse. „Dites-moi tout, vite, vite, en deux mots!" (143)

So wird das Schreiben den ‚neuen Gesetzen der Geschwindigkeit' zu unterwerfen sein, es wird *la vitesse même du style* (145) geben, dazu einen *lyrisme très rapide;* wie Partituren werden die Dichtungstexte mit Tempo-Anweisungen versehen werden wie: *(vite) (plus vite) (ralentissez) (deux temps)* (146), u.U. sogar mitten im Wort oder in einem *accord onomatopéique* (146), um weitschweifige Erklärungen einzusparen. Statt des von Symbolisten und Décadents empfundenen Zerwürfnisses zwischen Autor und Publikum soll es — Oh Wunder! — durch *vitesse* und Lakonismus künftig auch ein augenzwinkerndes Einvernehmen zwischen beiden geben, denn das Bedürfnis nach Lakonismus entspreche nicht nur den *lois de vitesse qui nous gouvernent*, sondern auch

> aux rapports multiséculaires que le poète et le public ont eu ensemble. Ces rapports ressemblent beaucoup à la camaraderie de deux vieux amis qui peuvent s'expliquer par un seul mot, un seul coup d'oeil. Voilà comment et pourquoi l'imagination du poète doit lier les choses lointaines *sans fils conducteurs*, moyennant des mots essentiels et absolument *en liberté*. (Hvh. M.s. 144)

Es sei aber nicht vergessen, daß schon 1897 Mallarmé in der Préface zu *Un Coup de dés [...]* mit dem Hinweis auf die Wichtigkeit der *blancs*, des *espacement de la lecture* seines typographisch zur Partitur tendierenden Textes, die Vorstellung der musikalischen Tempi (accelerando und rallentando) verband:

> L'avantage, [...] littéraire, de cette distance copiée qui mentalement sépare des groupes de mots ou les mots entre eux, semble d'*accélérer* tantôt et de *ralentir le mouvement*, le scandant, l'intimant même selon une *vision simultanée* de la Page [...]. La fiction affleurera et se dissipera, *vite, d'après la mobilité* de l'écrit, autour des arrêts fragmentaires [...]. Tout se passe, *par raccourci*, en hypothèse; [...]. Ajouter que de cet emploi à nu de la pensée avec *retraits, prolongements*,

> *fuites*, [...] résulte, pour qui veut lire à haute voix, une partition (OC 455 f., uns. Hvh.)

Sicher hatte Mallarmé bis zu einem gewissen Grade recht, wenn er in diesem Vorwort den Anspruch erhob, *une œuvre, qui manque de précédents* geschaffen zu haben. In einem Strukturelement seines Textes — der mit der ‚Verräumlichung der Lektüre' begründeten Veränderung der Tempi — war ihm aber der Grieche Simmias von Rhodos mit einem seiner Textbilder um genau 2222 Jahre voraus: sein Figurengedicht *Das Ei* (325 a. C.) leitet ausdrücklich aus der graphischen Gestalt das Postulat an- und abschwellender Geschwindigkeit des Rhythmus ab:

> Mercure [...] a voulu que les vers [...] s'allongeassent parés des ornements du *rythme*; et par-delà dirigeant *l'allure oblique et rapide des mesures* diverses, il a, du pied, marqué *la cadence du chant* varié et symétrique des Muses, *rivalisant de vitesse* avec les faons, [...] s'élançant d'*une course impérieuse* par-dessus les hauts sommets [...]. Oui, c'est *d'un pied rapide* comme ces jeunes faons, que *le dieu marque la mesure de ce poème* aux mètres compliqués et sonores.[28a]

Noch einmal steigerte Marinetti den Kult der Geschwindigkeit im Mai 1916 bis zum Anspruch einer Religionsstiftung in dem Manifest *La nouvelle Religion — Morale de la Vitesse* (366—370). Es ist eine Art hymnisches Prosagedicht, das die neue Moral-Religion der Geschwindigkeit höher stellt als die Moral des Christentums, das Marinetti für völlig überlebt erklärt. Die futuristische Moral werde den Menschen vor der Auflösung bewahren, die ihm durch Langsamkeit, Erinnerung, Analyse, Ruhe und Macht der Gewohnheit drohe:

> L'énergie humaine centuplée par la vitesse dominera le Temps et l'Espace. (366) La vitesse donne enfin à la vie humaine un des caractères de la divinité: la ligne droite. [...] Il faut persécuter, fouetter, aiguillonner, torturer tout ce qui pêche contre la vitesse. / La *vitesse* [...] est naturellement *pure*. / La lenteur [...] est naturellement immonde. [...] courir à grande vitesse est bien une prière, Sainteté de la roue et des rails. Il faut s'agenouiller sur les rails pour prier la divine vitesse. (367) L'ivresse des grandes vitesses en auto est l'ivresse de se sentir fondu avec l'unique divinité.
>
> *Lieux habités par le Divin:* les trains. Les wagons-restaurants (manger en vitesse). Les gares [...]. Les circuits d'automobiles. Les films. Les postes de

---

[28a] Zit. nach J. Peignot, *Du Calligramme*, 6 (das griech. Original ebd. Fig. 5) aus: Bertrand Guégan, *Vers figurés et calligrammes. (Arts et métiers graphiques*, 29 bzw. 32) 1932. (Ob Mallarmé, der bekanntlich selbst Verse auf Ostereier zeichnete, *Das Ei* des Simmias kannte?)

II. Klang — Paradoxie — Bewegung

T.S.F. [...] Les villes modernes [...]. Les champs de bataille. Les mitrailleuses, les fusils, les canons, les projectiles sont divins. Divine impatience des explosifs souterrains [...]. (Hvh. M.s. 368)

Stellenweise geht diese paroxystische Litanei in stammelnden *motlibrisme* über, den der Autor sogleich als *Lyrisme précis concis* feiert. Wenn irgendein Text Marinettis, so beweist dieser die Interdependenz der beiden Kulte seines Futurismus, *vitesse* und *violence*. Kulte, die er unverdrossen weiterpflegen wird wie Ritualien. Nochmals begegnete *vitesse* 1924 in *Le Futurisme Mondial* (94 ff.), in einem ebenso betitelten Sorbonne-Vortrag des gleichen Jahrs (97 f.), aber auch in den dreißiger Jahren in Marinettis italienisch geschriebenen Verherrlichungen des Flugwesens, der Luftwaffe und in immer neuen Manifesten zur Propagierung der *simultaneità*, die für ihn zum Synonym von *vitesse* geworden war[29]. Die Gleichstellung von *vitesse* und *simultanéité* rührt von Henri Bergson her, der im 2. Kapitel seines *Essai sur les données immédiates de la conscience* (1889) u. a. erkannte, daß die Geschwindigkeit einer Bewegung messen nichts anderes sei als eine Simultaneität konstatieren, daß diese Geschwindigkeit in die Berechnungen einführen aber heiße, ein bequemes Mittel zu gebrauchen, um eine Simultaneität vorauszusehen[30]. Dieser Analogie kommt für die Quellengeschichte des Futurismus um so höhere Bedeutung zu, als Bergson im 1. Kapitel des gleichen Essays (fast wie ein Futurist) die Vorstellung der Zukunft als ein Hoffnung und Freude erweckendes Prinzip über die Vorstellung der Vergangenheit stellt, aus der nur Betrübnis und Niedergeschlagenheit zu gewinnen seien, und als er obendrein konstatiert, innere Freude komme annähernd einer Einstellung unseres Bewußtseins in Richtung auf die Zukunft gleich, unsere Vorstellungen und Empfindungen begönnen, „wie wenn diese Anziehung ihr Eigengewicht vermindert hätte, in schnellerem Tempo aufeinander zu folgen"[31].

Als Quelle und unmittelbaren Auslöser von Marinettis Geschwindigkeitskult erkennen Giovanni Papini, in *L'Esperienza futurista*, 1919, Pär Bergman, in *‚Modernolatria' et ‚simultaneità'*, 1962, und Edoardo Sanguineti, in *L'Estetica della velocità*, 1966, das Buch von Mario Morasso: *La Nuova Arma*

---

[29] Symptomatisch, daß Marinetti *Il Poema Africano della Divisione ‚28 Ottobre'* (Mailand 1937) mit der Widmung versah: „Ai Futuristi Volontari della Guerra Veloce" und das Buch nicht in Kapitel und Canti unterteilte, sondern in *59 Simultaneità*.
[30] Bergsons *Essai*, in: H. B., *Œuvres*. (Hg. A. Robinet) 1—159; benutzte dt. Ausg. *Zeit und Freiheit*, 89.
[31] Ebd. 8—10 (u. Hvh.)

[i.e. = die Maschine], das 1905 in der ‚Piccola Biblioteca di Scienze Moderne' des Verlags Fratelli Bocca in Turin erschienen war. Tatsächlich konzipierte gerade in diesem Jahr Marinetti sein erstes Gedicht, das Maschine und Geschwindigkeit glorifiziert: *A l'Automobile de course*. Wie zuletzt Sanguineti mit schlagenden Textproben aus Morasso nachweisen konnte, nähren sich Marinettis Manifeste sowohl in ihrem „ingenuo e caldo lirismo" (19) wie in mehreren thematischen und ideologischen Details weitgehend aus der Substanz von *La Nuova Arma*. Beide Autoren stimmen überein in ihrem Enthusiasmus für die sinnlichen Reize, die Schönheit der Geschwindigkeit *(Estetica della velocità / Sensazioni di velocità* etc.), in der Verherrlichung von Energie, barbarischer Gewalt, tödlicher und auf Zufall beruhender Gefahr durch Geschwindigkeit, in ihrer Erhebung zum neuen, befreienden Rauschmittel, ja, sogar in der Kontrastierung des Rennwagens mit der Nike von Samothrake, der Verachtung von Museen, Akademien und Gelehrsamkeit und — last not least — der Erwartung einer völlig veränderten Poesie der Zukunft. Für Sanguineti fällt daher die Geburtsstunde des Futurismus — dank Morasso — in das Jahr 1905 (26)[31a].

Geschwindigkeit als Medium der Raumbezwingung, Faszination durch Räume als Antrieb zur Beschleunigung mechanischer Fortbewegung werden vor dem ersten Weltkrieg lyrische Motive und Themen von größter Beliebtheit. Eines der hervorragendsten Beispiele, die *Prose du Transsibérien et de la petite Jehanne de France* (1912—1913) von B. Cendrars wird in Kap. IV 1 dieses Buchs vorgestellt. Die zuvor von J. Romains und Marinetti vollbrachte Vergottung der *vitesse* und Glorifizierung der Schnellzüge und Motorfahrzeuge reduziert Guillaume Apollinaire auf ein scheinbar nüchternes Maß, indem er das Automobil nur zum Vehikel und Sinnbild der mit dem Weltkrieg beginnenden neuen Menschheitsepoche verklärt. Sein anläßlich der Mobilmachung Frankreichs (im August 1914) konzipiertes Gedicht *La petite Auto*[32] verherrlicht zwar nicht ausdrücklich die Geschwindigkeit — *vitesse* kommt darin nicht vor —, aber doch die Macht des Wagens, drei Menschen über Nacht in ein *univers nouveau / dans une époque Nouvelle* zu befördern. Heute kann der Ausdruck naiver Begeisterung, angesichts der Belgien-

---

[31a] Bekanntlich gibt es zahlreiche Anreger des Futurismus neben Saint-Pol-Roux; Vorläufer in der italienischen Lyrik der Sizilianer Federico de Maria (seit 1905); drei katalanische Publikationen mit dem Titel *Futurismo* (um 1907; vgl. Marcel Robin im *Mercure de France*, 1907, 558—560; Inés Caranucci, *Il Futurismo*, Milano 1972, 95; Lluisa Borras, *Dada Barcelona*, in: *Tendenzen der 20er Jahre*. Berliner Ausstellungskatalog, 1977, 3/120—123).
[32] Text in Apollinaire, *OP*, 207 f.

invasion und der beginnenden Materialschlachten, nur bittere Ironie auslösen, das Gedicht bleibt mit dem Odium der Gewaltideologie Marinettis behaftet[33]. Von der falschen Datierung des Vorabends der Mobilmachung im 1. Vers *(Le 31 du mois d'Août 1914)*[34] — gemeint ist der 31. Juli —, bis zum letzten der 39 freien Verse *(Nous venions cependant de naître)* erweist sich der Text als eine Gelegenheits-Paraphrase zu Marinettis Wahlspruch: *guerre seule hygiène du monde* (1909, Gründungsmanifest, Punkt 9.). Höhepunkt dieses Poems ist das zwischen Vers 31 und 32 eingefügte Textbild des Wagens mit den Silhouetten seiner drei Insassen im Fahrwind, rechts am Volant ein kleiner Chauffeur, links hinter ihm Apollinaire und der Eigentümer des Wagens, sein Freund André Rouveyre; die mittlere Gestalt ist aus Worten geformt, die ihr Glücksgefühl äußern: *o nuit tendre d'avant la guerre* — der Kernsatz des Gedichts[35]!

Noch ohne den Beigeschmack des Martialischen war, in der 41. Strophe von Apollinaires Gedicht *Les Collines* (*Ondes,* IV), eine viele neue Welten erschließende Wagenfahrt gefeiert worden (177). Aber auch als Poetiker schließt sich Apollinaire, mit einiger Distanz, dem Geschwindigkeitskult Marinettis an. In seinem *Manifeste-synthèse: L'Antitradition futuriste* (1913) überschreibt er einen Paragraphen mit den Losungsworten: *Intuition Vitesse Ubiquité,* um gleich darauf, offenbar nicht ohne Ironie, eine der rational geordneten Sprache diametral entgegengesetzte Dichterrede der Zukunft zu entwerfen: *Langage véloce caractéristique impressionnant chanté sifflé mimé dansé marché couru*[36]. Es ist eine Synthese der futuristischen Sprachentwürfe und Vorwegnahme von Antonin Artauds Dogma fast wortloser theatralischer Ausdruckskunst[37]. Vier Jahre danach schließt Apollinaire im Vortrag *L'Esprit nouveau et les poètes* (26. 11. 1917)[38] — trotz ausdrücklicher Ablehnung des futuristischen *motlibrisme* und *bruitisme* (902, 903 f.) — die neue Ästhetik der Eroberung des Raums und der durch technisierte *vitesse* geschaf-

---

[33] Nicht vergessen sei, mit welch irrationalem Freudentaumel große Bevölkerungsteile Frankreichs und Deutschlands die Mobilmachungen von 1914 begrüßten, nicht ahnend, welche Menschheitskatastrophe bevorstand.
[34] A. a. O., 207.
[35] Apollinaires Verhältnis zu den Italienern untersucht H. Meter, *Apollinaire und der Futurismus.*
[36] Text bei Lista, *Futurisme,* 123 f.; vgl. ebd. 184: *toutes les couleurs de la vitesse,* sowie Deperos Manifest des *Moto-Bruitisme,* ebd. 209.
[37] Zu Artauds Bühnendoktrin vgl. Vf., *Theater unserer Epoche.*
[38] Text in Apollinaire, *OC* III (Ausg. Décaudin, 4bdg.), 900—910; sowie bei Briant, 178—180; auf Übereinstimmungen in der Dramatik beider Autoren weist Lista in *Marinetti,* 37, hin.

Dada-Prinzip: Spontaneität

fenen Möglichkeiten unterkühlten Empfindens und Fühlens in den Aufgabenkreis der Dichtung ein. Seine wiederholte Berufung auf die Ikarussage zeigt dabei, auch in der Diktion, Apollinaires Faszination durch Marinettis Fliegermythe von Gazourmah, dem geflügelten Sohn Mafarkas (905—908). Der Dichter wird zum Propheten der Erhebung des Menschen aus eigener Kraft (der Beschleunigung, des Flugs) in eine Unendlichkeit, die er als Ideal in sich trägt.

Für Tristan Tzara, den Organisator des Zürcher Dada, versteht sich das Bekenntnis zum Prinzip *vitesse* — trotz seiner persönlichen antifuturistischen Haltung — in der Dichtung von selbst. Auch er ist erklärter Feind aller rationalen und philosophischen Bedenken und Hemmnisse, die den Fluß unmittelbarer, spontaner, reiner Mitteilung stören können. 1917 rühmt er in einer Notiz über Pierre Albert-Birot, der als der ausgeprägteste Futurist unter den französischen Dichtern der Zeit gilt, mit leiser Ironie, aber ohne ihm einen *futurisme pour jeunes filles* zu unterstellen, seine poetische *atmosphère dans une boîte d'alumettes et de vitesse captée* und bekennt sich *astralement émerveillé devant le passage rapide [. . .] des images de vie intense et coloriée*[35]. In Note sur la Poésie (1919)[40] fordert Tzara die Sicherung poetischer *pureté sous-marine* durch die Kraft, erlebte Abläufe *en l'instant* zu formulieren, denn das Gedicht müsse in Funktion *des degrés accélérés de la vitesse* entstehen, es dürfe nicht mehr das Produkt eines Gesichtspunkts (einer Ideologie), eines Sinns (einer Informationslust) oder überhaupt der Intelligenz sein (siehe Mallarmé: nicht mit Ideen!), es müsse auf Vergleiche zugunsten verkürzender Analogiestiftung verzichten. In Weimar und Jena bekannte er sich 1922 in einem Vortrag zum Prinzip der Beschleunigung poetischen Schaffens durch Spontaneität:

> Ce que nous voulons maintenant c'est *la spontanéité*. Non parce qu'elle est plus belle ou meilleure qu'autre chose. Mais parce que tout ce qui sort librement de nous-même [sic] sans l'intervention des idées spéculatives, nous représente. Il faut accélérer cette quantité de vie qui se dépense facilement dans tous les coins. (139. Hvh. T.s)

Das Phänomen der Geschwindigkeit unwillkürlicher Kreativität will A. Breton lange vor der Begründung des Surréalisme an sich beobachtet haben. Es begann mit der absichtslosen Konzeption des enigmatischen Satzes: *Il y a un homme coupé en deux par la fenêtre,* den er als *une image d'un type assez rare* im

---

[35] Tzara, *sept manifestes DADA / lampisteries*, 97; zu Albert-Birots Futurismus: Marottoli, *Futurisme and its Influence.*
[40] Tzara a. a. O., 105 f.

ersten *Manifeste du surréalisme* (1924)[41] als Zeugnis bisher ungekannter *gratuité* sprachlicher Gestaltung und als Auslöser einer *succession à peine intermittente de phrases* (32 f.) rühmt. Bei dieser Gelegenheit weist Breton auf einen analogen Fall schneller Bildabläufe hin, den Knut Hamsun in *Hunger* (1890) beschreibt: der Geschwindigkeit und Fülle plötzlich hereinbrechender nächtlicher Eingebungen war seine Schreibfähigkeit, trotz größter Hast, nicht gewachsen, so daß eine Menge wichtiger Details verlorenging (33). Breton will im Anschluß an sein eigenes Erlebnis und in Erinnerung an seine therapeutischen Bemühungen um psychisch Kranke während des ersten Weltkriegs, um 1919 den Entschluß gefaßt haben, nach der Freud'schen Methode von sich selbst zu fordern, was er zuvor den Patienten abverlangte:

> un monologue de débit aussi rapide que possible, sur lequel l'esprit critique du sujet ne fasse porter aucun jugement, qui ne s'embarrasse, par suite, d'aucune réticence, et qui soit aussi exactement que possible la *pensée parlée*. (34. Hvh. B.s)

Anders als Hamsun war er dabei überzeugt, daß die Geschwindigkeit des Gedankens die des gesprochenen Worts nicht übertrifft und daher keine Überforderung der Zunge oder der eilenden Feder darstellt (34). Der Vorsatz, aus der zufällig beobachteten kreativen Schnelligkeit ein Verfahren zu machen, führte zur Verabredung mit Philippe Soupault, gemeinsam und ohne literarischen Ehrgeiz ans Schreiben zu gehen. Die erste Tagesleistung erbrachte rund 50 Manuskriptseiten, über deren Umfang und durchschnittliche Wörterzahl freilich nichts verlautet. Es war der Anfang von *Les Champs magnétiques* (1919)[42]. Schon bei der ersten Darstellung dieser Phänomene hatte Breton in *Entrée des Médiums* (1922)[43] betont, daß die im Zustand des *automatisme psychique* vernommenen Satzfragmente, die er als *des éléments poétiques de premier ordre* bewerte, bald ohne Intervall mit solcher Geschwindigkeit hervorströmten, daß bei der ersten praktischen Auswertung der Entdeckung *(Les Champs magnétiques)* Abkürzungen gebraucht wer-

---

[41] Breton, *Manifestes du surréalisme*; vgl. *Le Message automatique* (1933), in: A. B., *Point du jour*, 164—189.
[42] Im Gegensatz zu B.s Behauptung der *dictée magique* vgl. die von langer Hand vorbereitete Literarität der Texte (Vf., Interpretationen von *Les Champs magnétiques*, in *Die moderne französische Lyrik*). B.s widersprüchliche Beschreibungen und Postulate erlauben keine exakte Definition des angeblich automatischen Verfahrens, ebenso wenig die sorgfältigen Bemühungen Carrouges' („Les conditions d'exercice de l'é.a.', in: *A. Breton et les données fondamentales*, 177—214).
[43] In A. B., *Les Pas perdus*, 122—131.

den mußten, daß aber auch von einem Kapitel zum andern *seul le changement de vitesse ménageait des effets un peu différents* (124). Man habe nur einer *dictée magique* zu folgen brauchen, etwa wie die Menschen, denen die Gabe verliehen ist, Worte zu vernehmen (ohne deren Sinn zu erfassen), *qui tombaient de la ‚bouche d'ombre'* (125) — eine Anspielung auf V. Hugos Dichtung *Ce que dit la bouche d'ombre*, in *Les Contemplations*, Livre VIième, XXVI[44].

Erst Jahre danach machte Breton Aufzeichnungen über die Geschwindigkeits-Reglementierung bzw. über das Prinzip *vitesse*, die sich die beiden Autoren bei ihrer damaligen Arbeit auferlegten[45]. Es kann keinem Zweifel unterliegen, daß diese ersten Exerzitien der *écriture automatique*, die Breton praktisch als die Grundlage des Surréalisme ansah, unter anderem exakt an die Idee Marinettis anknüpften, die unter Ausschaltung der Logik künftig entstehenden Erzeugnisse der Dichter mit Tempo-Anweisungen zu steuern und so die *vitesse du style* zum literarischen Ideal zu erheben. Auch grundsätzlich hatte sich Breton offenkundig mit den Phänomenen der Schnelligkeit und Dauer und des schnellen Ablaufs geistiger Tätigkeiten beschäftigt, denn die Tempo-Raster, die er nach eigenem Zeugnis vor der Niederschrift von *Les Champs magnétiques* entwarf, haben ein frappierendes Analogon in Bergsons Kapitel (2.) ‚Von der Mannigfaltigkeit der Bewußtseinszustände. Die Vorstellung der Dauer' im *Essai sur les Données immédiates de la Conscience*. Dort versucht der Philosoph, die *vitesse*-Grade von Körpern anhand einer Skala v_1 v_2 v_3 usf. zu definieren, die er mit nachträglichen Nuancierungen verfeinert wie etwa v_j v_n, deren eine über v_h, deren andere unter v_p rangieren soll[46]. Breton verfährt entsprechend und postuliert, für die *écriture automatique* von *Les Champs magnétiques*, *vitesse*-Grade von v über v', v'' bis zu v''''', wobei v' erheblich unter v bleiben soll, aber v'' — zunächst als *la plus grande possible* bezeichnet — nachträglich durch v''''' überboten wird und die Nuancen *v''' entre v et v''* sowie v'''', einmal *entre v et v'''*, ein andermal *entre v et v''* hinzugefügt werden[47]. Erst 1930 machte Breton diese Anmerkungen in seinem Exemplar der Erstausgabe der ‚Magnetfelder', und erst 1966 wurden sie,

---

[44] Hugo, *OP* II, 801—822; dazu P. van Tieghem, *Dictionnaire de V. Hugo*, s.v. *spiritisme*.
[45] A. B., *En Marge des Champs magnétiques*.
[46] Zit. nach Bergson, *Zeit und Freiheit*, 92.
[47] Breton, *En Marge*, 10 f. — Nach der Tradition Bergson, Marinetti, Breton versieht auch der Lettrisme das ‚semantische Gedicht' mit Tempo-Indikationen (vgl. Lange, bei Hinterhäuser, *Die französische Lyrik*, II, 349, 351). Gesteigerte *vitesse* als Impuls poetischer Konzeption rühmt P. Garnier in *Spatialisme*, 41, 102, 107, 145 [*poème cinétique*].

zum Teil nach einer Abschrift von Valentine Hugo, durch Alain Jouffroy kopiert und endlich 1970 unter dem Titel *En Marge des Champs magnétiques* im 7. Heft der Zeitschrift *Change* publiziert. Entscheidend ist dabei, daß Breton, unter Distanzierung von Marinetti, folgendes gesteht:

> Il s'agissait en effet, dans le corps du livre, de pouvoir varier, d'un de ses chapitres à l'autre, la vitesse de la plume, de manière à obtenir des *étincelles* différentes. Car, s'il paraît prouvé que, dans cette sorte d'écriture automatique, il est tout à fait exceptionnel que la syntaxe perde ses droits (ce qui suffirait à réduire à rien les ‚mots en liberté' futuristes), il est indéniable que les dispositions prises pour aller très vite ou un peu plus lentement sont de nature à influencer le caractère de ce qui se dit. (10; Hvh.B.s.)

Breton ist überzeugt, daß die apriorische Festlegung eines *sujet* — wie in dem von ihm geschriebenen Kapitel ‚Saisons' — mit einer erheblichen Steigerung der üblichen Schreibgeschwindigkeit nicht unvereinbar sei, man dürfe nur nicht unentwegt ‚aufs Pedal treten', weil man sonst das *sujet* ruiniere (10). Die Kenntnis seiner *vitesse*-Skala hält er (nun nachträglich) für unentbehrlich zur *intelligence technique de ce livre,* aber diesen Schlüssel hielt er bis zu seinem Tod geheim. Er scheute zweifellos die Preisgabe des Geständnisses, das sich ebenfalls in diesen Notizen findet: das Experiment habe beide Schreiber dem Selbstmord nahegebracht. Die Geschwindigkeit, die gleichsam den Verstand überlisten und die Schreibenden mit ihrem ‚Unterbewußtsein' konfrontieren sollte, erwies sich als gefährlich und aufreibend; eines Tags war die Grenze der psychischen Widerstandskraft erreicht:

> On n'en pouvait, malgré tout, plus. [...] Je ne crois pas exagérer en disant que rien ne pouvait plus durer. Quelques chapitres de plus, écrits à une vitesse v'''''' (beaucoup plus grande que v'') et sans doute ne serais-je pas, maintenant, à me pencher sur cet exemplaire. (23)

Über die tatsächliche Selbstmordnähe, in der sich das Exerzitium abspielte, und auf die auch der Text (Kap. ‚La Glace sans tain') mit Anspielungen deutlich hinwies, berichtet anschließend Alain Jouffroy (geb. 1928), in einer Zeugenaussage über die *Société secrète de l'écriture* (1970)[48]. Breton selbst hatte das hohe Risiko, das nach seiner Erfahrung dem beschleunigten und automatischen Schreibverfahren innewohnt, im ersten *Manifeste du surréalisme* unter dem Zwischentitel ‚Secrets de l'art magique surréaliste' bestätigt:

---

[48] Jouffroy in: *Change* 7, 30—45; vgl. Jouffroy, Préface zu Bretons *Clair de terre* (Coll. Poésie).

> Placez-vous dans l'état le plus passif [...]. Faites abstraction de votre génie [...]. Dites-vous bien que la littérature est un des plus tristes chemins qui mènent à tout. Ecrivez vite sans sujet préconçu, assez vite pour ne pas retenir et ne pas être tenté de vous relire. (42 f.)

Und im letzten Abschnitt („Contre la mort"): *Le surréalisme vous introduira dans la mort qui est une société secrète.* (46) Obwohl das lebensgefährliche Experiment seinem Initiator also frühzeitig bewies, daß *vitesse* als Prinzip zur Erlangung dichterischer Inspiration auf die Dauer nicht praktikabel ist[45], hielt er theoretisch bis zu seinem Ende daran fest. Zahlreiche Anspielungen in Bretons Schriften auf die heikle Zone der *vitesse* erklären sich aus der geschilderten Vorgeschichte. Der größte Kontrast besteht für Breton zwischen der Schnelligkeit der Konzeption und der erhofften Langsamkeit der Rezeption beim Leser, denn er schätzt am höchsten diejenige Verknüpfung zweier weit voneinander entfernten Realitäten zur poetischen Analogie (Metapher) *qu'on met le plus longtemps à traduire en langage pratique* (52). Seine Enttäuschung vom Scheitern der *écriture automatique* wird vor allem den Gefährten angelastet, die das Verfahren verfälscht, mißbraucht oder womöglich nur vorgetäuscht haben sollen, aber er hält persönlich an dem Glauben fest, die Gabe der Konzeption poetischer *images* aus der *bouche d'ombre* zu besitzen und ihr seine besten lyrischen Eingebungen zu verdanken. Offenbar erschienen ihm als ‚Diktate' aus der Zone zwischen Bewußtsein und ‚Unbewußtem' die Früchte seines lange vorausplanenden, unermüdlich tätigen Intellekts. Damit stiftete er den Mythos seiner dichterischen Begnadung. Seinem quasi magischen Verfahren widmet er beispielsweise 1933 den 25 Seiten starken Essay *Le Message automatique*, wo er sich weiterhin von dem raschen Strömen und bisweilen eruptiven Charakter poetischer Abläufe fasziniert zeigt:

> la question de l'unité et de *la vitesse de la dictée* reste à l'ordre du jour — mais encore il me paraît certain que les images visuelles ou tactiles [...] se *donnent libre cours* dans la région, de superficie inévaluable, qui s'étend entre la conscience et l'inconscience. Mais, si *la dictée automatique* peut être obtenue avec une certaine continuité, le processus de *déroulement et d'enchaînement* de ces dernières

---

[45] Ob die Surrealisten mit Anwendung von *vitesse* nicht Opfer eines Zeitgeistes waren, den sie bekämpften, als sie sich in den Dienst der marxistischen Revolution stellten —, nämlich jener leeren Sucht nach immer größerer Geschwindigkeit, die E. Bloch als ‚Rekordtrieb in der spätkapitalistischen Gesellschaft' anprangert, den ‚das Monopolkapital zum Zweck der Anpeitscherei' steigere (*Das Prinzip Hoffnung*, I, 54)?

images est très difficile à saisir. Elles présentent [...] un *caractère éruptif*. (Uns.Hvh.)[50]

Noch wenige Jahre vor seinem Tod, im Dezember 1960, rühmt Breton im Vorspruch zu der aus vier ‚automatisch' konzipierten Sätzen bestehenden Sammlung *Le la*[51] die *dictée de la pensée*, deren Resultate er immer wie Edelsteine gehütet habe. Ein solcher ‚halluzinierter' Satz *(Il y aura toujours une pelle au vent dans les sables du rêve)* habe ihm 1943 den Geweberahmen *(la trame)* zu dem von ihm selbst höchstgeschätzten Gedicht *Les Etats généraux* geliefert[52]. Statt dieses sehr umfangreichen Werks versuchen wir, in Kap. III 2 dieses Buchs, ein anderes, besonders eindrückliches Beispiel von Bretons vermeintlich automatischem Schreiben nach Diktat zu analysieren: das Prosagedicht *Au Lavoir noir* von 1936.

Im Oktober 1924, im Jahr der Etablierung des Surréalisme durch Breton, publizierte der elsässische Lyriker Yvan Goll (1891—1950)[53] das erste und einzige Heft seiner ‚revue poétique' *Surréalisme*, das er mit einem ebenso betitelten Manifest einleitete. Den wahren *surréalisme* meint er in der zuerst von den kubistischen Malern und von G. Apollinaire geübten Collagetechnik, *Cette transposition de la réalité dans un plan supérieur (artistique)* (87), zu erkennen; ihn rühmt er als *expression de notre époque* und als *vaste mouvement de notre époque* (88). Entschieden distanziert er sich von dem Surréalisme eines

> art de divertissement [...] art frivole et décadent [...] cette contrefaçon du surréalisme, que quelques ex-dadas ont inventé pour continuer à épater les bourgeois (88),

insbesondere von ihrer Doktrin der Traumausbeutung, die er als Vermengung von Kunst und Psychiatrie verwirft: unsinnig die Behauptung der *toute-puissance du rêve*, des *mécanisme psychique basé sur le rêve et le jeu désintéressé de la pensée* (88); hingegen unveränderlich der Primat der *réalité*

---

[50] *Le Message automatique* (*Point du jour*, 184 f.).
[51] Breton, *Signe ascendant* (Coll. Poésie), 174 f.
[52] Der Vorspruch zu *Le la* endet mit einer Huldigung für Victor Hugo, zu dem *la bouche d'ombre* viel freigiebiger gesprochen habe als zu Breton; doch habe sie „bien voulu me souffler parfois quelques mots qui me demeurent la *pierre de touche*, dont je m'assure qu'ils ne s'adressaient qu'à moi seul [...] et que, si décourageants qu'ils soient pour l'interprétation au pied de la lettre, sur le plan émotif ils étaient faits pour me donner le *la*." (175, Hvh. B.s). Auch in *Les états généraux* wird (ebd. 69) der Schauplätze von Hugos spiritistischen Eindrücken, Jersey und Guernesey, gedacht.
[53] Die Schreibung von Golls Vorname variiert: auf dem Titelblatt von *Surréalisme* steht „Directeur Ivan Goll" (Abb. in Yvan Goll, *Œuvre* I, vor 87; das Manifest ebd. 87—89).

vor der *pensée* (87/89) für Goll. Aber auch sein *surréalisme* kennt ein Ideal der Geschwindigkeit, für die er, ostentativ, nicht den Terminus *vitesse*, sondern mehrfach *rapidité* gebraucht, womit er nicht auf automatische Diktate aus dem Unbewußten anspielt, sondern die schon von Marinetti (ursprünglich von Cicero) konstatierte bzw. postulierte Raschheit von poetischen Analogiebildungen meint.

> L'image est aujourd'hui le critère de la bonne poésie. *La rapidité* d'association entre la première impression et la dernière expression fait la qualité de l'image. (Uns.Hvh.)

Nach einer berühmten Formel Pierre Reverdys, den er zu den Mitarbeitern seiner Zeitschrift zählt, definiert er die ideale Metaphorik:

> Les plus belles images sont celles qui rapprochent les éléments de la réalité éloignés les uns des autres le plus directement et *le plus rapidement possible*. (87; uns. Hvh.)

Nachdem früher das Ohr über die Qualität von Dichtung entschieden habe, halte sich seit etwa zwanzig Jahren das Auge schadlos; es sei das Zeitalter des Films, man verständige sich stärker durch visuelle Zeichen. *Et c'est la rapidité qui fait aujourd'hui la qualité* (88).

Bei einigen großen Lyrikern wird das Phänomen *vitesse* nach seiner Erhebung zum Prinzip wieder relativiert oder dialektisch gesehen. Anläßlich der Ausstellung von Bildern, Aquarellen, Tuschen und Gouachen des malenden Lyrikers Henri Michaux (geb. 1899 in Belgien) im Frühjahr 1978 (Paris, Centre Pompidou) konstatierte ein deutscher Kritiker, hier sei alles auf „Tempo und damit auf Selbstüberlistung abgestellt", alles in Michaux' Exponaten kreise „um das Thema Geschwindigkeit", sie beherrsche die Techniken, mit denen unter anderem die Ideologie ständiger Angst zum Stil fixiert werde; Michaux bekenne selbst, er habe die erschreckende, aufregende Erfahrung gemacht, „die darin besteht, das Tempo zu wechseln, es plötzlich aufzugeben und dafür ein anderes unbekanntes, zu rasches zu erreichen"[54]. Auch Michaux' Dichtung zeugt insgesamt von der Faszination durch Bewegung und Geschwindigkeit sowohl der äußeren wie der inneren Vorgänge, namentlich der Vorstellungskraft. Nicht von ungefähr durchzieht das Thema der Reise das Gesamtwerk dieses Lyrikers, wirklich vollzogene und imaginäre Reisen lösen einander beständig ab. Den Auftakt bildet

---

[54] Werner Spies, *Absage an die Gewißheit. H. Michaux, der Dichter und der Maler*, in: *Das Auge am Tatort*. München 1979, 132 ff.

Ecuador, die Gedichtfolge von 1929; *Un certain Plume* (1930) begibt sich auf heikle Reisen *(Plume voyage)*; es folgen *Un Barbare en Asie* (1933), *Voyage en Grande Garabagne* (1936), *Je vous écris d'un pays lointain* (1937), *Au Pays de la magie* (1941); um des Fallens willen überlassen sich Kosmonauten und Fallschirmspringer dem Sturz *(D'une Berline de l'air*, in *Portrait des Meidosems*, 1948). So konnte kein Berufenerer als H. Michaux gefunden werden, um für die von Henri Parisot edierte Anthologie *Les Poètes voyagent*[55] das Geleitwort zu schreiben.

Für Michaux ist Geschwindigkeit das Erkennungszeichen des Lebens, vornehmlich in extremen Situationen. In *Qui je fus* (1927)[56] fesseln ihn Phänomene, die sich in das Wort *transports* zusammendrängen lassen: das blitzschnelle Außer-sich-geraten, Aus-sich-heraustreten, Sich-über-weite-Distanzen-projizieren, etwa im Heimweh oder im Augenblick des Ertrinkens *(on se jette hors de soi de tous côtés / C'est l'âme qui s'en va, seule, vite)*. Die Seele überquert in Augenblicksschnelle den Atlantik, die Wüste, eine unendliche Weite, um diejenigen zu erreichen, die sie liebt. Der Islandfischer in seiner Todesstunde, *il s'oriente rapidement*, ist unversehens daheim präsent, *il se désespère de n'avoir connu son pouvoir de translation qu'à l'article de la mort (Evasion)* (18). Diesen Dichter fesselt die Empfindung innerer Stürze: *Je traverse le plancher sans résistance à une vitesse de pierre*. Stürze führen in Erdschichten hinab, aber mit gleicher Geschwindigkeit kehrt die Seele an die Oberfläche zurück *(Les Chutes,* 20). Abgründe ziehen an, die Idee des Fallens wird zur Halluzination:

> quand je vois un précipice, attraction... hop!... / Toute ma vie je serai ainsi, tombant! Je tombe de la campagne dans la ville, je tombe du collège dans un bureau, d'un bureau sur un steamer [...], je tombe d'un métier sur un autre et je tombe de mes dix-neuf ans sur mes vingt ans / je suis toujours prêt à tomber d'un balcon. (*Comme je mourrai.* 20)

In Michaux' prophetischer Phantasie konstruieren die Marsbewohner einen mechanischen Stern, der eines Tags bemannt *à une grande vitesse* in eine Umlaufbahn um den Planeten gebracht wird *(L'Etoile en bois.* 22). Einen wahrhaft anti-futuristischen Zukunftsplan entwirft *L'Epoque des Illuminés* (22): die Autos werden an den Straßenrändern für immer begraben sein, nicht den Revolutionären, sondern denjenigen wird die Zukunft gehören, die — *pressés d'en finir* — die falschen Versprechungen abschaffen und die rechten Herzschläge befolgen werden, die ersehnte und wahre Zukunft, in der

---

[55] Parisot (Hg.), *Les Poètes voyagent.*
[56] Michaux, *Dichtungen / Schriften* (2spr.) I 8 ff.

Sinnlose Bewegung fanatisiert

alles von der Geschwindigkeit der Entschlüsse und inneren Entscheidungen des Einzelnen in der Gruppe bestimmt wird, jedes Zaudern, Verweilen oder Genießen aber als verhängnisvoll gilt; die Herrschenden solcher Zukunft, die *illuminés*, werden die *accélérés* sein:

> On se rangera *avec célérité* dans son groupe qui *piétine d'impatience*.
> Malheur à celui qui se décidera *trop tard*. [...]
> [...] il faudra *être pressé* d'en sortir et d'*aller de l'avant*.
> Malheur à ceux qui s'attarderont à quatre pour une belote, ou à deux pour la mielleuse jouissance d'amour [...][57]
> [...] mais l'époque ne sera pas aux voyeurs, plutôt *aux accélérés* [...]
> Mais que cela finisse *vite*. [...] un illuminé *ne peut durer longtemps*. Un illuminé se mange lui-même la moelle [...] (U. Hvh. 36/38)

Im fortschreitenden Verlust der höchsten Lebensbedingung — *vitesse* —, in den Symptomen der Verzögerung und Verlangsamung werden Attribute des herannahenden Todes in dem acht Druckseiten umfassenden Gedicht *La Ralentie* (1937) apostrophiert. Gegenstück ist das sechzehn Seiten lange verslibristische Gedicht *Mouvements* (1951)[58]. Aber hier schlägt zugleich die Faszination durch *vitesse* um in die Kritik der leeren, technisierten und automatisierten Bewegung um der Bewegung willen, des Betriebs um hohler Betriebsamkeit willen. *Mouvements* ist die beklemmende Vision des außer Kontrolle geratenen, abstrakten Prinzips *vitesse*. Da ist der mit sinnlosen Befehlen gefütterte Roboter und Komputer *homme*:

> Homme arcbouté / homme au bond / homme dévalant / homme pour l'opération éclair / pour l'opération tempête / pour l'opération sagaie / pour l'opération harpon / pour l'opération requin / pour l'opération arrachement
> Homme non selon la chair / mais par le vide et le mal [...] (II 292).

Da ist die durch leere Bewegung fanatisierte Seele, *âme énergumène / âme de larve électrisée* im Vakuum jenseits aller Realitäten:

> Abstraction de toute lourdeur
> de toute langueur
> de toute géométrie
> de toute architecture
> abstraction faite, VITESSE! (II 296)

---

[57] In M.s Anti-Futurismus auch eindeutig „futuristische" Züge wie Verachtung des Eros, der Präzision, des Details, Wendung zum Haß (vgl. Gedicht *Haine*, ebd. 40 f., mit dem futuristischen Postulat aktivistischer, das Verbum bevorzugender Sprache).
[58] Michaux, *Dichtungen / Schriften* II, 292—304.

II. Klang — Paradoxie — Bewegung

Da sind der immer wiederkehrende Bumerang wahnsinnigen Schwungs (II 300), die Besinnung zerstörende zynische Fröhlichkeit: *Allégresse de la vie motrice / qui tue la méditation du mal*, die dem vorausbestimmten allgemeinen Ruin vorangeht (II 302/304), und — mit eindeutiger Wendung gegen die surrealistische *écriture automatique* — die Entfesselung pausenlosen Redens und Schreibens, die Entleerung von aufgestauten Bildern:

> Ecriture directe enfin pour le dévidement des formes
> pour le soulagement, le désencombrement des images
> dont la place publique-cerveau est, en ces temps,
> particulièrement engorgée
> Faute d'aura, au moins éparpillons nos effluves. (II 304)

Ein späterer Text hebt Michaux' ursprüngliche Sympathie für Geschwindigkeit auf die metaphysische Ebene, sie wird zum Drang nach dem Eindringen in eine unendliche Weite, zur Selbstauflösung im Absoluten. Hier schließt sich der Kreis, der mit Baudelaires *Elévation* begann. Was jener dem idealen Aufschwung des Geistes, was Marinetti und Cadou der Kraft des Motors und der durch sie bewirkten äußersten Beschleunigung verdanken wollen — das Eintauchen in den unendlichen, mit Schöpfungskraft erfüllten Raum, das *Infini* —, Michaux will es 1966 der beflügelnden Macht des *c.i. (Une des substances à choc psychique, parmi les plus anciennement connues)* abringen. Den Genuß dieses traumhaften Aufflugs in den Raum, nach beinahe desillusionierender Verzögerung, der sich in den unsagbaren Geschwindigkeiten seelischer Bewegung vollzieht, beschreibt er in Abschnitt V. — *Le Dépouillement par l'Espace* — seines Essays *Les grandes Epreuves de l'esprit et les innombrables petites*[55]. Es ist ein in Augenblicksschnelle erlebter Sturz nach oben, ein Eintauchen in die Abgründe der Grenzenlosigkeit mit der Empfindung, aller physischen Hüllen entledigt zu sein, ein Geschleudert-Werden, von der Weite Verschluckt- und Verschlungen-Sein, das — wie beim bretonischen Islandfischer von *Qui je fus* in den letzten Augenblicken des Bewußtseins — als ein Zu-Spät begrüßt und beklagt wird:

Prodige jamais soupçonné... Pourquoi ne l'avais-je connu plus tôt? (116) Das Erlebnis — denn es handelt sich in der Tat nicht mehr um Imagination wie bei Baudelaire, Marinetti und Cadou, sondern um ein persönliches Erleben unter Einwirkung der Droge — überschreitet offenbar sogar den Bereich der *vitesse*, nicht diese ist mehr der poetische Gegenstand, sondern das Bewußtsein der Ubiquität und Simultaneität: *Simultanément, j'étais dans une expansion extraordinaire. L'espace m'espacifiait...* (118). Verräumlichung des

---

[55] Michaux, *Les grandes Epreuves*, 115 ff.

transport *als metaphysisches Begehren*

Ich, fortschreitende Schwerelosigkeit, Invasion durch immer neue Räume, ein Erleben, das wiederum im Doppelsinn des *transport éprouvé* (123), der physischen und psychischen *Bewegung*, den idealen Terminus findet. Metaphysische Antwort auf ein metaphysisches Begehren wird der Vorgang am Ende genannt (126).

Die Analogien zwischen Michaux' Bericht und den Imaginationen seiner Vorläufer gipfeln — rein sprachlich gesehen — im Verlust des Schlüsselworts *vitesse* beim Eintritt in die Verräumlichung des Ich. Dieses im Verlauf eines Jahrhunderts bei vier sehr verschiedenartigen Dichtern konstant bleibende Motiv beweist ohne Zweifel die Existenz einer allgemeinmenschlichen Ur-Sehnsucht nach dem Versinken im Unendlichen, so wie in anderer Weise und bei anderen Dichtern fast des gleichen Zeitraums (Nietzsche, Rimbaud, Mallarmé, Claudel) das Sehnen nach nie endender Meerfahrt als Ur-Wunsch nach dem Nichts und dem Tod zu deuten ist[60]. Natürlich haben bei Michaux seine Disposition für Bewegungsimaginationen, das beständige Kreisen seiner dichterischen Phantasie um Fallen, Stürzen, Eintauchen usw. die Voraussetzungen für das kulminierende ‚Traum'-Erleben geschaffen.

Der Antagonismus von Bejahung und Verneinung des Prinzips *vitesse* war schon vor der Jahrhundertmitte in die dialektische Poetik gemündet, die Saint-John Perse (1887—1975) in die vier Gesänge seiner umfangreichen Dichtung *Vents* (1946)[61] verwoben hat. Die Grundmelodie des Werks wird von futuristischen Sturmzeichen bestimmt, die sich aus dem Vokabular ablesen lassen: *violence* (180, 189 u. ö.), *résiliation, intempérance, intolérance, impatience, mouvement* (189—194 u. ö. bis 249), *hâte, se hâter* (181, 192 f., 224, 247 f.), *hors d'haleine, hors de souffle* (195, 201, 224), *à bout de vol* (211), *plus loin, plus haut, plus bas, au delà, plus vite* (202, 236 ff.). Im Grundthema, der Verherrlichung der wilden und schöpferischen Winde, erinnert es an die Thematik von Marinettis Frühlyrik und an seinen *Discours futuriste aux Vénitiens* (1910)[62]. Dies ist aber nur der halbe Aspekt, denn im Plot ist die Dichtung dialektisch strukturiert: welterneuernde Kräfte, die Winde, treiben die Menschen zum Aufbruch in die Neue Welt, große Wanderungsbewegungen richten sich nach Westen, machtvolle Einwanderungen führen Conquistadoren und Forscher in Jahrhunderten herbei; den Menschen aber, dem alle Aktion dienen sollte, haben sie vergessen, und der Dichter als Zeuge erinnert sich seiner eigenen Mission, durch das Wort tätig zu

---

[60] Vgl. Petriconi, *Das Meer und der Tod*.
[61] Zit. nach *Vents*, in: Saint-John Perse, *OC*, 175—251.
[62] Text bei Lista, *Futurisme*, 113 ff.

II. Klang — Paradoxie — Bewegung

werden, universale Harmonie zu stiften. Ein geheimnisvoller (innerer) Befehl ruft zur Umkehr auf, zurück nach Osten, aber nicht unter Verlust des Ziels, sondern im Willen, innere Erneuerung statt, wie bisher, spektakulärer Fortschritte zu stiften; *Temps de bâtir sur la terre des hommes.* Der *Voyageur* und *Enchanteur* ist Protagonist und Dichter in einer Person, an ihn ergeht in der 3. Strophe des IV. Gesangs die Mahnung zur Besinnung: *„Qu'allais-tu déserter là?..."* So vernimmt er den Ruf, ins Ursprungsland zurückzukehren, und vollzieht sogleich die Wendung, die das Vergangene als ein Zukünftiges begreift. Analog zu dieser ‚Handlung' ist auch die Poetik in der historisch-phantastischen Reise dialektisch angelegt. Werden eingangs im futuristischen Sinn Marinettis[63] die humanistischen Werte (Bücher, Wissenschaft, Erinnerungen und ihre Bewahrung in Bibliotheken) verworfen (I 4), so stehen doch später die ‚großen Texte', die Quellen und Glossen, also die gelehrten Kommentare, das Buchstabieren und Interpretieren, metaphorisch für die höchsten Werte und als unübertroffene Instrumente zur Rühmung der Welt (II 1). Nicht ohne Anlaß wird also der, meist an Strophenschlüssen hervortretende Dichter als ein Doppelzüngiger, als zweideutig Redender apostrophiert:

> Ô Poète, ô bilingue, entre toutes choses bisaiguës, et toi-même litige entre toutes choses litigieuses — homme assailli du Dieu! homme parlant dans l'équivoque!... ah! comme un homme fourvoyé dans une mêlée d'ailes et de ronces, parmi des noces de busaigles! (213)

Es ist nicht zu übersehen, daß der Herold der Stürme, der fanatischen Ruhelosigkeit und des Vorwärtsstürmens mitten im *grand mouvement des hommes vers l'action* unversehens seines Dichtertums innewerdend, in einem *autre mouvement plus vaste que notre âge!* verharrt, am *point d'écart et de silence, [...] ce point d'eaux mortes et d'oubli, en lieu d'asile et d'ambre, où l'Océan limpide lustre son herbe d'or parmi de saintes huiles* — (I 6. 194). An entscheidenden Punkten, in den Augenblicken der Deutung und Definition, tritt der Antagonismus einer Poetik des *mouvement* und eines sinnenden Verharrens des *Poète* frappierend hervor. Da jagt einerseits das Gedicht, von den Grundseen der Welt getragen, in Wind und Bewegung dahin:

---

[63] An Marinettis *Imagination sans fils et les mots en liberté* (Punkt 16: „Dégoût de la ligne courbe, de la spirale et du tourniquet. Amour de la ligne droite et du tunnel. La vitesse des trains [...]", Lista ebd. 143) erinnert der Satz in *Vents*, IV 1: *La ligne droite court aux rampes où vibre le futur, la ligne courbe vire aux places qu'enchante la mort des styles.../ — Se hâter! Parole du plus grand Vent!* (247).

vitesse *als moralischer Imperativ*

> Et c'est d'un même mouvement à tout ce mouvement lié, que mon poème encore dans le vent, de ville en ville et fleuve en fleuve, court aux plus vastes houles de la terre, épouses elles-mêmes et filles d'autres houles... (II 1, 201)

und andererseits, am eigentlichen Kernpunkt der dichterischen Konfession (III 4), sieht man, unmittelbar nach der Forderung *Se hâter! se hâter! témoignage pour l'homme!*, den Dichter aus seinen *chambres millénaires* hervortreten, gefolgt von den Arbeitenden und Dienenden seiner Zeit, von *les Animaux malades de la peste*, vor allem aber — in dreifacher anaphorischer Betonung —

> tous hommes de patience, [...] tous hommes de sourire
> tous hommes de douceur, [...] tous hommes de sourire
> tous hommes de douceur, [...] tous hommes de patience (224 f.)

Nicht der Hast, sondern der Geduld im Schaffen und Leiden gehört also sein Herz, so daß abermals der Befehl an ihn ergehen muß: *prends la conduite de la course;* der Zeuge, das Weltauge soll bei allem dramatischen und sich überstürzenden menschlichen Tun präsent und bereit sein (III 5, Ende). Er muß sich dem Gesetz der Synchronität von Geschehen und Bezeugen unterordnen, muß zugegen sein und aufzeichnen, was jeden Augenblick geschieht. Seinem Wunsch zu verweilen, nachzusinnen, bei den Geduldigen zu sein, steht die Pflicht zur Spontaneität des Bekundens entgegen. Bevor die Winde sich legen, soll er Zeugnis ablegen: *A moins qu'il ne se hâte, en perdra trace son poème...* Traf die Menschen das Schicksal unvorbereitet, so bleibt auch dem Dichter keine Frist zur Erfüllung der Zeugenpflicht (248):

> Non point l'écrit, mais la chose même. Prise en son vif et dans son tout. Conservation non des copies, mais des originaux. Et l'écriture du poète suit le procès-verbal. (229)

Strophe III 6 und Gesang IV sind von dem Refrain durchzogen: *Et le poète aussi est parmi nous / Et le poète est avec nous* (229 ff.). Es ist ein von außen erhobener Anspruch, dem der Dichter gehorcht. Und darin liegt die Eigenart von Saint-John Perses Poetik, daß der Anspruch der Mitwelt auf die spontane Zeugenschaft des Dichters ihm das Opfer einer zur Simultaneität gesteigerten Bereitschaft, eine *vitesse malgré lui*, auferlegt, er empfindet sie, in seinem natürlichen Hang zum Verweilen und Sinnen, als einen moralischen Imperativ. Diese Poetik steht also nicht ohne Einschränkung in der *vitesse*- und Spontaneitätstradition Marinettis und Tzaras[64]. — Daß sie dennoch

---

[64] Tzaras Postulat der Spontaneität, in *note sur la poésie*; deutsches Beispiel verwandter poetischer Ideologie das *Gedicht über Schnee im April* (Jürgen Becker, *Schnee. Gedichte.* Berlin, Literarisches Colloquium, 1971); dazu Harald Hartung, *Die*

der Ideologie des Marinettischen Futurismus dialektisch verpflichtet ist, erhellt aus dem von Ludwig Schrader[65] nachgewiesenen, von ihr erhobenen Führungsanspruch für die Dichtung als Erkenntnisweg, aus ihrer Gleichstellung mit den Wissenschaften —, einem Gedanken, den in unserem Jahrhundert zuerst Marinetti in seinem *Manifeste technique* entwickelte; in Punkt 11 setzte er der Dichtung ein nicht einmal den Naturwissenschaften erreichbares Ziel mit dem Postulat, das Ich und den durch Bibliotheken und Museen ‚havarierten' Menschen mitsamt seiner Psychologie aus der Literatur zu entfernen und:

> Le remplacer enfin par la matière, dont il faut atteindre l'essence à coups d'intuition, *ce que les physiciens et les chimistes ne pourront jamais faire*. (U. Hvh.)[66]

Das Bekenntnis einiger Avantgardisten zum Prinzip *vitesse* darf, wie die Haltung von Michaux und Saint-John Perse beweist, nicht zu einem Credo der Lyriker unseres Jahrhunderts verallgemeinert werden. Man wird eher annehmen dürfen, daß seine Gegner mindestens ebenso zahlreich sind wie seine Anhänger. Wenige Beispiele mögen zeigen, daß die Gottheit ‚Tempo' nicht Alleinherrscher über Frankreichs Lyrik geworden ist.

Ein Autor, der durchaus nicht zu den Lobrednern des Alten gehört, Max Jacob (1876—1944), berührt charakteristischerweise im Zeitalter des aufkommenden Tourismus die Themen Geschwindigkeit und Reise nur mit Ironie oder Abscheu. In dem Zyklus *Les Pénitents en maillot rose* (1925)[67] schickt er seinem ersten mit *Voyages* betitelten Gedicht die spöttische Bemerkung voraus:

> Le style de la poésie moderne convenant parfaitement aux impressions de voyage sans doute parce que les poètes modernes sont d'abord voyageurs, nous emprunterons le leur pour les nôtres. (208)

Das Gedicht parodiert dann geradezu die *vitesse*-Ideologie der Reisedichter, denn es wünscht den Kavalleristen von Antibes den Wunschtraum eines recht wilden Galopps durch ihre Liebesnächte (209). Das zweite mit

---

15-Minuten-Utopie (*Frankfurter Anthologie*, 4 (1979), 225—228); als Lyriker bekennt sich Hartung zur Langsamkeit (vgl. *Augenzeit*. Pfullingen, Neske-Vlg., 1978, mit dem Lob ‚langsamer Gedichte' in „Tagebuch").

[65] Gemessen an der Komplexität der Poetik in *Vents*, wie sie L. Schrader in *Saint-John Perse: Vents* analysiert, ist unser Nachweis des *vitesse*-Prinzips natürlich eine ‚terrible simplification'.

[66] Zit. nach Lista, *Futurisme*, 135.

[67] Zit. nach M. Jacob, *Ballades*, 208 ff.

Voyages betitelte Gedicht verwirft mit hohem Ernst alles Reisen in Vergangenheit und Ferne, allen Tourismus und gleichsam die ganze weite Welt zugunsten einer Versenkung in religiöse Andacht, unter Anspielung auf die Versuchung Christi in Matth. 4. Schließlich macht sich Jacob in dem Gedicht *La Saltimbanque en wagon de 3ᵉ classe* (222) über die — von den Futuristen angebetete — Beschleunigung durch technische Mittel lustig, denn schneller als der Expreßzug, den sie bestiegen hat, ist das Herz der Protagonistin, vielleicht hat der Zug die vorauseilende Seele ‚verpaßt'. Verteufelt werden Geschwindigkeit und Maschine geradezu in Jacobs Ballade *Le soldat qui disait: „Je sais mener un train'* (*Ballades,* 1938). Der Soldat, der sich rühmt, die stehengebliebene Lokomotive des *Grand Fouilleur de Neige* wieder in Marsch setzen und den Zug mit seiner betrunkenen Mannschaft durch Sibirien steuern zu können, kann zwar heizen und immer größere Geschwindigkeiten aus der Maschine herausholen, aber den Zug, der nun alle Stationen durchrast, kann er nicht mehr zum Stehen bringen. Ein neuer ‚Zauberlehrling'? Ein Dämon oder Satan selbst? Jedenfalls ist er *insatiable d'action perfide. Lui!* (29), streitet gegen die Götter, arbeitet dem Tod in die Hand, so daß sogar der Kommandeur des Militärtransports nur im Gebet noch eine letzte Hoffnung sieht. In den Prosarhythmen hallt die Angst vor der entfesselten Maschinenkraft, das Entsetzen vor der unausweichlich erscheinenden Katastrophe wider:

> A tric à trac, un peu plus vite et vite il voit dans son ardeur le fleuve aux glaçons denses, le train! Le train sans un arrêt, sans un! comme un éclair, et chaud qui passe, un peu plus vite, un peu! le train éteint les villes, ville et l'horizon qui tourne bas, le train! la neige historiée de villages, sans un arrêt, sans un! A tric à trac, dans son ardeur, un peu plus vite et vite et chaud. (29)

Es ist noch einmal die dämonisierte *vitesse*, vor der, ein Jahrhundert früher, Alfred de Vigny in *La Maison du berger* als dem fürchterlichen Geschenk des Maschinenzeitalters gewarnt hatte.

So empfiehlt Max Jacob konsequenterweise auch in den *Conseils à un jeune Poète* (1941)[68] ein der *vitesse* entgegengesetztes Prinzip *retard* und *maturation; oeuvre mûrie, un style mûri, le mot mûri* (18 f.) und *la maturation, car ce*

---

[68] M. Jacob, *Conseils,* 1966; zu Jacobs Poetik André Malraux, Rez. von J.s *Art poétique* (1922), NRF, 1ᵉʳ Août 1922, 227 f., u. Malraux, *Des Origines de la poésie cubiste. (La Connaissance,* I 1 (Janv. 1920) 38—43); dazu: G. T. Harris, *A. Malraux et l'esthétique de M. Jacob. Modern language review,* 66, 3 (July 1971) 565—567; Kamber, *M. Jacob and the Poetics of Cubism;* A. Billy, *M. Jacob. Une étude.*

qui est original c'est le fond de mon moi (19). Wer keine Zeit hat, das ist für Jacob der Bourgeois, deshalb läßt er sich mit Clichés und Gemeinplätzen abspeisen (19). Für den Dichter gilt hingegen die Grundregel:

> Il faut ‚encaisser' longuement et retarder la réaction. Plus on la retarde mieux ca vaut. Le ‚rendu' immédiat ne vaut rien, mais c'est l'élaboration de la transformation qui édifie et crée. (25)

So gewinnen Wissen und bewahrendes Gedächtnis einen idealen (anti-futuristischen) Wert; Erudition ist Gedächtnis und *la mémoire, c'est l'imagination* (32). Daraus erklärt sich die weitere Regel: *instruisez-vous..., cultivez votre mémoire. La mémoire est la clef de tout* (33), in der *digestion de connaissances* reift das Talent (34). *Je crois qu'il faut attendre... attendre...* (38).

Auch Léon-Paul Fargue (1876—1947) relativiert, trotz der thematischen Antinomie von Besinnlichkeit und Umgetriebenheit in seinem lyrischen Werk, den Wert der Geschwindigkeit in Poesie und Poetik. Kennzeichnend für den jungen Fargue ist u. a. das Thema der entlegenen oder stillgelegten Bahnhöfe, die seine Phantasie beharrlich umkreist; *La Gare abandonnée, La Gare se dressait..., La petite Gare aux ombres courtes,* in den *Poèmes* von 1905[69], aber auch noch *La Gare,* in *Banalité* von 1928[70], sind quasi Entwürfe der Evasion und eines ruhelosen Schweifens, das sich bald mit Gedichten wie *Dans l'Express* oder *Cinq Minutes,* in *Vulturne I, Vous faites un songe* (1928), zu Motiven wie ‚die letzte Frist' oder ‚le Juif errant' steigern wird[71]. Die scheinbare Unvereinbarkeit von Besinnung und Flucht entspringt bei Fargue der alten lyrischen Einsicht, daß kein noch so starkes Erleben an das Glück des Nacherlebens in der Erinnerung oder des Entwurfs in der Vorstellung heranreicht; von keiner automatisierten Schreibweise oder Bewegungsmöglichkeit sind *souvenir, fuite* und *évasion* einzuholen. So wird bei diesem Dichter kein Rennwagen glorifiziert und nirgends Geschwindigkeit zum Protagonisten oder Prinzip. Selbst wenn er mit einem Freund tagelang in einem Taxi Paris durchstreift, so geschieht es nicht in Eile oder aus Rekordsucht, sondern flanierend, mit Behagen[72]. Ostentativ trägt eines seiner Erinnerungsbücher den Titel *Le Piéton de Paris* (1939)[73].

---

[69] L.-P. Fargue, *Poésies* (Coll. Poésie) 64, 92, 114.
[70] Fargue, *Sous la Lampe,* 121 ff.
[71] Fargue, *Epaisseur suivi de Volturne* (Coll. Poésie) 91, 94.
[72] Vgl. A. Beucler, *Dimanche avec Fargue,* zit. von Edmée de la Rochefoucauld, *L.-P. Fargue,* 84; Saint-John Perse, *L.-P. Fargue.* Préface pour une édit. nouv. de son Œuvre poétique (1963), ‚Hommages' (*OC,* 507—532), sowie Chonez, *L.-P. Fargue.*
[73] Fargue, *D'après Paris et Le Piéton de Paris.* 1961. — Raymond Queneau (1903—1976) nimmt zwar im letzten Gedicht des Zyklus *Pour un Art poétique,*

Gegen das literarische Prinzip *vitesse* erklärt sich Fargue ausdrücklich in den Aphorismen, die er als *Bruits de Café* der *Suite familière* seines Bekenntnisbuchs *Sous la Lampe* (1929)[74] beigegeben hat: da gibt es den horizontalen Schriftsteller, er *écrit à la course et pour arriver le premier. Le voyage ne l'intéresse pas*, und den vertikalen Schriftsteller, der verweilt, Witterung nimmt, horcht, gräbt und hin und wieder eine Quelle entspringen läßt: *Pour lui, les mots sont artésiens* (34). Seine Liebe gilt nicht der *pensée qui tourne à vide et qui repart*, nicht dem Gedanken, der nie eine rechte Bleibe findet, der sich in fremden Behausungen einnistet, vergleichbar (wahrscheinlich in Anspielung auf die beiden Abschnitte ‚Le Pagure dit' in *Les Champs magnétiques* von Breton/Soupault) mit dem

> pagure de toutes les coquilles, insecte agile et désorienté, qui s'empêtre dans la vitesse et brouille longuement ses outils dans l'espace (36).

Der Dichter wird gewarnt vor der Aushöhlung seiner *aptitude spéciale* bis zu ihrer Ausübung *par vitesse acquise, jusqu'à devenir convulsionnaire, ou somnambule;* solche Routine werde zur Schlitterbahn mit Kurven *où la vitesse vous entraîne, ricoche, fait malgré vous ses figures [. . .] et part toute seule* (40).

Die kollektivistischen Denkapparate der Zukunft werden als ‚westliche Bedürfnisse' — mit deutlichen Seitenhieben gegen futuristische Thesen — verworfen:

> Besoins croissants d'accélération, de jugements rapides et provisoires. Course aux conclusions bâclées. Ressac d'une salle de machines. Jet précipité, granité, d'une fabrique de comprimés, dans les idées et dans les actes. Tout ce qui saute sur la connaissance, tout ce qui court au besoin de savoir, de savoir tout de suite, et d'en finir [. . .] (66).

Die unheilvolle Sucht nach fortgesetzter Steigerung des Tempos entfremde dem Menschen seine kostbarsten Gaben:

> à l'égalité d'esprit qu'il faut pour produire, au loisir, à la lenteur, à la caresse profonde, et le tire de plus en plus loin de toute sorte de bonne grâce. (66)

1948 (‚Un train qui siffle dans la nuit'), das thematisch Jules Romains' *Un sifflement de train au nord* nahesteht, die schnelle Fahrt ins Repertoire auf, doch ist seine Globetrotter-Lyrik eher Verspottung von *vitesse*: Vergeblichkeit raschen Ortswechsels oder der Weltreise; alles Herumjagen ist nur ein Teufelskreis, der zum Ausgangspunkt zurückführt: so in *Le Voyageur* (*Les Temps mêlés*, 1941, 31—33), *Rien ne sert de courir* (*Battre la Campagne*, 1968, 104 f.), *Halte* (*Fendre les Flots*, 1969, 164).
[74] Fargue, *Sous la Lampe*, 31—66.

So erteilt L.-P. Fargue als Lyriker und als Poetiker dem Prinzip *vitesse* unmißverständliche Absagen.

Verwirrend erscheinen zunächst kontroverse Äußerungen Paul Valérys (1871—1945) über Wert und Bedeutung von *vitesse*. Die Polarität von Erkennen und Inspiration, die ein Grundthema von Valérys reichen poetologischen Äußerungen bildet, spiegelt sich auch in seinen Bewertungen der Geschwindigkeit. Die Ambivalenz läßt sich aus Notierungen in seinen *Cahiers*[75] gut ablesen. Einmal erinnert er sich zwei Jahre vor seinem Tod, seit 1892 und sein Leben lang starke Antipathie gegen *les Choses Vagues* empfunden zu haben; dieser Haltung habe die frühe Erkenntnis zugrunde gelegen, daß unter anderem die *vitesse de réflexe* zwar eine Stärke des *souvenir* sei, aber eine Schwäche des Intellekts, denn sie verschaffe der *sensibilité* und damit der Unklarheit unangemessenen Kredit. Was sich einmal durch *vitesse de réflexe* durchgesetzt habe, erzeuge unwiderrufliche Wirkungen auf die Energie; alle Modifikationen (Phasen), die aus *vitesse propre de réflexe* resultieren, liefern uns der unmittelbaren Einwirkung der *choses vagues* aus. *Raisonner, se raisonner, c'est agir contre les vitesses de réaction mentales et d'action directe*. (V.s Hvh. in I, 217 f.) Erzeugnisse rascher Reaktion bedürfen also nachträglicher Korrektur durch den Intellekt. — Diesem Appell von 1943 gegen übereilte Entscheidungen des Empfindens stehen frühere Beobachtungen über die Geschwindigkeit künstlerischer Impulse gegenüber, die durch Vergleiche aus der Mechanik illustriert werden. In einer Notiz von 1913 heißt es: *Inventer — créer poétiquement, musicalement — cela dépend d'une certaine vitesse;* je stärker die Bewegung eines Körpers, um so größer seine Stabilität (Kreisel): Laufen des Menschen über spitze Felsen, Ruhen des schnell rotierenden Kegels auf seiner Spitze. Ins Gebiet geistiger Kreativität übertragen:

> Aller plus vite que . . . le non-créé — que le retour. Et on suit des chemins que jamais la lenteur ne peut parcourir *en premier*. (Hvh. V.s, II 999 f.)

Man kann einwenden, daß Valéry 1913 eine andere Art von Geschwindigkeit im Sinn hatte als 1943: dort ein Prinzip des Schaffens gleichsam durch Überlistung, hier eine Art *tropisme* als unwillkürliche Reaktion auf einen Reiz. Tatsächlich muß zwischen den Bereichen künstlerischer Kreativität und demjenigen der inneren Reflexe unterschieden werden. Valéry mißt der Geschwindigkeit als Reaktion und als Prinzip sehr unterschiedliche Bedeutung zu. Der Spontaneität einer inneren Modifikation wird anläßlich einer Beschäftigung mit Descartes unbestreitbarer Wert zugesprochen. 1929 wird

---

[75] Zit. nach Valéry, *Cahiers* I und II.

Valéry negiert spontanes Formen

unter der Überschrift *Phénomènes brusques* (I 1016) notiert, von höchster Wichtigkeit im intellektuellen und Gefühlsleben sei:

> La propriété que n[ous] avons d'être: *surpris*, instruits, accablés, excités etc., *modifiés brusquement*, par des combinaisons *internes*, des réactions intimes d'éléments psychiques, lesquelles se produisent plus ou moins spontanément, après des coexistences à l'état inerte — des retards infinis [...]. [...] Il en résulte que n[ous] cherchons (nous, *intellectuels*), n[ous] *cherchons par la pensée ce à quoi nous n'avons jamais pensé.* (Hvh. V.s)

Man darf unterstellen, daß es sich — trotz des der Notiz vorangestellten Namens *Desc*[artes] — nicht um ein bloßes Zitat oder Exzerpt, sondern um eine dem Philosophen verdankte Einsicht und Erkenntnis handelt. Zwischen ihr und den Prinzipien literarischen Schaffens besteht aber bei Valéry ein Bedürfnis strenger und konsequenter Scheidung. Lang und beschwerlich ist für ihn der Weg von Erlebnis oder Erkenntnis zur sprachlichen und dichterischen Formung. Der Wille zur strengen Form, den er als ein Zeichen der Skepsis definiert hat *(Remerciement à l'Académie Française)* trennt mit aller Entschiedenheit den inneren Bereich möglicher *phénomènes brusques* und fruchtbarer Spontaneität vom Bereich der sprachlichen und dichterischen (er sagt mit Vorzug: literarischen) Gestaltung. Als Grundsatz leitet ihn die in der *Lettre sur Mallarmé* (1927) formulierte Maxime: *Le travail sévère, en littérature, se manifeste et s'opère par* des refus. (Œuvres I, 641. Hvh. V.s) Verweigerungen sind Negationen aller Spontaneität, sie schließen jede Form von *vitesse* a priori aus. So läßt es das in der gleichen *Lettre* enthaltene, durch Kursivdruck hervorgehobene „Gelöbnis", das 1927 zugleich die entschiedene Distanzierung von der auf *vitesse* beruhenden surrealistischen *écriture automatique* darstellt, mit allem Nachdruck wissen:

> si je devais écrire, j'aimerais infiniment mieux écrire en toute conscience et dans une entière lucidité quelque chose de faible, que d'enfanter à la faveur d'une transe et hors de moi-même un chef-d'œuvre d'entre les plus beaux. (Ebd. 640)

Auch die Widersprüche, die sich in der unterschiedlichen Beurteilung von spontanem Erleben und spontaner Äußerung zu zeigen scheinen, werden im Mallarmé-Brief aus der Begegnung mit dem Vorbild (*une étrange et profonde transformation intellectuelle, je subis le choc de l'oeuvre de Mallarmé;* ebd. 637) deutlich; das Studium von Mallarmés Dichtung bewirkte in Valéry *un changement de nature* (640), das darin bestand, noch höher als die bewunderten Dichtungen die in ihnen verborgene Qualität und Quantität der Leistung zu veranschlagen:

des poèmes qui me manifestèrent une telle préparation de leurs beautés qu'elles-mêmes pâlissaient devant l'idée qu'elles me donnaient de ce travail caché. (640)

Eine entschiedenere Ablehnung rascher oder gar mit besonderer Geschwindigkeit hervorgebrachter poetischer Erzeugnisse läßt sich nicht denken. An solchen Grundsätzen ändert auch die von Valéry wiederholt bekundete Faszination durch blitzartige Impression oder Enthüllung poetischer Gegenstände nichts. Wie in der zitierten *Cahiers*-Notiz von 1913 über die Spontaneität künstlerischer Impulse, die einer langsamen Konzeption gleichsam wie gewagte Balanceakte (Kreisel-Vergleich) kurzfristig überlegen sind, erscheint das ‚Aufblitzen' von poetischen Bildern oder Eingebungen, wiederum durch Metaphorik aus dem naturwissenschaftlich-mechanischen Bereich erläutert, in der dialektisch strukturierten Aphorismensammlung *Instants* von 1937[76]. Da wird zunächst nicht ohne Selbstironie in dem Aperçu *L'Epreuve* (376) das Fehlschlagen eines *promptitude*-Tests beschrieben: die Versuchsperson, die sich durch schlagartige Beantwortung einer Frage *pour la science des formes pures* qualifizieren müßte, versinkt in langes Nachdenken — und erweist sich dann überraschenderweise als ein prominenter Geometer der Epoche. Ein Aphorismus etabliert als Unterscheidungskriterium zwischen *sagesse* und *folie* (nebst *rêverie*) das Maß ihrer *durées*:

> Le fou ni le rêveur ne peuvent développer jusqu'à la raison, les temps de leur temps. Ils ne sont que *premiers termes*. (381. Hvh. V.s)

Ein anderer Aphorismus scheidet die *Esprits rapides exposés à vérification des esprits lents* von den *Esprits lents exposés à la combustion par esprits rapides*. (385) — wobei der Begriffskontrast *vérification/combustion* der Geschwindigkeit geistiger Aktion einen durch Zerstörung erkauften, sinnlosen Sieg zugesteht. Ein zentrales Stück der Sammlung, zugleich eines der umfangreichsten (fast eine Druckseite) ist *Le Phénomène photo-poétique* (395), das wie eine kommunizierende Röhre mit jener *Cahiers*-Notiz (Kreiselvergleich) in Verbindung steht und dem für uns erhöhte Bedeutung zukommt. Darin wird als großer Vorteil für Dichter erkannt: die Unfähigkeit der meisten Menschen

> de pousser leur pensée *au-delà* du point où elle éblouit, excite, transporte. L'étincelle illumine un lieu qui semble infini au petit temps donné pour le voir L'expression éblouit. (Hvh. V.s)

[76] Valéry, *Œuvres* I, 373—402.

„Blitzlicht" führt in die Irre

Das Wunder des erleuchtenden *choc* lasse sich von den enthüllten *objets* nicht unterscheiden. Die *dans l'instant* gesehenen starken Schattengebilde prägten sich dem Gedächtnis wie der Anblick kostbarer Möbelstücke ein, sie seien nicht von den *vrais objets* zu scheiden und präsentierten sich als *des choses positives.* (Modell ist offenbar Platons Höhlengleichnis.) Für die Poesie sei es aber geradezu ein Glück, daß *le petit temps* [der blitzartigen Erleuchtung] sich nicht ausdehnen lasse, daß man die *étincelle* nicht durch eine *lumière fixe entretenue* ersetzen könne, denn letztere würde ganz andere Dinge erhellen.

> *Le petit temps* donne des lueurs d'un autre système au ‚monde' *que ne peut éclairer une clarté durable.* (Hvh. V.s)

Ist diese im *petit temps* aufleuchtende, im wesentlichen unbeständige Welt, der kein metaphysischer Wert zukommt, — so fragt nun Valéry — vielleicht die Welt der *connexion propre et libre* der schlummernden Ressourcen unseres Geistes? die Welt der unwillkürlichen Anziehungen, Verkürzungen und Resonanzen? Und ist es die fehlende Distanz, die sie bis zur Undeutbarkeit verflüchtigt?

Mag hier alles auf einem Mangel, der besagten Unfähigkeit der meisten Wesen, über den Augenblick der *étincelle* hinauszudenken, beruhen, die Erscheinung der blitzartigen, mit äußerster *vitesse* hervortretenden Eingebung wird von Valéry als existent anerkannt. Er weiß, daß der mit Blitzlicht arbeitende, auf die ‚Momentaufnahme' hoffende Dichter nur starke ‚Schatten' sieht, die er für die wahren Dinge hält, daß er das Staccato seiner Erleuchtungen als Vorzug vor einem gleichmäßig strahlenden, konstanten, das Absolute herausfindenden Licht empfindet. Möglicherweise sprechen hier eigene Erfahrungen aus einer frühen dichterischen Phase mit, ohne Zweifel zielt aber die Frage, ob es sich beim Rhythmus des *petit temps* und bei der *étincelle* um Enthüllungen aus dem Zusammenhang schlummernder, potentieller Geisteskräfte handle, auf die Doktrin der *écriture automatique*, die Valéry als Irrweg und Selbsttäuschung ihrer Adepten entlarven will. So ist *Le Phénomène photo-poétique*, nicht anders als die großen poetologischen Essays, ein Bekenntnis Valérys zum Ideal der *poésie absolue,* die nur in einer *clarté durable* heranreifen kann[77].

---

[77] An Valérys Grundsätzen ändert nichts ein Interpunktionsfragen betreffender Vorschlag von 1944, mit Tempo-Indikationen die Lese- oder Vortragsgeschwindigkeit zu modifizieren (*Cahiers* I, 474; ebd. 33). Sicher tritt Valéry damit nicht in die Fußstapfen Marinettis oder Bretons. (Das Register der *Cahiers* verzeichnet weder Marinetti noch den Futurisme; hingegen bekundet eine Eintragung von 1927—1928 (*Cahiers* II, 1208) Verachtung für Breton und den Surréalisme: ‚Littér[ature]

II. Klang — Paradoxie — Bewegung

Rückblickend auf das vorliegende Kapitel ist festzuhalten, daß unter dem Sammelbegriff *vitesse* ein ganzes Spektrum von Erscheinungen vereinigt wird. Ursprünglich konnte der Mensch das Phänomen einer ihm unerreichbaren Geschwindigkeit in der Natur beobachten: an schnell laufenden oder fliegenden Tieren, am Licht, das in Form des Blitzes alle anderen Bewegungen an Schnelligkeit übertraf[78], aber auch an dem Pfeil, dem eine der frühesten Mechanisierungen erhöhte Geschwindigkeit verlieh. Sodann konnte der Mensch in seiner Selbstbeobachtung überraschende Geschwindigkeiten der inneren Reflexe, Reaktionen und seelischen Dislokationen erkennen, die auch heute noch die Aufmerksamkeit von Dichtern beanspruchen. Hinzu kamen seit dem 19. Jahrhundert die durch die Entwicklung von Wissenschaft, Technik und Sport außerordentlich gesteigerten oder bis zu Rekorden getriebenen Geschwindigkeitsgrade von Maschine und Mensch, die namentlich seit der Jahrhundertwende, aber auch über den Futurismus hinaus, der ihnen seit Morasso und Marinetti abgöttische Verehrung zollte, viele Autoren faszinieren. Unter der Einwirkung der modernen Phase maschineller *accélération* wurde schließlich die bereits der Antike bekannte menschliche Disposition zu schnellen mentalen Analogiebildungen (Metaphorik) erheblich aufgewertet und gleichzeitig ein poetologisches Prinzip *vitesse* erfunden, von Marinetti postuliert, im Übergang vom Dada zum Surréalisme praktiziert und als gefährlich erkannt, aber von vielen Zeitgenossen und Nachfolgern — darunter namhaften Lyrikern wie Jacob, Fargue, Michaux, Saint-John Perse — dialektisch relativiert, angezweifelt oder grundsätzlich verworfen, wie von dem stärksten Hüter klassischer Formtradition, Paul Valéry:

> Patience, patience
> Patience dans l'azur!
> Chaque atome de silence
> Est la chance d'un fruit mûr!
> *Palme (Charmes)*[79]

In den widersprüchlichen Bewertungen der Geschwindigkeit durch die modernen Dichter scheint sich in etwa die Auseinandersetzung des Sokrates mit dem Schüler des Herakleitos, *Kratylos*, in dem nach diesem benannten

---

modernissime — A[ndré] B[reton] etc. — Maximum de facilité et maximum de scandale — produire le max[imum] de scandale par le maximum de facilité. / Surr[éalisme] — Le salut par les déchets.'
[78] Vgl. Canetti, *Masse und Macht*, Bd. 2, 9—11, mit Hinweisen auf Tier- und Blitz-Vergleiche oder -Metaphorik.
[79] Text in Valéry, O I 395.

Das Prinzip vitesse

Dialog des Platon zu wiederholen. In dialektischem Verfahren werden die Meinungen älterer Denker mit dem platonischen Streben nach Erkenntnis der ‚Wirklichkeit' konfrontiert: Hochschätzung rascher Bewegung und alles Schnellen ist Ausfluß von ‚Eindrücken' und ‚Meinungen' der Alten. Sie hielten das in rascher Bewegung Befindliche — Himmel, Erde, Sonne, Mond und Sterne — für Götter, die sie darum als ‚Läufer' bezeichneten (θεοί, nach θεῖν = laufen); auf der alten Vorstellung, daß sich alles in Fluß und Bewegung befinde, beruhe die Auffassung vom Denken als Wahrnehmung und Genuß von Bewegung und Fließen; dem bewunderten Schnellen sei das Gute zum Attribut geworden, weil Vorwärtsbewegung als Urheber alles Werdens galt; während Bewegung Tugend war, schien alles, was ihr hinderlich wurde, schlecht zu sein; ein schlechter Seelenzustand war ‚gehemmte Bewegung'; ‚das Allerschnellste, was es gibt' ist ‚das Vorteilhafte'. Solchen Illusionen stellt Sokrates seine Thesen gegenüber: Weisheit sei, was die in Bewegung befindlichen Dinge anhält, um sie durch Betasten zu erkennen; Besonnenheit sei Bewahrung des Gedachten; das Wort Erkenntnis (ἐπιστήμη) gebe zu verstehen, daß „die gediegene Seele" den Dingen in ihrer Bewegung zwar nachfolge, „aber nicht vorauseile". Resümierend: „Wenn aber ein Subjekt der Erkenntnis existiert und ein Objekt, ferner das Schöne, das Gute und jede Art des Seienden existiert, so sind diese Begriffe offenbar nicht, wie wir jetzt behaupten, dem Strome und der Bewegung irgend ähnlich." (Platon, *Sämtliche Werke*, 1. Bd., Heidelberg, Vlg. L. Schneider, 616).

II. Klang — Paradoxie — Bewegung

Literatur in Auswahl

ADES, DAWN: *Dada und Surrealismus*. (Droemer Knaur TB, 393) München-Zürich, 1975, [*Dada and Surrealism*, London, 1974]; ALEXANDRIAN, SARANE: *A. Breton par lui-même*. Ecrivains de toujours (Coll. Microcosme) Ed. du Seuil, 1971; ALEXANDRIAN, S.: *Le Surréalisme et le rêve*. (Coll. Connaissance de l'Inconscient) Gallimard, 1975; ALQUIÉ, FERDINAND: *Philosophie du surréalisme*. (Nouv. Bibl. Scientif.) Flammarion, 1955/1966; ALQUIÉ, F. (Hg.): *Entretiens sur le surréalisme*. (Décades du Centre Cult. Internat. de Cérisy-la-Salle, N.S. 8) Paris-La Haye 1968; ANGENOT, MARCEL: *Rhétorique du surréalisme* (2 vols.), Bruxelles 1967; ANGENOT, M.: *La Nuit du surréalisme*. (Trav. de Linguist. et de Litt., 8) 1969; APOLLONIO, UMBRO: *Der Futurismus*. Manifeste und Dokumente einer künstler. Revolution, 1909—1918. Köln (DuMont Dokumente) 1972.
BALAKIAN, ANNA: *Literary Origins of Surrealism*. A New Mysticism in French Poetry. London-New York, 1947/1967; BALAKIAN, A.: *The Surrealist Image*. RR 43 (1952) 273 ff.; BALAKIAN, A.: *Surrealism: The Road of the Absolute*. NYork 1959, [London 1972]; BALAKIAN, A.: *A. Breton et l'hermétisme des ,Champs magnétiques' à ,La Clé des champs'*. CAIEF (mars 1963) 15, 127 ff.; *A. Breton. Magus of Surrealism*. NYork 1971; *The Significance of the Surrealist Manifestoes. (L'Esprit créateur, 6 (1966) 3 ff.); BALLO, GUIDO: *Preistoria del Futurismo*. Milano, 1960; BAUMGARTH, CHRISTA: *Geschichte des Futurismus*. Reinbek (rde 248/249) 1966; BEAUJOUR, MICHEL: *A. Breton, ou La Transparence*. In A. B.: *Arcane 17* (1944) (Coll. 10/18, 250); BEAUJOUR, M.: *De l'Océan au château*. Mythologie surréaliste. FR 42 (1969) 353 ff.; BÉDOUIN, J.-L.: *Vingt Ans de surréalisme, 1939—1959*. Ed. Denoël, 1961; BELAVAL, YVON: *La Théorie surréaliste du langage*. Courrier du Centre intern. d'études poét., III. Bruxelles, 1955; BELAVAL, Y.: *Poésie et psychanalyse*. CAIEF, 7 (Juni 1955) sowie in: Y. B.: *Poèmes d'aujourd'hui*, 39—59; BENJAMIN, WALTER: *Zur Kritik der Gewalt*, sowie Aufsätze zum ,Surrealismus'. In: *Angelus Novus*; BERGMAN, PÄR: *,Modernolatria' et ,Simultaneità'*. Recherches sur deux tendances dans l'avant-garde littéraire en Italie et en France à la veille de la première guerre mondiale. (Studia litterarum upsaliensia, 2) Uppsala 1962; BLUMENKRANZ-ONIMUS, NOEMI: *Du Futurisme italien aux mouvements Dada et surréaliste*. Europe, 46 (1968) N°S 475/476, 206 ff.; BOHRER, K.-H.: *Die gefährdete Phantasie, oder Surrealismus und Terror*. (Reihe Hanser, 40) München, 1970; BONNET, MARGUERITE: *Aux Sources du surréalisme: place d'Apollinaire*. La Revue des Lettres modernes, 104/107 (1964) 38—74; BRÉCHON, ROBERT: *Le Surréalisme*. Libr. A. Colin, 1971; BÜRGER, PETER: *Der französische Surrealismus*. Stud. z. Problem d. avantgardist. Literatur (Schwerpunkte Romanistik). Frankfurt a. M., Athenäum, 1971; *Surrealismus* (Wege der Forschung, 473) Darmstadt, WBG, 1975; *Theorie der Avantgarde*. Edit. Suhrkamp, 727. Frankfurt a. M., 1974; BUTOR, MICHEL: *Heptaèdre Héliotrope*. (1967) In: *Répertoire III*, Ed. de Minuit, 1968, 325—350.
CAILLOIS, ROGER: *Poétique de Saint-John Perse*. Gallimard, ³1954; CARROUGES, MICHEL: *A. Breton et les Données fondamentales du surréalisme*. (Coll. Idées, 121)

Literatur in Auswahl

Gallimard, 1967/*Entretiens sur le surréalisme*. Paris La Haye, 1968; CASSOU, JEAN: *Reverdy Poète cubiste*. Mercure de France (Hommage à R., 1962); CAWS, MARY ANN: *Surrealism and the Literary Imagination. A Study of Breton and Bachelard*. (Studies in French Lit., 12). The Hague/Paris, Mouton, 1966/*The Poetry of Dada and Surrealism*. Aragon, Breton, Tzara, Eluard and Desnos. Princeton Univ. Press, NJersey, 1970; Change N°7: *Le Groupe la rupture*. Ed. du Seuil, 1970; CHARPIER, JACQUES: *Saint-John Perse*. (La Bibliothèque Idéale) Gallimard, 1962; CUISENIER, ANDRÉ: *L'Art de Jules Romains* (I), 1935/*J. Romains et l'Unanimisme* (II), Flammarion, 1948; CURNIER, PIERRE: *A. Breton: Tournesol* und *Saint-John Perse: Amers*. In: *Pages commentées* und in: K. Wais (Hg.): *Interpretationen französ. Gedichte*, 392 ff., 402 ff.

DUPLESSIS, YVES: *Le Surréalisme*. (Coll. Que sais-je?, 432) PUF, ⁴1958; DUROZOI, GÉRARD et LECHERBONNIER, BERNARD: *Le Surréalisme. Théories, thèmes, techniques*. (Coll. Thèmes et Textes) Larousse, 1972.

EHRENFELS, WALTER: *Das unanimistische Bewußtsein im Werk J. Romains'* (Beitr. z. Sprach-, Stil- u. Lit.-forschung. Abtg. Romanistik, 5) Berlin, 1940; ENZENSBERGER, HANS MAGNUS: *Die Aporien der Avantgarde*. (*Einzelheiten* II, 50—80).

FRANCASTEL, PIERRE (Hg.): *Robert Delaunay. Du Cubisme à l'art abstrait*. Documents inédits. Ed. Sevpen, 1957; FRY, EDWARD: *Der Kubismus*. DuMont Dokumente, Köln, 1966.

GERSHMAN, HERBERT S.: *The Surrealist Revolution in France*. Ann Arbor, Univ. of Michigan Press/*A Bibliography of the Surrealist Revolution in France,* Ann Arbor, 1969; GLÄSSER, EDGAR: *Denkform und Gemeinschaft bei J. Romains*. (Romanist. Stud., 46) Berlin, 1938; GRACQ, JULIEN: *A. Breton ou l'Ame d'un mouvement*. Fontaine, 58 (1947), 854 ff.; GRACQ, J.: *Le Surréalisme et la littérature contemporaine*. Cahiers de l'Herne, 20 (1972) 189 ff.

HENRY, ALBERT: *‚Amers' de Saint-John Perse*. Une poésie du mouvement. (Langages) La Baconnière, Neuchâtel, 1963; HOUDEBINE, JEAN-LOUIS: *Le ‚concept' d'Ecriture automatique: sa signification et sa fonction* dans le discours idéologique d'A. Breton. (Litt. et Idéologies. Colloque de Cluny, II) La nouvelle critique, 39 (déc. 1970) 178 ff./*Méconnaissance de la psychanalyse dans le discours surréaliste*. Tel quel, 46 (1971) 67 ff.

KAMBER, GERALD: *Max Jacob and the Poetics of Cubism*. Baltimore, 1970; KNODEL, ARTHUR: *Saint-John Perse. A Study of his Poetry*. Edinburgh Univ. Press, 1966.

LA ROCHEFOUCAULD, EDMÉE DE: *Léon-Paul Fargue* (Class. du XXᵉ siècle, 32) Ed. universitaires, 1959; LEBEL, ROBERT: *Sur Marcel Duchamp*. Trianon Press, 1959; LEBEL, R.: *Duchamp. Von der Erscheinung zur Konzeption*. (DuMont Dokumente) Köln, 1962/1972; LISTA, GIOVANNI: *Futurisme. Manifestes-Documents-Proclamations/Marinetti et le Futurisme*.

MAROTTOLI, VINCENT J.: *Futurism and its Influence on the French Poet P. Albert-Birot*. Ann Arbor, Michigan, 1974; MATTHEWS, J. H.: *Surrealist Poetry in France*.

NYork 1969/*Poetic Principles of Surrealism.* Chicago Review, 15 (1962) 27. ff./*A. Breton.* (Columbia Essays on Modern Writers, 26) 1967; METER, HELMUT: *Apollinaire und der Futurismus.* (Reihe Romanistik, 7) Lampertsheim, Schäuble-Vlg., 1977; METKEN, GÜNTER (Hg.): *Als die Surrealisten noch recht hatten.* Texte und Dokumente. Stuttgart, Reclam, 1976; MONCELET, CHRISTIAN: *R. G. Cadou dans son temps.* BOF, 1974/*Vie et passion de R. G. Cadou.* Ebd. 1975; MURCIAUX, CHRISTIAN: *Saint-John Perse.* (Class. du XXe siècle, 37) Ed. Universitaires, 1960.

PABST, W.: *Themen und Texte.* (Geleitwort v. H. Hatzfeld. Hgg. v. E. Leube u. L. Schrader) Berlin, Erich Schmidt, 1977; PIERRE, JOSÉ: *Le Futurisme et le Dadaïsme.* Lausanne-Paris 1967.

ROLLAND DE RENÉVILLE, ANDRÉ: *Dernier Etat de la poésie surréaliste.* NRF 38 (1932) 284 ff./*Le Surréalisme et la poésie.* NRF 41 (1933) 614 ff./*L'Expérience poétique.* Gallimard, 1938; RUSSOLO, LUIGI: *L'Art des bruits.* Milano, Ed. futuristes de Poesia, 1916. (Lausanne, L'Age d'homme, ^{2}1975).

SANGUINETI, EDOARDO: *L'Estetica della velocità.* Duemila. Rivista di cultura contemporanea. II, 6 (Hamburg, April-Juni 1966) 18—26; SOMVILLE, LÉON: *Devanciers du Surréalisme.* Les groupes d'avant-garde et le mouvement poétique 1912—1925. (Hist. des Idées et de la critique litt., 116) Genève, Droz, 1971; STAROBINSKI, JEAN: *Freud, Breton, Myers.* In: Eigeldinger: *Poésie et Métamorphoses*; STEINWACHS, GISELA: *Mythologie des Surrealismus* od. Die Rückverwandlung von Kultur in Natur. (Samml. Luchterhand, 40) Neuwied-Berlin, 1971 (Coll. Alternative, 3).

TOURNADRE, CLAUDE (Hg.): *Les Critiques de notre temps et Apollinaire* (Coll. Les Critiques de n.t., 5) Garnier Fr., 1971.

WALDBERG, PATRICK: *Le Surréalisme.* Genève, éd. Skira, 1962 (*Der Surrealismus.* DuMont Dokumente, Köln 1972).

Hommages und Zeitschriften-Sonderhefte:

Honneur à Saint-John Perse. Hommages et témoignages littéraires suivis d'une documentation sur Alexis Léger diplomate. Introduct. de Jean Paulhan. Libr. Gallimard, 1965; *Surréalisme.* Cahiers d'Art, 1935 (5/6), 1936 (1/2); *La Poésie et la critique.* Cahiers du sud, Dez. 1929; *Intervention surréaliste.* Documents, 34 (Bruxelles) Mai 1934; *Surréalisme.* Europe, 475/476 (Nov.—Dez. 1968) [300 SS.]; *Les Futurismes.* Europe, 551/552. 1975 (53. Jg.); *Almanach surréaliste du demi-siècle.* La Nef, 1950; *A. Breton 1896—1966 et le Mouvement surréaliste.* Hommages, témoignages, l'œuvre. Nouvelle Revue Française (15. Jg.) 172 (1. 4. 1967) 589—964.

Poètes d'aujourd'hui, die bei P. Seghers erscheinende Monographienreihe, enthält Einzeldarstellungen sämtlicher im vorliegenden Buch behandelten Lyriker, so zu Kap. II:

Literatur in Auswahl

J.-L. Bédouin: *Breton*; A. Billy: *Jacob*; A. Bosquet: *Saint-John Perse*; Cl. Chonez: *Fargue*; H.-J. Dupuy: *Soupault*; G. Lista: *Marinetti*; M. Manoll: *Cadou*; R. Lacôte/G. Haldas: *Tzara*; etc.

*

Nachtrag zu M. Jacob: PFAU, UNAH REGINE: *Zur Antinomie der bürgerlichen Satire*. Untersuchungen über Leben und Werk Max Jacobs (Diss. FU Berlin 1972). Europ. Hochschulschriften, R. XIII, Bd. 28. Frankfurt a. M. 1975.

Erst nach der Niederschrift von Kap. II erschienen:

GUÉHO, ROBERT: *Mobilité, Rupture, Vitesse*. Etudes des macrostructures verbales en français moderne. Diss. Trier, 1978.

LEUBE, EBERHARD: „Das Freiheitskonzept des italienischen Futurismus. Zur hist. Begründung e. literarischen Avantgarde." In: Wido Hempel (Hg.): *Die Idee der Freiheit in den Literaturen der romanischen Völker*. (Vortr. d. Tübinger internationalen Symposiums am 24. und 25. 3. 1977) Tübinger Univ.-schriften. Attempto, 1980.

III. Auktoriale Grundpositionen

1. Poésie pure — Poésie absolue

> C'est Poètes Absolus qu'il fallait
> dire pour rester dans le calme.
>
> P. Verlaine — *Les poètes maudits* (Avant-Propos)

Es sei versucht, an einem Textparadigma zunächst die wesentlichen Merkmale der *poésie pure*, wie Paul Valéry sie verstand, aufzuzeigen. Der Dichter hat folgenden acht Versen seiner *Fragments du Narcisse* (in: *Charmes*, 1926) eine besondere Qualität zuerkannt:

> O douceur de survivre à la force du jour,
> 2 Quand elle se retire, enfin rose d'amour,
> Encore un peu brûlante, et lasse, mais comblée,
> 4 Et de tant de trésors tendrement accablée
> Par de tels souvenirs qu'ils empourprent sa mort,
> 6 Et qu'ils la font heureuse agenouiller dans l'or,
> Puis s'étendre, se fondre, et perdre sa vendange
> 8 Et s'éteindre en un songe en qui le soir se change.[1]

Jean de Latour, der diese Verse in seinem *Examen de Valéry* zitiert, kann sich auf folgendes Selbstzeugnis des Autors berufen:

> Les huit vers que vous citez là [...] sont très précisément ceux qui m'ont coûté le plus de travail et que je considère comme les plus parfaits de tous ceux que j'ai écrits, je veux dire les plus conformes à ce que j'avais voulu qu'ils fussent, assouplis à toutes les contraintes que je leur avais assignées. Notez qu'ils sont, par ailleurs, absolument vides d'idées et atteignent ainsi à ce degré de pureté qui constitue justement ce que je nomme *poésie pure*.[2]

So autorisiert der Dichter seinen Interpreten, ohne fragwürdige Vergleiche zwischen Poetikdoktrin und dichterischer Praxis unmittelbar aus dem Text zu erschließen, welches Gestaltideal den acht Versen zugrunde liegt. Selbst-

---

[1] Valéry, *O* I, 123; Entstehungsgeschichte ebd. 1653 f.
[2] Ebd. 1661 f., nach Jean de Latour, *Examen de P. V. et bibliographie. Lettre et un texte inédit.* Gallimard, 1953; Hvh. V.s.

verständlich wird sich die Untersuchung nicht rein immanent führen lassen, der Kontext des umfangreichen Gedichts ist zu berücksichtigen.

Die *Fragments du Narcisse* sind in drei ungleich lange, mit I, II und III markierte Abschnitte sowie in ungleich lange Versgruppen gegliedert; es überwiegen paarweise reimende Dodécasyllabes; das Schema wird lediglich im Abschnitt I durch sieben Octosyllabes unterbrochen, die in einem strophischen Gebilde von zwei Quintils und vier Quatrains zwischen die Alexandriner treten (124), sowie in Abschnitt II, wo zwei Sechssilber innerhalb eines aus dem metrischen Rahmen fallenden Sixain begegnen (128). Die oben zitierten und vom Autor so hochgeschätzten acht Verse gehören nicht zu den metrisch abgesonderten Teilen. Wenn wir sie dennoch als Oktave bezeichnen und ihre Verse von 1 bis 8 zählen, so geschieht es nur um der rascheren Verständigung willen. Die syntaktische Einheit der Oktave wird durch den Schlußpunkt gekennzeichnet, die Interpunktion entspricht, wie im ganzen Gedichttext, dem Herkommen. Der emphatische Ausruf von Vers 1 *(O douceur de survivre)* macht ein Hauptsatzprädikat entbehrlich, so daß diese Apostrophe mit den in den weiteren sieben Versen auf sie folgenden Hypotaxen keinen grammatisch vollständigen Satz bildet: hier werden ja auch nicht logische Aussagen oder Feststellungen gemacht, sondern durch Impressionen erzeugte Emotionen geäußert. Erst der auf die Oktave folgende Vers:

    Quelle perte en soi-même offre un si calme lieu!

scheint den emotionalen Bereich durch Rückkehr in grammatische Konkretion und Bewußtheit wieder zu verlassen. Die hypotaktische Schachtelung in der Oktave hat, wie sich unmittelbar erkennen läßt, nicht die Funktion rationaler Information, die ihr in prosaischer Rede zukäme. Sie retardiert vielmehr bis zum letzten Wort eine um das täuschende Motiv *mort* (5) kreisende Anspannung von Empfindungen und Erregungen, die im ‚Hinsterben' ihre beglückende Befriedigung finden. Dieser tatsächlich nur imaginierte Vorgang spiegelt sich in den sprachlichen Verschachtelungen, die den Überschwang der einleitenden Apostrophe aufrecht zu erhalten, wenn nicht zu steigern trachten. Es handelt sich um vier Hypotaxen, deren vierte der dritten und deren zweite der ersten gleichermaßen untergeordnet sind wie die erste dem einleitenden Ausruf. Die umfangreichste ist die Hypotaxe ersten Grades, die, das Schwinden der *force du jour* temporal erläuternd, dreieinhalb Verse umfaßt (2 bis 5 Mitte). In die erste fügen sich zwei gleichgeordnete Hypotaxen zweiten Grades, die, durch das *tant de* (trésors) und *de tels* (souvenirs) in Vers 4 und 5 ausgelöst, den zweiten Halbvers 5 und die Verse 6 bis 8 Mitte ausfüllen, beide mit konsekutivem *que* einsetzend (*qu'*ils, 5, und

Et *qu'ils*, 6). Kurz ist die für die zweite Hälfte von Vers 8 aufgesparte Hypotaxe dritten Grades, die der vorangehenden als Relativsatz beigeordnet ist: (un songe) *en qui le soir se change*. Es ist ein versteckter, aber bedeutsamer Kunstgriff, daß diese letzte Hypotaxe und die erste des zweiten Grades *(qu'ils empourprent sa mort*, im 5. Vers) zwar nicht im Rhythmus, aber in der Silbenzahl übereinstimmen und dadurch die Verse 5 und 8 als diejenigen betonen, in denen allein die *coupe* eine symmetrische Teilung bewirkt —, ein Merkmal, das, wie sich zeigen wird, auch einen Sinnakzent setzt. Ein ähnlicher Parallelismus verbindet die Verse 3 und 7, die — wiederum ohne rhythmische Übereinstimmung — durch je zwei *coupes* dreigeteilt sind, Vers 3 nach der 6. und der 9. Silbe, Vers 7 hingegen nach der 4. und der 6. Silbe; auch dies ein Merkmal, das auf innere Beziehungen zwischen beiden Versen schließen läßt. Die Verse 1, 2, 4 und 6 weisen weder rhythmische noch Sinn-Einschnitte auf. So halten die Verse ohne *coupe* und die Verse mit *coupe* einander zahlenmäßig die Waage, was dem Gleichgewicht zwischen männlichen und weiblichen Reimpaaren in der Oktave entspricht, ohne ihrer Ordnung unterworfen zu sein. Das kunstvolle Gewebe von Hypotaxen und unterschiedlich rhythmisierten Versen teilt die Impressionen dieses stummen Monologs in sprachliche Schübe, die den beglückten Augenblick der einführenden Apostrophe durch das Nachtragen immer neuer Wahrnehmungen erläutern und hinauszögern, wobei in wechselnden Takten die Pulsschläge einer in Lichterscheinungen sublimierten Lust gezählt werden. Phasen erotischen Erlebens spiegeln sich in der Reihung der Nominalmetaphern (tant de) *trésors,* (de tels) *souvenirs,* (sa) *mort,* (sa) *vendange,* (un) *songe;* mit ihnen verflicht sich die Klimax der Attribute *rose d'amour, brûlante, lasse, comblée, tendrement accablée;* die stärksten Akzente setzt die fallende Klimax der die ganze Oktave vom Zwang der Tempora befreienden Infinitive: *survivre, agenouiller, s'étendre, se fondre, et perdre, Et s'éteindre*. Von den vier präsentischen Verba finita in den Hypotaxen hat eines (*font*, 6) nur die Hilfsfunktion, die Kaskade der Infinitive auszulösen; zwei andere unterstreichen durch ihren medialen Charakter ein Hinübergleiten in Passivität (elle *se retire*, 2; le soir *se change*, 8); so bleibt nur eine finite Form mit stark aktivem Sinn (*empourprent*, 5), die das Kulminieren der Lichterscheinungen vor ihrem Erlöschen markiert. Denn es gibt in den wenigen Versen ein crescendo von Lichteindrücken (*rose* d'amour — un peu *brûlante* — *empourprent*), dem ein steileres decrescendo unmittelbar folgt, beginnend mit *agenouiller dans l'or* und rasch abfallend in *s'éteindre* und *le soir*.

Die acht Verse sind ein Bruchstück des stummen Monologs, den Narziß — mit seinem Spiegelbild in der Quelle und mit dem Naturvorgang des Sonnenuntergangs allein — in Anschauen verloren denkt. Übrigens ist seine Rede, obwohl sie nur für ihn selbst gedacht wird, voll lautlicher Finessen, vom Dreitakt der stimmlosen *s*-Laute (1) über einen Dreitakt der *t*-Laute (4) bis zu dem Reigen von sieben *s*-Alliterationen (7/8), deren Reiz durch die mediale *se*-Quadriga (*s'étendre, se fondre, s'éteindre, se change*) und die approximative Homophonie von *s'étendre-s'éteindre* noch gesteigert wird. Der nachfolgende Kontext wird durch eine Verbalassoziation mit der ‚Oktave' verknüpft: der ‚Kommentar' *Quelle perte en soi-même* (9) [offre un si calme lieu!] weist auf das *perdre* (7) der Lichtvision zurück, ein Wortspiel, das die Ambivalenz des Geschehenen hervorhebt: das geschaute Verströmen der Lust *(perdre sa vendange)* war ein Sich-in-sich-selbst-Verlieren des Narziß. Er hatte sich nicht nur in der Quelle, sondern auch im Abendrot gespiegelt, das ihm das Glück der autoerotischen Verbindung von *jour* und *lumière*, die ja nur Eines sind, als Abbild seiner Eigenliebe vorspielte. Durch sprachliche Mittel hatte er selbst das Tageslicht in den Phasen seines Verlöschens metaphorisiert: *la force du jour,* die nichts anderes ist als das Licht, also der Tag selbst, löst sich, als ein offenbar Weibliches (*elle* ist logisches Subjekt der beiden langen Hypotaxen 1 und 3) aus der vollkommenen Einheit mit dem männlichen *jour*. Die Phasen ihres Hinsinkens nach langem Liebesgenuß werden am stärksten in den durch Zweiteilung und Dreiteilung hervorgehobenen Vers-‚Paaren' 3/7 und 5/8 evoziert, und *sa mort* (5) im Kulminationspunkt der Oktave erweist sich als ‚la petite mort' des vollendeten Liebesakts[3]. Nur durch die subjektive Brechung im Auge des Narziß kann eine Abendröte zu einem so starken Bild introvertierter Geschlechtlichkeit werden. Es ist bezeichnend, daß der periphrastische und metaphorische Text das Nomen *lumière* gar nicht enthält, so daß *elle* (la force du jour) sich als männliches Ingrediens erhält, eingeschlossen in die Wandlung, die mit den maskulinen Nomina der umrahmenden Verse 1 *(jour)* und 8 *(le soir = un songe)* markiert ist und ihrerseits in der auf den Danaë-Zeus-Mythos anspielenden erotischen Metapher *l'or* (6)[4] kulminiert. Bewußt — wie in dieser Dichtung auch der kleinste Kunstgriff — sind durch die Reimstellung von *mort* und

---

[3] Solche Todesmetaphorik auch in anderen Gedichten, z. B. *La fausse morte.* Zur psychoanalytischen Bedeutung der ‚petite mort': Gaston Bachelard, *L'Eau et les Rêves,* 52 f. *(chant du cygne).*
[4] Erzählung der Narziss-Mythe: Ovid, *Metamorphosen*, III 341—512, der Danaë-Mythe (Goldregen) IV 611 f. In den acht berühmten Versen hört Jean Pommier (*Sur quelques vers de Valéry* (1960), Fs. F. Schalk, *Wort und Text*, Frankfurt a. M., Klostermann, 1963, 489—491) erstaunlicherweise *rien pour l'oreille*; hingegen tanzt eine weibliche Figur, *la danseuse* (2mal), die sogar den Namen *Isadora* erhält; sie wird mit einem (im Text nicht begegnenden) *bouquet* bedeckt, dessen

III. Auktoriale Grundpositionen

l'or (5/6) der weibliche und der männliche Anteil an der Liebesvereinigung verschmolzen. Dies alles ist aber nichts als eine Imagination des Narziß, der sich durch die Lichtmetamorphosen am Firmament in seiner Natur bestätigt fühlt.

Hat sich so erwiesen, daß Narcisse ‚beobachtet', was er gar nicht sehen kann, was in Wirklichkeit nicht vor sich geht, also Unsichtbares und Unwirkliches, daß er tatsächlich nur sein autophiles Sehnen, das sich in der Quelle am Spiegelbild nicht erfüllen kann, durch animistische Metamorphosierung der Abendröte aktualisiert, so verdankt sich dieses Phänomen dem Kunstgriff der paradoxen Vorstellung, daß *elle (la force du jour)* die Gewalt des Tags, also die Gewalt ihrer selbst, verspürt hat und in seligen autoerotischen Erinnerungsträumen vergeht. Dabei darf *elle* vor dem Auge des Narcisse natürlich nicht menschliche Gestalt annehmen, auch nicht in der Danaë-Abstraktion des *agenouiller dans l'or* —, denn weibliche Liebe hat er ja im Mythos verschmäht. In diesem Verzicht auf Gestalt, in dieser Vermeidung jeder Gefahr von Anekdote oder mythischem Nachbericht, in dieser Beschränkung auf das Nicht-Konkrete, das nur aus Farbe und Licht Imaginierte, in dieser nicht überbietbaren Realitätsferne erreicht der Text offenbar *ce degré de pureté,* der nach Valérys Geständnis eben das ausmacht, was er *poésie pure* nennt. Und doch wird man der Ansicht des Dichters widersprechen dürfen, diese acht Verse seien *absoluement vides d'idées.* Gewiß sind sie nicht Ausdruck gedanklicher Spekulation oder eines rational begründeten Vorgangs, sie enthalten weder Überlegungen noch Belehrungen noch konkrete Informationen — außer der ‚Beschreibung' von tatsächlich nicht Gesehenem.

Erschöpft sich aber die Rezeption des Textes im Genuß rein sprachlich-auditiver, rhythmischer Effekte und in einer durch sie bewirkten lyrischen Emotion elegischer oder melancholischer Färbung oder eines synästhetischen Entzückens? Zweifellos verhält es sich nicht so, denn die Wirkung der Verse geht über solche Empfindungen weit hinaus. Wie gezeigt, ist die Oktave ja nicht inhaltslos, sie appelliert auch an andere Fähigkeiten des Lesers und Hörers, ihr Sinn im Zusammenhang des ganzen Gedichts kann nur durch Überlegungen entschlüsselt werden, die selbstverständlich auch beim Autor dem kreativen Vorgang vorausgingen und ihn begleiteten. Dabei handelt es

Blütenduft sie genieße: *elle en respire les fleurs* (wann? wo?); die Sexualmetapher *sa mort* verliert ihr angebliches *funèbre* durch die Pracht eines (frei erfundenen) *linceul*; der Vorgang endet in *euthanasie* (!). Schließlich hütet sich der kluge Dichter, dem Beispiel seiner Tänzerin zu folgen: „Il sait garder sa vendange, ou plutôt son breuvage: il nous le tend sans qu'une goutte s'en perde dans son flacon ciselé" (491).

sich nicht allein um die Beobachtung von *toutes les contraintes que je leur avais assignées*, nicht nur um die aufgezeigten metrischen und syntaktischen Finessen, sondern vor allem um den zugrunde liegenden Einfall, die ‚Natur' des Protagonisten sich in einem Naturschauspiel spiegeln und sich dort metaphorisch erfüllen zu lassen. Dieser entscheidende poetische Einfall ist nichts anderes als eine *idée*; ohne diese Idee gäbe es die Oktave nicht.

Damit dürfte auf der Hand liegen, daß zwischen Valérys Idealvorstellung von *pureté* und von *poésie pure* und ihrer sprachlich-poetischen Aktualisierung in diesem Text doch nicht absolute Übereinstimmung besteht. Man muß fragen, ob — wenn es schon in diesen acht Versen, die der Autor als *les plus parfaits de tous ceux que j'ai écrits* anerkennt, nicht ohne Antinomie zwischen Theorie und Praxis blieb — ob *poésie pure* in Valérys Sinn überhaupt zu verwirklichen war. Diese Frage wird nicht ohne Überprüfung von Valérys Äußerungen über Ursprung und Art seiner *pureté*-Vorstellungen zu beantworten sein. Denn *poésie pure* oder *poésie absolue* steht im zentralen Punkt des Valéryschen Gedanken- und Idealbereichs *pureté*.

Eines der beharrlichsten Leitmotive von Valérys *Cahiers*, den umfangreichen Aufzeichnungen aus fünf Jahrzehnten (datiert von 1894 bis 1945), ist *Pureté* (meist mit Majuskel), das Streben nach geistiger Klarheit durch Bekämpfung und Überwindung alles Unklaren und Vermischten, der Wille, alles Gewußte und Gedachte neu zu ‚machen' *(reprendre, nettoyer, refaire en pur, épurer* —, dies die ständig wiederkehrenden Schlüsselwörter), alles durch intellektuelle Rekonstruktion im *état pur* zu stabilisieren, in idealer *Purezza* hervortreten zu lassen. Dies ist der Grundton von Valérys *extrême perfectionnisme intellectuel*[5]. Immer wieder fordert der Schreibende sich selbst zur *recherche de pureté*, zur Klärung der *notion de Pureté*, zur Findung einer Methode der Verwirklichung von *Pureté* auf[6]. Eine Rubrik der *Cahiers* sammelt unter dem Kennwort *Gladiator* Notizen und Aperçus für eine geplante Schrift oder einen Essay über Wesen und Theorie der *Pureté*. Imaginärer antiker Heros der

---

[5] Formel von J. Robinson, Préface zu P. V., *Cahiers* I, XVII; V. gebraucht bis 1926 mit Vorliebe *poésie pure*, danach öfter *poésie absolue* (z. b. O I 676 f., Mallarmé-Essay, 1933); in Notizen für einen Vortrag über *Poésie pure*, ebd. 1458: „Mieux vaudrait, au lieu de *poésie pure*, [...] dire *poésie absolue*, et il faudrait alors l'entendre dans le sens d'une recherche des effets résultant [...] des relations des résonances des mots entre eux, ce qui suggère, [...] *une exploration de tout ce domaine de la sensibilité qui est gouverné par le langage.*" (Hvh. V.s)

[6] Stellennachweise: *Cahiers* II (Index analytique, s.v. *pureté*). Auffallend der seltene und sinkende Gebrauch von *pur* in der Narziß-Lyrik: dreimal in den 53 Versen der Erstfassung von *Narcisse parle* (1891); nur viermal in den 314 Versen der *Fragments du Narcisse* (1919—1926).

III. Auktoriale Grundpositionen

Reinheit ist *Gladiator — ou le Sportif — Le philosophe du jeu — Et l'artiste, le joueur, l'acrobate et l'athlète intellectuel* (I 345), es ist *Gladiator. Héros du pur.* [...] *C'est un Héros à la grecque — dont il faut décrire les Monstres — qui sont les Mêlés, les Impurs* (349), ein neuer Herakles, der die Ungeheuer des wirren menschlichen Geistes im Kampf bestehen muß. Es ist ein Kampf um das eigene Ich, das nach klarer Scheidung seiner verschiedenen Funktionen gleichsam rekonstruiert und als reines Ich wieder aufgebaut werden muß (340). Verfahrensmuster liefert, wie an verschiedenen Stellen hervorgehoben wird, die Mathematik: das intellektuelle Ideal ist *more mathematicorum* (341) zu entwickeln, wie schon das vom *démon de la Pureté* besessene Ich seinen eigensten Ideen geometrischen und musikalischen Ursprungs hätte folgen müssen (303), und wie 1907/1908 bei einer Scheidung der Bereiche *impur* und *pur* der Gedanke aufblitzt, *le langage* durch *une sorte d'algèbre* (791) zu ersetzen. In der geplanten Gladiator-Theorie der *pureté* sollten zwei Richtungen seelischer Aktivität unterschieden werden, die der *pureté* und den Konstruktionen dieser *pureté* zugewandte und die Neigung zum *troublé et la confuse impureté* (343). Der Gladiator-Traité wird das Dreieck *géométrie-sport-pureté* zu umreißen haben:

> Gladiator / ou le Pur — / ou traité de la pureté ou des Puretés. / Comment la notion de pur (corps pur — géométrie pure) / conduit à sport — à virtuosité. / Ainsi Descartes — Matière et Mouvement — Catégories. (1929) (I 361).

Denn auch Sport entwickelt die Fähigkeit der Distinktion: *marcher distinctement, allure pure* (362). Wie ein *cheval pur sang* zur Distinktion in der Anwendung seiner Energie erzogen wird, so auch der menschliche Geist: *Construction du Cheval — / Construction du poète — du musicien — du géomètre.* (370) — Die Theorie der *Pureté* zielte auf ein behutsames Ertasten *(la recherche à tâtons)* der ‚modernen' Welt ab, durch Zerlegung des in Herkommen und Spontaneität aufgewachsenen Menschen und sein Wiederzusammensetzen, nach der Analyse, aus lauter bewußt und rein geschiedenen Teilen und Phasen (373). Es ist ein Vorgang beständiger Selbstüberwindung und Selbstperfektionierung: *Moi qui chevauche Moi pour sauter de Moi en Moi — Gladiator! Hop!* (377) Bewußtmachen, Bewußtwerden durch Eliminieren der unreinen, namentlich der sentimentalen Störfaktoren, soll zur Schaffung des neuen Menschen, des *Moi pur,* führen. Bewundernswert die Beharrlichkeit, mit der jahrzehntelang, in unermüdlichen verbalen Wiederholungen und Varianten, die Treue zu diesem Ideal postuliert wird, ohne daß sich irgendeine wichtige Entwicklung, Veränderung (nach anfänglicher Annäherung an das Ziel) auf neuen Stufen seiner Verwirklichung erkennen ließe. Noch 1939 läßt sich dieses Ungenügen aus einer längeren Notiz ablesen, die gleichsam alle früheren Aufzeichnungen zu diesem Problem resümiert und beweist, daß Gladiator — der hier nicht genannt wird — noch immer wie vor Jahrzehnten auf Leben und Tod mit seinen Monstren kämpfen muß. Wir zitieren mit starken Kürzungen:

> La notion de *pureté* est essentielle dans ma pensée. Elle s'imposa dès l'origine, comme résultat de self-consciousness exaspérée — Et celle-ci — comme *attitude de défense générale* contre *sentiment* et son obsession 91/92 aussi bien que contre dominations intellectuelles extérieures écrasantes ...
>
> Il s'agissait de [...] faire de bien des monstres — des phénomènes de ... *moi* — des phénomènes „mentaux". (*Mental* veut toujours dire *moi* [...]).
>
> La *pureté* naquît alors. Le ψ se divisa fortement du φ[7]. Et je tentai de les regarder dans leurs relations comme la physique fait des espèces d'énergie. [...]
>
> [...] la non-confusion de ces espèces était à observer [...]. Ici l'importance de la propriété motrice. [...]
>
> Une fois séparées [chacune de mes catégories], il fallait les re-composer. (I 851)

Obwohl im Präteritum wie über Vergangenes berichtet wird, verraten die quasi beiläufigen präsentischen Äußerungen (La notion de *pureté* est essentielle / *Mental* veut toujours dire *moi* / Ici l'importance de la propriété motrice), daß gerade jetzt neuer Anlaß zu dieser Niederschrift besteht. Der Zwiespalt ist konstant, noch 1939 wie damals, 1891/92.

Vor diesem Hintergrund konstanter Notwehr gegen *sentiment et son obsession* kann Valérys Selbstdisziplinierung durch *poésie pure* erst richtig lokalisiert und gewürdigt werden. Jeder nur annähernd mit den wesentlichen Problemstellungen Paul Valérys Vertraute weiß, daß hier dem Schreiben der höchste Rang eingeräumt wird. Nicht dem Ergebnis des Schreibens, sondern dem Akt des Schreibens wird ständige und angestrengteste Aufmerksamkeit gezollt. Daher rührt die gesteigerte Empfindlichkeit gegen Fehleinschätzungen seitens der Kritik, bestünden sie in Vorwürfen oder auch in Lobhudelei. Noch 1944 wird jenes Zornesausbruchs gedacht, in den Valéry 1891 oder 1892 die Besprechung des frühen *Narcisse*-Fragments durch einen mit „S" signierenden Anonymus der *Débats* stürzte, weil sie dem Dichter den

---

[7] Die griech. Buchstaben dienen Valéry in den *Cahiers* als Sigel für *psychique* und *physique*. In der vielzitierten Oktobernacht 1892 in Genua will Valéry den Weg zur Trennung beider Bereiche und zu seiner ‚méthode' der *pureté* gefunden haben (vgl. Eintragung von 1940 in *Cahiers* I, 188—190, auf die der Index analytique nicht hinweist; sowie ebd. 1033).

III. Auktoriale Grundpositionen

Anspruch einer ‚Berühmtheit' unterstellte und damit tief verletzte, was er als *mon Moi N⁰I, mon Zéro, mon inviolable* ‚Possible Pur' lyrisch artikuliert hatte (I 227). 1912 schockiert ihn der Vorwurf *d'être sec et artificiel (dans mes écrits —)*, weil er *lucidité* über alles stellt und dem *effort de la pensée* den absoluten Vorrang im Werk einräumt: *Ce qui est voulu et* ‚pur', *sine quibus non;* denn nicht dem Autor, sondern dem andern (dem Leser) komme es zu *de fournir ses sentiments* (241). Ziel eines ‚anständigen', einfachen und klaren Werks sei *faire penser. Faire penser malgré lui, le lecteur. Provoquer des actes internes* (241). Schreiben, sich vorbereiten, irgend eines unmöglichen Tages einmal wirklich zu schreiben — *avec je ne sais quel langage* — heiße, ganz gewöhnliche Dinge *avec des moyens purs* zu notieren [1914] (244). Seine Verse zu verbessern, gesteht Valéry um 1917/1918, lehrten ihn die mathematischen Wissenschaften: zwar schenkten sie nicht Feingefühl, Bilder oder Klangreichtum, doch erzogen sie zu der gedanklichen Strenge, die zur Bildung einer exakten Vorstellung von *poésie pure* als strikt gesonderter *‚substance'*, zu ihrer Entwicklung als *espèce et catégorie séparée* erforderlich war (I 248). So werden *précision* und *pureté* zu Synonymen (I 274 u. ö.), und ihrer Bedeutung gesellt sich das *l'art pour l'art* mit seiner Virtuosität, die Valéry ihrer Geringschätzung enthebt:

> L'art pour l'art — c'est l'art pour la différenciation, le précisement, l'accroissement de pouvoirs de l'individu et c'est l'art contre l'incertitude et l'inconstance des jugements — et des goûts. (I 361)

Doch nicht leere Virtuosität ist der Zweck solcher Gedankenschärfe, sondern vorab *nettoyer le langage, et se faire une idée nette des opérations de la parole,* um sodann ins Feld der geistigen Aktion zu treten: *reprendre et refaire* en pur [. . .] *le domaine d'action mentale et de représentation.* [1934] (I 840) Auf solcher Gedankenschärfe beruhende Dichtung zielt nicht darauf ab, die Welt einfach zu präsentieren und zu erklären (die Anspielung auf Marx ist klar), sondern:

> d'accroître les pouvoirs, le dressage du système humain: Particulièrement, de le *préparer contre* ses sentiments et ses pensées, ses émotions — en essayant d'adjoindre à ses fluctuations la notion de la relativité de leur valeur et de l'indétermination de leur *signification*. (1913. Hvn. V.s) (I 793)

Wie tief die Idee der *poésie pure* und die Thematik des Narzißmus, die den Dichter bekanntlich immer wieder anzog, sich gegenseitig durchdringen und bedingen, wird in einer der Niederschriften von 1925—1926 zum Thema ‚Poétique', anläßlich der Debatte über *poésie pure*, frappierend deutlich. Die Beobachtung einer spontanen Kreativität der Sinnesorgane, namentlich

Gehör und Gesicht, liegt zugrunde: *les jeux de ces récepteurs sont émission* (II 1019). Sie haben die Fähigkeit zu erzeugen, was sie gerne konsumieren, sie gelangen gewissermaßen zur Aktivität der Selbstbetrachtung, jedes dieser Systeme ist fähig, ebenso zu spenden wie zu empfangen:

> Impossible d'écouter sans entendre quelque chose, ni de regarder dans le noir sans *voir* (II 1020) (Hvh. V.s).

Hinter dem realen Bewußtsein, das aus unendlich vielen Fragmenten das reale Universum für die Sinne zusammensetzt, muß eine *conscience pure* angenommen werden, die Instanz des *ordre*, dergegenüber jeder reale Aspekt als *désordre* erscheint. Unterstellt man nun, die *faculté du langage* habe die gleichen Fähigkeiten wie ein *sens complet (émission-réception),*

> alors la poésie pure serait par rapport à la parole générale ce que l'ornement pur est au réel sensible.

Aus dieser Beobachtung leitet Valéry den Begriff einer System-Symmetrie (Typus *émettre-recevoir*), her, welche die wahre Sinnestätigkeit erst voll repräsentiert:

> Recevoir ce que l'on désire — Désirer c'est *émettre*. Emission guide et engendre action. (II 1020) (Hvh. V.s)

Nichts ist besser geeignet, unsere Deutung der berühmten Oktave der *Narcisse*-Fragmente zu bestätigen, als dieses Bruchstück einer Poetik von 1925—1926. Narziß hat seine Wünsche dorthin projiziert und von dorther erfüllt gesehen, wo er in Wirklichkeit mit dem Sinnesorgan Auge nur Fragmente des realen Universums wahrnehmen konnte. Sein Blick stiftet Nie-Gesehenes, er ist Aktualisierung seiner *conscience pure*. Die analysierte Oktave — für P. Valéry Inbegriff von *poésie pure* — ist also keine gegenstandslose Dichtung: mag sie der realen Sensibilität als *ornement pur* gegenüberstehen, so ist sie doch Illustration einer Kreativität. Durch eine *émission* seines Auges erzeugt Narcisse das Bild seiner Selbsterfüllung, in der *réception* durch das Auge erkennt er zugleich seine Identität mit der Natur. Diese Vorgänge sind dichterischer Vollzug der innersten Eigenart von Narzißmus, nicht ohne Grund sieht also Valéry sein poetisches Ideal gerade in der Narzißdichtung verwirklicht. Man wird nicht zögern, bei dieser Gelegenheit den sich selbst durch Schauen verwirklichenden *esprit pur*, Monsieur Teste, als eine Figuration des Narziß und die ‚Testiana' als Prosavarianten zur *poésie pure* anzuerkennen[8].

[8] Vgl. Vf., *P.V.: Monsieur Teste*, 52 ff.

III. Auktoriale Grundpositionen

Unsere Interpretation kann aber noch nicht als abgeschlossen gelten, falls ein Text solcher Art überhaupt erschöpfend interpretiert werden kann. Aus dem Hintergrund der Narziß-Symbolik ist noch Gewinn für eine Wesensbestimmung von *poésie pure* zu ziehen. Tatsächlich spiegelt sich in dem Spiel des schauenden Narziß ja der spielende Dichter:

> Narcisse est avant tout — et en un certain sens par cela même — le symbole de ce grand jeu de l'intelligence avec lequel Valéry se charme lui-même.[5]

Die Spielhaltung, die André Berne-Joffroy so als für Valéry wesentlich erkennt, steht aber nicht im Einklang mit den die Epoche dieses Dichters dominierenden Prinzipien; sie ist eine Verweigerung und Protesthaltung. Es gilt hier, sich in Erinnerung zu rufen, welchen Platz Herbert Marcuse in Kap. VIII („Orpheus und Narziß: zwei Urbilder') von *Triebstruktur und Gesellschaft*[10] dem Orpheus und dem Narziß, gegenüber dem „Kulturheld[en] der Mühsal, der Produktivität und des Fortschritts durch Unterdrückung", dem Prometheus, anweist:

> Orpheus und Narziß stehen für eine sehr andere Wirklichkeit [...]. Sie wurden niemals die Kulturheroen der westlichen Welt: ihre Imago ist die der Freude und der Erfüllung, ist die Stimme, die nicht befiehlt, sondern singt; die Geste, die gibt und empfängt; die Tat, die Friede ist, [...] ist die Befreiung von der Zeit, die den Menschen mit Gott, den Menschen mit der Natur eint. Die Dichtung hat ihr Urbild bewahrt [...]. (160 f.)

> Die Urbilder des Orpheus und Narziß versöhnen Eros und Thanatos. Sie rufen die Erinnerung an eine Welt wach, die nicht bemeistert und beherrscht, sondern befreit werden sollte — eine Freiheit, die die Kräfte des Eros entbinden würde [...]. (163)

Ohne Valéry zu zitieren oder nur zu nennen, aber unter Berufung auf *die mythologisch-künstlerische Tradition (statt der Triebtheorie Freuds)* (166) zeigt Marcuse mit seinen Narziß- und Orpheus-Definitionen Züge der *poésie pure* auf, die er ebenfalls nicht ausdrücklich benennt. In der Narziß-Welt erkennt er eine *Ordnung*, die ihre ‚repressive Bedeutung verliert', die hingegen auf ‚Sinnlichkeit, Spiel und Sang' beruht (163):

> Der orphische und narzißtische Eros erwecken und befreien reale Möglichkeiten, die in den belebten und unbelebten Dingen, in der organischen und der anorganischen Natur enthalten sind — real, aber in der un-erotischen Realität unterdrückt und verdrängt. Diese Möglichkeiten umschreiben den *telos*, der in

---

[5] Berne-Joffroy, *Valéry*, 192.
[10] Marcuse, *Triebstruktur*, 158—170; 192.

ihnen als ‚einfach zu sein was sie sind' enthalten ist, als ‚Dasein', als Existenz. (164)

Eine Definition, die sich in überraschender Weise mit Valérys beschriebenen Deutungen seines *pureté*-Ideals deckt. Nun aber, auf Freuds Begriff des „Primären Narzißmus" und auf *Das Unbehagen in der Kultur*[11] rekurrierend, wird das Erleben des Narziß als über die Grenzen der Autoerotik weit hinausführend erkannt, als ein Hineinziehen der Umgebung in das Ich, als eine Integration des narzißtischen Ich mit der objektiven Welt, nach Freud eine Vorstellung von „Unbegrenztheit und Verbundenheit mit dem All" (ein *ozeanisches Gefühl,* wie es Romain Rolland in einem Brief an Freud so unklar und einprägsam genannt hatte), letzten Endes also „eine fundamentale Bezogenheit zur Realität". Keim freilich „eines andersartigen Realitätsprinzips", das „die Welt in eine neue Daseinsform überführen" könnte (166—168); die narzißtische Libido, die so gleichsam an den Ausgangspunkt einer neuen Sublimierung tritt, ist nichts anderes als Protest gegen „die unterdrückende Ordnung der zeugenden Sexualität", „Verneinung dieser Ordnung — die ‚Große Weigerung'" (168—169). So mündet diese Betrachtung über das Urbild des Narziß in eine Definition, die zugleich das Wesen von *poésie pure* mitbeschreibt:

> Seine Sprache ist *Gesang,* sein Werk ist *Spiel.* Das Leben des Narziß ist das der *Schönheit* und sein Dasein ist *Kontemplation.* Diese Urbilder haben Bezug zur *ästhetischen Dimension,* als derjenigen, in welcher ihr Realitätsprinzip gesucht werden, in der es Gültigkeit haben muß. (170)

Der besondere Wert solcher Einsichten besteht für uns darin, daß sie offenbar gerade nicht auf den poetischen und poetologischen Texten Paul Valérys fußen, daß sie gleichsam noch einmal von Marcuse gewonnen werden, nachdem der Dichter sie selbst in anderer Form und in vielen Varianten schon geäußert hatte, daß sie ihn auf den verschlungenen Umwegen soziologischer und psychoanalytischer Untersuchungen (Untertitel ‚Ein philosophischer Beitrag zu S. Freud') bestätigen. Wieder war es Berne-Joffroy, der auf eine entscheidende Selbstauslegung des *Narcisse*-Dichters, auf die Andeutung gegenüber seinem deutschen Nachdichter Rainer Maria Rilke hinwies, man habe in Narcisse zweifellos *l'homme qui s'émerveille du Monsieur* zu sehen:

---

[11] Freud, *Abriß der Psychoanalyse. Das Unbehagen in der Kultur.* M. e. Rede v. Thomas Mann als Nachwort. (Fischer Bücherei, 47. 1953); das ‚ozeanische Gefühl', ebd. 91.

c'est-à-dire de tous ces déguisements psychologiques grâce auxquels la bête humaine, peu à peu, a pu s'élever.[12]

Folgen wir dem Wink des Valéry-Kenners Berne-Joffroy, diese Äußerung mit einer kleinen Valéry'schen Fabel in der *Suite* von *Tel Quel* zu konfrontieren, so stehen wir unversehens vor dem Bekenntnis des ‚Unbehagens in der Kultur' —, das, nach obigem Selbstzeugnis, in Narcisse Gestalt angenommen hat. Es ist die nur 28 Druckzeilen umfassende *Fable: L'Homme et le Monsieur*[13], ein nüchternes Stück Prosa, ganz fern der *poésie pure*, ‚Fabel' ohne erzählende *fabula*, vom Didaktischen überwuchert, fast ganz Epimythion: konfrontiert wird der nackte Mensch oder Mann mit dem angezogenen Monsieur, dessen *vêtements* nichts sind als die zivilisatorischen und psychologischen Verkleidungen, Verstellungen, Verlogenheiten, die falsche Moral, ohne die der Mensch nicht zum Herrn, zum Würden- und Amtsträger aufsteigt. *L'homme cache dans des étoffes tout ce qui empêche d'être un monsieur.* Und: *L'homme ne s'est élevé qu'en se déguisant.* (Œuvres II 758 f.)[14]. Als Anspielung auf die alte Fabeltradition stehen ganz am Schluß ein paar boshafte Tiervergleiche: der *lion rasé et rose*, der *aigle déplumé* und die von der Fleischfarbe herrührende *mauvaise renommée du porc domestique*, das doch weder *plus sale* noch *plus lubrique* sei als alles, was da lebt und sich vermehrt! (759) Dieser zornigen ‚Fabel' folgen unmittelbar vier kürzere sarkastische Betrachtungen Valérys über *franchise*, über das Komödienspiel der Menschen, über *la moralité accomplie* als *automatisme ‚impeccable'* und über den hohen Preis, den der Mensch für seine zur Schau getragene *honnêteté* zu zahlen habe:

> Je suis honnête homme, n'ayant jamais assassiné, jamais volé, ni violé que dans mon imagination.
> Je ne serais pas honnête homme sans ces crimes. (760)

Wenn Valéry vor diesem Hintergrund dem Narcisse die Rolle des *homme* gegenüber dem *Monsieur* zuspricht, so gibt er damit auch den Schlüssel zum Hintergrund dessen, was er innerhalb seiner *Narcisse*-Dichtungen als höchste Annäherung an das Ideal der *poésie pure* empfindet: die interpretierte Oktave ist Poesie, die den *homme* in seiner *pure conscience*, fernab von den Errungenschaften der Zivilisation, als denjenigen zeigt, der er sein könnte, frei von doppelter Moral und verstecktem Hang zur Kriminalität. Damit ist der pri-

---

[12] Berne-Joffroy, 192.
[13] Valéry, *O* II, 758 f.; zugehörige Aperçus, 759 f.
[14] Die *Suite* von *Tel Quel* (1930, Ed. Hartmann; 1934, Gallimard).

vative Charakter, den *poésie pure* bereits in den Formzwängen Mallarmés besaß, auch in ihren Gegenstand eingedrungen[15].

Exkurs

Man ist versucht zu fragen, ob die Nuance der *homme-Monsieur*-Polarität und des von ihr illustrierten Unbehagens an der zivilisierten Welt den Narcisse und Valérys narzißtisches Dichtungsideal nicht in die Nähe des Rousseau'schen, von Diderot suggerierten Kulturpessimismus rückt, in die Zone jener berühmten Verneinung der Preisfrage der Académie de Dijon: *Si le progrès des Sciences et des Lettres a contribué à corrompre ou à épurer les moeurs*. Hat Rousseau die Überzeugungen, die er im *Discours sur les Sciences et les Arts* (1750) äußert, nicht in der späteren Préface zu seiner 1752 aufgeführten, aber schon 1729/1730 verfaßten Komödie *Narcisse* leidenschaftlich bekräftigt und darin geradezu Valérys Aphorismus vom *honnête homme* vorweggenommen? Rousseau schreibt:

> Les crimes non commis sont déjà dans le fond des cœurs [...].
> Etrange et funeste constitution, où [...] les plus fripons sont les plus honorés, et où il faut nécessairement renoncer à la vertu pour devenir un honnête homme![16]

Die Übereinstimmung Valérys mit dem von ihm wegen seiner Unklarheit (= *impureté*) und seines Exhibitionismus verachteten Antipoden (vgl. *Cahiers*, passim) ist nicht ohne paradoxen Reiz, aber auch ohne tiefere Analogie. Rousseaus Komödien-*Narcisse* mit seinem *amour propre* zeigt nicht die entfernteste Verwandtschaft mit dem Valéry'schen Narcisse in seiner *conscience pure*. Und gerade anläßlich Rousseaus findet der Aphoristiker des 20. Jahrhunderts Gelegenheit, seine pointierte Fabel von den menschlichen Verkleidungen im voraus zu relativieren. Er hatte 1925 in den *Cahiers* notiert, wer nicht umhin könne, sich die Menschen ohne Kleider und in den Attitüden vorzustellen, die sie zu verbergen trachten, gewahre ein seltsames Volk *et d'étranges animaux-comédiens*:

> Parmi ces comédiens, le rôle de quelques-uns est [de] se déguiser en non-déguisés, — comme dans une comédie de foire jouée par des singes vêtus, l'un d'eux dévêtu *joue le singe!* Sic Jean-Jacques — Mascarade de la nudité. (*Cah*. II, 1200)

[15] Vgl. Friedrich, *Struktur*, betr. „Bedeutung der bei M. häufig erscheinenden Wörter ‚rein' und ‚Reinheit'. Sie heißen stets ‚rein von etwas'. Es sind privative Begriffe, ähnlich wie bei Kant" (135).
[16] Rousseau, *OC* (Pléiade, 1961) II 969.

III. Auktoriale Grundpositionen

Die *Confessions*-Haltung in der Maskerade des Nacktseins ist für Valéry der äußerste Kontrast zur Freilegung der *conscience pure*, die er in seinen *Narcisse*-dichtungen anstrebt.

*

Historisch begreift Paul Valéry sich zwar als den Herold, aber nicht als den Erfinder der *poésie pure*. Er sieht sie als ein auch früheren Dichtungen innewohnendes Ingrediens, das es galt, im Lauf der Jahrhunderte herauszupräparieren und abzusondern (*Cahiers* II 1081, 1215 u. ö.). Raison, nach dem 17./18. Jahrhundert als verbales Element aus der Poesie eliminiert, habe ihren Platz nun

> toute dans le travail poétique. Elle ne s'y manifeste plus en paroles — mais en analyses préliminaires. Pureté. (*Cah.* II 1081)

So bezeichne der Terminus das in der Lyrik extrem Machbare, das Dichter und Leser mit ihren Perfektionswünschen zusammenführe — hier Fügung, dort Scheidung: *le type idéal où la technique et l'analyse du sujet-lecteur tendent toujours — (perfection).* (*Cah.* II 1110) Die *éléments beaux,* aus denen allein Dichtung zu machen ist, entspringen der Sprache und sind von solcher Art, daß *d'eux-mêmes ils se régénèrent et sont réexcités par leur propre effet,* sie sind also Sprache, die, sich selbst fortzeugend, die Wortgestalt nicht durch den Wortsinn erdrückt *(le sens des mots n'annule pas la figure de ces mots);* wo in der Dichtung Dunkelheit entstehe, geschehe es nur durch den *discours,* der sich mit seiner *signification* vordränge. (*Cah.* II 1086) Über alle *signification* erhebe sich die Reziprozität der Resonanzen im Werk Stéphane Mallarmés (ebd. 1125), jenes Dichters, den Valéry in *Cahiers* und literarischen Essays nicht müde wird als sein literarisches Leitbild und als Meister der *poésie pure* zu preisen. Es hieße, seine *Etudes littéraires* und die Schriften zur *Théorie poétique et esthétique* samt den *Cahiers* exzerpieren, sollte aus ihnen Valérys Bekenntnis zur Vorläuferschaft Mallarmés und damit ein längst bekannter historischer Zusammenhang[17] erschlossen werden. Auf diesem Feld hat Valéry jeden Verdacht eines Primatanspruchs durch seine Selbstzeugnisse ausgeschlossen; und es ist demnach nicht fair, ihn immer wieder als Epigonen zu entlarven. Wichtig ist hingegen festzuhalten, daß am Ursprung von Valérys Mallarmé-Gefolgschaft und seines Strebens nach ständiger Pflege und Vertiefung der *poésie pure* das Prinzip der Enthumanisierung steht[18], die

---

[17] Vgl. Belegstellenverzeichnis u. ‚Mallarmé', *Cahiers* II, 1692; zum musikalischen Dichtungsideal Mallarmés zuletzt: K. Weinberg, *Ut Musica Poesis: The Silence of M.'s Sirens.*
[18] Zur Enthumanisierung: Friedrich, *Struktur,* 109 (Mallarmé), 168 (Valéry).

Das Ideal: Enthumanisierung

Zurückdrängung des *humain*, der Gefühlssphäre, des *langage* als psychischer Befreiung oder Beeinflussung: *C'était l'éloignement de l'homme qui me ravissait;* denn was könne weniger ‚menschlich' sein als *les arts purs,* die auf der Systematisierung sinnlicher Wahrnehmungen (Farben, Töne) beruhen, und was charakterisiere *l'humain* stärker als die durch *le langage* in die Dichtung einfließende *impureté? (Cah.* II 1125). Im Zeichen dieser Enthumanisierung stehen alle anderen privativen Postulate der *poésie pure,* ihre grundsätzliche Abstinenz: Ausschluß alles dessen, was nicht ‚*image',* sonorités nettes, *temps, figure propre et résonance pure, prolongée, des mots* (*Cah.* II 1063) ist. Das Prinzip der reinen Poesie erfordert Enthaltsamkeit gegenüber bestimmten Tonlagen — als ganz und gar unpoetisch gilt jede Art von Apologetik — und äußerste Strenge in der Wahl der Gegenstände und des sprachlichen Materials (*Cah.* II 1076). In der kritischen Auseinandersetzung mit seinen Interpreten, dem Essay *Commentaires de ‚Charmes',* definiert Valéry den Sinn der Dichtung durch die absolute Verneinung aller Funktionen sinnträchtiger Prosa:

> Toute autre est la fonction de la poésie. Tandis que le fond unique est exigible de la prose, c'est ici la forme unique qui ordonne et survit. C'est le son, c'est le rythme, ce sont les rapprochements physiques des mots, leurs effets d'induction ou leurs influences mutuelles qui dominent, aux dépens de leur propriété de se consommer en un sens défini et certain.[15]

Nimmt man die oben interpretierte Narcisse-Oktave als Probe aufs Exempel, so trifft es zweifellos zu, daß sie sich nach Maßgabe der darin variierenden lautlich-physikalischen Klangelemente in eine Art Notenschrift übertragen ließe, aus der eine sprachliche Melodie zu Tage träte. Aber Wesen und Sinn der acht Verse wären damit keineswegs ausgeschöpft. Haben wir Unrecht getan, einen syntaktisch klaren Zusammenhang und einen auch gedanklich erfaßbaren Sinn darin aufzudecken? Oder beweist die Existenz dieser Komponenten in den vom Autor als mustergültig bewerteten Versen, daß es ohne eine Beimischung von *impureté* — grammatisch-syntaktische und logische Zusammenhänge — auch in der *poésie absolue* nicht abgeht[20]? Tatsächlich gab Valéry unumwunden zu, es sei — leider — unmöglich, alle prosaischen Elemente aus der Dichtung absolut zu eliminieren, in jedem Gedicht gebe es „ein Minimum unentbehrlicher Hinweise ohne poetischen

---

[15] P. V., *O* I, 1510.
[20] Zugeständnis von Thematik, Mythos etc. als Verständnishilfen in der Narzißdichtung in P. V., *O* I, 1661. — Das Reine ist sprachlich unausdrückbar nach Pierre Klossowski: „La pureté appartient au silence et donc à l'absence du dicible." (*Un si funeste désir,* V. 1963).

III. Auktoriale Grundpositionen

Wert"[21]; er tat aber noch ein übriges, wenn er durch Aufnahme seiner *Fragments du Narcisse* in die Sammlung *Charmes* auch das der *poésie pure* Nächststehende einer Tendenz und dem Dienst an einer Sache unterstellte, der Poesie also paradoxerweise einen ‚Zweck' auflud: bedeutet *charmes* bekanntlich doch ‚Beschwörungen' *(carmina)*, im Sinne Valérys nichts Geringeres als Zaubersprüche zur Abwehr der „Bedränger des freien Geistes", Versuche der „Selbstbehauptung des Intellekts" gegen die Macht der Emotionen[22]. Noch einmal zeigt sich in dieser Abweichung von der erstrebten *pureté* der tiefe Zusammenhang von Valérys Ideal mit einem Entwicklungsstadium des Narzißmus. Sigmund Freud, gegen dessen Traumdeutungs-Doktrinen Valéry einen bemerkenswert zähen Abwehrkampf in seinen *Cahiers* führt[23], hatte schon in *Totem und Tabu* (1913) die „Abwehr von Unheilserwartungen" dem Glauben an die „Allmacht der Gedanken" als einer Funktion des primitiven Autoerotismus zugeordnet und geradezu die Gleichung aufgestellt: *intellektueller Narzißmus, Allmacht der Gedanken*[24]. Zweifellos setzt das hier angestrebte Dichtungsideal auch ein sinnlich hochempfindliches oder eigens geschultes Leser-/Hörerideal voraus, das — anders als der herkömmliche Rezipient von Lyrik — den Mitteilungswert der Sprache zugunsten der Wahrnehmung ihrer physikalisch-lautlichen Natur zu ignorieren oder doch hintanzustellen vermag. Bei stimmlicher Vermittlung des Textes durch Rezitation würde diese Problematik zweifellos die größten Schwierigkeiten bereiten.

Es ist historisch bemerkenswert, daß dem weither tradierten Ideal der nur um ihrer selbst willen, ohne jede Willfährigkeit gegenüber anderen, namentlich praktischen Lebensbezügen gepflegten Dichtung gerade in den Zwanziger Jahren, dem Jahrzehnt der Hochblüte des europäischen Avantgardismus, der leidenschaftlichste Widerhall zuteil wird. Mit *Charmes* und einer Vielzahl poetologischer Essays repräsentiert Valéry ohne Zweifel das Epizentrum des Phänomens. Als Kritiker weist der Dichter selbst im *Avant-Propos*

---

[21] Nachweis bei Hytier, *La Poétique de Valéry*, 117.
[22] So die *Charmes*-Definitionen Klemperers in *Geschichte der französischen Literatur*, II 282.
[23] Valérys Widerwillen gegen Freud: *Cahiers* II, ‚Index des noms propres' *(Freud)*.
[24] Freud, *Totem und Tabu. Einige Übereinstimmungen im Seelenleben der Wilden und der Neurotiker* (1913). Wien, Internat. Psychoanalyt. Vlg., 1925, 108—111. Ebd.: Kunst als einziges Gebiet, auf dem die ‚Allmacht der Gedanken' erhalten geblieben sei, auf den ‚Zauber in der Kunst', den Künstler als ‚Zauberer'; sowie (gleichsam Kommentar zu Valérys *pureté*-Paradoxe): „Die Kunst, die gewiß nicht als *l'art pour l'art* begonnen hat, stand ursprünglich im Dienste von Tendenzen, die heute zum großen Teil erloschen sind" (111).

à *La Connaissance de la Déesse* (1920) anläßlich Lucien Fabres[25] auf eine historische Entwicklung hin, an deren Ende er offenbar sich selber stehen sieht: anknüpfend an Poes *préparation de la poésie à l'état pur,* an Baudelaires Bemühung um Annäherung der Dichtung an die Musik (I 1270), an das Gemeinschaftswerk der Symbolisten, die *purgeaient leur poésie de presque tous les éléments intellectuels que la musique ne peut exprimer* (1272), resümiert er die Tabus, die den inneren Bezirk absoluten Dichtens umstellen: Verbot aller philosophischen und damit machtstiftenden Begrifflichkeit und Verbot aller stofflichen, sentimentalen, rhetorischen und vulgären Infiltrationen; einziges Ziel:

Hervorbringung von *poésie absolue* (1275) durch extreme Anstrengungen (Gestaltung des Seltensten, Erlesensten, Unwahrscheinlichsten). Dabei erreicht der Dichter die Ebene des Forschers: denn wie bloße Annäherung an den luftleeren Raum oder an niedrigste Temperaturen nur unter fortschreitenden Erschöpfungszuständen ertragen werden kann —,

> ainsi la pureté dernière de notre art demande à ceux qui la conçoivent de si longues et de si rudes contraintes qu'elles absorbent toute la joie naturelle d'être poète, pour ne laisser enfin que l'orgueil de n'être jamais satisfait. Cette sévérité est insupportable à la plupart des jeunes hommes doués de l'instinct poétique. Nos successeurs n'ont pas envié notre tourment; ils n'ont pas adopté nos délicatesses; [...] (1276).

Mit der Feststellung, in diesem Ringen keine literarische Gefolgschaft gefunden zu haben — einem Kampf, dessen Verwandtschaft mit Rimbauds *voyant*-Ideal nicht zu verkennen ist[26] —, statuiert Valéry selbst das Ende der für ihn mit E. A. Poe einsetzenden Entwicklung. Valérys mit Stolz geäußerte Erkenntnis, der letzte Verfechter seines Ideals zu sein, wird weitgehend durch die Rezeption bestätigt, die sein Streben nach absoluter dichterischer *pureté* bei den Zeitgenossen und in großen Teilen der späteren Kritik fand. In dem langanhaltenden und lebhaften Wechsel zwischen nüchterner Kritik und manchmal überschwänglicher Panegyrik scheint, aus unserer zeitlichen Distanz gesehen, die Skepsis an Boden zu gewinnen. Begründet wurde sie schon 1923 durch Albert Thibaudet, der in seinem Buch über *Paul Valéry* geradezu jede dichterische Berufung dieses Autors leugnete, während er ihm

---

[25] V., *O I*, 1269—1280.
[26] Im Brief Rimbauds an Demeny, 15. 5. 1871 (*OC*, 270) unter den Postulaten an den Dichter: „Ineffable torture [...] où il devient [...] le suprême Savant!" Zu Analogien zwischen beiden Dichtungsidealen: J. Maritain, *Frontières de la poésie* (1926).

als einem Denker, Techniker der geistigen Arbeit, Essayisten und Experimentator *(homme d'essais)* von Rang hohe Achtung bezeugte[27]. Der Widerhall lief seinerseits Gefahr, in eine falsche Tonlage abzugleiten und damit das ganze Problem zu verwirren, als der Abbé Henri Bremond in seiner Akademierede von 1926 über *La Poésie pure* diese Dichtungsart als ein Streben nach mystisch-religiösem Ausdruck zu erklären versuchte, wodurch er sie mit einem ‚Sendungsauftrag' belud, den die Tradition Poe-Mallarmé-Valéry neben anderen Elementen ja gerade und ausdrücklich ausgeschlossen hatte. Unglücklicherweise vererbt sich dieser Eindruck in der Rezeptionsgeschichte immer fort, weil Bremonds zweite poetologische Äußerung, *Prière et Poésie* (ebenfalls von 1926), neben der kürzeren und daher ‚bequemeren' Akademierede vernachlässigt wird, obgleich sie diese quasi korrigiert und den eigentlichen definitorischen Schwerpunkt darstellt. Hier wird dem Dichter nicht mehr die Rolle des gottbeseelten Mystikers zuerkannt oder aufgebürdet, er erscheint nicht mehr als Beter und Bekenner, nicht als ein aktives *Je*; Poesie ist hingegen erklärte Sache eines schauenden, während des dichterischen Schaffensprozesses absolut kalt ordnenden, berechnenden und abwägenden *Moi*; seine Kälte ist notwendige Vorbedingung der Katharsis, die ihm widerfährt und die er seinen Rezipienten weitervermittelt. Victor Klemperer, der diesen Sachverhalt in einer gründlichen Analyse klarstellte und in Bremonds Dichtungstheorie eine Verschmelzung aller großen französischen Dichtungstraditionen rühmte[28], vermißt dennoch bei Valéry in „der farblosen Helle des reinsten Denkens die Mitte des tatsächlich Gegebenen"[29]. Womit sich der Standpunkt des deutschen Philologen demjenigen eines anderen religiösen Denkers in Frankreich annähert: Jacques Maritain. Dieser geht in seinem Essay *Frontières de la poésie* (1926)[30] von der Voraussetzung aus, daß die Kunst, wie die schaffende Intelligenz, *ne réalise toute la perfection postulée par sa nature qu'en passant à l'Acte pur.* Er sieht damit *une lueur métaphysique* auf das Streben unserer Epoche nach Verwirklichung von *musique pure, peinture pure, théâtre pur* und (im Sinne Mallarmés) *poésie pure* fallen. Gegenüber diesem heiklen Wagnis gibt er zweierlei zu bedenken: zum einen werde die Kunst bei konsequenter Beschränkung auf ihr eigenes Wesen *(parfaitement désintéressé de l'homme et des choses),* also bei Rückführung in den Zustand absoluter Reinheit — sich durch ihr Absolutsein selbst zerstören:

[27] Vgl. Lorenz, *Die Valérykritik im heutigen Frankreich*.
[28] Klemperer, *La Poésie pure*, 129 ff., hier 138.
[29] Klemperer, *Geschichte der französischen Literatur*, II 279.
[30] Maritain, *Frontières*, Zit.: 6—11 (M.s Argumente nimmt R. Caillois wieder auf); im gleichen Band (Le Roseau d'or, 14) vgl. Poucel, *Observations autour de P. V.*

Das Nichts der Transzendenz

Mais alors à force d'être soi il se détruit, car c'est de l'homme, en qui il subsiste, et des choses, dont il se nourrit, que dépend son existence. Suicide angéliste, par oubli de la matière. (9)

Zum anderen sei aber die Kunst ihrem Wesen nach

une vertu en quelque sorte inhumaine, l'effort vers une activité gratuitement créatrice, uniquement ramassée sur son propre mystère et ses propres lois opératives, sans se subordonner ni aux intérêts de l'homme ni à l'évocation de ce qui est déjà (11),

und völliger Verzicht auf ihr Wesentliches und weitgehende Zugeständnisse an die äußeren Existenzbedingungen seien wiederum ein Selbstmord durch *Péché de matérialisme* (11).

Damit zeichnet Maritain den Künsten einschließlich der Dichtung einen Weg der Mitte vor, um sie vor den extremen Folgerungen zu bewahren, dem *suicide* aus Unterwerfung unter die Materie und dem *suicide angéliste* aus konsequentem Reinheitsstreben. Als religiöser Denker sieht Maritain die größere Gefahr zweifellos in der Hybris der Absolutheit, die in die Anmaßung eines *angélisme*, in die Selbstüberbietung als *esprit pur* ausartet:

Commander à notre art *d'être* l'art à l'état pur, [. . .] c'est vouloir usurper pour lui l'aséité de Dieu. (7)

Solche Einsichten in das Dilemma des *pureté*-Ideals — in der wichtigsten literar-theoretischen Kontroverse der zwanziger Jahre gewonnen — begründen die Erkenntnis, daß der metaphysische Anspruch absoluten Kunstschaffens und Dichtens zu fortschreitendem Ungenügen und in die Leere führen muß; demgemäß führt Hugo Friedrichs Nachweis lyrischer Strukturen von der ‚leeren Idealität' Baudelaires über die ‚leere Transzendenz' Rimbauds bis zum ‚Nichts der Transzendenz' bei Paul Valéry[31].

Die jüngere Kritik wiederholt im Grunde nur die entscheidende Einsicht der kritischen Zeitgenossen; so etwa kommt Roger Caillois in *Les Impostures de la poésie* (1945)[32] zu dem Resultat:

Je crains que le poète [. . .] ne s'expose à quelque grave mécompte. Il *anéantit* ce qu'il entend purifier. Il chasse un fantôme, une vertu qui tire sa force, son rayonnement, son existence même de la *matière*, fût-elle vile, qui la supporte, de façon qu'il est aussi dénué de sens de vouloir l'en extraire que d'entreprendre de peindre un sourire sans le visage, sans les lèvres où il se dessine. (71)

---

[31] Vgl. Friedrich, *Struktur*, 47, 61, 185.
[32] Caillois, *Les Impostures*, 71.

III. Auktoriale Grundpositionen

Und bis auf den heutigen Tag bleibt das Bild des Lyrikers Paul Valéry umstritten. Für Hugo Friedrich ist dieser Autor trotz seines Erkenntnisnihilismus, mit dem er der dichterischen Sprache die volle Freiheit verschafft, „ihre Schöpfungen in das Nichts zu projizieren": „der größte französische Lyriker des 20. Jahrhunderts"[33]; wie schon Ernst Robert Curtius zwar einräumte: „Er wollte die absolute Poesie — und mußte daran scheitern", aber den Lyriker Valéry mit dem „unsterblichen Meister der *Georgica*" auf eine Stufe stellte und einige seiner *Charmes*-Dichtungen in deutsche Verse übertrug[34]. Den Verzicht auf eingehendere Würdigung Paul Valérys in seinem Buch *Moderne Lyrik in Frankreich* motiviert Wolfgang Raible 1972, nicht zuletzt unter Berufung auf Cecil Maurice Bowra *(The Heritage of Symbolism,* 1943), mit dem Hinweis auf den esoterischen Charakter („erratischer Block') des lyrischen Œuvre dieses ‚Epigonen' und — bedenklicherweise — mit der negativen Selbsteinschätzung des Dichters: „er hielt nichts von seinem lyrischen Werk und von seiner Rolle als Lyriker"[35]. Der exzessiven Geringschätzung von Valérys Lyrik durch Nathalie Sarraute, die sich angesichts dieser „laborieuses variations dignes des *Précieuses Ridicules*" kaum des Lächelns erwehren kann und den Namen des Dichters geradezu aus der hohen Rangliste der modernen Literatur streichen möchte, begegnet Claude Mauriac in *l'Alittérature contemporaine* (1958) mit der Rühmung des Autors der ‚Testiana' als eines der *annonciateurs de l'alittérature moderne* (eines Wegbereiters also tiefgreifender Veränderungen der Dichtungsstruktur) und mit dem Tadel des *mépris* und der *ignorance*, mit denen sich die *alittérateurs* über Gruppen oder Individuen anderer Geisteshaltung auslassen[36].

Literatur in Auswahl

1. Paul Valéry — „Narcisse". Textausgaben.

Narcisse parle. La Conque, 15 mars 1891; P. V., [O I 82 f.]; *Fragments du Narcisse* (Teil I, entstanden seit 1919), in: *Charmes ou Poèmes* (1922); *Fragments du Narcisse*, in: *Charmes* [erstmals Teil I, II u. III], (Febr. 1926); in: *Charmes*, nouv. éd. revue (Dez. 1926); in: *Charmes — Poèmes de P. Valéry — commentés par Alain* (1928/1952); in: *Charmes (Poésies.* 1929), 1957, 122—130.

---

[33] Friedrich, *Struktur*, 185.
[34] Curtius, *P. Valéry*, in: *Französischer Geist*, 366 (Vergil-Vergleich), sowie 382—404 (Gedichte von P. V. deutsch).
[35] Raible, *Moderne Lyrik*, 11.
[36] Über N. Sarraute, *P. Valéry et l'Enfant d'éléphant* (*Les temps modernes*, Janv. 1947) vgl. Cl. Mauriac, *L'Alittérature contemporaine* [9—10 betr. P. V.], insbes. 258—259.

Literatur in Auswahl

Cantate du Narcisse (Privatdruck 1939); NRF No 323, (1. Jan. 1941) u. ö. [O I 403—421].
2. Deutsche Nachdichtungen (vgl. Verzeichnis in O II 1636 ff.).
3. Selbstaussagen Valérys: *Cahiers* (1894—1945) (vgl. ‚Index analytique' in *Cah.* II, s. v. *moi et moi pur/poésie pure/pureté*); in O I: *Avant-propos à La Connaissance de la Déesse* [de Lucien Fabre] (1920); *La Poésie pure au XIXe siècle* (6 Vorlesungen, 1922—1923); *Stéphane Mallarmé* (1923); *Situation de Baudelaire* (1924); *Lettre (du Temps de Charmes)*; *Propos sur la poésie* (1927); *Lettre sur Mallarmé* (1927); *Léonard et les philosophes* (1928); *Poésie pure. Notes pour une conférence* (1928); *Commentaires de Charmes* (1929); *Souvenirs littéraires* (1928); *Je disais quelquefois à St. Mallarmé* (1931); *St. Mallarmé* (1935); *Discours sur H. Bremond* (1934); *Questions de poésie* (1935); *Fragments des mémoires d'un poème* (1937); *Existence du Symbolisme* (1938). O II: *Orientum versus* (1938).

LEFÈVRE, FRÉDÉRIC: *Entretiens avec P. V.* Préface de Henri Bremond. Ed. Gallimard, 1926; P. V.: *Questions de poésie.* In: Charpier-Seghers, *L'Art poétique.* 433—445; Auszüge aus: P. V., *Zur Theorie der Dichtkunst* (Wiesbaden, Insel-Vlg., 1962) in: Höllerer, *Theorie der modernen Lyrik* I, 100—113.

4. Kritische Literatur:

ALAIN: *Charmes — Poèmes de P. V. commentés* (1928 u. ö.); BELLEMIN-NOËL, JEAN: *En marge des premiers ‚Narcisse' de V.* RHLF V-VI (1970) 975—991/Présentation de *Les Critiques de notre temps et Valéry.* Garnier, 1971; BERNE-JOFFROY, ANDRÉ: *Valéry.* Gallimard, 1960; BOWRA, CECIL MAURICE: *The Heritage of Symbolism* (1962) (*Das Erbe des Symbolismus.* Hamburg, 1974); COHEN, GUSTAVE: *Essai d'explication du Cimetière marin. Avant-propos* de P. V. (1920) Gallimard ⁷1958; CURTIUS, ERNST ROBERT: *Paul Valéry (Die literarischen Wegbereiter des neuen Frankreich)* (1918) in: *Französischer Geist im 20. Jh.* Bern 1953, 356—382; DUCHESNE-GUILLEMIN, J.: *Etude de* Charmes. Bruxelles-Paris, 1947/*Etudes pour un P. Valéry*, 1964; HYTIER, JEAN: *La Poétique de Valéry.* (1953) 1970/Introduction zu P. Valéry, O I; LAWLER, JAMES-R.: *Lecture de Valéry.* Une étude de Charmes. PUF, 1963; LORENZ, ERIKA: *Die V.-Kritik im heutigen Frankreich.* RJb. VII (1955/1956) 113—132; MAURER, KARL: *Interpretationen zur späteren Lyrik P.V.s.* München, L. Lehnen, 1954; MICHEL, PIERRE: *P. V. et le thème de Narcisse.* L'Ecole (24. 11. 1951)/*Expliquez-moi Valéry, I* (L'Ecrivain symboliste et hermétique). Ed Foucher, 1951; RAUHUT, FRANZ: *V., Geist und Mythos.* München, 1930; SCHMIDT, GERHART: *Lyrische Sprache und normale Sprache.* In: E. Köhler (Hg.), *Sprachen der Lyrik,* 731—750; THIBAUDET, ALBERT: *P. V.* (Les Cahiers verts, 25). Grasset, 1923; WAIS, KURT: *P. V.: Le Cimetière marin. P. V.s Gedicht ‚Mare Nostrum' und die Anfänge des ‚C. M.'* (*Interpretationen französischer Gedichte,* 353 ff.); WEINBERG, KURT: *P. Valéry: L'Insinuant.* In: Pabst (Hg.), *Moderne französische Lyrik.* 97—116; WUNDERLI, P.: *Valéry saussurien. Zur linguistischen Fragestellung bei P. Valéry.* (Studia romanica et linguistica, 4) 1977.

Hommages und Sonderhefte:

Hommage des écrivains étrangers à P. Valéry. Bussum, chez A. A. M. Stols, 1927; *Valéry vivant.* Cahiers du sud. 1946; *Valéry.* Revue française de l'Elite. 1948; *Valéry.* L'esprit créateur. 1964.

5. Zu *Poésie pure* und *Moi pur:*

ARNOLD, A. JAMES: *La Querelle de la P. p.* Une mise au point. RHLF, 70 (1970), 445 ff.; BOURBON-BUSSET, JACQUES DE: *Un Monstre de pureté: Valéry.* La Table Ronde, 193 (1964) 36—47; BREMOND, HENRI: *La Poésie pure* avec un *Débat sur la poésie* par Robert de Souza. Gallimard, 1926; BREMOND, H.: *Prière et poésie.* B. Grasset, 1926; DECKER, HENRY W.: *Pure Poetry. 1925—1930.* Theory and Debate in France. Berkeley/Los Angeles. (Univ. of California Press) 1962; GERMAIN, GABRIEL: *L'Expérience du moi pur et son échec spirituel chez V.* (Yoga Science de l'Homme intégral). Ed. des Cahiers du sud, 1953; GHELEV, JIVKO: *P. p., conscience pure et vie spirituelle.* Une étude sur l'œuvre de P. V. (Diss. Tübingen, MS.) 1948; GLAUSER, ALFRED: *V. Hugo et la P. p.,* 1957; GÜNTHER, WERNER: *Über die absolute Poesie:* zur geistigen Struktur neuerer Dichtung. Deutsche Vierteljahrsschrift, XXIII (1949), 1—32; sowie in: Grimm: *Zur Lyrik-Diskussion*; HOWALD, ERNST: *Die absolute Dichtung im 19. Jh.* In: E. H., *Das Wesen der lateinischen Dichtung.* Erlenbach-Zürich, 1948, u. in: Grimm: *Zur Lyrik-Diskussion;* KLEMPERER, VICTOR: *La Poésie pure. (Vor 33/nach 45);* LANDMANN, MICHAEL: *Die absolute Dichtung.* Essays zur philosophischen Poetik. Stuttgart, Klett, 1963; LANFRANCHI, G.: *V. et l'expérience du moi pur.* Lausanne, Mermod, 1958; MOISAN, CLÉMENT: *H. Bremond et la P. p.* Préf. de Pierre Moreau (Bibl. des Lettres Modernes, 11) Ed. Minard, 1967; MOSSOP, D. J.: *Pure Poetry.* Studies in French Poetic Theory and Practice, 1746—1945. Oxford, Clarendon Press, 1971; RAYMOND, MARCEL: *Le MOI PUR, selon Valéry, ou le refus d'être quoi que ce soit* ... Les lettres, 4ᵉ Année, 1 (Genève, 1946) 69—82/*P. Valéry et La Tentation de l'esprit.* Neuchâtel 1946; RICHTHOFEN, ERICH V.: *Présence und absence des ICH bei P. Valéry.* Studie zu V.s Bildersprache. RF (1954) 65—111.

6. Zu Narkissos und Narzißmus:

FRENZEL, ELISABETH: *Stoffe der Weltliteratur.* 457 f.; FREUD, SIGMUND: *Totem u. Tabu/Zur Einführung des Narzißmus.* 1924/*Das Unbehagen in der Kultur.* 1930; KASSNER, RUDOLF: *Narziß.* 1928; MARCUSE, HERBERT: *Triebstruktur und Gesellschaft.*/Kap. VIII (,Orpheus und Narziß: zwei Urbilder'); MITLACHER, H.: *Die Entwicklung des Narzißbegriffs.* GRM 21 (1933); MÜHLHER, R.: *Narziß und der phantastische Realismus. Dichtung der Krise.* 1951; VINGE, LOUISE: *The Narcissus Theme in Western European Literature* up to the Early 19th Century. Lund 1967.

2. Dichtung als Protest und Veränderung:
Eluard — Aragon — Breton — Césaire

> La Poésie ne rhythmera plus l'action; elle *sera en avant*.
>
> A. Rimbaud: *Lettre à P. Demeny*, 15 mai 1871

Mit Mallarmés Gedicht *Un Coup de dés jamais n'abolira le hasard* (Mai 1897)[1] und mit Zolas Offenem Brief unter dem Titel *J'accuse* (Januar 1898)[2] scheint die französische Literatur knapp vor der Jahrhundertwende die äußersten Grenzmarken ihres Wirkungsvermögens abzustecken: hier die gewaltsam verrätselte, einer breiten Öffentlichkeit ostentativ abgewandte, nur den Initiierten verständliche lyrische Partitur —, dort der flammende Appell an Staatsoberhaupt und Nation, der in der Dreyfus-Affäre die entscheidende Wende zur Respektierung der Menschenrechte herbeiführen sollte. Dem Modell politischen Engagements eines Autors mit Bereitschaft zum persönlichen Opfer scheint das Modell bewußter Flucht in den Elfenbeinturm reiner Idealität und absoluten (zweckfreien) Dichtens gegenüberzustehen. Mag der Gegensatz unbestreitbar sein, so springt doch die Gewaltsamkeit der Konfrontation von Werken so grundverschiedener Gattung in die Augen. Kann das unbestritten großartigste politische Manifest der neueren französischen Geschichte mit einem der verschlossensten lyrischen Texte überhaupt in Beziehung gebracht werden? Worauf es hier ankommt, ist an dem Musterbeispiel des heute in der Fachwelt berühmten, wenngleich nur wenigen bekannten ‚Poème' kurz zu zeigen, daß auch die abweisende Verschlossenheit lyrischer Rede etwas manifestieren, daß auch in ihr der Atem des Protestes und der Veränderung wehen kann. Gegenstand des Gedichts ist der Aufruhr des *abîme*, dem der alte Gott und *maître* des theologischen Zeitalters nicht mehr gewachsen scheint, so daß die von ihm gewaltsam errichtete Ordnung und mit ihr er selbst einem Mächtigeren, dem *hasard*, zum Opfer fallen. Dem Gedankengang entsprechend setzt die Sprache in Schlüsselwörtern Symbole der Revolte: Wogen, Schiffbruch, Flügel. Vor allem aber ist die Druckanordnung eine die herkömmliche Ordnung im

---

[1] Die graphische Gestaltung von *Un Coup de dés* kommt am besten zur Geltung in der unpaginierten (26-seitigen) Großquartausgabe: nrf (Gallimard), Oktober 1952.
[2] *J'accuse*, in der Tageszeitung *L'Aurore*, Auftakt zum offenen Protest weiter Kreise gegen die bewußt falsche Hochverratsbeschuldigung, aufgrund deren der jüdische Hauptmann Alfred Dreyfus verurteilt worden war. Zola, dem wegen des Artikels der Prozeß gemacht wurde, mußte aus Frankreich fliehen.

III. Auktoriale Grundpositionen

Bereich der Typographie umwälzende Neuerung, die den Lyrikleser vor eine neue Aufgabe stellt, und die tatsächlich den Ursprung der drucktechnischen Revolte nicht nur in der Lyrik unseres Jahrhunderts markiert. Mit dem Zwang zu einer beweglicheren Art des Lesens hängt es zusammen, daß dieses Gedicht nicht nur als Ode, sondern auch als Fuge oder als Kanon und anderes mehr interpretiert werden kann, womit erwiesen ist, daß in diesem Gesang vom Aufruhr auch die Ordnung der Art- und Gattungsgrenzen aufgehoben ist. Durch die neuartige, optisch wahrnehmbare Textgestalt überschreitet die Sprache ihre Grenzen zur Zeichnung (Textbild) und zur Musikalität (Partitur) hin, so daß von einer Synthese der Künste gesprochen werden kann. Auch die herkömmliche sprachliche Ordnung des Französischen wird durch kühne Rückgriffe auf Stilfiguren des Griechischen und Lateinischen angetastet, Anakoluthe und Appositionen gewinnen ungewöhnliches Gewicht —, so daß ein Kritiker geradezu von einem *sanscrit du français*[3] sprechen möchte. Die Zahl der Verstöße gegen die etablierte Ordnung steigt aber noch durch den totalen Verzicht auf Interpunktion und ihren Ersatz durch den graphischen Rhythmus der Versdisposition. Solche Angriffe auf geheiligte Ordnungen, die der Lyriker im Gefilde der Sprache wagt, sind zwar kein politischer Protest oder Appell zum Aufruhr; aber sie insinuieren und evozieren den Gedanken möglicher Veränderungen und Neuerungen so stark, daß die Befolgung auch nur eines dieser heiklen Beispiele Jahrzehnte danach politische Seismographen in Bewegung setzte: es wird berichtet, das Politbüro eines mitteleuropäischen Staates habe einem Lyriker im Namen der Staatsräson auferlegt, die in einem seiner Texte unterdrückte Interpunktion vor der Drucklegung wieder einzusetzen[4]. Dichtung braucht also gar nicht manifest politische Meinungen oder Inhalte zu präsentieren, um mit Verstößen gegen das Herkommen und das literarische ‚Gesetz' in den Bereich der ‚Revolte' zu geraten; so kann H. M. Enzensberger Platons Warnungen in der *Politeia* beziehen „auf den Kern des poetischen Prozesses, der sich der Kontrolle durch die Wächter zu entziehen droht: seine politischen Folgen sind nirgends gefährlicher als dort, wo sie dem poetischen Handeln gar nicht zur Richtschnur dienen"[5]. Und so konnte sogar anläßlich eines lyrischen Verfahrens bei einem des Aufruhrs völlig unverdächtigen Autor konstatiert werden, der *Fehler als Kunstgriff* habe „etwas von dem Zauber

---

[3] Vgl. Claude Roulet, *Traité de poétique supérieure.* Neuchâtel, 1956 [resümiert v. Helmut Hatzfeld, *Deutsche Literaturzeitung,* 78, 6, Juni 1957].
[4] Vgl. H. M. Enzensberger, *Poesie und Politik,* in: *Einzelheiten II,* 135.
[5] Vgl. ebd. 134.

des Unfertigen, von der Rebellion gegen Obrigkeit und Gesetz oder vom Reiz der Sünde"[6].

Rücken schon in vielerlei Erscheinungen des Symbolismus das Ideal des *l'art pour l'art* und die Idee eines *art social* dicht zusammen[7], so treten im Fin de siècle die verschiedensten Versuche postsymbolistischer Gruppenbildung politischer oder sozialer Tendenz mit Aktionsplänen und Manifesten hervor[8]. Daß die Avantgarden vor und nach dem ersten Weltkrieg, vollends zum Aufruhr gegen die humanistische Vergangenheit entschlossen, sich nicht mit verbalen und lyrischen Manifestationen begnügen, wurde in vorangehenden Kapiteln gezeigt. Tatsächlich scheinen gerade die Lyrik und ihre Autoren vielfach der Aktion voraus zu sein. So dürfte es nicht nur gerechtfertigt, sondern unumgänglich sein, der Dichtung als Protest und Veränderung eine kurze gesonderte Darstellung zu widmen. Die immer stärker hervortretende Polarisierung von *poésie pure* und dem Wunsch, Dichtung als Aktion und Praxis zu verwirklichen, erklärt sich aus der Konfrontierung zweier Typen von Intellektualität, die erst in unserem Jahrhundert zu rigorosem Selbstverständnis zu gelangen scheinen. Auf der einen Seite der Intellektuelle, wie ihn Paul Valéry in lebenslanger unermüdlicher Selbstzucht zu formen trachtet als ein sich selbst beispielhaft beobachtender, sich verbissen gegen emotionale Anfälligkeit wappnender, dem Leitbild der Mathematik und Ingenieurkunst verpflichteter Geist, der Ratio verschriebener ‚Gladiator' und ‚Monsieur Teste'; in seiner asketischen Auflehnung gegen den Status der Dinge und Menschen, in seinem Willen zur *action pure*, der reinen Macht des Geistes in der Potenz[9], befindet er sich unaufhaltsam auf dem Weg ins Absolute[10]. *L'intellectuel est celui qui essaye infatigablement de substituer à toutes choses et à lui-même une construction* (1920)[11]. Es ist der Denker, den noch das Humanistenideal der höchsten erreichbaren Stufe der Menschlichkeit beflügelt, und der Dichter, der in Vers und Prosa dem Ideal extremer Intellektualität menschliche Kontur zu ‚konstruieren' trachtet. Was die-

---

[6] Schluß der *Bemerkungen zur Dichtkunst*, in: Rudolph Rahn, *Anker im Bosporus und spätere Gedichte*. Eugen Diederichs Vlg., o.O. u. o.J. [1973], 88.
[7] Vgl. Goebel, *Mode und ‚Neue Kunst'. Zum Beispiel Poiret*, insbes. 179 ff.
[8] Texte (teilweise gekürzt) in: Mitchell, *Les Manifestes littéraires*.
[9] Vgl. P. V., *Cah.* I, 369.
[10] Vgl. ebd. Lob kirchlich-monastischer Zucht zur *restitution des valeurs de l'intellect*: „Peut-être a-t-il fallu le système des monastères du Xe et XIe siècles pour reconstituer un *esprit* — libre et puissant contre l'état des choses et des hommes en ce temps-là. / Le monastère, cocon où le ver spirituel put attendre le temps de ses ailes. Turris eburnea." (1936) (369 f.).
[11] P. V., *Cah.* I, 86.

III. Auktoriale Grundpositionen

sen introvertierten Typus des Intellektuellen mit seinem extrovertierten Gegenspieler, dem ‚engagierten' und zum Extremismus neigenden Intellektuellen, verbindet, ist der Wunsch, die mangelhafte Welt, in der wir leben, zu verändern. Der unüberbrückbare Gegensatz zwischen beiden Haltungen besteht darin, daß nach Valérys Auffassung ‚reales Handeln' nicht zum *métier des intellectuels* gehört, daß vielmehr durch reines Denken *(action pure)* der Mensch und mit ihm die Welt korrigiert und veredelt werden sollen, während der avantgardistische Intellektuelle insbesondere die sozialen und politischen Verhältnisse in der Praxis verändern und zum Nutzen einer freien, brüderlich geeinten Menschheit neu ordnen will.

Die Definition dieses anderen, auf praktische Veränderung sinnenden Intellektuellen ist Jean-Paul Sartre zu verdanken, zum mindesten hat er, der schon 1945 seine Zeitschrift *Les temps modernes* mit dem Aufruf zum *engagement* der Schreibenden präsentiert hatte, die ausführlichste und begrifflich klarste Beschreibung dieses Typus vorgelegt: *Plaidoyer pour les Intellectuels,* bestehend aus drei im September und Oktober 1965 in Tokio und Kyoto gehaltenen Vorlesungen[12]. Für Sartre sind Intellektuelle diejenigen Geistesarbeiter, die, ihrer sozialen Herkunft aus dem Bürgertum zum Trotz, auf Grund ihrer fachlichen Erkenntnisse zu radikalen Mitstreitern der arbeitenden Massen werden. Nicht die Zugehörigkeit zu einer Berufsgruppe, die mit dem Intellekt arbeitet, macht also den Intellektuellen, sondern sein Entschluß, die Grenze seines Arbeitsfelds zu überschreiten, um im Namen der Menschlichkeit und der Menschenrechte zu manifestieren. Vertreter der exakten und angewandten Naturwissenschaft, der Medizin, der Literatur usw., die durch ihren Beruf eine gewisse Autorität erlangt haben und diese einsetzen, um Gesellschaft und herrschende Mächte zu kritisieren, werden dadurch zu Intellektuellen:

> l'ensemble des intellectuels apparaît comme une diversité d'hommes ayant acquis quelque notoriété par des travaux qui relèvent de l'intelligence [...] et qui *abusent* de cette notoriété pour sortir de leur domaine et critiquer la société et les pouvoirs établis au nom d'une conception globale et dogmatique (vague ou précise, moraliste ou marxiste) de l'homme. (378)

Die Gemeinschaft der Intellektuellen entsteht also unter drei Voraussetzungen: durch Überschreitung der Fachkompetenzen durch ‚Techniker des praktischen Wissens', durch eine Art Mißbrauch ihrer fachlichen Autorität zur Beeinflussung der öffentlichen Meinung sowie durch die — ganz unfachliche — Erhebung der Sorge um das menschliche Leben zur höchsten

---

[12] Sartre, *Situations* VIII, 371—455 (Hvh. Sartres).

Norm. In der dritten Vorlesung wird die Frage erörtert: *L'Ecrivain est-il un intellectuel?* Für Sartre ist der Schriftsteller, im Gegensatz zu den ‚Technikern des praktischen Wissens', nicht Intellektueller *par accident*, sondern *par essence* (455), weil er in seinem Metier direkt und ständig mit dem Widerspruch zwischen *la particularité* (den Sonderinteressen von Klassen, Gruppen, Einzelnen etc.) und *l'universel* (den allgemeinen, menschlichen Interessen) konfrontiert werde. Es sei unmöglich, daß ein Schriftsteller heute ohne das Bewußtsein arbeite, der Mensch sei im Besitz der Mittel, die Menschheit entweder radikal zu zerstören oder den Sozialismus zu verwirklichen. Nicht, daß der Schriftsteller explizit über die Atombombe schreiben müsse: *il suffit qu'une angoisse vague se traînant de page en page manifeste l'existence de la bombe* (454).

Mögen diese letzten Formulierungen den Schreibenden im Nuklearzeitalter zugedacht sein —, im Prinzip resümiert Sartre, was das Wesen des engagierten Schriftstellers und Dichters schon in den vorangegangenen Jahrzehnten bestimmte: es ist der Wille, nicht nur Zeuge der Zeit zu sein, sondern praktisch in das Leben hineinzuwirken.

Einige Beispiele dieser Haltung, die ihren Ausdruck in der Lyrik suchte, seien hier präsentiert.

In seiner unter dem Titel *La Poésie surréaliste* angekündigten, politisch-kämpferischen Eröffnungsrede zur Ersten Internationalen Surrealismus-Ausstellung in London sagt Paul Eluard (1895—1952) am 24. Juni 1936: *Poésie pure? La force absolue de la poésie purifiera les hommes, tous les hommes.* Den Vortragstext veröffentlichte er 1937 unter dem programmatisch veränderten Titel *L'Evidence poétique*[13]. Darin wird der negierten Devise der Tradition Poe-Mallarmé-Valéry-Bremond das Ideal einer die Menschheit läuternden und verändernden Dichtung entgegengesetzt; es ist die energischste Proklamation einer Verpflichtung zur Aktion durch die Imagination. Der Dichter ist weniger Empfänger als Spender von Inspiration, er ist *celui qui inspire bien plus que celui qui est inspiré* (515); seine Inspiration hat Ansporn im öffentlichen Leben zu sein. So gewinnt die Dichtung einen festen Platz im Dienst der Revolution, wie es dem zeitweiligen Selbstverständnis der Surrealistengruppe und dem programmatischen Titel ihres Publikationsorgans *Le Surréalisme au service de la révolution* (1930—1933) entsprach. In der bei Eluard öfter begegnenden Wendung gegen die *poésie pure* bestätigt sich der anläßlich der *Notes sur la poésie* (1936, von Breton und Eluard) von uns dar-

---

[13] Eluard, *OC* I, 511—521, Zit. 514.

gestellte[14] Antagonismus zwischen Surrealisten und P. Valéry als zeitgeschichtliche Variante einer tiefgreifenden, sogar innerhalb des Werks einzelner Autoren spürbaren Polarität: dort ‚Fest des Intellekts', hier ‚Zusammenbruch des Intellekts'[15]. Eluards Postulat der Menschen- und Weltveränderung durch Dichtung nach der Überwindung aller Introversionen *(Toutes les tours d'ivoire seront démolies.* 514)[16] führt über solche Polarität und über die Grenzen der Lyrik hinaus.

In den verschiedensten Kulturen gibt es die mehr oder weniger alte Tradition der ‚Tendenzliteratur' und der ‚politischen Literatur'[17]. In Frankreich verschärft sich seit dem 19. Jahrhundert der Streit um die Frage, ob Dichtung vornehmlich der ‚Wahrheit' oder dem ‚Schönen' verpflichtet sei. Hatte schon Alfred de Vigny 1826 die Wahrheitspflicht des Dichters in den Schatten der alle Künste dominierenden *beauté* zurückgesetzt[18], so wollte Baudelaire 1859 mit einem Gemeinplatz der Ästhetik aufräumen[19]:

> La fameuse doctrine de l'indissolubilité du Beau, du Vrai et du Bien est une invention de la philosophaillerie moderne... (*Th. Gautier.* In: *L'art moderne*)

Mit seinem bewunderten Lehrmeister Gautier dachte er dabei offenbar an die Doktrin der Saint-Simonisten von der sozialen Funktion der Kunst (um

---

[14] Vgl. o. Kap. *Lyrisme*, zur Konfrontation mit Valéry.
[15] Vgl. auch Friedrich, *Struktur,* 142 f.
[16] Ursprung der Metapher *Tour d'ivoire* (hochmütige bzw. enttäuschte Abwendung des Dichters): Sainte-Beuve, in: *Réception de M. A. de Vigny à l'Académie française* (1846) (*O* II, 1951): „Il est même allé jusqu'à penser qu'il y avait une lutte établie et comme perpétuelle entre les deux races; que celle des *penseurs* ou poëtes, qui avait pour elle l'avenir, était opprimée dans le présent, et qu'il n'y avait de refuge assuré que dans le culte persévérant et le commerce solitaire de l'idéal. Longtemps il s'est donc tenu à part sur sa colline, et, comme je le lui disais un jour, il est rentré avant midi dans sa *tour d'ivoire*. Il en est sorti toutefois, il s'est mêlé depuis aux émotions contemporaines." (872) Gérard de Nerval, in: *Sylvie* (1852) (*Les Filles du feu. O* I, 1952): „L'ambition n'était cependant pas de notre âge [...]. Il ne nous restait pour asile que cette tour d'ivoire des poëtes, où nous montions toujours plus haut pour nous isoler de la foule. A ces points élevés où nous guidaient nos maîtres, nous respirions enfin l'air pur des solitudes, nous buvions l'oubli dans la coupe d'or des légendes, nous étions ivres de poésie et d'amour." (262) — Zur Motiv- u. Begriffsgeschichte: Beebe, Maurice: *Ivory Towers and Sacred Founts.* NYork Univ. Press, 1964; Claus Victor Bock, in: *Castrum Peregrini*, 138 (1979), Amsterdam.
[17] Vgl. Wilpert, *Sachwörterbuch,* s.v. *Polit. Dichtung / Tendenzdichtung*; vgl. Vf.: *Die moderne französische Lyrik,* 23 f.; H. M. Enzensberger: ‚Poesie und Politik' *(Einzelheiten II)*; Georges Pompidou: *Poésie et Politique. Les Nouvelles Littéraires,* 2. 5. 1969.
[18] Vgl. Kap. II 1, betr. Vigny, *Cinq-Mars.*
[19] Baudelaire, *OC* (einbänd. Pléiade-Ed.) 1029.

1830), gegen die jener in seiner Préface zu *Mademoiselle de Maupin* (1835) polemisiert und das Prinzip des *l'art pour l'art* proklamiert hatte. Auf Edgar A. Poes kühne Formel von 1850: *elle* [la poésie] *n'a pas la Vérité pour objet, elle n'a qu'elle-même*[20] folgt umgekehrt die Replik von Lautréamont-Ducasse in *Poésie II* (1870):

> La poésie doit avoir pour but la vérité pratique.[21]

Leidenschaftlich flammt nach dem ersten Weltkrieg das Interesse der späteren Surrealisten für den Dichter der *Chants de Maldoror* und den bis dahin fast unbekannten Poetiker von *Poésies I/II* auf; nacheinander versuchen Philippe Soupault, André Breton und Julien Gracq ihr Leitbild durch Neuausgaben ins rechte Licht zu rücken[22]. Damit wird der alten Streitfrage um Wahrheit und Dichtung neuer Zündstoff zugeführt; aber geflissentlich übersehen die Initiatoren der Lautréamont-Renaissance und manche Lobredner des Surrealismus, daß schon der militante Futurismus F. T. Marinettis seit 1909 in seinen antihumanistischen Kampfparolen mit zuvor nie gehörter Schärfe der Dichtung weltverändernde Ziele gesteckt und den Grundton zornigen Aufbegehrens in Dichtung und Kunst des 20. Jahrhunderts eingeführt hatte[23].

P. Eluard erweist sich als einer der großen Bewunderer und Nacheiferer Lautréamonts; er rühmt ihn, neben dem Marquis de Sade, in *L'Evidence poétique* als den Wegbereiter des intellektuellen Kampfs um Emanzipation und Menschenverbrüderung; er stellt eigene Aphorismen und Gedichtgruppen unter das Begriffspaar Lautréamonts *Poésie et Vérité*[24], und gern zitiert er aus *Poésies II* den Leitsatz *La poésie doit avoir pour but la vérité pratique*[25]. Nicht zuletzt macht er die Proklamation der in Praxis umgesetzten Wahrheit als höchsten Zweck der Dichtung zum Titel und Thema eines eigenen poeti-

---

[20] Poe, *OenP*, 1072.
[21] Lautréamont/Nouveau, *OC*, 277.
[22] Lautréamonts Poetik vollständig zuerst hgg. v. Breton, in *Littérature*, 1919; als Buch mit Einführung v. Soupault (1920), der 1927 auch L.s *OC* mit ‚Etude, commentaires et notes' im Vlg. Sans Pareil herausbrachte. — Neue Editionen: *OC d'Isidor Ducasse Comte de L.* Hg. Breton, mit Einführung, Illustrationen, Informationen zur Rezeptionsgeschichte, Vlg. GLM. (1938); *Les Chants de Maldoror/OC* précédées d'un Essai de Julien Gracq *(Lautréamont toujours)*, Ed. de la Jeune Parque (Le Cheval parlant, 1947).
[23] S.o. Kap. II 1 + 2.
[24] Vgl. Eluard, *OC* I, 1103—1127 *(Poésie et Vérité 1942)*.
[25] Z. B. in: *Premières Vues anciennes* (*OC* I, 535), in: *Donner à voir* (ebd. 966), in: *Les Sentiers et les routes de la poésie* (*OC* II, 531).

schen Aufrufs, den er 1947 in *Les Lettres françaises* publiziert[26]. Dieses *à mes amis exigeants* adressierte Poem, dessen 24 nichtreimende Dodécasyllabes in sechs *tercets* (I—VI) und einen *sixain* (VII) gegliedert sind, besteht aus *einer* Periode; einziges Interpunktionszeichen ist der Punkt am Ende des letzten Verses. Die Periode enthält drei gedankliche Abschnitte, deren erster (I—IV) ein bedingtes Einverständnis der Lyrikfreunde, deren zweiter (V—VI) den durch ihre Unwissenheit erklärlichen Dissens, deren dritter (VII) schließlich die Verwunderung des Autor-Ich über die Barriere äußert, die seine Freunde hindert, ihm aus dem emotionalen in den ideologischen Bereich seines Dichtens zu folgen. Der in der Widmung erwähnte Anspruch ist die Forderung, ein introvertierter, nicht engagierter Lyriker zu sein oder zu bleiben.

Allein die Referierbarkeit des Gedicht-‚Inhalts' beweist, daß ein Text dieser Art, trotz seines metrischen und strophischen Baus, nur mit Einschränkung zur Lyrik zu rechnen ist. Gewiß bezieht er sich auf Dichtung, aber in ausgesprochen rhetorischem Ton und räsonierender Sprechhaltung. Die 19mal mit *vous* Angeredeten sollen durch einen Syllogismus ‚überführt' und überzeugt werden. Das Räsonieren schlägt sich in der hypotaktischen Struktur der verzweigten Periode mit einer Vielzahl von Konjunktionen nieder (5mal *si*, 2mal *mais*, 4mal *pour*, je einmal *car* und *quand*, darunter die einmalige adversative, das eigentliche ‚Problem' einleitende Kombination *Mais si* (13) exakt in der Mitte des Textes). Auch in der Komposition wird rhetorische Kunst mit Sorgfalt gepflegt: gespannte Erwartung erweckt die Viererreihe analog gebauter, anaphorisch insistierender Vorsätze (I—IV), jedes *tercet* beginnend mit *Si je vous dis que*, jeder dritte Vers einsetzend mit einem apodiktischen *Vous me croyez*. Als Beispiele lyrischer Thematik, denen Zustimmung zuteil wird, zählen die vier *tercets* in ironisch ernüchterndem Referatton auf: 1. *le soleil dans la forêt/Est comme un ventre qui se donne dans un lit;* 2. *le cristal d'un jour de pluie/Sonne toujours dans la paresse de l'amour;* 3. *sur les branches de mon lit/Fait son nid un oiseau qui ne dit jamais oui* — und 4. *dans le golfe d'une source/Tourne la clé d'un fleuve entr'ouvrant la verdure.* Jedes dieser Bilder kann auf den Konsens der Leser/Hörer zählen; der erzielte Widerhall gibt den vier Kurzstrophen den Charakter einer Klimax: 1. *vous approuvez tous mes désirs;* 2. *vous allongez le temps d'aimer;* 3. *vous partagez mon inquiétude;* 4. *Vous me croyez encore plus vous comprenez.* Wieviel Einvernehmen also zwischen Dichter und Rezipienten in den Bereichen der erotischen, der elegischen, der symbolistischen Natur-Dichtung!

---

[26] Text in *OC* II, 143.

Mit *Mais si* wird der Lehrsatz des Texts (V—VI) eingeleitet, der mit dem Zitat der berühmten Marx'schen Literaturdoktrin endet und die Verständnislosigkeit der Angesprochenen aufdeckt:

> Mais si je chante sans détours ma rue entière / Et mon pays entier comme une rue sans fin / Vous ne me croyez plus vous allez au désert / Car vous marchez sans but sans savoir que les hommes / Ont besoin d'être unis d'espérer de lutter / Pour expliquer le monde et pour le transformer/

Dem abschließenden *sixain* fällt die Aufgabe zu, das zutage getretene Dilemma zu pointieren: man ist verwundert, durch Herztöne und Naturbilder, wie ‚Morgenröte', mitzureißen, während man doch befreien, begeistern und zur Verbrüderung mit denen aufrufen will *qui construisent leur lumière* —, mit dem Proletariat.

Nicht von ungefähr beruht diese Verteidigung der verändernden Dichtung auf rhetorischen Mitteln; sie lädt ja nicht zu lyrischer Besinnung und Empfindung ein, sondern wirbt um Verständnis für (möglicherweise rhythmisierte) Sprache im Dienst von Verbrüderung und Aktion. Nicht ohne Grund wurde der Text auch in eine Anthologie der *Poèmes à dire*[27] aufgenommen, ist er doch ein agitatorisches Sprechgedicht, zum Vortrag vor einem intellektuellen Publikum bestimmt, das durch vorwiegend argumentatorisch-oratorische Effekte wie Enumeratio, Wiederholung, anaphorische und epipherische Reihung, Analogie und Kontrast, Axiomatik und Ironie zu beeindrucken ist. Als Reflexion eines Dichters über Möglichkeiten der Dichtung und ihre Alternativen gehört der Text in den Grenzbereich der Ars poetica und Metapoesie; darum fand er seinen legitimen Platz auch in der Anthologie *L'Art poétique*[28]. Die Dichtungsart, für die der Autor wirbt, entzieht sich begreiflicherweise wegen ihres vorherrschend rhetorischen, von Fall zu Fall wechselnden, ideologisch eifernden, auf Beeinflussung abzielenden, apologetischen oder aggressiven Charakters einer apriorischen Zuordnung zur lyrischen Gattung. Dies schließt hohe lyrische Qualität einzelner ‚engagierter' Texte nicht aus. Im französischen Sprachbereich sind die Grenzen ohnehin verwischt, weil nach volkstümlicher und allgemeiner Überlieferung alles in Versen Geschriebene oder Vorgetragene noch heute der Poesie zugeordnet wird, wie charakteristischerweise nach allgemeinem Sprachgebrauch jede Art Emotion — also auch patriotischer, nationaler, moralischer, politisch-

---

[27] *Poèmes à dire* choisis par Daniel Gélin (unter ‚Fraternité', 69 ff.).
[28] Charpier-Seghers, *L'Art poétique*, 571.

ideologischer Zorn oder Enthusiasmus — als Aufwallung von *lyrisme*[25] empfunden werden kann, also im Grunde als poetisch.

Aus dem überreichen Vorrat politisch-lyrischer Texte Paul Eluards, der seit der Erschütterung durch das Fronterlebnis des ersten Weltkriegs und seiner daraus resultierenden Teilnahme an Dada (1920—1923), noch stärker aber seit Ausbruch des spanischen Bürgerkriegs (1936) ein leidenschaftlich und konsequent engagierter Linksintellektueller war[30], kann als repräsentativstes und zugleich poetischstes Beispiel das Gedicht *Liberté* von 1942 hervorgehoben werden, das im zweiten Weltkrieg anläßlich der deutschen Besetzung von Paris entstand[31]. Der auffallendste Kunstgriff ist hier die sparsame Verwendung des Nomens *Liberté*, es bildet nur den Titel und den 85. und letzten Vers, den einzigen Dreisilber, während es in den 21 vierzeiligen und reimlosen Strophen (zu je drei Heptasyllabes und einem Viersilber) nicht begegnet. Stattdessen münden die Quatrains I bis XX sämtlich in den an die Freiheit gerichteten Refrain *J'écris ton nom*, der nur im XXI. durch die Worte *Pour te nommer* ersetzt wird. Kein Satzzeichen außer dem Punkt nach dem zweiten *Liberté*. Adressat der 21 Strophen und Apostrophen ist die effektvoll außerhalb des regelmäßigen Redeflusses bleibende, ihn wie zwei Säulen umrahmende *Liberté*. Außer dem insistierenden Refrain *J'écris ton nom* gibt das 57mal anaphorisch wiederholte *Sur*, das nur in XXI effektvoll vermieden wird, dem regelmäßig rhythmisierten Text etwas Hämmerndes und Erregendes. Das redende Ich beweist damit, daß es nichts anderes denken und schreiben kann als *Liberté*: dieses Wort schreibt es überallhin, wo es Raum dafür findet oder erfindet; und sei es auf Gewässer, über Dschungel und Wüste oder in die Luft, ja, sogar auf die Stirnen der Freunde. Zustand des lyrischen Ich ist also diese ewig nach Ausdruck drängende Besessenheit von einer einzigen Idee. Dadurch wird das Gedicht, wenngleich politisches

---

[25] Vgl. o. Kap. I 2.
[30] Eluards Engagement in allen Perioden, von *Le Devoir et l'inquiétude* (1916/1917) und *Poèmes pour la paix* (1918) bis *Les Sentiers et les routes de la poésie* und *La Poésie de circonstance* (1952), von Mitautorschaft an *Un Cadavre* (1924) bis *Poèmes politiques* (1948) und *Hommage aux Martyres et aux Combattants du Ghetto de Varsovie* (1950), von Mitzeichnung des Surrealisten-Manifests, Jan. 1925 *(Le surréalisme est un moyen de libération de l'esprit et de tout ce qui lui ressemble)* und *Au Défaut du silence* (1925) bis zu der Prager Rede *La Poésie au service de la vérité* (1946) und, unter Pseudonym, *Le Temps débordé* und *Corps mémorable* (1947), von *Capitale de la douleur* (1926) über *Novembre 1936, Solidarité* (1938), die Untergrund-Anthologien *Domaine français* und *L'Honneur des Poètes* I (1943), II (1944) bis zu klandestin besprochenen Schallplatten und der Untergrund-Zs. *L'éternelle Revue* (2 Nrn., 1944).
[31] In: *Poésie et vérité 1942* (OC I, 1105—1107).

Bekenntnis, zur Lyrik. Man brauchte nur das eine rahmenbildende Wort *Liberté*, etwa durch einen Frauennamen oder durch *Amour*, zu ersetzen, um ein herkömmliches und liedhaftes lyrisches Gedicht (etwa nach Art des Schubert-Lieds *Ich schnitt' es gern in alle Rinden ein*[32]) zu erhalten. Die politische Thematik und Problematik verdankt der Text dem einen Wort *Liberté*. Was Eluard im Paris von 1942 darunter verstand, scheint kaum der Erklärung zu bedürfen, doch hob er selbst in dem *Raison d'écrire* betitelten Anhang zu *Au Rendez-vous allemand* (1944) hervor, Sinn und Zweck seiner damals publizierten Gedichte sei gewesen: *retrouver, pour nuire à l'occupant, la liberté d'expression*[33]. Nicht immer ist die Deutung dieses Worts bei Eluard so einfach; seine ideologischen Schattierungen bedürfen von Fall zu Fall der Erklärung[34]. Invariabel scheint aber Eluards Wille zur aktiven Inspiration durch den Dichter zu bleiben, und damit sein Anspruch auf Reziprozität im Verhältnis Autor-Rezipient. Glaubt man seinen metapoetischen und dichtungstheoretischen Äußerungen, so hat für ihn Dichtung nicht als Monolog oder Erinnerung, sondern allein als zukunftsgerichtete Stiftung von Einvernehmen und politischer Kooperation Sinn und Wert:

> La poésie ne se fera chair et sang qu'à partir du moment où elle sera réciproque. Cette réciprocité est entièrement fonction de l'égalité du bonheur entre les hommes. Et l'égalité dans le bonheur porterait celui-ci à une hauteur dont nous ne pouvons encore avoir que de faibles notions. Cette félicité n'est pas impossible. (*Avenir de la poésie*, IX, 1937[35]).

Diese Haltung macht Eluard zu einem der konsequentesten unter den ‚engagierten' Lyrikern des Jahrhunderts[36]. Bis ins Vorwort seiner Anthologie der

---

[32] „Ich schnitt' es gern in alle Rinden ein, / Ich grüb' es gern in jeden Kieselstein, / Ich sät' es gern auf jedes frische Beet / Mit Kressensamen, der es schnell verrät, / *Auf jeden weißen Zettel möcht' ich's schreiben:* / Dein ist mein Herz / Und soll es ewig, ewig bleiben" (u. Hvh.).
[33] S. *OC* I, 1606, Anm.
[34] Schon im August 1936 entfernte sich Eluard von der *liberté*-Konzeption seiner surrealistischen Freunde, als er ihr im Namen der Menschenrechte protestierendes Flugblatt *(La Vérité sur le procès de Moscou*, Nadeau, *Documents surréalistes*, 350—352) nicht mitunterzeichnete. Der Dissens brach 1938 hervor, als E. Bretons Initiative mißbilligte, zusammen mit Trotzki im Manifest *Pour un Art révolutionnaire indépendant* (Nadeau ebd. 372) und durch Gründung der ‚Fédération Internat. de l'Art révolut. indépendant' die Freiheit geistiger Kreativität von parteipolitischer Bevormundung zu postulieren. Dies führte zum Bruch mit den aus der KPF ausgetretenen Surrealisten.
[35] *OC* I, 526.
[36] Vgl. Wolf-D. Lange, *Dichtungstheorie und poetische Praxis bei P. E.*, in: Köhler, *Sprachen der Lyrik*, 498—525.

Poésie du passé (1951) hinein akzentuiert er als Ziel der Dichtung die alte Trias des *Wahren, Schönen, Guten* neu zugunsten der *vérité*:

> 1. accorder son cœur aux bonnes puissances de la beauté, 2. élever ses sentiments, 3. formuler ou [...] entendre justement la vérité (OC II 390),

nicht ohne ausdrücklich einen La Fontaine aus dieser Blütenlese französischer Dichtung vom 12. bis zum 17. Jahrhundert ausgeschlossen zu haben, weil der Fabeldichter unter geschickter Vortäuschung von Einfalt und mit falschem *bon sens* für das Recht des Stärkeren plädiere und es zur Moral erhebe: *Eloignons-le des rives de l'espérance humaine* (OC II 389).

Dennoch gibt es bekanntlich auch für Paul Eluard das Refugium einer nicht zur Aktion, zu militanter Résistance oder sozialer Emanzipation anspornenden, sondern in ihrer Reziprozität nur auf das eigene Spiegelbild oder auf ein individuelles Gegenüber zählenden, Partner oder Partnerinnen einer rein menschlichen Bindung ansprechenden Lyrik, die im Bestand der großen Lyrik der Franzosen ihren Platz unabhängig vom künftigen Wissen ihrer Leser um politisch-historische Hintergründe bewahren wird[37], und der auch die deutschsprachige Kritik wachsende Aufmerksamkeit zuwendet[38]. Die Vielzahl poetologischer Äußerungen, die auch diese Linie von Eluards dichterischer Kreativität begleitet, läßt beständige Wandlungen des dichterischen Selbstverständnisses erkennen. Es läßt sich daran aber auch die unleugbare innere Zusammengehörigkeit der beiden Arten von Eluards lyrischer ‚Reziprozität' demonstrieren. 1937 sagt er in *Premières Vues anciennes*, jetzt schriebe er nicht mehr, was er 1926 den *Dessous d'une Vie* als Einführung vorausgeschickt hatte, denn er habe sich gewandelt (OC I 550). Was hat sich aber in Wirklichkeit verändert? In seiner *prière d'insérer* von 1926 (OC I 1387 f.) hatte Eluard davor gewarnt, die verschiedenen Textarten im Buch nicht nach ihrem inneren Wesen zu unterscheiden: *rêves, textes surréalistes et poèmes*. Die Begründung seiner Diskriminierungen zeigt, daß er schon damals dem Surrealismus mit starker reservatio mentalis gegenüberstand, obwohl er nominell daran teilnahm: In den surrealistischen Texten erweise sich die Dichtung als nutzlos *(Inutilité de la poésie)*, denn *le monde sensible* sei davon ausgeschlossen; von gleißend kaltem Licht bestrahlt, genieße der Geist in seiner Höhe so große Freiheit, daß alle Selbstkontrolle von ihm abgefallen sei. In den Gedichten herrsche ein anderes Wesen:

---

[37] Vgl. Bibliographien in *OC* II, 1417—1427, sowie in: Angenot, *Rhétorique du surréalisme*, II, 104—111.
[38] Vgl. Lit. in Auswahl (Blüher, Engler, Hagen, Jucker-Wehrli, Raible, Rauhut, Thiessing-Speckert und Giedion-Welcker).

Mais des poèmes, par lesquels l'esprit tente de désensibiliser le monde, de susciter l'aventure et de subir des enchantements, il est indispensable de savoir qu'ils sont la conséquence d'une volonté assez bien définie, l'écho d'un espoir ou d'un désespoir formulé. (1388)

Ganz im Gegensatz zur Doktrin des Surrealismus von der *écriture automatique*[35] treten in diesem ästhetischen Credo Geist und Wille als treibende Kräfte in Erscheinung; Gedichte artikulieren einen klaren Willen nach Ausdruck, der Geist unternimmt abenteuerliche Versuche, unterwirft sich freiwillig Zaubermächten und trachtet zu *désensibiliser le monde*. Demnach gehört Lyrik nach Eluards damaliger Auffassung sowohl in den Bereich der Emotion (es gibt Hoffnung, Verzweiflung und das Bedürfnis, sich durch Mitteilung zu befreien) und somit der Ichbezogenheit und Introversion, als auch in eine Zone gezielter Wendung nach außen, insbesondere durch *susciter* und *désensibiliser*, das heißt ‚verändern'. Einziger Hinweis auf ein ausdrückliches Verändern der Mitwelt ist *désensibiliser le monde*, eine etwas enigmatische Formel, die der Klärung bedarf. Im Zusammenhang mit Dichtung kann ein Auslöschen von Empfindsamkeit nicht in Betracht kommen[40], denn Unempfindlich-Machen, Verhärten, Abstumpfen kann nicht Ziel lyrischer Dichtung sein. Paul Eluard ist offenbar der erste, der das Wort aus der Zone der Phototechnik (dann der Medizin) in die der Lyrik überträgt, denn dort ist der Neologismus ebenso wie sein Vorläufer *sensibiliser* (zuerst im 19. Jh. entstanden) angesiedelt[41]. Legt man die genaue technische Bedeutung (eine Über- bzw. Schmerzempfindlichkeit mildern bzw. beseitigen) zugrunde, so ergibt sich — auf die Sphäre der psychischen oder moralischen Reaktionen bezogen, für Eluards Verb die mögliche Bedeutung einer Wappnung gegen tradierte Empfindlichkeiten, den Abbau von Vorurteilen oder Idiosynkrasien oder Verkrampfungen. Der Autor gibt seinen *poèmes* einen Wirkungsauftrag, ohne ihn schon sozial, ideologisch oder politisch zu motivieren.

---

[35] Breton beurteilte später diesen Text als „Ultrarétrograde et en contradiction formelle avec l'esprit surréaliste" (*Entretiens*, 109 f.; in P. E., *OC* I, 1388).
[40] *désensibiliser* (‚unempfindlich machen') nach Petit Robert zuerst 1929 — aber unser Eluard-Text erschien drei Jahre früher.
[41] *sensibiliser* = eine Papieroberfläche lichtempfindlich machen (bei Littré undatiert, aber, gemäß Entwicklung der Photographie, nicht vor 1871); ebd. von 1871 Beleg für Bedeutung *animer la nature*. *désensibiliser* = ‚die Lichtempfindlichkeit einer photographischen Emulsion vermindern'; analog: ‚einen Zahn betäuben, eine Allergie beseitigen' (Petit Robert, e.a.) [vgl. o. Anm. 40].

Zwar würde Eluard, wie zitiert, im Jahre 1937 die Einführung von 1926 nicht wieder schreiben, aber er besteht auch jetzt auf der strengen Unterscheidung zwischen Träumen, automatischen Texten und Gedichten. Er fügt eine Erläuterung der auf Gedichte bezüglichen Formel von 1926 hinzu, die unsere (bewußt ohne Kenntnis des Textes von 1937 versuchte) Deutung bestätigt. Im Gegensatz zum Traumbericht, sagt er jetzt, bleibe ein *poème* unverändert wirksam:

> Le poème désensibilise l'univers au seul profit des facultés humaines, permet à l'homme de voir autrement, d'autres choses. Son ancienne vision est morte ou fausse. Il découvre un nouveau monde, il devient un nouvel homme. (OC I 550)

Die neue Formulierung bestätigt aber nicht nur die elf Jahre ältere, fast stenographische Formel, sondern sie geht über sie hinaus mit dem klaren Auftrag an die Dichtung, den Menschen zu verändern und zu erneuern. Eluard scheint sein seit Ausbruch des spanischen Bürgerkriegs nach Ausdruck drängendes Engagement sogar zurückdatieren zu wollen, was eine Interpretation von *Les Dessous d'une vie*, die hier nicht unternommen werden kann, vielleicht noch erhärten könnte. Die entscheidende Klärung liegt in der Ersetzung von *le monde* im alten Text durch *l'univers* im neuen. Nun handelt es sich um die gegenüber der Romantik ernüchternde und ernüchterte Weltansicht: das Universum ist nicht mehr das beseelte und mythische Universum von Chateaubriands *Poétique du Christianisme* (in: *Le Génie du Christianisme*, 1802), denn der Mensch hat es inzwischen durch die Wissenschaft weitgehend bezwungen. So ist der neue Mensch in einer neuen Welt zum Sujet der Dichtung geworden, die Dichtung wird zum Schrittmacher der Ernüchterung und Weltveränderung. So lassen die beiden Belege des literarisch gebrauchten Neologismus *désensibiliser* im Abstand von elf Jahren zwei Bedeutungsnuancen erkennen.

Im übrigen rückt Eluard jetzt ausdrücklich von seiner früheren Gleichung: automatisches Verfahren = *Inutilité de la poésie* ab. Nein, *écriture automatique* habe das *champ de l'examen de conscience poétique* erweitert und bereichert, denn, seien die solchermaßen der Innen- und Außenwelt abgewonnenen Elemente ins Gleichgewicht gebracht, so habe man den Weg zur *unité poétique* frei. Womit abermals von der surrealistischen Doktrin Abstand genommen wird, denn *conscience poétique* steht im Widerspruch zum mythischen Diktat aus *la bouche d'ombre*. Durch Rücknahme seiner Behauptung von 1926 (automatisches Schreiben beraube das Dichten seiner Nützlichkeit) hebt Eluard den Widerspruch auf, den er selbst in *Les Dessous d'une vie* hineininterpretiert hatte. Der Wirkungsauftrag an die Dichtung, zu dem er sich 1937 bekennt, wird in die surrealistischen Texte zurückprojiziert, sie werden in den Strom der welt- und menschenerneuernden Lyrik mit hereingenommen.

*

Einen kritischen Punkt erreichte die Entwicklung des im surrealistischen Lager entfachten politischen Engagements durch das öffentliche Aufsehen, das 1931/1932 die Publikation von Louis Aragons (geb. 1897) Gedicht *Front rouge* im Organ der Moskauer Internationalen Union Revolutionärer Schriftsteller *La Littérature de la Révolution mondiale* in Frankreich erregte. Der elf Druckseiten umfassende verslibristische Text[42] projiziert ein imaginäres Analogon zur bolschewistischen Revolution in ein von Wohlstand und Snobismus übersättigtes Paris von 1930. Im Ton eines revolutionären Volkstribuns wendet sich ein redendes Ich, anknüpfend an die jüngste Geschichte Frankreichs, der in seiner Vorstellung mobilisierten proletarischen Bevölkerung der Banlieue zu, um sie zum Umsturz des bürgerlichen Regimes aufzurufen. Das Ich sieht die bisherige Ordnung total zusammenbrechen:

> J'assiste à l'écrasement d'un monde hors d'usage [...] [...]
> Je chante la domination violente du Prolétariat sur la bourgeoisie
> [...] (196)

Es feiert schließlich den Triumph der *collectivisation* und der *dialectique matérialiste* (199) und beendet seine flammende Rede als Hymne auf die Sowjetunion mit Zitaten wie:

> Prolétaires de tous les pays unissez-vous

oder

> Debout les damnés de la terre (200 f.)

Mitten im Text unterbricht dieses ‚lyrische Ich' seine enthusiastische Rhetorik durch eine den Text erläuternde Zwischenrede:

> Pour ceux qui prétendent que ce n'est pas un poème
> pour ceux qui regrettant les lys ou le savon Palmolive
> détourneront de moi leurs têtes de nuée
> pour les Halte-là les Vous Voulez Rire
> pour les dégoûtés les ricaneurs

---

[42] Nadeau, 190—201; auch in L. A., *Persécuté persécuteur* (1931).

> pour ceux qui ne manqueront pas de percer à jour
> les desseins sordides de l'auteur [...] (198).

Diese ‚blinden' bürgerlichen Kritiker glaubt der Autor am besten dadurch zu widerlegen, daß er einen ganzen Prosaabschnitt über internationale Verwicklungen im Nahen Osten einfügt, einerseits um den Gegensatz zwischen dem Pathos seiner freien Verse und der nüchternen Prosa eines Leitartikels hörbar zu machen, andererseits um die historische Notwendigkeit seiner imaginierten Pariser Revolution zu beweisen. Vor allem zeigt das Extempore, daß die Sprache der freien Verse mit vollem Bewußtsein in den Dienst der Revolution getreten ist. Kein Wunder also, daß einige Apostrophen dieses Textes in der Öffentlichkeit ernst genommen wurden. Zum Beispiel diese:

> Pliez les réverbères comme des fétus de paille
> faites valser les kiosques les bancs les fontaines Wallace
> Descendez les flics
> camarades
> Descendez les flics
> Plus loin plus loin vers l'ouest [...] (193)

Sie wurden zum Hauptanlaß für ein spektakuläres Gerichtsverfahren gegen Aragon, in dessen Verlauf der Ankläger am 16. Januar 1932 eine Gefängnisstrafe von fünf Jahren wegen „excitation de militaires à la désobéissance et à la provocation au meurtre dans un but de propagande anarchiste" (206) forderte. Ein Verfahren und Strafmaß, die begreiflicherweise die breite Öffentlichkeit erst auf den für einen begrenzten Leserkreis bestimmten Text aufmerksam machten, ihm zu einer unerwarteten, enormen Publizität, und, letzten Endes, zur Anerkennung ‚lyrischer Rede' als einer politischen Waffe verhalfen. Nun solidarisierten sich ganze Gruppen mit dem auf der Anklagebank sitzenden Dichter, vor allem natürlich die Surrealisten, aber auch andere Sympathisanten. Für eine Protestaktion wurden in Kürze 300 Unterschriften gesammelt.

Dies war der Ursprung der sog. Affaire Aragon, die mit dem Bruch zwischen der Surrealistengruppe und dem Verfasser von *Front rouge* enden sollte. *L'Affaire Aragon* war zunächst eine Petition betitelt, mit der zwölf Freunde, unter ihnen Breton, Char, Crevel, Eluard, Péret und Sadoul zugunsten des Angeklagten intervenierten[43], und in der sie natürlich nicht ihre Überzeugung betonten, daß *la poésie doit avoir pour but la vérité pratique*; vor allem brachten sie vor, lyrische Sprache dürfe nicht im *sens littéral* und nach

---

[43] Text bei Nadeau, 205—208.

ihrem *contenu immédiat* oder *selon la lettre* verstanden werden, vielmehr: *ce poème [. . .] se défend rigoureusement de militer en faveur de l'attentat individuel*, es beschränke sich darauf, teilweise zu antizipieren, was dereinst *(le jour venu)* zur Machtergreifung *(la prise du pouvoir)* führen werde. In einem beigefügten Aufruf zur Mitunterzeichnung erhob man energisch Einspruch *contre toute tentative d'interprétation d'un texte poétique à des fins judiciaires* (207).

Dieser solidarischen Grundhaltung pflichtete Surrealisten-Chef André Breton in einer eigenen Streitschrift, *Misère de la poésie* (1932), bei[44], worin er zwar das umstrittene Poem als *un modèle de pensée consciente* (im Kontrast zu den automatischen Texten der Surrealisten) definierte, aber — auf die Ästhetik Hegels gestützt — Tragweite und Bedeutung des Gedichts über die Summe der darin enthaltenen Elemente empor auf die Ebene der Irrationalität erhob. Für die Frage nach Sinn und Grenzen politischer Lyrik ist der zweite Teil von Bretons *Misère de la poésie*, der einen geschichtlichen Ort für Aragons Text in der Entwicklung der Dichtung sucht, von entscheidender Bedeutung. Nach Breton wäre das Aufsehen, das *Front rouge* erregte, nur gerechtfertigt, wenn der Text ein *changement d'orientation très net* in den zeitgenössischen Wandlungen lyrischer Verfahren markiert und die Lösung des Konflikts zwischen *la pensée de l'homme et son expression lyrique*, der gerade ein dramatisches Stadium durchlaufe, herbeigeführt hätte. Der Augenblick wäre dann gekommen, mit der Tradition indirekten Sprechens in der Poesie zu brechen, um Aragons Modell eines *programme d'agitation immédiate* nachzueifern (213). Zwischen den Erkenntnissen der Ästhetik über die zyklische Fortentwicklung der Künste bis zur absoluten Negation des Endlichen und Besonderen hin (Hegel) und gewissen jüngst getroffenen Sprachregelungen *(les directives*, 214) der Internationalen Konferenz Proletarischer und Revolutionärer Schriftsteller (Karkow, Nov. 1930), an die sich Aragon hält, gebe es aber unvereinbare Widersprüche. Daher wäre es — so Breton — sinnlos, in *Front rouge* eine entscheidende Wende zu suchen und diesen Text, der keinen neuen Weg eröffne, den zeitgenössischen Dichtern zur Nachahmung zu empfehlen:

> dans ce poème, le *retour au sujet extérieur* et tout particulièrement *au sujet passionnant* est en désaccord avec toute la leçon historique qui se dégage aujourd'hui des formes poétiques les plus évoluées. (216)

[44] Text ebd. 208—216.

III. Auktoriale Grundpositionen

So verfällt der Text dem Verdikt, eine abseitige Übung ohne Zukunft, poetisch rückschrittlich und ein Gelegenheitsgedicht[45] zu sein. Zwar bekennt sich Breton abschließend zu dem Grundsatz, daß von Künstlern und Schriftstellern *leur participation effective aux luttes sociales* zu fordern sei; aber es sei unzulässig, den ursprünglichen Sinn der Poesie (*en planant au-dessus du réel de le rendre, même extérieurement, conforme à la vérité intérieure qui en fait le fond*) durch eine andere Funktion, etwa als bloßes Medium revolutionärer Indoktrination, zu ersetzen (216).

Bretons Grundsatzerklärung über die Grenzen politischer Bekenntnislyrik kündigt schon den Bruch der Surrealisten mit Aragon an, der im März 1932 folgte. Zur Klärung der poetologischen Grundfrage tragen die weiteren, zwischen beiden ‚Lagern' ausgetauschten Pamphlete nichts Entscheidendes bei[46], zumal sich eher Aragons schwankendes Verhalten, sein Lavieren, seine schillernde Persönlichkeit und nicht eigentlich der Text von *Front rouge* als Hindernis für weitere Zusammenarbeit erweisen. Ein knappes Jahrzehnt danach werden sich die Gegner und alten Freunde im gemeinsamen Einsatz für die *Résistance* gegen die Besatzungsmacht wieder zusammenfinden, doch wird Breton — nach dem Zeugnis seiner *Entretiens* (1952) — stets ironische Distanz wahren von Aragons *mobilité d'esprit*, seiner *assez grande laxité de ses opinions*, seinem *trop grand désir de plaire*, kurz: von diesem *Étincelant*...[47]. Aragon blieb seinerseits, auch als Lyriker, weiterhin parteipolitisch engagiert, wie vor allem das Dankpoem *Du Poète à son parti* beweist, mit dem *La Diane française* (1945) ausklingt[48]. Bei allem Respekt, den Aragon als Homme de lettres genießt, zog er durch die Verbindung seiner literarischen Könnerschaft und seiner Lyriker-Qualitäten mit parteipolitischer Propaganda scharfe Kritik auf sich. Gaëtan Picon gibt zwar zu, Aragon verbinde in der Lyrik stärker noch als im Roman patriotischen Elan mit revolutionärem Willen, doch spricht er ihm die Qualität eines bedeutenden und berufenen politischen Gelegenheitsdichters zugunsten seiner Liebeslyrik rundweg

---

[45] Mit dieser Abwertung von Gelegenheitsdichtung kontrastiert Eluard, *La Poésie de circonstance* (*La nouvelle critique*, 35 (1952) 32—44; *OC* II, 931—944; dt. in *Sinn und Form*, IV 4 (1952) 5—17.
[46] Texte bei Nadeau, 217—230, unter dem Titel *Paillasse!*, der möglicherweise auf A.s *Parti-Pris* (in: *Feu de joie*, 1920) anspielt; darin huldigt das Ich einem *vitesse*-Kult futuristischer Art und behauptet u.a.: *Je saute ainsi d'un jour à l'autre / plus joli / qu'un paillasson de tir* (in: *Le Mouvement perpétuel*, 42).
[47] Breton, *Entretiens*, 45.
[48] Aragon, *La Diane française*, 79.

ab, er nennt ihn einen Hofpoeten, der gern ein Volksdichter wäre[49]. Ein anderer Kritiker meint, es sei unmöglich von all den Einlassungen abzusehen, in denen Aragon „mit geradezu masochistischer Gier sein Genie dem sozialistischen Realismus unter die Räder wirft", mit denen er „im Rahmen engstirniger Kaderhörigkeit Literatur als Macht ausübt"[50].

An einem Beispiel sei gezeigt, wie solche Tendenzen und Neigungen ein anfänglich geglücktes lyrisches Konzept verderben konnten. Als Paradigma politischer Lyrik, die sich durch ihre anfänglichen dichterischen Qualitäten durchaus über parteiische ‚Hofpoesie' erhebt, wählen wir, nicht zuletzt auch aus dichtungshistorischen Gründen, *La Nuit de juillet* in *La Diane française*[51]. Historischer Anlaß und Hintergrund dieses Textes sind die militärischen und politischen Ereignisse in Italien während des zweiten Weltkriegs, vom 10. Juli bis zum 3. September 1943: am 10. Juli Beginn der alliierten Invasion in die ‚Festung Europa' durch Bildung des ersten militärischen Brückenkopfs im Süden und Osten Siziliens; am 25. Juli Mißtrauensvotum des Faschistischen Großrats gegen Mussolini; anschließend Verhaftung des Diktators auf Veranlassung König Viktor Emmanuels III in Rom; Marschall Pietro Badoglio wird Ministerpräsident; am 3. September erste Landung alliierter Verbände auf dem europäischen Festland, bei Reggio Calabria; Unterzeichnung eines separaten Waffenstillstands zwischen den alliierten Mächten und Badoglio-Italien; Übergang Italiens aus der ‚Achse Berlin—Rom' zu den Alliierten. Auswirkungen dieser im Gedicht nur periphrastisch angedeuteten Ereignisse werden vom Dichter als Vision in eine Julinacht zusammengedrängt, als Traumbild einer gewaltigen Volkserhebung und damit schemenhaftes Analogon zu Frankreichs ‚Quatorze Juillet'.

Der Text besteht aus 38 interpunktionslosen Alexandriner-Distichen in *rimes plates*. In der Nacht wird ein Mensch durch einen roten Widerschein an der

---

[49] G. Picon, *Panorama de la nouvelle littérature française,* chap. IV (Situation de la poésie); vgl. ebd. „Aragon apporte l'habileté, l'artifice, la grâce, les mille tours du prestidigitateur là où nous attendions la sincérité, la gravité simple: il est un poète de cour qui veut être un poète de peuple, un acrobate éblouissant qui veut être le chantre d'un temps tragique. [...] c'est dans le lyrisme amoureux, dans sa poésie néo-pétrarquiste, qu'A. a donné le meilleur. Mais là encore, la littérature l'emporte sur la poésie. [...] elle n'a pas la voix qu'elle voudrait avoir [...], elle ne va pas dans le sens de la poésie actuelle [...]. *Le Roman inachevé* (1956), est peut-être son chef-d'œuvre." (184 f.)
[50] Werner Spies, *Aragon, aber welcher? (Das Auge am Tatort,* 114—119).
[51] Aragon, *La Diane française,* 53—55.

III. Auktoriale Grundpositionen

Zimmerdecke geweckt, während zunächst unerklärlicher, anschwellender Lärm von draußen hereindringt. Das Ich deutet in leisem (innerem) Monolog (Distichen 1—28 unserer Zählung) diese Vorgänge als Zeichen einer gewaltigen italienischen Volkserhebung. Obwohl der Auftakt alles herkömmliche lyrische Erleben leugnet, werden im Halbschlaf durch enumeratio negativa und andere Verneinungen doch individuelle Emotionen evoziert:

> Non ce n'est pas le jour ce ne sont pas des roses
> Et non plus l'alouette en la nuit de Juillet (2/3)
> Et ce n'est pas l'aurore et non plus l'alouette (6)
> Il n'en est plus besoin [. . .] (7)

Aber das Bewußtsein der tragischen Gegenwart mischt sich ein: ein diffuses Licht, das ein wenig Gold ins Fenster wirft (4), ist schon ein Hoffnungsschimmer *En un temps sans amour et des nuits sans amants* (7). Doch erst im 10. Distichon erlangt das Ich durch zwei konkrete Sinneseindrücke — Feuerschein am Himmel und abgerissene Sätze im Wind — das volle Bewußtsein eines Geschehens, das sich freilich alsbald als suprareal erweist. Es beginnt ein Sprachgewirr zu verstehen, in dem alle Zeitalter und Regionen Italiens, seine Heiligen, Musiker, Denker, seine Maler, Architekten, Dichter und Geigenbauer, seine legendären Liebespaare sich zu einem immer stärker tönenden, ungeordneten Unisono vereinigen, das schließlich zu einem gewaltig brausenden Chor wird. Dem ergriffenen Schluchzen der Neapolitaner beim Orgelspiel des Niccolò Porpora, dem leisen Sprechen der Fischer im Golf und dem Liebesgeflüster Lauras mit Petrarca gesellt sich *Le langage commun du Tasse et des faquins*, die Rede des Heiligen Franz von Assisi und des Thomas von Aquin, das Sprechen Othellos mit Desdemona in Venedig, das Lied der Cremoneser Geigen (der Amati, Guarneri und Stradivari); in diese Sprache mischt sich jene andere, nicht minder hohe Sprache aus den Bauten Palladios, aus den magischen Eingebungen Paolo Ucellos. Die Julinacht, in der das Wort *liberté* sich allen anderen Verkündigungen des schöpferischen Geistes zugesellt, wird mit der *Nacht* Michelangelos identifiziert, wo rosenfingrige Hoffnung ihr Tuch zerreißt und die schwarze Blume (der Melancholie) erzittert (Dist. 18/19), — offenkundige Anspielung auf den poetischen Dialog Giovanni Strozzis mit dem Bildhauer, anläßlich der *Notte del Buonarroto* am Grabmal des Lorenzo de' Medici in Florenz, jene berühmte politische Dichterklage, die der Statue der Nacht in den Mund gelegt wird:

Louis Aragon

> Caro m'è 'l sonno, e più l'esser di sasso,
> mentre che 'l danno e la vergogna dura.[52]

Es ist die in der Vision versteckte Berufung Aragons auf einen in höchstem Ruhm stehenden Künstler, der seine Stimme gegen die Schmach erhebt.

Sprachlich verrätselt ist die Klimax, auf der nun ein Fragenkatalog den lyrischen Monolog zum Gipfel und Ende führt: welches Angelusläuten fegt zu früh über Berge und leidgeprüfte Dächer? (19)[53]

> Est-ce la blanche Paix de Cumes au Brenner (20)
> Est-ce la blanche Paix qui sort de l'incendie
> Et ce rugissement est-ce Leopardi (21)
> Qui pourrait démêler ces lointaines clameurs
> Est-ce un monde qui naît ou l'avenir qui meurt (22)
> Que disent-ils Quels noms de la foule renaissent (24)

Die zweimalige Frage nach dem ‚weißen Frieden' spielt auf die während des Kriegs in Italien verstohlen gebrauchte Redensart von der *pace bianca,* einem erhofften Frieden ‚ohne Annexionen und Wiedergutmachungen'[54], an und zugleich auf Badoglios Waffenstillstand (auch für das von den Deutschen noch lange nicht aufgegebene Italien zwischen Cumä [stellvertretend für Neapel] und dem Brenner). Die scheinbare Identifikation Leopardis mit einem *rugissement* ist elliptische Kürzung der Frage, ob ein begeisterter Aufschrei der Massen den nun herzutretenden Dichter Giacomo Leopardi begrüße, also eine weitere gewichtige Bereicherung des diachronischen Simultanismus nationaler Erhebung. Die letzten Fragen (22/24) finden dreifache Antwort in den Distichen 25, 27 und 28: die Volksmenge begrüßt die zuletzt in den Chor der Unsterblichen eintretenden Opfer des Faschismus und Politiker Antonio Gramsci (marxistischer Philosoph, Mitbegründer der KPI, in politischer Haft gestorben 1937) und Giacomo Matteotti (Sozialistenführer, ermordet 1924). Die Prophezeiung der Befreiung überlebender politischer Häftlinge von den liparischen Strafinseln leitet die Schlußapostrophe ein:

> O si longtemps salie Italie-au-Bourreau
> Les îles Lipari te rendront tes héros (29)

---

[52] *Sopra la „Notte" del Buonarroto,* di Gio. Strozzi, in: Michelangiolo, *Rime* (Raccolta Nazionale dei Classici diretta da G. Papini) Firenze, Rinascimento del Libro (1928), 109.
[53] Verrätselte Sprache, nach Art des *trobar clus,* soll die Résistance-Dichtung vor der Zensur schützen, ähnlich wie großzügiger Umgang mit historischen Daten und Anspielungen.
[54] Zingarelli, *Vocabolario,* s.v. *pace.*

III. Auktoriale Grundpositionen

Die Fiktion der lyrischen Ergriffenheit des Ich im stillen Zimmer und der Vision einer simultanen und ubiquitären Erhebung Italiens unter Anführung seiner Geistesheroen wird in den restlichen Distichen (29 bis 38) verlassen. Von seinen Vorstellungen enthusiasmiert, apostrophiert das Ich das allzu lange unterdrückte Italien. In satirischem Ton und mit erhobener Stimme proklamiert es in diesem zweiten Teil des Gedichts, teilweise im Futur, den Sturz des faschistischen Regimes, den es als Abbrennen eines Jahrmarkts, Zerstieben eines zwanzigjährigen Römischen Karnevals und Zirkusspiels metaphorisiert. Die traumhafte Ausgangssituation:

> Je ne sais quel parfum pathétique et profond
> Souffle une illusion de roses au plafond (1)

wird durch den zwar metaphorischen, aber prosaischen Kommentar zum Ende der ‚Pöbelherrschaft der Fasci' abrupt aufgehoben:

> Les roses de naguère expliquent leurs reflets
> Par cette chienlit des Licteurs qui brûlaient (31).

War der erste Teil ein kunstvolles Gemisch von pathetischer Stimmung und dantesker Exemplatechnik mit den Kunstgriffen des Simultanismus, von raffiniert tarnender Periphrastik, Preziosität und erlesener Bildung mit eifernder Hinwendung zum Proletariat, so mündet der zweite Teil in trivialen Lärm. Zuletzt entspringt der ‚Zuchthengst' *Liberté* mit Hilfe eines Dressurakts dem faschistischen Zirkus, während — mit vulgärer kinetischer Analogie — der Verfasser der *Divina Commedia* (Purgatorio und Paradiso vergessend) unversehens aus dem Inferno zum Anblick des gestirnten Himmels emportaucht:

> L'étalon Liberté crevant l'écran de toile
> Dante sort de l'enfer et revoit les étoiles (38)

In der unfreiwilligen Komik dieses Schlußeffekts und in dem gewollten Kontrast zwischen Traumgesicht und Untergangssatire verunglückt, was mit verheißungsvollen lyrischen Tönen begonnen hatte. Der revolutionäre Zorn hat dem traditionsbewußten Dichter das Konzept verdorben. Der metrische Grundriß des Gedichts, die regelmäßigen und reimenden Alexandriner-Distichen, bestätigen das in Aragons poetologischen Schriften wiederholt und grundsätzlich geäußerte Bekenntnis zum Herkommen fester Formen und zum Zwang des Reims[55], denn der Eiferer für Freiheit und Fortschritt ist als Vertreter des lyrischen Metiers ein engagierter Traditionalist, erfahren

---

[55] Vgl. Aragon, *La Leçon de Ribérac, De L'Exactitude historique en poésie*, etc.

im Studium und in der Handhabung historischer Versformen, virtuos geübt in der Wiederanwendung des *trobar clus* und strenger Beobachter zugleich des ‚Reimsterbens' in der Lyrik seiner Zeitgenossen. So mag es sich nicht zuletzt erklären, daß er sich mit *La Nuit de juillet* ostentativ in die Gefolgschaft von Jules Romains stellt, der nicht zu den Umstürzlern des französischen Verses zählt. Was Romains in den reichen Formvariationen von *La Vie unanime* ersehnte, entwarf und bezeugte: das reine, aus der jeweiligen zufälligen oder zwangsläufig entstehenden Situation einer Menschengruppe geborene *unanime*, das Bewußtwerden seelischer Übereinstimmung von Vielen, simultaner, möglicherweise überzeitlicher und überräumlicher (ubiquitärer) Bewegung —, dieses strukturelle Schema der unanimistischen Lyrik wendet Aragon in seinem Gedicht von der Julinacht an. Wohlgemerkt hatte es bei Romains noch keine politischen oder ideologischen Akzente (solche wurden erst später hineininterpretiert[56]). Das Bewußtwerden aller Schichten des italienischen Volkes in allen Landschaften der Halbinsel mit dem Wunsch, in politischer Freiheit eine Einheit zu werden, ist ein geradezu exemplarisch unanimistisches Phänomen; bis zum 28. Distichon ist das Gedicht ein lyrischer Beitrag zum Unanimisme fast vier Jahrzehnte nach dessen Entstehung. Ein Spezifikum der Lyrik Romains' ist es aber auch, daß dieser Vorgang aus der stillen Beobachterposition eines lyrischen Ich heraus dargeboten wird. In Romains' *Odes* entsteht die seelische Bewegung häufig durch von außen eindringende sinnliche Reize bei einem völlig isoliert im dunklen, meist kargen Raum befindlichen Ich: durch Lichtreflexe an der Zimmerdecke, durch einen schwachen Schimmer vom Dachfenster her oder durch von fern herkommende Geräusche; Emotionen stiftend, die entweder zur Steigerung eines Zustands der Verzweiflung oder zur Weckung leiser Hoffnungen oder zu einem *émoi surnaturel* (*Odes* II, IV) zu führen pflegen[57]. Tatsächlich haben, wie A. Breton bezeugt[58], Romains' *Odes* schon den jungen Aragon fasziniert; wie unser Beispiel zeigt, war es dem 46jährigen Résistance-Kämpfer vorbehalten, diese Odenform bei dem Versuch, sie in *La Nuit de juillet* zu politisieren, durch eine Art Antode am Schluß zu zerstören. Auf das Vorbild des Unanimisten und Odendichters Romains weist zuletzt auch das sonst seltene metrische Schema von *La Nuit de juillet* zurück: das Zwölfsilber-Distichon. Während es beispielsweise in Baudelaires

---

[56] Vgl. Romains' Distanzierung *Ai-je fait ce que j'ai voulu?* (dazu Vf., *„Der Angelus des neuen Bewußtseins"*).
[57] Romains, *Odes et Prières* (1913), insbes. *Odes,* Livre premier: I, III, IV; Livre deuxième: III, IV, VIII, IX etc.
[58] Breton, *Entretiens*, 43 f., *Les Critiques de notre temps et Breton*, 21.

III. Auktoriale Grundpositionen

Fleurs du Mal ein einziges Mal vorkommt (CXIX), begegnet es in *La Vie unanime* mehrmals isoliert in Gedichten freier Form, aber auch zweimal kumulierend in Gedichtschlüssen wie *Le Café* (I, II) mit 7 Distichen und *La Famille* (II, II) mit 5 Distichen.

Distichen benutzt Aragon auch, in Verbindung mit dem von Ronsard und dem Victor Hugo der *Légende des siècles* gebrauchten Siebensilber, in einem anderen politischen Gedicht: *Art poétique*, das der Sammlung *En Français dans le texte* (1942) vorausgeht und sie den im Mai 1942 beim Massaker an den Intellektuellen der Résistance erschossenen Freunden Politzer, Decour und Solomon zueignet[55]; Bekenntnis zur Dichtung als Totenklage, Anklage und Alarm. Als Ars poetica der Résistance ist dieser Text in seiner Sparsamkeit und Geschlossenheit ein reines lyrisches Gedicht. Grammatisch und durch die wechselnde Sprechhaltung bilden die 15 Distichen drei Blöcke von je 5 Verspaaren: in I—V spricht das Dichter-Ich in Optativen, in VI—X werden Aussagesätze ohne Ich asyndetisch gereiht (Tempus: Präsens), in XI—XV richtet das Ich Befehle an seine *rimes*; das letzte Distichon korrespondiert mit dem ersten als leicht variierende verbale Reprise:

Pour mes amis morts en Mai	Je chante toujours parmi
Et pour eux seuls désormais (I)	Les morts en Mai mes amis (XV)

Auch die anderen Distichen des ersten und des dritten Blocks stehen in einer Art Echobeziehung zueinander:

Que mes rimes aient le charme	Rimes rimes où je sens
Qu'ont les larmes sur les armes (II)	La rouge chaleur du sang (XI)
Et que pour tous les vivants	Rappelez-nous que nous sommes
Qui changent avec le vent (III)	Féroces comme des hommes (XII)
S'y aiguise au nom des morts	Et quand notre cœur faiblit
L'arme blanche du remords (IV)	Réveillez-nous de l'oubli (XIII)
Mots mariés mots meurtris	Rallumez la lampe éteinte
Rimes où le crime crie (V)	Que les verres vides tintent (XIV)

Der manifestierende und harte Ton dieser beiden außenstehenden Blöcke läßt die lediglich aussagenden fünf Distichen der Mitte als leisere Rede erscheinen, zumal die darin enthaltenen neun Vergleiche das Wesen der Verse mit allen Wahrnehmungen der Sinne in Beziehung setzen und so die evozierende Kraft der Dichtung schlechthin definieren: sie tönen und rauschen

---

[55] Vgl. Aragon, *De l'exactitude historique en poésie* (*La Diane française*, 88; Seghers, *La Résistance et ses poètes. France 1940—1945*, 184 f.).

(Elles font au fond du drame / Le double bruit d'eau des rames // Banales comme la pluie/), sie leuchten flüchtig auf *(Comme une vitre qui luit // Comme un miroir au passage)*, sie duften wie eine verwelkende Blume *(La fleur qui meurt au corsage)*, sie gleiten in naiver Leichtigkeit vorüber *(L'enfant qui joue au cerceau / La lune dans le ruisseau)*, sie wecken wie ein exotisches Kraut im Schrank den Duft der Erinnerung *(Le vétiver dans l'armoire / Un parfum dans la mémoire)*. Diese Unterteilung des Gedichts läßt an die Wechselrede in Trauerchören der antiken Tragödie denken, an die Formen der Totenklage *Kommos* oder *Threnos*, worauf der Wortlaut des 6. Distichons ausdrücklich hinzuweisen scheint: *Elles font au fond du drame [...]*

Noch einmal treffen wir auch hier, in dem zunächst befremdenden Vergleich der Verse bzw. des Dichters mit einem *enfant qui joue au cerceau* (IX), auf eine Jules-Romains-Reminiszenz: aus unserer Erinnerung taucht die rührende Gestalt des Schülers Bastide auf, der in *Le 6 Octobre*, dem ersten Roman des 27bändigen Zyklus *Les Hommes de bonne volonté* (1932—1946), eifrig auf das Spiel konzentriert, seinen Reifen unbeirrt durch den chaotischen Verkehr der Weltstadt Paris treibt. Wenngleich der historische Hintergrund des Gedichts jüngeren und künftigen Lesern aus dem Blickfeld schwindet, verbindet es doch Poetik und Totenklage zu einer Einheit besonderer Prägung durch das Leitmotiv des zornigen Nicht-vergessen-Wollens *(L'arme blanche du remords / Rimes où le crime crie / Rappelez-nous ... / Réveillez-nous ... / Rallumez la lampe éteinte ... / Je chante toujours ...)*. Zusammen mit den Anspielungen der wechselnden Sprechhaltung auf antike Formen der Totenklage gibt auch der akzentuierte Gebrauch des Wortes *rimes* als pars pro toto bzw. Synonym von *vers* (Dist. II, V, XI) — wie im Altfranzösischen, Altprovenzalischen und bei dem Italiener Petrarca[60], dem Text den Anschein, von einem älteren Meister zu stammen.

*

André Breton hatte 1941 in Martinique eine enthusiastische Begegnung mit Aimé Césaire (geb. 1913), dem damals in Europa noch unbekannten Vertreter einer politischen Dichtung hohen Rangs: der frankophonen Neger-Lyrik der Antillen. Bretons 1943 in New York geschriebener Bericht *Un grand Poète noir* (jetzt in dem zusammen mit André Masson verfaßten Bändchen *Martinique charmeuse de serpents* abgedruckt[61]) schildert die ‚Entdeckung' des exotischen Dichters und enthält eine ausführliche Interpretation seines 1939

---

[60] Die Schattierung von *rime* hier frei von pejorativen oder burlesken Konnotationen, die das Wortfeld im Französischen begleiten *(mettre en rime; rimeur; rimailleur* u.ä.). — Der petrarkistische Zug in A.s Liebeslyrik hier auch im Wortgebrauch von *rimes* (vgl. *Le Rime del* Petrarca).
[61] A. B., *Martinique*, 89—109.

ohne jeden Widerhall in Paris erschienenen *Cahier d'un retour au pays natal*. Breton rühmt dieses Gedicht als *le plus grand monument lyrique de ce temps* (99); er äußert uneingeschränktes Lob nicht nur für die darin gelungene Befreiung der Lyrik aus überkommenen Zwängen (100—102), für den Willen des Autors, dem vermeintlichen *bon sens* zugunsten der Traumwelt den Gnadenstoß zu versetzen (107—108), sondern auch wegen seiner

> intensité exceptionnelle de l'émotion devant le spectacle de la vie (entraînant l'impulsion à agir sur elle pour la changer) (102)

und mit allem Nachdruck wegen des dunklen Hintergrunds der hier spürbaren Erinnerung an Jahrhunderte der Ausbeutung und Erniedrigung der schwarzen Rasse, der ihr Heimweh ständig gefährdet:

> souvenir ancestral des abominables traitements subis, de la conscience d'un déni de justice monstrueux et à jamais irréparable dont toute une collectivité a été victime. (104 f.)

Der Chef der Surrealisten verneigte sich vor dem engagierten Dichter der *négritude*, als dessen Credo er zitiert: „Nous sommes de ceux qui disent non à l'ombre" (94). 1947 ließ Breton eine Neuausgabe des *Cahier d'un retour au pays natal* im Verlag Bordas erscheinen[62].

Césaire erwies sich in der Tat als eine der stärksten lyrischen Potenzen unserer Epoche, er wurde einer der führenden Köpfe der modernen Negerdichtung, die — ohne durchweg politische Dichtung im engeren Sinn zu sein und sich durch ihre Problematik zeitlich zu binden[63] — einen unüberhörbaren Anklage- und Appellcharakter vor ihrem großen historischen Hintergrund besitzt. Ihr weit in Vergangenheit und Zukunft weisendes zentrales Thema ist die Knechtung, Entrechtung und Emanzipation der Schwarzen Afrikas und der Antillen. Ihre sprachliche Eigenart liegt in der vielfältigen Mischung von Afrikanismen, Antillismen und kreolischen Elementen mit

---

[62] Vgl. Ausgabe Jahn: A. C., *Zurück ins Land der Geburt*.
[63] Walter Hinderer (Hg.), *Geschichte der politischen Lyrik in Deutschland*. Stuttgart, Reclam, 1978, unterscheidet zwischen der politischen Wirkungsdimension, die auch das unpolitische Gedicht haben kann, und dem politischen Gedicht im strengen Sinn; Ziel sei ‚Kommunikation einer öffentlich-politischen Thematik', diese umfasse ‚nicht nur die Dialektik von Herrschaft und Widerstand, sondern auch das ganze auf den Staat, auf Herrschaftsformen und Herrschaftsinteressen verschiedener Institutionen, Gruppen, Parteien, Verbände, kurzum: auf das ganze System von Machtpositionen, Machtbeziehungen und Machtinteressen bezogene Handeln'. (Vgl. Rez. Gert Ueding: „Das Ziel ist: überflüssig zu werden", FAZ Nr. 132/23 D, 9. 6. 1979).

Gräzismen und mit dem als Basis dienenden Französischen, der Sprache der früheren Kolonisatoren, die — in Ermangelung einer einheitlichen und gemeinverständlichen Negersprache — nun die Emanzipation von den europäischen Zwingherren zu proklamieren hat. Diese einzigartige Funktion des Französischen in der Dichtung der *négritude* darf bei ihrer Rezeption keinen Augenblick vergessen werden[64]. Césaire, der in Deutschland hauptsächlich als Dramatiker der schwarzen Befreiungsbewegungen Beachtung fand, ist primär Lyriker. Der hohe Anspruch seiner Dichtungen (außer dem genannten *Cahier d'un retour: Les Armes miraculeuses,* 1946; *Soleil Cou coupé,* 1948, und *Corps perdu,* 1949, beide 1961 unter dem Titel *Cadastre* vereinigt; *Ferrements,* 1959), insbesondere die sprachlichen und mythologischen Schwierigkeiten, die weiße Leser darin zu überwinden haben, erklären ihre geringe Verbreitung in Europa. Trotzdem sind einige dieser Dichtungen sogar in deutschen Übertragungen erschienen[65].

Es kennzeichnet Césaires lyrische Grundveranlagung, daß auch sein dramatisches Werk durch lyrische Elemente mitstrukturiert wird. Seine 1946 entstandene Dichtung *Et les Chiens se taisaient (Tragédie),* die 1956 als ‚Arrangement théâtral' erschien, ist fast durchgehend in freien Versen geschrieben und quasi als lyrisches ‚Oratorium' mit Solostimmen und wechselnden Chören konzipiert. Auch in den drei Dramen *Tragédie du Roi Christophe* (1963/1970), *Une Saison au Congo* (1966/1973) und *Une Tempête, d'après ‚La Tempête' de Shakespeare* — Adaptation pour un théâtre nègre (1969) bedient sich der Autor der Lyrik als einer Art Kontrapunkt, ohne dessen volle Rezeption und Interpretation die Stücke mißverstanden würden und ihres einzigartigen Charakters als lyrisch-dramatische Mischformen verlustig gehen müßten[66].

Besonders reich und reizvoll abgetönt sind die lyrischen Komponenten in dem von den geschichtlich-politischen Vorgängen nur in geringfügigen Ein-

---

[64] Vgl. Sartres Vorwort *Orphée noir* (1948) zur *Anthologie de la Nouvelle Poésie nègre* (Hg. Senghor) sowie in: *Situations* III, 227—286. — Zu *Négritude* und den historisch-politischen Implikationen von Césaires dramatischen Werken vgl. Klaffke, *Kolonialismus im Drama: A. Césaire.* — Zum Prinzip *négritude*: Jahn, *Négritude — weltoffen.* — Erste Belege des Neologismus *Négritude* 1939 in Césaire: *Cahier d'un retour au pays natal* (Ausg. Jahn, 72, 86, 92).
[65] S. Lit. in Auswahl (C.s Lyrik u. Übersetzungen).
[66] Frühere Hinweise: Vf., *A. Césaire: La Tragédie du Roi Christophe.* Auch in *Une Tempête* zahlreiche, sprachlich und metrisch hervorgehobene lyrische Textstellen, in freien Versen gesprochene Reden Calibans, Prosperos und Ariels, sowie zwölf Liedeinlagen.

zelheiten abweichenden Lumumba-Drama *Une Saison au Congo*[67]. Durch die Kraft der Poesie werden hier die historischen Begebenheiten über ihre Einmaligkeit und Vergänglichkeit ins allgemein Schicksalhafte und Tragische emporgehoben. Hier geben nicht nur von *femmes* und *filles* gesungene oder von Söldnern vorgetragene Lieder und Gesänge einen scheinbar unbeschwerten folkloristischen Hintergrund; es werden nicht nur salbungsvolle Alexandriner zur Karikierung gewisser Feindgruppen wie der belgischen Bankiers verwendet[68]; sondern das Mittel der freien Verse wird mit lyrischer Verve eingesetzt zum Ausdruck gesteigerten dramatischen Bewußtseins von Hauptfiguren wie Lumumba und seiner Frau Pauline, zur Hervorhebung politisch entscheidender Reden (auch Reden einer Allegorie wie *La Guerre*, in II 4) oder in einer die Verbrüderung des Helden mit dem Volk symbolisierenden Szene wie Lumumbas Tanz mit Hélène Bijou (II 6)[69]. In Césaires Interpretation ist Patrice Lumumba selbst ein Dichter, wie es nicht nur das Ausklingen einiger seiner Reden in kleine Poeme[70] suggeriert, sondern im Gespräch der Gefängniswärter (I 3) ausdrücklich und mit Verachtung angeprangert wird *(il fait des vers! Macaque poète!)* (18 f.); dokumentiert wird dieser höchst bedeutsame Zug durch höhnisches Vorlesen eines seiner Freiheitslieder durch einen *geôlier*:

> Congo, et puis s'en vint le blanc
> Violentant tes femmes
> Enivrant tes guerriers
> Mais l'avenir heureux apporte la délivrance
> Les rives du grand fleuve sont désormais tiennes
> Tienne cette terre et toutes ces richesses
> Tien là-haut le soleil. (19)

Auch kurz vor seiner Ermordung durch M'Siri spricht Lumumba auf die Mythen seiner Heimat bezügliche feierliche Verse (110, in III 6). Eben durch seinen *lyrisme*, durch seine enthusiastische Hingabe an das Freiheitsideal, von dem er auch alle anderen Kongolesen beseelt glaubt, wird der

---

[67] Patrice Lumumba (1925—1961), seit 1946 Führer der Nationalen Unabhängigkeitsbewegung des Kongo; 1959/1960 inhaftiert, seit 30. 6. 1960 erster Ministerpräsident des unabhängigen Kongo-Léopoldville; Verfechter der nationalen Einheit des ganzen Kongogebiets, widersetzte sich der Sezession Katangas. Von Staatspräsident Kasavubu Anfang September 1960 amtsenthoben; 17. Januar 1961 (?) von politischen Gegnern in Katanga ermordet; 30. Juni 1966 durch Regierung Mobutu zum Nationalhelden erhoben.
[68] *Une Saison au Congo,* Ausgabe 1967 (Seuil) 21 ff. (I 4).
[69] Vgl. ebd. 28 f. (I 6) u.ö.
[70] Z. B. ebd. 29 (I 6), 44 (I 11).

Held dieses Stücks so sehr verblendet, daß er Intrigen und Feindschaften, vor denen er ständig gewarnt wird, nicht zu erkennen und ernst zu nehmen vermag. Als tragischer Held scheitert er wie ein reiner Tor, den Blick zur Sonne der Freiheit erhoben, an den Ränken seiner schwarzen Rivalen; er wird Opfer eines verfrühten Glaubens an die (noch unverwirklichte) alle Kongolesen einigende *négritude*.

Zwei Personen im Stück ahnen das herandrohende Unheil voraus: Pauline, Lumumbas Ehefrau, und *Le Joueur de Sanza*, der Spieler eines volkstümlichen Musikinstruments und komische Sänger, zeitweilig auch in der Maske des *Fou* dazwischenredend (z. B. in II 1); sie erfüllen die Funktion von Orakel und antikem Tragödienchor. Ihre meist in freien Versen vorgetragenen Warnungen sind der die politischen Vordergrundmotive ständig begleitende *contrepoint*. Mahnt der Sanzaspieler zu Beginn noch zur entschlossenen Aktion, weil der starke und gefährliche *buffle*, als den er die belgische Regierung bezeichnet, verwundet und nicht mehr unangreifbar sei (I 2), so schlägt sein Grundton angesichts der Parteibildungen und Rivalitäten im schwarzen Lager bald in die dunklen Klänge der *prémonition* um. Aneinandergereiht ergeben die scheinbar burlesken Gesänge des Sanzaspielers einen Fries von Parabeln, dessen Zentralfigur in wechselnder Tiergestalt stets ein argloses, spielend zum Licht emporstrebendes, keinerlei Gefahr ahnendes Wesen ist, das schicksalhaft seinen Feinden und Verfolgern zum Opfer fallen muß. Einmal sind es die *enfants orphelins*, die schutzlos durch die Nacht wandernd an der Hilfe des *Père Congo* zweifeln (I 2), einmal kündigt sich *le temps du sang rouge* an, der Krieg, der später die Freiheit bringen wird (I 2), ein andermal wird der Frieden herbeigesehnt (I 6), während noch im gleichen Bild sich die warnende Stimme gegen die wie schnuppernde Tiere nahenden *gens du lupéto*, die Leute des Mammon und der Ausbeutung, erhebt. Hat Lumumba gerade treuherzig vor seinen Soldaten versichert, er habe volles Vertrauen zu Mokutu *(Je sais que Mokutu ne me trahira jamais,* I 8), da stimmt der Sanzaspieler das kleine Lied von dem Vogel an, der gedankenlos in die Falle geht:

> Pollen de feu / ivre temps de semailles / petit oiseau qui va et vient / oublieux petit oiseau / de la glu comme de la sarbacane / quelle cervelle d'oiseau, dit le piège / l'oiseau a oublié le piège / le piège se souvient de l'oiseau. (38)

Während das neue Kongo-Parlament in Leopoldville zusammentritt (als ob es schon etwas zu verwalten oder zu regieren gäbe in diesem von Wirren verwüsteten Land), geht der Sanzaspieler vorüber und singt sarkastisch das Lied von dem, der übermütig in die Palme hinaufsteigt, um Palmwein zu ernten, und der nicht auf die warnenden Stimmen aus der Tiefe hören will:

III. Auktoriale Grundpositionen

> Malafoutier qui montes jusqu'au haut du palmier, / descends, petite fourmi, / descends petit passereau / les bonnes âmes chantent au pied du palmier / Malafoutier tu montes, tu montes / passereau de liberté ivre! (42)

Den Dialog zwischen Lumumba und Mokutu unterbricht der *Fou* mit Verwünschungen der bösen Schwarzen, denen er die bösen Weißen noch vorzieht *(les blancs ont quitté le village et les hommes noirs sont mauvais! Les hommes noirs sont maudits de Dieu...),* dann gibt er sich als *Le Joueur de Sanza* zu erkennen (II 1)[71]. Es ist die direkteste Warnung des Helden vor seinem anwesenden Todfeind. Es wäre unmöglich, sämtliche Varianten des Parabel-Frieses und die orakelhaften Warnungen Paulines zu zitieren; nur einmal ruft Paulines eindringlicher Appell an Lumumba, dem Verräter Mokutu zu mißtrauen, einen Augenblick ernster Besinnung hervor (in II 8): Lumumba bittet Pauline um seine Gitarre, weil er sich eines traurigen Suaheli-Liedes erinnert, das er singen will. Im schwindenden Licht singt er sechs Verse als Antwort auf Paulines Warnung:

> T'appuierais-tu / même du doigt / sur un arbre qui pourrit? / arbre pourrissant la vie! / même du doigt / ne t'y appuie! (73)

In der Transposition einer subjektiven Gefahr in die allgemeine Gefährlichkeit und Hinfälligkeit des Lebens, die der volkstümliche Liedtext einräumt, äußert sich Lumumbas Resignation und ‚lyrische' Unkraft. Er kann dem persönlichen Feind nicht durch Aktion zuvorkommen.

Die aufmerksame Beachtung aller dieser poetischen Beigaben ist erforderlich, um die lyrische Apotheose der beiden letzten Szenen des Dramas (in der ursprünglichen, noch nicht, aus politischer Rücksichtnahme auf noch lebende prominente Teilhaber am Geschehen, veränderten Fassung von 1967) ganz zu verstehen. Nach der Ermordung Lumumbas durch M'Siri und einen Söldner (III 6) wird die Bühne kurz verdunkelt. Im wieder eingeschalteten Scheinwerferlicht stehen im Hintergrund wie Statuen erstarrt die für die historische Tragödie Verantwortlichen: „les banquiers, Kala, Tzumbi, Mokutu. Un peu à part Hammarskjöld" (111). Vor sie tritt Pauline Lumumba hin, um ihren Schlußmonolog zu sprechen: dreizehn dunkel anklagende Freie Verse:

> Une cage, quatre nuages, Lycaon Lycaon aux yeux
> d'escarboucles!

---

[71] In der gleichen Szene macht *Le Fou* eine burleske Anspielung auf Mallarmés *Un Coup de dés jamais n'abolira le hasard:* „Un coup de pied au derrière ne m'a jamais effrayé...", denn „Moi je ne suis qu'un pauvre sauvage" (53).

> C'est l'alphabet de la peur
> décliné sous le vol des charognards
> au ras du sol la trahison broute son ombre,
> plus haut l'infléchissement chauve-souris
> du vol des prémonitions.
> Plus bas, sur le sable blanc noir que fabrique
> inlassée, une paresse, le naufrage renouvelle
> ses petits gestes d'invite amoureuse
> à la très belle copulation des astres et du désastre.
> Reviens, mon âme, reviens!
> Pourquoi s'attarde-t-il dans le bois,
> Sur la colline, dans le ravin? (111)

Der erste Vers hebt die Ermordung des Protagonisten über alle Kontingenz ins Mythische empor. Dem Anstifter der Bluttat wird durch Berufung auf die altgriechische Lykaon-Mythe eine die ganze Menschheit in Mitleidenschaft ziehende, religiöse Schuld angelastet. Erinnern wir uns: Zeus, der die in Lastern schwelgende Menschheit auf die Probe stellen will, kommt in Gestalt eines einfachen Wanderers zu König Lykaon, der, um den unerkannten Gott mit Fleisch zu bewirten, also um der persönlichen Geltung willen, einen Menschen schlachten läßt. Über das abscheuliche Verbrechen erzürnt, bestraft der Gott den Täter, dessen Name ein Derivat von *lykos* = Wolf ist, durch Verwandlung in einen Wolf *(Lycaon aux yeux d'escarboucles)*. Darüber hinaus wird aber sein Frevel der ganzen Menschheit als Schuld angerechnet, und Zeus beschließt, alle Menschen durch eine neuntägige Flutwelle zu vernichten. Nur der einzige vom Gott erkannte Nichtfrevler und Gerechte, Deukalion, darf zusammen mit seiner Frau die Weltkatastrophe überleben; ein selbstgefertigter hölzerner Kasten trägt die beiden über die Fluten *(Une cage, quatre nuages)* und strandet nach neun Tagen auf dem Gipfel des Parnaß, um als Schiffbrüchige der nach ihnen benannten Deukalionischen Flut die Urelten einer neuen, besseren Menschheit zu werden. So eröffnet Pauline ihre Klage nicht nur als Anklage gegen den von Gott, zusammen mit seinesgleichen, verdammten Frevler, sondern auch im Glauben an eine bessere, künftige Welt — die ideale *négritude*. Erst danach folgt die Erinnerung an das durchlebte, lange Leid der Todesangst *(l'alphabet de la peur)*, an das Entsetzen vor den Aasgeiern der Machtgier *(le vol des charognards)* und Verrätern aus Ehrgeiz *(au ras du sol la trahison broute son ombre)*, aber auch das Gedenken an verzweifelte, fruchtlose Warnungen (Paulines und des Joueur de Sanza): *L'infléchissement chauve-souris / du vol des prémonitions* und an die Schwäche dessen, der sich in aller Gefahr nicht zur Tat aufraffen konnte *(une paresse*, die alles wie Sand zerrinnen läßt), und der gleichsam in den Abgrund sich hineinlocken ließ *(le naufrage renouvelle / ses petits gestes d'invite amoureuse)* in dem lähmenden Volksglauben (vgl. das Suaheli-Lied vom verfaulenden Lebensbaum (II 8)), daß alles Unheil in den Sternen stehe *(la très belle copulation des astres et du désastre)*. Mit den drei letzten Versen kehrt Pauline in die Gegenwart zurück, erst jetzt bricht sie in den verzweifelten Ruf nach dem Abgeschiedenen aus und empfindet die Unfaßbarkeit seines unwiderruflichen Scheidens. Nur die Lyrik konnte die Möglichkeit solchen Anspielungsreichtums in solcher Verkürzung bieten, mit der Arche der Sintflut, mit der Paronomasie *Lykaon* und mit der Berufung auf die Kontrapunktik der das ganze Drama durchwaltenden Vorahnung des Unheils. Es wäre unrecht zu meinen, die Lyrik habe hier eine Hilfsfunktion im Dienst der politisch-dramatischen Handlung übernommen, denn, nähme man die lyrischen Komponenten (Lieder des Joueur de Sanza und Warnungen Paulines, vor allem aber ihre soeben interpretierte Totenklage) heraus, dann wäre das Bühnenwerk seiner ‚Infrastruktur' beraubt und könnte nicht mehr bestehen[72].

Es charakterisiert Césaires dialektischen Stil, daß unmittelbar auf Paulines erschütternde Klage ein burlesker Auftritt des *Joueur de Sanza* im Zauberer- und Wahrsagerkostüm folgt: er verspricht, als *le coq divinatoire* mit seinem Sporn die Wahrheit aus dem Sand des Irrtums zu scharren. — In der im Juli 1966 in Kinshasa spielenden letzten (7.) Szene des 3. Akts überrascht Mokutu[73] die Volksmenge, indem er dem *martyr, athlète, héros* Patrice Lumumba als seinem Leitbild huldigt, einen Boulevard der Hauptstadt nach ihm benennt und die Errichtung seiner Statue am Eingang des ehemaligen Léopoldville verspricht, um *ce qui fut notre crime à nous tous!* (115) zu sühnen. Das letzte Wort hat, wie der Chor in der alten Tragödie, auch hier der Sanzaspieler, der *en guise d'épilogue* mit dem Gesang einer *ballade des temps ambigus, ou des deux bouteilles* (115 f.) die plötzliche politische Wende durch

---

[72] Lilian Kesteloot, eine der besten Kennerinnen von C.s Dichtung: „Je ne vois pas dans l'histoire de la littérature française une personnalité qui ait à ce point intégré des éléments aussi divers que la conscience raciale, la création artistique et l'action politique. Je ne vois pas de personnalité aussi puissamment unifié et à la fois aussi complexe que celle de Césaire. Et c'est là, sans doute, que réside le secret de l'exceptionnelle densité d'une poésie qui s'est, à un degré extrême, chargée de toute la cohérence d'une vie d'homme." (*A. Césaire* [Coll. Poètes d'aujourd'hui], 9). — Erst nach Fertigstellung vorliegender Interpretation kündigt der Gunter Narr Verlag (Tübingen) an: Keith Louis Walker, *La Cohésion poétique de l'œuvre césairienne* (1979).
[73] ‚Mokutu', leichte Abwandlung des Namens, dessen Träger im November 1965 die Macht in Zaïre übernahm: Mobutu.

eine Parabel glossiert. Als wahrer Regimekritiker und Intellektueller apostrophiert er in ihren letzten Versen den Präsidenten:

18 Toute saleté déjoue la blancheur d'une bouteille
    Maintenant que tu prends de la bouteille,
20 point de bouteille obscure!
    Ce n'est point enfantillage
22 Blanche bouteille et bouteille blanche!
    Ici finit mon babillage. (116)[74]

Die ‚Ballade' insinuiert durch Periphrasen, daß Mokutus Geste nur halbherzige Attitüde, Täuschung oder Selbsttäuschung sein könne, und fordert ihn auf, die ‚Partie' nicht nur zur Hälfte, sondern konsequent zu Ende zu spielen. Die Parabel der beiden Flaschen — die eine *obscure*, weil durch Schmutz getrübt, die andere *blanche*, das heißt rein und durchsichtig — bezieht ihren Witz aus der Verknüpfung zweier Redensarten, deren eine obendrein durch einen Kunstgriff ins Gegenteil verkehrt wird. Einleuchtende Prämisse ist der Satz, daß jede Beschmutzung die Transparenz einer Flasche verderbe (18). ‚Nun aber, da du in die Jahre kommst (19, *prendre de la bouteille* bedeutet altern), greife nicht zur schmutzigen Flasche!' (20). Die Pointe der Verse 21 und 22 beruht auf der als besonders ernst angekündigten *(Ce n'est point enfantillage*, 20) Reversion der Redensart, mit der man Indifferenz und Gewissenlosigkeit, die Haltung des ‚Gehupft-wie-gesprungen' charakterisiert *(C'est blanc bonnet et bonnet blanc)* in das Postulat des Gegenteils: der vollen Transparenz im politischen Engagement: *Blanche bouteille et bouteille blanche!* (22)

André Bretons Traum von der versiegelten Stimme (Exkurs)

Der Anführer der Surrealisten, André Breton, spielt — wie obige Darstellung der *Affaire Aragon* und unsere wiederholten Hinweise auf das von ihm zusammen mit Leo Trotzki verfaßte Manifest gegen parteipolitische Eingriffe in die Freiheit der Dichtung zeigen — auf der Szene der politisch gebundenen Lyrik die Rolle des unbequemen Dissidenten. In der Haltung des aufbegehrenden, gegen ‚höhere Gewalt' demonstrierenden Vorkämpfers geistiger Unabhängigkeit hat Breton sich in einem bisher kaum beachteten, aber höchst bemerkenswerten Text auch selbst dargestellt. Im folgenden Exkurs sei dieses Prosagedicht vor seinem politischen und literarhistorischen Hintergrund untersucht.

[74] Wenn irgendwo, dann ist Césaire in diesem dramatischen Schluß ein politischer Dichter, der die Reinigung eines Herrschaftssystems fordert.

III. Auktoriale Grundpositionen

Vorzügliche Gelegenheit, die surrealistische Doktrin vom automatischen Schreiben unter Ausschluß intellektueller und ästhetischer Kontrolle mit der literarischen Praxis zu konfrontieren, bietet der Prosatext von André Breton *Au Lavoir noir* (1936)[1]. Das Entstehungsdatum läßt es besonders geboten erscheinen, das nur etwa vier Druckseiten umfassende Prosagedicht vor dem Hintergrund der kurz vorangegangenen und begleitenden Lebensumstände seines Autors zu lesen: seit 1931 Schwierigkeiten im Verhältnis zur Kommunistischen Partei; 1932 öffentliches Aufsehen, dargestellt in Bretons Schrift *Misère de la Poésie*[2], durch die sogenannte Affaire Aragon; 1933 Bretons Ausschluß aus der Association des Ecrivains et Artistes révolutionnaires; 1934 umstrittenes Eintreten für Trotzki[3]; 1935 endgültiger Bruch mit der KPF; aktive Teilnahme am internationalen Meeting zum Protest gegen die Moskauer Schauprozesse. Zwar kommt nichts davon in *Au Lavoir noir* zur Sprache, doch sind die Konfliktsituationen des darin beschriebenen Traums zweifellos Niederschläge (Tagreste, nach S. Freud) des Erlebten.

Der Text besteht aus sechs Abschnitten, von zehn Zeilen bis zu anderthalb Seiten Länge, die durch Blancs oder Zwischentitel getrennt sind. Der erste Abschnitt (185 f.) schildert die Halluzinationen eines Ich, das durch die Angst vor Nachtfaltern bedrängt wird; ihre in der Ruhestellung zunächst hochgefalteten Flügel, die spitze Giebeldächer zu bilden scheinen, suggerieren im Auffliegen das Auseinanderbersten der Dächer; der feine Flügelstaub assoziiert den Gedanken an den Staub in Dachfirsten, aber auch die Erinnerung an frühere Gesten bleicher (in Staub zerfallener?) Hände; das Ausschwärmen der Falter aus Bäumen und Hecken in der Dämmerung, ihr massenhaftes Einfallen durch die Fenster konsterniert eine Hausgemeinschaft *(l'assistance)*; die Gewehre bleiben an die Wand gelehnt, während Flugzeuge am Himmel kreuzen und auf das dach- und schutzlose Haus zu stürzen drohen. Assoziation des Herabfliegens von Maschinen an den Hereinflug der *papillons*, Assoziation der Befürchtung einer *rafale de grêle* an die vorangegangenen Bilder. Ein Hagelkorn kann für Kinder die Erscheinung der *Vierge* in sich tragen, für Männer aber einen *papillon*, der länger verweilt und ein Schuldgefühl im Ich erweckt, das sich nun verfolgt glaubt (Assoziation

---

[1] Text: Breton, *Clair de terre* (Coll. Poésie) 183—189.
[2] Breton, *Misère de la poésie, l'„Affaire Aragon" devant l'opinion publique*. Ed. surréalistes, 1932, sowie Nadeau, *Documents surréalistes*, 205 ff.; vgl. Nadeau, *Histoire du surréalisme* (I) 199 ff.
[3] Vgl. bei Nadeau, *Documents surréalistes,* das Manifest v. Breton und Trotzki, *Pour un Art révolutionnaire indépendant* (1938) und andere Kundgebungen politisch-dissidentischen Charakters (372 ff.) sowie Breton, *Position politique du Surréalisme.*

an ‚papillon de contravention'?): *on vient me chercher jusqu'à table, je distingue les menottes, il va me falloir lutter, lutter encore pour être libre!* Eines Abends flattert ein *grand papillon* herein, das Ich in einer *terreur indicible* versucht vergeblich, ihn abzuwehren, doch der Falter läßt sich auf seinen Lippen nieder.

Diese an ein Capricho Goyas[4] erinnernden Angstbilder löst der zweite, *Le Papillon* betitelte Abschnitt (186 f.) ab. Es gibt neue Beklemmungen, doch was rechtfertigt den Zwischentitel? Das Nomen *papillon*, das im ersten Abschnitt sechsmal begegnete, kommt jetzt nicht mehr vor. So muß unterstellt werden, daß der *papillon* den Mund des Ich verschlossen hält. In der Tat wird dieser versiegelte Mund zur unterdrückten Stimme, *bouteille cachetée des mots que tu aimes et qui te font mal,* zum nicht nur verschlossenen, sondern obendrein noch verhüllten Gefäß, *enrobée de tulle.* Die Anspielung auf Unterdrückung von Gedankenfreiheit könnte kaum deutlicher sein. Doch die Traumassoziationen führen weiter: erhöbe das Ich dieses Gefäß (die Stimme) zu hoch, so könnte darin *une rose grise* aufflammen (die Wahrheit?). Assoziativ entsteht aus der Vorstellung der entflammten Rose die Erscheinung einer jungen Frau, die in *transe* über Treppenpodeste des Verlangens emporsteigt, während hinter ihr die Stufen zu brennen beginnen, so daß dem Ich der Weg zu ihr versperrt wird. Mit der *immortelle rose grise* in der Hand durchwandert die junge Frau das Haus, das langsam in den Boden zu versinken beginnt: während sie sich im obersten Gemach auf dem Bett ausstreckt, sind die Mauern in der Erde verschwunden, frischer Rasen wächst schnell darüber hin. So ist die Stimme nicht nur in der Flasche eingeschlossen und verhüllt, sondern mitsamt der Illusion eines durch die weibliche Erscheinung bewirkten Aufstiegs und mitsamt dem Haus begraben. Die traumhaften Vorgänge haben sich zu einer Parabel gerundet, die — trotz eines plötzlichen und kurzen Hoffnungsschimmers — nur den Ausweg in Selbstmord offenläßt: der Rasen zieht sich wieder zurück, die Mauern wie ein *ascenseur insensible* steigen wieder aus der Erde, doch aus dem Innern des Hauses steigt *le seul parfum aimanté de la rose grise,* und das Ich entfernt sich auf einer *roue oblongue, pareille au désir japonais de se jeter dans la gueule du volcan.*

---

[4] Berühmt unter Goyas *Caprichos* das Bild eines über einen Tisch gebeugten, halluzinierenden, von riesigen Fledermäusen und Eulen wie von Erinyen bedrängten Manns; vgl. André Malraux, *Saturne. Essai sur Goya.* (1950) (Coll. La Galerie de la Pléiade) mit Abb. „Le Sommeil de la raison (Dessin préparatoire)" und Kommentar (34).

III. Auktoriale Grundpositionen

Mit den dunkelsten Todesahnungen knüpft der dritte Abschnitt (187) an die Vorstellung des Freitods. Der Nachtfalter, *merveilleux petit bâillon vivant*, flattert wieder auf, vom Ich ‚mit der Blendlaterne seiner Kindheit' beobachtet. Damit beginnen zwei Zeitebenen sich zu überlagern: ein zu beiden gehöriges Gefühl des Alleingelassenseins — heute wie damals — verdichtet sich zu einem visuellen Eindruck von außerordentlicher lyrischer Kraft, zumal darin ein kinetisches Element alle bisher beobachteten Bewegungen verblassen läßt. Eine festlich gedeckte Tafel mit ihren Lichtern wird in wunderbarer Transparenz zu einer nächtlichen, von beleuchteten Wagen durchfahrenen Straße, deren Geschwindigkeit sogar die an der Tafel sitzenden Frauengestalten durchsichtig werden läßt. Hier diese zentrale Halluzination:

> La rue était une table mise avec les couverts bien réguliers de ses lumières, les cristaux de ses voitures filant les éclairs, où cependant, de-ci de-là, le haut d'un buste de femme, rendu lui aussi transparent par la vitesse, mettait l'imperceptible point de phosphorescence laiteuse qui tend à gagner toute l'étendue des verreries de fouille. (187)

An den Eindruck der milchigen Phosphoreszenz assoziiert die Imagination sofort wieder die Vorstellung des *papillon: O substance, m'écriai-je, il faut donc toujours revenir aux ailes de papillon!* Suggeriert der Falter neue Todesgewißheit, so dämpft sie ein Schuß ‚schwarzen Humors': das Ich empfindet als *consolation philosophique* (Anspielung auf die *Consolatio Philosophiae* des Boethius, 524 n.C.) die Erinnerung an den witzigen Mann, der — nach seinem letzten Wunsch befragt — als Grabbeigabe eine Bürste erbittet, *pour quand il tomberait en poussière*; unverzüglich gleitet die metaphysische Bürste in einen Sinnspruch, *La belle brosse sentimentale court toute seule sur le temps.* Am Ende des Abschnitts ertönt der Hilferuf des verzweifelnden Ich an seine Geliebte, es durch ihre Zärtlichkeiten von dem Todesfalter zu befreien, von *l'atropos qui jette un cri strident lorsqu'on le saisit*[5].

Mit der Angst vor dem Schrei des Todesfalters tritt neben die verbal-visuellen Halluzinationen ein auditiv-verbales Element, ein Wendepunkt, dem nach Bretons theoretischen Vorstellungen[6] hohe Bedeutung beizumessen ist. Tatsächlich schlägt auch an diesem Punkt der Traumbericht des Gedichts, nach dem von dem Ich bisher beobachteten Schweigen, in die befreienden Evokationen von Klage und Schrei um. Doch bleibt der vierte Abschnitt

---

[5] Name des Falters ist der der dritten Parze, die den Lebensfaden abschneidet; der Falter wird auch *Acherontia* genannt.
[6] Vgl. Bretons Unterscheidung von *l'automatisme verbo-visuel* und *l'automatisme verbo-auditif*, deren zweiten er höher bewertet (*Le Message automatique*, 180).

(188), assoziierend an *ce cri lugubre,* wegen seiner verhüllten Anspielungen auf Begebenheiten, die sich kaum mehr aufhellen lassen, und mit olfaktiven und optischen Impressionen weitgehend im Dunkeln. Das Faltermotiv erscheint an seinem Schluß wieder in einer Halluzination vom *Palais des Glaces,* wo durch Lichteffekte *tous les miroirs d'alors se brisèrent en forme de papillons.* Der fünfte Abschnitt (188) wird mit diesem Bild unmittelbar verknüpft, da das Ich sich in einem der zersplitterten *papillon-*Spiegel zu beobachten beginnt. Ein rascher Wirbel von Unheilsahnungen, über die in *tu-*Apostrophen berichtet wird, spiegelt sich in diesem unheimlichen *papillon*: auf fortwährend rotierendem Absatz wirst du zum Kastagnettenflug; dein Schicksal hängt von einem *mauvais diamant rose* ab; deine Hände erscheinen wie geschaffen, zu verlieren was sie nie gefunden hatten; du bist der Prometheus in der Tragödie des Aischylos, an den Felsen über dem Abgrund gekettet, in dem entscheidenden Augenblick von Ios Auftritt, den der Chor mit der sibyllinischen Frage ankündigt:

Entends-tu la voix de cette jeune fille-qui-porte-des-cornes-de-vache?[7]

Im sechsten und letzten Abschnitt (188 f.) füllt sich der Traumbericht mit Fragmenten der Io-Mythe nach Aischylos. Weil darüber die Sonne untergeht — d. h. weil bei Aischylos auf Befehl des zürnenden Zeus der aufbegehrende, aber sein Geheimnis verbissen hütende Prometheus mitsamt dem Felsen und dem Chor der Okeaniden in die Unterwelt hinabgestürzt wird —, enden Mythe und Traum im *non finito.* Dem Leser fällt die Aufgabe zu, die Zusammenhänge herzustellen und den Traum mit Hilfe der Prometheus- und Io-Sage zu deuten[8]. Doch zunächst noch ein Blick auf das Erleben des Ich im letzten Abschnitt. In seiner *papillon-*Spiegel-Halluzination antwortet das Ich auf die aischyläische Frage: *Je l'entends comme je me vois.* Es erkennt Io nicht nur an der Stimme, sondern *à ce signe sur sa tête* (an den Kuhhörnern, die sie trägt, weil Zeus sie nach ihrer Verführung durch Verwandlung in eine schöne weiße Färse der Rache seiner Gemahlin Hera entziehen wollte), es erkennt sie *à cet aiguillon de feu qui la pénètre et qu'elle fuit* (an der bösartigen Bremse, die sie auf Geheiß der Hera mit ihrem Stachel durch viele Länder hetzt), es erkennt in ihr die Leidensgefährtin, *qui répand chaque nuit sa grande plainte voluptueuse sur le monde,* mit ihr verbunden *à travers tous ces êtres qui me poursuivent de leurs courbes contrariantes,* und die

---

[7] Breton zitiert aus dem Gedächtnis und lokalisiert die Stelle falsch; vgl. Aischylos, *Der gefesselte Prometheus,* Übs. u. Nachw. v. Walther Kraus (Reclams Universal-Bibl. 988): Io — Hörst die Stimme du der kuhgehörnten Jungfrau?
[8] Varianten der Mythen in Ovid, *Metamorphosen,* I; *Lexikon der Alten Welt*; Frenzel, *Stoffe der Weltliteratur,* 527 ff.

sich wie auf einem Ball hinter Masken verstecken. Mit Io identifiziert es sich *dans les yeux de l'Argus aveugle et brillant qui veille toujours*, anspielend auf den vieläugigen Argos, den die argwöhnische Hera zum Hüter der Färse bestellt hatte, woraufhin Zeus ihn durch das betörende Syrinxspiel des Hermes einschläfern, und dann blenden und töten ließ. Mehr als Io hat das lyrische Ich zu leiden, da sogar der blinde Argos noch wacht, also seine verblendeten Feinde es in ‚höherem Auftrag' verfolgen.

Die eigenartige Transparenz des Ich, das sich vor dem *papillon*-Spiegel als gefesselten Prometheus und zugleich als verfolgte Io sieht, erklärt sich zunächst aus der mythischen Zusammengehörigkeit der beiden Aischylos-Gestalten, deren Konfrontierung in der Tragödie das Ineinandermünden ihrer Schicksale in fernen Äonen prophezeit: denn während Prometheus wegen seiner Anklagen gegen Zeus, aber auch wegen seines beharrlichen Schweigens über das künftige Unheil, das er als Titan kennt, lange Zeit im Tartaros büßen muß, wird Io nach ihrer Erlösung aus der Tiergestalt in Ägypten ein neues Geschlecht von Halbgöttern gebären, dessen späterer Nachfahr Herakles den Prometheus aus seinen Höllenqualen befreien wird (wie es Prometheus selbst der Io in der Tragödie voraussagt). Das lyrische Ich sieht also Qual, ungerechte Strafe und künftige Befreiung aus dem Falter-Spiegel in sich hineinprojiziert. Seine Spiegelung in den Mythen liefert im Schlußabsatz gleichsam eine rückspringende Pointe und mit ihr den Schlüssel auch zu früheren Phasen des Traums. Die Prometheus-Identifikation wird nun auch in den vorangehenden Abschnitten aufzuspüren sein. Grundlegend ist die Analogie ex contrario: im Mythos die Bestrafung des Rebellen, der nicht bereit ist, zu reden; im Traum die Bestrafung des Aufsässigen, der nicht zu schweigen bereit ist. Übereinstimmend in beiden Zonen die Überzeugung des Bestraften, im Besitz eines besseren Wissens zu sein als die strafende Instanz es ist, ein Sendungsbewußtsein, das sich dem Verfolger, trotz der Hoffnungslosigkeit seiner augenblicklichen Lage, überlegen glaubt. Entscheidend für das Verstehen des lyrischen Texts sind die aus dieser Lage entstandenen Emotionen, Ängste und Hoffnungen, aber ganz und gar nicht die Gegenstände des zugrunde liegenden Konflikts. Es handelt sich nicht um polemische Prosa oder ein Pamphlet, sondern um Phasen eines *état d'âme*, aus dem durch Verknüpfung mythischer und sprachlicher Analogien ein Ausweg gesucht wird.

Prometheus, der Voraussinnende, wird zwar erst in den Schlußabschnitten, unter ausdrücklicher Angabe der literarischen Quelle, genannt, aber er ist schon früher präsent. Wenn in dem zweiten, mit *Le Papillon* betitelten

Abschnitt eine junge Frau die in der vom Falter versiegelten Flasche aufleuchtende *rose grise* über Treppen emporträgt, auf denen das Ich ihr nicht folgen kann, so ist die Situation des gefesselten Prometheus vorweggenommen, der seiner vorübergehenden, späteren ‚Erlöserin' Io nicht sogleich folgen kann. Das Versinken des Hauses im Erdreich, das sich mit Gras bedeckt, und das Sichauftun der Erde für den Wiederaufstieg des Hauses mit der duftenden *rose grise* und der versiegelten Stimme sind Vorwegnahmen der Tartarosfahrt und der Befreiung des Prometheus durch den Io-Abkömmling Herakles. Sie können zugleich auf die Abkunft des Japetos-Sohnes von der Erdgöttin Gaia hindeuten, die in die Erde hinab- und aus ihr emporsteigt. Auch die brennende Treppe, die dem gefangenen Ich verwehrt, der jungen Frau über die *paliers du désir* zu folgen, ist aus der Prometheusmythe zu erklären: das wichtigste Hindernis für einen Freispruch durch Zeus ist der Feuer-Diebstahl des Prometheus, die wagemutige Tat zur Befreiung der Menschheit, der die Götter diese kostbarste Gabe vorenthielten. Schließlich mag die *rose grise immortelle* in der Hand der jungen Frau das Symbol der Hoffnung sein, die Pandora — aus dem gestohlenen Feuer von Prometheus zum Leben erweckt — als einzige Göttergabe (nach Hesiod) nicht aus dem Pithos entweichen läßt.

Von der Beziehung der Pandora zur Prometheussage springt nun aber noch eine weitere Pointe zurück zum ersten Abschnitt des Gedichts und zu den *papillon*-Halluzinationen. Die *jeune femme*, die im zweiten Abschnitt immer dann erscheint, wenn die *rose grise* in der *belle bouteille . . . enrobée de tulle* aufleuchtet, ist offenbar das Geschöpf einer Metamorphose. Verweist das Verhülltsein der Flasche auf das Naturphänomen des Cocon, der Schmetterlings- und Falterpuppen meist zu verhüllen pflegt, so ist die junge Frau der Glut in der Flasche wie ein Schmetterling der Puppe entschlüpft, so daß die mythische Feuergeburt der Pandora mit dem *papillon*-Motiv kontaminiert wird. Dadurch stellt sich die gewaltsame Berührung des *grand papillon* mit dem lyrischen Ich am Ende des ersten Abschnitts *(il se posa sur mes lèvres)* als eine Liebesgeste dar. In den Varianten der Pandora-Mythe, die sich im Traumerlebnis vermischen, gibt es ja auch die Entsendung Pandoras durch Zeus mit dem Auftrag, Prometheus zu strafen und zu verderben; die Strafexpedition, die im Traum der *grand papillon* in Stellvertretung Pandoras zu vollziehen trachtet und mit der das Ich in tiefste Angst gestürzt wird, schlägt in zärtliche Berührung um und präfiguriert die große Wende im Schicksal des Prometheus-Ich. Es tritt also frühzeitig den tödlichen Anfechtungen der Verzweiflung die Verheißung von Hilfe und Befreiung gegenüber. Der

Kampf zwischen Todeswünschen und Hoffnung wird auf diese Weise zum Thema des Gedichts.

Wußte Breton auch von den Verbindungen, die durch gelehrte Namengebung zwischen dem Prometheus-Mythos und der Welt der Schmetterlinge und Falter gestiftet sind? Es gibt unter den Faltern eine ‚Vanessa Io', eine ‚Hyperchiria Io', es gibt eine ‚Lycaena Argus' und nicht zuletzt eine ‚Samia Promethea'. Die im Eingang des Prosagedichts ausgebreiteten Analogien zwischen sitzenden Faltern und spitzen Dächern dürften auf naturwissenschaftliche Beschreibungen zurückgehen, denen zufolge der Nachtfalter seine Flügel in der Ruhe ‚dachförmig anliegend' faltet[5]. Was bedeutet schließlich der Titel *Au Lavoir noir*? Vordergründig insinuiert der Text den Gedanken, es handle sich um ein so benanntes Bauwerk, in dem der Autor vielleicht während des ersten Weltkriegs stationiert war (Gewehre stehen an der Wand, Flugzeuge bedrohen das Haus, 185 f.). Diese Auslegung wäre im Hinblick auf die starken mythischen und symbolträchtigen Anspielungen in Bretons Prosa wenig befriedigend. Angemessener ist es, den Titel seinem Sinn — ‚Im schwarzen Waschhaus' — gemäß aus dem lyrischen Kontext zu erklären.

Wenn wir mit der Auslegung des Gedichts als lyrischer Verflechtung von Pandora-Prometheus- und Io-Mythen nicht fehlgehen, so verweist der Titel auf den Ort, an dem sich der Sohn Gaias zwischen dem göttlichen Urteils- und Strafspruch und seiner späteren Erlösung durch den Io-Nachfahren Herakles aufhalten muß: auf den Tartaros, wo der Phlegeton strömt, wo die Beliden Wasser tragen und es ewig aus den Behältern verlieren, jenes finstere Purgatorio unter dem Hades, wo frevelnde Götter und Titanen für Aufruhr gegen Zeus zu büßen haben und von den Erinnyen mit Angst und Verzweiflung gepeinigt werden.

Breton hat vor der Konzeption von *Au Lavoir noir* nicht nur die Tragödie des ‚Gefesselten Prometheus' von Aischylos gelesen, sondern, wie wir nachzuweisen versuchten, weitverzweigte Zusammenhänge zwischen antiken Mythen studiert, in denen er Analogien zu von ihm selbst durchlebten Konfliktsituationen zu finden glaubte. Mit ihrer Hilfe hat er vermocht, eine Traumfiktion, in der sich seine Ängste und Nöte spiegeln, so stark zu verhüllen, daß nur eine literarisch und mythologisch fundierte Analyse sie bis zu einem gewissen Grad aufhellen kann. Es muß ausgeschlossen werden, daß die mit soviel Scharfsinn und intellektueller Finesse konstruierten Spiegelungen eines *état d'âme* in einer Art ‚Capricho' aus Worten oder Bildern beste-

---

[5] So auch in Nachschlagewerken, z. B. Brockhaus, Ausg. 1903, s.v. *Nachtfalter*.

hen, *qui tombaient de la ‚bouche d'ombre'* und die einem psychischen Automatismus unter Ausschaltung jeder verstandesmäßigen Kontrolle zu verdanken sein sollen, wie Breton es immer wieder in den verschiedensten Stadien seiner literarischen Tätigkeit für seine lyrischen Texte in Anspruch nahm[10]. Falls, wie er in solchen Zusammenhängen wiederholt behauptet, Analogien und lyrische Bilder als visuell-verbale und auditiv-verbale Abläufe von hoher Geschwindigkeit zur Niederschrift drängten, so kann dies nur glaubwürdig erscheinen, wenn der *transe* einer vorgeblichen *écriture automatique*[11] eine intensive Vorbereitung vorausging, wie es offenkundig bei dem Prosagedicht *Au Lavoir noir* der Fall war.

Solche Einsichten mindern unseres Erachtens nicht den hohen lyrischen Reiz und die Originalität eines so einzigartigen Texts. Die so oft in der Literatur anzutreffende Antinomie zwischen dichterischer Praxis und theoretischer Selbstauslegung darf nicht als Kriterium für Werturteile mißbraucht werden.

Literatur in Auswahl

1. Allgemeines

DILLAZ, SERGE: *La Chanson française de contestation.* Des Barricades de la Commune à celles de Mai 1968. Ed. Seghers, 1973; ENZENSBERGER, CHRISTIAN: *Literatur und Interesse.* Eine politische Ästhetik. München, C. Hanser, 1977; Europe, 52ᵉ Année, Nᵒˢ 543/544 (1974): *La Poésie et la Résistance*; MANN, HEINRICH: *Dichtkunst und Politik* (Bericht vor d. Preuß. Akad. d. Künste) Die neue Rundschau, 7. 1928; MANN, H.: *Der Schriftsteller und der Staat* (Ansprache vor d. Preuß. Akad. d. Künste) Die neue Rundschau, 5. 1931 [beides in: H. Mann: *Essays* (Aufbau Vlg. Berlin) Hamburg, Claassen, 1960, 299—320]; NADEAU, MAURICE: *Histoire du surréalisme* (I), *Documents surréalistes* (II) (Coll. Pierres Vives) Ed. du Seuil, 1945/1948; NOGUÈRES, HENRI, en collab. avec Marcel Degliame-Fouché et Jean-Louis Vigier: *Histoire de la Résistance en France de 1940 à 1945* (Coll. L'Histoire que nous vivons) (3 vols). Ed. Laffont, 1967—1972; PÉRET, BENJAMIN: *Le Déshonneur des poètes* (1945) précédé de *La Parole est à Péret.* J.-J. Pauvert, 1965; RASMUSSEN, DENNIS: *Poetry and Truth.* The Hague/Paris, Libr. Mouton, 1974; RAYMOND, MARCEL: *Vérité et poésie.* (Langages) Neuchâtel, La Baconnière, 1964; ROBIN, PIERRE: *La Poésie française au service de la Résistance.* Beyrouth, Soc. d'Impression et d'Edition, 1944; SARTRE, JEAN-PAUL: *Les Intellectuels*, in: *Situations,*

---

[10] Nachweise o. Kap. II 3.
[11] Skeptische Beurteiler des Dogmas u.a. Caillois, *Les Impostures de la Poésie*, und *Divergences et complicités*; Jean Rousselot, *Mort ou survie du langage*, 177 ff., bes. 179; Jean Starobinski, *Freud, Breton, Myers*, in: Eigeldinger, *A. Breton. Essais recueillis*, 153—171; Vf., *Die moderne französische Lyrik* (A. B., *Saisons*).

III. Auktoriale Grundpositionen

VIII. *Autour de 68*. Gallimard, 1972. 371—476; SCHÖNE, A.: *Über politische Lyrik im 20. Jahrhundert*. Göttingen, 1965; SEGHERS, PIERRE: *La Résistance et ses poètes. France 1940—1945*. Ed. Seghers, 1974; VIGÉE, CLAUDE: *Révolte et louanges*. Essai sur la poésie moderne. Ed. J. Corti, 1962.

2. Paul Eluard (Kritische Literatur):

BLÜHER, KARL ALFRED: *Die poetische Funktion der Sprache in der symbolistischen und surrealistischen Lyrik*. — Kontrastiver Strukturvergleich von Baudelaires *Spleen* (II) und Eluards *Le Mal*. In: Köhler, *Sprachen der Lyrik*. 22—45; EIGELDINGER, MARC: *Poésie et tendances*. Neuchâtel, La Baconnière, 1945; EMMANUEL, PIERRE: *Le Je universel chez P. E.* 1948. In: Emmanuel: *Le Monde est intérieur*. Ed. du Seuil, 1967, 132—160; ENGLER, WINFRIED: *P. E.: Leurs Yeux toujours purs*. In: Pabst (Hg.), *Die moderne französische Lyrik*. 161—168; Europe, 31e Année, n°91/92 (1953) sowie: 40e Année, n°403/404 (1962), numéros spéciaux consacrés à P. E.; GUYARD, MARIE-RENÉ: *Le Vocabulaire politique de P. E.* (Etudes linguistiques, 18) Libr. Klincksieck, 1974; HAGEN, FRIEDRICH: *P. Eluard*. Neuwied, Lancelot-Vlg., 1949; JUCKER-WEHRLI, URSULA: *La Poésie de P. E. et le thème de la pureté*. (Thèse, Fac. Lettres, Univ. de Zurich) Zürich, Juris-Vlg., 1965; LANGE, WOLF-DIETER: *Dichtungstheorie und poetische Praxis bei P. E.* In: Köhler, *Sprachen der Lyrik*. 498—525; ONIMUS, JEAN: *Les Images d'Eluard*. Annales de la fac. des lettres. Aix-en-Prov. t.37 (1963)/*La Connaissance poétique*. Introd. à la lecture des poètes modernes. Paris, Desclée de Brouwer, 1966; PANTANELLA, R.: *L'Amour et l'engagement d'après l'œuvre poétique de P. E.* Aix-en-Prov., La Pensée universitaire, 1962; PARROT, LOUIS: *Le Poète et son image*. Neuchâtel, La Baconnière, 1943/*L'Intelligence en guerre*. Panorama de la pensée française dans la clandestinité. La Jeune Parque, 1945;/*P. E.: Une Préface et une étude*. (Coll. Poésie 45) 1963; PERCHE, LOUIS: *P. Eluard*. (Classiques du XXe siècle, 63) Ed. Universitaires, 1967; POULET, GEORGES: *Etudes sur le temps humain*. III (Le Point de départ), Libr. Plon, 1964; RIEGER, DIETMAR: *Ce que n'en pensa pas Léda*. Eine Interpretation des Léda-Zyklus von P. E. ASNSL, 213 (128. Jg.) 1976. 298—309; SÉGALAT, ROGER-JEAN: *Album Eluard*. Iconographie réunie et commentée (Bibl. Pléiade) 1968; STAUB, HANS: *P. E. ,Les Sens'*. In: Hinterhäuser, *Die französische Lyrik*. II, 315—327; VERNIER, RICHARD: *,Poésie ininterrompue' et la poétique de P. E.* (De Proprietatibus Litterarum. Series practica, 27) The Hague, Mouton. 1971.

3. Louis Aragon:

a) Texte:

Front rouge. In: Nadeau, *Documents surréalistes; La Nuit de juillet*. In: L. A.: *La Diane française* (Ed. Seghers, 1971); *Art poétique*. In: *En Français dans le texte*. (Ebd.). — *Traité du style* (1928); *Pour un Réalisme socialiste* (1934); *La Leçon de Ribérac, ou l'Europe française* (1940); *Essai sur la rime* (1940); *Sur une définition de la poésie* (1941); *Arma virumque cano* (1942); *Chronique du bel canto* (1946); *De l'Exactitude historique en poésie* (1947).

b) Kritische Literatur:

L'Affaire Aragon. In: NADEAU, *Documents surréalistes;* BRETON, ANDRÉ: *Misère de la poésie.* Ebd.; ETIEMBLE, Préface zu L. A., *Le Roman inachevé;* JOUFFROY, ALAIN: *Introduction au Mouvement perpétuel d'A.;* LECHERBONNIER: *Les Critiques de notre temps et A.* (Auszüge). (Coll. Les Critiques, 19) Garnier Frères, 1976; RAILLARD, GEORGES: *Aragon* (Classiques du XXe siècle, 67) Ed. Universitaire, 1964; REICHEL, EDWARD: *L. A. — Les Lilas et les roses.* In: Hinterhäuser, *Die französische Lyrik,* II, 293—302.

4. Aimé Césaire:

a) Lyrische Texte:

Cahier d'un retour au pays natal (1939) avec une préface d'A. Breton, 1947; avec une préface de P. Guberina, 1956; *Et les Chiens se taisaient (Tragédie)* (1946), als „Arrangement théâtral" (1956) 1962 (Neudruck in A. C.: *Les Armes miraculeuses* (1946) (Coll. Poésie) nrf, 1970; *Soleil cou coupé* (1948) + *Corps perdu* (1949) unter dem Titel *Cadastre* (1961); *Ferrements.* Poèmes (1959); *Poèmes.* in: *OC,* tome I. Introduction de Michel Leiris: *Qui est A. C.?* Préface d'A. Breton. Direction Jean Paul Césaire (3 vols.). Ed. Désormeaux, 1976. — *Une Saison au Congo* (1966/1973) zitiert nach der Ausgabe: Ed. du Seuil, (Théâtre, 5) 1967.

Deutsche Übertragungen: *Zurück ins Land der Geburt.* Französisch u. deutsch (Übs. v. Janheinz Jahn, m.e. Nachwort d. Übs.) Frankfurt a. M., Insel-Vlg., 1962; dasselbe: Bibl. Suhrkamp, 193 (1967); *Sonnendolche* (lyr. A. C.-Anthologie). Übs. v. Jahn (Wolfg. Rothe Vlg.); *An Afrika.* Gedichte. (2spr. Ausg., Übs. v. Jahn u. Friedhelm Kemp) München, C. Hanser Vlg., 1969; Dichtungen A. C.s in: Jahn: *Schwarzer Orpheus.* Moderne Dichtung afrikanischer Völker beider Hemisphären. (Fischer Bücherei, 350) 1960; *Im Kongo.* Ein Stück über Patrice Lumumba. (M. e. Essay v. J.-P. Sartre: *Das politische Denken Lumumbas.*) Übertragen v. Monika Kind. Berlin, Kl. Wagenbach, 1966.

b) Kritische Literatur:

BRETON, ANDRÉ: „Un grand poète noir" (1943). In: *A. B.* (zusammen mit André Masson): *Martinique charmeuse de serpents.* (Coll. 10/18, 791). Ed. J.-J. Pauvert, 1972/1973; GLISSANT, EDOUARD: *A. C. et la découverte du monde.* Les lettres nouvelles, 4, 1 (1956) 44—54; JAHN: *A. C. und der Surrealismus.* Versuch einer Richtigstellung. Texte und Zeichen, 2 (Berlin 1956), 430—433; JAHN: *A. Césaire.* Antares 5, 2 (März 1957) 25—28; JAHN: „Der Schreibtisch ist meine Hobelbank." Übs. Antares 5, 6 (Okt. 1957) 19—23; JAHN, J.: Nachworte zu *Schwarzer Orpheus* (s. o. 5.a) und *Zurück ins Land der Geburt* (s.o. 5.a); JAHN, J.: *Muntu.* Ed. du Seuil. 1961; KESTELOOT, LILYAN: *A. C. Présentation* [...] (Coll. Poètes d'aujourd' hui, 85) Ed. Seghers, 1962; LEINER, JACQUELINE (Seattle): *Etude comparative des structures de l'imaginaire d'A.C.* et de Léopold Sédar Senghor (1977) CAIEF, 30 (Mai 1978) 209—224; LEIRIS, MICHEL: *Qui est A. C.?* Brisées (1966) 269—278 (auch in: A. C., *OC* I); PATRI, AIMÉ: *Deux Poètes noirs en langue française.* Présence africaine (févr. 1948) 378—387; SCHUSTER, JEAN: *Lettre ouverte à A.C.* Le Surréalisme même, 1 (Okt. 1956) 146—147; SELLIN, ERIC: *A. C. and the Legacy of Surrealisme.* Kentucky Foreign Language Quarterly, 13 (Lexington, 1967) 71—79.

Weiterführende Bibliographie: KLAFFKE, CLAUDIA, *Kolonialismus im Drama: A. C. — Geschichte, Literatur und Rezeption.* (Diss. F. U. Berlin) 1978, 364—377.

c) Allgemeine Literatur zur Negerdichtung nebst Anthologien:

BAL, MUSTAPHA: *L'Homme noir dans la poésie.* La pensée, N. S. 103 (Juni 1962) 18 ff.; BOITEAU, PIERRE: *Les Etapes de la poésie négro-africaine.* La pensée, N. S. 103 (Juni 1962) 3 ff.; CENDRARS, BLAISE (Übs.): *Anthologie nègre. Folklore des peuplades africaines.* (1921), in: Cendrars, *Poésies complètes.* Denoël, 1963; GARRET, NAOMI: *The Renaissance of Haïtian Poetry.* (Enquêtes et Etudes) Paris 1963; GLISSANT, EDOUARD: *L'Intention poétique.* Paris, 1969; GUÉHENNO, JEAN: *La France et les Noirs.* Paris, 1954; JAHN, J.: *Die neoafrikanische Literatur.* In: Kindlers Literatur-Lexikon, I. Darmstadt, 1970. 694 ff.; JAHN, J.: *Negro Spirituals* (Fischer Bücherei, 473/474); JÜTTNER, SIEGFRIED: *Léop. Sédar Senghor: ‚Ethiopiques'.* In: Pabst: *Die moderne französische Lyrik.* 275 ff./*Vom Anruf zum Aufruf.* Senghors *Neige sur Paris* und N'Debekas *980 000.* Der fremdsprachliche Unterricht (1977, 2) 27 ff.; KESTELOOT, LILYAN: *Les Ecrivains noirs de langue française: Naissance d'une littérature.* Bruxelles (Inst. de Sociologie — Etudes africaines) 1963/*Anthologie négro-africaine.* (Coll. Marabout) 1967; MERCIER, ROGER: *Les Ecrivains négro-africains d'expression française.* Tendances, 37 (Okt. 1965) 417 ff.; *Nouvelle Somme de Poésie du Monde noir.* Présence africaine, N⁰ spécial 57 (1966) mit ‚Liminaire' v. A. Césaire; SARTRE, J.-P.: *Orphée noir.* In: Senghor, *Anthologie* u. in: S., *Situations III* 229—286/*Colonialisme et Néocolonialisme.* In: S., *Situations IV* (*Kolonialismus und Neokolonialismus.* Reinbek, Rowohlt, 1968); SENGHOR, LÉOP. SÉDAR (Hg.): *Anthologie de la nouvelle Poésie nègre et malgache de Langue française,* précédée de J.-P. Sartre: *Orphée noir.* (1948) (Coll. Pays d'Outre-Mer, V 1) PUF, 1972; THOMAS, LOUIS-VINCENT: *Une Idéologie moderne: La Négritude.* Revue de psychologie des peuples (1963) 246 ff., 367 ff.; TZARA, TRISTAN: *Poèmes nègres. OC* I, 441—490; YOURCENAR, MARGUERITE: *Fleuve profond, sombre rivière.* Les ‚Negro Spirituals', commentaires et traductions. [1964] (Coll. Poésie) 1974.

5. André Breton (Zum Exkurs):

a) Zitierter Text:

Au Lavoir noir. In: A. B., *Clair de terre* (Coll. Poésie); Erstdruck 1936, Vlg. G. L. M. (Avec une *fenêtre* par Marcel Duchamp).

b) Kritische Literatur:

AUDOIN und JOUFFROY (préfaces zu Werkausgaben); BONNET, MARGUERITE (Hg.): *Les Critiques de notre temps et Breton* (Coll. Les Critiques, 17) Garnier Frères, 1974; CURNIER, PIERRE: *A. B., L'Amour fou: ‚Tournesol'*. In: *Pages commentées d'auteurs contemporains*, II, 65—78, sowie in: Wais, *Interpretationen französischer Gedichte*. 402—415; EIGELDINGER, MARC (Hg.): *A. B. Essais et témoignages*. Neuchâtel, La Baconnière, 1950/*A. B. Essais recueillis*. Neuchâtel, La Baconnière, 1970; LENK, ELISABETH: *Der springende Narziß. A. B.s poetischer Materialismus*. (Reihe Passagen). München, Rogner u. Bernhard, 1971; SCHEERER, THOMAS M.: *Textanalytische Studien zur ‚Ecriture automatique'*. (Romanistische Versuche u. Vorarbeiten, 49) Bonn,1974.

c) Literatur zu *papillon* und Prométhée:

CLÉBERT, JEAN-PAUL: *Bestiaire fabuleux* (s. v. *papillon*); EIGELDINGER, MARC: „La Mythologie du papillon chez A. B." In: M. E., *Poésie et métamorphoses*. 203—218; DUCHEMIN, JACQUELINE: *Prométhée. Histoire du mythe,* de ses origines orientales à ses incarnations modernes (Coll. d'Etudes mythologiques. Univ. de Paris-X) Soc. d'Edit. ‚Les Belles Lettres', 1974; LAFFONT-BOMPIANI, *Dictionnaire des Œuvres*, IV, 157—161; MARCUSE, HERBERT: *Triebstruktur und Gesellschaft*, Kap. VIII; MAURER, KARL: *Der gefesselte Prometheus*. Tradition und Schöpfung im Urteil der modernen Literaturwissenschaft. ASNSL 201 (116. Jg., 1965) 401—431; STIERLE, K.-H.: „Mythos als ‚Bricolage' und zwei Endstufen des Prometheusmythos". In: Fuhrmann, Manfred (Hg.): *Terror und Spiel*. München, W. Fink, 1971, 455—472; TROUSSON, RAYMOND: *Le Thème de Prométhée dans la littérature européenne*. (2 Bde) Genève, Droz, 1964/1976; WEINBERG, KURT: *On Gide's Prométhée. Private Myth and Public Mystification*. Princeton U. P., 1972.

3a. Dichtung als Experiment und Spiel

> A quoi sert cela —
> A un jeu.
>
> Stéphane Mallarmé:
> *La Musique et les lettres* (1894)

Mit Hölderlins Frage: *wozu Dichter in dürftiger Zeit?*[1] sehen sich, intensiver als frühere Generationen, die Dichter unseres Jahrhunderts konfrontiert. Angesichts wachsender Menschheitsbedrohungen drängt sie die Frage nach dem Nutzen allen Tuns zur Selbstrechtfertigung, zumal unausrottbar das öffentliche Vorurteil besteht, daß Lyrik bloßes Ornament, unfruchtbare Klage, ein Teil goldenen Überflusses, also nur unnützes Spiel sei. Als ob Spiel etwas Entbehrliches, Unernstes, etwas Geringeres als andere Menschheitsgüter wäre. Vielfältig und breit gefächert sind die Antworten auf das große *Wozu?*. Fast jedes Gedicht gibt auf seine Weise darüber Auskunft. Antworten werden auch ausdrücklich eingeholt und anthologisch gesammelt wie in dem 1978 bei *le soleil noir* edierten vielsprachigen Band: *Wozu Dichter in dürftiger Zeit? A quoi bon des poètes en un temps de manque? Why poets in a hollow age?* ouvrage collectif réalisé par Henri-Alexis Baatsch et Jean-Christophe Bailly, oder wie ein Jahrzehnt zuvor in Hilde Domins Bekenntnisbuch: *Wozu Lyrik heute. Dichter und Leser in der gesteuerten Gesellschaft*[2].

Es dürfte keinen Lyriker von Bedeutung geben, der heute sein Metier als reines Spiel oder Zeitvertreib versteht, keinen, der nicht mit Leidenschaft Verantwortung trüge[3], dessen Wunsch nicht Wirken wäre, der nicht die Vermenschlichung des Menschen im Auge hätte. In moderner Lyrik herrscht die Grundstimmung des Aufbegehrens gegen die *condition humaine*, des ‚Denunzierens' von menschlicher Schwäche, Dürftigkeit, Wehrlosigkeit oder auch Bestialität vor. Musterbeispiel schockierender Entlarvung an der Schwelle unseres Jahrhunderts die *Chanson du décervelage*[4] zu Alfred Jarrys *Ubu Roi*. Hier stehen wir vor einem dichterischen Spiel, in dem gallige Erbitterung und Wut als *humour noir* zum Ausbruch kommen. *Poésie engagée* kann man es nicht nennen, zumal diese Formel als Widerspruch in sich und Tautologie zugleich erscheint. Mag Sartre die Lyrik von der Pflicht zum *engagement*

---

[1] Frage in der 7. Strophe von *Brot und Wein* (1802/1803).
[2] Domin, *Wozu Lyrik heute* (1968) 1975.
[3] Wir unterdrücken das ausgehöhlte Attribut ‚gesellschaftlich'.
[4] Vgl. Besprechung der *Chanson*: o. Kap. II 1.

dispensiert haben⁵ —, nicht zu leugnen ist die Existenz politischer Eiferer unter den Dichtern, denen weniger an der inneren Läuterung des Menschen liegt als an seiner Befreiung aus Gewalt und an seiner sozialen Emanzipation⁶.

Mag Lyrik dem ‚interesselosen Wohlgefallen' dienen wie Mallarmés und Valérys *poésie absolue*, mag sie zu national- oder parteipolitischem Kampf bestimmt sein wie ein Teil der Dichtung Aragons, mag sie sich als *fatrasie* und moderner *coq-à-l'âne* verstehen wie bei Jacques Prévert⁷ oder in der surrealistischen Anti-Aphoristik⁸ —, hoch ist überall der Anteil von Spielelementen und poetischer Spielhaltung, ein Anteil, dem unsere ernste Aufmerksamkeit nicht versagt werden darf. Wie alle anderen Künste gehören die Werke der Dichtung, ihren Ursprüngen, Arten und Formen nach, in den Bereich des Spiels. Der bloße Hinweis auf dieses kulturhistorische Faktum mag diejenigen schockieren, die die Künste zu Vehikeln der Gesellschaftsveränderung ‚umfunktionieren', in den Dienst der sozialen Revolte stellen wollen und, soweit sie sich diesen Postulaten nicht unterwerfen, als ‚ästhetische Spielereien' verachten. Der Literaturwissenschaftler kann nicht umhin, den Ernst im dichterischen Spiel zu erkennen, das Spiel also ernst zu nehmen, für den Spielcharakter moderner Lyrik Partei zu ergreifen. Mehr denn je müssen heute die Künste im Kampf um die Bewahrung ihrer Freiheit verteidigt werden, sie haben Anspruch auf Unabhängigkeit von den praktischen Lebensbezügen, damit ihnen erhalten bleibe, was Kant als ihren gemeinsamen innersten Sinn erkannte: *das interesselose Wohlgefallen*. So erweist sich in zunehmendem Maß auch den Philosophen und Gelehrten unserer Zeit der Spielcharakter aller Formen menschlicher Kreativität als unbestreitbar existent. Der philosophische Bahnbrecher und Wortführer moderner Dichtung Ludwig Wittgenstein⁹ bewertet spielerische Elemente in der Sprache — das Sprachspiel — höher als die logische Rede. Johan Huizinga¹⁰ weist in dem Essay *Homo ludens. Vom Ursprung der Kultur im Spiel* nach, daß Poiesis eine Spielfunktion ist, daß die Geburt der Dichtung in der Spielsphäre liegt, daß in Antike, Abendland wie fernöstlichen Kulturen Spiel und Dichtung stets eng verbunden waren. Den Zusammenhang zwischen Spiel und religiösem

---

⁵ „on comprendra facilement la sottise qu'il y aurait à réclamer un engagement poétique" (Sartre: *Qu'est-ce que la littérature?* 69).
⁶ Zur ‚politischen' Lyrik o., insbes. Kap. III 2.
⁷ Vgl. T. Heydenreich, *J. Prévert*.
⁸ Vgl. Vf., *Anti-Aphoristik und Paradoxie*.
⁹ Wittgenstein (1889—1951), *Tractatus*, sowie postum edierte Äußerungen.
¹⁰ Huizinga (1872—1945), Kap. 7 von *Homo ludens*.

III. Auktoriale Grundpositionen

Mysterium deckt Romano Guardini in seinem Buch *Vom Geist der Liturgie*[11] auf. Eine systematische literaturwissenschaftliche Darstellung dichterischer Spielformen bietet Alfred Liede in: *Dichtung als Spiel. Studien zur Unsinnspoesie an den Grenzen der Sprache*[12]; gegen Liedes Untertitel und Übersicht über ‚Gattungen der Unsinnspoesie' ist nur einzuwenden, daß Spiel nicht notwendigerweise Unsinn erzeugt, daß z. B. Figurengedichte wie Apollinaires *Idéogrammes lyriques* keinesfalls solchen Gattungen zugeordnet werden dürfen, weil ihre Analyse klare Sinnzusammenhänge aufdeckt[13]. Die erstaunliche Kontinuität der Spielhaltung, die modernste künstlerische Experimente mit den großen Traditionen verbindet, bestätigt Hans-Georg Gadamer in: *Die Aktualität des Schönen. Kunst als Spiel, Symbol und Fest*[14]. In seiner Interpretation erweist sich Spiel als Komponente der „anthropologischen Basis unserer Erfahrung von Kunst" (29), er fußt auf der Erkenntnis, daß „offenbar die Bestimmung der Kunst als das Schaffen des Genies von der Kongenialität des Aufnehmenden niemals wirklich zu trennen" ist, denn „beides ist ein freies Spiel" (27). So entkräften Denker unserer Epoche den lange gehegten Argwohn und Widerwillen gegen die in Frankreich mit besonderem Nachdruck angestrebte Absolutheit dichterischer Rede, des *l'art pour l'art* auf der Linie Victor Hugo — Sainte-Beuve — Théophile Gautier und der *poésie pure / poésie absolue* in der Filiation Alfred de Vigny, Edgar Allan Poe, Parnassiens, Mallarmé, Valéry, die noch bis in folgende, gegen Prosa abhebende Lyrik-Definition Jean-Paul Sartres hineinwirken:

> La poésie renverse le rapport, le monde et les choses passent à l'inessentiel, deviennent prétexte à l'acte qui devient sa propre fin. [...] c'est le sens même du mot qui devient l'incommunicable pur. [...] Si le poète raconte, explique ou enseigne, la poésie devient *prosaïque*, il a perdu la partie. (*Situations II*, Hvh. Sartres)[15]

Ist es das Wesen des Spiels, keinen unmittelbaren praktischen Zweck anzustreben, sein Genügen in sich selbst zu finden, zugleich aber die Teilnehmer zur Anerkennung bestimmter Gesetze oder Regeln zu verpflichten, so gehören die schöpferischen künstlerischen Betätigungen sowohl durch das Moment des nicht über sie hinausführenden Zwecks wie durch die Beachtung, Variation oder ostentative Übertretung form-, art- oder gattungsbezo-

---

[11] Guardini (1885—1968), ‚Die Liturgie als Spiel' (*Vom Geist der Liturgie*, 1922).
[12] Liede hat in der Romanistik nicht die gebührende Beachtung gefunden.
[13] Vgl. Raible, *Moderne Lyrik*, 92 ff.; Vf., *Interpretationsversuch an Textbildern*.
[14] Gadamer über die Bedeutung des Spiels schon 1960 in *Wahrheit und Methode*.
[15] ‚Notes' zu „Qu'est-ce qu'écrire?" (Sartre, *Situations II*, 85—88). These der ‚engagierten Literatur' in: *Présentation des Temps Modernes* (ebd. 7—30).

gener Konventionen in den Bereich des Spiels. Im Hinblick auf die ästhetische Kreativität prägte Schiller die Sentenz, daß der Mensch nur da ganz Mensch sei, wo er spielt *(Über die ästhetische Erziehung des Menschen,* in einer Reihe von Briefen. 1795). Daß Spiel nicht, wie gemeinplätziger Sprachgebrauch unterstellt, Widerpart von Ernst, sondern das Gegenteil des Nutzens ist, war Philosophen und Theologen stets bewußt. Spätestens seit Platon, dem der Mensch als das erwählte Spielzeug Gottes galt, hat Spielen einen hohen ethischen Ernst, weil es den Menschen über die triviale Welt der Arbeit und des Profits in abgesonderte, sublime Bereiche mit eigenen Gesetzen erhebt. Aus den Zonen materiellen Interesses und der Nützlichkeit hinausführend, stiftet Spiel, insbesondere das Spiel der Künste, in räumlicher und zeitlicher Begrenztheit eigene Ordnungen, Intermezzi voll innerer Spannungen und Lösungen mitten in der Verworrenheit und Kontingenz ‚dürftigen' Lebens. Stärker als je realisiert der moderne Mensch im Spiel seinen Traum von der Befreiung, wobei die vom Alltag emanzipierte Ordnung in der Vorstellung von idealer Gesetzlosigkeit, von Unordnung und Chaotischem bestehen kann, wie sie in den poetischen Nachfolgeerscheinungen der Romantik begegnet[16]. Früh vermittelte Spielhaltung, namentlich bei künstlerischer Kreativität, gesteigertes Lebensgefühl, ein Bewußtsein des gewonnenen ‚Spielraums' sogar im Angesicht des Todes — wie bei der Fiktion der während der Pestepidemie von 1348 novellierenden florentiner Patrizierjugend in Boccaccios *Decameron.* Spielentwurf einer Gesellschaftsordnung ohne Gesetz und Zwang ist auch das durch humanistische Erziehung emanzipierte *Fay ce que voudras* der Thelemiten in Rabelais' *Gargantua et Pantagruel,* Livre I, chap. LVII. Nicht zuletzt erkannte der Kunsthistoriker Elie Faure in *L'Esprit des formes*[17]:

> Si terrible que soit la vie, l'existence de l'activité créatrice sans autre but qu'elle-même suffit à la justifier. Le jeu, évidement, paraît, au premier abord, le moins utile de nos gestes, mais il en devient le plus utile dès que nous constatons qu'il multiplie notre ferveur à vivre et nous fait oublier la mort. (Kap. ‚Utilisation de la mort', IV)

Von alters her stellen die Pädagogen das Spiel in den Dienst sinnvoller Menschenformung oder -lenkung[18]. In unserer Epoche gewinnt das Spiel in

---

[16] Liede, Kap. B: Der Traum von der Befreiung des Menschen im Spiel: 1. Das Chaos als höchste Schönheit und Ordnung, 3. Die Zerstörung im Dienst einer neuen Ordnung. *(Dichtung als Spiel,* Bd. I).
[17] Faure (1873—1937), *L'Esprit des Formes* (1933).
[18] Hervorgehoben seien W. Benjamins „Randbemerkungen zu einem Monumentalwerk: Spielzeug und Spielen".

III. Auktoriale Grundpositionen

Psychologie, Natur-, Politik- und Sozialwissenschaften früher ungeahnte Bedeutung beim spekulativ-experimentellen ‚Durchspielen' errechenbarer ‚Fälle' zum Zweck technischer, politischer oder wirtschaftlicher Zukunftsplanung[15].

Spiel und Experiment berühren sich auch in den planmäßig erdachten, destruktiven und sprachparodistischen Praktiken avantgardistischer Gruppen wie Futuristen, Dadaisten und der Surrealisten-Kollektive mit ihren aus Paradoxien konstruierten Vorformen poetischer Betätigung[20]. Durch die Spekulation auf lautlich-humoristische Überraschungsgewinne beim Sprachspiel wie auf scientifische Gewinne beim futurologischen Denkspiel rücken die Experimentierfelder von Forschern und Dichtern einander näher.

Bevor wir uns den Spielen der Avantgarden zuwenden, die neue Präferenzen und beachtliche Akzentverlagerungen erkennen lassen (wie den Vorrang des Auges vor dem Ohr, der Freiheit vor der Ordnung, der Paradoxie vor dem Vergleich), ist nochmals an den Wegbereiter der Sprachspiele, den Symbolisten Saint-Pol-Roux (1861—1940), zu erinnern, der, als Lyriker einem Maeterlinck ebenbürtig, der neuen Zeit schon vor der Jahrhundertwende das Tor öffnete. Er hat als unmittelbarer Anreger der beiden stärksten Avantgarden, Futurismus und Surrealismus, zu gelten. Durch seine geradezu unerschöpfliche Fähigkeit, Analogien und Paradoxien in den Dienst der Lyrik zu stellen, verlieh er dem Mythos der Sprachbefreiung neuen Glanz[21]. Rémy de Gourmont erkannte ihm schon in seinem *Livre des masques* (1896) den Rang eines *des plus féconds et des plus étonnants inventeurs d'images et de métaphores* zu. Erst nahezu drei Jahrzehnte später entdeckte ihn — kurz vor der Proklamation des Surrealismus — André Breton wieder: seinen Gedichtzyklus *Clair de terre* widmete er 1923 *Au grand poète / Saint-Pol-Roux / A ceux qui comme lui / s'offrent / le magnifique / plaisir de se faire oublier*[22]; und 1925 hul-

---

[15] Beispiel die sozialwissenschaftliche Systemtheorie von Anatol Rapoport (Toronto): Kurzfassung in: *Berliner Wissensch. Gesellschaft e. V.-Jahrbuch 1978*. (Berlin 1979) 120 f.: „Contributions of Game Theory to a Theory of Rational Decision". — Die Naturwissenschaft scheint mit dem Traktat von Eigen und Winkler: *Das Spiel — Naturgesetze steuern den Zufall* geradezu Mallarmés Paradoxe von *Un Coup de dés* zu bestätigen.
[20] Zum Experimentcharakter moderner Lyrik: Friedrich, *Die Struktur*.
[21] Über das tragische Schicksal von Saint-Pol-Roux: Ganzo, *Cinq Poètes assassinés*; Briant (1961) 59 ff.; Liste der in Camaret durch deutsche Soldaten (1940) zerstörten unveröffentlichten Werke Saint-Pol-Roux' bei A. Jouffroy a. a. O. 288—290.
[22] „Le Magnifique" ist der Beiname, den Freunde dem Dichter seiner klingenden Sprache und gewählten Kleidung wegen gaben. Bretons Widmung zu *Clair de Terre* (Coll. Poésie), 35.

digte ihm die Gruppe der ersten Surrealisten überschwänglich in *Les Nouvelles littéraires*[23]. Aber bis heute liegt u. W. keine vollständige, geschweige denn kritische Ausgabe, noch eine literaturwissenschaftliche Würdigung seines Werks vor[24].

In den hier folgenden kurzen analytischen Betrachtungen zu Saint-Pol-Roux' Lyrik soll die Bedeutung der von der Kritik häufig gebrauchten Termini *image* und *imagier* aufgehellt werden. In den Reihungen von oft überraschenden Analogien macht Saint-Pol-Roux keinen Unterschied zwischen Vergleichen mit *comme* und Identifikationen ohne *comme*. Schon das Gedicht *La Magdeleine aux parfums*, das zwischen 1887 und 1890 in 35 regelmäßig reimenden Alexandriner-Quatrains konzipiert wurde, reiht Ketten von Analogien von der synästhetischen *correspondance*[25] bis zum konzeptistisch-manieristischen Identifikationsschema[26]. Beide Figuren können in einer Strophe gekoppelt sein, etwa um die Simultaneität von sinnlicher Ausstrahlung und Reue zu verdeutlichen; so weben Engel aus den Parfums der Magdalena die Luftspiegelung eines nach Fenchel und Thymian duftenden Tales, in dessen tiefstem Grund ein hingeducktes Dorf *le repentir de la putain* (XIX) symbolisiert. Daran werden Reihen von Paradoxien assoziiert, die das Umschlagen von Trieb und Wildheit in fromme Unterwerfung und gläubige Askese verdeutlichen; würden sie, isoliert betrachtet, unerträglich naiv erscheinen, so macht sie die Reihung akzeptabel und einleuchtend wie in diesem Beispiel:

> Etrange vision de candides miracles!
> Brebis enseignant à bêler aux loups gloutons;
> Ventres de monstres, purs comme des tabernacles;
> Torrents à pic, plus doux que des dos de moutons. (XX)
>
> Pâle, un corbeau roucoule un vieil air des légendes;
> Une colombe endeuille ses plumes de lys;

---

[23] Sämtliche *Hommages des surréalistes* vom 9. 5. 1925 (Aragon, Breton, Eluard, Péret, Leiris, Desnos, Vitrac, Morise, Baron) bei Jouffroy, *Saint-Pol-Roux* (Les plus belles pages) 271 ff.
[24] Vgl. *Times literary supplement: S.-P.-R., son of Mallarmé; mon fils* nannte M. den jungen Dichter 1891.
[25] ‚Klassisches' Modell der synästhetischen *Correspondance* ist Baudelaires Gedicht (*Les Fleurs du Mal*, IV); vgl. Schrader, *Sinne und Sinnesverknüpfungen*. Text *La Magdeleine* bei Briant, 128—133, bei Jouffroy, 19—25 (nachgestellte römische Ziffern — uns. Strophenzählung).
[26] In seiner Einführung, „Saint-Pol-Roux Premier baroque moderne", nennt Jouffroy den Dichter „le trait d'union perdu entre le Baroque du XVII ième siècle et ce qu'il est convenu d'appeler l'Esprit Moderne", Vorläufer von Jacob und Fargue, Prophet der Ponge, Char, Mandiargues, Malcolm de Chazal „et tous les grands Baroques modernes du poème en prose" (S. XII).

III. Auktoriale Grundpositionen

> Les serpents ne sont plus que flexibles guirlandes
> D'oiseaux bleus aspirés par les faims de jadis. (XXI)[27]

Die vom Körper der bekehrten Sünderin ausgehenden Düfte stiften Affinität mit demjenigen, dem Könige Weihrauch und Myrrhen zur Menschwerdung darbrachten; erhebt er sich, um Magdalena zu segnen, so ist er:

> [...] Celui tombé du pommier de Marie
> Sur la paille parmi l'encens, la myrrhe et l'or [...] (XXIII)

In einer überraschenden Metapher wie *pommier* (fruchttragender Baum) *de Marie* scheinen sich alttestamentarische Anspielungen zu kreuzen; der Apfelbaum mit seinen köstlichen Früchten wird dort mehrfach verherrlicht, seine Äpfel sind wohlriechend (*Joël* 1, 12; *Hohes Lied* 2, 3.5 und 7, 9; *Sprüche* 25, 11); nicht minder rühmenswert ist der Granatapfelbaum (*Hohes Lied* 6. 11 und 7, 18 sowie 4, 13), dessen Früchte im salomonischen Tempel und am Gewandsaum des Hohenpriesters als Schmuck nachgebildet waren[28] Hier spricht Christus sogar seinen Segen in Antinomien wie:

> — „*Fille* qui, suppliant le *Fils* à barbe d'astre,
> As choisi pour *miroir* l'*ongle* de mon orteil,
> J'admire l'*hirondelle* éclose en ton *désastre*,
> Et *la honte* me plaît qui t'a peinte *en soleil*." (XXIV; uns. Hvh.)

Gern läßt Saint-Pol-Roux in lyrischer Prosa oder kürzeren Gedichten aus einer zentralen Leitmetapher gleichsam in konzentrischen Kreisen andere Analogien entspringen. So identifiziert das Prosagedicht *La Volière* (1892)[25] den gestirnten Himmel mit einem Vogelhaus, wo *un oiseleur tournant la manivelle* gewaltige Flüge von differierenden Rhythmen auslöst, aber wunderbarerweise: *Jamais le moindre heurt*. Da herrscht Korrespondenz zwischen universaler und metrischer Ordnung, alles kommt und geht *à la manière d'un rondeau, toutes les rimes en bijoux*, das heißt: nach Art der *rimes couronnées* mit harmonischem Widerhall (möglicherweise Anspielung auf Sphärenmusik). Den ungezählten, durcheinander kreisenden ‚Wesen' — *aigles ou roitelets (étoiles et planètes)*, — ist eines gemeinsam, und dies ist das zweite Zentralmotiv: *Il semble qu'ils se sont allumés chacun, pour voir comme un*

---

[27] Zit. nach Briant a. a. O.
[28] Die Verbindung des alttestamentarischen Baums mit Maria variiert bei Saint-Pol-Roux die Motive ‚Stämme Israels' und ‚Haus Davids'. Die anachronistische Kontamination gehört ebenso ins Schema der Paradoxien wie die Übertragung des Namens Magdalena auf die namenlose Sünderin (Lukas 7, 37), die Christi Füße mit Tränen netzt.
[25] *La Volière* zit. nach Briant 149 f.

œil, eine Paradoxie in der Beseelung des Weltalls, wird doch kein Auge durch Selbstentzündung sehend, bedürfen doch Sterne nicht der Sehfähigkeit; aber das Auge bedarf des Lichts, um zu sehen. Durch die bizarre Identifikation von Augen- und Sternenlicht wird die naive Impression, daß die Sterne ‚auf uns herabblicken', zur originellen Beseelung. Aber sogleich wird dieses leuchtende Schauen durch Wechsel von Perspektive und Lichtquelle aufgehoben: da der Tag anbricht, erlischt das Kreisen der Vögel im grenzenlosen Bauer (der Gestirne im Weltall), denn *la Volière s'ouvre finalement, en immense paupière, toute vide...* Dieses dritte Analogon verdankt sich abermals einer Paradoxie: das Aufschlagen eines Augenlids setzt voraus, daß ein Auge sehen will; aber hier ist nicht einmal ein blindes Auge, hinter dem Lid ist nichts, nur die Leere des vom Tag erhellten unendlichen Raums. Doch die Assoziationen zum Grundmotiv *œil* sind damit noch immer nicht erschöpft. Ein letztes Mal wechselt die Perspektive, um eine weitere Paradoxie des Schauens hervorzurufen. Sind die Wunder der Nacht in nichts zerronnen, so bleibt für nichts anderes Raum als für das vom saphirblauen Himmel überwölbte, sich stolz wie ein Pfau spreizende Menschenleben, das alle Blicke auf sich zieht: *plus rien que dans sa gloire de saphir le haut Paon de la Vie qui fait la roue avec nos yeux!*[30] Charakteristisch, ja fast gesetzmäßig in Saint-Pol-Roux' Technik der innere Widerspruch, daß hier die Angeschauten selbst die Schauenden sind und daß, in der das Universum füllenden Allegorie des Lebens, die Menschenaugen, als Augen auf dem tiefblauen metaphorischen Pfauenrad, nun an die Stelle der früheren Gestirnaugen treten. Das ganze Karussell visueller Überraschungen dreht sich nicht ohne scherzhafte akustische Pointe zu Ende. Wer bewirkt das Aufschlagen der *immense paupière* bei Tagesanbruch? Wer setzt die Türangeln der nächtlichen *Volière* für den heraufdämmernden Tag in Bewegung?

Soudain le simple coq du voisinage lance un grand cri de clef rouillée dans la serrure. [...] et comme, du bout du pauvre monde à l'autre bout, les moindres coqs agitent les charnières, la Volière s'ouvre finalement [...][31]

[30] *Paon* ist bevorzugte Metapher von Saint-Pol-Roux, auch wegen Homophonie mit *Pan* (vgl. *De la Colombe au Corbeau par le Paon,* 1885—1904; dort das Gedicht *Le Paon* (Briant 162 f., Jouffroy 101 f.)); letzte Anm. des Dichters zum Prosa-*Liminaire* der *Reposoirs* (Jouffroy, 45): „ce tome I dont les *Coqs* (sage-femmes de la lumière) sont l'alpha et le *Paon* (firmament en miniature/l'oméga)". Zum Motiv Pfau in der Belle Epoque: Vf., *M. Maeterlinck, belgischer Wegbereiter,* mit Interpretation des Gedichts *Ennui.*
[31] Mit solchen humoristischen Paradoxien geht Saint-Pol-Roux dem Spanier Ramón Gómez de la Serna (1888—1963) voraus (vgl. Ronald Daus, *Der Avantgardismus R. Gómez de la Sernas* (Analecta Romanica, H. 29) Frankfurt a. M., 1971; Vf., *Anti-Aphoristik und Paradoxie*).

III. Auktoriale Grundpositionen

Das Auge, dessen Metamorphosen in *La Volière* überraschen, ist für Saint-Pol-Roux auch anderwärts fruchtbarster Spender von Analogien, Metaphern und paradoxen Identifikationen. Bravourstück visueller Schwelgerei in kühnen Paradoxien, die wiederum durch Einblendung aus dem akustischen Bereich kontrapungiert wird, ist die ‚kulinarische' Burleske *L'Œil goinfre (dans le rapide Marseille-Paris)* in dem Zyklus *La Rose et les Epines du chemin* (1895—1901). Im Ich-Ton geschrieben, knüpft der Reisebericht nicht nur oberflächlich an die (sprichwörtlich) üppige Hochzeit des reichen Gamacho[32] an *(Mon œil [...] s'offre d'énormes et mobiles noces de Gamache [...])*, sondern er folgt seinem cervantinischen Modell auch mit einem gewaltigen Speisenangebot, das durch poetische Genüsse und, in seinem zweiten Teil, durch musikalische Räusche überboten wird. Mit dem spanischen Ambiente kontrastiert natürlich das südfranzösische Kolorit des Personals und der metaphorisch stellvertretenden Speisen, die von Bahnbediensteten diverser Grade gereicht werden *(servies par des majordomes à casquette laurée d'argent et d'or)*

> à l'accent qui chromatise de l'ail au saucisson, du saucisson au berlingot, du berlingot au nougat, du nougat au guignol, du guignol à telles autres singularités consécutives.[33]

Die Analogien, auf denen der antinomische Speisezettel basiert, sind nicht nur einer zuweilen weitgespannten optischen Äquivalenz, sondern vor allem der Parodierung des Speisekarten-‚Jargons' und den vorübergleitenden optischen Reiseeindrücken, also dem reinen Zufall, zu verdanken. Damit liefert der Symbolist ein Muster für die späteren Sprachspiele der Surrealisten. Hier der Auftakt dieses Gastmahls der Sprache für das Auge:

> Apéritif glauque de la Méditerranée.
> Huîtres, palourdes, moules, praires que sont les vieilles monnaies de pluie aux goussets du sol.
> Hors-d'œuvre: ces crevettes des champs, les sauterelles, ces bigorneaux des buissons, les escargots; papillons; scarabées.
> En guise de rissoles, les tas de foin où se blotissent les poussins.
> Pâtés de foie gras, les moulins à vent.
> En potage: lacs, étangs et mares, avec, croûtons surnageant, des canards, des sarcelles, voire des crapauds, des grenouilles, des têtards.
> Voici la langouste d'une haie de rosiers et le saumon des carrières d'argile.
> Comme bouillabaisse, une lande safranée de genêts fleuris.

---

[32] Miguel de Cervantes Saavedra, *El ingenioso hidalgo Don Quijote de la Mancha*. Parte Segunda, cap. XX—XXI.
[33] *L'Œil goinfre* (Jouffroy, 80—84; Briant, 168 ff.).

> Entrée, rôt: des veaux sur la sauce verte des pâtis; des porcs au seuil de l'étable; des moutons parmi, en forme de pommes, les cailloux de la Crau.
> Tout cela, mes regards l'épicent de-ci moyennant les salines de Berre, de-là moyennant les poudrières de Saint-Chamas [...]. [...]
> Asperges en peupliers. / Artichauds en pins coniques. / Salade des taillis.
> De candides lessives étendues sur l'herbe ou sur la corde essuient le goinfre au passage.

Nicht vergessen wird *Dame l'Oreille, convive un peu, caracolant tout près de Prince l'Œil, amphitryon,* ein Ohrenschmaus, in den nicht nur natürliche Klänge und Geräusche, Tierstimmen, ein Karrenräderknarren ‚einstimmen', sondern auch der Lärm der Städte, Reklameschildergeklirr, je nach Warentypen unterscheidbares Gerumpel begegnender Güterzüge, mancher zum Ton eines Musikinstruments metaphorisierte Klang, andere Klänge monoton mit *Et* aufgezählt, aber animistisch verfremdet; hier haben die Analogien auditiven Charakter:

> [...] le mistral ordonnant sa formidable sarabande, l'archet des branches racla le violoncelle des troncs, les persiennes des logis s'agitèrent en accordéon, les enseignes commerciales cymbalisèrent, les tuyaux des gouttières et des cheminées s'avalèrent et se vomirent en coulisse de trombone.
> De plus, nombreuses fois, ce fut un chahut de piano fantastique chambardé par un train de marchandises aux wagons découverts se suivant, l'un plein de chaux, l'autre de charbon, — gigantesque clavier.
> Et le bruit de fourchettes des petits oiseaux!
> Et les coups de sifflet!
> Et la mandoline des rainettes, des grillons et des cigales!
> Et l'orgue de Barbarie des chèvres, des chiens, des vaches, des ânes, des cochons! [...] [...] [...]
> Et les jets de vapeur en *chut* de chef d'orchestre. [...]

Die Kunst assoziativer Reihung bizarrer Identifikationen und paradoxer Analogien ist ein wesentliches Charakteristikum dieser Lyrik. Sie nehmen die Gestalt einer Litanei an und spielen mit der Musikalität der Sprache in dem Gebet an die Welle: *Sur un Ruisselet qui passe dans la Luzerne* (1890), das wir uns gemurmelt denken sollen wie *devant une statue de la Vierge en fusion*:

> [...] Onde lys et cygnes, / Onde sueur de l'ombre, [...] Onde innocence qui passe, / Onde lingot du firmament, / Onde litanies de matinée, / Onde chérie par l'aiguière, [...] Onde psyché des âmes diaphanes, / Onde pour les chevilles des mendiantes, / Onde pour les plumes des anges, / Onde pour l'exil des idées, [...] Onde petite fille à la poupée, [...] Onde superbe lance des croisades, /

III. Auktoriale Grundpositionen

> Onde émanée d'une cloche tacite, / Onde éloquence des mamelles de pierre, / Onde banderole du vitrail rustique, / Onde/jouissance du soleil-en-roue-de-paon, [...] Je te salue de l'Elseneur de mes péchés!

Den Schluß pointiert nicht allein die abrupt hörbar gemachte Präsenz des betenden Ich, sondern auch die frappierende Antonomasie *Elseneur*, durch die der Schauplatz von Shakespeares *Hamlet* zum Ort gar nicht gebeichteter, weil nicht imaginierter Sünden wird, burlesker Hinweis auf die spielerische Gebetsattitüde dieses Gedichts.

Ständig ist Saint-Pol-Roux darauf bedacht, trotz wechselnder Thematik und variierender Gegenstände, seiner Lyrik die Struktur der überraschenden oder schockierenden Korrespondenz, Analogie oder Identifikation zu unterlegen. Auch Unheimliches verdankt ihr bei ihm seine Wirkung; so beispielsweise in der Fabel *Les Sabliers* (1892): am bretonischen Strand beobachtet ein lyrisches Ich den Aufzug der Sanduhren aller Größen, von der Stunden- bis zur Jahrhundertuhr, die — dank der Lebensarbeit des Dichters — dort ihren ewigen Frieden finden werden. Eingeleitet wird dieses surreale Spektakel durch den raffinierten Einfall der Analogie zwischen einer zufälligen Kombination in der Natur und einem imaginierten, recht komplizierten Zusammenspiel von Dichtern[34]. Dem Schicksal des nordischen Herrschers nachsinnend, den Goethe in der Ballade *Der König in Thule* verewigt, vergleicht der Dichter zwölf Seeraben, die sich auf einem Riff niederlassen (assoziierend an *The Raven*), mit einem Satz von E. A. Poe, den Baudelaire oder Mallarmé in französische Alexandriner übertragen hätte: eine traumhaft kontaminierte Anspielung auf Baudelaires Prosaübersetzungen von Poes Erzählungen und Mallarmés Poe-Nachdichtungen in Prosa mit seinem Alexandrinergedicht *Le Tombeau d'Edgar Poe*:

> Assis sur la plage solitaire du Toulinguet [...], je méditais, après la chute de l'empereur des Coupes de Thulé. [...] Je comparais douze cormorans alignés sur un écueil à une phrase de Poe traduite en alexandrins par Baudelaire ou Mallarmé, — lorsque des crissements singuliers venant de Camaret m'intriguèrent la nuque et me firent saillir.[35]

Rhythmus und Zahl sind für Saint-Pol-Roux ein magisches tertium comparationis, das er seiner Poetik zugrunde legt. Wie im Weltall von *La Volière* das fehlerlose Kreisen der Gestirne mit der Regelhaftigkeit und den klingenden Reimen eines Rondeau in Beziehung gesetzt wird, wie in *Les Sabliers* die

---

[34] *Les Sabliers* (Jouffroy, 90—91; Briant, 164 f.).
[35] Bei Briant Variante zum letzten Wort uns. Zit.: *tressaillir*.

aufgereihten Seevögel die Vorstellung eines Kunstgebildes in Alexandrinern suggerieren, so ist in dem Gedicht *Seul et la Flamme* (1885), über dessen praefuturistische Struktur schon berichtet wurde[36], für Gott *(Seul)* die geplante Schöpfung *mon poème / encore / en zéros*; dabei verwandeln sich die Nullen durch visuelle Analogie in Eier, die — von der grenzenlosen göttlichen Liebe bebrütet — dem Chaos Zahlen und damit eine kosmische Ordnung schenken: *ces œufs, prometteurs de nombres au chaos.* Durch solche Analogiespiele entsteht die Möglichkeit einer Identifikation von Gott und Dichter, von Poesie und Schöpfung. Sie liegt den kosmischen Gedichten *La Volière, La Dame à la Faulx* etc. zugrunde. Saint-Pol-Roux entwickelt daraus die stolze Überzeugung, daß der Dichter zur Fortsetzung und Korrektur der göttlichen Schöpfung berufen sei. Das im Juni 1893 geschriebene *Liminaire* zum lyrischen Hauptwerk *Les Reposoirs de la Procession* definiert, in Übereinstimmung mit dem Ausklang von *Seul et la Flamme*, den Auftrag des Dichters mit dem höchsten Anspruch[37]:

> L'orgueil de l'homme est sans doute pour les pusillanimes traditionnaires la fin de la sagesse, mais pour nous il est à coup sûr le commencement du génie. [...] Simple réceptacle de la Beauté s'il est inconscient, l'homme devient, s'il est conscient, la Beauté elle-même, et nous devons alors considérer ce pèlerin d'ici-bas comme Dieu en personne voyageant incognito. (38)
>
> Ce renouvellement intégral ou partiel de la face du monde caractérise l'œuvre du poète: par la forme il s'affirme démiurge et davantage, car par la ciselure dont il revêt l'or sublime le poète *corrige* Dieu. (41)
>
> Le poète continue Dieu, et la poésie n'est que le renouveau de l'archaïque pensée divine. [...] tout poète nouveau est une nouvelle édition corrigée et augmentée de Dieu. (42)

Hier erweist sich der Zusammenhang von metaphorischem Spiel mit tiefen Überzeugungen. Auf der Metapher Schöpfung/Dichtung beruht das Insistieren auf der göttlichen Mission des Dichters, mit dem Saint-Pol-Roux eine Auffassung neu begründet, zu der sich die hervorragendsten Repräsentanten der französischen Lyrik unseres Jahrhunderts, von Apollinaire bis zu Saint-John Perse bekennen werden[38], und sei es auch in der ‚säkularisierten' Abwandlung der Dichtung als höchster und den weltverändernden Wissenschaften ebenbürtiger Form menschlicher Selbstverwirklichung. Für Saint-

---

[36] Vgl. o. Kap. II 1; *Seul et la Flamme,* 1903 in *Anciennetés, poèmes* (Neudruck mit Introduction Rolland de Renévilles und *Hommage* P. Eluards [1925] als ‚Avant-dire', 1946).
[37] Zit. nach Jouffroy.
[38] Vgl.: Leube, *Le Poète assassiné;* Schrader, *Saint-John Perse:Vents.*

Pol-Roux ist der Sprachschöpfer und Finder kühner Analogien ein Bahnbrecher der kommenden Zeit. In dem 1898 konzipierten Prosastück *Poesia*[35], das allem Vergangenen in praefuturistischer Haltung abschwört, wird Dichtung als die Kraft definiert, die:

> peut devenir davantage que l'indicatrice de la Science et qu'elle est la Science elle-même dans son initialité [. . .]. Elargissez donc le cercle. [. . .] élargissez-le jusqu'à ce qu'il enserre l'éternité.
> Das Genie entfalte sich zum *dispensateur du progrès* im Zusammenprall vergangener Akquisitionen *avec les hypothèses futures sur la place de la Vie*. Sieg der Menschheit sei *de l'avenir ramené au présent, sinon une colonisation partielle de l'Inconnu*. Kunst sei das *prévoir*, das *pressentir par delà les limites de son temps. / L'art véritable est anticipateur*. (187 f.)

Der geschichtliche Ort des Dichters Saint-Pol-Roux zwischen Rimbauds *voyant*-Postulaten und den avantgardistischen Manifesten wird hier deutlich.

Das poetische Spiel mit Analogien und Identifikationen, das Saint-Pol-Roux so insistierend und virtuos handhabt, ist so alt wie die Dichtung selbst. Individuelle Anreger des ‚Magnifique' sind der Baudelaire der *Correspondances*, der Rimbaud der *Illuminations* und der *Saison en Enfer* und Mallarmé, den *Le Démon de l'analogie* überfiel, wie es in dem Prosagedicht dieses Titels von 1864 beschrieben wird[40]. Baudelaire hatte seinerseits *La Lettre volée* von Poe übersetzt, in der es heißt:

> Le monde matériel [. . .] est plein d'analogies exactes avec l'immatériel, et c'est ce qui donne une couleur de vérité à ce dogme de rhétorique, qu'une métaphore ou une comparaison peut fortifier un argument aussi bien qu'embellir une description.[41]

Auch die weit hergeholte Analogie *(analogie éloignée)*[42] und die kühne Metapher *(metáfora ardita)*[43] waren früheren Generationen bekannt; bei den

---

[35] Briant, 185—188; Jouffroy, 160—162; Charpier-Seghers, *L'Art poétique*, 415—417. Neben Paradoxien und Identifikationen verdienen Saint-Pol-Roux' aus Adj. oder Subst. hergeleitete Verbal-Neologismen Beachtung: *s'enoisiver, ouraganer (Seul et la Flamme); s'accessibiliser, se praticabiliser (L'Ame saisissable); se figurativer, définitiver, valibiliser (Liminaire* zu *Les Reposoirs)*.

[40] Mallarmé, „Poèmes en prose", *OC* 272.

[41] Poe, *OenP.* 72; vgl. *Colloque entre Monos et Una:* „des vérités de la plus haute importance ne pouvaient nous être révélées que par cette *Analogie*, dont l'éloquence, irrécusable pour l'imagination, ne dit rien à la raison infirme et solitaire" (ebd. 474).

[42] Vgl. Littré: „analogie éloignée, celle par laquelle, étant connu le rapport de deux faits, nous concluons l'existance de l'un de l'existance de l'autre" (s.v. *analogie*).

[43] Vgl. Giacomo Leopardi, *Zibaldone* I (*Tutte le Opere di G.L.*, a cura di F. Flora. Milano, 1482 f.).

Dichtern des Barock ist Saint-Pol-Roux erfolgreich in die Schule gegangen. Paul Eluard, der sowohl *analogie* (ceci est *comme* cela) wie *image par identification* (ceci *est* cela) als Vorformen von *poèmes/elles-mêmes* würdigte, widmet einzelnen Idendifikationen von Saint-Pol-Roux wie *Ruisseau, argenterie des tiroirs du vallon* die Aufmerksamkeit des vom originellen Verfahren gefesselten Kollegen. Oberhalb der banalen Metapher *(ruisseau aux flots d'argent)* entsteht für ihn ein neues Bild *(plus arbitraire parce que formelle)* durch die einfache Gleichung: *le ruisseau du vallon / l'argenterie des tiroirs;* man verliere aber durch ihre Kontamination die beiden Glieder aus dem Auge, weil das *inattendu, ce qui frappe et paraît réel, l'inexplicable* allein fasziniere[44]. Eluards Hinweis zeigt zugleich, ohne daß es ausdrücklich ausgesprochen würde, wie die so entstandene Paradoxie dem Oxymoron, dem sie als rhetorische Figur per definitionem fernsteht[45], ganz nahergerückt. Daß Paradoxien der Lyrik inhärente Strukturen sind, haben Cleanth Brooks[46] und Hugo Friedrich[47] auf unterschiedliche Weise gezeigt. Für Brooks zumal

> ist die Paradoxie in einem bestimmten Sinn die angemessene und notwendige Sprache der Poesie. Die Wahrheit der Wissenschaft erfordert eine Sprache, die von jeder Spur der Paradoxie gereinigt ist; der vom Dichter artikulierten Wahrheit ist anscheinend nur mit den Mitteln der Paradoxie beizukommen. Zugestanden, ich übertreibe [...].

Die von Saint-Pol-Roux bis zur Paradoxie entwickelten Analogie- und Identifikationsspiele müßten den Avantgarden des neuen Jahrhunderts, die überlieferte Sprachstrukturen in Frage stellten und zur Entwicklung neuer Ausdrucksmittel, auch im Bereich der Sprache, tendierten, als Beweise kongenialen Strebens erscheinen. Der vielzitierten Formel Pierre Reverdys vom hohen Wert der ‚weit hergeholten' Analogie:

> Plus les rapports des deux réalités rapprochées seront lointains et justes, plus l'image sera forte, plus elle aura de puissance émotive et de réalité poétique (1918)[48] —

---

[44] P. Eluard, *OC* I, 539 *(Premières vues anciennes).*
[45] Vgl. Morier, *Dictionnaire,* s.v. *paradoxisme:* „Alliance de mots antithétiques et qui paraissent logiquement incompatibles, mais mis en œuvre avec une telle habileté au sein d'une même proposition que, tout en se combattant, ils frappent l'intelligence et dégagent à seconde vue un sens merveilleusement vrai, souvent profond et toujours énergique./Le paradoxisme évite cependant l'abrupt affrontement de l'oxymore, où les termes sont consécutifs. Moins brutal, il a souvent plus d'élégance."
[46] Brooks, *Paradoxie im Gedicht,* 7.
[47] Friedrich, *Struktur,* Grundtenor der Nachweise.
[48] Vgl. o. Kap. II 2, sowie Vf., *Die moderne französische Lyrik,* 40.

kommt unter historischem Aspekt die Bedeutung eines zur rechten Zeit gesetzten ‚trait d'union' zu, denn sie nahm in der Sache nur wieder auf, was Saint-Pol-Roux poetisch praktiziert und was in seinem Gefolge der Futurist Marinetti 1912 den Dichtern der Zukunft als Pflicht auferlegt hatte[45]. Wie stark sich tatsächlich in unserem Jahrhundert diese poetische Doktrin und Praxis bewährten, könnte mit vielfältigen Belegen monographisch dokumentiert werden. Da hierzu der Raum fehlt, müssen wir uns darauf beschränken, durch kurze Charakterisierung einer verhältnismäßig späten Verlautbarung André Bretons auf das Gewicht hinzuweisen, das der Surrealistenchef diesem Element in seiner eigenen Entwicklung zuerkannte. Einer Ausgabe seiner seit 1935 entstandenen Gedichte stellt er den vom 30. Dezember 1947 datierten Essay *Signe ascendant* voran, der zugleich der ganzen Sammlung den Titel gibt[50]. Da *signe ascendant* das im Augenblick der Geburt über den Osthorizont tretende Tierkreiszeichen bedeutet, kann der so betitelte Aufsatz nur einen Gegenstand behandeln, den der Autor als ‚schicksalhaft' ihm verbunden und zutiefst wesensverwandt erachtet. Dieser Gegenstand ist *La méthode analogique* als ein den rein verstandesmäßigen Erkenntnischancen überlegenes Verfahren. Breton will *le plaisir intellectuel* auf keiner anderen Ebene als auf dem *plan analogique* erfahren haben. Analogisches Denken oder Spürsinn sei Erhellung lebendiger Relationen, deren Geheimnis die Vorzeit besessen habe (7), chiffrierte Kommunikation, die den alten Kosmogonien zugrunde liege; solche *contacts primordiaux* könne die analogische Triebfeder *(le ressort analogique)* uns flüchtig zurückgeben; er nennt sie den *miroir perdu* (8). Nach dieser Einleitung beginnt die eigentliche Poetik, die diesen Text zu einem wichtigen Schlüssel zur surrealistischen Lyrik (zum mindesten derjenigen Bretons) macht: Breton legt Wert auf die Abgrenzung der *analogie poétique* von der *analogie mystique*: es sei die Sonderart der *analogie poétique*, daß sie hinter der sichtbaren Welt kein unsichtbares Universum unterstelle, das sich manifestieren wolle, sie habe keinerlei Hang zum *surnaturel* (9). Den Dichter errege allein die Auslösung analogischen Empfindens *(le déclic analogique)*, das Hinreißendste sei, ob ausgesprochen oder nicht, das *Comme* (das Prinzip Analogie); entschieden zurückzuweisen sei der Vorwurf, diese Zeit mache übermäßigen Gebrauch von der *image*, ganz im Gegenteil *l'appellerons-nous [. . .] à une luxuriance toujours plus grande* (10). Hielten Altertum und Mittelalter *la méthode analogique* in Ehren, so wurde

---

[45] Marinetti, *Manifeste technique,* Punkt 5: zu jedem Substantiv trete ohne Vergleichspartikel *son double/auquel il est lié par analogie* (Lista, *Futurisme,* 133).
[50] A. B., *signe ascendant* (Coll. Poésie), 7—13; der Essay auch in *La Clé des champs* (Coll. 10/18, 750), 173—178.

sie später aufs gröblichste durch *la méthode ,logique'* ersetzt, die bekanntlich in eine Sackgasse führt:

> le premier devoir des poètes, des artistes est de la rétablir dans toutes ses prérogatives [...] (11).

Über Reverdys *loi capitale* (vgl. o.) hinaus erhebt Breton eine Forderung, der er geradezu ethischen Charakter beimißt. Die *image analogique* als blitzartige Erhellung von *similitudes partielles* (11) lasse sich nicht zur Gleichung machen, denn sie bewege sich zwischen zwei Realitäten in einem determinierten, unter keinen Umständen reversiblen Sinn und erzeuge zwischen ihnen eine dem Lebendigen zugewandte Spannungsrichtung:

> De la première de ces réalités à la seconde, elle marque une tension vitale tournée au possible vers la santé, le plaisir, la quiétude, la grâce rendue, les usages consentis. Elle a pour ennemis mortels le dépréciatif et le dépressif. (12)

Dieses wichtige Postulat wird abschließend durch einen Beispielvergleich aus der Bildersprache des Buddhismus, eine Zen-Fabel, erläutert:

> Par bonté bouddhique, Bashô modifia un jour, avec ingéniosité, un haïkaï[51] cruel composé par son humoristique disciple, Kikakou. Celui-ci ayant dit: „Une libellule rouge — arrachez-lui les ailes — un piment." Bashô y substitua: „Un piment — mettez-lui des ailes — une libellule rouge." (13)

Wie in seinen Manifesten bemüht sich Breton auch in diesem poetologischen Text um den Nachweis illustrer Ahnen; darum stellt er den Abschnitten als Motti historische und zeitgenössische Belege des poetischen Analogieverfahrens (aus *Zohar*, Charles Fourier, Malcolm de Chazal, Reverdy, Baudelaire, dem Hohenlied, Swedenborg, Apollinaire und Benjamin Péret) voran.

In seiner Lyrik konstruiert er auf den verschiedensten Wegen Analogien und Identitäten. Er kennt den einfachen Vergleich zweier Formen und Bewegungen wie: *Deux têtes comme les plateaux d'une balance* (Zärtlichkeiten zum

---

[51] *Haïkaï*, richtiger *Haïku*, Japan seit dem 16. Jh., lyrischer Dreizeiler, bestehend aus 5+7+5 Silben, meist Nominalsätze ohne syntaktische Bindung (Morier, *Dictionnaire*, s.v. *haïkaï*); der herkömmlichen französischen Dichtungssprache fernstehend, erst von den Avantgarden des 20. Jh. mehr beachtet (z. B. *Haï-Kaïs* in Albert-Birot, *Poésie*, 372 ff.; sogar *haïkaïsation* von Sonetten Mallarmés etc., in Queneau, *Littérature potentielle: Bâtons, chiffres et lettres*, 335—338). — Japanischer Meister der Art war der Lyriker Matsuo Bashô (1644—1694); sein bekanntester Schüler Enomoto Kikakou; französische Ausgabe: *Haïkaï de Bashô et de ses disciples*. Introd. E. Steinilber-Oberlin, Avertissement Kuni Matsuo. Paris 1936; dazu: Jacques Brosse, in: Laffont-Bompiani, *Dictionnaire des Auteurs* I, 125; *Dictionnaire des Œuvres* II, 501 f. (Später in Frankreich beachtete Spielform des japanischen Kettengedichts: *Renga*.)

III. Auktoriale Grundpositionen

Zweck der Erwärmung, im Gedicht ‚Rideaux', *Les Champs magnétiques*, 94⁵²). Er identifiziert in asyndetischer Koppelung: *Les mottes de terre cornet de sable* (110) oder *Bouche de métal soleil couchant* (112). Er gebraucht die ausdrückliche Gleichsetzung mit *être: L'acétylène est un œillet blanc* (111)/*L'air comprimé c'est la honte* (112)/*Le joli sang est une rose Un éventail de reflets* (112). Kunstvoll demonstriert er im Spiel imaginierter oder geträumter Metamorphosen die Entstehung paradoxer Identitäten wie in ‚Détour par le ciel', dem 7. Gedicht der Serie *Le Pagure dit (Les Champs magnétiques)*:

> Enfant [...] [...] [...]
> Se multiplie à la façon des microbes de son livre notamment par scissiparité, celui qui se sépare de lui a des ailes (99)

oder, dreizehn Jahre später, in dem Traumgedicht ‚Vigilance' der Sammlung *Le Revolver à cheveux blanc* (1932):

> Während *la tour Saint-Jacques*, einer schwankenden Sonnenblume ähnlich, manchmal mit der Stirn die Seine berührt, schleicht das lyrische Ich auf Zehenspitzen in sein Schlafzimmer (wo es schon schläft), um die Erinnerung an eine unfreiwillige ‚Hingabe' durch Brandstiftung zu tilgen. *Les meubles font alors place à des animaux de même taille qui me regardent fraternellement* — die Stühle verzehren sich in lodernden Löwenmähnen — ein weißer Haifischbauch verleibt sich das letzte Erschauern der Bettlaken ein — das Ich sieht *cette cachette solennelle de riens/Qui fut mon corps/Fouillée par les becs patients des ibis du feu*. Am Ende begibt sich das Ich unsichtbar in seine ‚Arche' (den Sarg), ohne mehr auf die fernen Schritte der Lebenden zu achten — es gewahrt die Gräten der Sonne durch den Weißdorn des Regens hindurch, es hört *se déchirer le linge humain comme une grande feuille* — von allen menschlichen Tätigkeiten bleibt nur noch *une dentelle parfumée/Une coquille de dentelle qui a la forme d'un sein* [...]⁵³

In den bisher angeführten Beispielen entstehen die Paradoxien fast ausschließlich aus visuellen Analogien, ein Spiel, dem Breton später andere Kunstgriffe und für den Leser schwierigere Identifikationen vorzog⁵⁴.

---

⁵² Zit. nach *Les Champs magnétiques* (Coll. Poésie).
⁵³ *Clair de terre* (Coll. Poésie) 137 f.; Breton zur Analogie Feuer = Löwe in Einführung zum 1953 ersonnenen Ratespiel *L'Un dans l'autre* (s. Anm. 62), anläßlich Löwe im Streichholz: „Il m'apparut [...] que la flamme en puissance dans l'allumette ‚donnerait' [...] la crinière et qu'il suffirait [...] de très peu de mots tendant à différencier, à particulariser l'allumette pour mettre le lion sur pied. Le lion est *dans* l'allumette, de même que l'allumette est *dans* le lion." (11) — (Vgl. die moderne Reklame: ‚Der Tiger im Tank'.) Über andere Zusammenhänge des Gedichts *Vigilance* mit surrealistischen Spielen Anm. 61.
⁵⁴ Vgl. Breton-Exkurs o. Kap. III 2.

Die Spiele der Surrealisten

Diverse Sprach- und Schreibspiele der Surrealisten, wie die im Kollektiv praktizierte *écriture automatique* unter vermeintlichem Verzicht auf Betätigung des kritischen Verstands, deren erstes Ergebnis Les Champs magnétiques (1919) waren[55], wie der Versuch kollektiver Bild- oder Textgestaltung durch ‚blindes' Puzzle mit Syntagmata-Fragmenten oder Objekten[56], wie die Aphorismen-Reversion und die Spruchparodie[57] sind schon anderwärts beschrieben worden. Spielen setzt Partner voraus, stiftet Gemeinschaften, und Spielhaltung erschien der Surrealistengruppe als wichtigste Voraussetzung auf allen Feldern ihrer Betätigung. Spielerische Attitüde dient auch als Tarnung manch bösartiger Aggression wie in den 11 burlesken Schlagworten, mit denen 1929 die Prinzipien der Gruppe in einer surrealistischen Sondernummer der Zeitschrift *Variétés* umrissen wurden:

> les objets bouleversants, / le cassage de gueules[58], / la peinture fantastique, / le genre mal élevé, / les révolutionnaires de café, / le snobisme de la folie, / l'écriture automatique, / l'anticléricalisme primaire, / la discipline allemande, / l'exhibitionnisme, / les plaisanteries pas drôles.[5⁵]

Victor Klemperer, der darin mit Recht „nur eine witzige Bezeichnung und kaum eine Verzerrung des Gegebenen" sah, gab diesem Text einen kennenswerten Kommentar[60]. In seiner *Histoire du Surréalisme* charakterisiert M. Nadeau allein sechs Arten surrealistischer Gemeinschaftspiele: *Cadavres exquis / Jeu des questions et des réponses / Si, quand / Recherches expérimentales /*

---

[55] Vgl. Vf., Interpretationen in *Moderne französische Lyrik*; G. Goebel, *Schreibspiele*.
[56] Das Spiel *Le Cadavre exquis* (1934), von Hugnet in der *Petite Anthologie poétique du surréalisme* (1934) und Eluard in *Donner à voir* (1939) erläutert; vgl. J. Pierre, *DuMonts kleines Lexikon des Surrealismus*; Silke Schilling/Gerhard Goebel: *Sympoesie* (Rowohlt Literaturmagazin 11) 1979.
[57] Spruchparodien: Marcel Duchamp, *Marchand du Sel*, Robert Desnos, *Rrose Sélavy*, Eluard/Péret, *152 Proverbes mis au goût du jour* (vgl. Vf., *Anti-Aphoristik und Paradoxie*). In die deutsche Dichtung hat Arno Holz vor der Jahrhundertwende ein ähnliches Prinzip durch die geklitterten Zitate im *Phantasus* eingeführt (Textprobe bei W. Killy (Hg.), *20. Jahrhundert. Texte und Zeugnisse 1880—1933*. München, Beck, 1967. 79 ff.) — Was in Dada und Surréalisme ein Vergnügen Weniger war, ist im Reklame- und Verkehrswesen heute vulgarisiert (pädagogisches Spruchband in einem Berliner Autobus: „Drängeln ist aller Laster Anfang"; Preisausschreiben einer Möbelfirma um Werbe-Slogans — Muster: „Die Horizontale ist das einzig Senkrechte" (zum Foto eines Betts) und „Striptische! Je ausgezogener sie sind, desto mehr Spaß haben Sie daran" (zu Fotos von Ausziehtischen).
[58] Zu Gewalt in Literatur vgl. o. Kap. II 1.
[5⁵] Text bei Nadeau, *Histoire du surréalisme* (I) 271.
[60] Klemperer, *Moderne französische Lyrik*, 290 f.

Les sommeils hypnotiques und *Rrose Selavy*[61]. Ein siebtes Spiel kam später hinzu; *L'Un dans l'autre* sei hier kurz gekennzeichnet[62].

Breton gibt in seiner Einführung in dieses Gesprächsspiel (7—24) zwar vor, die Surrealistengruppe habe bei allen Spielen mehr den Spaß als das Experiment im Auge gehabt, aber er deckt doch durch die Beschreibung der Spieltechnik den Hintergrund einer zielbewußten Konstruktion kühner Analogien auf und wiederholt beständig, daß zwischen Spiel und Poesie ein fruchtbarer Kontakt stattfinde. So enthält auch dieses Vorwort ein Stück surrealistischer Poetik. Bretons ausführliche Beschreibungen zur ‚Formel' zusammendrängend, erhält man folgendes Regelkonzept:

> ein Spieler (X) identifiziert sich mit einem beliebigen Gegenstand oder Wesen (A), nachdem die anderen Spieler ihn in seiner Abwesenheit ebenfalls mit einem beliebigen (also einem anderen) Wesen oder Objekt (B) gleichgestellt haben; (X) hat die Aufgabe, sich vor den anderen als (A) zu definieren und durch das Gespräch die Eigenschaften oder Funktionen von (B) in (A) zu entdecken, um schließlich die metaphorische Übereinstimmung beider zu formulieren; durch das wechselseitige Raten treten also die willkürlich miteinander in Beziehung gesetzten Objekte oder Wesen in die Identität des ‚Einen im Anderen'.

Natürlich kann das Ergebnis dieses humoristischen Unternehmens keine mathematische Gleichung sein, sondern nur die Findung irrationaler Analogien. Die Lösung einer Aufgabe konnte Stunden oder auch nur Minuten in Anspruch nehmen, aber angeblich schlug kaum eine von 300 Spielrunden fehl. Nach Breton gehören die dabei erzeugten *croquis allégoriques* (13) zu keiner bekannten Spielkategorie[63], doch stiftet die Verwandtschaft mit dem Rätsel hier enge Beziehungen zur Dichtung (14). Dabei beruft sich Breton auf Huizingas *Homo ludens* („l'étroite corrélation de la poésie avec l'énigme")[64], ein Werk, das surrealistischer Spielfreude offenbar Impulse zu geben vermochte. Tatsächlich konstatiert Breton denn auch die Wichtigkeit

---

[61] Nadeau I, 277—283. Es dürfte lohnen, zu eruieren, wie surrealistische Lyrik und Spiele sich gegenseitig erhellen. Klare Korrespondenz besteht zwischen Bretons *Vigilance* und einem Frage- und Antwortspiel der „Recherches expérimentales sur certaines possibilités d'embellissement irrational d'une ville" (1933). Auf die Frage ‚Doit-on conserver, déplacer, modifier, transformer ou supprimer: La Tour Saint-Jacques?' antworten P. Eluard: *La courber légèrement;* B. Péret: *A placer au centre de Paris, avec de belles gardiennes en chemise;* T. Tzara: *(La démolir et la faire rebâtir en caoutchouc.) On placera une coquille vide sur le toit.* (Nadeau I, 280 f.)
[62] Wir legen zugrunde: Breton, *L'Un dans l'autre* (Coll. Le Désordre, 2).
[63] Entfernt verwandt, aber naiver das früher populäre deutsche Gesellschaftsspiel ‚Teekessel'.
[64] Huizinga, *Homo ludens,* französische Version, Gallimard, 1951.

Rätsel als Dichterübung

dieses Spiels für die Erneuerung der Dichtung mit mehreren für seine Poetik charakteristischen Grundsätzen:

> Il se trouve donc que le jeu de ‚l'un dans l'autre' nous offre fortuitement le moyen *de remettre la poésie sur la voie sacrée* qui fut originellement la sienne et d'où tout a conspiré par la suite à l'écarter. (14)
> Je voudrais, ici, m'en tenir à faire valoir le moyen d'élucidation sans précédent que nous offre le mécanisme ‚l'un dans l'autre' *appliqué aux images poétiques* qui nous semblent les plus hardies. / Anschließend interpretiert Breton die in *Signe ascendant* zitierten *images poétiques* Apollinaires und Baudelaires unter dem fiktiven Aspekt ihrer Entstehung im Spiel; er ist überzeugt, daß alle modernen Meister der *image* (Lautréamont, Maeterlinck, Saint-Pol-Roux, Malcolm de Chazal) die Probe von *l'un dans l'autre* bestünden (15 f.).
> Le grand intérêt de ‚l'un dans l'autre' est d'entretenir une continuelle fermentation [...], la levure mentale, dont la possession est bien *tout ce que rêve de nous assurer la poésie* [...] et des images, seuls éléments constitutifs de l'esprit. (20)
> *Le matériel poétique ne demande pas seulement à être réétudié,* mais encore *repris en main* avec une liberté sans limites et *étendu démesurément en tous sens* en cette lumière. (24) (Uns. Hvh.)

Bretons Spiel-Anthologie, die sich anschließt, gliedert sich in einen allgemeinen und einen geographisch-historischen Teil. Unter dem Namen des jeweiligen Autors (= Spieler X) stehen die doppeldeutigen Definitionen des Objekts (A) und darunter, jeweils als Lösung und Pointe in auf den Kopf gestellten Versalien, der Name des in (A) enthaltenen Objekts (B). Breton stellt sich selbst u. a. einmal vor als *un Sanglier de très petites dimensions* in metallisch hochglänzendem Unterholz mit mehr oder minder herbstlichem Laubschmuck: ein recht ungefährlicher Eber, da die Hauer sich außerhalb von ihm und sogar im Angriff auf ihn befinden: *[la dentition] est faite de millions de dents prêtes à fondre sur moi.* In allen Attributen zu (A), dem *Sanglier*, ist (B) enthalten: *Barre de chocolat* (26 f.), die überraschende Lösung des Rätsels. — Im historisch-geographischen Spiel-Dictionnaire stellt sich beispielsweise Jean-Louis Bédouin vor als ein gehetztes, scheues Krokodil, dem seine Verfolger nachsagen, es sei ein schrecklicher Menschenfresser, obgleich es eher die Sanftmut einer Vogelmutter hat, die ihre Kleinen fliegen lehrt. Dieses merkwürdig veranlagte Krokodil ist verblüffenderweise *Jean-Jacques Rousseau* (38). Spiele solcher Art sind für den Rationalisten reiner Nonsens: es gibt zwischen einem Riegel Schokolade in seiner Stanniol- und Glanzpapierhülle und einem Eber ebenso wenig einleuchtende Übereinstimmung wie zwischen einem J.-J. Rousseau und irgendeinem Krokodil. Die tertia comparationis sind dürftig genug: braune Färbung bei Eber und Schokolade, Laub auf Bäumen und Papierhülle, Beißzähne des Tiers und der Schokolade-Konsumenten bzw. Menschenscheu des Dschungelbewohners und des verfolgungswahnsinnigen Jean-Jacques, übertriebene Angst der Mitwelt vor dem einen und dem anderen, etc. Komische Effekte durch willkürliche Identifikation scheinen über die Paradoxie ins Groteske hinauszuführen. Aber kann hier überhaupt von einer Strukturpotenz gesprochen werden, die auf Verkehrung herkömmlicher Kategorien abzielt und deren Sinn in sinnlos verfremdeter Realität liegt[65]? Der *nonsens* der Identitätsstiftung erzeugt Ketten merkwürdiger Analogien, die Mitspieler wie Leser in eine weniger intellektuelle als sinnlich-ästhetische Ratehaltung oder zur Findung naiver Gefühlsassoziationen aus dem Grenzbereich der Märchenwelt zwingen.

Ein Beispiel, das am baren Zufall einer nicht verabredeten Objektwahl zweifeln läßt, weil sich die groteske Identität als literarische Anspielung erweist, ist wohlweislich nicht in die Anthologie aufgenommen, sondern im Begleittext erläutert: Spieler (X), diesmal Georges Goldfayn, stellt sich vor als *un SOU de métal vulgaire ou passant pour précieux qu'on aime, pour le bruit, à faire tomber sur un autre sou.* Der heute völlig entwertete *sou* will lange Zeit gängige Münze gewesen sein, von den einen aus großen Taschen herausgegriffen, von andern aber vor der Zahlung in ornamentalem oder symbolischem Sinn zieseliert. Von dem durch das Zusammenfallen zweier Münzen erzeugten Klang, der verschiedenartigen Handhabung (teils routinemäßig, teils mit subtiler Sorgfalt) und der Entwertung heute, müssen die ratenden Literaten leicht zu des Rätsels Lösung gekommen sein: *la Rime.* Nach Breton war es unmöglich, dabei nicht jenen Quatrain aus Verlaines *Art poétique* in den Ohren klingen zu hören, der *la Rime* als *ce bijou d'un sou / Qui sonne creux et faux sous la lime* entwertet — und, schon 1874, quasi aus dem Verkehr zieht. (21 f.) Womit das Analogiespiel mit seiner Willkür ein neues historisches Alibi vorweist.

Es dürfte überhaupt leichter fallen, diesem so innovatorisch auftretenden Element mit seinem poetischen Anspruch eine illustre Vergangenheit zu bescheinigen, als seine infolge der surrealistischen Spiele wachsende lyrische Zeugungskraft zu behaupten. Schon 1861 rühmt Baudelaire im ersten Kapitel seiner *Réflexions sur quelques-uns de mes contemporains* (*OC* II, 129 ff.) Victor Hugo als *un si magnifique répertoire d'analogies humaines et divines* (133), erkennt er den Ursprung feinster dichterischer Metaphorik *dans l'inépuisable fonds de* l'Universelle Analogie. Die historische Dichtungsfor-

---

[65] Vgl. Wolfgang Kayser, *Das Groteske in Malerei und Dichtung.* (rde, 107) ‚Enzyklopädisches Stichwort', 141 f.

schung hat erwiesen, daß, nach der durch Hugo hervorgerufenen Akzentverschiebung poetischer Wirkungsintention vom Metrischen ins Metaphorische und nach der Intensivierung und Institutionalisierung des Analogiegebrauchs durch Baudelaire, Rimbaud und Mallarmé, mit dem Erscheinen der neuen Generationen Maeterlinck, Saint-Pol-Roux, Apollinaire, Cendrars und Claudel die herkömmlichen Regeln der Poetik durch andere konstruktive Phänomene ersetzt werden. Der Verselbständigung, dem Sichselbstgenügen der *image rimbaldienne* folgt schließlich bei den Surrealisten die Automatisierung und artifizielle Erzeugung überraschender Identitäten durch das Spiel[66]. Doch das Prinzip gesuchter Äquivalenzen und Korrespondenzen, der Metaphernstiftung durch Opposition weithergeholter und überraschender Bildkomponenten — sogenannter *concetti* und *conceptos* — als Nährboden dichterischer Kreativität vertreten schon im heraufkommenden Barock der Spanier Baltasar Gracián und der Italiener Emanuele Tesauro in Genielehre und *concetto*-Theorie[67]. Wenn Marinetti 1913 die ‚drahtlose Phantasie', die ‚Verbindung weit entfernter Dinge ohne Leitfäden', aber mit Hilfe ‚essentieller befreiter Wörter' und die ‚absolute Freiheit der Bilder oder Analogien', geradezu ‚physische, intellektuelle und sentimentale Balanceakte auf dem gespannten Seil der Geschwindigkeit' *fra i magnetismi contradittori* (zwischen einander widerstrebenden Kraftfeldern)[68] postuliert und wenn, in seinem Gefolge, Breton 1930 im *Second Manifeste du surréalisme* die artifizielle Erzeugung von ‚Kurzschlüssen' als neuen Inspirationsmechanismus rühmt[65], so drehen beide wie Konstrukteure nur die Spirale, auf der sich ihre barok-

---

[66] Zur jüngeren Geschichte der *image* vgl. Robert Goffin, *Fil d'Ariane* Kapitel „La Poésie et le langage" (II), „La Poésie et l'art moderne" (III), „Le Jeu allusif" (IV), „Devenir de la poésie" (XL). — Zit.: Baudelaire, *Réflexions sur quelques- uns de mes contemporains*, I: *V. Hugo* (*OC* II, 133).
[67] Dazu: Henning Mehnert, *Melancholie und Inspiration.* Heidelberg, Winter, 1978; *Bugia und Argutezza.* Emanuele Tesauros Theorie von Struktur und Funktionsweise des barocken Concetto. RF 88 (1976) 195—209; *Der Begriff ‚ingenio' bei Juan Huarte und Baltasar Gracián. Ein Differenzierungskriterium zwischen Renaissance und Barock.* RF 91 (1979) 270—280; Wolfg. Drost, *Strukturen des Manierismus in Literatur und bildender Kunst. Eine Studie zu den Trauerspielen V. Giustis* (1532—1619). (Reihe Siegen 2). Heidelberg, C. Winter, 1977.
[68] Vgl. Lista, *Futurisme* („Imagination sans fils", 147), deutsch bei Apollonio, *Futurismus,* 119 ff.
[65] „cette sorte de court-circuit qu'elle [i.e. l'inspiration] provoque entre une idée donnée et sa répondante. [...] En poésie, en peinture, le surréalisme a fait l'impossible pour multiplier ces courts-circuits. Il ne tient et il ne tiendra jamais à rien tant qu'à reproduire artificiellement ce moment idéal." (Breton, *Second Manifeste.* Coll. Idées, 23. 120.)

III. Auktoriale Grundpositionen

ken Vorläufer bewegten, etwas höher in den Manierismus hinauf. Bretons Hoffnung, der Poesie damit neue Räume zu erschließen, hat sich — wenn überhaupt — in höchst bescheidenem Umfang erfüllt. Denn die Spannung, die das Rätselraten etwa in *L'Un dans l'Autre* hervorruft, und ihre Lösung durch das Finden einer durch spielerischen Zufall verblüffenden Analogie führen allenfalls in Grenzbereiche des Poetischen, essentiell Lyrisches erzeugen sie aber nicht. Durchmustert man nur einige der durch dieses Spiel gewonnenen Identifikationen, so ist man vielleicht durch ihre Bizarrheit überrascht, kann sie aber weder treffend noch bewegend finden[65a]. Mag die Identifikation von zwei Leintüchern mit einem Pfad, einer Haarlocke mit einem Abendkleid, eines Neugeborenen mit einer Sanduhr, einer Wünschelrute mit einem Schmetterling, eines Glühwürmchens mit der Ermordung des Duc de Guise, der Mme Sabatier mit einem Elefantenzahn [immerhin drollige Vorwegnahme des ‚steilen Zahns' im heutigen Teenager-Jargon] Bretons erhofftem *in-imaginable* entsprechen, so führen Spieltheorie und -praxis hier eher aus der Domäne des Dichterischen hinaus: *Il importe au contraire que l'image demeure imaginable*[70]. Vorweggenommen scheint das Spiel *L'Un dans l'Autre* in dem Gedichtzyklus *Le Grand Jeu* (1928) von Benjamin Péret (1899—1959), der in dem Ruf steht, als Mitspieler eine geradezu beunruhigende schizophrene Gabe für jede beliebige Selbstidentifikation (mit der Tropensonne oder einem Nagel oder einem Haar)[71] besessen

---

[65a] Unbestritten bleibt der historische Zusammenhang des Rätsels mit Literatur, Volkspoesie und Dichtung (Altes Testament; Sphinx und Ödipus; antike Orakelsprüche). Zu Varianten von Rätselspielen (Logogriph, Scharade, Rebus, Palindrom, Homonym, Anagramm etc.) Liede, *Dichtung als Spiel*, II 70 ff.; im Gebiet der Lateinamerikanistik: Gisela Beutler, *Spanische Rätsel aus der heutigen Volkstradition Mexikos*. Wiesbaden, F. Steiner, 1979).
[70] So Roger Caillois in: „L'Enigme et l'image" *(Art poétique.* 161); vgl. ebd.: „Il est bon d'étonner, mais le simple arbitraire, le seul disparate ne sont rien: il faut étonner justement." (164). Einwände Caillois' gegen artifizielle Verfahrensweisen Bretons in ‚Hommage Breton': *Divergences et complicités* (NRF 1967, 686—698); *Les Impostures de la poésie* (1944); *Babel* (1948). — Beachtenswerte Notiz Giacomo Leopardis (10. 6. 1822) zur kühnen Metapher *(metafora ardita)*: ermüdend seien die *metafore troppo lontane,* wo der Leser den übergroßen Abstand zwischen zwei in Analogie verbundenen Vorstellungen nur mit Verzögerung überspringen könne; so komme es nicht zu *la moltiplicità simultanea delle idee,* dem Vergnügen am metaphorischen Spiel. *Zibaldone di Pensieri*. Ausg. Flora. Bd. I, 1483.)
[71] Wir stützen uns auf Robert Benayoun, *A plus d'un titre* (Vorw. von 1969 zu Péret, *Le grand Jeu*. Coll. Poésie, 7—17); ebd. weitere Identifikationskünste Pérets mit „landau, bifteck, rein, bilboquet, ou Croix de la Légion d'honneur" oder beliebigen anderen Gegenständen (9).

zu haben. Das Gedicht mit dem selbstironischen Titel *Le Malade imaginaire*[72] leitet eine Reihe von Identifikationen mit den Versen ein:

> Je suis le cheveu de plomb
> qui tombe d'astre en astre
> et deviendra la comète
> qui te détruira dans un an et un jour

Wäre Gegenstand der Verse nicht die traumhafte Todesahnung, die auch eine Reihe anderer, durchaus imaginabler *images* erzeugt — wie diese:

> Or je suis seul immobile et muet comme un astre
> les pieds baignant dans les nuages

—, so könnte die bloße Analogie ‚Mensch — Kometenschweif' kein Zeugnis poetischer Substanz sein. Die überwiegende Mehrheit der Texte in Pérets ‚Großem Spiel' beruht denn auch auf amüsanten Wort- und Sprachspielen, sie rechtfertigt aber nicht den Enthusiasmus, mit dem ein neuerer Herausgeber[73] diesen Autor über Prévert und sogar über Eluard erheben möchte.

Mag es zutreffen, daß alle auf der Linie des Spiels *l'Un dans l'Autre* liegenden Bemühungen der Surrealisten auf Erneuerung der Metaphorik abzielen, so berühren sie doch selten die Sphäre jener Identifikationen, die — von den Verwandlungsmythen der Antike bis zu Kafkas *Die Verwandlung* — Analogien nicht arbiträr und durch Kurzschluß ‚zünden', sondern durch Metamorphose oder vorstellbare Übereinstimmungen Gestalt annehmen lassen. Wo der Leser eine Identifikation nicht mitvollziehen, wo er sich nicht ‚hineinversetzen' kann, entsteht weder Gestalt noch Gedicht[74].

---

[72] Ebd. 22 f.
[73] Benayoun im zit. Vorwort, das seinen Titel dieser Einschätzung verdankt: „d'un Eluard et d'un Prévert, auxquels il est à plus d'un titre supérieur" (8); Beispiel von Pérets assoziierender Unsinnspoesie das 12zeilige Poem *Mémoires de Benjamin Péret*, ‚Moritat' im Passé simple: „Un ours mangeait des seins / Le canapé mangé l'ours cracha des seins / Des seins sortit une vache / La vache pissa des chats / Les chats firent une échelle / La vache gravit l'échelle / Les chats gravirent l'échelle / En haut l'échelle se brisa / L'échelle devint un gros facteur / La vache tomba en cour d'assises / Les chats jouèrent la Madelon / et le reste fit un journal pour les demoiselles enceintes" (ebd. 77).
[74] Hineinversetzen in die paradoxe Präsenz des Einen im Anderen ermöglicht das *Spiel vom Elephanten (Elephantus Atavus Praesens)* von Walter Höllerer (1976 als Vorwort zu Heinrich Zimmers *Spiel um den Elephanten*, Düsseldorf-Köln, E. Diederichs; dann bei Schulte (Hg.), *Spiele und Vorspiele*, 35—44); atavistische Vorstellung, daß der Mensch von Urzeiten her den Elephanten in sich habe.

III. Auktoriale Grundpositionen

Verwirrung in den dichtungstheoretischen und dichtungshistorischen Zusammenhängen hat Breton durch verschiedene Äußerungen über Pierre Reverdy (1889—1960) im ersten *Manifeste du surréalisme* (1924) und noch in seinen *Entretiens* (1952) angerichtet. Im *Manifeste* zitiert Breton aus einem 1918 in der Zeitschrift *Nord-Sud* erschienenen Text Reverdys einige Gedanken über die Findung bzw. Konstruktion erstaunlicher Analogien oder Identifikationen, für die der Terminus *image* gebraucht wird:

> L'image [...] ne peut naître d'une comparaison mais du rapprochement de deux réalités plus ou moins éloignées. / Plus les rapports des deux réalités rapprochées seront lointains et justes, plus l'image sera forte — plus elle aura de puissance émotive et de réalité poétique ... etc.[75]

Breton fügt sofort hinzu, diese Worte seien für ihn *de très forts révélateurs* gewesen, er habe lange über sie meditiert, aber *l'image* habe sich nicht eingestellt, weil er in dieser ‚Ästhetik a posteriori' die Wirkungen für die Ursachen gehalten habe. Anschließend beschreibt er die Entstehung seiner ersten *image*-Vision im Traum. Der Eindruck, daß Reverdy nicht nur der Schöpfer der zitierten Ideen, sondern dadurch auch der entscheidende theoretische Anreger auf dem Gebiet kunstvoller Analogiebildungen gewesen sei, wird später in den *Entretiens* bekräftigt, wo Breton äußert, keiner habe besser als Reverdy über *les moyens profonds de la poésie* nachgedacht und zum Nachdenken angeregt, und nichts sei in der Folgezeit bedeutsamer gewesen als *ses thèses sur l'image poétique*[76]. Wir wissen heute, daß es nicht Reverdys Thesen, sondern nur einprägsame Zusammenfassungen überkommener, wenige Jahre zuvor in Marinettis Manifesten formulierter Forderungen waren (s. o.); dem drei Jahre nach dem ersten surrealistischen Manifest unter dem Titel *Le Gant de crin* (1927) neuerschienenen Text Reverdys, aus dem Breton zitiert hatte, ist aber auch zu entnehmen, daß der ‚Anreger' etwas ganz anderes im Sinne hatte als die von den Surrealisten durch Spiele praktizierte artifizielle *image*-Konstruktion. *Deux réalités sans rapports ne se rapprochent pas* — sagt Reverdy gleich nach den von Breton zitierten Sätzen; aus ihrer Opposition könne zwar eine augenblickliche und verführerische Überraschung entstehen, aber kein gestaltetes Bild. Stark sei ein Bild nicht, weil es *brutal* oder *phantastisch* sei, sondern weil eine Assoziation entfernter Vorstellungen sich als *juste* erweise. Strenge Zurückweisung erfährt durch Reverdy (offenbar mit einem Seitenhieb auf die italienischen Futuristen) das künstlich konstruierte, wie ein Insekt auf die Nadel gespießte Bild:

---

[75] Zit. v. Breton im ersten *Manifeste* (Coll. Idées, 23) 31.
[76] Breton, *Entretiens,* 47. — Zu Reverdys ‚Theorie der Metapher' u.a. Raible, 36 f.

> L'image montée en épingle est détestable. / L'image pour l'image est détestable. / L'image de parti pris est détestable. / C'est ce qu'ont fait les étrangers inhabiles en notre langue, et qui, faiseurs d'images, les ont noyées çà et là dans de méchants poèmes. (35)

Niemand wird bestreiten, daß Reverdys eigene Metaphorik auch auf einem Spiel beruht, doch zugrunde liegt hier weder die Willkür vermeintlicher Diktate aus dem Unterbewußten noch der bare Zufall nach Art von *l'Un dans l'autre*. Reverdys lyrisches Werk konnte als „das genaue Protokoll einer lebenslangen Versuchsreihe" definiert werden[77], aber seine Versuche um die Gestaltung von *images* sind stets nachvollziehbar, sie lassen sich meist entziffern als impressionistische Resultate einer naiv-‚pikturalen' Sehweise, der es nicht um Fixierung eines Kontur zu tun ist. Da können Sterne in Bäche oder in Schornsteine fallen, den Mond können Bäume berühren, oder ihn kann ein Zifferblatt repräsentieren; für dieses von allem Vorwissen befreite Auge kann den in der Ferne hinziehenden Dampfer ein nahe vorbeischaukelnder Schmetterling ‚überholen'; aber auch Wörter können fallen wie Tropfen, Perlen, Sterne, bis sie in einem Geäst hängenbleiben. In dem frühen Prosagedicht „Saltimbanques" *(Poèmes en Prose*, 1915)[78] ruft ein Akrobat mit seinen Gewichte stemmenden, tätowierten Armen den Himmel als Zeugen seiner nutzlosen Kraft an, während die Zuschauer dem auf rollenden Kugeln tanzenden kleinen Äquilibristen keinen Sou in den herumgereichten Beutel zu werfen wagen, weil das dünne Kerlchen durch das Gewicht zum Straucheln gebracht werden könnte. Auch hier finden überraschende Analogiestiftungen in Sprachbildern statt, aber die arbiträre Gleichsetzung und willkürliche Kurzschlüsse durch zwanghafte Identifikation nach Art des Surrealismus sucht man im Werk seines ‚Anregers' vergeblich. Wie sollte auch dieser Dichter das Aufspüren von Inkohärenzen betreiben, der unentwegt um die Klärung des Zusammenhangs seiner selbst mit der Welt, um die Findung einer Selbstidentifikation bemüht ist und doch davor zurückschreckt, die Konturen schwer faßbarer Spiegelbilder zu zeichnen! Künstliche Identifikationen wären in dieser Lyrik gleich Fälschungen, sie kommen Reverdy nicht in den Sinn. Erkennen und Identifizieren erscheinen hier eher als das nicht zu Bewältigende, das in immer neuen Anläufen versucht wird, dessen Vollzug aber eine schreckliche Konfrontierung wäre — wie jene Identifikation des ermordeten Freundes, dessen aufgeschlitzter Leichnam nur durch einen

---

[77] W. v. Bonin, 183; zu Reverdys Metaphorik Raible, 103—106 (Interpretation des *Cadran*).
[78] Text in P. R., *Plupart du Temps* I, 52.

III. Auktoriale Grundpositionen

Türspalt zu sehen ist —, grausame Unterbrechung eines Schlafes *à la plus extrême limite du désastre* (Prière d'insérer de l'édition de 1945, in: *Plupart du temps,* II, 147 f.)[75].

3b: Poésie phonétique — Lyrisme sonore — akustisches Experiment

> Takt als Anfang, Reim als Endung,
> Und als Seele stets Musik:
> Solch ein göttliches Gequiek
> Nennt man Lied. Mit kürzrer Wendung,
> Lied heißt: ‚Worte als Musik'.
> Nietzsche: *Lieder und Sinnsprüche. (Motto)*

Auf dem Gebiet der sogenannten akustischen Dichtung herrscht im 20. Jahrhundert eine durch Gruppenpropaganda und Amateur-Enthusiasmus hervorgerufene Verwirrung der Begriffe. Darum ist es erforderlich, die in diesem Bereich nebeneinander oder vermischt auftretenden Phänomene nach Herkunft und Art kritisch zu trennen. Wir werden versuchen, dies mit der gebotenen Konzision zu tun, weil es sich fast durchweg um kaum einer Entwicklung fähige, noch echter Interpretation zugängliche Randgebiete der Dich-Verselbständigung aus der Lyrik hinausgeführt haben. Bei historischer Betrachtung zeichnen sich drei verschiedene Schichten der auf auditive Wirkungen abzielenden Sprachbehandlung ab. Sie sind nicht erst in der Moderne und nicht durch Aufbegehren gegen ein Herkommen entstanden, wie man uns glauben machen will, sondern sie blicken auf ‚ehrwürdige' Überlieferungen zurück.

Schon das *Streben nach Euphonie,* das die Grundlage aller dieser Erscheinungen bildet, war seit den ältesten Zeiten ein Attribut der Dichtung. Die Trobadors, in deren Liedern sich Text-Melodiestrukturen nachweisen lassen[80], handelten ebenso sehr dem Ursprung des Namens Lyrik[81] entsprechend wie ihre Nachfahren, die französischen Symbolisten, die der sprachlichen Klang-

---

[75] Auf eine Reverdy-Interpretation muß hier verzichtet werden.
[80] Vgl. u. a. G. Scherner-van Ortmerssen, *Die Textmelodiestruktur in den Liedern des Bernart de Ventadorn.* (Forsch. z. Roman. Philol., 21) Münster 1973.
[81] Vgl. o. Kap. I 2; zur Musik in der Lyrik: Staiger, *Grundbegriffe,* 53 f., 70 f., 77. — Aus räumlichen Gründen wird hier nicht auf Geschichte und Bedeutung der *Prosodie* als Teil der antiken Metrik und Lehre von der Behandlung der Sprache im Vers eingegangen (vgl. v. Wilpert, *Sachwörterbuch*).

schönheit und Musikalität und den frei schwingenden Rhythmen den Vorrang vor der Sprache als Sinnträger einräumten, wie es Verlaine in seinem *Art poétique* (1874) mit der Losung *De la musique avant toute chose/De la musique encore et toujours* gefordert hatte. Der Primat des Phonetischen vor dem Semantischen scheint in Rußland schon in der Epoche Puschkins (1799—1837) bemerkt worden zu sein, da seine Dichtung einen Kritiker zu der Frage bewegte: „Comment se fait-il que ces beaux vers aient un sens? Comment se fait-il qu'ils n'agissent pas seulement sur notre ouïe?"[82] — Größte Beachtung fanden bei den Experimentatoren der Avantgarde die nachdrücklichen Hinweise Mallarmés auf die musikalische Struktur und Quasi-Sangbarkeit der *œuvre qui manque de précédents*, in der Préface von 1897 zu *Un Coup de dés [. . .]*; daraus nur einige Stichworte:

> semble d'accélérer tantôt et de ralentir le mouvement, le scandant / avec retraîts, prolongements, fuites / pour qui veut le lire à haute voix, une partition / entre le motif prépondérant, un secondaire et d'adjacents / son importance à l'émission orale / notera que monte ou descend l'intonation / formant le contrepoint de cette prosodie/[83]

Das in Frankreich durch die Ausstrahlung Mallarmés neuerwachte und in der ganzen westlichen Welt durch die Wagnerbegeisterung gesteigerte musikalische Prinzip wirkte mit starken Impulsen auch auf die Dichtung spanischer Sprache, wie der von dem Nicaraguaner Rubén Darío mit-inaugurierte *modernismo* beweist[84]. Im Gefolge Mallarmés entwickelte ein Lyriker belgischer Abstammung, René Ghil (1862—1925), die Doktrin, den Akzent der lyrischen Rede vom Bedeuten weg ins reine Lauten zu verlegen, statt des Intellekts das Ohr zum Adressaten des *Verbe* zu erheben: *Le Traité du Verbe*, mit einem ‚Avant-dire' Mallarmés zuerst 1886 erschienen, enthält Ghils Lehre der *instrumentation verbale* auf Basis von Analogien zwischen Vokalen und Farben (vgl. schon Rimbauds *Voyelles*), zwischen Konsonanten und dem Klang von Musikinstrumenten u. dergl.; nach dem Erscheinen einer erweiterten Zweitauflage des *Traité* (1887) wurde die Zeitschrift *Ecrits pour l'art* gegründet, die eine Gruppe Gleichgesinnter um Ghil versammelte; in der nochmals vermehrten Drittauflage (1888) wurde dem Dichter außer der Qualität des Musikers auch diejenige des Gelehrten verliehen, weil er sein Wortkunstwerk obendrein durch die Bildung ungewöhnlicher, aus dem Fun-

---

[82] Jakobson, *Fragments de ‚La nouvelle poésie russe'*, 12.
[83] Zur Bedeutung der Préface Mallarmés im Bereich *vitesse* vgl. o. Kap. II 3, Mallarmé, *OC*, 455 f.
[84] Vgl. E. Lorenz, *R. Darío*; Vf., *Hamburgo o el reino de los cisnes*.

dus der Wissenschaften bereicherter Wortpaarungen und überraschender Assoziationen — den sog. *Transformisme* — auf eine gelehrte Basis stellen sollte. Einem Essay über *La Tradition de la poésie scientifique* (1909) ließ Ghil noch 1923 *La Date et les œuvres* folgen, worin er schließlich die Überzeugung vertrat, daß Verbe und Idee gemeinsam aus den *ondes scandées d'énergie de la Matière* hervorgehen und sich zu einer Art *polymorphe Symphonie* verdichten müßten. Diese Dogmen versuchte Ghil in seinem *Œuvre* (1889—1925), einem vielteiligen lyrischen Kolossalwerk, in dichterische Praxis umzusetzen. — Der beharrliche Mallarmé-Bewunderer und Meister euphonischer Dichtung unter Frankreichs Spätsymbolisten, Jean Royère (1871—1956), u. a. Verfasser eines Gedichtbandes mit dem charakteristischen Titel *Eurythmies* (1904) und eines *Manifeste symboliste* (1909), bekannte sich noch 1929 mit dem Essay *Le Musicisme* zum Prinzip des Wohlklangs als Grundlage der Dichtung.

Von entscheidender Wichtigkeit für eine Neubewertung der dichterischen Sprache sollte vom zweiten Jahrzehnt des Jahrhunderts ab eine ‚Entdeckung' werden, die dem russischen Maler Wassily Kandinsky (1866—1944) gelang, während er die ersten Versuche in ungegenständlicher Malerei unternahm. Seine 1910 entstandene, im Dezember 1911 in München publizierte Schrift *Über das Geistige in der Kunst*[85] enthält, nach einleitenden Impressionen über den Verfall tradierter Werte, in Kapitel III (Geistige Wendung) Betrachtungen über die Dichtung Maurice Maeterlincks, aus der ihm nicht Menschen vergangener Zeiten, sondern „direkt Seelen, die in Nebeln suchen, von Nebeln erstickt zu werden bedroht sind", entgegentreten; er sieht in dem Flamen einen der ersten künstlerischen Berichterstatter und Hellseher einer Verdüsterung der geistigen Atmosphäre. Der besonderen Art der ‚Anwendung des Wortes' durch Maeterlinck wendet Kandinsky unsere Aufmerksamkeit zu: *Das Wort ist ein innerer Klang.* Wenn dieser auch hauptsächlich dem Gegenstand entspringe, den das Wort bezeichnet, so wecke er durch den bloßen Namen der Sache im Hörer eine abstrakte Vorstellung des dematerialisierten Gegenstands, *welcher im ‚Herzen' eine Vibration sofort hervorruft:*

> [...] Geschickte Anwendung (nach dichterischem *Gefühl*) eines Wortes, eine *innerlich* nötige Wiederholung desselben, zweimal, dreimal, mehrere Male nacheinander kann nicht nur zum Wachsen des inneren Klanges führen, sondern noch andere nicht geahnte geistige Eigenschaften des Wortes zutage brin-

---

[85] Ausgabe (mit Einführung von M. Bill) Kandinsky, *Über das Geistige in der Kunst.* ⁵1970.

gen. Schließlich bei öfterer Wiederholung des Wortes (beliebtes Spiel der Jugend, welches später vergessen wird) verliert es den äußeren Sinn der Benennung. Ebenso wird sogar der abstrakt gewordene Sinn des bezeichneten Gegenstandes vergessen und nur der reine *Klang* des Wortes entblößt. [...] Hier öffnen sich große Möglichkeiten für die Zukunftsliteratur. (44—46) (Hvh. K.s)

Solche Kraft des Wortes sieht Kandinsky in Maeterlincks *Serres chaudes* schon in ‚embryonaler Form' angewendet. Er kommt zu dem Schluß, das *Wort* habe zwei Bedeutungen, und als *reines* Material der *Dichtung* erfülle es eine ähnliche Funktion wie Wagners Leitmotiv, das ein rein *musikalisches Mittel* zur Charakterisierung einer geistigen Atmosphäre (die dem Helden vorausgeht) darstelle. (46 f.)[85a] Mögen diese Einsichten des genialen Slaven auch ohne präzise oder wissenschaftliche Terminologie vorgetragen sein, sie fanden — zweifellos mit Unterstützung durch zahlreiche persönliche Kontakte des Malers mit den Avantgardisten des Westens — schon in der Zeit des ersten Weltkriegs starke Beachtung. Sein Hinweis auf das Wort in seiner Bedeutung als innerer, lyrischer Klang sollte im Verein mit René Ghils Lehre von der Instrumentation der Sprache noch spätere Nachwirkungen zeitigen. Beide gaben nicht zuletzt dem (1900 in Davos geborenen) Arthur Petronio um 1930 Anregungen zur Entwicklung der sogenannten *Verbophonie*, in der er das Wort als Laut und den Klang als onomatopoetisches Mittel mit der typographischen Verräumlichung zu neuen Formen der Sprachkunst verbinden wollte. Petronio gilt als der dogmatische Wegbereiter des *Spatialisme*, über den später zu sprechen sein wird[86].

Hier berühren sich die Sphären der Euphonie und der *Onomatopöie*, der zweiten Schicht der auf auditive Wirkungen abzielenden Sprachbehandlung. Die Nachahmung von Lauten, Klängen, Geräuschen, Tierstimmen und Lärm ist als orales oder akustisches Spiel eines der ältesten Schmuckelemente der Dichtung wie die Euphonie, ohne doch — wie viele zu glauben scheinen — an sich schon Lyrik zu sein. Sicher kann auch reines Lirum-larum am Evozieren lyrischer Stimmung beteiligt sein, von einem seelischen Zustand künden oder anzeigen, daß vor Begeisterung, Erregung, Freude oder Ver-

---

[85a] Frühes Beispiel eines neben dem lyrischen Sinngehalt angestrebten *bruitisme*: Maeterlinck *Ennui* (uns. Analyse in *M. M., belgischer Wegbereiter*).
[86] Zusammenhang zwischen Petronios *poétique spatiale* und *Spatialisme* konstatiert u. a. J. Rousselot im *Dictionnaire de la poésie* beim Namen Petronio und s.v. *spatialisme, verbophonie* [ebd. Bewertung durch Raoul Hausmann: „La v.est beaucoup plus liée aux onomatopées et aux sonorités directes des mots en conjonction, que les poèmes de Khlebnikow ou des dadaïstes."

zweiflung die Sprache versagt —, aber ist Gestammel ein Gedicht? Jedenfalls wäre es ein Irrtum, die Neigung zu lautmalerischen Effekten und onomatopoetischen Spielen erst mit den Avantgarden des 20. Jahrhunderts aufkommen zu sehen. Schon Aristophanes ließ *Die Vögel* (414 a. C.) in menschlichen Lauten zwitschern[87], schon deutsche Dichter des Barock versuchten Schlachtenlärm mit sprachlichen Mitteln zu imitieren und Sprachfeuerwerk zu inszenieren. So sind weder Marinettis onomatopoetische Schlachtbeschreibungen von 1910 noch Francesco Cangiullos *Canzone pirotecnica* von 1916 umwälzende Neuerungen; neu ist allenfalls der Versuch, durch dogmatische Forderungen eine Autonomie und Verabsolutierung onomatopoetisch entrationalisierter Sprache im Futurismus durchzusetzen, wie Marinetti es in ständiger Wiederholung von Anweisungen für die Lautmalerei und möglichst realistische Klangwiedergabe im *Manifeste technique* und seinem *Supplément* (beide 1912), in *Imagination sans fils* (1913), *La Splendeur géométrique et mécanique* (1914) und Fortunato Depero im Entwurf einer sogenannten *Onomalangue* (1916) taten; im gleichen Jahr fügte Marinetti sein auf einzelne Lettern und Laute bezügliches *Manifeste de l'Alphabet à surprise* hinzu, und Cangiullo schloß die Reihe 1922 mit dem partiturartigen Konzept *La Poésie Pentagrammée*[88]. Die ‚phonologischen' Versuche des Marinetti-Futurismus verlassen kaum den Boden der Geräuschimitation, ihre Leitwörter sind *onomatopée* und *onomalangue*. Diese Avantgardisten glaubten als Gefangene ihres Maschinen- und Geschwindigkeitskults, den Schlüssel zur Öffnung neuer Sprachdimensionen im *bruitisme* gefunden zu haben, in der Ersetzung von Musik und phonematischer Musikalität durch technische oder orale Reproduktion von Geräuschen und Lärm. In allen Bereichen der Kunst sollte nach ihrem Willen dem ‚Rhythmus' der neuen Zeit der Weg gebahnt werden. So vollzogen sie die brüske Abwendung vom Wohlklang und vom symbolistischen *musicisme*, der ihnen als verlogen erschien, hin zur Idee einer universalen, den Lärm der mechanisierten Epoche imitierenden ‚Geräuschkunst'. 1913 erfand Carrà *La peinture des sons, bruits et odeurs*, im gleichen Jahr erschien Russolos Manifest *L'Art des Bruits*, man veranstaltete ein erstes Konzert mit Geräuschmaschinen *(Bruiteurs futu-*

---

[87] Aus Aristophanes transkribiert J. Rousselot in *Panorama critique des nouveaux poètes français* (112): *Epopopoï popoï, popopopoï popoï* .../*Trioto, trioto, totobrix* .../*Kikkabaü kikkababaü/Torotoro — torolililix!*
[88] Alle Texte bei Lista, *Futurisme*, 133—157; im Grunde alte Vorstellungen von Sprachspielen, insbesondere Lautmalerei, die schon Homer, Mittellateiner, Franzosen des 16./17. Jh. in ihren *vers imitatifs*, und Richard Wagner in Operntexten, anwandten.

ristes); 1915 folgte Depero mit seinem *Manifeste du Moto-bruitisme*, 1921 empfahl Russolo *Les Bruiteurs Futuristes* mit einem neuen Manifest, das sogleich vielerlei Widerhall in Frankreich fand, und noch 1930 ließ Russolo sein Manifest *L'Architecture musicale et le Rumorharmonium* folgen[85]. Die beiden imitatorischen Dogmen des Futurismus — *bruitisme* statt Wohlklang und *mots en liberté* nebst *onomatopées* statt Syntax und Phonematik — ergänzten und durchdrangen sich gegenseitig.

Herausfordernde Nachwirkungen fanden diese Postulate und Experimente in den auch von verschiedenen Erscheinungsformen des Simultanismus[50] angeregten lärm-kabarettistischen und simultan-poetischen Soireen der während des ersten Weltkriegs im Zürcher Cabaret Voltaire zusammenwirkenden Dadaisten. Ihre Simultangedichte sind als Komponente ihres Aufbegehrens gegen die durch das Völkermorden seit 1914 unglaubwürdig gewordenen modernen Zivilisationen und Sprachen zu bewerten. Diese merkwürdigen Sprachkarikaturen wurden verfaßt und rezitiert bzw. inszeniert von den Rumänen Tristan Tzara und Marcel Janco zusammen mit dem zweisprachigen Elsässer Hans (Jean) Arp, dem Österreicher Walter Serner und dem Deutschen Richard Hülsenbeck, denen es gelang, das Publikum zu schockieren. Die Funktion der Stimmen, die hier im Lärm untergingen, hat ein führender deutscher Lautdichter der Gruppe, Hugo Ball, 1916 nahezu lyrisch gedeutet:

> Das ‚poème simultané' handelt vom Wert der Stimme. Das menschliche Organ vertritt die Seele, die Individualität mit ihrer Irrfahrt zwischen dämonischen Begleitern. Die Geräusche stellen den Hintergrund dar; das Unartikulierte, Fatale, Bestimmende. Das Gedicht will die Verschlungenheit des Menschen in den mechanischen Prozeß verdeutlichen. In typischer Verkürzung zeigt es den Widerstreit der vox humana mit einer sie bedrohenden, verstrickenden und zerstörenden Welt [...].[51]

---

[85] Texte bei Lista, *Futurisme*, 182 ff., 209 f., 311 ff., 425 ff.
[50] Insbesondere der Simultanéisme Henri Martin Barzuns, dessen Theorie 1913 erschien: *Poème et Drame*; er forderte Gleichzeitigkeit von *voix, rythmes et chants*, Ablösung der lyrischen Strophe und der Klangeinheit monodischer Poesie durch „l'ensemble organique où s'affronteront ces voix, rythmes, forces, présences simultanées, avec les chants et les voix, les chœurs simples alternés, combinés"; gegen Barzun polemisierten die um Neu-Interpretation des *Contraste simultané* in Malerei und Dichtung bemühten Apollinaire, Cendrars, Delaunay, Sonia Terk-Delaunay (1913) (vgl. Vf., *Der Contraste simultané* [...]).
[51] Zit. nach Arp-Hülsenbeck-Tzara, *Die Geburt des DADA*, 116 (aus H. Ball, *Die Flucht aus der Zeit*, München 1927, Eintrag v. 30. 3. 1916).

III. Auktoriale Grundpositionen

Berühmt gewordenes Paradestück der dadaistischen Simultangedichte ist die von Hülsenbeck (deutsch), Janco (englisch) und Tzara (französisch) rezitierte, von einem bruitistischen ‚Intermède rythmique' unterbrochene Moritat *L'amiral cherche une maison à louer*[52], drei nebeneinander herlaufende Unsinntexte, die so beginnen:

Hü.:	Ahoi ahoi	Des Admirals gewirktes Beinkleid schnell zerfällt
Ja.:		Where the honny suckle wine twines itself [...]
Tz.:	Boum boum boum	Il déshabilla sa chair quand les grenouilles humides [...]

Wenn dieses ‚kontrapunktliche Rezitativ' (H. Ball) auch quasi ein Operntrio persifliert, so haben seine drei Texte doch nicht die entfernteste Beziehung zu Lyrik. Das nicht um seiner selbst willen gesprochene (oder geschrieene) Wort, das im Getöse untergeht, demonstriert lediglich das Scheitern von Sprache als semantischem Organ der Vernunft; in seiner Beliebigkeit und Austauschbarkeit endet alle Kommunikation. Nichts anderes sollte diese Anti-Lyrik zeigen.

Die avantgardistische Experimentierlust zu Jahrhundertbeginn richtete sich ausdrücklich gegen ‚schöne' Dichtung. Zerstörung sollte Raum für späteren Neubeginn schaffen. Über die beiden bisher behandelten akustischen Schichten hinaus bietet die Sprache noch weitere Möglichkeiten der Abweichung von der Rede als Verständigungsmittel. Auch in diesem weiteren Bereich zeigt sich, daß die Freude der Neuerer am Sprachspiel so alt wie die Menschheit ist. Auszählreime, *Comptines* der Kinder[53] konnten den modernen *phonétistes* als Anregung dienen, und mit der Erfindung künstlicher Idiome oder der Einblendung exotischer Phoneme in ihre Texte stehen sie keneswegs isoliert in der Geschichte der Dichtung. Die Kette angesehener Vertreter solcher Spiele reicht von Hildegard von Bingen mit ihren Sprachekstasen und der Glossolalie eines Abbo Parisiensis[54] über das phantastische Japanisch des Matthias Claudius[55], die Sprachscherze Lewis Carrolls *(Alice in Wonderland,* 1865 ff.) bis zu Stefan Georges ‚Lingua romana', Cocteaus

---

[52] Text: Tzara, *OC* I, 492/493; Verkauf, *DADA,* 17; Liede, *Dichtung als Spiel,* Bd. 2, 242/243.
[53] Vgl. *Les Comptines de langue française* (Hg. Baucomont e.a.). Die Sprache der Kinder erschien schon dem Altertum reizvoll; vgl. R. Kassel, *Lallende Kinder und erwünschte Bärte.* Zs. f. Papyrologie u. Epigraphik, 35 (1979) 1—5.
[54] Über Abbo von Saint-Germain-des-Prés: Liede, *Dichtung als Spiel.* Bd. 2, 237.
[55] M. Claudius, *SW* (Tempelklassiker) 129 ff., nach einer wie ein Lautgedicht angeordneten Buchstabenpartitur zum *Trinklied* (1775).

musique des étoiles in *Tentative d'évasion (Le Cap de bonne Espérance, 1916—1919)*[56], Michaux' sogenanntem ‚Espéranto lyrique'[57] und der Galgenbrüder-Sprache mit dem *Großen Lalula* Christian Morgensterns (1905). Wiederum ist es der Anspruch, solche Spiele nicht als gelegentliche Eskapaden oder als Ornamente zu behandeln, sondern ihnen absolutes Geltungsrecht zu verschaffen, was die Avantgarden mit der Tradition kollidieren läßt. Was dieser dritten Schicht zugehört, kann im Hinblick auf seine auditive Funktion unter dem Sammelnamen der *Glossolalie* zusammengefaßt werden. Die spezifische Bedeutung dieses Terminus darf dabei nicht aus dem Auge verloren werden[58].

In dieser Schicht phonetischer Versuche gingen die russischen Futuristen ihren westlichen Kampfgefährten voran. Die wichtigste Neuerung, mit der Bedeutungsinhalte in der Lyrik zugunsten einer klingenden Sondersprache zurückgedrängt, aber nicht völlig verdrängt wurden, gingen von dem Lyriker Vélimir Viktorowitsch Khlebnikow (1885—1912) aus. Unter Verwendung altrussischer Phoneme konstruierte er seit 1910 zusammen mit einigen Freunden das eigens für die Dichtung bestimmte Idiom *zaumny jazyk*, „die Sprache, die über den Intellekt hinausgeht"[59], deren Grundlagen er so beschreibt:

> Mon premier rapport à l'égard du mot c'est: trouver la pierre merveilleuse qui permet la transformation des mots slaves l'un en l'autre, sans rompre le cercle des racines; fondre librement les mots slaves. C'est le mot autonome hors de la vie pratique et des besoins quotidiens. Mon deuxième rapport à l'égard du mot: voyant que les racines ne sont que des fantômes derrière lesquels se dressent les

---

[56] Cocteaus Lautgedicht füllt mit partiturartigem ‚Textbild' mehr als eine Druckseite; hier nur das phonematische Gebilde: ‚Au fil du bol/éol/ien/oé/ié/mon doigt mouillé/éveille/un astre/ — — — /éo/ié/iu/ié/ — é/ é / ié / io / ié / — ui / ui / io / ié / — aéoé / iaoé / — a u i a / ou / a o é / — io / io / io / iu / — aéiou / — iuiaé / ui / ui / io / ué / — o é o / — aé / oé / — oé / aé / iéoa / — ieiaoaoa / ieua / ieua / — oa / oa / ieua / — ié / ié / é / é / — é / coute / — — — — la musique des étoiles" (*Le Cap de bonne Espérance*, Coll. Poésie, 58/59).
[57] Terminus von R. Bertelé, *H. Michaux*, Ed. Seghers, 1946; vgl. Bertelé, *H. M.* (Coll. Poètes d'aujourd'hui, 5) 1957; berühmtes Beispiel Michaux' Gedicht *Le grand combat* (ebd. 120).
[58] Vgl. Jakobson, *Glossolalie*; ‚Zungenreden' beim Pfingstwunder: *Apostelgeschichte* 2, 3—4 und 10, 46.
[59] Vgl. Ettore Lo Gatto, *Storia della letteratura russa*. Firenze, ²1943, 469 f.; Rousselot, *Mort ou survie du langage*, Kap. über Futurismus.

cordes de l'alphabet, trouver l'unité de toutes les langues du monde, formée par les entités de l'alphabet. C'est la voie vers le langage transmental universel.[100]

Diese slavischen Experimente scheinen für den Westen ohne Bedeutung geblieben zu sein. Schon 1916 hatte Kandinsky — offenbar ohne Erfolg — versucht, die Zürcher Dada-Gruppe des Cabaret Voltaire durch Beispiele aus Khlebnikows poetischer Spracherfindung zu analogen Kombinationen anzuregen[101]. 1919 wies R. Jakobson als erster auf den fundamentalen Unterschied zwischen den russischen und den italienisch-französischen Entwürfen futuristisch-phonetischer Sprache hin: bei Khlebnikow war das Ziel eine Poesie des *mot autonome à valeur autonome* (14 f.), ihre Euphonie beruht nicht auf Klängen *(sons)*, sondern auf Phonemen, *c'est-à-dire des représentations acoustiques capables de s'associer avec des représentations sémantiques* (26). Die italienischen Futuristen suchten hingegen die Vermittlung neuer Fakten aus physikalischen und psychischen Bereichen durch Laute, und nicht in poetischer Sprache, sondern in der Reportage (14); so sind Khlebnikows *langage transmental universel* und die *onomatopées prélinguistes* des westlichen Futurismus absolut Zweierlei (28). Aus der Analyse des russischen Verfahrens entwickelt Jakobson dann den Fachterminus *glossolalie* für die mit Phonemen, nicht mit *onomatopées* arbeitende akustische Dichtung[102].

Franzosen hatten schon vor dem Ausbruch der avantgardistischen Sprachrevolte Rhythmus und Sonorität ihrer Lyrik durch Übernahme exotischer Strukturen und Einblendung fremdsprachiger, für den Leser nicht mit Sinn beladener Phoneme zu bereichern getrachtet. Victor Hugo und der Parnassien Leconte de Lisle waren mit klangvollen Nachbildungen einer exotischen Gedichtform, des malaiischen Pantoun[103], hervorgetreten. Auf ihren Spuren konzipierte René Ghil den Zyklus *Le Pantoun des pantouns* (1902), der in einzelnen Stücken als vorsichtige Neuerung Wörter und Phoneme der fern-

---

[100] R. Jakobson, *Fragments de ‚La nouvelle poésie russe'*, 28; das Gleiche italienisch bei Lo Gatto, a.a.O., 470. — Französische Ausgaben: V. Khlebnikow, *Choix de poèmes*. Trad. du russe par. Luda Schnitzer. Honfleur, 1967; Iliazd, *Poésie des mots inconnus* (Anthologie). Paris, Le Degré, 1949.
[101] Bezeugt von R. Hausmann, bei Garnier, *Spatialisme*, 76; vgl. ebd. Kap. ‚Le Poème phonétique' mit Hausmann-Zitat, sowie Kap. ‚DADA in der Musik', in Verkauf, *DADA*; Richter, *DADA,* Kap. ‚Abstrakte Dichtung'; Hugnet, *L'Aventure DADA*. Zum Thema insgesamt: F. Mon, *Texte über Texte,* Kap. ‚Literatur im Schallraum. Zur Entwicklung der phonetischen Poesie'.
[102] Vgl. die Aufsätze Jakobsons (o. Anm. 82, 98, 100).
[103] Vgl. den historisch-analytischen Aufsatz *pantoum ou pantoun,* in Morier, *Dictionnaire*; über den Autor: W. Theile, *Ghil. Eine Analyse seiner Dichtungen und theoretischen Schriften.* Diss. Tübingen, 1965.

östlichen Sprache einblendet, dem europäischen Leser aber noch eine Verständnishilfe durch beigefügte Sinndeutungen, z. T. in Anmerkungen, bietet. Ghil konnte sich also noch nicht entschließen, durch die reizvolle *sonorité* das Wort als *signe* ganz fallenzulassen. Hier als Beispiele einige Verse aus seinem ‚poème javanais' *La petite Javanaise parle*:

> [...]   [...] Yiau ...
> c'était Fête — hier, dans Batavia. [...]
> au dos de rêve de dragons, d'ediong'-tshina [Fn. *Jonque chinoise*]
> Le murmure du vent roulé — soumarouwoun'g — [...]
>   [...] ah! ma roumah [Fn. *Maison indigène*]
> a tressailli dans son immense et sourd oumoun'g
> [...]
> et, ngoun'ggout'-toun'ggout'! et gémir à doux hoquet
> le retroussis aigu de mes lèvres arides ... [...]
> Mon repos est pareil au lent germe dian'toun'g
> d'où naît la grappe des pissang' [Fn. *Banane*] [...]
> Le vent s'endort dans les rameaux du ketapan':
> un tendre oiseau qui veut attendre en lui, l'aurore. [...][104]

Ähnliche Spiele mit exotischen Phonemen und Nachbildungen fremder Gedichtformen unternimmt anderthalb Jahrzehnte später der französisch schreibende Rumäne Tristan Tzara (1896—1963) in der Zürcher Dada-Gruppe. Tzaras Bemühungen um die Erschließung afrikanischer, madegassischer und ozeanischer Lyrik sind keine Mystifikation, wie unterstellt wird[105], sie zeigen vielmehr, daß hinter der Clownerie der ‚Simultangedich-

---

[104] Fragment nach van Bever/Léautaud, *Poètes d'aujourd'hui*, I, 245 f. *(Le Pantoun des pantoun).*
[105] Diesen Vorwurf weist H. Béhar (Tzara, *OC* I, Anm. zu der 79 Stücke umfassenden Sammlung *Poèmes nègres*) zurück. — Trotz der Anerkennung, die Liedes Kap. „Die Lautdichtung" (*Dichtung als Spiel*. Bd. 2, E, f.) als Versuch systematischer Darstellung verdient, ist die Ausklammerung Tzaras (erscheint nur als Mit-Vf. des dreisprachigen Simultangedichts vom Admiral) zu bemängeln. Beim Lautgedicht, das keiner Nationalsprache und -literatur angehört, ist Bevorzugung deutschsprachiger Kabarettisten ein schiefer Aspekt; auch das Kap. „T. Tzaras Blague" (Bd. 1, D, 1) ignoriert den Lyriker und Sprachexperimentator. Chronologie und unterschiedliche Zielsetzungen zweier Richtungen werden, durch Behandlung des Lettristen Isou mitten in der Darstellung des Dadaismus, ignoriert. (Vgl. dagegen Isou, *Considérations sur la mort et l'enterrement de T. Tzara* (30. 12. 1963) in: Curtay, *La Poésie lettriste*, 327—336). Im gleichen Kap.: Übergehung Khlebnikows als Initiator des ‚Zaoum' zugunsten von Iliazd; irreführend die Bezeichnung der Glossolalie (s.o. Jakobson) als ‚glossomatische Ausdrucksweise' (237), da ‚Glossematik' eine strukturalistische Richtung der Sprachforschung bezeichnet.

III. Auktoriale Grundpositionen

te' sich eine Liebe zu Sprachen und zur Sprache verbarg, die sich in der späteren Dichtung *L'Homme approximatif* (1925—1930) besonders eindrucksvoll äußern wird. Von der klanglichen Materialität des Worts fasziniert, hatte er seit 1914 versucht, in rhythmischen Gebilden die Wörter ihrer semantischen Funktion zu entkleiden. Sein Ausgangspunkt: *la pensée se fait dans la bouche*[106], sein Ziel: *donner un sens nouveau, global au vers par la tonalité et le contraste auditif*[107]. Darum machte er das Experiment des *poème de voyelles*, das den tönenden Vokalen den absoluten Primat vor dem Sinngehalt einräumt; beispielsweise das Gedicht *La Panka* (in den ‚Poèmes épars'[108]), in dem die Vokale folgendermaßen zerdehnt werden:

> De la teeee ee erre mooooonte / des bouuuules
> Là aaa aaaaaa où oùoù pououou / oussent les clarinettes
> De l'intééé eee eee eee rieur mo onte / des boules vers la suuu uurfa/
>   aaa aace
> Négrigrigrigriiillons dans les nuuuuu a aaages (511)

In dem Einführungstext *Le Poème bruitiste*[109] zu einer Rezitation stellt er *le concert de voyelles* dem von den Futuristen erfundenen *concert bruitiste* entgegen, denn *la gamme des voyelles correspond à celle de la musique*. In seinen phonetischen Experimenten will er vor allem der Collagetechnik der Kubisten verpflichtet sein. *Mpala Garoo*, sein erstes Gedichtbuch, das er für ein gescheitertes Experiment zu halten schien, will er 1916 vernichtet haben; doch aus einem erhaltenen Satz Korrekturfahnen lassen sich seine phonopoetischen Absichten erschließen: mit neuen Mitteln sollte die herkömmliche Poesie destrukturiert, nicht völlig ausgelöscht werden; einige Stücke sind *des commentaires sonores* zu Gemälden von Arp und Janco, andere wirken durch stark betonten Rhythmus und durch *sonorités inouïes, empruntées à des langues étrangères ou inventées* und unterstreichen die *fonction phatique et expressive du langage*[110].

Einige der zitierten Werk- und Gedichttitel lassen erkennen, woher die stärksten Impulse für Tzaras phonematische Reformversuche kamen. Wenn er im Brief an Doucet (a. a. O.) behauptet, das „poème abstrait" *Toto-Vaca*,

---

[106] Zit. von Béhar in Tzara, *OC* I, 11 (Préface).
[107] *OC* I, 643 (Brief Tzaras an Doucet, 30. 10. 1922).
[108] Text ebd. 509 ff.; nach Béhar bedeutet *la panka* einen großen, mit dem Fuß zu bedienenden Fächer (ebd. 721).
[109] *Le Poème bruitiste* in *OC* I, 551 f. (ebd. 724—726).
[110] *Mpala Garoo* in *OC* I, 501 ff.; Zit. nach Anm. des Hg., ebd. 644 und 719 f.; Unterstreichung nicht onomatopoetischer Absicht sowie der Analogie zur kubistischen Collagetechnik im Brief an Doucet (ebd. 643).

das den Schlußpunkt seiner frühesten Experimente markiere, bestehe aus den *sons purs inventés par moi et ne contenant aucune allusion à la réalité*, so war dies eine Mystifikation, die sich nicht lange aufrechterhalten ließ. In Wirklichkeit handelt es sich um ein Gedicht in Maori-Sprache, das Tzara, neben zahlreichen anderen Gedichten aus exotischen Sprachen nachgedichtet hat, wobei er rein phonematische Bestandteile im Original bestehen ließ, wie folgende synoptische Probe zeigen kann:

Toto-Vaca I	TOTO WAKA
Ka tangi te kivi	Kiwi crie l'oiseau
kivi	Kiwi
Ka tangi te moho	Moho crie l'oiseau
moho	Moho
Ka tangi te tike	Tieke crie l'oiseau
tike	Tieke
II	
ko ia rimou ha ere	Donc pousse, Rimo
kaouaea	Kauaea
totara ha ere	continue Totara
kaouaea	Kauaea
poukatea ha ere	continue Pukatea
kaouaea	Kauaea
homa i te tou	donne-moi le Tu
[...]	[...][111]

Zur akustischen Dichtung haben Autoren der verschiedensten Richtungen in und nach dem ersten Weltkrieg beigetragen. Wir müssen uns auf wenige Hinweise beschränken. Als Louis Aragon in *Proverbe* n°5 (Mai 1920) unter dem Titel *Persiennes*[112] das eine Wort *persienne* in fünf ungleich langen Versgruppen 24mal wiederholte und dabei keine andere Interpunktion setzte als je ein Fragezeichen nach dem ersten und dem 24. *Persienne*, schien er Kandinskys oben zitierte Empfehlung zu befolgen, wonach einem Wort durch

---

[111] *Toto-Vaca* im Original: *OC* I 454 f.; die Nachdichtung ebd. 488 f.; Tzaras lebhaftes und folgenreiches Interesse für exotische Sprachen und Dichtungen bestätigt seine *note sur l'art nègre* und *Note sur la poésie nègre* in *Lampisteries* (*OC* I, 394 und 400). Die *Toto-Vaca*-Nachdichtung zuerst im Dada-Almanach, Berlin 1920. — Zu Tzaras Lyrik vgl. o. Kap. II 2.
[112] Aragons Text in Hugnet, *L'Aventure DADA*, 130.

III. Auktoriale Grundpositionen

häufige Wiederholung der Sinn der Bezeichnung entzogen wird, um seinen ‚inneren Klang' zu vernehmen, hinter dem sogar die abstrakte Vorstellung der bezeichneten Sache verschwinde. So gelesen legt der Text mit seinen beiden einzigen Interpunktionszeichen dem Leser die Frage vor, ob das letzte *persienne* nicht etwas völlig anderes ausdrücke als das erste, womit auch die Pluralform des Titels nachträglich ihre Funktion erkennen läßt: sie weist auf die über 24 Stufen vollzogene Verwandlung eines sinntragenden Zeichens in puren Klang. — Bei Pierre Albert-Birot (1885—1967), dem Freund und Anreger Apollinaires, finden sich in den zwanziger Jahren mehrere Typen von Lautgedichten. Da sind die, zweifellos im Hinblick auf das Ideal Mallarmés, ironisch als *Essai de poésie pure* bezeichneten *Poèmes à crier et à danser*[113], die aus reinem Geträller bestehen (*an an an* und *vrrr vrrr vrrr* und *pouh pouh pouh* oder *hi hi hi* und *trrra traaa*, etc.) und Anweisungen zum Vortrag mitführen wie „Prolonger le son", „Mettre la main en soupape sur la bouche", etc.; da gibt es den Typ des ‚Poème à deux voix' wie *Balalaïka, Lundi, Métro* und des ‚Poème à trois voix simultanées' wie *Crayon bleu*[114]; und in vielen Gedichten nicht rein auditiver Struktur gebraucht der Autor den Kunstgriff, durch graphische Verschmelzung der Wörter und Phoneme ihre semantische Qualität zurückzudrängen, wie in dem ersten der *Poèmes*:

    Derrière la fenêtre
    Pluie de gris de pluie
    Mugissementtournantdeferfrotté
3   Pierresquitremblent
    Untramwaytourneaucoin
        Électricité
6   Sceptremoteur
       Sceptrelumière
       Sceptrehumainporteurdevolonté
9   Terremersespaceprofondeurs
       Journuit
       Pluiesoleil
12   [...] (311)

Der hier gebrauchte graphische Kunstgriff bezweckt natürlich optische Wirkungen, die abstandslos aneinandergereihten Vokabeln sollen das Auge verwirren, bevor durch Artikulation die einzelnen Sinnträger hervortreten. Wir befinden uns im synästhetischen Grenzbereich zwischen akustischem und

---

[113] Albert-Birot, *Poésie*, 330, 333, 336.
[114] Ebd. 326—328 und 315.

optischem Sprachspiel, auf den es schon Mallarmé mit *Un Coup de dés* und den zugehörigen Vorbemerkungen über die Interdependenz von typographischem *espacement* und musikalischer Struktur abgesehen hatte. Dieser Grenzbereich diente den Dadaisten vornehmlich als Arena für die Sprachäquilibristik, von den mehrstimmigen Simultangedichten wie der besprochenen Lärm-Moritat vom Admiral bis zur plakathaften Typographie sogenannter Lautgedichte wie Hugo Balls *Karawane*[115].

Nicht zuletzt gehören Homophonien und Calembours in den audiovisuellen Grenzbereich. Victor Hugos berühmtes Distichon:

> Gall, amant de la reine, alla, tour magnanime,
> Galamment de l'arène à la Tour Magne, à Nîmes.

täuscht das Ohr durch Repetition einer Klangfolge, während dem Auge die Erfassung von Sinn und ‚Pointe' zufällt. Hingegen überantwortet Alfred Jarry dem Ohr die ‚Entzifferung' der Wort-Triade *cochon, truie, pourceau*, während das Auge sich im Netz der graphischen Tarnung folgenden Sechszeilers verfängt:

> Décochons, décochons, décochons
>   Des traits
>   Et détrui, et détrui
>   Détruisons l'ennemi.
> C'est pour sau, c'est pour sau,
> C'est pour sau-ver la pa-trie!
>
>   (*Les Jours et les nuits.* I, X) (1897)

Als absoluten Irrweg kritisierte Francis Ponge (geb. 1899) in den zwanziger Jahren die avantgardistische Behandlung der Sprache als ‚Material' ohne Bedeutungskraft. Unter dem Titel *Un Vicieux*[116] schildert er 1928 einen Patienten:

> Un écrivain qui présentait une grave déformation professionnelle percevait les mots hors leur signification, tout simplement comme des matériaux [...] plus vivants encore que les pierres de l'architecture ou les sons du musicien, des êtres d'une espèce monstrueuse, avec un corps susceptible de plusieurs expressions opposées. (177)

Allnächtlich peinigte diesen Schriftsteller — so Ponge — die Frage, ob das eigentliche Element des Dichters das Wort, die Silbe oder die Interpunk-

---

[115] Balls *Karawane* in Hugnet a.a.O., 140.
[116] Nach F. Ponge, *Méthodes* (Coll. Idées, 249) 177 f.

tionszeichen seien oder nicht vielmehr die etymologischen Wurzeln [möglicherweise Anspielung auf Khlebnikow?]. Begleiterscheinung „eben dieser Krankheit" war, nach Ponge, der Drang, das Sprachmaterial an sich als Inspirationsobjekt für ein neues Genre der *nature morte*, eine Art ‚Wortlupe‘, in die Lyrik einzuführen, und diese Manier verspottete er um 1925 in satirischen Epigrammen (die damals in Zeitschriften-Redaktionen verlorengingen und erst 1949 wieder auftauchten). Eines dieser unter dem Titel *Du Logoscope* zusammengefaßten Epigramme[117], das ‚Stilleben‘ mit der Worthülse *Souvenir*, sei unser Beispiel:

> „Dans ce sac grossier, je soupçonne
> une forme repliée, S V N R.
> On a dû plusieurs fois modifier
> l'attitude de ce mort.
> Par-ci par-là on a mis des pierres,
> O U E I.
> Cela ne pouvait tomber mieux,
> Au fond." (179)

Solange die Experimentatoren nicht der Illusion erliegen, Sprachzertrümmerung sei die Aufgabe des Lyrikers, besteht keine Veranlassung zur generellen Aburteilung der akustischen und Wortspieldichtung. Diese muß — bei aller Rebellion — auf einen Leser/Hörer mit Humor zählen dürfen. Die befreiende Funktion des Humors in der Dichtung betonend, schrieb Louis Aragon in *Le Traité du Style* (1928):

> Que l'humour est la condition négative de la poésie, ce qui prête à l'équivoque mais signifie que pour qu'il y ait poésie il faut que l'humour fasse d'abord abstraction de l'anti-poésie, [...] que l'humour est une condition de la poésie, voilà ce que je dis sous une forme détournée. Quel humour chez tous les grands poètes! [...][118]

Und nicht ohne Berechtigung stehen einige der besten Beispiele auf klanglichen Wirkungen basierender Scherzpoesie — von Victor Hugo über Lewis Carroll, Charles Cros, Rimbaud, Morgenstern, Alfred Jarry und Léon-Paul Fargue bis zu Raymond Queneau, Henri Michaux und Pieyre de Mandiargues — in Henri Parisots *Anthologie de la Poésie humoristique: Le Rire des Poètes*. Dort wäre auch der rechte Platz für das Erik Satie gewidmete,

---

[117] Drei Texte ebd. 179 f.
[118] Zit. nach Charpier/Seghers, *L'Art poétique*, 613.

Anteil von Argot und Jargon

dadaistisch-burleske Gedicht über den *bruitisme: Le musickissme* (Nov. 1916) von Blaise Cendrars (*Poésies complètes*, 90).

*

Seit dem Ausgang des 19. Jahrhunderts entwickelte sich — vorwiegend in der französischen Lyrik — eine Sonderart, die von den auditiven Reizen des Argot, des Jargon[11⁹] und volkstümlicher Sprechgewohnheiten profitierte. Hier wird nicht, wie in der akustischen Poesie strenger Observanz, vom Semantischen zugunsten des Phonetischen abgesehen, sondern meist werden komische Wirkungen durch ein Abweichen vom gewohnten Klangbild lyrischer Hochsprache oder durch die Diskrepanz zwischen ernstem *signifié* und vom Hörer als drollig empfundenem *signifiant* angestrebt. Aus heterogenen Elementen oder verformten Wörtern oder aus den Sonderidiomen von Sport, Technik, Wissenschaften, Randgruppen der Gesellschaft usw. angereicherte oder gebildete Sprache muß dem herkömmlich erzogenen Ohr als fremd, exotisch oder komisch erscheinen. Beigemischte unverständliche Wörter oder Wendungen können als pittoresk in Kauf genommen werden. Schon François Villon mag solche Wirkungen im Sinn gehabt haben, als er neben seiner in der Sprache der Gebildeten verfaßten Lyrik auch Gedichte im *jobelin*, dem ‚Rotwelsch' des 15. Jahrhunderts, dem Argot der Verbrecherwelt, schrieb. Die Kenner und Sprecher dieser Sprache kamen als Konsumenten solcher Lyrik kaum in Betracht, den Gebildeten mußte der Vokabular aber wie der einer fremden Sprache erscheinen. Moderne Versuche, Villons *jobelin*-Gedichte in Schriftsprache zu übertragen, müssen ihren poetischen Reiz weitgehend zerstören, sie dienen selbstverständlich nur der philologischen und kriminalhistorischen Forschung[120].

Die Wiederentdeckung des *langage argotique* in der Belle Epoque geht Hand in Hand mit Wortschöpfungen und einfallsreichen Neubildungen einzelner Autoren, die sich — bewußt oder unbewußt — in die Tradition der Villon,

---

[11⁹] *Argot,* Gesamtheit von Ausdrücken, Redewendungen, gramm. Formen, deren sich eine soziale oder Berufs-Gruppe bedient, um sich von anderen Gruppen zu unterscheiden (Schüler-, Soldaten-, Gaunersprache etc.); per definitionem kaum davon zu scheiden: *Jargon,* als die den Uneingeweihten schwer oder nicht verständliche, aus heterogenen Elementen oder verformten Wörtern gebildete Sondersprache von Gemeinschaften; auch pejorativ für Sonderidiome (Wissenschaften, Technik, Sport); Kauderwelsch.
[120] „Le Jargon ou Jobelin de Maistre Fr. Villon", in *OC de Fr. V.* publ. avec une Etude sur V. par Louis Moland, Garnier Frères, 1884, 183—193.

III. Auktoriale Grundpositionen

Rabelais und Charles Nodier[121] einreihen, wie beispielsweise Léon-Paul Fargue (1876—1947). Schon als Schüler begann er, lyrische ‚Spielereien' oder ‚Spielzeuge' in Anlehnung an kindliche Sprechgewohnheiten zu entwerfen, die in die Sammlung seiner *Ludions* (1886—1933) [nach lat. *ludio* = baladin, histrion] eingingen. Elision, falsche Enklise, phonematische Reduplikation, verwirrende Krasis und schwankende Artikulation von Nasalen, mit gängigen Lettern phonetisch umgeschrieben, wollen vom Hörer genossen werden, wie in „Chanson du chat"[122], deren erste Strophe so lautet:

> Il est une bebête
> Ti Li petit nenfant
> Tirelan
> C'est une byronette
> La beste à sa moman
> Tirelan
> Le peu Tinan faon
> C'est un ti blanc-blanc
> Un petit potasson?
> C'est mon goret
> C'est mon pourçon
> Mon petit potasson.[123]

Im wahrsten Sinn ins Rampenlicht rückt das Sprechen im Argot seit 1896 mit dem glänzendsten Chansonnier der Belle Epoque, Jehan Rictus (eig. Gabriel Randon de Saint-Amand. 1867—1933), der im Cabaret aux Quat'-z-Arts mit seinen *Soliloques du Pauvre* debütierte. Diese Lieder, in denen er die sozial Benachteiligten in ihrer exakt und humorvoll nachgebildeten Sprechweise zu Wort kommen ließ und deren Sammlung er in *Les Doléances* (1899), *Le Cœur populaire* (1914) und *La Pipe cassée* (1926) fort-

---

[121] Vergleichbarkeit Fargues mit Nodier als dem Wortschöpfer der „marionnettes de Brioché" sieht, nach Yanette Delétang-Tardif auch E. de La Rochefoucauld, in *L.-P. Fargue* (Classiques du XXᵉ Siècle, 32) 72.
[122] Fargues *Ludions,* zit. nach *Poésies* (Coll. Poésie, 1967, Préface d'Henri Thomas). Der an Sprachspielen interessierte Dichter war Mitglied der Académie des Contrepèteries de Poitou; 1963 seine *Poésies* (Préface von Saint-John Perse) bei Gallimard.
[123] Der Text a.a.O., 45. Man beachte: annähernde Homophonie des 7. mit dem 2. Vers; Vieldeutigkeit des Phonems *ti* als Teil von *tirelan* (Katername oder klangliches Schmuckmotiv, etwa nach *tirelire*) und Restbestand von *(pe)tit*; Wortverdrehungen von *byronette* (aus *brunette?*), *pourçon* (aus *pourçeau*), *blanc-blanc* (aus *blanc-bec?*) und das dem Schülerjargon entstammende *potasson* (Latein-Büffler). Zu volkssprachlichen Elisionen etc. vgl. Morier, *Dictionnaire,* s.v. *apophonie* (II), *antanaclase, apocope, allongement vocalique, caduc* (III), *atone* u.a.m.

setzte, wiesen ihn als einen Lyriker von Rang aus und gehören zum bleibenden Bestand der Chanson-Literatur. Manche seiner Lieder kündigen die Sprechsprache schon im Titel an wie die ‚ronde parlée' *Farandole des pauv's tits fanfans morts*. Die Entstehung der humorvoll rührenden Chansons rechtfertigt der Sänger so:

> Car tout l'monde parl' de pauvreté
> D' eun' magnèr' magnifique et ample
> [...]
> Ça s' met en dram's, en vers, en prose
> Et ça fait faire ed' chouett's tableaux![124]

Der zu jener Zeit sozial stark engagierte Rictus, der einmal an Léon Bloy schrieb, er wolle sein Leben lang kämpfen „de façon à ne pas laisser debout un seul pan de l'édifice bourgeois"[125], wurde übrigens im ersten Weltkrieg ein glühender Nationalist und starb als Ritter der Ehrenlegion.

Auch Alfred Jarry, der in der Tradition der französischen Sprachspieler einen hervorragenden Platz einnimmt, bedient sich mit pittoreskem Geschick volkstümlicher Sprechweisen. Ein Beispiel der Mitwirkung des *langage argotique* an den Effekten des ‚humour noir' ist die Ballade von *Le Mouss' de la Pi-ouït*, in dem beim Tod des Autors unvollendet hinterbliebenen Roman *La Dragonne* (Erstdruck 1927). Es ist die Klage eines Seine-Schlepper-Maschinisten angesichts seines auf schreckliche Weise verunglückten Schiffsjungen, der nur als Toter aus der Maschinerie ‚befreit' werden kann —, denn die Fahrt der Pi-ouït stoppen, nein, das könnte er nicht:

> Et je n' puis tout d'mêm' pas revider ma chaudière,
> Car il m'faudrait pour ça arrêter mon bateau ...
> Mais, chu, chu, chu, chut, chut, chut, chut, chut, n'en dis rien,
>   N'fais pas de tort, gamin,
>   Au bon mécanicien,
>   Tout s'arrang'ra très bien,
>   Sach'-le, petit vaurien!
>   Tout s'arrang'ra, c'est clair.
> La pom', la pomp', chu, chu, la pomp', la pompe à air
>   Elle n'est pas là pour rien.
>   [...] [126]

---

[124] Neuausgabe der Chanson-Sammlungen von Rictus in einem Band, 1955; Monographie: Bd. 74 der Coll. Poètes d'aujourd'hui (éd. Seghers).
[125] Nach F. Séguret, *Rictus* (Laffont-Bompiani, *Dict. des Auteurs* II, 439).
[126] Nach Parisot (Hg.), *Le Rire des Poètes*, 140-146; der zweite Band von A. J., *OC* (Hg. Arrivé), mit *La Dragonne* lag uns noch nicht vor.

III. Auktoriale Grundpositionen

Zur Gefolgschaft Jarrys bekannte sich, spätestens 1951 mit dem Eintritt in das ‚Collège de Pataphysique'[127], der erfolgreichste Vertreter des Argot in der Lyrik dieses Jahrhunderts, Raymond Queneau (1903—1976). Die *Cahiers du Collège de pataphysique*, in ihrer 2. Serie seit November 1958 unter dem Titel *Dossiers* [...][128] fortgeführt, machten in ihrer Dezembernummer 1962 auf das von Queneau in Zusammenarbeit mit Jean Lescure und dem Philologen François Le Lionnais begründete „Ouvroire de Littérature Potentielle" (Ou-Li-Po) aufmerksam, wo man Möglichkeiten dichterischer Applikation der Sprechsprachen erprobte.

Die gleiche Zeitschrift stellte 1959 auch Boris Vian (1920—1959) als Repräsentanten dieser Tradition vor, dessen frühe Prosa Queneau bereits 1946 ediert hatte. Als Lyriker und Chansonnier trat Vian stellenweise in die Fußstapfen von Jehan Rictus, ohne allerdings sein soziales Engagement am Ende aufzugeben. Seine *Textes et Chansons*[129] enthalten zahlreiche Beispiele des *langage argotique*, das meist wie bei seinem Vorläufer mit grausamem Humor den Zorn über Misere und Unrecht ausdrückt. Zwei Textproben müssen genügen:

Moi j'y ai répondi	Le noir, la neige et la blanche
Je n'suis qu'un jeun'conscrit	Mènent le guinche au bal des camés
Y a pas	La chnouf c'est pas comme la boutanche
D'offens'	Sitôt qu'on a l'manque, on est siphoné
Si j'connais pas l'usage	Elle l'a donné pour une piquouse
Je vous voyais-t-assis	Les condés l'ont enchtibé
Je m'suis assis-z-aussi	C'est comme ça quand on fait un douze
Voici	L'arbre à came ... il est canné!
Voici	(*Ballade de la chnouf.* 3. Refrain)
Pourquoi j'agis ainsi.	
(*Allons z'enfants?* Str. 6)[130]	

---

[127] *pataphysique* (‚Wissenschaft von der imaginären Deutung der Phänomene') gebrauchte Jarry schon in den 90er Jahren (s. *OC*, I, 265 f.), dann im Titel *Faustroll, pataphysique* (post. 1908).
[128] *Cahiers du collège de pataphysique* seit April 1950 (1. Serie = 21 Hefte, 2. Serie [*dossiers*] = 23 Hefte, 3. Serie [*Subsidia pataphysica*] seit August 1965). Positive Würdigung des *Collège de p.* durch Simon Watson Taylor in *The Times literary supplement* vom 3. Okt. 1968: *A. Jarry. The Magnificent Pataphysical Posture* (S. 1132—1133).
[129] Vian, *Textes et Chansons,* Ed. R. Juillard, 1966; zit. nach Coll. 10/18, Nr. 452 (Hg. Noël Arnaud), 1969.
[130] Texte ebd. 15 und 20, der erste 1952, der zweite 1957; Tradition exotistischer Lautdichtung in *La Java des bombes atomiques, Java javanaise, Java martienne* (ebd.).

Die ausgewählten Fragmente repräsentieren nicht nur zwei grundverschiedene Zustände der Hilflosigkeit (Einberufung zum Wehrdienst und Drogensucht), sondern zwei Arten von *langue argotique:* einfache vulgäre Sprechweise, wie in den vorangegangenen Textproben, und Fixerjargon. Während das Rekruten-Chanson vom Vokabular der Schriftsprache nicht abweicht, bedarf die Drogen-Ballade, wie Villons *Jobelin*, eines Dolmetschers, falls sie nicht Kennern dieser Geheimsprache auf der ‚Drogenszene' vorgetragen wird. Wir übertragen die acht Verse mit Hilfe des *Dictionnaire du Français argotique et populaire*[131]:

> „L'opium, la cocaïne et l'héroïne / Mènent la danse au bal des drogués / La drogue, cela n'est pas comme la bouteille / Aussitôt que l'on en sent le manque, on est abruti / Elle n'a suffi que pour une piqûre / Les agents de la sûreté l'ont saisie / C'est comme ça quand on fait une gaffe / Celui qui donne la drogue (le dealer) ..., il s'est sauvé [*mettre les cannes* = s'enfuir]."

Im Gegensatz zu oben zitierten Texten mit schriftsprachlichem Vokabular hat die *Ballade de la chnouf* zwei potentielle Adressaten. Für die Drogensüchtigen ist ihre Sprache vertraut, sinntragend und zugleich klingend, zumal die Verse reimen. Für die anderen bleibt sie weitgehend eine Folge exotischer Phoneme, also ein vorwiegend das Ohr ansprechendes, im Sinn aber verrätseltes, fast gegenstandsloses Gedicht nach Art des sogenannten *poème abstrait*.

Dieser etwas fragwürdige Terminus, der sich einzubürgern scheint, dürfte als Analogiebildung zu *l'art abstrait*, der ebenfalls unkorrekten Bezeichnung für gegenstandslose Kunst (wie Kandinskys und Delaunays Malerei, etwa seit 1910), angesichts der avantgardistischen Lautgedichte entstanden sein. In dem einschlägigen Artikel seines *Dictionnaire de Poétique et de Rhétorique* führt Morier den Begriff auf das von der englischen Lyrikerin Edith Sitwell 1949 gebrauchte „abstract poem" zurück. In Moriers Sicht erscheint die historische Entwicklung recht sprunghaft (der Typ sei „lointainement préfiguré dans les fatrasies", trete in sibyllinischen Versen Mallarmés und in der Theorie der *poésie pure* bei Bremond hervor, um in den vierziger Jahren in den Lettrisme einzumünden —, ohne daß der avantgardistischen Lautgedichte als eigentlicher Auslöser überhaupt gedacht wird). So können auch Moriers Versuche, das Epitheton *abstrait* zu rechtfertigen, nicht voll überzeugen:

---

[131] In F. Caradecs Larousse-*Dictionnaire* vgl. zur Sprache der *drogués* auch die vierspaltige Tabelle zum Wortfeld *la came* (60).

als *poème abstrait* wird hier zunächst am ungenannten Paradigma Mallarmé das symbolistische Gedicht definiert, sofern es vorwiegend auf den *sonorités qui le composent* seine ästhetische Wirkung begründet; die Bedeutung der Wörter mit Geheimnis verhüllend, lenke der Dichter die Aufmerksamkeit auf „les valeurs *substantielles* de la parole — timbre, durée, intensité, mélodie — qui, filtrées, *abstraites* de l'ensemble brut du langage, nous livrent un message poétique épuré, délivré de l'insistance sémantique propre à la prose" (Hvh. M.s). *phonétisme et musicalité des mots* sind Ausdruck der subjektiven Gefühle des Dichters: „La vie intérieure qui se révèle ainsi, c'est la face abstraite du poème." Unmittelbar auf diese noch für die Dichtung des 19. Jahrhunderts und für die Tradition des ‚Wohlklangs' geltende Wertung läßt Morier — ohne Hinweis auf den Generationswechsel und das Auftreten der zornigen Avantgarden — die Definitionen der Geräuschdichtung folgen, also diejenigen Charakteristika, die auf den Symbolismus nicht mehr zutreffen: „la face abstraite du poème:

> c'est la tendresse qui passe dans le murmure des lalèmes[132], c'est la colère traduite dans les éclats de voix, c'est la caresse exprimée dans les atones, la féminité des finales adoucies, la conviction des plosives allitérées, la menace ou la perversité des sifflantes, le refus des éjectives ou l'offrande des formes labialisées, en un mot c'est toute la mimique de la parole soulignée par les phonèmes privilégiés et insistants." (832)

Jean Arps burleske Zungenschmähung (Exkurs)

la langue ne vaut rien pour parler / pour parler servez-vous plutôt de vos pieds / que de votre langue chauve / pour parler servez-vous plutôt de votre nombril / la langue est bonne / à tricoter des monuments / à jouer du violon d'encre / à nettoyer des baleines galonnées / à pêcher des racines polaires / mais surtout la langue est bonne / à laisser pendre hors de la bouche / et flotter dans le vent[1]

---

[132] Zu *lalème* vgl. Morier. Terminus aus: *Einteilung der Sprachlaute, akustisch oder artikulatorisch?* (*Vox Romanica*, 17/2, 1958, 267—280, Vf. J. Forchhammer); bezeichnet eine minimale Einheit der artikulierten Sprache; im Unterschied zum Phonem, der akustischen Einheit der Phonologen: die Einheit als Laut und artikulatorische Mimik zugleich. (Etym. gr. λάλγμα; vgl. zum zweiten Bestandteil von *glossolalie* gr. λαλέω = schwatzen).

[1] Arp, Jean (Hans). 1887—1966 (Elsässer). Bildhauer, Maler, Graphiker, seit 1904 Lyriker in Frz. und Dt. Text in J. A., *Jours effeuillés*. Nachdruck in Anthologie *Epochen der deutschen Lyrik* (Hg. W. Killy), *Übersetzungen*, 3. Teil, 750—752, mit Übs. v. F. Usinger, S. 751—753.

Jean Arps burleske Zungenschmähung *(Exkurs)*

Diese Lästerverse von Jean Arp (1887—1966) über die Zunge verlangen geradezu danach, der Unsinnspoesie zugerechnet zu werden. Das ungereimte Gebilde von 12 unregelmäßigen Versen (ein 4-Silber / ein 6-Silber / zwei 7-Silber / zwei 8-Silber / drei 9-Silber / zwei 11-Silber / ein 13-Silber) besteht aus lauter Aussagen, die herkömmlichem Wissen um natürliche Gegebenheiten und logischem Denken widersprechen. Obgleich es aus fünf einfachen, grammatisch und syntaktisch einwandfreien, leicht verständlichen Aussagesätzen besteht (Vers 1/Verse 2—3/Vers 4/Verse 5—9/Verse 10—12) und nur geringe sprachliche Dunkelheiten aufweist, erscheinen seine Behauptungen beim ersten Lesen als barer Nonsens. Burleske Reizungen und metaphorische Spielereien sind es, daß Füße und Nabel zum Sprechen besser taugen sollen als die ‚kahle' Zunge; daß die Zunge zwar für allerlei Allotria gut sei (wie Monumente-stricken, Tintengeige-spielen, galonierte-Walfische[2]-putzen, Polarwurzeln-fischen); ja, daß ihre beste Leistung darin bestehe, aus dem Mund zu hängen und im Wind zu flattern.

Ohne Zweifel beruht der Witz der Verse auf dem Doppelsinn des Wortes *langue*. Vordergründig ist es hier natürlich als ‚Zunge' zu verstehen; aber die Herbeiziehung der Bedeutung ‚Sprache' vermag Sinn in den vermeintlichen Unsinn zu bringen. Denn daß die Sprache kein hinreichendes Verständigungsmittel sei, behaupten viele, und nicht zuletzt war es die Zürcher Dadaistengruppe, zu deren Gründern und aktiven Mitgliedern seit 1916 der Bildhauer, Maler und Dichter Jean Arp[3] gehörte, die mit ihren provozierenden und drastischen Simultan- und Lärm-Sprech-Künsten im Cabaret Voltaire die Sinnlosigkeit der Sprache zu demonstrieren trachtete. Es ging um die Diskreditierung und Verhöhnung des vermeintlichen Kommunikationsmediums Sprache, das nach der Überzeugung von Dada als Mittel der Menschen- und Völkerverständigung kläglich versagt und so seinen Beitrag zum Ausbruch des ersten Weltkriegs geliefert hatte. Statt artikulierten Sprechens hatte sich die Sprache der Gewalt mit den Waffen durchgesetzt. Das ‚lyri-

---

[2] Usinger (auch in anderen deutschsprachigen Anthologien) übersetzt *baleines* mit Besen (Verwechslung mit *balais*), wodurch der Nonsens auf die Spitze getrieben wird.
[3] Über Arp als Teilnehmer an Dada vgl. H. Olles, *Literaturlexikon 20. Jahrhundert*, Rowohlt 1971; Richter, *Dada — Kunst und Antikunst;* Verkauf, *Dada. Monographie einer Bewegung; Tendenzen der Zwanziger Jahre.* (Ausstellungskatalog, Teil 1—4 Biographien); Hugnet, *L'Aventure DADA (1916—1922).* Nach Marcel Jean begann Arp erst 1925 *à écrire des poèmes directement en français* (Préface zu *Jours effeuillés*, 14); erste Gedichtsammlung: *Des Taches dans le vide* (erschienen 1937). Warum beginnt aber die von M. J. eingeleitete Gesamtausgabe mit Texten von 1920/1922/1924?

sche Ich' des Gedichts läßt diese Stimme der Gewalt in satirischer Dämpfung hören: *pour parler servez-vous plutôt de vos pieds.* Burlesk und nicht minder satirisch kontrastiert damit die Stimme der mit Bauchtänzen verlockenden und werbenden Physis *(servez-vous de votre nombril).*

Diesem apodiktisch-verneinenden Auftakt läßt der Autor ein Rätselspiel durch Aufzählung von vier absurden Zungenfertigkeiten in den Versen 5—9 folgen. Dabei schockiert die Objektabhängigkeit der Nomina *monuments, violon, baleines* und *racines* von den transitiven Verben (Infinitiven) *tricoter, jouer, nettoyer, pêcher* als reine Paradoxie. Doch diesem Eindruck sind folgende Überlegungen entgegenzustellen:

tricoter suggeriert die Vorstellung des Weichen und begrenzt Haltbaren (gestrickte Kleidungsstücke), während Monumente aus hartem Material ‚für Zeit und Ewigkeit' errichtet zu werden pflegen. Nach alter Auffassung konnte die Sprache, wie schon Horaz in *Carmina* III 30 formulierte, Denkmäler errichten, die dauerhafter sind als Erz: *Exegi monumentum aere perennius;* und dessen eingedenk erhob Théophile Gautier in seinem Gedicht *L'Art* (1857) Härte und Präzision der Sprache zum dichterischen Ideal. Das Monumente-Stricken mit der Sprache gibt derartige Vorstellungen der Lächerlichkeit preis und spricht der Dichtung die einst gerühmte Kraft der Verewigung durch Ruhm ab[4].

Das Spielen auf einem *violon d'encre* scheint diesen satirischen Ausfall einfach fortzusetzen und Dichten zum bloßen Zeitvertreib und Dilettantismus zu degradieren. Arps Wortschöpfung beruht auf einem Klangspiel, dessen Klärung zugleich einen Anflug von Selbstironie enthüllt: *violon d'encre* ist lediglich eine kleine lautliche Variante, fast Homonymie zu *violon d'Ingres*[5], jener Metapher und Antonomasie, die amateurhafte Ausübung einer Kunstfertigkeit neben der vom Amateur professionell betriebenen und beherrschten Kunstart bezeichnet. Hier gesellt sich zum Maler Ingres als dem Liebhaber des Geigenspiels der Maler Arp als Liebhaber des Spiels auf der Tinte, d. h.: der Dichtung.

---

[4] Arps ‚gestrickte Monumente' nehmen die Objekt-Komik vorweg, die, nach der Darstellung zerfließender Gegenstände in surrealistischer Malerei, seit den sechziger Jahren (z. B. Claes Oldenburg) zur Herstellung weicher, nutzloser Objekte übergegangen ist; jüngste Beispiele: gehäkelte Löffel, Bestecke, Teller, Mahlzeiten von Christa Lustig, mit denen Humor und burleskes *l'art pour l'art* ins Reich der Skulptur eingezogen sind.
[5] Ingres, Jean. 1780—1867. Vertrat in der Malerei die klassizistische Tradition; zu *violon d'Ingres* s. *Larousse de la Langue française* (4. *violon*).

Jean Arps burleske Zungenschmähung (Exkurs)

Die beiden folgenden Verse:

> à nettoyer des baleines galonnées
> à pêcher des racines polaires

müssen wegen eines weiteren Wortspiels, das sie verbindet, gemeinsam behandelt werden. Hier liegt der Witz in der Hypallage, einem alten rhetorischen Scherz, der die Vertauschung von Wörtern gleichen lexikalischen Rangs und gleicher syntaktischer Funktion zur bewußten Irreführung des Lesers gebraucht[6]. Man versetze die Nomina und Objekte beider Verse und lese:

> à nettoyer des racines galonnées
> à pêcher des baleines polaires

— und der Sinn scheint sich etwas aufzuhellen. Fischen von Polar-Walen ist ein wenig wahrscheinlicher als Putzen galonierter Wale, und Reinigen betreßter Wurzeln ist weniger sinnlos als Fischen von Polarwurzeln. Schwer verständlich bleibt dennoch, was mit den vier verschiedenen Vorgängen Zunge oder Sprache zu schaffen haben mögen. Dem suggerierten Putzen ranghoher Wale mit der Zunge wäre ein Walfang im Polarmeer mit der Sprache jedenfalls vorzuziehen, also eine literarische Darstellung der Hochseefischerei unter schweren klimatischen Bedingungen; immerhin wäre auch dies — und das will der Autor möglicherweise insinuieren — eine subalterne Beschäftigung der Sprache. Was das Fischen von Polarwurzeln, bzw. nach unserer Korrektur, das Säubern oder ‚Erledigen' betreßter Wurzeln angeht, so ist in beiden Fällen eine Relation zu Sprache oder Zunge schwer zu finden; es sei denn, man unterstellte für die korrigierte Fassung einen metaphorischen Ausdruck für logarithmisches Ziehen von Quadrat- oder Kubikwurzeln[7]. Dabei bliebe die Sprache als Medium hinter der mathematischen Zeichenschrift vollends im Hintertreffen.

Wer trotz Spiel und beabsichtigtem Nonsens im Gedicht auf der Konstruktion eines Sinnzusammenhangs bestünde, könnte eine absolute Disqualifizierung und Degradierung der Sprache durch tierisches Verstummen in den drei Schlußversen bestätigt sehen: im Heraushängen und Flattern der Zunge

---

[6] Zu Hypallage: Lausberg, *Elemente der literarischen Rhetorik;* Morier, *Dictionnaire de poétique et de rhétorique;* Beispiele aus Gide, Soupault, Breton, Prévert, bei Pabst, *Die mod. frz. Lyrik,* 127, 138 (Fn. 40). (Wichtigster Beleg: Préverts *Cortège,* in *Paroles* (1949).)
[7] Oder sei es, man faßte als *racines galonnées* die Zahnwurzeln auf, die eine Zunge zu putzen versucht.

im Wind, das, nur in einer Karikatur des Menschen vorstellbar, bei einem abgehetzten Hund nichts als Erschöpfung und Durst signalisiert.

Die kommentierten Verse bilden die letzte Laisse des Gedichts *Bagarre de fruits* (1939) in dem von Marcel Jean im Todesjahr des Dichters edierten Sammelband: *Jours effeuillés*. Die Entstehung solcher Verse im Jahr 1939 beweist, daß Jean Arp mit Recht als der Lyriker gilt, der als einziger, weit über das zeitliche Bestehen der dadaistischen Gruppen und Bewegung hinaus, als *le défenseur acharné de l'esprit dadaïste*[8] Dada die Treue hielt. Die scherzhafte Zungenschmähung enthält ja auch eine verschlüsselte Huldigung für das Kollektiv, dessen Gesinnung sie ausspricht: denn *violon d'encre* als Variante der Antonomasie *violon d'Ingres* entspricht sinngemäß dem deutschen ‚Steckenpferd', und diese Metapher für Liebhaberei entspricht wiederum dem französischen *dada*[9], das einer der Ursprünge des Gruppennamens wurde. Unterstellten wir dieser Textstelle Selbstironie des Autors und damit affektierte Bescheidenheit, so muß ausdrücklich unterstrichen werden, daß Arp in der Lyrik, die er als Elsässer in zwei Sprachen pflegte, kein Dilettant war, sondern ein Dichter mit stark ausgeprägtem Profil, ein Autor mit reichem Œuvre und hohem Ansehen. Den Phänomenen der Sprache hat er nicht nur in Gestalt von Burlesken Beachtung geschenkt[10], er hat ihnen auch ernste Betrachtungen, z. B. über *le Langage intérieur* gewidmet, denen wir folgende Äußerung entnehmen:

> La plupart du temps, cependant, je crois descendre et descendre dans un parachute sans espoir d'atterrir ... Cette descente me parlait de l'au-delà, de mon intérieur et résonnait dans le temps-espace qui est hermétiquement clos à la raison du jour ... Nous ne pouvons nous entendre dans le langage intérieur qu'avec les hommes que nous rencontrons aux confins des choses.[11]

[8] Laffont-Bompiani, *Dictionnaire des Œuvres,* III 382, Art. *Jours effeuillés*; ebd.: „J. A., sans doute le seul dadaïste à avoir gardé la même inspiration pendant près d'un demi-siècle". — F. Usinger (Akademievortrag): „größter Meister [...] auf dem Gebiet der dadaistischen Dichtung war und ist Hans Arp. Er hat sie in die Weltliteratur eingeführt." (49)
[9] *Larousse de la Langue française:* syn. *dada* (s.v. *violon d'Ingres*).
[10] Laffont-Bompiani a.a.O., 382: „Chez Arp, le calembour et le démembrement des êtres familiers [...], l'ironie, le burlesque, l'absurde, le labyrinthe des images, l'humour, le non-sens logique [...] râpent le langage obstiné du temps et l'épaisseur de toutes formes, pour recomposer un univers, où l'apparence est le signe extrême de l'homme qui descend et touche à l'intériorité."
[11] Laffont-Bompiani ebd. — Vgl. aus den vierziger Jahren Arps Verse: „Das blinde Sein der Menschen vermag ich / nicht mehr zu ertragen. / Immer unverständlicher wird mir die Sprache / der Menschen. / Die Räume, die ich betrete, sterben." (Olles, *Literaturlexikon 20. Jahrhundert*).

Jean Arps burleske Zungenschmähung (Exkurs)

Der Ursprung von Arps Wortspielen und poetischem Klangunsinn liegt in seiner tiefen und beständigen Liebe zur Sprache. Dies demonstriert Alfred Liede anhand reicher Textbelege aus der deutschen Dichtung des Autors in dem Kapitel „Hans Arp und der Tod" seines Grundlagenwerks *Dichtung als Spiel*[12]. Als deutscher Lyriker spielt Arp schon vor der Dada-Periode mit der Fülle der Wortbedeutungen, läßt die Metaphern einander jagen, „die Mittel der Sprache werden in hemmungslosem Spiel verschleudert, damit die Wörter in einem neuen Raum neue Verbindungen eingehen können"[13]. Durch die Teilnahme an Dada verlieren solche Spiele, offenbar unter der Einwirkung Hülsenbecks, im Deutschen ihre Naivität und Unbefangenheit[14]. Dennoch wäre es falsch, Arp als radikalen Zerstörer der Sprache zu sehen, eher erklärt sich sein Spracherlebnis aus der Zweisprachigkeit seines Elsässertums: „Vertraut mit zwei Sprachen und doch unvertraut mit ihrem feinsten Klang und Sinn, kann Arp wie kein anderer jede Redensart, jede banale Wendung als ein kleines Wunder empfinden, sie als komisch und herrlich zugleich aus ihrem Sinnzusammenhang lösen [...]"[15].

Jean Arp gesteht hingegen selbst:

> Le mot est plus frais pour moi en français [...]. L'allemand, je connais cela tellement bien, depuis l'école. Mais le français que j'ai toujours parlé me donne le sentiment d'une découverte.[16]

Die Originalität dieses Malers als Dichter erkannte frühzeitig Tristan Tzara. Nach einer kurzen Huldigung im Dezember 1917 *(Note sur l'Art / H. Arp* in: *Dada* No. 2) präsentierte er mit einer witzigen Einführung[17]: *Les Poésies de Arp* (in *Dada* No. 4/5, 1918), um in *Merz* No. 6 (Okt. 1923) eine Laudatio seiner Kunst folgen zu lassen, die sich ohne Einschränkung auch auf seine Dichtung übertragen läßt, wie man sie im obigen Fragment kennengelernt hat:

> rien qu'un jeu, comme la vie et ses émotions, sans la différence absurde qu'on fait entre le sérieux et le léger. Dieu est-il léger ou lourd? [...] Je te salue, Arp, sourire léger des pluies marines.[18]

---

[12] Liede, *Dichtung als Spiel*, Bd. 1, 365—399.
[13] Ebd. 372.
[14] Vgl. ebd. 374 u. 377.
[15] Ebd. 367.
[16] Zit. von M. Jean in Préface (*Jours effeuillés*, 13).
[17] Text in Tzara, *OC* I, 706.
[18] Ebd. 625.

III. Auktoriale Grundpositionen

Literatur in Auswahl

1. Allgemeines zum Thema Spiel:

ALAIN: „Les Jeux", Livre IV von *Les Idées et les âges* (1927), in: *Les Passions et la sagesse,* I; BALLY, GUSTAV: *Vom Ursprung und den Grenzen der Freiheit.* Basel, B. Schwabe, 1945; BLANCHOT, MAURICE: *Le Demain joueur* (sur l'avenir du surréalisme). NRF, 1967, 863 ff., 873, 886 ff.; BROOKS, CLEANTH: *Paradoxie im Gedicht.* Zur Struktur der Lyrik. (Edit. Suhrkamp, 124) Frankfurt a. M., 1965 (Original: *The Well Wrought Urn,* 1947); CAILLOIS, ROGER: *Le Mythe et l'homme* (1938) (Coll. Idées, 262) 1972/*L'Homme et le sacré* (1949), éd. augm. de trois appendices sur le sexe, le jeu, la guerre (Coll. Idées, 24) 1972/*L'Enigme et l'image* (1958). In: *Art poétique.* Gallimard, 1958, 147—164/*Les Jeux et les hommes. Le Masque et le vertige.* (Coll. Idées, 125) 1976/*Jeux et sports* (*Encyclopédie de la Pléiade*); EIGELDINGER, MARC: *Le Dynamisme de l'image dans la poésie française.* (Coll. Être et penser) Neuchâtel, La Baconnière, 1943; ETIEMBLE, RENÉ: *Langage et littérature.* In: *Wort und Text.* Fs. f. F. Schalk. Frankfurt a. M., Klostermann, 1963. 507—519; FAUST, WOLFG. MAX: *Bilder werden Worte.* Zum Verhältnis v. bild. Kunst u. Literatur i. 20. Jh. München, C. Hanser, 1979; GADAMER, HANS-GEORG: *Die Aktualität des Schönen. Kunst als Spiel,* Symbol und Fest. Stuttgart, Reclam, 1977 (Universal-Bibl. 9844); GOEBEL, GERHARD: *Schreibspiele, oder: Die Vergesellschaftung der Schrift.* Lendemains, 3. Jg., 12 (12. 11. 1978) 95—112; GUARDINI, ROMANO: „Die Liturgie als Spiel." In: *Vom Geist der Liturgie* (Ecclesia Orans, I) Freiburg, 1922, 56—70; HEIDEMANN, INGEBORG: *Der Begriff des Spieles und das ästhetische Weltbild in der Philosophie der Gegenwart.* Berlin 1968; HUIZINGA, JAN: *Homo Ludens.* Vom Ursprung der Kultur im Spiel (1938). rde, 21. Reinbek, 1956/1961 u.ö.; JAKOBSON, ROMAN: *Huit Questions de poétique.* Ed. du Seuil, 1977 (Coll. Points, 85)/*Glossolalie.* (Tel quel, 26); KANDINSKY [WASSILY]: *Über das Geistige in der Kunst.* [München, 1911]. M. e. Einführung von Max Bill. Bern, Benteli Vlg., 1952/1970; KASSEL, RUDOLF: *Quod versu dicere non est.* Zs. f. Papyrologie und Epigraphik, 19 (1975) H.3, 211—218/*Lallende Kinder und erwünschte Bärte.* Ebd. 35 (1979) H.1, 1—5; LIEDE, ALFRED: *Dichtung als Spiel.* Berlin, 1963; MASSIN: *La Lettre et l'image.* La Figuration dans l'alphabet latin du VIIIe siècle à nos jours. Préf. de Raymond Queneau. Gallimard, 1970; MAUTNER, FRANZ H.: „Das Wortspiel und seine Bedeutung. Grundzüge der geistesgeschichtlichen Darstellung eines Stilelements." In: *Wort und Wesen.* Kleinere Schriften zur Literatur und Sprache. Frankfurt a. M., Insel, 1974, 247—278; NESKE, FRITZ und INGEBORG: *Wörterbuch englischer u. amerik. Ausdrücke i. d. deutschen Sprache.* (dtv 3033) München ²1972, s. v. *Bebop, Bop-Vocals, Clerihew, Conceptual Art, Cool-Jazz, Cuban Bop (Cu-Bop), Limerick, Nonsense-Dichtung* usf.; NIETZSCHE, FRIEDRICH: *Die Philosophie im tragischen Zeitalter der Griechen.* (Werke, Ed. Schlechta, Bd. III) 349—413; PEIGNOT, JÉRÔME: *Les Jeux de l'amour et du langage.* (Coll. 10/18, 849), 1974/*Du Calligramme.* (Dossiers graphiques du Chêne) Société nouvelle des Ed. du Ch., 1978; RAILLARD, GEORGES: *Les Jeux de la métaphore.* Littérature, 17 (févr. 1975) 3—13; REYES, ALFONSO: *Las Jitanjáforas.* Buenos Aires, 1929, sowie in: *La Experiencia literaria.* (Biblioteca contemporánea) B. Aires, Losada, 1952; RIHA, KARL: *Cross-Reading and Cross-Talking.* Zitat-Collagen als poetische und satirische Technik. (Texte Metzler, 22) Stuttgart, 1971; SCHMELING, MANFRED: *Das Spiel im Spiel.* Ein Beitrag z. vergl. Literaturkritik. Gütersloh, Schäuble-Vlg., 1980; SCHEUERL, HANS: *Beiträge zur Theorie des Spiels.* Weinheim-Berlin-Basel, ⁵1969; SCHILLING, SILKE/GOEBEL, GERHARD: *Sympoesie.* (Rowohlts Literaturmagazin, 11) 1979; SCHMIDT, ALBERT-MARIE: *La jeune Poésie et ses harmoniques.* („Saisir') Ed. A. Michel, 1942; SCHULTE, HANSGERD (Hg.): *Spiele und Vorspiele. Spielelemente* in Literatur, Wissenschaft u. Philosophie. Eine Sammlung v. Aufsätzen a. Anl. d. 70. Geburtstags von Pierre Bertaux. (Suhrkamp TB 485) Frankfurt a. M., 1978; WEINBERG, KURT: *Verbal Labyrinths in Sponde's* Stances *and* Sonnets de la Mort. L'Esprit créateur, vol. XVI Nr. 4 (Winter 1976) 134—152/*Ut Musica Poesis:* The Silence of Mallarmé's Sirens. New York literary forum, vol. 2 (Dec. 1978) 219—235; WEINRICH, HARALD: *Semantik der kühnen Metapher.* DV 1963, 325—344/*Semantik der Metapher.* Folia linguistica, 1 (1967) 3—17/*Linguistische Bemerkungen zur modernen Lyrik.* Akzente, 1 (1968) 29—47, sowie in: *Literatur für Leser.* Essays und Aufsätze zur Literaturwissenschaft (Sprache u. Literatur, 68) Stuttgart, Kohlhammer, 1971, 109—123.

2. Dada/Surréalisme/Lettrisme/Spatialisme/Konkrete Poesie:

ANONYMUS: *The Art of Unreason.* The Times literary supplement, 3.093 (9. 6. 1961); ARNAUD, NOËL: *Les Métamorphoses historiques de Dada.* Critique, 14 (1958) 579—604; ARP/HÜLSENBECK/TZARA: *Die Geburt des Dada.* Zürich 1957; BÉHAR, HENRI: *Etude sur le théâtre Dada et surréaliste* (Coll. Les Essais) Ed. Gallimard, 1967; BENEDIKT, MICHAEL u. WELLWARTH, G. H.: *The Avant-Garde. Dada and Surrealism.* New York, Dutton, 1964; FAUCHEREAU, SERGE: *Le Dadaïsme parisien.* Critique, 29 (1973) 997—1012/*Dada et le Futurisme.* La quinzaine littéraire, 194 (16.—30. 9. 1974) 11 ff.; FORSTER, LEONARD: *The Poetry of Significant Nonsense.* An Inaugural Lecture. Cambridge, 1962; HAUSMANN, RAOUL (Hg.): *Am Anfang war Dada.* Steinbach/Gießen, Anabas-Vlg. G. Kämpf, 1973; HÜLSENBECK, RICHARD (Hg.): *En avant Dada.* Die Geschichte des Dadaismus. Hannover/Leipzig/Wien, 1920; HÜLSENBECK, R. (Hg.): *Dada. Eine literarische Dokumentation.* Reinbek, Rowohlt, 1964; HUGNET, GEORGES (Hg.): *Petite Anthologie poétique du Surréalisme.* Ed. J. Bucher, 1934/*L'Aventure Dada (1916—1922).* Essai, dictionnaire et textes choisis. Préf. de T. Tzara. Ed. P. Seghers 1971; PASTOR, ECKART: *Studien zum dichterischen Bild im frühen französischen Surrealismus.* (Bibl. de la Fac. de Philos. et Lettres de l'univ. de Liège, 201) Paris, Les Belles Lettres, 1972; PROSEUC, MIKRAVŽ: *Die Dadaisten in Zürich* (Abhdl. z. Kunst-, Musik- u. Lit.-Wiss., 42) Bonn, Bouvier, 1967; RIBEMONT-DESSAIGNES, GEORGES: *Déjà Jadis, ou Du Mouvement Dada à l'espace abstrait.* (Coll. Lettres Nouvelles) Ed. Juillard, 1958; RICHTER, HANS: *Dada — Kunst und Anti-*

III. Auktoriale Grundpositionen

kunst. Der Beitrag Dadas zur Kunst d. 20. Jh., m. e. Nachw. v. Werner Haftmann. (DuMont Dokumente) Köln 1964; RIFFATERRE, MICHAEL: *Le Poème comme représentation.* Poétique, I (1970) 401—418; SANOUILLET, MICHEL: *Dada à Paris.* (Thèse) Ed. Pauvert, 1965; VERKAUF, WILLY (Hg.): *Dada. Monographie einer Bewegung.* [Mithg. Marcel Janco u. Hans Bollinger] Teufen-Schweiz 1961.

CURTAY, JEAN-PAUL: *La Poésie lettriste.* Avec un Choix de Textes et Documents lettristes. Ed. Seghers, 1974 (ebd. 191: Werkverzeichnis v. Isidore Isou, ab 1946); LEMAÎTRE, MAURICE: *Manifeste pour une formulette donc une comptine lettriste.* Bizarre, 32/33 (1964) 133 f.; ROBIN, ARMAND: *Les Poèmes indésirables.* Ed. Anarchistes, 1946.

GARNIER, PIERRE: *Manifeste pour une poésie nouvelle visuelle et phonique.* Les lettres, 29 (1963)/Garnier, P. et Ilse: *Poèmes mécaniques.* (Coll. Spatialisme. Supplém. de Les Lettres) 1965; GARNIER, P.: *Jüngste Entwicklung der internationalen Lyrik.* In: Grimm: *Zur Lyrik-Diskussion,* 451 ff./ *Spatialisme et Poésie concrète.* Libr. Gallimard, 1968; GOMRINGER, EUGEN (Hg.): *Konkrete Poesie.* anthologie. deutschsprachige autoren. (Reclam Universal-Bibl. 9350/9351) Stuttgart, 1972/*konstellationer ideogramme stundenbuch.* M. Einf. v. Helmut Heißenbüttel, Wilh. Gössmann u. Bibliogr. v. Dieter Kessler (Reclam Universal-Bibl. 984 (2), 1977); LANGE, WOLF-DIETER: *Pierre Garnier: Poème sémantique.* In: Hinterhäuser: *Die französische Lyrik* II, 349—358; MON, FRANZ: *Texte über Texte.* Neuwied-Berlin, H. Luchterhand, 1970; WIRPSZA, WITOLD: *Konkrete Dichtung und Mehrwertlogik.* Sprache im technischen Zeitalter, 45 (1973).

3. Saint-Pol-Roux: Texte (Verlag, wo nichts anderes vermerkt, *Mercure de France*):

1893: *Les Reposoirs de la Procession;* 1901: *La Rose et les épines du chemin* (1895—1900); 1903: *Anciennetés;* 1904: *De la Colombe au Corbeau par le Paon* (1885—1904) [tome II des *Reposoirs*]; 1907: *Les Féeries intérieures* (1885—1906) [tome III des *Reposoirs*]; 1946: *Anciennetés,* suivi d'un choix des *Reposoirs de la P.* Avant-dire de P. Eluard (1925). Introduction de Rolland de Renéville: „Le Don des Langues". Ed. du Seuil; 1961: ,Œuvres choisies', in: Briant, Théophile: *Saint-Pol-Roux, Un Essai* (1951) (Poètes d'aujourd' hui, 28); 1966: ,Anthologie', in: Jouffroy, Alain: *Saint-Pol-Roux.* Premier baroque moderne (préface) (Coll. Les plus belles Pages).

Editions Rougerie, Limoges (Hg. der Bände: Gérard Macé):

1970: *Le Trésor de l'homme* (Mit-Hg. Pieyre de Mandiargues); 1971: *La Répoétique* (Préf. de Raymond Datheil). Suivi de *Le Poème du monde nouveau,* par G. Macé; 1972: *Cinéma vivant;* 1973: *Vitesse;* 1974: *Les Traditions de l'avenir;* 1975: Saint-Pol-Roux/Victor Segalen: *Correspondance.* (Préface d'Annie Joly-Segalen).

Literatur in Auswahl

Würdigungen:

BERGOT, AUGUSTE: *Le Tombeau de S.-P.-R.* (1941)/*Le Solitaire de Camaret* (1947)/*Epaves du Magnifique.* Ed. Poesia, Brest. (1950); BRETON, ANDRÉ: *Le Maître de l'image.* Hommage à S.-P.-R. in: Les Nouvelles litteraires (9. 5. 1925); BRETON, A.: *Entretiens*, 115 ff.; BRIANT, TH.: *S.-P.-R., Un Essai* (s. o.); GANZO, ROBERT: *Cinq Poètes assassinés.* Ed. de Minuit, 1947; JOUFFROY, A.: *S.-P.-R. Premier baroque moderne* (s. Texte); MIOMANDRE, FRANCIS DE: *S.-P.-R.* L'Art Moderne (8. 7. 1907); PELLEAU, P. T.: *S.-P.-R., le Crucifié.* 1946; GOURMONT, RÉMY DE: *Le Livre des masques.* 1896; Times Literary Supplement (14. 3. 1968): *S.-P.-R., Son of Mallarmé* (Anonymus). *Hommages des Surréalistes à S.-P.-R.* (Aragon, Breton, Eluard, Péret, Leiris, Desnos, Vitrac, Max Morise, J. Baron), Les Nouvelles littéraires, (8 mai 1925); bei A. Jouffroy (s. Texte) 271 ff.

4. Würdigungen anderer Autoren:

Hommage à René Ghil. No. spéc. de Rythme et synthèse, 53 (1925); THEILE, WOLFGANG: *René Ghil. Eine Analyse seiner Dichtungen und theoretischen Schriften.* (Diss. Tübingen, 1965)/*Die Beziehungen R. Ghils zu Valerij Brjusov und der Zs. Vesy.* Arcadia I (1966) 2, 174—184.

ARRIVÉ, MICHEL (Hg.): *Alfred Jarry, OC/Les Langages de Jarry.* Essai de sémiotique littéraire. (Publ. de l'univ. de Paris X, Nanterre, Série A, 18) Klincksieck, 1972/*Lire Jarry* (Coll. Dialectiques) Ed. Complexe, 1976; LEVESQUE, JACQUES-HENRY: *A. J., une Etude, Œuvres choisies.* (Poètes d'aujourd' hui, 24) 1963; PERCHE, LOUIS: *A. J.* (Classiques du XXe siècle) Ed. Universit., 1963; GIEDION-WELCKER, CAROLA: *Farce, Vision und Pataphysique.* Die späte Renaissance des A. J. FAZ 95 (23. 4. 1960); HINTERHÄUSER, HANS: *A. J.: L'Homme à la hache.* In: *Die französische Lyrik,* II, 167—178.

BADOUX, LAURENT: *La Pensée de Henri Michaux.* Esquisse d'un itinéraire spirituel. (Thèse), Zürich, 1963; BELAVAL, YVON: *H. Michaux.* Critique, 186 (1962) (auch in: *Poèmes d'aujourd'hui.* 93—131); BERTELÉ, RENÉ: *H. M., une étude, un choix de poèmes.* (Poètes d'aujourd' hui, 5) 1963; ENGLER, WINFRIED: *Das Michauxbild 1922—1959* (Diss. Tübingen, 1960), Fotodruck 1964/*H. M.: Nous deux encore.* In: Pabst, *Die moderne französische Lyrik.* 250—254; KALLMEYER, WERNER: *H. M.: Entre Centre et absence.* In: Hinterhäuser, *Die französische Lyrik,* II, 267—278; MURAT, N.: *H. M.* (Classiques du XXe siècle, 88) Ed. universitaires, 1967; BOWIE, MALCOLM: *H. M. A Study of His Literary Works.* Oxford Univ. Press, 1973.

BERGENS, ANDRÉE: *Jacques Prévert.* (Classiques du XXe siècle, 106) Ed. universitaires, 1969; HEYDENREICH, TITUS: *J. P.: Fatras.* In: Pabst, *Die mod. französische Lyrik.* 314—332; MEYER-MINNEMANN, KLAUS: *J. P.: Je suis comme je suis.* In: Hinterhäuser, *Die französische Lyrik,* II. 328—336.

BACHAT, CHARLES: *Reverdy et le surréalisme.* Europe, 46 (1968) N°. 475/476, 79—99; BONIN, WIEBKE VON: *Versuch über das dichterische Verfahren Pierre Re-*

verdys. Zum Werk der Jahre 1913—1930. (Diss. Kiel, 1965); DEGUY, MICHEL: *Pour Reverdy,* préface (1971) zu *Sources du vent* (Coll. Poésie); FUCHS, HANS-JÜRGEN: *P. R. Je tenais à tout.* In: Hinterhäuser, *Die französ. Lyrik,* II, 256—266; GREENE, ROBERT W.: *The Poetic Theory of P. R.* Univ. of California Press. Berkeley and Los Angeles, 1967; GUINEY, MORTIMER: *La Poésie de P. R.* Genève, Libr. de l'Université, 1966; JUIN, HUBERT: *Préface* zu *Plupart du temps* I (Coll. Poésie); RAIBLE, W.: *Moderne Lyrik in Frankreich* (103—106: *Cadran-*Interpretation); ROUSSELOT, JEAN et MANOLL, MICHEL: *P. R. Présentation, essai,* œuvres choisies (Coll. Poètes d'aujourd' hui, 25) 1951; *Hommage à P. R.* publ. s. la dir. de Luc Decaunes: *Entretiens sur les lettres et les arts.* Rodez, Subervie édit., 1961; *Hommage* s. la dir. de Maurice Saillet: *P. R. 1889—1960.* Mercure de France (Jan. 1962) N° 1181 [381 SS.]; *A la Rencontre de P. R. et ses amis Picasso, Braque* [e. a.]. Fondation Maeght (Ausstellungskatalog 1970).

ARAGON, LOUIS: *L'Aventure terrestre de Tristan Tzara.* Les Lettres françaises (2. 1. und 9. 1. 1964); BÉHAR, HENRI: *Préface* (*OC* I)/*Etude sur le théâtre dada et surréaliste.* (Coll. Les Essais) Gallimard, 1967; JUIN, HUBERT: *Préface* zu *L'Homme approximatif* (Coll. Poésie); LACÔTE, RENÉ et HALDAS, GEORGES: *T. Tz. Présentation. Choix de textes* (Poètes d'aujourd' hui, 32) 1960.

BELAVAL, YVON: *Préface* zu Raymond Queneau: *Chêne et chien* (Coll. Poésie, 1969)/*L'Endroit et l'envers du lyrisme* und *Petite Kenogonie* [1949 u. 1951] in: *Poèmes d'aujourd'hui.* 132—171; GAYOT, PAUL: *R. Queneau.* (Classiques du XXe siècle, 90) Ed. universit., 1967; HÖLZ, KARL: *R. Q.: Petite cosmogonie portative.* In: Pabst, *Die mod. französ. Lyrik,* 255—274; MAGNY, OLIVIER DE: *Préface* zu *L'Instant fatal* (Coll. Poésie, 1966).

5. Zum Jean-Arp-Exkurs:

Lyrische Texte in französischer Sprache: 1930: *Poésies légères;* 1935: *Des Taches dans le vide;* 1938: *Sciures de gammes;* 1939: *Ce que chantent les Violons dans leur lit de lard;* 1941: *Poèmes sans prénoms;* 1944: *Rire de coquille;* 1946: *Le Siège de l'air. Poèmes, 1915—1945;* 1957: *Le Voilier dans la forêt;* 1960: *Vers le Blanc infini;* 1966: *Jours effeuillés. Poèmes, Essais, Souvenirs, 1920—1965* (préface de Marcel Jean) [die interpretierte Versgruppe: 156; Bibliographie: 647—652].

Würdigungen Arps:
DOEHL, REINHARD: *Das Literarische Werk H. Arps 1903—1930.* Zur poet. Vorstellungswelt d. Dadaismus (Germ. Abhdl., 18) Vorw. v. Fritz Martini. Stuttgart, Metzler, 1967; GIEDION-WELCKER, CAROLA: *H. A.* Dokumentation Marguerite Hagenbach, Stuttgart, Hatje, 1957; LIEDE, ALFRED: „Hans Arp u. d. Tod" (*Dichtung als Spiel,* I 365—399); MALET, MARIAN WARBURTON: *Growth in the Dada Workshop.* Some Aspects of the Poetry of J. A. (Univ. of Illinois at Urbana-Champaign. Phil. D., 1973) Ann Arbor, Mich. Univ. Microfilms, 1974; SCHIFFERLI, PETER (Hg.): *Als Dada begann. Die Geburt des Dada.* Bildchronik u. Erinne-

rungen d. Gründer. In Zusammenarbeit H. Arp, R. Hülsenbeck, T. Tzara. Zürich 1957; erweiterte Sonderausgabe, Zürich 1966; SCHIFFERLI, P. (Hg.): *Das war Dada. Dichtungen und Dokumente* (dtv-Sonderreihe, 18), München 1963; USINGER, FRITZ: *Die dichterische Welt H. A.s.* (Akad. d. Wiss. u. d. Lit., Abhdl. Klasse Lit., 1965, Nr. 3(49—61) Mainz-Wiesbaden, 1965 [ohne A.s französische Dichtungen].

IV. Vom Bekunden zum Verstummen

1. Faszination und Beklemmung durch Räume
Blaise Cendrars: *La Prose du Transsibérien* / Maurice Maeterlinck: *Hôpital**

> Nous entendons souffler les chevaux de l'espace,
> Traînant le char, qu'on ne voit pas.
>
> Victor Hugo, Au bord de l'infini
> *Les Contemplations* VI, XVI, II

Darf die *Prose du Transsibérien et de la petite Jehanne de France* zur Lyrik zählen? Der Zweifel ist nicht unberechtigt, scheint doch schon der Umfang dieses Gedichts mit der illustren *brevitas* hoher Lyrik unvereinbar: es zählt 447 freie Verse, vom einsilbigen Wort bis zu vier Zeilen Länge; es gliedert sich in durch Blancs getrennte Versgruppen, die, mit wenigen Ausnahmen, nicht lyrischen Strophen, sondern den laisses altfranzösischer Epik ähneln; ihre ungleiche Ausdehnung und sieben, wiederum durch Blancs hervorgehobene, dazwischengeschobene Einzelverse nebst zwei weiteren, ebenso abgesonderten Einzelversen, die den Schluß bilden, vollenden das graphische Bild der Unregelmäßigkeit. Das Gedicht setzt als Erzählung ein, als Ich-Erzählung eines sechzehnjährigen reisenden Abenteurers; doch fehlt ihm zur Erzählung ein Gang der Handlung, zur Novelle die ‚unerhörte Begebenheit'. Das — epische oder lyrische? — Ich, in einem Dialog des Textes sechsmal mit dem Namen Blaise angeredet, tut alles Erdenkliche, um die Vorgänge der *Prose* geographisch und historisch zu fixieren und den Anschein des Autobiographischen zu erwecken; einige Fakten seines Berichts stimmen mit dem überein, was man über das Leben des Autors Blaise Cendrars (1887—1961) zu wissen glaubt. Von Moskau aus, wo dieses Ich ahnungsvoll in revolutionäre Zukunft blickt, unternimmt es zwischen 1903, dem Jahr von Cendrars' ‚Flucht' aus seiner schweizerischen Heimat nach Rußland, und 1905, dem Jahr, in dem der Russisch-japanische Krieg zu Ende ging, im Transsibérien

---

* Dieses Kapitel wurde als Manuskript am 4. September 1978 — zum Zeichen unserer langjährigen kollegialen Verbundenheit — Erich Loos anläßlich seines 65. Geburtstages zugeeignet.

eine Reise in den Fernen Osten, bis nach Charbin. Das Ich ist Gehilfe eines in Pforzheimer Bijouterie reisenden Handelsvertreters und verbürgt die ‚Authentizität' seiner Erlebnisse durch pittoreske Informationen über Handel und Wandel im asiatischen Rußland, durch Listen von Städtenamen und, bei Annäherung an den Kriegsschauplatz, durch immer krassere Beschreibungen des militärischen Debakels (Verwundetentransporte, zerstörtes Kriegsmaterial, panische Demoralisationserscheinungen). Diesen geographisch-historischen Rahmen spricht das Ich vorwiegend im grammatischen Präteritum (Rahmenauftakt[1]: S. 27 Vers 1 bis S. 31, Vers. 14; Rahmenbericht: S. 41, V. 16 bis S. 43, V. 6, Rahmenschluß: S. 44, V. 3—6). Der ‚prosaische' Erzählrahmen nimmt also 134 Verse in Anspruch, deren einige allerdings als Träger metapoetischer Äußerungen den epischen Charakter abschwächen.

Was dieser Rahmen umschließt, weist zwar keinen einheitlichen Ductus auf, muß aber trotz der unterschiedlichen Sprechhaltungen des Ich, das dort fast nur im Präsens spricht, als eine Folge lose verknüpfter lyrischer Äußerungen gelten, deren einzelne wie autonome Gedichte hervortreten. Diese interne Gedichtfolge wird eröffnet durch eine poetische Einheit von fünf Quatrains, die durch ihren ambivalenten Charakter als Liebeslied, anläßlich der kurz zuvor gemeldeten *épatante présence de Jeanne* (31, 10), und als Allegorie der Begegnung mit der Muse sofort auffällt. In dem nach Weisungen des Autors mit höchster typographischer Sorgfalt gestalteten Erstdruck von 1912/1913[2] tritt dieses Binnengedicht als strophisches Gebilde deutlich hervor, während in den späteren Ausgaben, wie Denoël 1963 und Coll. Poésie, die strophische Gliederung kaum erkennbar bleibt. Eingerahmt wird dieses Gedicht durch chiastisch aufeinander bezugnehmende Verse vor seinem Beginn und nach seinem Ende:

> Du fond de mon cœur des larmes me viennent (32, 10)
> Que les larmes me viennent si je pense à son cœur (32, 29)

---

[1] Zitate nach Coll. Poésie (Versziffern uns. Zählung).
[2] Nach Angabe des Verlags P. Seghers im Faks.-Druck (1966) von *Le Transsibérien* (1913) entspricht der gekürzte Titel einem *souhait de l'auteur* (40); Korrekturen las C. noch 1912, der Text ist aber am Ende (38) von 1913 datiert. Für die Interpretation bietet der Erstdruck entscheidende Hilfen, weil er eine wesentlich subtilere graphische Gliederung der *laisses* aufweist als die Drucke von Denoël und Gallimard, die auch einen sinnstörenden Druckfehler enthalten: „Les campagnes" statt *Les campanes de Venise* (Coll. Poésie, 39, 23; Denoël, *PC*, 29, in der *laisse* vom Glockengeläut). Die ‚Sinngliederung' der neueren Drucke läßt die lyrische Struktur vielfach außer acht.

IV. *Vom Bekunden zum Verstummen*

Kurz danach zeichnet sich wiederum als fast selbständiges *poème* der Scheindialog des Reisenden mit Jeanne bzw. des Dichters mit der ihn durch eine mehrfach wiederholte Frage inspirierenden Muse ab (34, 6 bis 37, 13). Jeannes Frage ist jeweils als Einzelvers zwischen Anführungszeichen und Blancs hervorgehoben, sie wird sechsmal gestellt, das erste und das letzte Mal in der Form:

„Blaise, dis, sommes-nous bien loin de Montmartre?" —

die anderen vier Male in der Form:

„Dis, Blaise, sommes-nous bien loin de Montmartre?"

Die Reaktionen des Ich auf diese Fragen stehen nicht in Anführungszeichen und sind trotz ständig gebrauchter Du-Anreden nicht als wirklich gesprochene Antworten zu bewerten. Sie sind Gedankenreden, innere Monologe, innere Abwehr, die das Mit- oder Nebeneinander zweier Bewußtseinsebenen spürbar machen: die Simultaneität der Handlung des Reisens mit ihren ständig wechselnden, vom Ich registrierten Impressionen einerseits und des inneren Widerstands gegen das zunehmende Paris-Heimweh der Reisegefährtin andererseits. Zwiespältig sind aber auch die Gefühle gegenüber Jeanne, im Ich mischen sich Widerwille und Mitgefühl. Seine Gedankenreden füllen fünf laisses, bis endlich die sechste Frage Jeannes einen Umschwung bewirkt. Aus der Monologhaltung heraustretend, wendet sich das Ich der petite Jeanne zu, um sie durch ein Versprechen zu beruhigen und durch eine List einzuschläfern:

Je vais te conter une histoire (37, 12).

Damit setzt ein neues, poetisch autonomes Unternehmen ein: die Schilderung wunderbarer exotischer Landschaften als ‚Schlummerlied' mit deutlicher Gliederung und Umrahmung durch anaphorisch fünfmal wiederholtes *Viens!* und *Oh viens!* (von 37, 13 bis 38, 22) und mündend in ein regelrechtes Eiapoppeia oder Ninnananna von elf Versen, deren letzter berichtet: *Elle dort.* (39,7)

Durch das Einlullen Jeannes ist das Ich nun freigeworden für sein großes, den Kern der *Prose* bildendes Soliloquium. Die drei lyrischen Episoden waren nur die Einstimmung auf einen *état d'âme*, dem sich das Ich im endlosen Rädertakt des rollenden Transsibérien überlassen kann, ein Schwelgen in unaufhaltsam sich überstürzenden Bildern. Es ist die zentrale poetische Einheit, beginnend mit nochmaligem *Elle dort* (39, 8), durch 34 Verse Reisebericht im Präteritum noch einmal kurz unterbrochen (von *A partir d'Irkoutsk,* 41, 16, bis *Puis le train repartit,* 43, 6), und endend mit dem Vers: *Et qui me force* (44, 2).

Die bisherige Untersuchung zusammenfassend, ist festzustellen, daß der in den epischen Reiserahmen gebettete lyrische Innenraum der *Prose* einen feingesponnenen, die scheinbar gesonderten Einheiten zusammenbindenden ‚Handlungsfaden' birgt: die als *petite Jeanne* getarnte Eingebung wirft Blaise mit ihren hartnäckigen Fragen emotionelle Impulse zu, die ihn über das listenreiche Schlummerlied nach dem Scheindialog in sich selbst zurückführen, um aus dem Rhythmus der Räder und mitten im Reisetrubel eine reiche lyrische Ernte erstehen zu lassen. In beglückenden Bildern offenbart sich ihm die Gleichzeitigkeit allen Lebens in der Weite der Erdenräume. Dem kurzen Rahmenschluß, der die Beendigung der Reise konstatiert (44, 3—6), folgt in den 36 Versen der letzten laisse (44, 7 — 45, 22) — ähnlich dem *envoi* mittelalterlicher Minnelieder — eine Huldigung an die Stadt Paris zusammen mit der Darbringung des Poems an die *petite Jehanne de France* (45, 13). Der 447. und letzte Vers verbindet durch das abschließende Wort *la Roue* die Erinnerung an den Ursprung dieser Dichtung aus dem Rädertakt auf rätselhafte Weise mit einem Wahrzeichen der Stadt Paris, nach der die Reisenden soviel Heimweh empfunden hatten. *La Roue* ist — wie an anderer Stelle gezeigt wurde[3] — Anspielung auf ein 1912 entstandenes *Fenêtre*-Gemälde, mit Andeutung von Eiffelturm und Riesenrad im Hintergrund, von Robert Delaunay, mit dem Blaise Cendrars durch Freundschaft und künstlerische Zusammenarbeit eng verbunden war.

Eine Interpretation der *Prose* muß von der Auslegung ihres Titels, insbesondere des Wortes *prose* ausgehen. Vordergründig ist dieses Nomen der Gegenbegriff zu *poésie,* so daß der Leser zunächst vermutet, er müsse sich auf eine dem Grundtenor der Lyrik entgegengesetzte Tonart einstellen, was durch den beschriebenen epischen Rahmen bis zu einem gewissen Grade gerechtfertigt erscheint. Zugleich mit dem Titel fällt aber die Widmung der *Prose* — *dédiée aux musiciens* — ins Auge, ein Appell, an die Berührungen von Dichtung und Musik, an die Wahlverwandtschaft des um 1913 noch nachtönenden Symbolismus mit musikalischen Ausdrucksformen zu denken. Hatte es nicht zwanzig Jahre vorher ein spektakuläres Zusammenwirken von Klang und Wort in den vier *Proses lyriques* (1892—1893) von Claude Debussy (1862—1918) gegeben, einer Vertonung eigener Texte Debussys voller Verlaine- und Mallarmé-Anklänge und autobiographischer Anspielungen? Außer dem Titelwort gibt es noch zwei andere gewichtige Analogien

---

[3] Vf., *Der ‚Contraste simultané',* 570.

zwischen beiden Werken: die Technik insistierender Leitmotive (bei Cendrars außer der beharrlichen Frage der *petite Jehanne* die wiederkehrenden Motive *mauvais poète* und *aller jusqu'au bout*, über die noch zu sprechen sein wird) sowie das in beiden Werken unüberhörbare Glockenthema[4] (bei Cendrars in der 24. laisse, S. 39). Wenige Jahre nach den *Proses lyriques* Debussys waren die heute weltberühmten *Prosas profanas* (1896) des durch französische Dichtung vielseitig inspirierten lateinamerikanischen Lyrikers Rubén Darío (1867—1916) erschienen, deren originelles Titel-Oxymoron ironisch an den geweihten Charakter lyrischer Heiligen-Rühmungen des Mittelalters, wie die altfranzösische *Prose de Sainte Eulalie* (9. Jh.)[5] erinnert; ein Nebensinn, der auch in Cendrars' Titel, insbesondere durch die Verbindung von *prose* mit dem Namen einer *petite Jeanne de France*, aufscheint, mit dem der Leser — verwundert und zweifelnd — die Gestalt der 1909 seliggesprochenen Jeanne d'Arc assoziiert, zumal im ‚envoi' die alte Namensschreibung *Jehanne* die Feierlichkeit der Rühmung betont. Der Verdacht der Blasphemie, der hier aufkommen könnte, weil die Deuteragonistin des Gedichts sich als *petite prostituée* (45, 15 im *envoi*) erweist, wird in doppeltem Sinn aufgehoben: sie wird zur Allegorie der Muse erhoben, und in dem in Quatrains gegliederten Liebesgedicht (32) umgibt sie gar der Glorienschein der Unbeflecktheit, in ihren Augen *Tremble un doux lys d'argent*; wurden nicht jener Sünderin, die Christi Füße mit Tränen netzte, ihre Sünden vergeben? (Lukas 7, 37 ff.).

Weitere Überlegungen zur Bedeutung von *prose* führen aber auf den Kontrast zu *poésie* zurück. Die Wahl des Redetypus *prose* als Bezeichnung eines von der Norm abweichenden modernen Gedichts weist auf Postulate und Experimente von Wegbereitern der Lyrik im 19. Jh. zurück, beispielsweise auf Baudelaire, der seiner in der Geschichte der poetischen Prosa Frankreichs epochemachenden Sammlung *Le Spleen de Paris* (1869) eine Widmung „A Arsène Houssaye"[6] voranstellte, in der es u. a. heißt:

> Quel est celui de nous qui n'a pas, dans ses jours d'ambition, rêvé le miracle d'une prose poétique, musicale sans rythme et sans rime, assez souple et assez heurtée pour s'adapter aux mouvements lyriques de l'âme, aux ondulations de la rêverie, aux soubresauts de la conscience? (281)

---

[4] Zu Debussy, *Proses lyriques*: Laffont-Bompiani, *Dictionnaire des Œuvres*, IV 166; zur Widmung *dédiée aux musiciens* vgl. Cendrars' Schrift: *Rimsky-Korsakov et la nouvelle musique russe*. Edit. Figuière, 1913.
[5] In Daríos *Prosas profanas* Hinweis auf die Heilige im Namen der Marquesa Eulalia („Era un aire suave").
[6] Zit. nach Baudelaire, *OC* (1954) 281 f.

Der Widmungsbrief endet mit dem Eingeständnis eines Ungenügens an der eigenen Leistung und mit bewegter Klage des Dichters über sein beschämendes Zurückbleiben hinter dem gesteckten Ziel —, eine Formel, die sich über die topische Floskel der affektierten Bescheidenheit[7] originell erhebt:

> [...] accident [...] qui ne peut qu'humilier profondément un esprit qui regarde comme le plus grand honneur du poëte d'accomplir *juste* ce qu'il a projeté de faire. (282)

Mehrere Äußerungen in Cendrars' *Prose* klingen wie Echo auf die beiden zitierten Sätze Baudelaires: leitmotivisch durchzieht seinen Text wie ein vierfach wiederkehrender Refrain das — vielleicht kokette — Eingeständnis seiner Unfähigkeit, ja, Unwilligkeit, der exakten Zielstrebigkeit dichterischer Ambitionen nachzukommen —, womöglich eine anspielungsreiche Distanzierung vom klagenden Vorläufer Baudelaire:

> Et j'étais déjà si mauvais poète
> Que je ne savais pas aller jusqu'au bout   (27, 10—11)
> [...] j'étais fort mauvais poète.
> Je ne savais pas aller jusqu'au bout (28, 9—10)
> Moi, le mauvais poète *qui ne voulais aller nulle part.*
>   *je pouvais aller partout* (29, 12)
> Car je suis encore fort mauvais poète (40, 28)
> Car je ne sais pas aller jusqu'au bout
> Et j'ai peur.
> J'ai peur
> Je ne sais pas aller jusqu'au bout
> [...] [...] [...]
> A quoi bon me documenter
> *Je m'abandonne*
> *Aux sursauts de ma mémoire...*   (41, 2—5, 13—15 ; uns Hvh.)

Die drei zuletzt zitierten stark betonten Verse, die auf die angebliche Planlosigkeit von Cendrars' poetischem Verfahren hinweisen und mit denen das lyrische Kernstück der *Prose* ausklingt, scheinen Verbalreminiszenzen an Baudelaires oben zitierte Dichtungsdefinition zu enthalten (vgl. *s'adapter aux mouvements* lyriques de l'âme, *aux ondulations* de la rêverie, *aux soubresauts de la conscience*). Mit allem Nachdruck wird in allen zitierten Textstellen der *Prose* von dem *plus grand honneur du poète d'accomplir* juste *ce qu'il a projeté de faire* (Baudelaire) Abstand genommen. Zugleich kann Cendrars' Refrain

---

[7] Topenlehre: Curtius, *Europ. Lit. u. lat. Mittelalter*, Kap. 5 § 3.

IV. Vom Bekunden zum Verstummen

vom *mauvais poète* auch ironischer Bescheidenheitstopos in Distanzierung von Rimbauds *voyant*-Ideal sein, jenem Postulat von 1871[8], das dem Dichter auferlegte, durch entnervende Anstrengungen über die natürlichen Grenzen hinaus bis ins *inconnu* vorzudringen.

Der Versuch eines Titelkommentars hat bereits in die metapoetischen Gehalte des Gedichts geführt. Ist *prose* für Cendrars eine dichterische Redeform, die er in Kenntnis ihrer gesicherten historischen Vorstufen und unter Nutzung jüngst errungener Freiheiten wie des *vers libre*[9] eigenwillig zu entwickeln gedenkt, so liegen die ersten Beweise seines *écart* auf der Hand. Trotz oder eher in Bestätigung seiner Anspielungen auf Baudelaires Widmungsbrief hat die *Prose* durch ihre graphische Gestaltung keinerlei Gemeinsamkeit mit den *petits poèmes en prose*. Und wo immer es ihm gefällt, verzichtet Cendrars auf die Freiheiten des Verslibrisme: so gebraucht er Reimpaare am Beginn der laisses I, IV, VII, VIII, XI, XV, verwendet rimes plates und rimes embrassées im Innern oder am Ende der laisses I, XI, XIII, drei Reimpaare begegnen in laisse XXIII[10], den Reprisencharakter der laisses unterstreichen wiederholte gleichlautende Verse wie *je vais te conter une histoire* (37, 9+12), *j'ai peur* (41, 3+4) u. ä. Mit echohaften Chiasmen, Wortspielen und einer Vorliebe für große runde oder mythisch-symbolische Zahlen wird von Anfang an der Chanson-de-geste-Charakter des Gedichts betont:

> J'étais à 16.000 lieues du lieu de ma naissance
> J'étais à Moscou, dans la ville des mille et trois clochers
>   et des sept gares
> Et je n'avais pas assez des sept gares et des mille et trois tours (27, 3—5)

Neben Reprisen gleichlautender oder leicht variierter Verse kann das anaphorische *comme* durch Reihungen laisse mit laisse verbinden (z. B. I und II S. 27). Natürlich kennt Cendrars auch die von Baudelaire und Rimbaud eingeführte absolute Metapher (ohne Vergleichspartikel), die er durch raffinierte Kontamination von Form mit Farbe oder von Klang mit Geschmackseindruck synästhetisch zum neuartigen Bild zu steigern weiß, wie:

---

[8] *Voyant*-Briefe in Rimbaud, *OC*, 267—274. Außer Baudelaire und Rimbaud kann auch Jarry der Adressat des Leitmotivs *je ne sais aller jusqu'au bout* sein, lautete doch sein Wahlspruch (nach G.-E. Clancier, *De Rimbaud au Surréalisme. Panorama critique*, 152): *N'essaye rien ou va jusqu'au bout*.
[9] Geschichte und Definition der poetischen Prosa u. des *vers libre* in Morier, *Dictionnaire*, Art. ‚prose cadencée, prose poétique et poème en prose', wo Apollinaire als Vertreter des ‚vers anarchique', ‚sans rime ni raison', ‚ce vers libre invertébré', gerügt wird (871); zum symbolistischen *vers libre* ebd. 1118—1122.
[10] Unsere *laisses*-Zählung.

> Avec les grandes amandes des cathédrales toutes blanches
> Et l'or mielleux des cloches (27, 14—15)

Die durch Sonnenblendung ganz weiß erscheinenden mandelförmigen bzw. -bitteren Turmhelme strömen den honigsüßen Goldton der Glockenklänge aus —, eine Sinnesverknüpfung, die durch unsere prosaische ‚Auflösung' natürlich des poetischen Zaubers beraubt wird.

Bevor eine Analyse weiterer spezifisch poetischer Mittel eingeleitet werden kann, wie sie in besonderer Häufigkeit im Kernstück der *Prose* begegnen, sei auf die zahlreichen literarisch-künstlerischen Reminiszenzen verwiesen, die in den Gesamttext verwoben wurden. Am Anfang steht die Anspielung auf *la légende de Novgorode*, die ein greiser Mönch vorgelesen und vorgesungen haben soll (28, 1 und 29, 11), eine Sage, die Cendrars' verschollenem poetischem Erstlingswerk von 1909 den Titel gab (bibliophile Luxusausgabe von angeblich nur 14 Exemplaren in Moskau)[11]. Mit sagenhaften und literarischen Anspielungen werden Räuberspiel-Phantasien des jungen Reisenden gewürzt (30, 15—22): er will mit seiner Bande die märchenhaften Juwelenschätze der indischen Ruinenfeste Golkonda geplündert haben und gezwungen sein, sie gegen die Uralbanditen eines Romans von Jules Verne, gegen Ali Baba und die vierzig Räuber (aus *1001 Nacht*), gegen die Assassinen des Alten vom Berge (aus dem altfranzösischen Reisebuch des Marco Polo) zu verteidigen. Auf Jules Verne, dem der Romancier Cendrars noch manche Anregung verdanken wird, kommt er mit der Behauptung zurück:

> Le train fait un saut périlleux et retombe sur toutes ses roues
> Le train retombe sur ses roues
> Le train retombe toujours sur toutes ses roues (34, 3—5).

Dies ist die berühmteste Episode des Reiseromans *Le Tour du monde en quatre-vingts jours* (1873), auf die kürzeste lyrische Spielformel gebracht. Erfundene oder echte Kindheitserinnerungen treten dazwischen: Blaises Wiege hat neben dem Klavier gestanden, *quand ma mère comme Madame Bovary jouait des sonates de Beethoven* (33, 11), doch im übrigen hat er seine Kinderjahre *dans les jardins suspendus de Babylone* (33, 12) verbracht, in einem märchenhaften Durcheinander. Ins Gespräch mit der kleinen Jeanne

---

[11] Nach Lévesque, ‚Bibliographie des œuvres de B. C.', in Parrot, *B. Cendrars*, 219: „*La Légende de Novgorode*. Traduit en russe par R. R., tirage à l'encre blanche sur papier noir. 14 exempl. Moscou, Typographie Sozonoff, 1909. 1 in-f⁰ de 144 pages sous portefeuille (Inédit en français.)".

IV. Vom Bekunden zum Verstummen

klingt ein ähnliches Bildgemisch herein, halb Schlaraffenland, halb Don Quijotes Traum-Horizont:

> Les roues sont les moulins à vent du pays de Cocagne (36, 22).

In solchen ‚naiven' Lesefrucht-Kollagen ist etwas von Cendrars' späterer Technik des *contraste simultané*, der Montage inkohärenter Komponenten in überraschenden *images*[12], vorweggenommen. So mischen sich auch in die bizarre Pflanzenwelt der mexikanischen Schlummer-laisse für Jeanne die stilisierten Farbträume eines Malers:

> On dirait la palette et les pinceaux d'un peintre
> Des couleurs étourdissantes comme des gongs,
> Rousseau y a été
> Il y a ébloui sa vie (38, 1—4)

Hier klingt zugleich die Fabel an, die der liebenswürdige ‚Zöllner' Henri Rousseau (1844—1910) dem Künstlerkreis des Bateau-Lavoir, darunter Blaise Cendrars, einzureden versuchte, daß er den mexikanischen Feldzug aktiv im Heer Kaiser Maximilians mitgemacht hätte.

Das Verfahren wiederholt sich in der Illusion eines Zusammenklangs aller Glocken der Erde, die der Reisende nach Jeannes Einschläferung in berauschenden Simultanismen läuten hört; in diese Klänge aus der ‚Wirklichkeit' mischen sich auch

> Les carillons rouillés de Bruges-la-Morte (39, 21),

Klänge aus einer unheimlich verdüsterten Symbolstadt, die der belgische Symbolist Georges Rodenbach (1855—1898) in seinen Erzählungen *Bruges la Morte* (1892) und *Le Carillonneur* (1897) entworfen hatte. Ähnlich wird das Schienennetz der Gegenwart mit den Linien und Zirkeln in Zusammenhang gebracht, die ein Mensch der Antike bis in den Tod gegen herandringende römische Krieger verteidigte:

> La voie ferrée est une nouvelle géométrie
> Syracuse
> Archimède
> Et les soldats qui l'égorgèrent
> Et les galères

---

[12] Vf., *Der ‚Contraste simultané'*. Über Zöllner Rousseau und ‚Bateau Lavoir' (folg. Zit.); vgl. Mackworth, *G. Apollinaire und die Kubisten*, 144—154. — Maximilian, Kaiser v. Mexiko, 1864—1867.

> Et les vaisseaux
> Et les engins prodigieux qu'il inventa (40, 14—20)[13]

Hier sind nur Gedankensplitter nebeneinander geworfen, und doch ergibt sich eine Analogie zwischen jenem Denker vor Jahrtausenden und diesem Reisenden von heute, die beide — von Linien durch den Raum geleitet — die nahenden Schrecken des Krieges nicht beachten.

In der zentralen ‚Definition' seines Unternehmens — Dichtung, nicht Reisebericht — stellt sich Cendrars auf die Seite seiner phantasievollen Freunde, des Malers Chagall und des Dichters Apollinaire (41, 5—10), das Referieren dem Fachmann überlassend:

> Tout ce qui concerne la guerre on peut le lire dans les
> *Mémoires* de Kouropatkine (41, 11)[14]

In Erinnerung an eigenes Musizieren und vergangene Liebesnächte entsteht ein Simultan-Gewebe aus *Moussorgsky/Et les lieder de Hugo Wolf/Et les sables du Gobi/Et à Khaïlar une caravane de chameaux blancs* (43, 9—12), ernüchternd mit dem Nachsatz erklärt:

> Je crois bien que j'étais ivre durant plus de 500 kilomètres (43, 13).

Auch solch ernüchternde Sprünge aus den Träumen in die Prosa des Reiseberichts gehören zur bewußten ‚Methode Cendrars', der sich damit den Vorwand für metapoetische Einschübe schafft: er will nicht nur dichten, sondern auch die Genese seines Dichtens erklären. Das wunderbare, von Glockenklängen und musikalischen Erinnerungen getragene Traumerlebnis offenbart sich als ein Geschenk des ihm vorausgehenden Rhythmus, gestiftet durch das eintönige Räderrollen des Transsibérien. Der Reisende vermag die Rhythmen aller Züge zu unterscheiden, den Viertakt auf den europäischen Schienen vom Fünf- oder gar Siebentakt in Asien:

> D'autres vont en sourdine sont des berceuses
> Et il y en a qui dans le bruit monotone des roues me rappellent
>   la prose lourde de Maeterlinck
> J'ai déchiffré tous les textes confus des roues et j'ai rassemblé
>   les éléments épars d'une violente beauté (43, 21—23)
> Que je possède
> Et qui me force (44, 1—2)

---

[13] Das legendäre *noli turbare circulos meos* (Archimedes bei der Erstürmung von Syrakus, 212 a. C.) ist überliefert durch Valerius Maximus, lib. VIII cap. 7.
[14] Alexej Kuropatkin (1848—1925), russ. General, Oberbefehlshaber im Russ.-jap. Krieg: *Die Ergebnisse des Russ.-japan. Krieges*, dt. Übs. 1909.

IV. Vom Bekunden zum Verstummen

Wenn sich in den Gleichklang mancher Räder die Erinnerung an *la prose lourde* des Belgiers Maurice Maeterlinck mischt, so muß dies als eine Huldigung und als Eingeständnis einer Verpflichtung gelten, der man Beachtung schenken muß. Im übrigen wertet Cendrars seinen ausgeprägten Sinn für rhythmische Differenzierung als Interpretationstalent, und so gewinnt für ihn das Geschäft des Dichtens den Charakter von Entzifferung und Deutung. Diese Gabe soll jener Mönch in ihm geweckt haben, der die Legende von Nowgorod erzählte, denn das Ich gesteht, vom Zuhören durstig geworden zu sein:

> J'avais soif
> Et je déchiffrais des caractères cunéiformes (28, 2—3)

ein Wissensdurst, den die auffliegenden Tauben vom ‚Heiligen Geist' segnen, der zugleich aber auch die Tätigkeit des schöpferischen Dichter-Hermeneuten, die Entzifferung der verworrenen Rädertexte, in der die *Prose* gipfelt (43, 23), vorankündigt. Wie ungenügend der *mauvais poète* dieses Geschäft auch beherrschen mag, das *déchiffrer* von Schrift und Rhythmus ist ein hoher Auftrag, auf den die *pigeons du Saint-Esprit* (28, 4), die vom Mönch mitgeteilte Sage und vor allem die zweimal im Auge der Muse Jeanne aufleuchtende silberne Lilie, *la fleur du poète* (32, 17) bedeutsam hinweisen. Dieses Symbol der Muse ist zugleich die bleiche Blume der Armut, das Zeichen der Ausgestoßenen:

> Elle n'est qu'une fleur candide, fluette,
> La fleur du poète, un pauvre lys d'argent,
> Tout froid, tout seul, et déjà si fané
> Que les larmes me viennent si je pense à son cœur (32, 26—29).

*

Nach der Darstellung der Gesamtkonzeption und der die *Prose* durchziehenden metapoetischen Aussagen und literarisch-künstlerischen Außenbezüge nun ein Blick auf die innere Struktur. Auch hier wird exemplarisch oder stichprobenartig verfahren werden müssen, da der Umfang des Werks eine Totalanalyse in unserem Rahmen verbietet. Der wesentliche lyrische Kern ist ein Gewebe vielfältig aneinandergereihter oder ineinander verflochtener sprachlicher *images*, die, obgleich mit tradierten rhetorischen und poetischen Figuren und Tropen erzeugt, den Eindruck staunenswerter Neuheit erwecken. Ihnen vor allem ist es zu verdanken, daß dieses Werk als Auftakt einer neuen Epoche französischer Lyrik bewertet wird. Unaufdringlich setzen die Spiele mit der syntaktischen Gleichordnung von semantisch Ungleichwertigem ein:

Spiele mit dem Zeugma

> [...] mon cœur, tour à tour, brûlait comme le temple
> d'Ephèse ou comme la Place Rouge de Moscou
> Quand le soleil se couche (27, 7—8)

Die Scheinanalogie von antikem Tempel, Rotem Platz und Herz stiftet ein semantisch kompliziertes Zeugma[15]: wirklich gebrannt hat nur der 356 a. C. von Herostratos eingeäscherte Artemistempel von Ephesos; eine visuelle Täuschung ist das ‚Brennen' der von der Abendsonne bestrahlten roten Backsteinmauer des Kreml; nur eine metaphorische Redensart ist aber das ‚Brennen' eines Herzens, der Zustand psychischer Hochstimmung in der *adolescence ardente et folle* (27, 6), in den folgenden Versen als eine aus Not und Empörung ‚auflodernde' Wut des Ich erkennbar. Von diesem Zeugma führt ein Gedankensprung zu den Augen, die alte Wege der Dichtung ‚erleuchten', Wege, die ihrerseits zur Legende von Nowgorod und zur Keilschriftentzifferung führen (27, 9 und 28, 1—3), aber auch zu den geheiligten Gegenständen hoher Dichtung:

> les dernières réminiscences du dernier jour
> Du tout dernier voyage
> Et de la mer (28, 6—8).

So steckt im Zeugma eine nur durch die Mitarbeit des Lesers erkennbare Klimax, vom Brennen über das Leuchten zur Erleuchtung (die Tauben des ‚Hl. Geists'). Sofort knüpft sich an diese Vorstellung des Aufschwungs das sprachliche Bild des ‚Fliegens': wie plötzlich die Tauben vom Roten Platz auffliegen, so *mes mains s'envolaient aussi, avec des bruissements d'albatros* (28, 4). Sichtbare Bewegung und hörbarer Flügelschlag erzeugen die Imagination des inneren Aufbruchs zur geistigen Handlung, begleitet von dem nur vorgestellten, gewaltigeren Flügelschlag jenes Meeresvogels, den Baudelaire im zweiten Gedicht von ‚Spleen et Idéal' *(Les Fleurs du Mal)* zum Symbol des gedemütigten, des Aufflugs unfähigen Dichters im Exil hatte werden lassen. Diese Imaginationen haben eine Kontrastfunktion: ans Meer wird die triviale Fahrt durch die sibirische Steppe nicht führen, und mit der Hoffnung idealen Aufschwungs auf den Flügeln des Albatros werden die Bilder bis ins Debakel hinein betriebener Geschäftemacherei und Hurerei und die Szenen eines militärischen Zusammenbruchs bedrückend kontrastieren. So liegen schon im Anfang des Gedichts die Keime jener *images-associations* (40, 27), deren Mengen sich der Dichter später kaum erwehren zu können glaubt.

---

[15] Zu Zeugma: Lausberg, *Elemente der lit. Rhetorik*, § 325; Morier, *Dictionnaire*, 1196.

IV. Vom Bekunden zum Verstummen

Einen anderen Aspekt sprachlicher Assoziationskunst bietet zuerst die dritte laisse (28, 12—20) mit einem durch Retardation die Spannung steigernden Enumerationsspiel[16]. Ständig wiederholtes, meist anaphorisches *Et* und ein elfmal in Abwandlungen wiederholtes *tout* dienen hier einem Schema, das der Autor auch in späteren lyrischen Werken gern anwendet: *Et tous les* jours *et toutes* les femmes/*et tous* les verres/*Et toutes* les vitrines *et toutes* les rues/*Et toutes* les maisons *et toutes* les vies/*Et toutes* les roues/*Et tous* les os/*Et toutes* les langues/*Et tous* ces grands corps. Die Reihung wird dreimal durch den Ausruf *J'aurais voulu* ... (28, 13/17/18) unterbrochen, um mit einer Klimax von Verben des Konsumierens und Zerstörens steigende Empörung auszudrücken: les *boire* et les *casser*/les *plonger dans une fournaise de glaives*,' *broyer* tous les os/*arracher* toutes les langues/*liquéfier* tous ces grands corps (28, 13—20). So steigern und stauen die beiden Sprachstränge der *tout*-Enumeratio und der verbalen Klimax die Erwartung bis zu dem pointenhaften Kernsatz, in dem sich das Unbehagen des Ich prophetisch entlädt[17]:

> Je pressentais la venue du grand Christ rouge de la révolution russe (28, 21).

Die Reihung wird zur Montage oder Collage, wenn Inkohärentes chaotisch zusammengestellt wird wie: Aufbruch des Ich/Aufbruch von Händlern/ Abfahrt jeden Freitagmorgen/viele Gefallene/Transport von Weckern und Schwarzwalduhren/von Hutschachteln, Zylindern, Korkenziehern/Konserven und Ölsardinen reisen in Särgen/viele Frauen, käufliche Frauen, die auch Särge hätten beliefern können/viele Tote là-bas/*elles* reisen mit ‚Ermäßigung', haben alle Girokonten (29, 13—30). Das Rädergeräusch gibt bald dem Durcheinander inkongruenter und unvereinbarer Eindrücke, Reminiszenzen, Begegnungen, Gedankensplitter mit wahrgenommenem Lärm, imaginierten oder erinnerten Gesprächsfetzen und Klängen rhythmische Impulse und ständige Assoziationen:

> Les rythmes du train
> La ‚moëlle chemin-de-fer' des psychiatres américains
> Le bruit des portes des voix des essieux grinçant sur les rails congelés
> [...] (31, 5—7)
> Et le bruit éternel des roues en folie dans les ornières du ciel (31, 14)

---

[16] Vgl. Willi Hirdt, *Funktionen der* enumeratio negativa *in Erzählgattungen und Lyrik*. RJb. XXIV (1973) 61—76.

[17] Da im Gedicht der Aufbruch aus Moskau auf 1903 datiert ist (das Ich ist 16 Jahre alt), lag die ‚Vorausahnung' einer roten Revolution nicht außerhalb der Möglichkeit; 1903: 2. Parteitag der russischen Sozialdemokraten in London, Spaltung in Menschewiki unter Plechanow und Bolschewiki unter Lenin; die ‚vorausgeahnte' Revolution ist diejenige von 1905, nach dem militärischen Désastre in Fernost.

Neben Rhythmus und Geräuschen wird vor allem die Geschwindigkeit der Fahrt zum Auslöser des ununterbrochen laufenden Bilderstreifens, der auch Nicht- oder Noch-nie-Gesehenes aufnimmt wie die synästhetische Verquikkung von Rädertakt und am Himmel gesichteten Radspuren. Anstelle der Landschaft, die dem Auge keinen Halt bietet, stiftet der Himmel Bildkreationen im Rädertakt. Er wird zum aufgerissenen Zirkuszelt in einem flandrischen Fischernest, die Sonne zur blakenden Lampe,

> Et tout au haut d'un trapèze une femme fait la lune (33, 7).

Die *images-associations* entwickeln so eine weitere Qualität, sie stiften Analogien zwischen nur teilweise oder gewaltsam vergleichbaren Formen oder Ideen. Durch wilde Wolkenformationen lassen sich der aufgerissene Zelthimmel und die blakende Sonnenlampe noch erklären, aber die Mondfrau am Trapez bildet mit dem übrigen eine sehr kühne Konstellation, in der ein zur Brücke oder Sichel gebogener Akrobatinnenkörper im Silbertrikot mit der Mythe der antiken Mondgöttin kontaminiert wird. Im Dialog mit Jeanne werden an flüchtige Wahrnehmungen die kühnsten Assoziationen geknüpft, um aus Inkohärenzen Bilder zu konstruieren. Da flüchten wütende Lokomotiven in Himmelsrisse, in Löchern drehen sich schwindelerregende Räder, Münder, Stimmen und die Hunde des Unheils, entfesselte Dämonen, Schrott, nichts als Mißklänge, *Le broun-roun-roun des roues/Chocs/Rebondissements/Nous sommes un orage sous le crâne d'un sourd* (35, 1—11). Die Welt wird unter der Wirkung von Getöse und Geschwindigkeit bald langgezogen, bald zusammengequetscht wie ein von sadistischer Hand gefoltertes Akkordeon (34, 24), eine apokalyptische Vision, in der die Menschheit zum Sturm unter der Schädeldecke eines tauben Giganten hochwirbelt. Es ist die Halluzination einer universalen Katastrophe, von laisse zu laisse in Beantwortung von Jeannes insistierenden Fragen gesteigert. Identifikationen schaffen zwischen Unvergleichlichem poetisch überzeugende Analogien: die Räder sind die Windmühlen des Landes Cucania/die Windmühlen sind Krücken, mit denen ein Bettler herumfuchtelt/wir sind die Krüppel des Weltraums/wir rollen auf unseren Wunden/man hat uns die Flügel zernagt/ die Flügel unserer sieben Sünden/Geflügelhof/die moderne Welt/schneller geht's nicht mehr/die moderne Welt ... (36, 22—27; 37, 1—5). Der Leser ist aufgerufen, in den Kontrasten von Schlaraffenland und Bettlernot, von rasend kreisenden Mühlenflügeln und qualvoller Fortbewegung eines cul-de-jatte auf seinen Gliederstümpfen und in den Assoziationen kinetischer Erscheinungen im Raum mit affektgeladenen Gesten der Kreatur, von Illusionen im Land der Windmühlen und Schwelgerei mit dem Absturz in den

IV. Vom Bekunden zum Verstummen

dunklen Hof für Nutz- und Schlachtvieh Erkenntnisse zu schöpfen, die der Dichter nur suggerieren will.

Nachhilfe leistet dabei der Kontrast, den der plötzliche Übergang von den Schreckensbildern eines Weltuntergangs zu den imaginierten exotischen Traumlandschaften im Schlummerlied für Jeanne hervorruft: *Oh viens! viens!/Aux Fidji règne l'éternel printemps* (37, 13 ff.).

Nach der Beruhigung durch dieses Lied setzt das Horchen des Dichters auf den großen Rhythmus der Weltzeit ein, auf den Gleichschritt unterschiedlicher Tageszeiten und Glockenschläge rings um die Erde. Die Zeit wird durch ihre Konkretisierung in Uhren und Zifferblättern vermenschlicht, sie hat Gesichter, in jedem Bahnhof, auf jedem Kirchturm ein anderes Gesicht. Die Zeit in ihrer Beseelung und Vermenschlichung spricht mit Tausenden verschiedener Stimmen:

> Le gros bourdon de Notre-Dame
> La cloche aigrelette du Louvre qui sonna la Barthélémy
> Les carillons de Bruges-la-Morte
> Les sonneries électriques de la Bibliothèque de New York
> Les campanes de Venise
> Et les cloches de Moscou, l'horloge de la Porte-Rouge [...]
> (39, 19—24)

Mit dem strukturbestimmenden Kunstgriff der Bildassoziation wird an die laisse der Weltzeit eine Tirade der Stürme und Katastrophen gekoppelt: *Effeuille la rose des vents* [...] (40, 3). Denn auch *la rose des vents* ist ein ‚Zifferblatt', von dem zwar nicht Stunden, aber Himmels- und Windrichtungen und ihre subtilen Unterteilungen, bis zu 64 Windstriche, abgelesen werden. Zugleich verliert aber der Terminus ‚Windrose' seinen technischen Sinn zugunsten der metaphorisch aufgehobenen Grundbedeutung. Es entsteht die geradezu surrealistische Vorstellung vom Abzupfen der Windrosenblätter, das die Stürme entfesselt. An dieses entfesselte Chaos knüpft sich sogleich eine neue Assoziation:

> Les trains roulent *en tourbillon* sur les réseaux *enchevêtrés*
> *Bilboquets diaboliques* (40, 5—6; uns. Hvh.)

— Suggestion eines neuen Motivs, der Unfälle durch höhere Gewalt und durch menschliches Versagen, Vorstellung von einem Chaos der Bahnen und Schiffe. Stationsvorsteher spielen Schach/*Tric-trac/Billard/Caramboles/ Paraboles* (40, 9—13). Hier bedient sich die Assoziationsfreude zusätzlicher Klang- und Wortspiele. Das Billardspiel (*carambolae = bille, carambolage =*

Zusammenstoß mehrerer *billes*) erscheint im Reim mit *paraboles* (Doppelsinn: geometrische Figur und didaktische Erzählung, Gleichnis; etymol. Grundbedeutung „aus der Bahn geworfen") als makabrer Eisenbahnerjux.

Da der Transsibérien der Schauplatz der *Prose* ist, begegnen Vokabeln wie *train, chemin-de-fer, roue, locomotive, express, gare* recht häufig. (Völlig frei von solchen Leitwörtern ist nur das fünfstrophige Liebesgedicht [32, 10—29]). Ballung und Höhepunkt dieser lexikalischen Erscheinung ist die Tirade, in der das Ich für die dichtungstiftenden *rythmes du train* seinen poetischen Dank abstattet:

> Et l'école buissonnière, dans les gares devant les trains en partance/
> Maintenant, j'ai fait courir tous les trains derrière moi/
> Bâle-Tombouctou/
> Maintenant, j'ai fait courir tous les trains tout le long de ma vie/
> Madrid-Stockholm/
> Je suis en route (33, 13—22)

J'ai toujours été en route/Je suis en route/.../Le train/.../Le train .../Le train/.../ (34, 1—5). *Le train palpite au cœur des horizons plombés* (34, 16). *Le train tonne/.../Le train roule/.../* (39, 26—27). Die Angst vor den schrecklichen Spielen der *chefs de gare* (40, 3 — 41, 3) setzt den unheimlichen Akzent darauf.

Bei Annäherung an die vom Krieg heimgesuchte, wie eine Feuersbrunst schnaubende Mongolei entziffert das Ich aus dem unaufhörlichen Kreischen der Räder des nur noch dahinkriechenden Zugs *Les accents fous et les sanglots/D'une éternelle liturgie* (42, 7—8), eine Wahrnehmung, die einem Titelkommentar der *Prose* gleichkommt und zugleich auf den kultischen Ton der nächsten laisse mit ihren feierlichen, immer wiederholten Zeugenaussagen und Beteuerungen hinweist: *J'ai vu ..., Et j'ai vu ..., J'ai visité ...*

Das gründliche Lesen der *Prose du Transsibérien* hat erwiesen, daß die eingangs schematisch unterschiedenen Bereiche eines epischen Rahmens und eines lyrischen Kerns durch das intensive In- und Miteinander verschiedener poetischer Räume innig verflochten sind. Die kleine Zelle des Eisenbahnabteils, Sitz der winzigen Zelle des durch *vitesse* und *rythme* berauschten Ich, öffnet sich horizontal den enormen Dimensionen äußeren und aktuellen Geschehens, zugleich aber auch vertikal den unendlichen nichtphysikalischen Dimensionen des aus persönlichen Erinnerungen, aus Geschichte, Mythos, Musik, bildender Kunst und Literatur gleichsam in Luftspiegelungen an den Himmel projizierten Erlebens. So entsteht der für Cendrars' Lyrik und Poetik charakteristische Simultanismus, der die Scheinwidersprüche zwischen realen Reiseimpressionen (die der sprachlichen Dimension des Präteritums anvertraut werden) und dem imaginativ-emotionellen Besitzstand (den die sprachliche Dimension des Präsens charakterisiert) durch ihre metaphorische Interdependenz in Bildassoziationen aufhebt.

*

Aus der immanenten Betrachtung könnte ein thematologischer *tour d'horizon* herausführen, dabei wäre auf die zahlreichen Vorläufer, Zeitgenossen und Nachfolger zu verweisen, die — abgesehen von der unübersehbaren Masse prosaischer Reiseliteratur einschließlich der Reiseromane — der Verfasser der *Prose du Transsibérien* unter den Lyrikern Frankreichs hatte. Die *Anthologie thématique de la Poésie française* von Max-Pol Fouchet[18] enthält unter dem Rubrum ‚voyage' außer einem Gedicht Cendrars' lyrische Reise-Exempla von Victor Hugo, Charles Baudelaire, Victor Ségalen, Louis Aragon und Saint-John Perse. Als fast unmittelbarer Vorläufer und gesinnungsmäßiger Antipode Cendrars' dürfte Valery Larbaud mit der berühmten *Ode* an den Europa-Luxuszug aus den *Poésies de A. O. Barnabooth* (1908) keinesfalls vergessen werden[18a].

Uns erscheint es aber wichtiger, einer literarischen Spur nachzugehen, auf die der Dichter selbst hinweist und die nichts mit der Thematik, sondern mit dem lyrischen Ton und Rhythmus zu tun hat. In dem metapoetischen Bekenntnis zu seinem ‚absoluten Gehör' für Räderrhythmen spricht Cendrars von Zügen *qui dans le bruit monotone des roues me rappellent la prose lourde de Maeterlinck* (43, 22). Maurice Maeterlinck (1862—1949) war schon in den achtziger Jahren mit Dichtungen eines bisher ungehörten Tonfalls in den vordersten Rang getreten, er zählt zu den großen Wegbereitern der französischen Lyrik unseres Jahrhunderts. Wenn Cendrars in seiner *Prose* von der *prose lourde de Maeterlinck*, die er aus dem Rädertakt vernommen haben will, so achtungsvoll spricht, meint er zweifellos nicht ‚Prosa', sondern rhythmisierte, durch Rhythmus aus der ‚Prosa' hinausweisende, Akzente setzende Sprache, also Lyrik. *lourde* nennt er diese poetische Sprache, weil sie schwer ist von Klang, weit ausschwingend im Ton und voll lyrischer Assoziationskraft. Eine solche Sprache spricht die früheste Gedichtfolge des Belgiers, *Serres chaudes* (1889). Sie weist in einzelnen Gedichten nichtstro-

---

[18] Fouchet, *Anthologie* (1958) 1975, 346 ff.
[18a] Hier ist zugleich auf Saint-Pol-Roux hinzuweisen: *L'Œil goinfre (dans le rapide Marseille-Paris)* —, ein Muster späterer surrealistischer Analogiespiele. Marinetti illustrierte sein Prinzip der *mots en liberté*, fast gleichzeitig mit Cendrars' *Transsibérien*, am Beispiel des ‚Train de soldats malades', in *Zang Toumb Toumb* (1914).

phische, heterometrische Versgruppen mit unregelmäßig eingestreuten Assonanzen nach Art von *laisses* auf, die sogar von vereinzelten, durch *blancs* hervorgehobenen Versen unterbrochen werden (wie in der *Prose du Transsibérien*). So zeigt das Gedicht *Hôpital*[15] trotz seines kleineren Umfangs ein Cendrars' *Prose* durchaus verwandtes graphisches Aussehen: 43 Verse, von 8 bis zu 15 bzw. 19 Silben (je nach metrischer Wertung des *e caduc*); sie gliedern sich in 4 hervorgehobene Einzelverse zwischen 8 laisses, deren eine aus 2, deren vier aus je 4, und deren drei aus je 7 Versen bestehen. Bedenkt man, daß 1886 als das Ursprungsjahr der symbolistischen *vers libres* gilt, so ist *Serres chaudes* eine der frühesten französischen Lyriksammlungen, in denen freie Verse verwendet sind. Einen Vergleich des nur zwei Druckseiten, also ein Zehntel des Umfangs der *Prose du Transsibérien*, umfassenden Gedichts *Hôpital* mit Cendrars' *Prose* rechtfertigen verwandte Züge, die über die Analogie der typographischen Gestaltung noch hinausgehen. Auch Maeterlinck bettet seine lyrischen Impressionen in eine Art historisch-geographischen Rahmen autobiographischer Qualität. Szenarium ist ein Krankenhaus am Ufer eines Kanals, den Ozeanschiffe passieren; am Ufer des Kanals von Terneuzen stand das Landhaus von Maeterlincks Vater in Oostacker, wo der Dichter, die vorübergleitenden Transatlantikschiffe vor Augen, die *Serres chaudes* und andere Werke schrieb. Sein winziges Arbeitszimmer, die ‚Zelle', soll keinen anderen Schmuck enthalten haben als einige Lithographien, z. B. von Odilon Redon, und eine Reproduktion von Breughels *Massacre des Innocents*, die Maeterlincks gleichbetitelte Prosaerzählung von 1886 anregte, einen Bilderschmuck, der auch für die Entstehung der *Serres chaudes* Bedeutung gehabt haben soll[20].

Die unter dem Rauschen der Schleusentore und unter Sirenensignalen vorbeifahrenden *transatlantiques* und die Suggestion von Kriegsgeschehen mit Flüchtlingen, Kranken, Lazarett, Verwundetentransport und Pflegepersonal sind vordergründige Analogien zum *Transsibérien*, obgleich bei Maeterlinck alles in traumhaft-unheimlicher Zusammenhanglosigkeit, nicht wirklich und aktuell erlebt zu werden scheint. Doch erst bei genauerer Betrachtung des Textes werden Verwandtschaften der inneren Struktur erkennbar. Sie erst offenbaren, warum der Name Maeterlincks, der ein Meister der Assoziationstechnik und der Bildung malerischer Oxymora, einer montagehaften und überraschenden Kontamination inkohärenter oder sogar widersprüch-

---

[15] Maeterlinck, *Serres chaudes*, Libr. des Lettres, 1955, 46—49. — Zu M. vgl. Vf., *Maurice Maeterlinck, belg. Wegbereiter.*
[20] Vgl. van Lerberghe (zit. bei Bodart, *M. M.* 60; J.-M. Andrieu, *M. M.*, 26 f.).

IV. Vom Bekunden zum Verstummen

licher Elemente war, von Cendrars zusammen mit den *éléments épars d'une violente beauté* (43, 22) gerühmt wird. Die Erwähnung der *émigrants* in *Hôpital* (Vers 6) spielt zwar auf einen sozialgeschichtlichen Vorgang an: auf die Abwanderung der armen Gärtner von Oostacker aus dem blumenreichen flämischen Flachland in die Arbeiterviertel der nahen Weberstadt Gand; aber der Vers *Des émigrants traversent un palais!* — der den ländlichen Flüchtlingszug statt duftender Felder einen Palast durchqueren läßt (man weiß nicht wo und weshalb) — stiftet einen extrarealen und beunruhigenden Kontrast: erdrückende Pracht und Höhe des Raums vermehren die Niedergeschlagenheit der Wandernden in der Vorstellung des Lesers. So mischen sich im ganzen Gedicht reale Erinnerungsreste mit visionären Bildern von Gefangenschaft in erstickend abgeschlossenen, offenbar aus Angst vor dem Draußen verriegelt gehaltenen Räumen, Szenen einer über aktuelle Anlässe hinauswachsenden halluzinatorischen Bedrückung, Ahnungen (aus welchem Vorwissen?) dunkel herandrohender Gefahren. Für diese Eigenart von Maeterlincks Symbolismus werden die Generationen der Apollinaire, Reverdy und Breton empfindsamer und empfänglicher sein als des Dichters eigene Generation.

In *Hôpital* werden, scheinbar ohne Grund und chaotisch, mehrere Motivstränge miteinander verflochten: so das Feueranzünden im Krankensaal im Sommermonat Juli (Verse 3—4 und 26), das Vorübergleiten der Ozeanriesen vor den Augen der Kranken in ihren Betten (2/25/32), die Angst vor dem Öffnen der Fenster, wovor stumme, eingeklammerte Mahnungen warnen, von einem im Raum anwesenden Ich ausgestoßen (5, 9—10, 31), aber sehr spät beachtet, wie das Schließen von Fenstern und Türen durch die *sœur de charité* (42—43) beweist. Welche Gefahr konnte durch die Fenster hereindringen? Ist es die Angst vor dem Verwundetentransport auf den Schiffen (15, 28)? Oder liegt Furcht vor Belagerung und Gefangenschaft zugrunde, wie es die Verse 34—35 suggerieren?:

> Ils célèbrent une grande fête chez les ennemis!
> Il y a des cerfs dans une ville assiégée!

Den Schlüssel zu den bizarr wirkenden Einzelimpressionen gibt der Werktitel *Serres chaudes*, er ist Hinweis auf Zustände der Beklemmung in den engen, heißen Räumen der Treibhäuser, Empfindungen, die — abgesehen von einer einzigen Hypotaxe (*Tandis que* ..., 4) — parataktisch gereiht, Monotonie und Ausweglosigkeit spiegeln: On y fait/Je vois/Je vois/Il vaut/ On est/On a presque/On croit/On entrevoit/Il y a/Et je traverse/ etc. — Analog dazu präsentieren sich Cendrars' anaphorische Einsätze im Rädertakt. Diese

Analogie läßt aber zugleich den fundamentalen Unterschied zwischen beiden poetischen Verfahren erkennen: bei Cendrars eilt die kleine Zelle des Ich im Bahnabteil fasziniert den Räumen entgegen, Maeterlincks lyrisches Ich will den Raum, in den es sich zurückgezogen hat, hermetisch gegen das Andringen äußerer Bewegungen und Bedrohungen verschließen, es sucht geradezu in Enge und Atemnot, in dem mitten im Sommer beheizten dumpfen Saal, seine Geborgenheit, es sucht unentwegt, Gefährten seiner Angst zu imaginieren. Blaise, das Ich der *Prose du Transsibérien*, befreit sich hingegen mit List von der einzigen Gefährtin seines Raumerlebens, um die kleine Zelle den Imaginationen weit zu öffnen.

Der im Sommer beheizte Krankensaal repräsentiert die Seele, in der die Phantasie ihr bizarres Spiel und wahrhaft exotische Blüten treibt, die aus kühnen Gedankenkreuzungen aufsprießen: nicht Festgäste, nicht einmal Touristen, sondern Flüchtlinge durchwandern den Palast; auf Schiffen reisen Herden; Schnee umgibt das überhitzte Treibhaus; Müttergenesung wird an einem Sturmtag gefeiert; Pflanzenmengen liegen verstreut auf einer Wolldecke; nicht Blumen, sondern Verwundete bedecken den Waldboden; mitten im Saal ein Wasserstrahl, eine Fontäne; eine Schar kleiner Mädchen drängt ungeduldig durch den Türspalt ins Krankenhaus; Schafherde auf der Inselwiese; auf einem Gletscher schöne Pflanzen; Lilien im Marmorsaal; Festveranstaltung in einem Urwald; in einer Eisgrotte orientalische Vegetation; in einem Garten wird ein Mensch vergiftet; Hirsche in der belagerten Stadt; Menagerie inmitten von Lilien; in einem Kohlenflöz tropische Vegetation; nach Überquerung einer eisernen Brücke drängen sich Schafe von der Wiese traurig in den Saal. Verbindendes Grundmotiv ist bei allem die Vorstellung von Pflanzenmengen, Tierherden, Menschenscharen, die — ihrem Ursprungsort entrissen — sich ängstlich zusammendrängen und im ungeeignetsten der denkbaren Räume Zuflucht suchen. Leitmotiv sind drohender Untergang und Tod: Königstöchter, dem Sturm in einer kleinen Barke ausgeliefert (29), Prinzessinnen, die in einem Schierlingsfeld sterben werden (30), Vergiftung im Garten (33). Horizont dieser Gefühlswelt: Angst und die alleinige Gewißheit des Ausgeliefertseins an unentrinnbare Willkür, Faszination des erstickenden Raums.

Die unbezweifelbare Verwandtschaft beider Dichter — wir sprechen ausdrücklich nicht von Abhängigkeit Cendrars' — liegt in der Technik der Assoziation von Paradoxien[21], in der Fügung von Inkohärenzen zu kühnen

---

[21] Zu *paradoxisme* Morier, *Dictionnaire*, 813 (vgl. o. Kap. III 3, Anm. 45); *oxymore/oxymoron*, ebd. 802.

IV. Vom Bekunden zum Verstummen

Bildern, deren Leuchtkraft um so stärker beeindruckt, je tiefer der Leser die unmittelbare Bedrohtheit mitzuempfinden vermag.

*

Die Faszination, die der Raum auf Maurice Maeterlinck zeitlebens ausübte, wurde noch vier Jahrzehnte nach dem Erscheinen der *Serres chaudes* in dem Essay *La Vie de l'Espace* (La quatrième Dimension — La Culture des songes — Isolement de l'homme — Jeux de l'espace et du temps — Dieu)[22] nach Art einer ‚Summa' dargestellt. Es überrascht nicht, daß den Dichter jener frühen Lyrik die übersinnliche Qualität des Raumerlebnisses am nachhaltigsten beschäftigt. In Abschnitt XXXVII des Versuchs über ‚La quatrième Dimension' gibt es eine für den Zusammenhang unserer Interpretationen wichtige Mitteilung, die ein nachträgliches Schlaglicht auf Cendrars' Maeterlinck-Huldigung in der *Prose du Transsibérien* wirft. Maeterlinck hat beobachtet, daß der Mensch im Erlebnis höherer Geschwindigkeiten der *illusion atavique* erliegen kann, nicht er selbst, sondern die Umwelt sei in Bewegung und stürme über ihn hinweg:

> Quand nous sommes par exemple dans un rapide, le paysage vient nettement au-devant de nous, il tourne à des plans différents, il entre d'autorité dans le compartiment. Un village prend la fuite derrière les haies [...]

So erinnert er sich seiner Eindrücke aus der Zeit der ersten Autofahrten (137) (in noch relativ bescheidener Geschwindigkeit) und zitiert — wohl wissend, daß jüngere Generationen solch naives Empfinden nicht mitvollziehen werden — aus einer 1901 geschriebenen, 1904 unter dem Titel *Le Double Jardin*[23] publizierten Arbeit:

> [...] où lyriquement je célébrais la route „qui s'avançait vers moi d'un mouvement cadencé, qui bientôt bondissait, s'affolait, se précipitait à ma rencontre dans un élan vertigineux, tandis que les arbres qui la bordaient, accouraient, rapprochaient leurs têtes vertes, se massaient, se concertaient pour me barrer la voie". (138)

Hatte Cendrars noch diese Seite im Gedächtnis, als er glaubte, aus dem Rädertakt *la prose lourde de Maeterlinck* zu entziffern?

---

[22] *La Vie de l'Espace*. Bibliothèque Charpentier, 1928.
[23] *Le Double Jardin*. Edit. Fasquelle, 1904. — Erstaunlicherweise geht Bachelard in *La Poétique de l'Espace* auf die Raumproblematik bei Maeterlinck und Cendrars nicht ein.

Faszination und Beklemmung durch Räume. Literatur

Literatur in Auswahl

1. Cendrars:

a) Lyrische Texte:

La Prose du Transsibérien et de la petite Jeanne de France. Couleurs simultanéses de Mme Delaunay-Terk, édit. dite du „Premier Livre simultané". Edit. des Hommes nouveaux, 1913; Faksimile ohne ‚couleurs simultanées': *Le Transsibérien.* Avec supplément des épreuves de la première édition. P. Seghers, 1957, ²1966 (von uns benutzt); *Du Monde entier: Les Pâques à New York* (1912), *La Prose du TS . . ., Le Panama ou les Aventures de mes sept oncles* (1918). NRF, 1919; *Poésies Complètes* de B. C. Introd. de Jacques-Henry Lévesque. Edit. Denoël, 1944; *Prose du TS.* In: *B. Cendrars.* (Louis Parrot, Coll. Poètes d'aujourd'hui, 11.) ²1953; *Du Monde entier au cœur du monde. Poésies complètes.* Denoël, ²1957; dasselbe in *OC*, I: *Poésies Complètes.* Denoël, ²1963; *Du Monde entier. Poésies Complètes: 1912—1924.* Préf. de Paul Morand. (Coll. Poésie.) Gallimard ²1972; *Au Cœur du monde. Poésies Complètes: 1924—1929* (même Coll.) 1968; *OC*, I: Introd. de Raymond Dumay. Le Club français du livre, 1968 (hors commerce). — Diverse Übersetzungen zuerst im Karl Rauch Vlg. Düsseldorf; *Gedichte I* (zweisprachig; darin *Prose du TS.*) Zürich, Vlg. Die Arche, 1977.

b) Studien über Cendrars:

BOCON-SCOLZITH, Y.: *B. C. et le symbolisme, de ‚Mogamii Nameh' au ‚Transsibérien'.* Archives des Lettres Modernes, 137, 1972; BUHLER, JEAN: *B. C., homme libre, poète au cœur du monde* (Célébrités Suisses, 2) Bienne-Paris 1960; DOS PASSOS, JOHN: *Orient-Expreß* (Kap. betr. Le Transsibérien), 1927; GOFFIN, ROBERT: *Apollinaire, B. C. et les Delaunay.* In: *Entrer en poésie.* Gand, 1948, 143 ff./*Fil d'Ariane pour la poésie,* chap. 30. 1964; HIRDT, WILLI: *Funktionen der enumeratio negativa in Erzählgattungen und Lyrik.* RJb. XXIV (1973) 61 ff.; LAVEY, JEAN-CLAUDE: *Situation de B. C.,* Neuchâtel, La Baconnière, 1965 (358 SS.); MANOLL, MICHEL (Hg.): *B. C. vous parle.* Propos recueillis pour le compte de la RTF (Radio-Serie 15. 10.—15. 12. 1950), Denoël, 1952, auch in: B. C., *D'Outremer à Indigo,* Denoël, 1965; PARROT, LOUIS / LEVESQUE, J.-H.: *B. C.* (Poètes d'aujourd' hui, 11) 1953; PAYNE, RICHARD MONTAGUE: *B. C. From Action to Contemplation.* (Thesis Phil. Univ. of Stanford. USA, 1960); POUPON, MARC: *Apollinaire et Cendrars* (Coll. Archives des Lettres modernes, 103/Archives G. Apollinaire, 2) 1969; ROUSSELOT, JEAN: *B. C.* (Témoins du XXᵉ siècle) Edit. Universitaires, 1955; ROTHMUND, ALFONS: *B. C., Humaniste voyageur du XXᵉ siècle.* NS 11 (1962) 307—320; T'SERSTEVENS, A.: *L'Homme que fut B. C.,* Edit. Denoël, 1972 (232 SS.); WALTERE, ALBERT: *The Poetic Works of B. C.* (Thesis, Indiana University, USA) 1961; Zeitschriften-Sonderhefte: *B. C.* Europe, 566, Juni 1976; *B. C.* Livres de France, VII 3. März 1956; *B. C.* (Coll. Les Ecrivains contemporains, 27), Edit. Innothéra, Febr. 1957; *B. C. 1887—1961.* Mercure de France, 324, Mai—August 1962.

IV. Vom Bekunden zum Verstummen

2. Maeterlinck:

a) Lyrische Texte:

Serres chaudes. Poèmes. Vanier, 1889; dasselbe: Bruxelles, Lacomblez, 1890/1895; *Serres chaudes. Douze chansons.* Bruxelles, Lacomblez, et Paris, Calmann-Lévy, 1900/1905; *Douze chansons,* Libr. Stock, 1896; *Douze chansons.* Avec une préface d'Antonin Artaud. (Coll. Les Contemporains, 24), Stock, 1923; *Serres chaudes* suivies de *Quinze chansons.* Bruxelles, Mellen et Sergent, 1927; *Serres chaudes. Quinze chansons. Nouveaux poèmes.* Préf. de Louis Piérard. Paris-Bruxelles, A l'Enseigne du Chat-qui-pêche, 1947; *Serres chaudes. Chansons complètes* (Coll. Origine, 1) Libr. Les Lettres, 1955 (darin *Hôpital,* 46—49). Deutsche Maeterlinck-Editionen seit 1893 bei Eugen Diederichs Florenz-Leipzig: *Gedichte,* deutsch von K. L. Ammer u. Friedrich von Oppeln-Bronikowski (ihre *Hôpital*-Nachdichtung in: *Epochen der deutschen Lyrik* (Hg. Walther Killy): Übersetzungen, 2. Teil (Bd. 10) (Hg. Gutzen, Rüdiger, Tiedemann), dtv, WR 4163, 563—565).

b) Studien über Maeterlinck:

ANDRIEU, JEAN-MARIE: *Maeterlinck* (Classiques du XXᵉ siècle, 44) Edit. Universitaires, 1962; ARTAUD, ANTONIN: *M. M.,* préface zu *Douze chansons,* Stock 1923, und in: Artaud, *OC* I, 244—250; BODART, ROGER: *M. M.* (Poètes d'aujourd' hui, 87) 1962 (darin: témoignages de A. Jarry et A. Artaud); ESCH, M.: *L'Œuvre de M. M.* Mercure de France, o. J.; GORCEIX, PAUL: *Les Affinités allemandes dans l'œuvre de M. M.* (Publ. de l'université de Poitiers. Lettres et Sciences humaines, XV) PUF 1975; HANSE, JOSEPH / VIVIER, ROBERT: *M. M. 1862—1962.* La Renaissance du Livre, 1962; PABST: *M. Maeterlinck, belg. Wegbereiter moderner Dichtungsstrukturen;* PALLESKE, S. O.: *M. M.en Allemagne.* Soc. d'Ed. Les Belles Lettres, o. J.; RILKE, R.-M.: *M. Maeterlinck* (1902) (*SW* 10, Insel-Vlg., 1975, 527—549); SCHLAF, JOHANNES: *M. Maeterlinck* (Die Literatur, Hg. G. Brandes) Berlin, Bard-Marquart, 1907; SEHRING, LUDWIG: *M. als Philosoph und Dichter.* Berlin ²1908; Synthèses, Rev. internationale. XVII (Août 1962) 195, Bruxelles, Nᵒ spéc. (*M. M.*); VAN BEVER / LÉAUTAUD: *Poètes d'aujourd'hui,* II, 186—200; VAN LERBERGHE, CHARLES: *La Soirée avec M. M.* Extraits d'un journal intime. In: Bodart: *M. M.* (s. o.) 83 f.

c) Literatur über den Raum als Motiv oder Thema:

BACHELARD, GASTON: *La Poétique de l'Espace.* (Bibl. de Philos. contempor.) PUF, 1958; CLANCIER, G.-E.: *Panorama critique. De Rimbaud au surréalisme.* (Chap.: „Poètes de l'espace", 229 ff.); DORT, BERNARD: *Sur L'ESPACE.* Esprit, N. S. 7/8 (Juli—Aug. 1958) 77 ff.; MATORÉ, GEORGES: *L'Espace humain.* L'expression de l'espace dans la vie, la pensée et l'art contemporains. (Coll. Science et Technique humaines, 2) La Colombe, Ed. du Vieux Colombier, 1962; PABST: *Funktionen des Raumes in der modernen französischen Literatur.* Universitätstage 1960. (Veröffl. d.

F. U. B.) Berlin, 1960. 30 ff.; PARIS, JEAN: *L'Espace et le regard.* (Coll. Pierres vives) Ed. du Seuil, 1965; ROUDAUT, JEAN: *Le Temps et l'espace sacré dans la poésie d'Apollinaire.* Critique, 135/136 (1958) 690 ff.; WAHL, JEAN: *Non ut poesis pictura.* (Rez. v. Henri van Lier: *Les Arts de l'espace* [...]) Critique, XVI N° 155 (1960) 312 ff.

2. La Voix de Robert Desnos
und die Orpheus-Renaissance der zwanziger Jahre

> silvestris homines sacer interpresque deorum
> caedibus et victu foedo deterruit Orpheus,
> dictus ob hoc lenire tigres rabidosque leones;
> dictus et Amphion, Thebanae conditor urbis,
> saxa movere sono testudinis et prece blanda
> ducere quo vellet.
>
> Horaz: *De arte poetica.* 391—396

Das am 14. Dezember 1926 entstandene Gedicht von Robert Desnos (1900—1945), das den aus 24 Stücken bestehenden Zyklus *Les Ténèbres* (1927) eröffnet, gilt als eines der schönsten Gedichte von *Corps et Biens*, „dont les textes sont datés de 1919 à 1929, [...] un des livres essentiels de cette première période du surréalisme"[1]. Es ist Bestandteil der Gedichtfolgen, mit denen Desnos von 1925 ab seinen eigensten Ausdruck gefunden haben soll[2]. Das interpunktionslose monologische Gebilde besteht aus 61 freien Versen, deren kürzester (19) vier, deren längster (49) dreiunddreißig Silben zählt. Gelegentlich angedeutete Reime *(courant d'air / passagères*, 1/2; *en moi / ma voix*, 45/46; *révolution / mon nom*, 51/53) treten neben Schwerpunkte setzenden größeren Homophonien wie dem dreimaligen *j'appelle celle que j'aime* (21—23) und *celle que j'aime ne m'écoute pas / celle que j'aime ne m'entend pas / celle que j'aime ne me répond pas* (59—61) zurück. Strukturbildendes Element im ersten Teil des Gedichts ist das zuerst in gemessenen Abständen, dann in dichter, drängender Folge, anaphorisch in elf Versanfängen (6/ 9/ 13/ 15—18/ 20—23) und zweimal im Versinnern (17/18) hervortretende *j'appelle*, das 30 leidenschaftliche Appelle des lyrischen Ich an die Mit- und Umwelt akzentuiert.

Grundlage des kunstvollen poetischen Baus ist die syntaktische Ordnung, die verhältnismäßig leicht zu überblicken ist, da freier Vers und syntaktische Einheit im wesentlichen übereinstimmen, so daß Interpunktionshilfen kaum

---

[1] R. Bertelé, Préface zu R. D., *Corps et biens* (Coll. Poésie) 5 f., ebd. Katalog der anderen „livres essentiels" des frühen Surréalisme: Breton / Soupault, *Les Champs magnétiques*; Breton, *Le Manifeste du surréalisme* und *Nadja*; Eluard, *Capitale de la douleur* und *L'Amour de la poésie*; Aragon, *Une Vague de rêves, Le Paysan de Paris* und *Traité du style*; Péret, *Le grand jeu*; Artaud, *Le Pèse-nerfs*; Desnos, *Deuil pour deuil* und *La Liberté ou l'amour*.
[2] Ebd. 7: „Ce style, son vrai style, R. D. va le trouver avec les grands poèmes d'*A la Mystérieuse* et avec la suite qui s'intitule *Les Ténèbres*".

vermißt werden. Die einzige Majuskel, mit der das Gedicht beginnt, und das einzige Interpunktionszeichen, der Punkt, mit dem es endet, mögen die Vermutung nahelegen, daß die 61 Verse eine einzige zusammenhängende Periode bilden könnten. Doch eine solche Auslegung wäre eine gewaltsame Konstruktion. Vielmehr stellt sich der Text als eine asyndetische Reihung einfacher, meist parataktischer Aussagen dar. Dem Französischen geläufige Partizipialkonstruktionen wie *sourire entrevu* (3), *le minuit passé dressant son torse* (5), *ceux-là perdus* (6) etc. ersparen zehn Hypotaxen; von den 13 echten Hypotaxen[3] akzentuieren 9 nachdrücklich den thematischen Bereich *amour*, von diesen wiederum füllen 6 die schon durch Homophonie hervortretenden Versgruppen 21—23 und 59—61 des Motivs *celle que j'aime*. Der syntaktische Gesamtaspekt verbietet es, zwischen der Bilderreihe der vier Eingangsverse, dem deiktischen 5. Vers und der mit Vers 6 einsetzenden enumeratio des anaphorischen *j'appelle* eine grammatische Kohärenz zu konstruieren. Es ist kein logischer Zusammenhang angestrebt, etwa im prosaischen Sinn eines Satztypus wie „quand/semblable à/et semblable à/minuit dresse son torse/j'appelle à moi ceux-là". Hingegen setzen die Auftaktverse nichts als einfache Vergleiche zur Kennzeichnung der Dichterstimme, sie sind keine ausgeformten Sätze. Flüchtiges und Vergängliches werden evoziert: Blume, Lufthauch, strömendes Wasser, huschende Schatten, ein um Mitternacht erhaschtes Lächeln, ein Schimmer von Glück und von Traurigkeit; doch in diesen Bildern liegt schon das Motiv der erweckten Liebeserwartung *(sourire entrevu)* und der poetischen Thematisierung *(bonheur/tristesse)*:

> 1 Si semblable à la fleur et au courant d'air
> au cours d'eau aux ombres passagères
> au sourire entrevu ce fameux soir à minuit
> 4 si semblable à tout au bonheur et à la tristesse

Syntaktisch geordnete Rede beginnt erst mit Vers 5; hier wird das Einsetzen der zuvor als ambivalenter Klang *(bonheur/tristesse)* gekennzeichneten Dichterstimme mit historischem Präsens tageszeitlich fixiert:

> 5 c'est le minuit passé dressant son torse nu au-dessus
> des beffrois et des peupliers

---

[3] Durch hypotaktischen Bau akzentuiert die Triaden 21—23 und 59—61; vgl. die Hypotaxen im Bereich *femmes*: *que* je n'adore pas (32), *qui* viennent à moi (33 f.), außerdem: *s'il* est possible (36/38), *mais* font (41), déclarent *que* moi seul (49).

IV. Vom Bekunden zum Verstummen

und damit der Weg für ihre hoffnungsvollen Rufe freigegeben, die mit dem 6. Vers im Rhythmus eines klassischen Alexandriners einsetzen:

>   6   j'appelle à moi ceux-là perdus dans les campagnes

So erweist schon der Auftakt dieses surrealistische Gedicht als ein den poetischen Traditionen keineswegs entfremdetes Gebilde: emotionale Einstimmung des Lesers durch Bilder, zeitliche und durch die Stadtsilhouette (5) auch lokale Datierung des Erlebnisses, Hervortreten eines um Anteilnahme von Mit- und Umwelt werbenden Ich (6). In der Wendung *ce fameux soir* (3) scheint der ‚Erzähler‘ sogar Vorgeschichte anklingen zu lassen oder subjektives Erleben als allgemeinmenschliche Erfahrung hinzustellen. Einen bedrohlich unheimlichen Klang bringt die Personifizierung des *minuit passé* zum Glockentürme und Pappeln überragenden *torse nu* (5), womit die Ahnung eines Ausgangs in *tristesse* den vertrauensvollen, nach *bonheur* heischenden Rufen der Stimme vorausgeht.

Die Verse 6—23 reihen die Appelle an 27 verschiedene Adressaten, die in scheinbar willkürlicher Folge und bizarrer Unvereinbarkeit die Vielfalt der Schöpfung mit den Bereichen Gut und Böse in Leben und Tod repräsentieren: angerufen werden die im weiten Land Verlorenen, die *vieux cadavres* zusammen mit den *jeunes chênes coupés*, auf der Erde verfaulende Stoffetzen zugleich mit der bei Bauernhöfen auf der Leine flatternden Wäsche, die Tornados und Orkane, Stürme, Typhone und Zyklone, Sturmfluten und Erdbeben, Qualm aus Vulkanen, aber auch Zigarettenrauch und Rauchringe aus den *cigares de luxe*, die *amours* und die *amoureux*, die Lebenden und die Toten, *les fossoyeurs* und *les assassins*, die Henker, die Lotsen, die Maurer und die Architekten, ja, die Mörder sogar ein zweites Mal, hervorgehoben in dem kürzesten aller Verse: *les assassins* (19), unmittelbar danach ergeht der Ruf an den Eros *(la chair)* und an die Geliebte, End- und Gipfelpunkt der Reihe in der triadischen Akzentuierung:

>   21—23   j'appelle celle que j'aime

Steigerung und Beschleunigung liegen darin, daß die jeweils mit *j'appelle* beginnenden Syntagmata dieses ersten Teils sich fortschreitend verkürzen: die erste Einheit umfaßt drei Verse (6—8), die zweite sogar vier (9—12), die dritte aber zwei Verse (13—14), die beiden nächsten je einen (15—16), die vier darauffolgenden nur je einen halben Vers mit intern wiederholtem *j'appelle* (17—18). Einen Halt oder Stau (= stretta) gebietet dieser Beschleunigung die stark akzentuierte Wiederholung von *les assassins*, ohne *j'appelle* (19), worauf mit dem vierfach angesprochenen Liebesmotiv das ersehnte Ziel durch Akkord markiert und den Disharmonien der absurden Reihe ein harmonisches Finale gesetzt wird.

Hier hat der Text seine energische Zäsur. Sie wird von Vers 24 ab durch eine neue Art des Redens bestätigt: nun werden alle Angerufenen, unter präziser Wiederholung ihrer Reihenfolge, noch einmal aufgezählt, diesmal aber nicht als Objekte des Dichterrufs, sondern als Subjekte einer durch die Stimme provozierten Handlung, als ‚Widerhallende'. Dem in 6—23 ergangenen Ruf antwortet in den Versen 24—58 ein ‚Echo'. Die Liste der Reaktionen füllt aber doppelt so viele Verse [34] wie die Liste der Rufe [17]. An die Stelle der einen und einzigen Handlung des Rufens tritt in dieser zweiten ‚Szene' eine Vielzahl von Bewegungen, wobei die bisher vorherrschende Nominalstruktur der Rede durch überwiegende Verbalstrukturen abgelöst wird. An den Reaktionen der Angerufenen beteiligen sich an erster Stelle sogar Ort und Stunde des Anrufs in Personifikation, ein dramatisches Bild von lyrisch-ironischer Feierlichkeit:

> 24 le minuit triomphant déploie ses ailes de satin et se pose
> sur mon lit
> les beffrois et les peupliers se plient à mon désir
> 26 ceux-là s'écroulent ceux-là s'affaissent

So hebt die im Auftakt mit der bedrohlichen Personifizierung von *le minuit* zum *torse nu* (5) aufgekommene Angst sich in den Attitüden beschwichtigter Wildheit, in Demonstrationen der Demut, Zahmheit und des Aggressionsverzichts selbst wieder auf. Am Anfang aller Reaktionen steht also Glückserwartung. Mediale Verbalformen wie *se pose, se plient, s'écroulent, s'affaissent* eröffnen einen Reigen der Zähmungen, es folgt ein Bilderfries der Beruhigungen, Besänftigungen, Restitutionen und Neuordnungen, die sämtlich Wirkungen des dichterischen Appells sind. Die Verlorenen *se retrouvent* en me trouvant (27), die Leichname *ressuscitent à ma voix* (28), die abgesägten jungen Eichen *se couvrent de verdure* (29), die am Boden und in der Erde faulenden Stoffetzen *claquent à ma voix comme l'étendard de la révolte* (30 bis 31), die bei Bauernhöfen trocknende Wäsche *habille d'adorables femmes que je n'adore pas* (32), diese Frauen, denen des Dichters Liebe nicht gilt, gehorchen dennoch seiner Stimme und lieben ihn (33—34); die großen Naturgewalten, Stürme aller Stärken und Erdkatastrophen nahen sich dem Rufenden mit Gebärden der Unterwerfung und des Gehorsams (35—42), ganz zu schweigen von Attributen der Zivilisation wie Zigarettenrauch, der den Rufer parfümiert, und Rauchringen aus feinen Zigarren, die ihn (wie einen

IV. Vom Bekunden zum Verstummen

Heiligen) krönen. Und wieder kommen die Beweise starker Faszination des Dichters durch den Eros:

> 45 les amours et l'amour si longtemps poursuivis
> se réfugient en moi
>
> 46 les amoureux écoutent ma voix

die Lebenden und die Toten unterwerfen sich und grüßen, die einen mit kühler Zurückhaltung, die andern mit Vertraulichkeit (47—48); die Totengräber verlassen die gerade ausgehobenen Gruben und heischen Anweisungen des Dichters für ihr nächtliches Werk (49); *les assassins me saluent* (50); Henker fordern die Revolution, sie, die Vollstrecker der staatlichen Gewalt, erwarten die Parole des Dichters, rufen seinen Namen an (51—53); den Lotsen werden seine Augen zum Kompaß (54), wohingegen Maurer bei seinem Ruf Schwindelgefühl empfinden und Architekten sich in die Wüste zurückziehen (55—56); aber *les assassins me bénissent* (57). Wiederum krönt die Wirkung im Bereich des Eros den Katalog der Faszinationen: *la chair palpite à mon appel* (58). Diese Klimax dichterischer Glorien wird durch ein Blanc von den drei Schlußversen getrennt, in denen ein Absturz aus der schwindelnden Höhe der Hybris erfolgt: die ganze Welt glaubte der Poet schon durch sein Wort bezwungen zu haben, doch was ihm zutiefst am Herzen liegt, das wird ihm nicht zuteil; die Frau, die er liebt, hört ihn nicht an, die Frau, die er liebt, vernimmt sein Rufen nicht, die Frau, die er liebt, antwortet ihm nicht!

Auf das allzu kühn erhobene Haupt des Rufers scheint die Desillusion der drei Schlußverse wie ein Fallbeil herabzustürzen; vergebens hat er die beiden analog gebauten Skalen von Anruf und Widerhall so siegesgewiß erklommen. Es ist wichtig zu bedenken, daß dieses Scheitern schon im vorangehenden Zyklus *A la Mystérieuse* (mit stärkster Ausprägung in dem Gedicht *Si tu savais*, 95 ff., mit der 18-fachen Anapher *Loin de moi*[4]) begegnet, daß es aber auch in einem späteren Gedicht, dem VI. Stück von *Les Ténèbres — Trois étoiles —* dem lyrischen Ich dreimal mahnend vorgehalten wird:

---

[4] Vgl. *Corps et biens,* 95 ff.; andere Belege des Motivs ebd. 89 u. 91. Auf die Frage nach einem zugrundeliegenden persönlichen Erlebnis ist hier nicht einzugehen; sie liegt angesichts der Häufigkeit des Motivs nahe, vgl. z. B. *La Liberté ou l'amour,* bei P. Berger, 130, oder das Gedicht *J'ai tant rêvé de toi* (1926), in *Corps et biens;* auffällig die genaue Datierung von *La Voix de R. D.* als einzigem Gedicht der *Ténèbres.*

18   Maître de tout enfin hormis de l'amour de sa belle
23   Maître de tout hormis de l'amour de sa dame
25   Toi, maître, maître de tout hormis de l'amour de ta belle

Dieses schwerwiegende Motiv des Scheiterns ragt also über das Gedicht *La Voix de Robert Desnos* hinaus oder — wenn man so will — aus anderen Dichtungen des Autors in dieses Gedicht hinein, ein Faktum, das eine nur immanente Deutung des Textes bedenklich erscheinen läßt.

Visionen und kühn über die Wirklichkeit aufsteigende Bilder kennzeichnen in ihrer zum Teil beklemmenden Eigenart dieses Werk als Fiktion eines Traums, das Geschehen beginnt um Mitternacht (5), und mitten im Gedicht verweist das Ich ausdrücklich auf das Schlaferleben: *le minuit triomphant [. . .] se pose sur mon lit* (24). Auch dies ist nichts Außergewöhnliches bei Desnos, denn gern und häufig bietet er lyrische Werke in Vers oder Prosa als Traumfiktionen dar, ja, nach Bekundungen seiner Freunde sicherte ihm sein eigentümliches Verhältnis zu Schlaf und Traum einen einzigartigen Platz im Kreis der Surrealisten, besonders in der Periode ihrer hypnotischen Versuche, bei denen Desnos als Medium par excellence fungierte[5].

Das Gedicht erweckt mit seinen beiden aufeinander zugeordneten Teilen den Eindruck, quasi architektonisch gebaut zu sein. Auf dem Sockel der vier parallel verlaufenden Eingangsverse erheben sich die ‚Säulen‘ von Anruf und Widerhall, die durch den Kontrast von Nominal- und Verbalgefüge wie mit gegenläufigen Kannelüren geschmückt und von den Homophonien des Themas *celle que j'aime* der beiden Verstriaden 21—23 und 59—61 wie von Kapitellen konträrer Ordnung gekrönt sind. Um aber im Bild zu bleiben: es fehlt die Symmetrie, denn, wie gezeigt, hat die zweite Kolumne den doppelten Umfang der ersten, was nicht hindern darf, die beiden Teile (5—23 und 24—61) in ihrer Reziprozität und Interdependenz zu begreifen. Das Gedicht ist nicht nur sukzessiv und vertikal, seiner graphischen Darbietung entsprechend lesbar, sondern auch horizontal, synoptisch oder simultanistisch, indem man die syntaktischen Einheiten beider Skalen je nach dem Adressaten und gleichnamigen ‚Gesprächspartner‘ zusammenfügt; dafür nur wenige Beispiele:

13 j'appelle à moi la fumée des volcans   42 la fumée des volcans me vêt de ses vapeurs

13 et celle des cigarettes   43 et celle des cigarettes me parfume

---

[5] Über Desnos als Medium: Breton, *Entrée des Médiums* (1922), in *Les Pas perdus*, 122—131; *Entretiens*, chap. VI u. VII; Nadeau, *Histoire du surréalisme*, 71—78.

IV. Vom Bekunden zum Verstummen

14 les ronds de fumée des cigares de luxe	44 et les ronds de fumée des cigares me couronnent
17 j'appelle les fossoyeurs	49 les fossoyeurs abandonnent les tombes à peine creusées et déclarent que moi seul puis commander leurs nocturnes travaux
17 j'appelle les assassins	50 les assassins me saluent
19 les assassins	57 les assassins me bénissent

Der Echo- und Spiegelcharakter ist mit seinem Zweitakt von eminenter Bedeutung[6]. Schon in Vers 4 hatte sich die Bipolarität und Ambivalenz des Themas *bonheur-tristesse* angekündigt; das architektonische, wenngleich asymmetrische, Kompositionsprinzip beruht ebenfalls auf Zweigliedrigkeit; bipolar ist aber auch das Verfahren der Kontamination einer in diesem Gedicht ausgeführten Mythos-Variation mit einem auch andere Dichtungen des Autors durchziehenden Leitmotiv (Scheitern in der Liebe). Darüber hinaus beherrscht ein unüberhörbarer Zweitakt die Bilderfriese des Gedichts, sei es innerhalb einzelner Verse, sei es in der losen Streuung über Verspaare oder Versgruppen. Dieser Zweitakt dominiert in der teils antagonistischen, teils analogischen Nominalstruktur des ersten Teils, beginnend mit *fleur/courant d'air* (1) und gipfelnd in *assassins/chair* (19/20)[7]; er herrscht aber auch im zweiten, vorwiegend verbal strukturierten Teil des Gedichts, wo ganze Satzteile dieses Spiel der Spiegelungen in Analogien und Antagonismen paraphrasieren[8]. In einer Reihe von Versen erreicht der Zweitakt den Charakter

---

[6] Auch in anderen Werken des Autors dominiert der Zweitakt, namentlich in Übungen wie *Rrose Sélavy* (1922—23) und *Langage cuit* (1923).

[7] Vgl. im 1. Teil weiter: cours d'eau / ombres, 2; bonheur / tristesse, 4; beffrois / peupliers, 5; vieux cadavres / jeunes chênes, 7; lambeaux pourrissants / linge séchant, 8; tornades / ouragans, 9; raz de marées / tremblements de terre, 11/12; fumée des volcans / celle des cigarettes, 13; ronds de fumée / cigares de luxe, 14; amours / amoureux, 15; vivants / morts, 16; dazu auch der 4-Takt bourreaux / pilotes, maçons / architectes, 18; aus dem Rhythmus fallen die Ein-Takte 3, 6, 21—23, und die Drei-Takte in Vers 10 sowie der Trias *celle que j'aime*, 21—23.

[8] Vgl. im 2. Teil: Le minuit déploie ses ailes / se pose sur mon lit, 24; beffrois / peupliers, 25; s'écroulent / s'affaissent, 26; se retrouvent / en me trouvant, 27; ressuscitent / se couvrent de verdure, 28/29; dans la terre / sur la terre, 30; les lambeaux claquent / le linge habille, 30/32; voix / révolte, 31; pourrissant / séchant, 30/32; femmes adorables / que je n'adore pas, 33; obéissent / m'adorent, 34; tournent / rougissent, 35/36; grondent / me dépeignent, à mes pieds, 39/40; ne m'ébranlent pas / font tout crouler, 41; la fumée des volcans / celle des cigarettes, 42/43; me vêt de ses vapeurs / me parfume, 42/43; me couronnent / se réfugient en

der Paradoxie, wie *les assassins/me saluent* (50), *les bourreaux/invoquent la révolution* (51), *les maçons/ont le vertige* (55), *les architectes/partent pour le désert* (56) etc. Die höchste Steigerung erreicht die paradoxe Bipolarität in der abschließenden Verstrias: die Stummheit der Geliebten steht im äußersten Gegensatz zur ‚Aufgeschlossenheit' fast der ganzen Welt; diese Katastrophe der drei Schlußverse ist die Replik auf die verheißungsvolle Peripetie der Verstrias 21—23, mit der der erste Teil ausklang, sie ist zugleich die eindrucksvollste Bestätigung eines dominierend zweitaktigen Kunstprinzips.

Dem scheinbar chaotischen Durcheinander angerufener und reagierender Dinge, Kräfte und Wesen liegt also ein präziser Plan und Ordnungswille zugrunde. Aus vermeintlichem Wirrwarr tritt eine exemplarische ‚Begebenheit' hervor, die — halb Fabel, halb Novelle — in der überraschenden Pointe eine Lehre enthält. Zudem enthüllt sich der Größenwahn des Rufers als durchaus nicht subjektive Verirrung, sondern als die surrealistische und burleske Variante eines durch Alter und Autorität respektablen Mythos: der Orpheus-Sage. Surrealistisches liegt natürlich schon in der Gestalt des sagenhaften Weltveränderers, in den überwirklichen Vorgängen und phantastischen Übertreibungen seiner Mythe, die im Gedicht zwar variiert aber kaum überboten werden. Der Name Orpheus begegnet zwar nicht im Gedicht, aber der unausgesprochene Hinweis auf den Ahnherrn der Dichter ergänzt als solcher André Bretons Liste von Vorläufern des Surréalisme (*Manifeste du surréalisme*, 1924), die weit in die Literaturgeschichte zurückführte[5]. Es besteht kein Zweifel, daß die Stimme, deren sich der Dichter hier rühmt, im wesentlichen die gleichen Befriedungen und Sänftigungen bewirkt wie Gesang und Leierspiel des Heros: Naturgewalten und wütende Elemente kommen durch sie zur Ruhe, wilde Tiere — hier in Gestalt menschlicher Bestien *(assassins)* — unterwirft sie, eine verworrene Welt wird sie durch Revolution in Ordnung bringen (so die Verheißung der zu knatternden Fahnen gewordenen Lumpen und der berufsmüden Henker). In die starke Selbstironie des Textes mischen sich bekennerische Elemente, denn die Insinuation politischer Auflehnung ist im Leben des Autors nicht verbale Kundgebung geblieben, sondern hat ihn, über die Teilnahme an der Résistance als politisch engagierter Homme de lettres, am Ende des zweiten

---

moi, 44/45; les amours / et l'amour, 45; les vivants / et les morts, se soumettent / et me saluent, 47; les premiers froidement / les seconds familièrement, 48; abandonnent / et déclarent, 49.

[5] Vgl. Isidore Ducasse, Dante, Shakespeare bei Breton, *Manifestes* (Coll. Idées 23) 38.

Weltkriegs zum Tod im Konzentrationslager Theresienstadt geführt[10]. Dies gibt dem Gedicht auch ein metapoetisches und bekenntnishaftes Gewicht.

Auf Gefahren einer rein immanenten Interpretation des Gedichts wurde bereits hingewiesen. Es gehört zu den subtilen Reizen dieses kleinen Werks, daß es eine ganze Anzahl von Anspielungen und Hinweisen auf Motive, Themen und literarische Traditionen enthält, deren Erkennung zu den Voraussetzungen einer möglichst facettenreichen Deutung gehört. So steht das Motiv der scheiternden Liebeswerbung, das dem Gedicht den pointierten Schluß gibt, nicht im direkten Zusammenhang mit dem Mythos. Das Nicht-Erhört-Werden der Stimme ist keine Variante des Scheiterns durch vorzeitiges Zurückblicken des Orpheus beim Aufstieg aus dem Hades; der Heros hat nicht Eurydike, sondern das Herrscherpaar der Unterwelt durch sein Singen bewegt; und nicht Eurydike (Gattin, nicht umworbene Geliebte!) verweigert sich, sondern sie wird durch die tückische Bedingung der Hadesgötter, gegen die Orpheus verstößt, entzogen; bei Ovid beispielsweise wendet sie sich nicht ab, sondern erhebt ein letztes Mal die Hände, um Orpheus zu halten[11]. Das Scheitern des lyrischen Ich bei Robert Desnos rührt also nicht aus dem Scheitern des Orpheus am Ende der Hadesfahrt her, es weist vielmehr auf eines der beliebtesten Motive abendländischer Lyrik, das, von den Trobadors herkommend, im 15. Jahrhundert dem berühmten Concours de Blois des Charles d'Orléans mit François Villon und anderen Dichtern zugrunde gelegt wurde:

>   Je meurs de soif en couste [auprès de] la fontaine.

Unerreichbarkeit der Angebeteten und daraus resultierende Algolagnie, wollüstiges Wühlen im Liebesschmerz, sind zugleich Reminiszenzen des in Jahrhunderten petrarkistischer Tradition fruchtbar gebliebenen Grundmotivs der Glorifizierung Lauras. Daneben aber bewahrt Desnos ganz ausdrücklich beiläufige Züge der mythischen Überlieferung wie die Abwendung des alleingebliebenen Heros von der Frauenliebe und die unerwiderte Liebe vieler Frauen zu ihm:

>   32 le linge [...] habille d'adorables femmes que je n'adore pas qui viennent à moi
>   34 obéissent à ma voix et m'adorent[12]

---

[10] Vgl. *Poèmes de la clandestinité* und *Poèmes du bagne* bei P. Berger, 195—210.
[11] Vgl. Ovid, *Metamorphosen* X, Verse 57—59.
[12] Vgl. ebd. 79 f.: omnemque refugerat Orpheus/Femineam Venerem; dazu, vielleicht interpoliert, 81 f.: multas tamen ardor habebat/Iungere se vati. Vertrautheit von Desnos mit der Orpheus-Mythe beweist schon die Präsenz des Heros im ersten größeren Gedicht, *Le Fard des Argonautes* (1919).

Enttäuschte Liebeserwartung

Durch so dichte Kontamination der Orpheus-Thematik mit dem traditionsreichen Motiv nicht erhörten Liebesflehens gibt Desnos seinem Gedicht in einem Jahrzehnt wahrer Orpheus-Renaissance einen unverwechselbaren Klang.

Es ist nicht zu bezweifeln, daß Desnos mit seinem Gedicht, obwohl es den Namen Orpheus nicht nennt, auf die vielgestaltige Wiederkehr des antiken Heros in der zeitgenössischen Literatur und Oper anspielt, daß er an dieser Auferstehung und Erweckung teilnehmen und sie ironisieren will. Es muß dahingestellt bleiben, ob er sämtliche rezenten Varianten des Stoffs textlich kannte: Kokoschkas Drama *Orpheus und Eurydike* (1919), L. Housmans Drama *The Death of Orpheus* (1921), Rilkes *Sonette an Orpheus* (1923), die Pariser Inszenierung (1926) des 1913 entstandenen choreographischen *Orphée* von Roger-Ducasse, die 1926 uraufgeführte Vertonung von Kokoschkas *Orpheus* durch Křenek und die gleichfalls 1926 inszenierte Oper *Les Malheurs d'Orphée* von Lunel-Milhaud. In der Selbstidentifikation des lyrischen Ich bei Desnos kann eine Anspielung auf die im Juni 1926 uraufgeführte *Orphée*-Dichtung Jean Cocteaus liegen, wo der vom zerrissenen Körper des Sängers abgetrennte Kopf ausruft, er sei Jean Cocteau.

Durch das Motiv der enttäuschten Liebeserwartung rückt *La Voix de Robert Desnos* in bedeutungsvollen Kontrast zu einer anderen zeitgenössischen Variante, dem Gedicht *Le nouvel Orphée* (1917) von Yvan Goll (1891—1950), einer expressionistischen Allegorie, deren deutsche Fassung, *Der neue Orpheus* (1923), in der Vertonung von Kurt Weill 1928 in der Berliner Staatsoper uraufgeführt wurde[13]. Auch Golls balladeskes, in verslibristische Laisses mit gelegentlichen Reimen gegliedertes Poem läßt die Anstrengungen des Orpheus in schlagartige Desillusion münden. Der antike Heros, der hier als aus dem Paradies in die Menschenhölle der Gegenwart herabgestiegener Berufsmusiker erscheint, muß in Höfen von Mietskasernen fürs arme Volk singen, Kindern Klavierstunden geben, im Musik-Hall-

---

[13] Vgl. Yvan Goll, *Le nouvel Orphée* (*Œuvres* I, 93—97); deutsche Fassung in Y. G., *Dichtungen*, 189—192. Klare thematische Übereinstimmung zwischen *La Voix de Robert Desnos* und dem achten der 39 *Poèmes d'Amour* (1920—1927) von Goll (*Œuvres* I, 186), einem lakonischen, nur aus neun freien Versen bestehenden Gedicht, beginnend mit: *Orphée charma les panthères timides*. Die ersten Verse berichten, Orpheus habe die schüchternen Panther, die *loutres de velours,* die *autruches hystériques,* die *baleines à quatre étages,* die *ibis* und die *lézards naïfs* bezaubert, dann stellen die Schlußverse die Frage des Ich: *Mais toi, fauve entre les fauves / Par quelle musique / Te dompterai-je?* — Angesichts der Originalität von Desnos wäre es müßig, aus dem Vorsprung Golls eine ‚Anregung' herzuleiten.

IV. Vom Bekunden zum Verstummen

Programm als Nr. 3 auftreten, als Zirkusclown auf die Pauke hauen, sich als magerer Organist in den Sakristeien der Banlieue herumdrücken, als Kinopianist sentimentale Filme paraphrasieren, bis er es in einer seiner Metamorphosen durch lukrative Gastspiele zu Ansehen und bescheidenem Wohlstand bringt. Doch auf einer seiner Höllenreisen dreht er sich einmal unversehens um und erkennt in einer Zeitgenossin Eurydike: sie ist zwar *La femme de sa nostalgie*, aber, wie er rasch begreift, auch die Masse Mensch:

> La foule Eurydice
> Comme jadis privée de musique
> Et pauvre d'âme

Unmöglich, sie aus ihrer Hölle zu befreien. Er streckt ihr die Hand entgegen und erhebt noch einmal die Stimme:

> En vain! la foule ne l'entend plus
> Elle se presse vers les enfers la vie quotidienne la douleur

In der Erkenntnis, für taube Ohren gesungen zu haben, erschießt sich der moderne Orpheus im Wartesaal der Gare de l'Est[14].

Wie nahe *La Voix de Robert Desnos* Golls neuem Orpheus verbal auch kommen mag (Goll: *la foule ne l'entend plus;* Desnos: *celle que j'aime ne m'entend pas*), zwischen der allegorischen und der subjektiven Ernüchterung klafft der große Abstand konträrer poetischer Haltungen. Golls neuer Orpheus gleicht dem, was Antonin Artaud einen „suicidé de la société" nannte[15], er ist ein Bruder von Apollinaires „poète assassiné"[16], er ist ein Ankläger. Die Stimme von Robert Desnos, dem anonymen Orpheus, endet ihr Lied mit einer Klage, aber sie klagt nicht an.

Wie kommt es aber zu jener anderen, bisher unerklärten Wirkung dieser Stimme, von der zwei Verse von Desnos berichten?

> 55 les maçons ont le vertige en m'écoutant
> 56 les architectes partent pour le désert

Die hier beschriebenen, zentrifugalen Bewegungen fallen ganz aus dem Rahmen aller anderen, dem Ruf des Dichters ‚gehorchenden', zentripetalen ‚tro-

---

[14] Nach Pausanias berichtete schon ein früher Mythos vom Selbstmord des Orpheus nach seinem Scheitern auf der Hadesfahrt.
[15] Vgl. Artaud, *Van Gogh, le suicidé de la société,* 1947.
[16] Vgl. Apollinaire, *Le Poète assassiné* (1916), OenP, I, 227 ff.; A.s Bewunderung für Orpheus geht mindestens auf die Jahre 1906—1910 zurück: *Le Bestiaire ou Cortège d'Orphée.*

pismes' der Naturkräfte, Dinge und Wesen. Wenn diese Stimme Mörder besänftigt, warum erregt sie den Maurern Schwindel, warum treibt sie Architekten in die Wüste? Warum hat sie überhaupt, zusammen mit Totengräbern, Henkern und Mördern, die Maurer und Architekten aufgerufen? Im überlieferten Katalog der Orpheus-Wunder scheint von Erschrecken und Verzweiflung der Planer und Erbauer nichts zu verlauten. Die Kraft des Orpheus, durch Gesang und Spiel sogar Steine zu bewegen oder zu erweichen[17], ist im Gedicht schon angesprochen worden:

> 25 les beffrois [...] se plient à mon désir
> 26 ceux-là s'écroulent [...]

So verlieren zwar Türme ihre drohende Wucht und stürzen, ein Sagenmotiv übertreibend, unter dem Schall der Dichterstimme ein, doch auch in den ausführlichsten Zusammenfassungen der Mythen[18] werden die musischen und magischen Fähigkeiten des Heros nicht mit der Baukunst in Zusammenhang gebracht; dort weilt Orpheus in den Wäldern, die seinem Gesang entsprungen sind, seine Dichtung wirkt als Zauber auf die Natur, auf Pflanzen, Bäume, Tiere, bei Vergil wird sie auch mit Agrikultur und sogar mit Astronomie, nicht aber mit Architektur zusammen genannt. Aber man braucht auch nicht in so großer zeitlicher Ferne nach Spuren dieses Motivs zu suchen, hatte doch gerade im Jahr der Entstehung von *La Voix de Robert Desnos* das *Orphée*-Sonett von Paul Valéry (1871—1945) den Sänger als einen Magier der Baukunst verherrlicht. In *Quelques Vers anciens* und ihrer zweiten Ausgabe *Album de vers anciens* erschien 1926 diese völlig neugestaltete Fassung eines als Schlußabsatz von Valérys *Paradoxe sur l'architecte* im Märzheft 1891 von *L'Hermitage* publizierten Prosatextes, den zuerst Pierre Louÿs, in *La Conque* vom 1. Mai 1891, in der graphischen Gestalt eines Sonetts hatte erscheinen lassen[19]. Der erste Quatrain des vom klassischen Sonettschema abweichenden Gedichts von 1926 (Reimfolge abab/bcbc/aad/eed)

---

[17] Vgl. Euripides, *Iphigenie in Aulis,* Verse 1211 ff. (in Schillers Übs. 5. Akt, 3. Auftritt, Iphigenie zu Agamemnon):
> ‚Mein Vater, hätt' ich Orpheus' Mund, könnt' ich
> Durch meiner Stimme Zauber Felsen mir
> Zu folgen zwingen und durch meine Rede
> Der Menschen Herzen, wie ich wollte, schmelzen,
> Jetzt würd' ich diese Kunst zu Hilfe rufen.'

Auch Ovid, *Metamorphosen* XI (2); (41/42); (44/45).
[18] Ovid, *Metamorphosen,* X und XI; Vergil, *Bucolica* und *Georgica* IV.
[19] Text der Erstfassung: Valéry, *O* II, 1405, als Schluß des *Paradoxe sur l'architecte* (ebd. 1402 ff.). Folgende *Orphée*-Zitate nach P. V., *O* I, 76 f.

IV. Vom Bekunden zum Verstummen

schließt in doppeltem Sinn an die Orpheusmythen an. Das lyrische Ich imaginiert den Sänger in der durch sein Singen bewirkten Metamorphose: auf einem der feurigen Sonneneinstrahlung preisgegebenen kahlen Berg, aber zugleich unter den Myrthen:

> ... Je compose en esprit, sous les myrthes, Orphée
> L'Admirable! ... Le feu, des cirques purs descend;
> Il change le mont chauve [...]

Dies entspricht dem Auftakt von Ovids zweiter Orpheus-Erzählung im X. Buch der *Metamorphosen* (Verse 86—90):

> Collis erat collemque super planissima campi
> Area, quam viridem faciebant graminis herbae
> Umbra loco deerat; qua postquam parte resedit
> Dis genitus vates et fila sonantia movit,
> Umbra loco venit: non Chaonis abfuit arbor [...]

Den etwas pedantischen Katalog von 27 unter den Klängen aufsprießenden Bäumen, mit dem Ovid den Wunderwald und locus amoenus auf dem kahlen Plateau glaubhaft machen will, ersetzt Valéry durch die an andere Orpheus-Berichte anknüpfende, auf die Religionsstiftung des Orphismus anspielende Metapher von der Schöpfung eines heiligen Siegeszeichens:

> Il change le mont chauve en auguste trophée
> D'où s'exhale d'un dieu l'acte retentissant.

Auch die Verwandlungsgeschichten, die Ovids Sänger im selbstgeschaffenen Hain den Bäumen, Vögeln und anderen Tieren erzählt (die Erzählungen füllen den Rest des X. Buchs) ignoriert Valéry, und nichts verlautet bei ihm vom orphischen Kult. Sujet seines Sonetts ist vielmehr die ordnende Gestaltungskraft, die Fügung des Kunstwerks aus dem Chaos zu harmonischer Struktur durch die suggestive Macht reiner Musik, die Entstehung von Architektur durch Wort und Stimme. Auf den alten Märchenzug von den bewegten Felsen anspielend, die der Stimme des Heros folgten, läßt der zweite Quatrain aus nie gehörtem Gesang das rollende Gestein zu Mauern eines Heiligtums emporwachsen:

> Si le dieu chante, il rompt le site tout-puissant;
> Le soleil voit l'horreur du mouvement des pierres;
> Une plainte inouïe appelle éblouissants
> Les hauts murs d'or harmonieux d'un sanctuaire.

Im ersten Terzett steigert sich die Wirkung der Dichterstimme zur Beseelung des toten Felsmassivs, ein Animismus metaphorisch mit den Subjekten *roc* und *pierre* gekoppelter Attribute und Prädikate aus dem Bereich des menschlichen Empfindens und Handelns *(marche, trébuche, se sent, délire)*, kulminierend in dem Oxymoron *chaque pierre fée*, das jedem Stein ein magisch beseeltes Wesen zuspricht[20].

> Il chante, assis au bord du ciel splendide, Orphée!
> Le roc marche, et trébuche; et chaque pierre fée
> Se sent un poids nouveau qui vers l'azur délire!

In der durch die Klänge bewirkten eigenwilligen und mirakulösen Gliederung des sakralen Baus wird die Apotheose erreicht; die Beseelung des Steins durch Hymnus und Stimme ist vollendet:

> D'un Temple à demi nu le soir baigne l'essor,
> Et soi-même il s'assemble et s'ordonne dans l'or
> A l'âme immense du grand hymne sur la lyre!

So bereichert Valéry die Sage vom weltordnenden Sänger durch die Imagination vom Bauen durch die Kraft der Stimme. Dies ist ein Zug, der ursprünglich dem Amphion zugeordnet war, den die Griechen hin und wieder auch als den Erfinder der Musik rühmten: Amphion und Zethos, Zwillingssöhne des Zeus mit Antiope, galten als Erbauer der Stadtmauern des böothischen Theben, wobei Amphion die Steine durch sein Leierspiel zur architektonischen Ordnung bewogen haben soll; die Lyra wollte er erfunden oder von Gott Hermes als Geschenk empfangen haben. Valéry, durch dessen *Cahiers* sich die Bewunderung für Orpheus wie ein roter Faden zieht, der aber seine geringe Vertrautheit mit dem Griechentum freimütig zugab[21],

---

[20] Das adjektivierte Substantiv *fée* im Sinn von ‚enchanté' schon bei Victor Hugo: *des escaliers fées*, in: *La Légende de la nonne. Ballades,* 13. (*OP* I, 539).
[21] Vgl. Brief an Souday vom 1. 5. 1923 (P. V., *O* II, 1401): „Le nom d'Eupalinos fut pris par moi, qui cherchais un nom d'architecte, dans L'*Encyclopédie Berthelot,* à l'article „Architecture". J'ai appris depuis [...] qu'E., ingénieur plus qu'architecte, creusait des canaux et ne construisait guère de temples [...] D'ailleurs, je n'ai jamais été en Grèce et, quant au grec, je suis malheureusement demeuré un écolier des plus médiocres [...]". Valéry dürfte die Vorstellung von Orpheus als Baumeister der aus den orphischen Mysterien herrührenden Überlieferung verdanken, daß der Heros der Stifter oder Erfinder sämtlicher Künste gewesen sei. Die Orphiker des Symbolismus, Péladan, Schuré und Saint-Pol-Roux, waren Vorbereiter der Orpheus-Renaissance des 20. Jahrhunderts; Apollinaire in Notes zu *Cortège d'Orphée*: „Orphée inventa toutes les sciences, tous les arts" (*OP*, 33). — Aus dem kaum bekannten *Orphée*-Gedicht (1922) des Simultaneisten Fernand Divoire (1883—1951) zitiert Kushner, 118: „ le bâtisseur / Dont la harpe construit les villes".

scheint nachträglich erkannt zu haben, daß er in seinem Sonett dem Orpheus eine Qualität des Amphion angedichtet hatte (analog zu seiner nicht ganz legitimen Verherrlichung des Eupalinos als Architekt[22]), denn 1931 huldigte er dem thebanischen Baumeister in seinem „Mélodrame" *Amphion*[23], das als dialogisch-hymnische Paraphrase zum *Orphée*-Sonett erscheint und mit deutlichen Verbalreminiszenzen auf dieses zurückverweist: *le roc marche!* [...] *Tout se sent un destin!* [...] *O Soleil!* [...] *Voici pour accueillir tes rayons les plus purs/Qu'Amphion triomphant t'offre ces pierres fées!* [...] *Considère ton Temple* [...][24]. In seinen retrospektiven Erläuterungen *Histoire d'Amphion* wiederholt Valéry sein Bekenntnis zu der Idee des Konstruierens und Ordnens als beherrschendem Prinzip seines Schaffens[25]. Schon das *Paradoxe sur l'architecte* (1891) hatte dem ersten *Orphée*-Text dieses Bekenntnis als Interpretation vorausgeschickt[26].

Valérys *Orphée*, sein *Amphion*, sein *Eupalinos ou l'architecte* und die diesbezüglichen Prosaschriften gehören mit den darin variierten Gedanken und Imaginationen über die Interdependenz von Musik, Dichtung und Architektur in den Bereich der Synästhesie und damit in eine mindestens bis zur Romantik zurückreichende Tradition. Die Vorstellung eines aus Kirchenmusik erstehenden Tempels begegnet zum Beispiel schon bei August Wilhelm Schlegel[27], und in dem *Orpheus*-Gedicht (1820) von Percy B. Shelley werden schon die unter Musik aufsprießenden Pflanzen dem Sänger zum metaphorischen Tempel. Auf Valérys *Orphée* spielt *La Voix de Robert Desnos* mit den vom „Schwindel erfaßten Maurern" und den „in die Wüste entweichenden Architekten" deutlich an, denn die in dem Sonett zur einzigen Qualität des Sagenhelden erhobene, märchenhafte Fähigkeit würde, in der Gegenwart unseres Jahrhunderts praktiziert, die Fachleute des Baugewerbes

---

[22] *Eupalinos ou l'architecte,* wo das Tempelbauen durch Klang und Sprache verherrlicht wird, erschien zuerst 1921; Text in O II, 79—147; Interpretation von Hans Sckommodau, *Eupalinos: Valérys Idee vom Paradoxon des Architekten.* In: Köhler, *Sprachen der Lyrik,* 815—830.
[23] Valéry, O I, 166—181; vgl. den durch Saitenspiel bauenden Amphion: Ovid, *Metamorphosen* VI, 178 f.
[24] Valéry, O I, 178, 180.
[25] Vgl. Valéry, O II (*Pièces sur l'art*), 1277—1283; die Aufführung seines von Arthur Honegger vertonten *Amphion* enttäuschte P. V., der ein Werk religiösen Charakters intendiert hatte und sich einem ‚ballet russe' konfrontiert sah (vgl. *Lettres à quelques-uns,* in O I, 1686 ff.).
[26] Vgl. Anm. O II, 1399; ebd. *Paradoxe sur l'architecte,* 1402—1405.
[27] Vgl. Schrader, *Sinne und Sinnesverknüpfungen,* 24.

brotlos machen. Es liegt in solcher Glossierung der damals jüngsten Orpheus-Variante zugleich eine Dichtungskritik, und damit tut sich wieder der Blick in die metapoetische Bedeutung des Textes auf. Valérys *Orphée* war eine emphatische Huldigung vor dem Metier und Auftrag des Dichters, der wie ein Magier und Wundertäter, ja, wie ein Gott *(si le dieu chante)* frei über die Schöpfung verfügt. An solche Gaben, Kräfte und Aufträge glauben Desnos und seine surrealistischen Gefährten nicht, solche Überzeugungen betrachten sie nur mit Ironie. Ist somit der burleske Sinn der Maurer- und Architekten-Episode einmal erkannt, muß sich bei nochmaliger Lektüre das ganze Gedicht von Desnos als Ironisierung jenes Dichtertums erweisen, das Paul Valéry mit seinem Bekenntnis zum höchsten Wert des Konstruierens, Fügens, Bauens und Ordnens, zur bewußten Kraft des Dichters als Mechaniker und Ingenieur der Sprachgestaltung zeitlebens vertrat. In der Inkongruenz von verslibrisme und architektonischer Struktur, in der Asymmetrie der beiden aufeinander bezüglichen Teile äußert sich schon ein Teil dieser Ironie. Aber auch alles übrige in *La Voix de Robert Desnos* zielt darauf hin, die Hybris dichterischer Selbstüberschätzung zu entlarven, nicht nur in der desillusionierenden Endpointe, sondern auch in vielerlei grotesken Zügen, die der zweite Teil mit den Demutsbezeugungen der Naturkräfte, Dinge und Wesen bereithält. Welcher Dichter hätte in Wirklichkeit Tote auferweckt oder gefällte Bäume wieder zum Grünen gebracht? Imaginieren ist nicht Bewirken, dies ist die Lehre des Gedichts. Die Entlarvung des stolzen Gestalters, des nicht genannten Orpheus, gelingt Desnos mit dem Mittel der Übersetzung sagenhafter Übertreibungen in eine transparente, trivialisierende Metaphorik. Eklatante Beispiele liefert dafür die Versgruppe 35—39, wo sich die Bezeichnungen elementarer Naturgewalten als uneigentliche Benennungen erotischer Vergnügungen offenbaren, so daß die angebliche Besänftigung durch die Stimme des Dichters in den Bereich der menschlichen Sinnenwelt herabgestuft wird: da drehen sich Wirbelstürme im Mund des Rufers, Orkane färben ihm die Lippen rot, wenn es hoch kommt, zerzausen ihm Taifune das Haar, und in Zyklonen empfängt er *des baisers d'ivresse.* Die den Leser anfänglich täuschende Dichterrühmung erweist sich unter solchen Aspekten als desillusionierende Parodie. Es ist nicht nötig, den ganzen Text nochmals zu durchforschen, um Beweise für diesen metapoetischen Hintersinn zu finden. Ein letztes Beispiel parodischer Dichtungsreminiszenz dürfte genügen, um unsere These zu erhärten.

Warum weckt die Stimme in den Versen 13/14 neben der *fumée des volcans* auch *celle des cigarettes* und obendrein noch *les ronds de fumée des cigares de luxe*? Handelt es sich nur um provozierenden Anachronismus und eine amü-

IV. Vom Bekunden zum Verstummen

sante Dekoration, wie das Kaffeekochen in Anouilhs *Antigone* (1942/44)?[28]
In der Antwort auf den Ruf liegt auch die Antwort auf unsere Frage:

> 42 la fumée des volcans me vêt de ses vapeurs
> et celle des cigarettes me parfume
> 44 et les ronds de fumée des cigares me couronnent

Der Dichter nimmt hier die Pose blasierter Selbstgefälligkeit an, er hüllt sich in den Mantel vulkanischer Schwefeldämpfe, läßt sich genießerisch von Zigarettenrauch parfümieren und von Zigarrenrauchringen „krönen". Wir zögern, diese verschiedenen Arten von Vernebelung als Verfälschung einer dichterischen Botschaft oder als absichtlichen Verstoß gegen die Pflicht zur Klarheit auszulegen. Den Sinn gibt das eigenartige Bild erst preis, wenn man die zweimal begegnende Formel *les ronds de fumée des cigares* (Verse 14 und 44) als Zitat aus einem berühmten metapoetischen Gedicht Stéphane Mallarmés von 1895 erkennt. Dort definiert Mallarmé in drei und einem halben Siebensilber-Quatrains sein Ideal einer der gemeinen Realität fernbleibenden *vague littérature* und den subtilen Vorgang ihrer Konzeption durch das Bild des Zigarrenrauchens mit dem kunstvollen Formen der Rauchringe durch den Mund:

> Toute l'âme résumée
> Quand lente nous l'expirons
> Dans plusieurs ronds de fumée
> 4 Abolis en autres ronds
>
> Atteste quelque cigare
> 6 Brûlant savamment [. . .][25]

Wie in den „Schwindelgefühlen der Maurer" und der „Wüstenflucht der Architekten" das orphische Pathos Valérys ironisiert wurde, so wird in dem Bild des in Rauchschwaden gehüllten und von Rauchringen wie von Heiligenscheinen glorifizierten Dichters die Attitüde des großen Meisters parodiert, den Valéry obendrein im *Paradoxe sur l'architecte* als orphischen Tempelbauer den einfallslosen ‚Maurern' entgegenhält: *[. . .] loin des vers, loin des symphonies, les maçons élaborent des combinaisons incurieuses. La poésie a obtenu son constructeur de Temples qui taillait les mots longuement comme des pierres*

---

[28] Vgl. G. Goebel, *J. Anouilh, Antigone,* in: Pabst, *Das moderne französische Drama,* 174 ff.
[25] Zit. nach Mallarmé, *OC,* 73. Mallarmés Überzeugung von der Interdependenz der Künste und in der Préface zu *Les Dieux antiques* (1880) dokumentierte Orpheus-Bewunderung dürften Impulse gegeben haben.

dures [. . .][30] Wenn es noch des Ursprungsnachweises für die in *maçons, architectes* und *ronds de fumée des cigares* angelegten poetologischen Anspielungen von Desnos bedurft hätte, so ist er mit diesem Satz Valérys gegeben.

Wie Orpheus, so sind also — ohne genannt zu werden — Paul Valéry und Stéphane Mallarmé in *La Voix de Robert Desnos* präsent, und es wird ihr bekennerisches Pathos in paradoxen Bildern persifliert, es wird ihr architektonisches Streben sogar durch Andeutung zweier ungleicher Gedichtkolumnen ironisch ‚nachgeahmt'[31]. Die Stimme des Robert Desnos genannten jüngsten Orpheus ist also die eines Ernüchterers und Spötters, aber sie ist zugleich die Stimme eines in der Liebe Gescheiterten. Das mitternachts erhaschte Lächeln und das erbarmungslose Verstummen der Geliebten sind Kennzeichen eines echten Liebesgedichts. Aber es werden auch andere erotische Klänge angeschlagen: da ist die Umkehrung des Verhältnisses nicht erwiderter Liebe bei den *femmes que je n'adore pas* [. . .] *et qui m'adorent* (32—34), da sind die sinnlichen Begierden (*j'appelle la chair*, 20, und *la chair palpite à mon appel*, 58), da sind die metaphorisierten sexuellen Räusche (*tornades, ouragans, typhons, cyclones* etc., 35—39), da sind schließlich *amours* und *amoureux* (15), die auf die Stimme hören (46), von denen es aber enigmatisch heißt:

> 45 les amours et l'amour si longtemps poursuivis
> se réfugient en moi

Noch einmal muß hier das Verständnis eines Verses ‚von außen' herbeigeführt werden, wenngleich nicht aus einem anderen Autor. Als dieser Vers geschrieben wurde, arbeitete der Autor sicher schon an dem langen Prosagedicht, in dem er seinem érotisme — für die 1927 herrschenden Auffassungen von Schicklichkeit — zu freien Lauf ließ, so daß ihn das Tribunal Correctionnel de la Seine zu einer erheblichen Kürzung des Textes verurteilte. *La Liberté ou l'amour!*, in der verstümmelten Fassung in den Editions Kra erschienen, konnte ungekürzt erst 1962 vom Verlag Gallimard publiziert werden[32].

---

[30] Zit. nach Valéry, *O* II, 1403.
[31] Zum Säulenmotiv: Valéry, *Cantique des Colonnes* (1919) (*O* I, 116 f.).
[32] Vgl. Roland Purnal, *R. Desnos*, in Laffont-Bompiani, *Dictionnaire biographique des auteurs. A/J*, 416; nach Wilpert, *Lexikon der Weltliteratur*, I (Autoren) erschien *La Liberté et l'amour* dt. 1973: *Die Abenteuer des Freibeuters Sanglot*. — Von Desnos auch der Essay *De l'Erotisme considéré dans ses manifestations écrites et du point de vue de l'esprit moderne* (Ed. Cercle des Arts, 1953).

IV. Vom Bekunden zum Verstummen

In *La Voix de Robert Desnos* mischen sich, wie die Analyse glaubhaft gemacht haben dürfte, Scherz und Ernst auf eine verwirrende Weise, ohne doch die schockierende Schärfe anzunehmen, die André Breton als den *Humour noir* definierte; Desnos ist daher auch nicht in Bretons *Anthologie de l'Humour noir* eingegangen[33]. Die Selbstidentifikation mit Orpheus[34], die das Gedicht vortäuscht, ist Selbstironie. Als Weltveränderer nimmt sich dieser Rufer selbst ebenso wenig ernst wie die feierliche Sprach-Architektur der Schule Mallarmé-Valéry. Aber den Rahmen der metapoetischen Parodie bildet das Scheitern des um Liebe Werbenden, und dieses Scheitern ist ein Leitmotiv der Lyrik von Robert Desnos überhaupt. Unmißverständlich düstere Akzente sind obendrein durch Werktitel gesetzt: *Les Ténèbres* heißt der Zyklus von 1927, den *La Voix de Robert Desnos* eröffnet; unter noch schwärzeren Zeichen steht die Werksammlung, die die lyrische Gesamtproduktion von 1919 bis 1929 im Jahr 1930 präsentiert, denn nichts anderes als unrettbares Versinken, einen Untergang ‚mit Mann und Maus', bedeutet der Titel *Corps et biens*.

Noch einmal, kurz vor der brutalen Zerstörung von Desnos' Leben durch die Verschleppung in die Konzentrationslager, begegnet Orpheus als Urbild des schöpferischen Dichters in dem Gedicht *Art Poétique,* das den Auftakt zu dem unvollendeten Zyklus *Sens* (1943)[35] bilden sollte. Hier ist das Vertrauen in den göttlichen Ursprung der Dichtung und in ihre Kraft gefestigt. Das in 79 freien Versen konzipierte Gedicht, eine Art metapoetische Kosmogonie, ist Reprise und Antithese von *La Voix de Robert Desnos.* Lyrisches Ich ist der Vers selbst, ein Alexandriner, der fünfmal refrainartig bekennt:

    Je suis le vers témoin du souffle de mon maître (4/ 10/ 17/ 29/ 79).

---

[33] Bretons *Anthologie de l'Humour noir* (1940), Livre de Poche, 2739, 8.
[34] Nach Kushner, *Le Mythe d'Orphée,* haben die Franzosen, abgesehen von Nerval, die Selbstidentifikation eines Novalis mit Orpheus nicht übernommen (176). Hätte demnach Desnos die französische Tradition gewahrt? Als Teilnehmer an der Orpheus-Welle nach dem 1. Weltkrieg nennt E. K. (121 ff.) außer Apollinaire und Goll: Divoire, Barzun, Maurras, Gide, Supervielle, Drouot, Yourcenar, Le Cardonnel, Daniel-Rops; Segalen, Cocteau, Anouilh, Pierre Jean Jouve, Pierre Emmanuel. (Des letzteren *Tombeau d'Orphée* (1941) 1967 in Neuausgabe: *Tombeau d'Orphée suivi de Hymnes orphiques,* P. Seghers). — Ein jüngerer Lyriker, Olivier Perrelet (geb. 1944), sieht in *Orphée 2200* (nach 1969) den Sänger seines Wirkungsbereichs beraubt, denn im Jahr 2200 wird es keine wilden Tiere mehr geben (vgl. Anthologie Bern. Delvaille, *La nouvelle Poésie française,* 398 f.).
[35] Zit. (uns Verszählung) nach R. D., *Destinée arbitraire* (Coll. Poésie) 203—206.

Wie Adam (1. Mos. 2,7) entsteht der Vers aus Erdenschlamm durch den Hauch seines Schöpfers, über *ordures* und *pourriture* steigt er zu leidenschaftlicher Liebe für alles Seiende empor und rühmt zuletzt:

> Beau temps
> Pour les hommes dignes de ce nom
> Beau temps pour les fleuves et les arbres
> [...]
> Et la joie de vivre
> Et une main dans la mienne
> [...] (71—77)

Seines Meisters Orpheus gedenkt dieses Ich, die Dichtung, unter Anspielung auf seine hohe Abkunft (von einem Gott und einer Muse) und auf sein grausames Ende (durch die Mänaden) wie eines Gottes, der — dem Chaos entstiegen — den Opfertod für seine frohe Botschaft stirbt:

> Enfin le voilà qui sort de sa bauge
> L'écorché sanglant qui chante avec sa gorge à vif
> Pas d'ongles au bout de ses doigts
> Orphée qu'on l'appelle
> Baiseur à froid confident des Sibylles
> Bacchus châtré délirant et clairvoyant
> Jadis homme de bonne terre issu de bonne graine par bon vent
> Parle saigne et crève
> Dents brisées reins fêlés, artères nouées
> Cœur de rien
> Tandis que le fleuve coule roule et saoule
> [...] (50—60)

Unüberhörbar sind in diesem Gedicht die Hinweise auf die Rolle des Orpheus und auf das Thema Entstehung des Menschen durch Zerreißung eines Halbgotts in griechischen Theogonien sowie auf die Erlöser-Präfiguration, die — zeitweilig — das Christentum als ein bedrohliches Element der Orphik zu erkennen glaubte[36].

Literatur in Auswahl

1. Lyrik-Editionen. Desnos:

1919, *Le Fard des Argonautes*; 1926, *A la Mystérieuse*; 1927, *Les Ténèbres* [darin: *La Voix de R.D.*]; 1927, *La Liberté ou l'amour* [gekürzt]; 1930, *Corps et biens*

---

[36] Zu O. in den Theogonien vgl. *Lexikon der Alten Welt*, s.v. *Orphik*, 2173; zu O. als Präfiguration Christi: Frenzel, *Stoffe*, 486 f.

[darin: *La Voix de R. D.*]; 1930, *The Night of Loveless Nights;* 1934, *Les sans Cou;* 1936, *Les Portes battantes;* 1942, *Fortunes* (^{2}1969); 1944, *Destinée arbitraire;* 1946, *Choix de Poèmes,* préf. de Georges Hugnet; 1947, *Cinq Poètes assassinés,* Hg. Robert Ganzo [Texte u. a. von R. D.]; 1953, *Domaine public,* Avant-propos de René Bertelé [darin: *La Voix de R. D.*]; 1953, *De l'Erotisme considéré dans ses manifestations écrites et du point de vue de l'esprit moderne.* Essai; 1958, *Gedichte,* übertr. v. Paul Celan, Merkur 123 (XII, 1950); 1962, *La Liberté ou l'amour* [ungekürzt] suivi de *Deuil pour deuil;* 1962 (^{1}1949) Choix de textes. In: Pierre Berger, *Robert Desnos* [vgl. u.]; ^{2}1963, *Destinée arbitraire* (^{3}1975) vgl. u. Dumas; 1968, *Ausgewählte Texte* (Hg. Pierre Berger) Neuwied-Berlin; 1973, *Die Abenteuer des Freibeuters Sanglot* [= *La Liberté ou l'amour*]; 1975, *récits nouvelles poèmes.* — Unsere Zitate nach: *Corps et biens,* préf. de R. Bertelé (Coll. Poésie) Gallimard, 1972.

2. Literatur über Desnos:

BERGER, PIERRE: *Robert Desnos.* (Poètes d'aujourd' hui, 16) 1968/*R. Desnos. Ausgewählte Texte,* deutsch, Neuwied/Berlin, Luchterhand, 1968; BERTELÉ, RENÉ: Avant-propos zu *Domaine public* (Le Point du jour) NRF, 1953; BERTELÉ, R.: Préface zu *Corps et biens* (Coll. Poésie), 1972; BRETON, ANDRÉ: *Entrée des Médiums* (1922), in: *Les Pas perdus* (Coll. Idées, 205) 122—131/chap. VI—VII; BUCHOLE, ROSA: *L'Evolution poétique de Desnos.* (Acad. Royale de Langue et de Litt. françaises de Belgique) Bruxelles 1956; DAVIS, HÉLÈNE SUZANNE LAROCHE, *Rêverie et lyrisme dans l'œuvre de R. D.* La conquête d'un langage. Stanford Univ. USA, Ann Arbor 1974; DUMAS, MARIE-CLAIRE (Hg.), *R. D., Destinée arbitraire.* Textes réunis et présentés avec de nombreux inédits. (Coll. Poésie) Gallimard ^{3}1975; Europe. N° spéc. 517/518 (1972); LABORIE, PAULE: *R. D. Son œuvre dans l'éclairage de A. Rimbaud et G. Apollinaire.* Essai. Libr. A.-G. Nizet, 1975; NADEAU, MAURICE: *Histoire du Surréalisme,* chap. „L'Epoque des sommeils. Desnos". 71—78; POHL, REINHARD J. A.: *Die Metamorphosen des negativen Helden.* Imagination und Mythologie im Werk von R. D. (Hamburger romanistische Dissertationen, 17) 1977.

Erst nach der Niederschrift dieses Kap. erschien:
CAWS, MARY ANN: *The Surrealist Voice of Robert Desnos.* Univ. of Massachusetts Press, 1977.

3. Literatur zum Thema Orpheus:

BLANCHOT, MAURICE: *L'Espace littéraire.* BOISSON, MADELEINE: *Orphée et anti-Orphée dans l'œuvre d'Apollinaire.* La Revue des lettres modernes, N°s 249—253 (1970) *G. Apollinaire,* 9; BRÄKLING-GERSUNY, GABRIELE: *Orpheus, der Logos-Träger.* Eine Untersuchung zum Nachleben des antiken Mythos in der französischen Literatur des 16. Jh. (Freiburger Schriften zur Roman. Philol., 13) München, Fink, 1975; DIEZ DEL CORRAL, LUIS: *La Función del mito clásico en la literatura contemporánea.* Madrid, Gredos, 1957 (cap. IV—V); KUSHNER, EVA: *Le Mythe* d'*Orphée dans la littérature française contemporaine.* (Diss. MacGill Univ., USA, 1956) Ed. Nizet, 1961; MARCUSE, HERBERT: „Orpheus und Narziß: zwei Urbilder" (*Triebstruktur und Gesellschaft,* Kap. VIII); REHM, WALTHER: *Orpheus.* 1950; SEWELL, E.: *The Orphic Voice.* Yale, 1960; STEWART, WILLIAM: *Style, Form and Myth.* The Orpheus Sonnet of P. Valéry. (Stil- und Formprobleme der Literatur) Heidelberg, C. Winter, 1959; STILLERS, RAINER: *M. Blanchot: Thomas l'Obscur.* (Beitr. z. Lit. u. Lit.-Wiss. d. 20. Jh., I) 3. Exkurs (‚Thomas l'O.' und der Orpheus-Mythos) Frankfurt a. M., P. Lang, 1979; ZIEGLER, K.: „Orpheus in Renaissance und Neuzeit." In: *Form und Inhalt.* Fs . O. Schmitt. 1950.

3. Antonin Artaud und die versagende Sprache

Im ersten Band von Artauds *Œuvres complètes* eröffnet das Gedicht *Boutique de l'âme* die kleine Sammlung der *Poèmes (1924—1935)*[1]. Seine erste Fassung entstand am 20. Mai 1923, zur Zeit von Artauds Teilnahme am Surréalisme, unter dem Titel ‚Boutique fantasque' und enthielt zwei, vor der Erstveröffentlichung vom 1. April 1924 in der Zeitschrift *Cap* (= Critique, Art, Philosophie) vom Autor wieder eliminierte Versgruppen, deren Interpretation hier unterbleiben kann[2]. Der jetzige Titel des Gedichts erscheint schon im Erstdruck.

Hier zunächst eine Wort-für-Wort-Übersetzung der in sechs Versgruppen aufgegliederten 23 Verse[3] von „Werkstatt der Seele":

(I) Göttliche Daumen, helft mir, (1) Zu skulptieren diese Stirnen, die zurückweichen, (2) Diese gestreckten Ohren in Metall, (3) Diese Wangen, die Rosen aufschwellen, (4) Und diese Münder, die sich wieder verschließen (5) Unter der Berührung meiner Finger. (6)

(II) Die Werkstatt tanzt und weitet sich, (7) Erstaunliches Massaker-Spiel. (8)

(III) „Die Haare, glänzend und ganz dick, (9) Bedecken mit schwarzem und schwerem Kraut (10) Die Röte des tauben Ohrs (11) Und die Hälse, von Fetten gepolstert. (12)

(IV) „Ungreifbare Festigkeit: (13) Ebbe und Flut, verschwindet, (14) Verschwindet, Puppen von Seelen, (15) Mit euren Felsenbeinschädeln. (16)

(V) „Breitet, unwandelbare Brauen, (17) Die Nachsicht eures Geästes (18) Über den zähen und harten Stein (19) Der Gesichter, die ich ertappt habe." (20)

(VI) Seid Felsgestein, seid der Satz, (21) Der am Mund eines Menschen zittert, (22) Der in seinem Gedanken zaudert. (23)

In die Augen springt zuerst die Kongruenz der syntaktischen Gefüge mit den Versgruppen, es sind 6 Sätze in 6 Blöcken. Als zweites tritt hervor eine durch Anführungszeichen und strophisches Gleichmaß (drei Quatrains) betonte direkte Rede (III, IV und V). Die sie umgebenden Versgruppen

---

[1] Antonin Artaud, 1896—1948. Zit. nach *OC*; hier I 283 f.
[2] Die eliminierten Versgruppen: 1. ein Dreizeiler vor Gruppe I (Déballages ridicules / Têtes et corps, boutique effrénée / Qui se jette sur nos pensées); 2. ein vierter Quatrain (Or les lèvres fixent des chiens / Avec leurs claquements intenses / Le foisonnement du silence / Se recouvre de jappements).
[3] Uns. Zählung: Versgruppen römisch, Verse arabisch beziffert.

sind unregelmäßig ausgedehnt: 6 Verse (I), 2 Verse (II) und 3 Verse (VI). Bei metrischer Analyse ergibt sich weiter, daß aus dem Gleichmaß von 22 Achtsilbern ein einziger Neunsilber herausragt, daß ihm also besondere Aufmerksamkeit gebührt: Vers 13 *Insaisissable solidité*. Das Gleichmaß der Achtsilber wird allerdings durch (herkömmliche) Freiheiten in der Behandlung des *e atone* vor Konsonant (hier dreimal nichtlautend) sowie eines *e entravé* im Versfinale[4] ermöglicht.

Das vorwiegend aus Anrufen und Imperativen bestehende Gedicht — nur die Versgruppen II und III sind Aussagesätze — wird im Ich-Ton gesprochen. Sind aber das mit *secourez-moi* (1) und mit *mes doigts* (6) hervortretende und das mit *j'ai surpris* (20) seine Präsenz bekräftigende Ich miteinander identisch? Diese Frage impliziert zugleich die Frage nach der Bedeutung der durch Anführungszeichen und drei Quatrains (III, IV, V) hervorgehobenen Rede. Tatsächlich scheinen zwei Stimmen ‚Ich' zu sagen, ohne daß dieses Reden ein Dialog wäre, und die Grenze zwischen beiden Ich-Reden wird nicht durch die Hervorhebung der drei Quatrains markiert (wo das von Anfang an sprechende Ich, durch den spukhaften Wechsel von sich formenden und wieder zerfließenden Gesichtszügen erschreckt, in beschwörende Ausrufe ausbricht), sondern durch eine kaum wahrnehmbare Metamorphose, die in Versgruppe VI aus dem bisherigen Bildhauer den Dichter werden läßt. Der Bildhauer erweist sich am Schluß als Metapher, er war das Double des Dichters: das Schlußwort spricht ein Ich, das nicht in Stein, sondern in Sprache gestalten will; dem fließenden Rohstoff (Sprache) soll als Abbild des Gedankens ein solider (harter, greifbarer) Satz abgetrotzt werden.

Das ganze Phänomen von Artauds Sprachnot scheint in diesem Gedicht anzuklingen. Unheimliche Widerstände stellen sich dem Willen des mit Worten Schaffenden in den Weg, so daß er die Hilfe einer göttlichen Hand erfleht: *Pouces divins, secourez-moi* (1). Die Stirnen, die er, metaphorisch sprechend, formen will, fliehen unter seinen Händen ebenso zurück wie die von ihm schon imaginierten aufmerksam lauschenden Ohren und die jugendlich gerundeten rosigen Wangen. Das schon beinahe geformte Lippenpaar, das sich zum Atmen oder Sprechen öffnen wollte, schließt sich wieder unter der Berührung der kraftlosen Modelliererhand. Mißlingende Kreativität, angsterregender Sicherheitsverlust. Unter den Füßen des um Gestaltung Ringenden tanzt der Werkstattboden, vor seinen Blicken tanzen die Wände. Er sieht sich einem als Spiel getarnten Massaker ausgeliefert (8), einem *Etonnant jeu de massacre*, das ihm den Griff nach den Formen verstellt, ihn

---

[4] Morier, *Dictionnaire*, s.v. *caduc (e)*, 146 ff.

um die Frucht seines Handwerks betrügt. Das Scheitern, der geistig-künstlerische Schiffbruch wird nicht nur durch die Kakophonie des aus dem Rhythmus fallenden 13. Verses mit der Fülle seiner s-Laute versinnlicht *(Insaisissable solidité)*, sondern auch in seiner Absurdität durch die Figur des Oxymoron gespiegelt, ein Sprachgebilde, das den Widerspruch in sich enthält: feste und doch ungreifbare Form. Das Ich sieht in dem Gerinnen und Zerrinnen von Gestalt und Gesicht, dem *Flux et reflux* (14), in den gaukelnd auf es zukommenden und tückisch wieder zurückweichenden Köpfen eine Halluzination *(fantoches de l'âme,* 15), es ruft vergeblich nach lebendigen Augenbrauen, menschlicher Wärme, nach *L'indulgence de vos ramures* (18), um den steinernen Fratzen Atem einzuhauchen. Denn nur solche Fratzen hat es bei der Suche nach Gestalt ‚ertappt'; wirkliche Gesichter vermag es nicht aus dem Nebel zu holen. Ähnlich dem dichtenden Bildhauer Michelangelo weiß Artauds ‚Ich', daß zu dem im Stein oder Stoff oder im Geist schon vorgebildeten Konzept des Künstlers nur schöpferisch durchdringt: *La man, che ubbidisce all'intelletto;* sein Scheitern zwingt ihn zu der Erkenntnis, die jener um 1540 in dem Sonett *Non ha l'ottimo artista alcun concetto*[5] mit der (allerdings durch den erotischen Kontext gemilderten) Klage ausdrückt, er könne nicht mehr leben, weil seine Kunst im Widerspruch zu seinem Wollen stehe: *perch'io più non viva, / Contraria ho l'arte al disiato effetto.*

Das aus dem Alptraum erwachende Ich der drei Schlußverse Artauds, das aus dem halluzinatorischen Werkstatt-Erlebnis die Folgerung für sein eigenes Schaffen zieht, ist nicht mehr Allegorie und Metapher, sondern der Autor selbst. Es ist die eigenste Not des Dichters, daß Ungreifbares nicht fest und faßbar werden will, daß der Satz nur zaudernd artikuliert werden kann, weil der kranke Dichter ‚in seinem Denken strauchelt'. Trotz der Anklänge an ältere Lyrik ist *Boutique de l'âme* weit davon entfernt, nur als Kunstübung auf surrealistische Art das Bild des scheiternden Künstlers oder des Zauberlehrlings in der Werkstatt zu variieren[6]. Es markiert vielmehr den

---

[5] Michelangelo Buonarroti. *Sonette.* Übs. u. hgg. v. Edwin Redslob, Heidelberg, L. Schneider, 1964, 146 f. (LXXXIII): „Der beste Meister kann kein Werk beginnen, / Das nicht der Marmor schon in sich umhüllt, / Gebannt in Stein, jedoch das Werk erfüllt / Die Hand, sie folgt dem Geist und seinen Sinnen. (1—4) [...] nicht leben könnt ich mehr, / Vermöcht' mein Werk das Ziel nicht zu gewinnen." (7—8).

[6] *Boutique* weist Analogien mit Goethes *Zauberlehrling* auf:

Goethe: Schauplatz Werkstatt der Magie.
Redeform: Wechsel von Imperativen mit Aussagen.

Artaud: Werkstatt der Imagination.
Redeform: Wechsel wie bei G.

Existentielle Angst

aus dem Briefwechsel mit Jacques Rivière bekannten Kulminationspunkt einer schweren existentiellen Not des Menschen Artaud. Der seiner Vollendung und sprachlichen Formung ausweichende Gedanke, sein Nicht-zum-Satz-Gerinnen, die Vereitelung des sprachlichen Werdeprozesses durch das ‚Wegrutschen' der Wörter — im Gedicht versinnlicht durch das Tanzen des Bodens und das Zurückweichen der Wände der inneren Werkstatt — ist das Grundmotiv von Artauds Leben und Dichtung. Die Angst vor dem Versagen der Sprache, vor der Unmöglichkeit, sich durch Wörter und Sätze mitzuteilen, seine dichterische Konzeption zu gestalten, führt zum Zweifel an der Verwendbarkeit artikulierter Sprache als Kommunikationsmittel überhaupt und zuletzt zur Geringschätzung und Verwerfung der Sprache als eines versprochenen, aber verweigerten göttlichen Erbteils.

Schon in dem wahrscheinlich 1920—1921 entstandenen Gedicht *Le Palais hanté* drückt sich solche Angst unter dem Schleier einer Märchen- und Spukvision aus. Noch ist die Seele nicht *boutique*, sondern *un beau palais, un rayonnant palais*, wo *Le Roi Pensée avait ses assises étranges*. Es bewegen sich im Zauberschloß unter der Herrschaft des Souveräns *des âmes au son d'un luth / Dans un ordre parfait*. Doch furchtbares Unheil bricht über die wohlgeordnete Welt herein:

> Mais un jour s'éploya le vol des noirs esprits
> Ils passèrent comme une vague de ténèbres

Str. 12 *Helft mir, ach! ihr hohen Mächte*	V. 1 *Pouces divins, secourez-moi*
Str. 10/12 Nutzlose Spaltung des Besens; beide Teile bei neuem Hexenwerk.	V. 5—6 Nutzloser Versuch der Finger, sich schließende Lippen zu öffnen.
Str. 5 *Wie das Becken schwillt*	V. 7—8 *La boutique valse et grandit*
Str. 8 *Will ihn fassen/*	V. 13 *Insaisissable solidité*
Str. 10 *Will dich fassen/Will dich halten*	
Str. 7 *Immer neue Güsse/*	V. 14 *Flux et reflux, disparaissez*
Str. 9 *Doch schon Wasserströme laufen/ Steh doch wieder still!*	
Str. 11 *Gleich, oh Kobold, liegst du nieder*	V. 15 *Disparaissez, fantoches de l'âme*
Str. 13 *Die ich rief, die Geister, / Werd' ich nun nicht los.*	" " "
Str. 6 *Hab' ich doch das Wort vergessen!*	V. 21 *soyez la phrase*
Str. 7 *Ach, das Wort, worauf am Ende ...*	" " "
Str. 13 Schlußbefehl des alten Meisters.	V. 21—23 Schlußbefehl des Dichters.

IV. Vom Bekunden zum Verstummen

> Sur le palais. Hélas la tempête funèbre
> N'a plus laissé sur son passage qu'un long cri
> De désespoir, et le saccage de la gloire
> Du monarque prestigieux dont la mémoire
> N'est plus que le rêve d'un rêve (OC I, 195 f.)

In solche sprachliche Ordnung und Zucht vermochte Artaud anfangs der zwanziger Jahre die Erschütterung durch seine Krankheit noch zu bannen[7].

Gleichsam ein Kommentar zu solchen Gedichten ist der vom 1. Mai 1923 bis zum 8. Juni 1924 mit Jacques Rivière, dem damaligen Sekretär der *Nouvelle Revue Française,* geführte Briefwechsel; er beginnt, 19 Tage vor Entstehung von *Boutique de l'âme*, mit Rivières Mitteilung, daß er eine Anzahl von Gedichten Artauds nicht in der NRF publizieren könne, aber den Autor durch eine Unterredung kennenlernen wolle. Gut zwei Wochen nach Entstehung des Gedichts, am 5. Juni 1923, dem Tag dieser ersten Begegnung, gibt ein ausführlicher Brief Artauds an Rivière wichtige Erläuterungen: von fundamentaler Bedeutung wäre für den Verfasser die *recevabilité absolue* und damit die *existence littéraire* der wegen Unvollkommenheiten des Ausdrucks zurückgewiesenen Gedichte. Artaud gesteht, daß er an einer *effroyable maladie de l'esprit* leidet, deren Symptome er beschreibt:

> Ma pensée m'abandonne à tous les degrés. Depuis le fait simple de la pensée jusqu'au fait extérieur de sa matérialisation dans les mots. Mots, formes de phrases, directions intérieures de la pensée, réactions simples de l'esprit, je suis à la poursuite constante de mon être intellectuel. Lors donc que *je peux saisir une forme,* si imparfaite soit-elle, je la fixe, dans la crainte de perdre toute la pensée. Je suis au-dessous de moi-même, je le sais, j'en souffre, mais j'y consens dans la peur de ne pas mourir tout à fait.[8]

Die von Rivière beanstandeten, unvollkommenen oder mißlungenen Wendungen — so heißt es weiter — entsprängen einem *sentiment central* und zugleich der *incertitude profonde de ma pensée,* aber diese Unsicherheit erscheine ihm schon als Glücksfall neben der *inexistence absolue dont je souffre quelquefois.* (30) Es handele sich nicht um Sein oder Nichtsein sogenannter

---

[7] 1905 erkrankte A. A. neunjährig an schwerer Meningitis; 1914 Nervenklinik bei Marseille; 1916—1919 psychiatrische Internierungen (Frankreich, Schweiz); 1920 Pflegegast von Dr. Toulouse, Paris; 1937 Internierungen Le Havre; 1938—1939 Sotteville-lès-Rouen, Sainte-Anne; 1939—1943 Ville-Evrard; 1943—1946 Rodez. A. schrieb in Kliniken mit luzidem Verstand Briefe (vgl. u.a. *Lettres écrites de Rodez 1943—1946* (*OC* X, XI) und andere Schriften.
[8] Jacques Rivière, 1886—1925, Kritiker, Essayist, Romancier, Mitbegründer und Sekretär der NRF seit 1909. Zit. nach A. A., *OC* I.

Inspiration, sondern um *une absence totale, d'une véritable déperdition,* die vorgelegten Gedichte seien *les lambeaux que j'ai pu regagner sur le néant complet.* Unerträglich also der Gedanke, daß solche Zeugnisse einer *existence spirituelle* wegen einiger Ausdrucksmängel als nichtexistent betrachtet würden. Habe denn ein *poème défectueux mais semé de beautés fortes* geringere literarische Authentizität als ein formvollendetes Gedicht ohne großen inneren Widerhall? Für ihn stehe nichts geringeres auf dem Spiel, als die Entscheidung, ob er das Recht habe, in Vers oder Prosa weiter zu denken. (31 f.)

Wir dürfen hier nicht mit Mallarmé einwenden, daß Gedichte nicht aus Gedanken gemacht werden, sondern um die Einsicht geht es (die J. Rivière damals nicht hatte), daß für einen Dichter in extremer Not zur Form geronnene, Sprache gewordene Empfindungs- und Denkakte zur Vorbedingung seiner geistigen Existenz und seines Überlebens geworden sind. Welche Hilfe für Artaud um diese Zeit die Anerkennung und Ermutigung durch einen anderen Sachkenner bedeutete, bezeugt ein drei Tage nach der Niederschrift von *Boutique de l'âme* geschriebener Brief an Génica Athanasiou[5]; Daniel Henry Kahnweiler, der 1923 Artauds Gedichtzyklus *Tric Trac du Ciel* verlegt hatte, einer der prominenten Kunstkenner der Epoche[10], hatte — wie der Brief bezeugt — das neue Gedicht über alle anderen Arbeiten Artauds gestellt, es als einen Schritt vorwärts im Schaffen des Dichters und als repräsentativ für *un état d'esprit authentique de notre époque* beurteilt — *malgré tout ce que J. R. m'a dit.* Kahnweilers Urteil stärkte Artauds Selbstvertrauen und gab ihm Anstöße zu weiteren Eigenanalysen. Als freilich Rivière — in Analogie zu Kahnweiler — dann Artauds verzweifelten Kampf aus dem individuellen Leiden in die Problematik der Epoche emporzudeuten versuchte, wies dieser alle Beschwichtigungen zurück und reagierte mit um so schonungsloserem Hinweis auf die Symptome seiner Krankheit. Die subtilen und luziden Analysen seiner seelisch-geistigen Kondition, die er vor allem mit der Defizienz sprachlicher Konkretion in Zusammenhang brachte, gaben seinen Briefen an Rivière das einzigartige Gewicht einer kritischen Selbstdiagnose, sein Ringen um Ausdruck stieß hier in die Dimension des Rationalen vor, die den Briefempfänger stärker ansprach als die in der Lyrik betretene

---

[5] A. A., *Lettres à Génica Athanasiou* (Coll. Le Point du jour) Gallimard, 1970, 64 ff.
[10] D. H. Kahnweiler (geb. Mannheim 1884, gest. 1979) seit 1902 Paris, Kunstschriftsteller, Verleger, Kunsthändler, Förderer der Fauves und Kubisten; schrieb u.a. *Der Weg zum Kubismus,* 1910 (Stuttgart 1958). Vgl.: Edw. Fry, *Der Kubismus,* 167—170 u.ö.

IV. Vom Bekunden zum Verstummen

Dimension des metaphorischen Imaginierens; die Folge war Rivières Vorschlag, statt der Gedichte den Briefwechsel zu publizieren.

Hier ist einzufügen, daß der Befreiungs- und Gestaltungswille des Dichters noch eine dritte Dimension erschließen wird: hatte schon sein Anschluß an die Gruppe der Surrealisten einen gewissen Glauben an die Möglichkeit der Aktion im Kollektiv vorausgesetzt, der freilich enttäuscht wurde und im Zerwürfnis endete[11], so werden seine späteren Entwürfe für das Theater der Zukunft geradezu ein Heilverfahren öffentlichen Charakters unter weitgehendem Verzicht auf artikulierte Sprache, durch das *Théâtre de la Cruauté*, entwickeln. Bei den Versuchen, dieses Projekt auf einer eigenen Bühne und mit eigenen Bühnenwerken zu verwirklichen, scheiterte Artaud, doch verschaffte ihm seine Essaysammlung *Le Théâtre et son double* mit großer Verspätung, seit den sechziger Jahren, überraschenden und weltweiten Nachruhm[12].

In der epistolographischen Diskussion mit Rivière sah Artaud alles andere als ein Surrogat seiner von dem Adressaten kritisierten Lyrik; trotzdem stimmte er Rivières Vorschlag vom 24. 5. 1924, den Briefwechsel anstelle der zurückgewiesenen Gedichte zu publizieren, leidenschaftlich zu, allerdings unter der Bedingung, daß die Leser zweifelsfrei zur Kenntnis seiner Situation als Schwerkranker und keinesfalls zu einer beschönigenden Stilisierung seines individuellen Falles als *phénomène d'époque* geführt würden. So beharrt er im Brief vom 29. 1. 1924 bereits auf der Charakterisierung eines inneren Zerstörungsprozesses:

> Cet éparpillement de mes poèmes, ces vices de forme, ce fléchissement constant de ma pensée, il faut l'attribuer non pas à un manque d'exercice, de possession de l'instrument que je maniais, de *développement intellectuel;* mais à un effondrement central de l'âme, à une espèce d'érosion, essentielle à la fois et fugace, de la pensée [...]. Il y a donc un quelque chose qui détruit ma pensée. [...] Un quelque chose de furtif qui m'enlève les mots *que j'ai trouvés*, qui diminue ma tension mentale [...], qui m'enlève jusqu'à la mémoire des tours par lesquels on s'exprime et qui traduisent avec exactitude les modulations les plus inséparables, les plus localisées, les plus existantes de la pensée. (35 f.)

Am 25. 5. 1924 wird dieses Bekenntnis zum Postulat vor der Drucklegung:

> Il faut que le lecteur croie à une véritable maladie et non à un phénomène d'époque, à une maladie qui touche à l'essence de l'être et à ses possibilités

---

[11] A. A., *A la grande Nuit ou le Bluff surréaliste* (1927), OC I, 363—372.
[12] Zur Nachwirkung von A. A.s Theaterdoktrin: Vf., *Theater unserer Epoche zwischen Aufbegehren und Verstummen.*

centrales d'expression [...]. Une maladie qui vous enlève la parole, le souvenir, qui vous déracine la pensée. (51)

Doch wird in dem gleichen Brief zugegeben, daß ähnliche Konzentrationsschwächen auch bei anderen Zeitgenossen wie Tzara, Breton und Reverdy begegnen können, aber ihre Psyche sei nicht substantiell *atteinte*. Ob das Übel *vraiment l'air de l'époque* (50) sei, bleibt unentschieden, aber in Augenblicken eines durch Gemeinschaftsunternehmen gesteigerten Selbstvertrauens scheint der Gedanke, doch keine völlig singuläre Erscheinung zu sein, aufzukeimen. So heißt es in einem undatierten, wahrscheinlich 1925 geschriebenen Fragment der *Textes surréalistes*, beginnend mit *Une fois pour toutes* [...]:

> je pense que tous les hommes ont le cerveau faible d'abord — et ensuite qu'il vaut mieux être faible, qu'il vaut mieux être dans un état d'abdication perpétuelle en face de son esprit. C'est un meilleur état pour l'homme, c'est un état plus normal, plus adapté à notre sinistre état d'hommes, à cette sinistre prétention des hommes de vouloir. (310 f.)

Um diese Zeit hatte Artaud bei den Surrealisten eine leitende Aufgabe übernommen, über die er im dritten Heft von *La Révolution surréaliste* berichtete: *L'Activité du Bureau de Recherches surréalistes*. Unter den Zielen der surrealistischen Umwälzung werden darin charakteristischerweise genannt: die allgemeine Entwertung der Werte, die Minderbewertung des Geistes, *une confusion absolue et renouvelée des langues,* das *dénivellement de la pensée,* der Bruch mit der Logik und ihre Disqualifikation. Im Postskriptum zu dieser Proklamation dann das Selbstbekenntnis, obiges Manifest sei

> un des premiers modèles, un des premiers aspects de ce que j'entends par la Confusion de ma langue. Elles s'adressent aux confus de l'esprit, aux aphasiques par arrêt de la langue. [...] / Et toutefois entre les failles d'une pensée humainement mal construite, inégalement cristallisée, brille une volonté de sens [...] une volonté de croyance. / [...] mais que les coprolaliques m'entendent, les aphasiques, et en général tous les discrédités des mots et du verbe, les parias de la Pensée. / Je ne parle que pour ceux-là. (346 f.)

Also kein Beharren mehr auf individuellen Krankheitssymptomen, sondern eine Art Solidaritätsappell an alle von ähnlichen Übeln Befallenen; nur für die Opfer von Aphasie und Unflatreden, als Folgeerscheinungen krankhafter Kommunikationslosigkeit, will Artaud geschrieben haben und schreiben.

Vom Briefwechsel mit Rivière spannt sich der Bogen auch bis zur späten Lyrik der vierziger Jahre, mit der Artaud in die Zonen einer erfundenen Privatsprache, des Lallens und der Lautdichtung ohne logischen und syntakti-

IV. Vom Bekunden zum Verstummen

schen Sinn *(ces syllabes que j'invente*[13]), der Glossolalie nach dem Terminus von Roman Jakobson[14] und der Koprolalie verzweifelten Schreiens (die ihn auch schon in früheren Dichtungen überkommen hatte) ausbricht. Der Brief an Rivière vom 6. 6. 1924 gipfelt in der Anklage gegen einen höheren, zerstörerischen und bösen Willen, der Artaud als Intelligenz vernichte:

> Et voilà, Monsieur, tout le problème: avoir en soi [. . .] la clarté matérielle d'un sentiment [. . .]; et qu'au moment où l'âme s'apprête à organiser sa richesse [. . .], une volonté supérieure et méchante attaque l'âme comme un vitriol, attaque la masse mot-et-image, attaque la masse du sentiment, et me laisse, moi, pantelant comme à la porte même de la vie. (52 f.)

Der gleiche desperate Zorn über Behinderung durch ‚höhere Gewalt' entlädt sich in dem Gedicht *Le Retour d'Artaud, le Mômo* (1946/1947), dem von rhythmisch-alogischen *syllabes* konkreter Poesie unterbrochenen ersten Stück des Zyklus *Artaud le Mômo*: „Der durch den psycho-schlüpfrigen Druck vom Himmel in mir verankerte, in mich verschraubte Geist ist derjenige, der alle Versuchung, alles Verlangen, alle Behinderung denkt." Dieser Anklage, die den Urheber und Stifter des menschlichen Gestaltungsvermögens und -willens zugleich als Veranlasser seiner Vereitelung denunziert, folgen das Versagen der gültigen Sprache dokumentierende Verse in *syllabes*:

```
   L'esprit ancré,            10 o dedi
   vissé en moi                  a dada orzoura
 3 par la poussée                o dou zoura
   psycho-lubrique               a dada skizi
   du ciel
 6 est celui qui pense        14 o kaya
   toute tentation,              o kaya pontoura
   tout désir,                   o ponoura
 9 toute inhibition.             a pena
                              18 poni¹⁵
```

---

[13] *OC* XII, 276, Anm. zu ebd. 13: *Le Retour d'Artaud le Mômo*.

[14] Jakobson, *Glossolalie*; zum gleichen Phänomen Paule Thévenin: *des passages constitués par des séries de phonèmes, ce que les psychiatres disent être une manifestation de glossopoïèse, mais qu'A. A. [. . .] appelait ‚ces syllabes que j'invente'*. *(entendre/voir/lire. Tel quel*, 39, S. 58; Beginn der Erscheinung 1934). — Zum Spiel mit Phonemen im Lautgedicht o. Kap. III 3 und der Essay von Alfonso Reyes: *Las Jitanjáforas* (1929) in A. R., *La Experiencia literaria*. Buenos Aires, Losada, 1952 (Bibl. contemporanea); für diesen Hinweis ist Titus Heydenreich zu danken. *Las Jitanjáforas* jetzt auch in A. R., *OC* 14 (1962) 190 ff.

[15] *OC* XII, 13.

In einer internen Versgruppe des gleichen Gedichts steigert sich das Vorwurfsmotiv zur eindeutigen, in Koprolalie endenden Anklage gegen Gott (das Wort *dieu* in fetten Drucktypen hervorgehoben wie die obigen Glossolalie-Verse 10 bis 18), einen Gott, der den Dichter mit seiner Last, auf einem seiner Knochen hockend, erdrücke, um ihn wie ein Wegelagerer seiner poetischen Mitgift zu berauben —; wobei die bildliche Vorstellung des auf einem Schädelknochen hockenden Gottes aus der vermeintlichen Lokalisierung psychisch-intellektueller Qualitäten in bestimmten Sektoren des menschlichen Gehirns herrühren dürfte:

>   Ce qui veut dire qu'il y a un os où
>   *dieu*
>   s'est mis sur le poète,
>   pour lui saccager l'ingestion
>   de ses vers,
>   tels des pets de tête
>   qu'il lui soutire par le con
>   [...]16

Behinderung und Scheitern von Gedankenartikulation und Sprachgestaltung, die Frage nach der Praktikabilität und dem Sinn von Sprechen und *écriture*, der Ausfall oder die Sinnlosigkeit des Sprechvorgangs überhaupt sind überall begegnende Grundmotive in Artauds Werk. Schlüsselwörter von eminenter Häufigkeit sind *mot, parole, langue, langage, bouche, écriture, pensée*. Eine Schlüsselstellung auf diesem Feld nimmt *Le Pèse-nerfs* (1925), eine der bedeutendsten surrealistischen Prosadichtungen Artauds, ein[17]. Thema des aus neunzehn verschieden langen Teilen (von zwei Zeilen bis zu drei Seiten) bestehenden Zyklus sind die quasi vorgeburtlichen Regungen des Denkens und Sprechens, die ‚Wehen‘ der Sprache, der nur Fehlgeburt bevorsteht[18]. Da erkennen wir sofort in den an ein ungenanntes *vous* gerich-

---

[16] Ebd. 16. Nach Thévenin, a.a.O. 73, bedeutet *le mômo* in A.s Geburtsstadt Marseille: *le fou, l'innocent, le fou du village, le fada, le dingue*; in A.s Sinn *le simple, le fou de Marseille*; der Titel *Le Retour d'A. le Mômo* meine *le retour du gouffre*. — Zur Bedeutung von *le Mômo* vgl. lexikalisch: *môme = moqueur; momerie = mascarade; momerie* = vor einer Militärkapelle herlaufende, schreiende Kindermenge; *momon = ancien jeu de dés, que les masques proposaient aux dames sans parler* (Larousse trois vols., s.v. *momerie*); last not least steckt darin die Reduplikation des Wichtigsten, worum A. ringt: *mot-mot*. Zur *raillerie* in *le Mômo* vgl. *Momus*, antiker Gott des Gelächters; griech. $\mu\tilde{\omega}\mu o\varsigma$ (Schmach) und $\mu\omega\mu\varepsilon\dot{\upsilon}\omega$ (höhnen).
[17] Wir zit. *Le Pèse-Nerfs* nach A. A., *OC* I, 97—144.
[18] Hinweise auf Schwangerschaft und Fehlgeburt im Vokabular: *germination/ naître/remuantes rencontres/secousse* (101 f.), *la douleur d'un ajustement avorté* (104), *état d'extrême secousse / avec dans un coin de soi-même* (107), *qui avorte* (108), usw.

teten Eingangsworten des lyrischen Ich die Apostrophierung jener ‚höheren Gewalt', jenes *esprit* und Gottes, der Disposition und Raum für dichterische Rede bereitstellt, aber ein Ausreifen der im Keim angelegten Gabe tückisch vereitelt; alles ist *en puissance* vorhanden, *une germination virtuelle* drängt zur Geburt, aber der Wille und Wunsch, den Gedanken in die bereitstehende sprachliche Form zu gießen, erweist sich stets als *cet état d'absurde impossible* (101). Der Prozeß gedeiht nicht über den Bereich *Avant la pensée* (102) hinaus, alle Intelligenz erweist sich als *une vaste éventualité,* die in der Zone der *titillations de l'intelligence* und der *mots à mi-chemin de l'intelligence* (106) versickert. Das Ich, einziger Zeuge seiner selbst, will das Wort als Zeugnis ablegen; doch die zarte Pflanze des Gedankens ist zu schwach, um sich eine Rinde zu bilden,

> Cette écorce de mots, ces imperceptibles transformations de ma pensée à voix basse, de cette petite partie de ma pensée que je prétends qui était déjà formulée, et qui avorte [...] (108)

Nichts kristallisiert sich im Unbewußten, der seelische Automatismus zerbricht (111), die Dinge flocken aus (112), die Sensibilität erstarrt, die Vitalität bekommt Risse (113). In seinem tiefen Pessimismus hält der Dichter seine dennoch entstandenen Werke für Abfall, den der normale Mensch nicht anerkenne: *Ce que vous avez pris pour mes œuvres n'était que les déchets de moi-même, / ces raclures de l'âme que l'homme normal n'accueille pas* (114). Wurzel des Übels ist die Betäubung der Zunge und Sprache, *je suis vacant par stupéfaction de ma langue;* Ausdrücke, die das Denken ermöglichen, *termes,* werden zu unüberschreitbaren Grenzen: *TERMES au sens propre du mot, de véritables terminaisons, des aboutissements.* Durch die versagende Sprache wird das Ich eingezäunt, eingemauert: *paralysé par mes termes, par une suite de terminaisons* (116). Mitten in der Artikulation bleibt Zunge oder Sprache in der Schwebe. In dieser Sprachlähmung glaubt Artaud über seine Leidensgefährten hinauszuragen: *Je suis celui qui a le mieux senti le désarroi stupéfiant de sa langue dans ses relations avec la pensée* (119).

Im letzten Abschnitt von *Le Pèse-nerfs* schlägt der Ton der immanenten Klage in den Schrei einer sich nach außen kehrenden Anklage um. Das vergeblich erstrebte Ideal sprachlicher Artikulation durch Schreiben wird vom Gescheiterten seiner Würde entkleidet und als Unwert degradiert: *Toute écriture est de la cochonnerie* (120). Schockierend ist die Wende von der Hoffnung auf das Wort zur Verdammung des Worts, von dem gescheiterten Glauben und Anspruch auf Teilnahme an der Literatur zur Aggression gegen die Literatur. Alle diejenigen, die ihre Sprache beherrschen, für die Worte einen Sinn haben, für die es ‚seelische Höhen' und ‚Gedankenströmungen' gibt, *sont des cochons*; und alle, die so gut von den Zeitströmungen reden und an eine Orientierung des Geistes glauben, *ceux-là sont des pires cochons*. (120 f.) Sein eigenes ‚Nichts' stellt Artaud als Wahrheit und Einsicht in die Verlogenheit des zeitgenössischen Literaturbetriebs dar: *pas d'œuvres, pas de langue, pas de parole, pas d'esprit, rien. / Rien, sinon un beau Pèse-nerfs* [sic]. (121) Auf der Nervenwaage, mitten im Nebel der Geisteslandschaft, halten sich virtuelle Sprache und nicht-Wort-werdender-Gedanke in zernagendem Zweikampf die Balance. Hier verweigert sich Artaud einem Denken und einem Sprachverschleiß, wie die andern sie betreiben, denn sein eigenes Denken erscheint ihm in seiner Unvollkommenheit fruchtbarer als das hohle über-alles-Schwätzen der andern: *maîtres du faux verbe, trousseurs de portraits, feuilletonistes, rez-de-chaussée, herbagistes, entomologistes, plaie de ma langue.* (121 f.)

Aus der quälenden Autodiagnose ist der Verstummende als warnender Prophet einer Apokalypse hervorgegangen. In zehn Jahren wird man verstehen,

> pourquoi mon esprit n'est pas là, alors on verra toutes les langues tarir, tous les esprits se dessécher, toutes les langues se racornir, les figures humaines s'aplatiront, [...] / alors tout ceci sera trouvé bien, / et je n'aurai plus besoin de parler. (122 f.)

Der Kritiker der Wortvergeudung wird auch an anderen Stellen für die Einsparung des durch ständige Wiederholung überkommener Ideen anschwellenden Sprachüberflusses eintreten, wie beispielsweise in den Entwürfen eines nahezu wortlosen ‚essentiellen Theaters'[19]. Überrascht das Prosagedicht *Le Pèse-nerfs*, das mit der Apostrophierung des bösen Gottes einsetzt, am Schluß durch den Aufstieg aus seelischer Lähmung in die Aggression, so enttäuscht es zugleich durch das Herabsteigen des sich selbst an den Grenzen des Sagbaren beobachtenden Geistes in die Niederungen literarischer Polemik. Solcher Wechsel der Tonlage, solch unvermitteltes Nebeneinander von antiliterarischen Affekten und Bekenntnissen zum *lyrisme* ist für Artauds Prosa charakteristisch. So nimmt beispielsweise ein Aperçu der *Textes surréalistes* über die Sprache die Polemik gegen die Literaten auf, um zugleich der Sprache Aufgaben als rein lyrisches Instrument, im Irrgarten abseits von der *raison* zuzuweisen; man glaubt die Nähe Rimbauds (in den *voyant*-Briefen[20]) zu spüren:

---

[19] Vgl. o. Anm. 12.
[20] Vgl. Rimbaud, *OC*, 267—273.

IV. Vom Bekunden zum Verstummen

> Oui, voici maintenant, le seul usage auquel puisse servir désormais le langage, un moyen de folie, d'élimination de la pensée, de rupture, le dédale des déraisons, et non pas un *Dictionnaire* où tels cuistres des environs de la Seine canalisent leurs rétrécissements spirituels. (330)

Noch das 1946 geschriebene *Préambule* zur damals nur geplanten Ausgabe der *Œuvres complètes*, ein später Rückblick auf die Anfänge und auf den Briefwechsel mit Rivière[21], weist diesen charakteristischen Wechsel der Tonart auf, diesmal in aufsteigendem Sinn: von der literarischen Polemik zur poetologischen Selbstbetrachtung, von prosaischer Rede in gehobene, verslibristische Sprechweise (10 ff.). Nach mehr als zwanzig Jahren ist jene Zurückweisung der Gedichte durch den Sekretär der NRF noch nicht verschmerzt, ein Trauma, das wieder Polemik provoziert. Doch ihr folgt ein typographisch hervortretendes Textstück in freien Versen und ausgesuchtem Vokabular. Kurz nach der Episode Rivière will der Dichter auf weitere lyrische Produktion verzichtet haben, nicht weil ihn die These der Anpassung von Texten *dans les cadres du langage écrit* (die Problemstellung Rivières) beunruhigt hätte, sondern weil ihn das verstärkte Bedürfnis poetischer Selbstverwirklichung aufwühlte; mit der Antithese:

> mais dans la trame de mon âme en vie (11)

setzt der metapoetische Text ein. Versuchen wir, ihn durch eine dem Original möglichst nahebleibende Verdeutschung zu deuten: „[. . .] für mich ging es nicht darum zu wissen, was in der Lage sein würde, sich in die Ordnung des Schrift gewordenen Sprachgefüges einzuschmeicheln,[22]

> sondern darum, was ins Gewebe meiner lebendigen Seele einschösse.
> Durch welche Worte, die auf des Messers Schneide in die bleibende Fleischtönung [des Bildes] eingedrungen sind,
> in eine Inkarnation, die unter dem Brückenbogen der einsamen Flamme einer Schafottlaterne gut hinstürbe.
> Ich will sagen: deren Fleischsubstanz undurchsichtig und widerständig glänzt, leer sich aufblähend, mit Nutzen trächtig, scharf zum Begehren.
> Durch welche Worte ich ins Garn dieser finster dreinschauenden (geradezu

---

[21] *Correspondance avec Jacques Rivière* und *Préambule* enthalten Wesentliches von A.s Poetik. — Weitere Äußerungen Artauds zum Problem der Sprache: *Lettres sur le langage* (*OC* IV), *Révolte contre la poésie; L'Arve et l'Aume. Tentative anti-grammaticale contre Lewis Carroll* sowie Brief aus Rodez (9. Okt. 1945), sämtlich in *OC* IX.
[22] Zu *s'insinuer* als metaphorischer Charakterisierung lyrischer Funktionen: Kurt Weinberg, *Paul Valéry: L'Insinuant,* in: Pabst, *Die moderne frz. Lyrik,* 97 ff.

schielenden und geräuschvollen) Fleischsubstanz eindringen könnte.²³
Fleisch, zum Ausbluten unterm Hammer,
das man mit Messerhieben ausrodet.
So ist es mir also nicht gelungen, diesen fehlgeborenen Gedichten mein Gewebe einzupflanzen,
in ihre Worte — nicht meine Seele, oh! nicht meine Seele — sondern meinen Blutdruck, die Undurchsichtigkeit meiner angeborenen Überspannung, meiner exorbitanten und dürren Bedrückung einzufassen.
Ich bin ein einwärts geborenes Genital, genau genommen will das heißen, daß ich mich nie verwirklicht habe. [...] (11)

Danach beruhigt sich die Emphase wieder zu reflektierender Prosa. Spielte schon die metapoetische Einlage auf Grausamkeit als dunkle Triebkraft an, so tritt im Rest des *Préambule* durch mehrere Aphorismen der Schlüsselbegriff *cruauté* insistierend hervor:

> La liberté n'est plus qu'un poncif plus insupportable que l'esclavage. Et *la cruauté* l'application d'une idée.
> [...]
> Une descente à pic dans la chair sèvre d'appeler *la cruauté* à demeure, *la cruauté* ou la liberté.
> Le théâtre c'est l'échafaud, la potence, les tranchées, le four crématoire ou l'asile d'aliénés.
> *La cruauté*: les corps massacrés. (14; uns. Hvh.)

Hier durchdringen sich Artauds Theater-Utopie und Poetik mit seiner Lyrik, aber hier nicht zum erstenmal; begründete doch schon der Essay *La Mise en scène et la métaphysique* von 1931 (OC IV 40 ff.) den Niedergang des zeitgenössischen Theaters unter anderem mit der Abweichung vom Geist der Dichtung. (51) So mündet auch die Idee des *Théâtre de la cruauté* zuletzt in den lyrischen Bereich, wo ein solches Theater 1947 ausdrücklich als Notwehr gegen die versagende Selbstverwirklichung, und als Auto-Therapie, zur Sprache kommt (OC XIII, 110). Im POST-SCRIPTUM zu den *Le Théâtre de la cruauté* betitelten, von Glossolalie-Einlagen illustrierten Gedichten offenbart sich das Theater ohne Sprache als Auflehnung der Kreatur gegen unerträgliches physisches Elend (116). Zusammenhang zwischen theatralischer und lyrischer Doktrin läßt sich schon in der Terminologie von *Théâtre oriental et théâtre occidental* (1935/1936, in *Le Théâtre et son Double*)

---

[23] Im Original wird der Sinn durch etymologische Spielerei verdunkelt: „Par quels mots je pourrai entrer dans le fil de cette viande *torve* (je dis TORVE, ça veut dire louche, mais en grec il y a tavaturi et tavaturi veut dire bruit, etc.)" (*OC* I, 11).

erkennen; dort steht der Satz: *Or changer la destination de la parole au Théâtre c'est s'en servir dans un sens concret et spatial* (IV, 87), der nicht nur auf die eigene Glossolalie der Spätlyrik, sondern auch auf die überindividuelle und übernationale Entwicklung der Lyrik in unseren Tagen vorausweist, auf die *Poésie concrète* und den *Spatialisme*, deren Bezeichnungen von dort herrühren[24].

Artauds letzte Dichtung, *Ci-gît* (1948), entzieht hingegen in dem Abschnitt „Et ils ont tous foutu le camp" dem menschlichen Sprechen die letzte Spur von Vertrauen:

> Tout vrai langage
> est incompréhensible,
> comme la claque
> du claque-dents;
> [...] (XII, 95)

Literatur in Auswahl

1. Texte A. Artauds:

OC Tomes I—XIV + Supplément au tome I. Zit. Werke: *Premiers poèmes (1913—1923)*, *OC* I 189 ff., *Le Palais hanté* (1920—1921?) I 195 f.; *Tric Trac du ciel* (1923), I 251 ff.; *Correspondance avec J. Rivière* (1924), I, 27—58; *Poèmes (1924—1935)*, I, 281 ff., *Boutique de l'âme* (1923—1924), 283 f.; *Le Pèse-Nerfs*, suivi de *Fragments d'un journal d'enfer* (1925), I 99—131; *Textes surréalistes* (1925), I, 299 ff., *L'Activité du Bureau de Recherches surréalistes*, ebd. 344—347; *Le Théâtre et son Double* (1931—1937), IV 9—171; *Le Théâtre de la cruauté* (1932—1933), ebd. 101—153; *Artaud le Mômo* (1946—1948), XII, 11—65; *Ci-gît* (1948), XII, 75—100; *Dossier d'Artaud le Mômo*, ebd. 101 ff.; *Préambule* (1946), I, 9—15; *Le Théâtre de la cruauté* (Poème, 1947), XIII, 105—118.

2. Deutsche Übertragungen:

Die Nervenwaage. Übs. Gerd Henniger. Einführung Maurice Blanchot. (Das neue Lot, 8) Henssel-Vlg. Berlin, 1961; *Van Gogh, der Selbstmörder durch die Gesellschaft* und Texte über Baudelaire und andere. Dt. v. Franz Loechler (Batterien, 1) München, Matthes u. Seitz, 1976; *Gesammelte Schriften*. München, Rogner u. Bernhard, seit 1976.

---

[24] Garnier, *Spatialisme et poésie concrète*, führt als Motto den abgewandelten Satz Artauds: „Se servir de la parole dans un sens concrèt et spatial." Beispiele von Glossolalie bei Curtay, *La Poésie lettriste*. Zur Vorgeschichte französischer Sprachskepsis: B. Müller, *Der Verlust der Sprache*.

3. Kritische Literatur:

ANDRÉ-CARRAZ, DANIÈLE: *L'Expérience intérieure d' A. A.* avec trois lettres et un autoportrait inédits. Libr. St.-Germain-des-Prés, 1973; ARMAN-LAROCHE, J.: *A. A. et son double.* Bergerac, Imprim. du Sud-Ouest, 1963; BLANCHOT, MAURICE: *Artaud* (in *Le Livre à venir*); BONNETON, A.: *Le Naufrage prophétique d' A. A.* Edit. Lefèbvre, 1961; BRAU, JEAN-LOUIS: *A. Artaud* (Les Vies perpendiculaires) La Table ronde, 1971; BRETON, ANDRÉ: *Hommage à A. A.* (1946), in: *La Clé des champs* 129—134; CHARBONNIER, GEORGES: *Essai sur A. A.* (Poètes d'aujourd' hui, 66) 1959; DEQUEKER, J.: *Artaud, ou l'extermination des propriétés.* 1959; DERRIDA, JACQUES: *La Parole soufflée* (1965), in: *L'Ecriture et la différence.* Le Seuil, 1967, 253—292 (*Die Schrift und die Differenz*, Frankfurt a. M. 1972); DUROZOI, GÉRARD: *Artaud — L'Aliénation et la folie.* Larousse (Thèmes et Textes) 1972; HAHN, OTTO: *Portrait d'Artaud.* Le Soleil noir, 1969; HORT, J.: *A. A., le suicidé de la société.* Genève, Edit. Connaître, 1960; JOSKI, DANIEL: *Artaud.* (Classiques du XXᵉ siècle, 109). Edit. Universitaires, 1973; KAPRALIK, ELENA: Nachwort zu A. A., *Van Gogh, der Selbstmörder durch d. Gesellschaft; A. A. 1896—1948. Leben und Werk des Schauspielers, Dichters und Regisseurs.* München, Matthes & Seitz, 1978; MATTHEUS, BERNHARD: „Jede wahre Sprache ist unverständlich". *Über A. A. und andere texte zur sprache veränderten bewußtseins.* (batterien, 2) München, Matthes & Seitz, 1977; MAURIAC, CLAUDE: *A. Artaud,* in: *L'Alittérature contemporaine.* Edit. Albin Michel, 1958, 33—47; PEIGNOT, J.: *Les Jeux de l'amour et du langage.* XIV (289 ff.); PRÉVEL, JACQUES: *En Compagnie d'A. Artaud,* 1974; PURNAL, ROLAND: *A. Artaud,* in: Laffont-Bompiani, *Dictionnaire des Auteurs* (A/J); SONTAG, SUSAN: *Approaching Artaud,* 1973 (= *A la Rencontre d'Artaud.* Christ. Bourgois Edit., 1976); THÉVENIN, PAULE: *entendre/voir/lire.* Tel quel, 39 (1969) 31—63 u. 40 (1970) 67—99/*A. Artaud dans la vie.* Tel quel, 20 (spéc. Artaud); THOMPSON, PETER SIMIS: *A. Artaud. Extasy and Culture.* Brown University, 1975.

Zeitschriften-Sonderhefte: Les quatre vents, 4, 1946; Revue K, 1948; Revue 84, 1948; NRF, Bulletin consacré à A. A., 1948; Revue de Paris, mars 1959; La tour de feu, 63—64, 1959; Tel quel, 20, hiver 1965; Obliques, 10—11, 1976 (345 SS.).

Literaturverzeichnis (= LV)

Auf hier und in den Auswahlverzeichnissen zu einzelnen Kapiteln gebotene bibliographische Angaben wird in Text und Anmerkungen nur durch Autorennamen und Kurztitel hingewiesen.

Ständig gebrauchte Abkürzungen bei Texteditionen:

O	= Œuvres	OP	= Œuvres Poétiques
OC	= Œuvres Complètes	OPC	= Œuvres Poétiques Complètes
OenP	= Œuvres en Prose		
OenPC	= Œuvres en Prose Complètes	GW	= Gesammelte Werke
		SW	= Sämtliche Werke

I. Texteditionen

1. Aus den Ausgaben der *'Bibliothèque de la Pléiade'*, nrf / Gallimard, werden — sofern nichts anderes vermerkt — folgende Autoren zitiert:

Alain: *Propos / Les Arts et les Dieux / Les Passions et la Sagesse* (je 1 Bd.)

Apollinaire, Guillaume: *OP* (1 Bd.)
  OenP I (bisher 1 Bd.)

Baudelaire, Charles: *OC* (1 Bd. 1954)
  OC I (1975) / *OC* II (1976)

Claudel, Paul: *OP* (1 Bd.) / *OenP* (1 Bd.)

Cros, Charles:

Corbière, Tristan: *OC* (1 Bd.)

Eluard, Paul: *OC* I u. II

Hugo, Victor: *OP* I, II u. III

Jarry, Alfred: *OC* I

Lamartine, Alphonse de: *OPC* (1 Bd.)

Larbaud, Valery: *O* (1 Bd.)

Lautréamont:

Germain Nouveau: *OC* (1 Bd.)

Mallarmé, Stéphane: *OC* (1 Bd.)

Nerval, Gérard de: *O* I u. II

Péguy, Charles: *OPC* (1 Bd.)

Poe, Edgar Allan: *OenP* (1 Bd. Trad. de Ch. Baudelaire)

Rimbaud, Arthur: *OC* (1 Bd. [1954])

Sainte-Beuve: *O* I u. II

Saint-John Perse: *OC* (1 Bd.)

Valéry, Paul: *O* I u. II
  Cahiers (Cah.) I u. II

Verlaine, Paul: *OPC* (1 Bd.)
  OenPC (1 Bd.)

Vigny, Alfred de: *OC* I u. II

2. Andere Texteditionen:

ALBERT-BIROT, PIERRE: *Poésie 1916—1924*. Préf. d'André Lebois. Gallimard, 1967; *Grabinoulor. Epopée.* [1918—1933] Préf. de Jean Follain. Gallimard, ²1964.

Texteditionen

APOLLINAIRE, GUILLAUME: *Œuvres complètes.* (4 Bde., Hg. M. Décaudin). Ed. A. Balland et J. Lecat. 1965/1966; *Poetische Werke / Œuvres Poétiques.* Ausgew. u. hgg. v. Gerd Henniger. Neuwied u. Berlin, H. Luchterhand, 1969; *L'Enchanteur pourrissant* [...] suivi de *Les Mamelles de Tirésias* et de *Couleur du temps.* (Hg. M. Décaudin) (Coll. Poésie) Gallimard, 1972.

ARAGON, LOUIS: vgl. LV zu Kap. III 2, 3. In Coll. Poésie (Gallimard) erschienen: *Le Mouvement perpétuel* (1920—1924) précédé de *Feu de Joie* (1919) et suivi de *Ecritures automatiques* (1919—1920). Préf. de A. Jouffroy (1969). 1970; *Le Roman inachevé* (1956). Préf. d'Etiemble (1966). 1970; *Les Poètes* (1960), texte revu et corr. p. l'auteur en 1968 et 1976. 1976. — *Anicet ou le Panorama, roman* (1920). Gallimard 1972 (Coll. Folio, 195); *Le Paysan de Paris* (1926). Gallimard, 1948; *Les Yeux d'Elsa* (1942). Ed. P. Seghers (Coll. Poésie 46) 1946.

ARP, JEAN: vgl. LV zu Kap. III 3, 5.

ARTAUD, ANTONIN: *OC* I—XIV + Supplém., Gallimard 1956 ff.; vgl. LV zu Kap. IV 3.

AUDIBERTI, JACQUES: *Race des hommes* (1937) suivi de *L'Empire de la Trappe* (1939). Préf. d'André Pieyre de Mandiargues. (Coll. Poésie) 1968; *L'Abhumanisme.* Gallimard, ³1955.

BONNEFOY, YVES: *Du mouvement et de l'immobilité de Douve* (1953) suivi de *Hier régnant désert* (1958) et accompagné d'*Anti-Platon* (1947) (Coll. Poésie) 1970; *Herrschaft des Gestern: Wüste* (1961), i. d. Reihe ,contemporains — Poesie und Prosa', München, Kösel, 1967.

BRETON, ANDRÉ: *Clair de terre* (1923) précédé de *Mont de Piété* (1919) suivi de *Le Revolver à cheveux blancs* (1932) et de *L'Air de l'eau* (1934), *Au Lavoir noir* (1936). Préf. d'Alain Jouffroy (1966). Gallimard (Coll. Poésie) 1971; A. Breton et Phil. Soupault: *Les Champs magnétiques* (1919). Préf. de Phil. Audoin. (Coll. Poésie) 1971 [das Gleiche, mit Préf. d'Alain Jouffroy, Gallimard, 1967]; A. B., *Signe ascendant* (1935 ff.) suivi de *Fata Morgana* (1940—1943), *Les Etats généraux* (1943), *Des Epingles tremblantes* (1941), *Xénophiles* (1948), *Ode à Charles Fourier* (1945), *Constellations* (1958), *Le la* (1960). (Coll. Poésie) 1968; *Poèmes* (1919—1948), NRF 1948; *Poésie et Autre.* Textes choisis et présentés p. G. Legrand. (Club du Meilleur Livre) 1960; *Les Pas perdus* (1917—1922) NRF 1924 (Coll. Idées, 205); *Manifeste du surréalisme. Poisson soluble.* (Ed. du Sagittaire.) Simon Kra, 1924; *Manifestes du surréalisme.* Ed. du Sagittaire, 1955. (Coll. Idées, 23) Gallimard, 1972; *L'Un dans l'autre* (Médium, N.S. 2/3, Febr.—Mai 1954, sowie Coll. ,Le Désordre', 2 (Ed. Eric Losfeld) 1970). Vgl. LV zu Kap. III 2, 4.

BUTOR, MICHEL: *Travaux d'approche / Éocène / Miocène / Pliocène /* Préf.: entretien avec Roger Borderie. (Coll. Poésie) 1972.

CADOU, RENÉ GUY: *OPC* (2 Bde.) Ed. Seghers, 1973.

CAILLOIS, ROGER: *Pierres* (1966) *suivi d'autres textes.* (Coll. Poésie) 1971; vgl. LV zu Kap. III 3, 1.

CENDRARS, BLAISE: vgl. LV zu Kap. IV 1.

CÉSAIRE, AIMÉ: vgl. LV zu Kap. III 2, 5.

CHAR, RENÉ: *Poèmes et Prose.* Gallimard, 1957; *Fureur et mystère* (enthaltend: *Seuls demeurent,* 1938—1944; *Feuillets d'Hypnos,* 1943—1944; *Les loyaux Adversaires, Le Poème pulvérisé,* 1945—1947; *La Fontaine narrative,* 1947) Préf. de Yves Berger. Gallimard (Coll. Poésie) 1962/1967/1971; *Poésies — Dichtungen* (2spr.hgg. v. Jean-Pierre Wilhelm u. Christoph Schwerin. Übs. v. Celan, Hübner, Klünner, Wilhelm. Vorw. v. Albert Camus). Frankfurt a. M., S. Fischer, 1959.

CHENNEVIÈRE, GEORGES: *Œuvres poétiques.* Préf. de Jules Romains. Introd. p. André Cuisenier et René Maublanc. Libr. Gallimard, 1929.

CLAUDEL, PAUL: *Cinq grandes odes* suivies d'un Processionnal pour saluer le siècle nouveau. *La Cantate à trois voix.* Préf. de Jean Grosjean. (Coll. Poésie) 1957/1966; *Poésies.* Introd. de Jacques Petit (Coll. Poésie) 1970.

COCTEAU, JEAN: *Poésie, 1916—1923.* Gallimard; *Opéra. Œuvres poétiques 1925—1927.* Libr. Stock et Arcanes; *Morceaux choisis, Poèmes 1916—1932.* Gallimard; *Poèmes, 1916—1955.* Gallimard; *Le Cap de Bonne-Espérance* (1916—1919) suivi de *Le Discours du Grand Sommeil* (1916—1918). Préf. de Jacques Brosse. (Coll. Poésie) 1967.

CRAVAN, ARTHUR: in Cravan, A. / Rigaut, Jacques / Vaché, Jacques — *Trois Suicidés de la société.* Préf.-coupure de José Pierre (1971). Coll. 10/18, 880 (Ed. Eric Losfeld, 1974; Cravan, A.: *Maintenant - Poet und Boxer.* (Ed. Nautilus) Vlg. Lutz Schulenburg, Hamburg, 1978.

DESNOS, ROBERT: vgl. LV zu Kap. IV 2.

DUCHAMP, MARCEL: *Marchand du Sel. Ecrits réunis et présentés* p. Michel Sanouillet. Ed. Le Terrain vague, 1959.

ELUARD, PAUL: *OC* (s.o.; vgl. LV zu Kap. III 2).

FARGUE, LÉON-PAUL: *Poésies* [enthaltend: *Tancrède* (1895), *Ludions* (1886—1933), *Poèmes* (1905—1926), *Pour la musique* (1912)]. Préf. d'Henri Thomas. Gallimard (Coll. Poésie) 1967; *Epaisseurs* (1928) suivi de *Vulturne* (1928). Préf. de Jacques Borel. Gallimard (Coll. Poésie) 1971; *Sous la Lampe (Suite familière, Banalité)* Gallimard 1929; *D'après Paris et Le Piéton de Paris* (Gallimard, 1932) Club des Libraires de France (Coll. Livres de toujours, 58) 1961.

GOLL, YVAN: *Œuvres,* I (1968) II (1970) [III u. IV nicht ersch.] Ed. établie p. Claire Goll et François Xavier Jaujard. Emile-Paul; illustr.; Claire et Y.G.: *Dix mille Aubes. Poèmes d'Amour.* Falaize, 1951; Y. G.: *Les Géorgiques parisiennes.* Ed. P. Seghers, 1951 [*Pariser Georgika.* Frz. u. dt. Übtr. v. Claire Goll. Darmstadt-Berlin-Neuwied, 1956]. *Dichtungen: Lyrik. Prosa. Drama.* Hg. v. Claire Goll. Nachworte v. Helmut Uhlig u. Richard Exner. Darmstadt-Berlin-Neuwied, Luchterhand, 1960; *Gedichte.* E. Auswahl, m. 14 Gedichten von Claire Goll. Hg. u. m. e. Kommentar vers. v. René A. Strasser. Meilen (Schweiz) Magica Vlg., 1968; *Jean sans terre.* A Critical Edition with

Analytical Notes. By Francis J. Carmody. (Univ. of California Publ. in Mod. Philol., 65) Berkeley-Los Angeles, 1962.

GUILLEVIC: *Terraqué* (1945) suivi de *Exécutoire* (1947). Préf. de Jacques Borel. Gallimard (Coll. Poésie) 1968.

JACOB, MAX: *Ballades* (1938) suivi de *Visions infernales* (1924), *Fond de l'eau* (1927), *Sacrifice impérial* (1929), *Rivage* (1931), *Les Pénitents en maillots roses* (1925). Préf. de Claude Roy. Gallimard, 1970; *Le Cornet à dés* (1916/1923) Gallimard, 1945; *Le Cornet à dés II.* Note liminaire d'André Salmon. Gallimard, 1955.

JARRY, ALFRED: *OC* (s.o.; vgl. LV zu Kap. III 3, 3).

JOUVE, PIERRE JEAN: *Poésie* [enthaltend: *Les Noces* (1925—1931), *Sueur de sang* (1933/1935), *Matière céleste* (1937), *Kyrie* (1938)]. Mercure de France, 1964; *Les Noces* suivi de *Sueur de Sang.* Préf. de Jean Starobinski. Gallimard (Coll. Poésie) 1966; *Gedichte.* Übs. v. Friedhelm Kemp. Merkur, 115 (Sept. 1957) IX, 9.

LAFORGUE, JULES: *Poésies complètes.* Ed. augm. de 66 poèmes inédits. Présent., notes et variantes de Pascal Pia. (Le Livre de poche, 2109) Gallimard et Libr. Génerale Française, 1970.

LEIRIS, MICHEL: *Haut Mal* (1924—1943) suivi de *Autres lancers* (1924—1968). Préf. d'Alain Jouffroy. Gallimard (Coll. Poésie) 1969.

MAETERLINCK, MAURICE: vgl. LV zu Kap. IV 1, 2.

MARINETTI, FILIPPO TOMMASO: *La Conquête des étoiles, poème épique.* Paris, La Plume, 1902; Sansot, ²1904, ³1909; *Destruction, poèmes lyriques.* Paris, Vanier-Messein, 1904; *La Ville charnelle.* Paris, Sansot, 1908; *Le Monoplan du Pape. Roman politique en vers libres.* Paris, Sansot, 1912; *Futuristische Dichtungen.* Berlin-Wilmersdorf, A. R. Meyer, 1912; *Les Mots en liberté futuristes.* Milano, Ediz. futuriste di POESIA, 1919; Lista, Gio. (Hg.): *Futurisme. Manifestes — Documents — Proclamations.* Lausanne, L'Age d'Homme, 1973; ‚Textes de Marinetti' in: *Marinetti et le Futurisme.* Etudes, documents, iconographie réunis et prés. p. G. Lista. Lausanne, L'Age d'Homme (Avant-Gardes, Coll.) 1977, 29 ff.; ‚Choix de textes', in: G. Lista: *Marinetti.* (Coll. Poètes d'aujourd'hui, 231) Ed. P. Seghers, 1976, 146—191. Vgl. LV zu Kap. II.

MICHAUX, HENRI: *Dichtungen, Schriften* (I u. II, 2spr.) Hg. Paul Celan. Übs. P. Celan u. K. Leonhard. Frankfurt a. M., S. Fischer, 1966/1971; ‚Choix de poèmes' in: Bertelé, René: *H. Michaux, une étude* (Coll. Poètes d'aujourd'hui, 5) Ed. P. Seghers, 1957/1963, 117—214; vgl. LV zu Kap. III 3.

MORAND, PAUL: *Poèmes (1914—1924): Lampes à arc / Feuilles de température* suivi de *Vingt-cinq poèmes sans oiseaux.* Au Sans Pareil, 1924; *Poèmes: Lampes à arc / Feuilles de température / Vingt-cinq Poèmes sans oiseaux / USA.* Préf. de Michel Décaudin. Gallimard (Coll. Poésie) 1973.

PÉRET, BENJAMIN: *OC* I: *Le Passager du transatlantique* (1921), *Immortelle maladie* (1924), *Dormir, dormir dans les pierres* (1927), *Le grand Jeu* (1928), *Je ne mange pas de ce pain-là* (1935/36), *Poèmes inédits.* Ed. Eric Losfeld, 1969; *152*

Proverbes mis au goût du jour. En collaboration avec P. Eluard (1925). In: Eluard, *OC I*, 153 ff.; *Le grand Jeu*. Préf. de Robert Benayoun. Gallimard (Coll. Poésie) 1969.

PONGE, FRANCIS: *Le parti pris des choses* (1942) précédé de *Douze petits écrits* (1926) et suivi de *Proêmes* (1919—1948). Gallimard (Coll. Poésie) 1972; *La rage de l'expression* (1952, Ed. Mermod), (Coll. Poésie) 1976; *Pièces* (1961). Gallimard (Coll. Poésie) 1962, 1971; *Le Savon*. Gallimard, 1967; *Lyren* (I), *Stücke, Methoden*. (Ausgew. Werke, II). Aus d. Frz. v. Gerd Henniger (zweispr.) Frankfurt a. M., S. Fischer, 1965/1969.

PRÉVERT, JACQUES: *Paroles* (1946). nrf (Le Point du Jour) 1949, (Coll. Folio, 55) 1972; *Histoires* (1946) (Le Point du Jour) 1963, (Coll. Folio, 119) 1975; *Spectacle* (1932—1951). (Le Point du Jour) 1949, (Coll. Folio, 104) 1972; *La Pluie et le beau temps* (1935—1955). (Le Point du Jour) 1955, (Coll. Folio, 90) 1977; *Choses et autres* (1916—1965). (Le Point du Jour) 1972, (Coll. Folio, 646) 1978; *Fatras* avec 57 images composées p.l'auteur (1962—1966). (Le Point du Jour) 1966, (Coll. Folio, 132) 1972; *Arbres*. Gravures de Georges Ribemont-Dessaignes. Gallimard, 1976.

QUENEAU, RAYMOND: *Si tu t'imagines. 1920—1948*. Gallimard 1951, ²1968 [enthält: *Chêne et chien* (1937), *Les Ziaux* (1943), *L'Instant fatal* (1948)] (Le Point du jour); *Chêne et chien* suivi de *Petite cosmogonie portative* (1950) et de *Le chant du Styrène* (1957). Préf. d'Yvon Belaval (1964) (Coll. Poésie, 1969); *L'Instant fatal* (1920—1948) précédé de *Les Ziaux* (1920—1943). Préf. d'Olivier de Magny. (Coll. Poésie) 1966; *Courir les rues*. nrf 1967; *Battre la campagne*. 1968; *Fendre les flots*. 1969; *Exercices de style*. 1947, ³⁶1959.

RENGA. *Poème* par Octavio Paz, Jacques Roubaud, Edoardo Sanguineti et Charles Tomlinson. Présenté p. Claude Roy. (vierspr.) Gallimard, 1971.

REVERDY, PIERRE: *Plupart du temps*. 1915—1922. I: *Poèmes en prose* (1915), *Quelques poèmes* (1916), *La Lucarne ovale* (1916), *Les Ardoises du toit* (1918). Préf. de Hubert Juin. (Coll. Poésie) 1969; *Plupart du temps*. II: *Les Jockeys camouflés* (1918), *La Guitare endormie* (1919), *Etoiles peintes* (1921), *Cœur de chêne* (1921), *Cravates de chanvre* (1922), *Prière d'insérer* (1945). (Coll. Poésie) 1969; *Sources du vent* (1929) précédé de *La balle au bond* (1928). Préf. de Michel Deguy, 1949 (Coll. Poésie) 1971.

RILKE, RAINER MARIA: [Gedichte in frz. Spr.:] *Vergers* (1924/1925), *Les Quatrains valaisans, Les Roses, Les Fenêtres, Tendres Impôts à la France* (1924), *Exercices et évidences, Poèmes et dédicaces* (1920—1926), *Ebauches et fragments* (1899 bis 1918, 1921—1926). In: *SW*, 4 (1957). Werkausgabe 1975, 515—745.

ROMAINS, JULES: *La Vie unanime. Poème*. 1904—1907. (1908), Gallimard (1926) 1975; *Odes et Prières*. (1913) 1936 u. ö. (Gallimard).

ROUSSELOT, JEAN: *Les moyens d'existence. 1934—1974*. Préf. d'Alain Bosquet. Ed. P. Seghers, 1976.

SAINT-JOHN PERSE: *OC* (s.o.); *Vents*. Gallimard, 1946 [Großquart, unpaginiert]; *Eloges* (1910) suivi de *La Gloire des Rois / Anabase* (1924), *Exil* (1942).

Gallimard (Coll. Poésie) 1960/1972. *Anabasis.* Übs. v. Bernard Groethuysen u. Walter Benjamin. Vorw. v. Hugo v. Hofmannsthal. Leipzig, Insel-Vlg., 1929; *Seemarken* [Amers]. Frz. u. dt. Übtr. v. Friedhelm Kemp. Darmstadt-Berlin-Neuwied, Luchterhand, 1959; *Dichtungen.* Frz. u. Dt. hgg. v. F. Kemp. Mit Texten v. Valery Larbaud, Hofmannsthal, T. S. Eliot, Claudel u. Alain Bosquet. Luchterhand, 1957.

SAINT-POL-ROUX: vgl. LV zu Kap. III 3, 3.

SEGALEN, VICTOR: *Stèles.* (Privatdruck, Peking, 1912) 1914, 1922 (Crès), 1929 (Plon), Gallimard, (Coll. Poésie, Préf. de Pierre-Jean Remy) 1973; *Les Immémoriaux.* (1907) Les Ed. Crès, 1921; Plon (Coll. Terre humaine) 1956.

SENGHOR, LÉOPOLD SÉDAR: *Poèmes.* [Enthält: *Chants d'ombre,* 1945; *Hosties noires,* 1948; *Ethiopiques,* 1956; *Nocturnes,* 1961; *Lettres d'hivernage,* 1972]. Ed. du Seuil (1964) 1973; *Botschaft und Anruf. Sämtl. Gedichte* frz. u. dt. Hgg. u. übertr. v. Janheinz Jahn. München, Hanser, 1963.

SOUPAULT, PHILIPPE: *Poèmes et Poésies (1917—1973).* Ed. B. Grasset, 1973; *Les Champs magnétiques.* [Zus. m. A. Breton, 1919] Au Sans Pareil, 1920; Gallimard, 1967, sowie Coll. Poésie, m. Préf. de Phil. Audoin, 1971.

SUPERVIELLE, JULES: *Gravitations* (1925) précédé de *Débarcadères* (1956). Préf. de Marcel Arland. (Coll. Poésie) 1966; *Le forçat innocent* (1930) suivi de *Les amis inconnus* (1934). (Coll. Poésie) 1969; *Naissances. Poèmes* suivis de *En songeant à un art poétique.* Gallimard, 1951.

TARDIEU, JEAN: *Le Fleuve caché.* Poésies 1938 [sic] — 1961. [Enthält: *Accents* (1932—1938), *le Témoin invisible* (1940—1942), *Jours pétrifiés* (1942—1947), *Monsieur Monsieur* (1948—1950), *Une voix sans personne* (1951—1953), *Histoires obscures* (1955—1960)] Préf. de G. E. Clancier. (Coll. Poésie) 1968; *La Part de l'ombre* (1937—1967) suivi de *La Première personne du singulier* (1952) et de *Retour sans fin* (1932). Préf. d'Yvon Belaval. (Coll. Poésie) 1972; *Poèmes à jouer.* Théâtre II (1944—1959). Gallimard, ²1969.

TZARA, TRISTAN: *OC.* Texte ét., présenté et annoté p. Henri Béhar. Tome I (1912—1924) 1975; Tome II (1925—1933) 1977; Tome III (1934—1946) 1979; in Vorbereitung: Tome IV (1946—1963), V (1924—1963), VI (1924—1963) Libr. Flammarion; *L'homme approximatif (1925—1930).* Préf. d'Hubert Juin (Coll. Poésie) 1968; vgl. LV zu Kap. III 3.

VIAN, BORIS: *Textes et Chansons* (1948—1958), mis en ordre et annotés p. Noël Arnaud. (Coll. 10/18) R. Juillard, 1966; *Cantilènes en gelée* (1950). Préf. et notices p. Noël Arnaud. (Coll. 10/18) 1970.

VILMORIN, LOUISE DE: *Poèmes* [enthält: *Fiançailles pour rire* (1939), *L'Alphabet des aveux* (1954). Préf. d'André Malraux] (Coll. Poésie) 1970.

Literaturverzeichnis

II. Anthologien (in Auswahl)

BÉDOUIN, JEAN-LOUIS: *La poésie surréaliste*. (Coll. P. S.) Ed. Seghers, 1964. Nouv. éd. rev., 1975.

BENAYOUN, ROBERT et PÉRET, BENJAMIN: *Anthologie du Non-sens* (1957).

BONNEFOY, CLAUDE: *La Poésie française des origines à nos jours*. Ed. du Seuil, 1975.

BOSQUET, ALAIN: ‚Choix de textes sur la poésie, depuis 1916', in: A. B: *Verbe et vertige. Situations de la poésie*. Libr. Hachette, 1961 [Proklamationen u. Doktrinen von Hugo Ball, T. Tzara bis Saint-John Perse]; *La Poésie française depuis 1950. Une anthologie*. Ed. de la Différence, 1979.

BRETON, ANDRÉ: *Anthologie de l'Humour noir* (1939) 1947 u.ö.; J.-J. Pauvert, 1972; Coll. Livre de Poche, 2739/8.

CAILLOIS, ROBERT: *Anthologie de la poésie française moderne*. Préface de 1944. Buenos Aires, 1945; Caillois, Robert et Lambert, Jean-Clarence: *Anthologie universelle de la poésie*. ‚Préface aux poésies' de R. Caillois. Gallimard, 1958.

CHARPIER, JACQUES et SEGHERS, PIERRE: *L'Art poétique*. (Coll. Mélior) Ed. Seghers, 1956, 1959.

Les Comptines de langue française recueillies et commentées par J. Baucomont, F. Guibat, T. Lucile, R. Pinon, Phil. Soupault (Coll. P. S.) Ed. Seghers, (1961) 1970.

DELVAILLE, BERNARD: *La nouvelle Poésie française*. Ed. Seghers, 1974.

GÉLIN, DANIEL: *Poèmes à dire*. Préface de Jean Vilar (Coll. P. S.) Ed. Seghers, 1974.

GUTZEN, DIETER u. RÜDIGER, HORST: *Epochen der deutschen Lyrik. Übersetzungen*. (zweispr.) dtv, Wiss. R., 4162, 4163, 4184 (3 Bde.).

HEYCK, EDUARD UND WEINRICH, HARALD: *Französische Lyrik im 20. Jahrhundert*. Ausgew. u. eingel. v. H. W., übertr. v. E. H. (Kleine Vandenhoeck-Reihe, 178—180) Göttingen, 1964.

HÖLLERER, WALTER: *Theorie der modernen Lyrik*. Dokumente zur Poetik. I (rde, 231—233) Reinbek, Rowohlt, 1965; *Ein Gedicht und sein Autor*. Lyrik und Essay. (Hgg. u. m. Einl. vers.) Literarisches Colloquium, Berlin 1967 [Y. Bonnefoy, ebd. 37 ff.; F. Ponge, ebd. 465 ff.].

JAHN, JANHEINZ: *Schwarzer Orpheus*. Moderne Dichtung afrikanischer Völker beider Hemisphären. Ausgewählt u. übertragen. (Fischer Bücherei, 350) Frankfurt a. M., 1960.

KLEMPERER, VICTOR: *Moderne französische Lyrik*. Dekadenz — Symbolismus — Neuromantik. Studie und kommentierte Texte. Neuausgabe m. e. Anhang: *Vom Surrealismus zur Résistance*. Berlin (VEB Deutscher Vlg. d. Wissenschaften) 1957.

KRANZ, GISBERT: *Gedichte auf Bilder*. Anthologie und Galerie. (dtv, 1086) 1975.

METKEN, GÜNTER (Hg.): ‚*Als die Surrealisten noch recht hatten*'. Vlg. Reclam, 1976.

Anthologien (in Auswahl)

MITCHELL, BONNER: *Les Manifestes littéraires de la Belle Epoque. 1886 à 1914.* Anthologie critique (Texte z. T. gekürzt). Ed. Seghers, 1966.
PARIS, JEAN: *Anthologie de la poésie nouvelle.* Monaco, 1956.
PARISOT, HENRI: *Les Poètes voyagent.* Textes choisis. Préface de Henri Michaux. Libr. Stock, 1946; *Les Poètes hallucinés.* Anthol. de la poésie fantastique. (Coll. ‚L'Age d'or') Libr. Flammarion, 1966; *Le Rire des Poètes.* Illustr. orig. de Max Ernst. Ed. P. Belfond, 1969.
PINTHUS, KURT: *Menschheitsdämmerung.* Symphonie jüngster Dichtung. Berlin, E. Rowohlt, 1920 (als Taschenbuch, 1959).
RAUHUT, FRANZ: *Die klassizistische und romantische Lyrik der Franzosen* im kulturellen Zusammenhang der Epoche 1780—1850, mit kommentierter Anthologie. Heidelberg, C. Winter, 1977.
ROMBAUT, MARC: *La Poésie négro-africaine d'expression française.* Ed. Seghers, 1976.
SCHULZ-JANDER, EVA-MARIA: *Poesie der Welt. Frankreich. Lyrik aus neun Jahrhunderten.* Auswahl. Mit e. Essay v. Jürgen v. Stackelberg: *Die Epochen d. französischen Lyrik.* (Ed. Stichnote) Berlin, Propyläen-Vlg., 1979.
SEGHERS, PIERRE: *Le Livre d'or de la poésie française contemporaine.* (Bibl. Marabout, 174/175; 2 vols.) Verviers (marabout université) Ed. Gérard, 1969. Introduction de P. Seghers; *Poètes maudits d'aujourd'hui. 1946—1970.* Introd. de P. S. Ed. Seghers, 1972.
SENGHOR, LÉOPOLD SÉDAR: *Anthologie de la nouvelle poésie nègre et malgache de langue française* précédée de *Orphée noir* par J.-P. Sartre. (Pays d'Outre-Mer, Vième série: Art et Littérature, 1) PUF (1948) ³1972.
VAN BEVER, AD. et LÉAUTAUD, PAUL: *Poètes d'aujourd'hui.* Morceaux choisis. (3 vols.) Mercure de France, 1947.
VIRCONDELET, ALAIN: *La Poésie fantastique française.* Ed. Seghers, 1973.

Interpretationssammlungen

Cahiers d'Analyse Textuelle. (Direction Paul Delbouille) Liège, seit 1959.
CAWS, MARY ANN: *The Inner Theatre of Recent French Poetry* (Cendrars/Tzara/Péret/Artaud/Bonnefoy). Princeton Univ. Press, 1977.
CURNIER, PIERRE: *Pages commentées d'auteurs contemporains.* (3 Bde.) Libr. Larousse, 1965.
HINTERHÄUSER, HANS (Hg.): *Die französische Lyrik.* Von Villon bis zur Gegenwart. (2 Bde.) Düsseldorf, A. Bagel, 1975.
KÖHLER, ERICH (Hg.): *Sprachen der Lyrik.* Fs. f. H. Friedrich z. 70. Geburtstag. Frankfurt a. M., V. Klostermann, 1975.
PABST, WALTER (Hg.): *Die moderne französische Lyrik.* Interpretationen. Berlin, Erich Schmidt Vlg., 1976.
Ponge inventeur et classique. Dir. Phil. Bonnefis/Pierre Oster: Centre Cultur. Internat. de Cerisy-La-Salle, 1975. (Coll. 10/18, 1127) Union gén. d'éd., 1977.
REMACLE, MADELEINE: *Analyses de poèmes français.* (Coll. C.A.T., 1) Soc. d'éd. ‚Les belles Lettres', 1975.

RICHARD, JEAN-PIERRE: *Onze Etudes sur la poésie moderne.* (Coll. Pierres vives) Ed. du Seuil, 1964 [betr. Reverdy, Saint-John Perse, Char, Eluard, Schéhadé, Ponge, Guillevic, Bonnefoy, du Bouchet, Jaccottet, Dupin].

SPITZER, LEO: *Interpretationen zur Geschichte der französischen Lyrik* (1961). München, Eidos-Vlg.

WAIS, KURT (Hg.): *Interpretationen französischer Gedichte.* (Ars Interpretandi, 3) Darmstadt, WBG, 1970.

III. Orientierende und kritische Fachliteratur/Poetologie

ADORNO, THEODOR W.: *Noten zur Literatur.* I (1958), II (1970), III (1969), IV (1974). Bibl. Suhrkamp, Nrn. 47, 71, 146, 395.

BACHELARD, GASTON: *La Psychanalyse du feu.* (1939) (Coll. Idées, 73) 1973; *L'Eau et les rêves.* Essai sur l'imagination de la matière. (1942). Libr. José Corti, ^{12}1974; *L'Air et les songes.* Essai sur l'imagination du mouvement (1943); *La Poétique de l'espace.* (Bibl. de Philos. Contempor.) 1958 (PUF).

BAEHR, RUDOLPH: *Einführung in die französische Verslehre.* München, Beck, 1970.

BAILLY, RENÉ: *Dictionnaire des Synonymes de la langue française.* Larousse, 1947.

BATAILLE, GEORGES: *La Littérature et le mal.* (Coll. Idées, 128) 1957.

BELAVAL, YVON: *La Recherche de la poésie.* (1947) (Coll. Les Essais, XXV) Gallimard, 1973; *Poèmes d'aujourd'hui.* Essais critiques. Gallimard, 1964.

BENJAMIN, WALTER: *Illuminationen.* Ausgew. Schriften. (Die Bücher der 19, Bd. 78) Frankfurt a. M., 1961; *Angelus novus.* Ausgewählte Schriften, 2. (Suhrkamp Hausbuch) 1966.

BERGSON, HENRI: *Essai sur les Données immédiates de la conscience* (1889). (Bibl. de Philos. Contemp.) Alcan ^{6}1908; in: *O* (Hg. A. Robinet) PUF, 1959; (*Zeit und Freiheit.* Eine Abhandlung über die unmittelbaren Bewußtseinstatsachen. Jena, Diederichs, 1911.)

BLANCHOT, MAURICE: *Faux-Pas.* NRF 1943; *La Part du feu.* Gallimard, 1949; *L'Espace littéraire.* Gallimard, ^{2}1955; *Le Livre à venir.* Gallimard, 1959.

BOISDEFFRE, PIERRE de: *Dictionnaire de Littérature contemporaine. 1900—1962.* Ed. Universitaires, 1962; *Une Histoire vivante de la Littérature d'aujourd'hui. 1939—1961.* Libr. Académ. Perrin, 1962.

BOURIN, ANDRÉ et ROUSSELOT, JEAN: *Dictionnaire de la Littérature française contemporaine.* Libr. Larousse, ^{2}1968.

BRAAK, IVO: *Poetik in Stichworten. Literaturwiss. Grundbegriffe.* Eine Einführung (Hirts Stichwörterbücher) Kiel, ^{3}1969.

BRETON, ANDRÉ: *Manifeste du Surréalisme.* (1924), *Les Manifestes du Surréalisme.* (Coll. Idées, 23) Gallimard, 1972; *Introduction au Discours sur le peu de réalité.* nrf 1927; *Qu'est-ce que le Surréalisme?* R. Henriquez, Bruxelles, 1934; *Position politique du Surréalisme.* (1935) (Bibl. Médiations) Denoël/Gonthier, 1972; *Limites non frontières du Surréalisme.* nrf 1937; A. B. mit P. Eluard: *Dictionnai-*

re abrégé du Surréalisme (1938), in: Eluard, *OC* I; *Entretiens. 1913—1952.* (Coll. Idées, 284) Gallimard, 1973; *En Marge des Champs magnétiques.* In: Change 7, éd. du Seuil, 1970, 9—11.

BRINDEAU, SERGE (Hg.): *La Poésie contemporaine de langue française depuis 1945.* Etudes critiques. Libr. St.-Germain-des-Prés, 1973.

BÜRGER, PETER: *Theorie der Avantgarde.* (ed. suhrkamp, 727) Frankfurt a. M., 1974.

CAILLOIS, ROGER: *Les Impostures de la poésie.* (1944) (Coll. Métamorphoses, XXVI) Gallimard, 1962; *Art poétique* (1943—1950) Gallimard, ^{6}1958; *Babel. Orgueil, confusion et ruine de la littérature.* Gallimard, ^{5}1948.

CARADEC, FRANÇOIS: *Dictionnaire du français argotique et populaire.* Libr. Larousse. 1977.

CLANCIER, GEORGES-EMMANUEL: *Panorama critique. De Rimbaud au surréalisme.* (La Poésie française. Coll. Mélior). Ed. Seghers, ^{3}1960.

CLÉBERT, JEAN-PAUL: *Bestiaire fabuleux.* Libr. A. Michel, 1971.

CLOUARD, HENRI: *Histoire de la Littérature française.* Du Symbolisme à nos jours. (2 Vols.). Libr. A. Michel, 1947, 1949.

COHEN, JEAN: *Structure du Langage poétique.* (Nouv. Bibl. scientifique, 1966), (Coll. Champs, 30) Flammarion, 1977.

CORNELL, KENNETH: *The Post-Symbolist Period.* French Poetic Currents, 1900—1920. NHaven, Yale Univ. Press/Paris, PUF, 1958 (Yale Romanic Studies, Second Series, VI).

CURTIUS, ERNST ROBERT: *Kritische Essays zur europäischen Literatur.* Bern, Francke, 1950; *Französischer Geist im 20. Jh.* Ebd., 1952.

DÉCAUDIN, MICHEL: *La Crise des valeurs symbolistes.* Vingt ans de poésie française: 1895—1914 (Thèse). (Coll. Universitas) Toulouse, Ed. Privat, 1960.

DENCKER, KLAUS PETER: *Text-Bilder. Visuelle Poesie international.* Von der Antike bis zur Gegenwart. (DuMont Dokumente) Köln 1972.

DUPUIS, J.-F.: *Der radioaktive Kadaver.* Eine Geschichte des Surrealismus. A. d. Französischen v. Pierre Gallissaires u. Hanna Mittelstaedt. Ed. Nautilus, Hamburg 1979.

EIGELDINGER, MARC: *L'Evolution dynamique de l'image dans la poésie française du romantisme à nos jours.* (Thèse, Univ. de Neuchâtel, Fac. de Lettres) 1943; *Poésie et Métamorphoses.* (Langages) La Baconnière, Neuchâtel, 1973.

ELWERT, W. THEODOR: *Französische Metrik.* München 1966.

ENGLER, WINFRIED: ‚Theoriegeschichtliche Einleitung' zu Pabst (Hg.): *Die mod. französische Lyrik.* 49—78; *Französische Literatur im 20. Jh.* (Dalp-TB, 391 G) Bern-München, Francke, 1968; *Lexikon der französischen Literatur.* (Kröners TB, 388) Stuttgart, 1974.

ENZENSBERGER, HANS MAGNUS: *Einzelheiten* I: *Bewußtseins-Industrie,* II: *Poesie und Politik* (edition suhrkamp, 63 u. 87) Frankfurt a. M. (1962) ^{8}1973.

ETIEMBLE: *Poètes ou faiseurs? (1936—1966)* (Hygiène des Lettres, IV) Gallimard, 1966; *L'Ecriture.* (Coll. Idées, 280) 1973.

FARNER, KONRAD: *Der Aufstand der Abstrakt-Konkreten* oder die ‚Heilung durch den Geist'. Zur Ideologie der spätbürgerlichen Zeit. Neuwied-Berlin (Slg. Luchterhand, 13) 1970.

FONTANIER, PIERRE: *Les Figures du discours.* Introd. p. Gérard Genette. (Coll. Science de l'homme) Libr. Flammarion, 1968.

FRENZEL, ELISABETH: *Stoffe der Weltliteratur.* Ein Lexikon dichtungsgeschichtl. Längsschnitte. (Kröners TB, 300) Stuttgart, 1962; *Motive der Weltliteratur.* (Kröners TB, 301) Stuttgart, 1976; *Stoff- und Motivgeschichte.* (Grundlagen der Germanistik, 3) Berlin, E. Schmidt, 1966.

FRIEDRICH, HUGO: *Die Struktur der modernen Lyrik.* Von der Mitte des 19. Jh. b. z. Mitte d. 20 Jh. (erweit. Neuausg. u. 9. Aufl. v.: *Die Struktur d. mod. Lyrik.* Von Baudelaire b. z. Gegenwart. Hamburg, 1956) (rde, 25) 1967 u.ö.; ‚Dichtung und die Methoden ihrer Deutung' (1957), in D. Steland (Hg.): *Interpretationen*, Bd. 5 (Fischer Bücherei, 945) 1968, 14—27.

FUMAGALLI, GIUSEPPE: *Chi l'ha detto?*, Milano, Hoepli, [10]1968.

GADAMER, HANS GEORG: *Wahrheit und Methode.* Grundzüge einer philosophischen Hermeneutik. Tübingen, [2]1965; *Poetica.* Ausgew. Essays. Frankfurt a. M., Insel Vlg., 1977.

GARNIER, PIERRE: „Jüngste Entwicklung der internationalen Lyrik." In: Grimm (Hg.): *Zur Lyrik-Diskussion. Spatialisme et Poésie concrète.* 1968.

GIRAUD, JEAN/PAMART, PIERRE/RIVERAIN, JEAN: *Les Mots dans le vent; Les nouveaux Mots dans le vent.* (Coll. La Langue vivante) Libr. Larousse, 1971/1974.

GOEBEL, GERHARD: *Bemerkungen zu Topic und Comment in einigen Gedichten Baudelaires und zur pragmatischen Struktur poetischer Texte.* LILI, 14 (1975) 65—90.

GOFFIN, ROBERT: *Entrer en Poésie.* Pour mieux connaître Apollinaire et les surréalistes. A l'Enseigne du Chat-qui-pêche, 1948; *Fil d'Ariane pour la poésie.* Nizet, 1964.

GREIMAS, A. J. (Hg.): *Essais de Sémiotique poétique* avec des études sur Apollinaire, Bataille, Baudelaire, Hugo, Jarry, Mallarmé, Michaux, Nerval, Rimbaud, Roubaud. Libr. Larousse (Coll. L) 1972.

GRIMM, REINHOLD: *Zur Lyrik-Diskussion.* (Wege der Forschung, 111). Darmstadt, WBG, 1974.

GUNZENHÄUSER, RUL u. KREUZER, HELMUT (Hg.): *Mathematik und Dichtung.* Versuche z. Frage e. exakten Literaturwissenschaft. (Slg. Dialog, 3) München, Nymphenburger Vlgshdl. [3]1969.

HARDT, MANFRED: *Poetik und Semiotik.* Das Zeichensystem der Dichtung. Tübingen, Niemeyer, 1976.

HARTUNG, HARALD: *Experimentelle Literatur und konkrete Poesie.* Göttingen (Kl. Vandenhoeck-R., 1405) 1975.

HEGEL, GEORG WILHELM FRIEDRICH: *Ästhetik.* M. e. einführ. Essay v. Georg Lukács hg. v. Friedr. Bassenge. (Klass. Erbe a. Philos. u. Geschichte). Berlin, Aufbau-Vlg., 1955 (998—1038: ‚Die lyrische Poesie.').

HEIDEGGER, MARTIN: *Holzwege.* Frankfurt a. M., Klostermann, ⁵1972.
HESS/FRAUENRATH/SIEBENMANN: *Literaturwissenschaftliches Wörterbuch für Romanisten.* (Fischer Athenäum TB, 2006).
HÖLZ, KARL: *Destruktion und Konstruktion.* Studien zum Sinnverstehen in der modernen französischen Literatur. (Analecta Romanica, 45) Frankfurt a. M., 1980.
HOLDHEIM, W. WOLFGANG: ‚Die doppelte Ästhetik V. Hugo's'. In: *Teilnahme und Spiegelung.* Fs. f. H. Rüdiger. Berlin, De Gruyter, 1975; *Die Suche nach dem Epos* [. . .]. (Beitr. z. neueren Literaturgeschichte, III 38) Heidelberg, C. Winter, 1978, Kap. IX.
IHWE, JENS (Hg.): *Literaturwissenschaft und Linguistik.* Eine Auswahl. (Fischer Athenäum TB, 2015) Frankfurt a. M., 1972.
IONESCO, EUGÈNE: ‚Discours sur l'Avant-garde', in: *Notes et contre-notes.* (Coll. Pratique du théâtre) Gallimard, 1962, 25—37.
JAKOBSON, ROMAN: ‚Linguistics and Poetics'. In: Sebeok, Th. A. (Hg.): *Style in Language.* NYork-London, 1960 (‚Linguistik und Poetik'. In: Ihwe, Jens (Hg.): *Literaturwissenschaft u. Linguistik,* 99—135); *Essais de linguistique générale.* Ed. de Minuit, 1963, u. Ed. du Seuil (Coll. Points, 17); *Questions de poétique.* Ed. du Seuil (Coll. Poétique) 1973; *Huit Questions de poétique.* Ed. du Seuil (Coll. Points, 85) 1977; (En collab. avec Claude Lévi-Strauss): *Les ‚Chats' de Ch. Baudelaire.* (L'Homme. Rev. fr. d'anthropologie) Paris-La Haye, Mouton, 1962. 5—21.
JEAN, MARCEL/MEZEÏ, ARPAD: *Genèse de la pensée moderne dans la littérature française.* Essai. Corrêa, 1950.
JOUFFROY, ALAIN: *Société secrète de l'écriture.* Change, 7, 30—45; *L'incurable Retard des mots.* Les Lettres françaises, 1410 (Nov. 1971).
KLEMPERER, VICTOR: *Geschichte der französischen Literatur im 19. u. 20. Jh. (1800 bis 1925).* Berlin, Dt. Vlg. d. Wiss., 1956 (2 Bde.); *Vor 33/nach 45.* Ges. Aufsätze. Berlin, Akad.-Vlg., 1956.
KLOEPFER, ROLF/OOMEN, URSULA: *Sprachliche Konstituenten moderner Dichtung.* Entwurf einer deskriptiven Poetik. Rimbaud. Bad Homburg-Frankfurt a. M., Athenäum, 1970; Kloepfer, R.: *Poetik und Linguistik.* Semiotische Instrumente, München, Fink (UTB, 366), 1975.
KREBS, FRANZ JOSEPH u. BARON, YVES: *Art poétique et fonction du poète.* Zwei Rückbesinnungen auf das Wesen der Dichtung. (Modelle f. d. neusprachl. Unterricht. Französisch). Frankfurt Berlin München, Diesterweg, 1979.
KÜPER, CHRISTOPH: *Linguistische Poetik.* (Urban TB, R. 80, Bd. 243) Stuttgart Berlin Köln Mainz, Kohlhammer-Urban, 1976.
LAFFONT-BOMPIANI: *Dictionnaire des Œuvres de tous les temps et de tous les pays. Auteurs A/J + K/Z* (2 vols.); *Index* (1 vol.) 1957; *Œuvres* (5 vols.) 1953—1968; *Dict. des Personnages* (1 vol.) 1963 (Soc. d'Ed. de Dict. et Encyclop.).
LALOU, RENÉ: *Histoire de la poésie française.* (Que sais-je? 108) PUF, 1963.

LANGE, WOLF-DIETER (Hg.): *Französische Literatur der Gegenwart in Einzeldarstellungen.* (Kröners TB, 398) Stuttgart, 1971.

Larousse trois volumes en couleurs. 1965; *Dictionnaire du Français contemporain.* Libr. Larousse, 1966; *Larousse de la Langue française.* (2 Vols.). 1977.

LAUSBERG, HEINRICH: *Handbuch der literarischen Rhetorik.* E. Grundlegung d. Lit.-wiss. (2 Bde.); *Elemente der literarischen Rhetorik.* E. Einführung. München, Hueber, 1963.

LEMAÎTRE, GEORGES: *From Cubism to Surrealism in French Literature.* NYork, Russel & Russel, 1967.

LEMAÎTRE, HENRI: *La Poésie française depuis Baudelaire.* (Coll. ‚U'. 2 Vols., Série: Lettres françaises) 1965/1968.

Lexikon der Alten Welt. Hgg. Andresen e.a. Zürich-Stuttgart, Artemis, 1965.

LIEDE, ALFRED: *Dichtung als Spiel.* Studien zur Unsinnspoesie an den Grenzen der Sprache. (2 Bde.) Berlin, W. de Gruyter, 1963.

LITTRÉ, EMILE: *Dictionnaire de la Langue française* [1863—1872] 1877 (Neudruck 7 Bde., Gallimard-Hachette, 1959).

LOTMAN, JURIJ M.: *Die Struktur des künstlerischen Textes* [Orig. Moskau, 1970]. Hg. m. e. Nachwort u. e. Register v. Rainer Grübel. Frankfurt a. M. (edit. suhrkamp, 582) 1973; *Vorlesungen zu einer strukturalen Poetik.* Hg. u. m. e. Nachwort vers. v. K. Eimermacher. (Theorie u. Gesch. d. Lit. u. d. Schönen Künste. Texte u. Abhdl., 14) München, Fink, 1972.

MACKWORTH, CECILY: *G. Apollinaire and the Cubist Life* (London, 1962); *G. A. und die Kubisten.* Frankfurt a. M./Bonn, Athenäum, 1963.

MARCUS, SOLOMON: *Mathematische Poetik.* (Linguistische Forschungen, 13). Bukarest u. Frankfurt a. M., Athenäum, 1973.

MARCUSE, HERBERT: *Triebstruktur und Gesellschaft* (Bibl. Suhrkamp, 158) Frankfurt a. M., 1908.

MAURER, KARL: *Der Liebende im Präteritum.* Poetica, V 1 (Jan. 1972) 1—34.

MAUTNER, FRANZ H.: *Wort und Wesen.* Kleinere Schriften zur Literatur und Sprache. Frankfurt a. M., Insel Vlg., 1974.

MONNEROT, JULES: *La Poésie moderne et le sacré.* Gallimard, 1945 (Coll. Les Essais, XVI) ⁷1949.

MORIER, HENRI: *Dictionnaire de Poétique et de Rhétorique.* PUF 1975.

MOUNIN, GEORGES: *La Communication poétique* précédé de *Avez-vous lu Char?* (Coll. Essais) 1969; *Poésie et société.* (Initiation philosophique, 54) PUF, 1962.

MÜLLER, BODO: *Der Verlust der Sprache.* Zur linguistischen Krise in der Literatur. GRM 47/3 (1966) 225—243.

NADEAU, MAURICE: *Histoire du Surréalisme* (I) / *Documents surréalistes* (II). (Coll. Pierres vives, 2 Bde.) Ed. du Seuil, ⁴1964; *Geschichte des Surrealismus.* (rde 240/241) Reinbek, 1965/1968.

NEUMEISTER, SEBASTIAN: „Die französische Lyrik 1900—1918". In: *Jahrhundertende — Jahrhundertwende II* (Neues Hb. d. Lit.-wiss., Bd. 19) 65—88. Wiesbaden, Athenaion, 1976.

ORTEGA y GASSET, JOSÉ: *La Deshumanización del Arte.* Obras Completas, III. Madrid, ²1950.

OSTER, PIERRE (e.a.): *Nouveau Dictionnaire de citations françaises.* (Coll. Les Usuels) Hachette-Tchou, 1970.

PABST, WALTER: *P. Valéry: Monsieur Teste.* In: *Der moderne französische Roman.* Interpretationen. Erich Schmidt, Berlin 1968, 52—76; *G. Apollinaire zwischen Zukunft und Nichts.* Neue Rundschau, 80. Jg. (1969) 751—761; *Yvan Goll und die Reise ins Nichts.* RJb. XXV (1974) 174—185; ‚*Victimes du livre'.* Versuch über eine literarische Konstante. *(Filología y Didáctica Hispánica.* Fs. H.-K. Schneider.) Hamburg, 1975, 497—525; ‚Einführung' zu: *Die moderne französische Lyrik.* Interpretationen. Erich Schmidt, Berlin 1976, 7—48; *Philippe Soupault: La Glace sans tain.* Ebd. 117—139; *A. Breton: Saisons.* Ebd. 140—160; *Literatur zur modernen französischen Lyrik.* Ebd. 347—361; Rez. zu E. Köhler: *Sprachen der Lyrik.* ASNSL 213 (128. Jg., 1976) 456—465; Rez. zu H. Hinterhäuser: *Die französische Lyrik.* ASNSL 214 (129. Jg., 1977) 203—220; ‚*Hamburgo o el Reino de los cisnes.'* Varianten zum Dichtermythos. *(Homenaje a R. Grossmann)* Frankfurt a. M. 1977, 207—258; *Der Contraste simultané im Spiegel der Dichtung. B. Cendrars u.s. poetischen Delaunay-Paraphrasen.* (Fs. O. v. Simson.) Berlin, Propyläen, 1977, 555—578; *Theater unserer Epoche zwischen Aufbegehren und Verstummen* [betr. Antonin Artaud]. Jahrbuch 1977 d. Berl. Wiss. Gesellschaft (1978) 129—149; ‚*Der Angelus des neuen Bewußtseins'.* Zu J. Romains: *NOUS* (La Vie unanime). ASNSL 216 (131. Jg., 1979) 314—327; *Anti-Aphoristik und Paradoxie.* Formen avantgardistischer Sprachspiele. *(Romanica Europaea et Americana.* Fs. Harri Meier). Frankfurt a. M., 1980; *Interpretationsversuch an Textbildern G. Apollinaires.* Das Idéogramme Lyrique und die Tradition der Technopaignia. (Apollinaire. Eine Vortragsreihe [...] ed. E. Leube-A. Noyer-Weidner), Beih. ZFSL 7, Wiesbaden 1980, 1—30; *M. Maeterlinck, belg. Wegbereiter moderner Dichtungsstrukturen.* Jahrbuch 1980 der Berl. Wiss. Gesellschaft. (1982) 61—87.

PAULHAN, JEAN: *Les fleurs de Tarbes ou La Terreur dans les Lettres* [1926—1941] (Coll. Idées, 298) 1973; *Clef de la Poésie.* (Coll. Métamorphoses, XXI) Gallimard, 1944; *Les incertitudes du langage.* (Coll. Idées, 226) 1970; sämtl. auch in J. P.: *OC,* Gallimard.

PEIGNOT, JÉRÔME: *du Calligramme.* (Dossiers graphiques du Chêne) 1978.

PETRICONI, HELLMUTH: *Das Meer und der Tod in drei Gedichten* von Mallarmé, Rimbaud, Claudel. RJb. II (1949) 282—295.

PICON, GAËTAN (Hg.): *Panorama des Idées contemporaines.* Textes choisis et présentés. (Le Point du jour) Gallimard, ⁵1957; *Panorama de la nouvelle Littérature française.* Gallimard, ²1960.

Literaturverzeichnis

PIERRE, JOSÉ: *Le Surréalisme.* Ed. F. Hazan, 1973; *DuMonts kleines Lexikon des Surrealismus.* (DuMont Kunst-TB) Köln, 1974.

POLLMANN, LEO: *Lyrikinterpretation heute.* In: Köhler: *Sprachen der Lyrik,* 668—682.

PONGE, FRANCIS: *Méthodes* (1947—1952). Gallimard (Coll. Idées, 249) 1971; *Pour un Malherbe.* Gallimard, 1965; *Die literarische Praxis* (dt. v. H. Baumgart, Nachw. v. G. Zeltner-Neukomm. Walter-Druck, 4) Olten/Freiburg, Walter Vlg. 1964; ‚Theoretische Äußerungen' in: W. Höllerer (Hg.): *Ein Gedicht und sein Autor,* 465—483.

QUENEAU, RAYMOND: *bâtons, chiffres et lettres.* Ed. rev. et augm.: Gallimard (Coll. Idées, 70) 1973; (Hg.): *Histoire des Littératures* (Encyclop. de la Pléiade) 3 Bde., Gallimard, 1955/1958/1968.

RAIBLE, WOLFGANG: *Moderne Lyrik in Frankreich.* Darstellung — Interpretationen. (Sprache u. Literatur, 77) Stuttgart, Kohlhammer, 1972.

RANKE-GRAVES, ROBERT VON: *Griechische Mythologie. Quellen und Deutung.* (2 Bde., rde 113/114) Reinbek, 1960/1968.

RAYMOND, MARCEL: *De Baudelaire au Surréalisme.* Essai sur le Mouvement poétique contemporain (1933). Libr. J. Corti, ⁴1963.

REVERDY, PIERRE: *L'Image.* Nord-Sud, mars 1918; *Self-defence.* Imprimerie littéraire, 1919; *Le Gant de crin.* Plon (Coll. Le Roseau d'or, 12) 1927; *Cette Emotion appelée Poésie.* Ecrits sur la poésie, 1932—1960. In: *OC,* Flammarion, 1974.

RICOEUR, PAUL: *Le Conflit des interprétations.* Essais d'herméneutique. Ed. du Seuil (L'Ordre philosophique) 1969 (*Hermeneutik und Strukturalismus. Der Konflikt der Interpretation.* München, Kösel, 1973).

ROBERT, PAUL: *Dictionnaire alphabétique et analogique de la Langue française.* [gen. ‚Petit Robert']. Soc. du Nouveau Littré, 1970.

ROUSSELOT, JEAN: *Les nouveaux Poètes français.* Panorama critique. (Coll. Mélior. ‚La Poésie française') Ed. Seghers 1959/1962; *Mort ou survie du langage.* Ed. Sodi, 1969; *Histoire de la Poésie française des origines à 1940.* (Que sais-je? 108) PUF, 1976; *Dictionnaire de la Poésie française contemporaine.* Larousse, 1968.

SACHS-VILLATTE: *Encyclopädisches WB der französischen u. d. deutschen Sprache.* Berlin, Toussaint-Langenscheidt, 1901.

SANGUINETI, EDOARDO: ‚Sociologie de l'Avantgarde.' In: *Littérature et société.* Problèmes de méthodologie en sociologie de littérature. (Coll. organisé conjointement p. l'Inst. de Sociol. de l'Univ. Libre de Bruxelles et de l'Ecole Prat. des H. Et. de Paris, Mai 1964) Bruxelles, 1967.

SARTRE, JEAN-PAUL: *Situations I—IX,* Gallimard, 1947—1972; *Was ist Literatur?* Ein Essay. Hamburg (rde, 65) 1958.

SCHRADER, LUDWIG: *Sinne und Sinnesverknüpfungen.* Studien u. Materialien z. Vorgeschichte der Synästhesie. (Beitr. z. neueren Lit.-gesch., III 9) Heidelberg, C. Winter, 1969.

SEBEOK, THOMAS A.: *Style in Language*. Cambridge (Mass.)/NYork/London, 1960; The M. I. T. press (Paperback Series, 95) 1968.

SIMON, PIERRE-HENRI: *Histoire de la Littérature française au XXe siècle. 1900—1950*. (2 Vols.) Ed. A. Colin, 1956.

SIMONIS, FERDINAND: *Nachsurrealist. Lyrik im zeitgenöss. Frankreich*. Heidelberg, C. Winter (Beitr. z. neueren Lit.-gesch., III 18) 1974.

SPIES, WERNER: *Das Auge am Tatort*. 80 Begegnungen mit Kunst u. Künstlern. München, Prestel, 1979.

SPITZER, LEO: *A Method of Interpreting Literature*. Northampton, Mass., 1949 (*Eine Methode Literatur zu interpretieren*. München, Hanser, 1966); *Texterklärungen*. Aufsätze z. europ. Literatur. (Reihe Lit. als Kunst) München, Hanser, 1969; *Interpretationen zur Geschichte der französischen Lyrik*. Hgg. v. Helga Jauss-Meyer u. P. Schunck. Heidelberg, 1961 (u. Eidos-Vlg., München).

STAIGER, EMIL: *Grundbegriffe der Poetik*. Zürich, Atlantis (1946) 1968; *Die Kunst der Interpretation*. Zürich, 1955.

STEINER, GEORGE: *Sprache und Schweigen*. Essays über Sprache, Literatur und das Unmenschliche. Frankfurt a. M. (Suhrkamp TB, 123) 1973 (Original: *Language and Silence*. NYork, 1958, 1967.

STEMPEL, WOLF-DIETER (Hg.): *Beiträge zur Textlinguistik*. (Internat. Bibl. f. Allg. Linguistik, I) München, Fink, 1971.

Tendenzen der Zwanziger Jahre. (15. Europ. Kunstausstellung, Berlin 1977). Berlin, D. Reimer, 1977.

THIBAUDET, ALBERT: *Histoire de la Littérature française de 1789 à nos jours*. Libr. Stock (1935) [107]1952 *(Geschichte der französischen Literatur von 1789 bis zur Gegenwart*. München-Freiburg, Alber, 1953).

TORRE, GUILLERMO DE: *Literaturas europeas de Vanguardia*. Madrid (1925) 1965.

TRABANT, JÜRGEN: *Zur Semiologie des sprachlichen Kunstwerks*. Glossematik und Literaturtheorie. (Bibl. f. Allg. Sprachwiss., 6) München, Fink, 1970.

VAN TIEGHEM, PHILIPPE: *Petite Histoire des grandes doctrines littéraires en France*. De la Pléiade au surréalisme. PUF 1954; *Dictionnaire de Victor Hugo*. Larousse, 1970.

VERNILLAT, FRANCE/CHARPENTREAU, JACQUES: *Dictionnaire de la Chanson française*. Larousse, 1968.

WEINRICH, HARALD: *Tempus. Besprochene und erzählte Welt* (1964). Stuttgart (Sprache u. Literatur, 16) Kohlhammer, 1971; *Sprache in Texten*. Stuttgart, Klett, 1976; *Literatur für Leser*. Essays und Aufsätze z. Lit.-wiss. Stuttgart, Kohlhammer (Sprache u. Literatur, 68) 1971.

WELLEK, RENÉ: *The Mode of Existence of a Literary Work of Art*. The southern Review, Spring 1942; *Grundbegriffe der Literaturkritik*. Stuttgart (Sprache u. Literatur, 24) Kohlhammer, 1971; Wellek, R. u. Warren, Austin: *Theorie der Literatur*. Frankfurt a. M. (Athenäum Fischer TB, 2005) 1972.

Literaturverzeichnis

WILPERT, GERO VON: *Sachwörterbuch der Literatur.* (Kröners TA, 231) Stuttgart, ²1959; *Lexikon der Weltliteratur.* I: (Autoren), Kröner, ²1975; II: (Hauptwerke d. Weltliteratur) Ebd. ²1980.
WITTGENSTEIN, LUDWIG: *Tractatus logico-philosophicus.* Logisch-philos. Abhandlung. Frankfurt a. M. (edit. suhrkamp, 12) ⁷1969 (Orig. Oxford, 1959).
ZINGARELLI, NICOLA: *Vocabolario della Lingua italiana.* Bologna, N. Zanichelli, ⁵1965.
ŽMEGAČ, VIKTOR (Hg.): *Marxistische Literaturkritik* (Ars poetica: Texte u. Studien z. Dichtungslehre u. Dichtkunst. Texte, 7) Bad Homburg, Athenäum, 1970.

Verzeichnis der Abkürzungen

ASNSL	Archiv für das Studium der neueren Sprachen und Literaturen
CAIEF	Cahiers de l'Association Internationale des Etudes françaises
Coll.	Collection
DV	Deutsche Vierteljahrsschrift für Literaturwissenschaft und Geistesgeschichte
Ed.	Edition/Editeur
FAZ	Frankfurter Allgemeine Zeitung
FR	French Review
Fs.	Festschrift
GLM	(Signet des Verlegers, Typographen und Lyrikers) Guy Lévis Mano
GRM	Germanisch-Romanische Monatsschrift
Hb.	Handbuch
Hg.	Herausgeber
LiLi	Zeitschrift für Literaturwissenschaft und Linguistik
MS	Maschinenschrift
NRF/nrf	Nouvelle Revue Française
NS	Nouvelle Série/Neue Serie
PUF	Presses Universitaires de France
R	Reihe
RF	Romanische Forschungen
RHLF	Revue d'Histoire Littéraire de la France
RJb.	Romanistisches Jahrbuch
RR	Romanic Review
RTF	Radio Télévision Française
TA	Taschenausgabe
TB	Taschenbuch
TLS	Times Literary Supplement
TSF	Télégraphie sans fils
TWB	Taschenwörterbuch
UP	University Press
UTB	Uni-Taschenbuch
WB	Wörterbuch
WdF	Wege der Forschung
WR	Wissenschaftliche Reihe
ZFSL	Zeitschrift für französische Sprache und Literatur

Namenregister

I. Autoren, Gelehrte, Kritiker, Künstler

Abbo Parisiensis 242
Ades, D. 54, 138
Adorno, Th. W. 12, 338
Aischylos 201—202, 204
Alain 162, 163, 262, 330
Albert-Birot, P. 13, 82, 115, 139, 225, 248, 330
Albisola, T. de 71
Albouy, P. 64
Alcer, N. 44
Alemán, M. 54
Alexandrian, S. 138
Alfieri, V. 99
Alighieri, Dante 43, 186, 299
Alquié, F. 138
Ammer, K. L. 290
André-Carraz, D. 329
Andresen e. a. 17, 46, 201, 311, 342
Andrieu, J.-M. 285, 290
Angenot, M. 138, 176
Anonymus (TLS) 263, 265
Anouilh, J. 308, 310
Apollinaire, G. *24—26*, 34, 35, 43, 46, 78, 82, *113 f.*, 115, 120, 138, 140, 212, 221, 225, 229, 231, 241, 248, 274, 276, 277, 286, 289, 291, 302, 305, 310, 312, 330, 331, 340, 342
Apollonio, U. 11, 23, 24, 28, 54, 57, 79, 103, 138, 231
Aragon, L. 34, 39, 53, 55, 60, 139, 165, *179—189*, 197, 198, 206, 211, 215, 247, 250, 265, 266, 284, 292, 331
Archilochos 16
Archipenco, A. 53
Aristophanes 240
Arland, M. 335
Armand-Laroche, J. 329
Arnaud, N. 254, 263, 335

Arnold, A. J. 164
Aron, R. 15
Arp, H. (J.) 91 f., 241, 246, *256—261*, 263, 266 f., 331
Arrivé, M. 51, 253, 265
Artaud, A. 11, 21, 34, 56, 66, 82, 86, 114, 290, 292, 302, *314—329*, 331, 337
Athanasiou, G. 319
Audiberti, J. 66, 100, 331
Audoin, Ph. 209, 331, 335

Baatsch, H.-A. 210
Bachat, Ch. 265
Bachelard, G. 37, 139, 145, 288, 290, 338
Backhaus, I. 27
Baconsky, A. E. 11
Badoux, L. 265
Baehr, R. 338
Bailly, J.-Ch. 210
Bailly, R. 20, 338
Bal, M. 208
Balakian, A. 138
Ball, H. 241, 242, 249, 336
Ballo, G. 138
Bally, G. 262
Baron, J. 215, 265
Baron, Y. 341
Barzun, H. 241, 310
Bashô, M. 225
Bassenge, F. 340
Bataille, G. 338, 340
Baucomont, J. 242, 336
Baudelaire, Ch. 28, 38, 65, 66, 73, 105, 124, 159, 161, 163, 170, 187, 206, 215, 220, 222, 225, 229, 230, 231, 272, 273, 274, 279, 284, 328, 330, 340, 341, 342, 344

348

I. Autoren, Gelehrte, Kritiker, Künstler

Baumgart, H. 344
Baumgarth, Ch. 11, 57, 103, 138
Beaujour, M. 138
Becker, J. 127
Beckett, S. 43, 67
Bédouin, J.-L. 138, 141, 229, 336
Beebe, M. 170
Beethoven, L. van 275
Béhar, H. 83, 89, 90, 93, 245, 246, 263, 266, 335
Belaval, Y. 37, 38, 138, 265, 266, 334, 335, 338
Bellemin-Noël, J. 163
Benayoun, R. 232, 233, 334, 336
Benedikt, M. 263
Benjamin, W. 55, 57, 58, 138, 213, 335, 338
Benn, G. 42
Bergens, A. 265
Berger, P. Ch. 296, 300, 312
Berger, Y. 332
Bergman, P. 112, 138
Bergot, A. 265
Bergson, H. 59, 61, 77, 92, 112, 117, 338
Bernart de Ventadorn 236
Berne-Jouffroy, A. 152, 153, 154, 163
Bertaux, P. 263
Bertelé, R. 37, 243, 265, 292, 312, 333
Berthelot 305
Beucler, A. 130
Beutler, G. 232
Bill, M. 238, 262
Billy, A. 129, 141
Blanchot, M. 43, 48, 262, 312, 313, 328, 329, 338
Bloch, E. 119
Bloy, L. 253
Blüher, K. A. 176, 206
Blumenkranz-Onimus, N. 138
Boccaccio, G. 213
Boccioni, U. 53, 103
Bock, C. V. 170
Bocon-Scolzith, Y. 289
Bodart, R. 285, 290
Boethius 200

Bohrer, K.-H. 57, 138
Boileau-Despréaux, N. 99, 107
Boisdeffre, P. de 11, 338
Boisson, M. 312
Boiste, C. 19
Boiteau, P. 208
Bojardo, M. M. 46
Bollinger, H. 264
Bonin, W. v. 235, 265
Bonnefis, Ph. 337
Bonnefoy, Cl. 35 f., 51, 100, 336, 338
Bonnefoy, Y. 331, 336, 337
Bonnet, M. 138, 209
Bonneton, A. 329
Borderie, R. 331
Borel, J. 332, 333
Borras, Ll. 113
Bosquet, A. 11, 13, 14, 36, 141, 334, 335, 336
Bouchet, A. du 338
Bourbon-Busset, J. de 164
Bourin, A. 338
Bowie, M. 265
Bowra, C. M. 162, 163
Braak, J. 338
Bräkling-Gersuny, G. 312
Braque, G. 266
Brau, J.-L. 329
Bréchon, R. 138
Bremond, H. 21, 160, 163, 164, 169, 255
Breton, A. 11, 13, 23, 28, *29—33*, 34, 35, 39, 51, 53, 77, 79, 82, 86, *93—96*, 98, *115—120*, 131, 135 f., 138 f., 140 f., 165, 171, 175, 177, 180, *181—182*, 187, 189 f., *197—205*, 207, 209, 214, 215, *224—234*, 259, 265, 286, 292, 297, 299, 310, 312, 321, 329, 331, 335, 336, 338
Breughel, P. 285
Briant, Th. 49, 69, 114, 214, 215, 216, 217, 218, 220, 222, 264, 265
Brindeau, S. 339
Brjusov, V. 265
Brockhaus 207
Brooks, C. 223, 262

Brosse, J. 225, 332
Buchole, R. 312
Büchner, K. 17
Buhler, J. 289
Buonarroti, Michelangelo 43, 184 f., 316
Bürger, P. 12, 138, 339
Butor, M. 138, 331

Cadou, R. G. *97—99*, 103, 124, 140, 141, 331
Caillois, R. 138, 160 f., 205, 232, 262, 331, 336, 339
Camus, A. 332
Canetti, E. 48, 107, 136
Cangiullo, Fr. 240
Caradec, F. 255, 339
Caranucci, I. 113
Carmody, F. 333
Carrà, C. D. 53, 240
Carroll, L. 242, 250, 326
Carrouges, M. 116, 138
Cassou, J. 139
Caws, M. A. 139, 312, 337
Celan, P. 312, 332, 333
Céline, F. 66
Cendrars, Bl. 113, 208, 231, 241, 251, *268—288*, 289, 332, 337
Cervantes, M. de 218, 276
Césaire, A. 35, 165, *189—197*, 207 f., 332
Césaire, J. P. 207
Chagall, M. 277
Char, R. 11, 40, 41, 180, 215, 332, 338
Charbonnier, G. 329
Charles d'Orléans 300
Charpentreau, J. 345
Charpier/Seghers 15, 25, 26, 29, 35, 36, 37, 43, 66, 80, 139, 163, 173, 222, 250, 336
Chateaubriand, F.-R. de 178
Chazal, M. de 215, 225, 229
Chennevière, G. 332
Chlebnikow (s. Khlebnikow)
Chonez, C. 130, 141
Cicero 73, 109, 121

Clancier, G.-E. 11, 51, 100, 274, 290, 335, 339
Claudel, P. 35, 125, 231, 330, 332, 335, 343
Claudius, M. 242
Cléber, J.-P. 209, 339
Clouard, H. 11, 339
Cocteau, J. 23, 26, 28, 242 f., 301, 310, 332
Cohen, G. 163
Cohen, J. *94—96*, 339
Constant, B. 99
Coppée, Fr. 67
Corbière, Tr. 330
Corneille, P. 65
Cornell, K. 339
Cravan, A. *53 f.*, 332
Crémieux, B. 24
Crevel, R. 180
Croce, B. 24, 53
Cros, Ch. 250, 330
Cuisenier, A. 139, 332
Curi, F. 70
Curnier, P. 139, 209, 337
Curtay, J.-P. 13, 245, 264, 328
Curtius, E. R. 43, 162, 163, 273, 339

Daniel-Rops 310
D'Annunzio, G. 106
Dante (s. Alighieri)
Darío, R. 21, 237, 272
Datheil, R. 264
Daus, R. 217
Davis, H. S. L. 312
Debussy, Cl. 271, 272
Décaudin, M. 11, 25, 114, 331, 333, 339
Decaunes, L. 266
Decker, H. W. 164
Decour, J. 188
Degliame-Fouché 205
Deguy, M. 36, 266, 334
Delaunay, R. 139, 241, 255, 271, 289
Delaunay, S. (Terk) 241, 289
Delbouille, P. 337
Delétang-Tardif, Y. 252

350

I. Autoren, Gelehrte, Kritiker, Künstler

Delvaille, B. 54, 310, 336
Dencker, K. P. 24, 339
Depero, F. 114, 240, 241
Dequeker, J. 329
Derain, A. 89
Dermée, P. 26
Derrida, J. 329
Descartes, R. 45, 132 f., 148
Desnos, R. 37, 139, 215, 227, 265, *292—311*, 332
Diderot, D. 64, 155
Díez del Corral, L. 312
Dillaz, S. 205
Divoire, F. 305, 310
Doehl, R. 266
Domin, H. 210
Dort, B. 290
Dos Passos, J. 289
Doucet, J. 89, 246
Drost, W. 231
Drouot 310
Duchamp, M. 53, 103, 139, 209, 227, 332
Duchemin, J. 209
Duchesne-Guillemin, J. 163
Dujardin, E. 81
Dumas, M.-Cl. 312
Dumay, R. 289
Dupin, J. 338
Duplessis, Y. 139
Dupuis, J.-F. 339
Dupuy, H.-J. 141
Durozoi, G. 139, 329

Ehrenfels, W. 139
Eigeldinger, M. 140, 205, 206, 209, 262, 339
Eigen, M. 214
Eimermacher, K. 342
Eliot, T. S. 335
Eluard, P. 11, *29—33*, 66, 98, 139, 165, *169—179*, 180, 182, 206, 215, 221, 223, 227, 228, 233, 264, 265, 292, 330, 332, 338 f.
Eluard/Péret 227, 334
Elwert, W. Th. 339
Emmanuel, P. 206, 310

Engler, W. 49, 65, 176, 206, 265, 339
Enzensberger, Ch. 205
Enzensberger, H.-M. 14, 57, 62 f., 139, 166, 170, 339
Ernst, M. 337
Esch, M. 290
Etiemble, R. 207, 262, 331, 339
Euripides 303
Exner, R. 332

Fabre, L. 159, 163
Fargue, L. P. 36, 60, 66, *130—132*, 136, 139, 141, 215, 250, 252, 332
Farner, K. 340
Fauchereau, S. 263
Faure, E. 213
Faust, W. M. 262
Flaubert, G. 42, 43, 65, 92, 275
Flora, F. 99, 222, 232
Follain, J. 330
Fontanier, P. 340
Forchhammer, J. 256
Formont, M. 21
Forster, L. 263
Fouchet, M.-P. 284
Fourier, Ch. 225, 331
Francastel, P. 139
Frank, A. P. 15
Frauenrath, M. 19, 341
Frenzel, E. 164, 201, 311, 340
Freud, S. 140, 152, 153, 158, 164, 198, 205
Friedrich, H. 12, 13, 43, 64, 67, 76, 100, 155, 156, 161, 162, 170, 214, 223, 337, 340
Fritsch, R. 63
Fry, E. 11, 103, 139, 319
Fuchs, H.-J. 266
Fuhrmann, M. 209
Fumagalli, G. 15, 340

Gadamer, H. G. 43, 212, 262, 340
Gallissaires, P. 339
Ganzo, R. 214, 265, 312
Garnier, P. (u. J.) 13, 42, 117, 244, 264, 328, 340
Garret, N. 208

Gautier, Th. 170, 212, 258
Gayot, P. 266
Gélin, D. 173, 336
Genette, G. 340
George, St. 242
Germain, A. 164
Gershman, H. S. 139
Ghelev, J. 164
Ghil, R. *237 f., 244 f.*, 265
Ghyka, M. C. 67
Gide, A. 21, 28, 50, 259, 310
Giedion-Welcker, C. 176, 265, 266
Giraud, J. 340
Giusti, V. 231
Glässer, E. 139
Glauser, A. 164
Glissant, E. 207, 208
Goebel, G. 100, 167, 227, 262, 263, 308, 340
Goethe, J. W. v. 42, 220, 316 f.
Goffin, R. 231, 289, 340
Gössmann, W. 264
Goldfayn, G. 230
Goll, Cl. 332
Goll, Y. (I.) *120 f., 301 f.*, 310, 332
Gómez de la Serna, R. 217
Gomringer, E. 13, 264
Gorceix, P. 290
Gourmont, R. de 92, 214, 265
Goya, Fr. 199
Gracián, B. 108, 231
Gracq, J. 139, 171
Greene, R. W. 266
Greimas, A. J. 340
Grimm, J. 164, 264
Grimm, R. 340
Groethuysen, B. 335
Grosjean, J. 332
Grübel, R. 342
Guardini, R. 212, 262
Guberina, P. 207
Guégan, B. 111
Guéhenno, J. 208
Guého, R. 141
Guibat, F. 336
Guillevic, E. 67, 333, 338
Guiney, M. 266
Günther, W. 164

Gunzenhäuser, R. 340
Gutzen, D. 290, 336
Guyard, M.-R. 206

Haas, D. 81
Haftmann, W. 264
Hagen, F. 176, 206
Hagenbach, M. 266
Hahn, O. 329
Haldas, G. 141, 266
Hamsun, K. 116
Handke, P. 54
Hanse, J. 290
Hardt, M. 340
Hartung, H. 11, 127 f., 340
Harris, G. T. 129
Hatzfeld, H. 15, 140, 166
Hausmann, R. 239, 244, 263
Hegel, G. W. F. 16, 18, 40, 93, 181, 340
Heidegger, M. 41, 47, 341
Heidemann, I. 262
Heine, H. 42
Heissenbüttel, H. 71, 264
Hempel, W. 141
Henniger, G. 51, 328, 331, 334
Henry, A. 139
Heredia, J. M. de 65
Hesiod 203
Hess, R. 19, 341
Heyck, E. 336
Heydenreich, T. 211, 265, 322
Hildegard von Bingen 242
Hinderer, W. 190
Hinterhäuser, H. 25, 51, 117, 206, 207, 264, 265, 266, 337
Hirdt, W. 280, 289
Hofmannsthal, H. v. 64, 335
Hofstätter, H. H. 11
Höhnisch, E. 81
Hölderlin, Fr. 210
Holdheim, W. W. 15, 341
Höllerer, W. 66, 163, 233, 336, 344
Hölz, K. 266, 341
Holz, A. 85, 227
Homer 16, 46, 240
Honegger, A. 306
Horaz 36, 93, 258, 292

I. Autoren, Gelehrte, Kritiker, Künstler

Hort, J. 329
Houdebine, J.-L. 139
Housman, L. 301
Houssaye, A. 272
Howald, E. 164
Huarte, J. 108, 231
Hübner, J. 332
Hugnet, G. 54, 227, 244, 247, 249, 257, 263, 312
Hugo, Val. 118
Hugo, Vict. 19 f., 26, 27, 35, 42, 47, 63 f., 65, 69, 117, 120, 164, 188, 212, 230 f., 244, 249, 250, 268, 284, 305, 330, 340, 341, 345
Huizinga, J. 211, 228, 262
Hülsenbeck, R. 93, 241, 242, 261, 263, 267
Hurd, R. 65
Hytier, J. 158, 163

Ihwe, J. 341
Iliazd 244 f.
Ingres, J. 258, 260
Ionesco, E. 67, 341
Isou, J. 245, 264
Izambard, G. 26

Jaccottet, Ph. 338
Jacob, M. 36, 37, *128—130*, 136, 139, 141, 215, 333
Jahn, Jh. 190, 191, 207, 208, 335, 336
Jakobson, R. 70, 88, 237, 243, 244, 245, 262, 322, 341
James, W. 81
Janco, M. 91, 241, 242, 246, 264
Jarry, A. 10, 25, 38, 50 f., 67, 70, 98, 210, 249, 250, *253 f.*, 265, 274, 290, 330, 333, 340
Jaujard, F. X. 332
Jauss-Meyer, H. 345
Jean, M. 257, 260 f., 266, 341
Joly-Segalen, A. 264
Joski, D. 329
Joubert, J. 44
Jouffroy, A. 69, 118, 207, 209, 214, 215, 217, 218, 220, 221, 222, 264, 265, 331, 333, 341

Jouve, P. J. 310, 333
Jucker-Wehrli 176, 206
Juin, H. 266, 334, 335
Jüttner, S. 208

Kafka, Fr. 233
Kahn, G. 70
Kahnweiler, D.-H. 319
Kallmeyer, W. 265
Kamber, G. 129, 139
Kandinsky, W. *238 f.*, 244, 255, 262
Kant, I. 155, 211
Kapralik, E. 329
Kassel, R. 242, 262
Kassner, R. 164
Kayser, W. 230
Kemp, F. 207, 333, 335
Kessler, D. 264
Kesteloot, L. 196, 208
Khlebnikow, V. V. (= Chlebnikov) 239, 243, 244, 245, 250
Kikakou, E. 225
Killy, W. 227, 256, 290
Kind, M. 207
Klaffke, Cl. 191, 208
Klemperer, V. 11, 68, 69, 158, 160, 164, 227, 336, 341
Kloepfer, R. 341
Klossowski, P. 157
Klünner, L. 332
Knodel, A. 139
Köhler, E. 163, 175, 206, 306, 337, 344
Kokoschka, O. 301
Křenek, E. 301
Kommerell, M. 43
Kranz, G. 106, 336
Kraus, W. 201
Krebs, F. J. 341
Kreuzer, H. 340
Kuhn, R. 81
Küper, Ch. 341
Kushner, E. 305, 310, 312

Laborie, P. 312
Lacôte, R. 141, 266
Laffont-Bompiani 91, 209, 225, 260, 309, 341
La Fontaine, J. 176

353

Namenregister

Laforgue, J. 52, 333
Lalou, R. 66, 341
Lamartine, A. de 19, 20, 43, 330
Lambert, J.-Cl. 336
Landmann, M. 164
Lanfranchi, G. 164
Lange, W.-D. 117, 175, 206, 264, 342
Lanson, G. 19
Larbaud, V. 100, 284, 330, 335
La Rochefoucauld, E. de 130, 139, 252
Larousse 19, 20, 32, 258, 260, 323, 342
Latour, J. de 142
Lausberg, H. 43, 80, 259, 279, 342
Lautréamont (Ducasse, I.) 30, 66, 74, 171, 229, 299, 330
Lavey, J.-Cl. 289
Lawler, J. R. 163
Léautaud, P. 68, 245, 290, 337
Lebel, R. 103, 139
Lebois, A. 330
Leblond, M. A. 107
Le Cardonnel, L. 310
Le Cherbonnier, B. 139, 207
Le Clézio, J. M. G. 44
Leconte de Lisle, Ch.-M.-R. 65, 244
Lefèvre, F. 163
Léger, F. 103
Legrand, G. 331
Leibniz, G. W. 44
Leiner, J. 208
Leiris, M. 215, 265, 333
Le Lionnais, Fr. 254
Lemaître, G. 11, 342
Lemaître, H. 342
Lemaître, M. 264
Lenk, E. 209
Leonardo da Vinci 163
Leonhard, K. 333
Leopardi, G. 73, 99, 185, 222, 232
Leube, E. 140, 141, 221
Lévesque, J.-H. 51, 67, 265, 275, 289
Lévi-Strauss, Cl. 341
Lexikon der Alten Welt (s. Andresen)

Liede, A. 12, 92, 93, 212, 213, 232, 242, 245, 261, 262, 266, 342
Lista, G. 22, 23, 24, 52, 53, 54, 55, 57, 70, 71, 72, 76, 79, 80, 81, 82, 103, 106, 107, 108, 109, 114, 125, 128, 139, 141, 224, 231, 240, 241, 333
Littré, E. 17, 18, 19, 20, 51, 177, 222, 342
Loechler, F. 328
Lo Gatto, E. 243, 244
Lorenz, E. 160, 163, 237
Lotman, J. M. 342
Louÿs, P. 303
Lucile, T. 336
Lukács, G. 62, 340
Lunel-Milhaud 301
Lustig, Ch. 258

Macé, G. 101, 264
Mackworth, C. 276, 342
Maeterlinck, M. 10, 70, 72, 101, 105, 214, 217, 229, 231, 238 f., 268, 277 f., *284—288*, 290, 333
Magny, O. de 266, 334
Majakowski, W. 94
Malet, M. W. 266
Mallarmé, St. 17, 24, 43, 65, 66 f., 70, 73, 76, 80, 81, 82, 85, 87, 93, 95, 100, 110 f., 115, 125, 133, 147, 155, 156, 160, 163, 165, 169, 194, 210, 211, 212, 214, 215, 220, 222, 225, 231, 237, 238, 248, 249, 255, 256, 263, 265, 271, 308, 309, 310, 319, 330, 340, 343
Malraux, A. 129, 199, 335
Mann, H. 205
Mann, Th. 153
Manoll, M. 141, 266, 289
Marco Polo 275
Marcus, S. 342
Marcuse, H. 152 f., 164, 209, 313, 342
Maria, F. de 113
Marinetti, F. T. 11, 12, 13, *22—24*, 25, 33, 34, *52—58*, 67, *70—82*, 83, 84, 85, 86, 87, 88, 93, 94, 96,

354

I. Autoren, Gelehrte, Kritiker, Künstler

100, *103—114*, 117, 118, 121, 124, 125, 126, 127, 128, 135, 136, 139, 141, 171, 224, 231, 234, 240, 284, 333
Maritain, J. 159, 160 f.
Marottoli, V. J. 115, 139
Martini, F. 266
Marx, K. 150, 173
Massin 262
Masson, A. 189, 207
Matisse, H. 89
Matoré, G. 290
Mattheus, B. 329
Matthews, J. H. 139
Matsuo, K. 225
Maublanc, R. 332
Maurer, K. 163, 209, 342
Mauriac, Cl. 162, 329
Maurras, Ch. 310
Mautner, F.-H. 74, 262, 342
Mayo, C. 108
Mehnert, K. H. 108, 231
Mercier, R. 208
Meter, H. 114, 140
Metken, G. 140, 336
Meyer-Minnemann, K. 265
Mezel, A. 341
Michaux, H. 40, *121—125*, 128, 136, 243, 250, 265, 333, 337, 340
Michel, P. 163
Michelangelo (s. Buonarroti)
Miomandre, Fr. de 27, 265
Mitchell, B. 11, 107, 167, 337
Mitlacher, H. 164
Mittelstaedt, H. 339
Moisan, Cl. 164
Moland, L. 251
Molière 233
Mon, F. 13, 71, 244, 264
Moncelet, Ch. 140
Monnerot, J. 342
Montaigne, M. de 66
Monval, J. 67
Morand, P. 100, 108, 289, 333
Morasso, M. 112 f., 136
Moreau, P. 164
Morgenstern, Ch. 243, 250

Morier, H. 43, 80, 109, 223, 225, 244, 252, 255, 256, 259, 274, 279, 287, 315, 342
Morise, M. 215, 265
Mossop, D. J. 164
Mounin, G. 14, 18, 342
Mühlher, R. 164
Müller, B. 38, 42, 43, 44, 328, 342
Murat, N. 265
Murciaux, Ch. 140
Moussorgski, M. P. 277
Myers 140, 205

Nadeau, M. 175, 179, 180, 181, 182, 198, 205, 206, 207, 227, 228, 297, 312, 342
N'Debeka 208
Nerval, G. de 170, 310, 333, 340
Neske, F. + J. 262
Neumeister, S. 343
Newton, I. 44
Nietzsche, Fr. 16, 19, 37, 42, 57, 58, 94, 125, 236, 262
Nodier, Ch. 252
Noguères, H. 205
Nostradamus, M. 91
Nouveau, G. 171, 330
Novalis 64, 65, 310

Oldenburg, Cl. 258
Olles, H. e. a. 257, 261
Onimus, J. 206
Oomen, U. 341
Oppeln-Bronikowski, F. v. 290
Oster, P. e. a. 19, 20, 337, 343
Ovid 46, 145, 201, 300, 303, 304, 306

Pabst, W. 17, 18, 23, 24, 27, 28, 30, 46, 48, 50, 51, 54, 56, 64, 75, 77, 78, 91, 99, 101, 114, 140, 151, 163, 187, 191, 205, 206, 208, 211, 212, 217, 223, 227, 237, 239, 241, 259, 265, 266, 271, 276, 285, 290 f., 308, 320, 326, 339, 343
Palladio, A. 184
Palleske, S. O. 290

Pamart, P. 340
Pantanella, R. 206
Papini, G. 53, 112, 185
Parain, B. 43
Parinaud, A. 29
Paris, J. 291, 337
Parisot, H. 122, 250, 253, 337
Parrot, L. 206, 275, 289
Pastor, E. 263
Patri, A. 208
Paulhan, J. *58 f.*, 92, 140, 343
Pausanias 302
Payne, R. M. 289
Paz, O. 334
Péguy, Ch. 330
Peignot, J. 111, 262, 329, 343
Péladan 305
Pelleau, P. T. 265
Perche, L. 51, 206, 265
Péret, B. 30, 180, 205, 215, 225, 228, 232, 233, 265, 292, *333 f.*, 336, 337
Perrelet, O. 310
Petit, J. 332
Petrarca, Fr. 184, 189, 300
Petriconi, H. 125, 343
Petronio, A. 239
Pfau, U. R. 141
Pia, P. 333
Picabia, F. 53, 54
Picasso, P. 34, 53, 60, 89, 266
Picon, G. 11, 40 f., 182 f., 343
Piérard, L. 290
Pierre, J. 30, 140, 227, 332, 344
Pieyre de Mandiargues, A. 215, 250, 264, 331
Pinon, R. 336
Pinthus, K. 337
Platon 135, 137, 166, 213, 331
Plessner, H. 12
Poe, E. A. 42, 43, 65, 66, 70, 159, 160, 169, 171, 212, 220, 222, 330
Pohl, R. J. A. 312
Poiret, P. 167
Pollmann, L. 344
Pommier, J. 145
Ponge, Fr. 40, 43, 215, *249 f.*, 334, 336, 337, 338, 344

Pope, A. 65
Roucel, V. 160
Poulet, G. 206
Poupon, M. 289
Prével, J. 329
Prévert, J. 211, 233, 258, 334
Prosenc, M. 263
Purnal, R. 309, 329
Puschkin, A. 237

Queneau, R. 38, 43, *130 f.*, 225, 250, 262, 266, 334, 344

Rabelais, Fr. 213, 252
Rahn, R. 167
Raible, W. 25, 43, 51, 162, 176, 212, 234, 235, 266, 344
Raillard, G. 207, 262
Ranke-Graves, R. v. 344
Rapoport, A. 214
Rasmussen, D. 205
Rauhut, Fr. 163, 176, 337
Raymond, M. 164, 205, 344
Redon, O. 285
Redslob, E. 316
Rehm, W. 313
Reichel, E. 207
Remacle, M. 337
Remy, P.-J. 335
Reverdy, P. 15, 33 f., 74 f., 121, 139, 223, 225, *234—236*, 265 f., 286, 321, 334, 338, 344
Reyes, A. 263, 322
Ribemond-Dessaignes, R. 54, 263, 334
Richard, J.-P. 338
Richter, H. 11, 244, 257, 263
Richthofen, E. v. 164
Ricoeur, P. 344
Rictus, J. (G. Randon de Saint-Amand) 252 f.
Rieger, D. 206
Riffaterre, M. 264
Rigaud, J. 54, 332
Riha, K. 12, 263
Rilke, R. M. *46 f.*, 153, 290, 301, 334

I. Autoren, Gelehrte, Kritiker, Künstler

Rimbaud, A. 26, 38, 43, 48, 49, 73, 96, 125, 159, 161, 165, 222, 231, 237, 250, 274, 290, 312, 325, 330, 339, 340, 341, 343
Rimsky-Korsakov, N. A. 272
Rittler, Fr. 12
Riverain, J. 340
Rivière, J. *317—321*, 326, 328
Robert, P. 18, 19, 177, 344
Robin, A. 264
Robin, M. 113
Robin, P. 205
Robinet, A. 112, 338
Robinson, J. 147
Rodenbach, G. 276, 282
Roger-Ducasse 301
Rognoni, A. 34
Rolland, R. 153
Rolland de Renéville, A. 140, 221, 264
Romains, J. 16 f., 78, *101 f.*, 105, 113, 131, 139, *187—189*, 332, 334
Rombaud, M. 337
Ronsard, P. de 188
Rothmund, A. 289
Roubaud, J. 334, 340
Roudaut, J. 291
Rougemont, D. de 20
Roulet, Cl. 166
Rousseau, H. (le Douanier) 276 f.
Rousseau, J.-J. *155 f.*, 229, 230
Rousselot, J. 11, 38, 45, 205, 239, 240, 243, 266, 289, 334, 338, 344
Rouveyre, A. 114
Rovini, R. 92
Roy, Cl. 333, 334
Royère, J. 237
Rüdiger, H. 290, 336, 341
Russolo, L. 24, 140, 240, 241

Sachs-Villatte 17, 344
Sade, marquis de 171
Sadoul, G. 180
Saillet, M. 266
Sainte-Beuve, Ch.-A. de 19 f., 65, 170, 212, 330
Saint-Georges de Bouhélier 107

Saint-John Perse (A. Saint-Léger Léger) 26, 35, 49 f., 82, *125—128*, 130, 136, 138, 139, 140, 141, 221, 252, 284, 330, 334, 336, 338
Saint-Pol-Roux 10, 49, 53, *68—70*, 73, 100, 103, 113, *214—223*, 229, 231, 264 f., 284, 305, 335
Saint-Simon, Cl.-H. de Rouvroy 170
Salmon, A. 333
Salomon 225
Sanguineti, E. 112 f., 140, 334, 344
Sanouillet, M. 264, 332
Sarraute, N. 162
Sartre, J.-P. 40, 43, 47, 59, *60—62*, 70, 168 f., 191, 205, 207, 208, 210, 211, 212, 337, 344
Satie, E. 250
Schalk, F. 145, 262
Scheerer, Th. M. 209
Schéhadé, L. 338
Scherner-van Ortmerssen, G. 236
Scheuerl, H. 263
Schifferli, P. 93, 266, 267
Schiller, Fr. v. 213, 303
Schilling, S./Goebel, G. 227, 263
Schlaf, J. 290
Schlechta, K. 16, 58, 262
Schlegel, A. W. 306
Schlegel, Fr. 93
Schmeling, M. 263
Schmidt, A.-M. 263
Schmidt, G. 163
Schmitt, O. 313
Schnitzer, L. 244
Schöne, A. 206
Schrader, A. 26, 128, 140, 215, 221, 306, 344
Schubert, Fr. 175
Schulte, H. 233, 263
Schulz-Jander, E.-M. 337
Schunck, P. 345
Schuré, E. 305
Schuster, J. 208
Schwerin, Ch. 332
Schwob, M. 92
Sckommodau, H. 306
Sebeok, Th. A. 341, 345

357

Ségalat, R.-J. 206
Ségalen, V. A. D. 264, 284, 310, 335
Seghers, P. 45, 48, 188, 206, 336, 337
Segonzac (A. Dunoyer de) 53
Séguret, F. 253
Sehring, L. 290
Sellin, E. 208
Senghor, L. S. 67, 191, 208, 335, 337
Serner, W. 241
Sewell, E. 313
Shakespeare, W. 184, 191, 220, 299
Shelley, P. B. 306
Siebenmann, G. 19, 341
Simmias von Rhodos 111
Simon, P.-H. 345
Simonis, F. 345
Sitwell, E. 255
Soffici, A. 53
Solomon, J. 188
Sommeville, L. 140
Sontag, S. 329
Souday, P. 305
Soupault, Ph. 13, 23, 29, 53, 86, 116, 131, 141, 171, 259, 292, 331, 335, 336
Souza, R. de 21, 164
Spies, W. 121, 183, 345
Spinoza, B. de 15, 45
Spitzer, L. 338, 345
Sponde, J. de 263
Stackelberg, J. v. 337
Staël, G. de 99
Staiger, E. 236, 345
Stanzel, F. 81
Starobinski, J. 140, 205, 333
Staub, H. 206
Steiner, G. 44 f., 46, 73, 345
Steinilber-Oberlin, E. 225
Steinwachs, G. 140
Steland, D. 340
Stelluti, F. 108
Stempel, W.-D. 345
Stewart, W. 313
Stierle, K.-H. 209
Stillers, R. 313
Strasser, R. A. 332

Strozzi, G. 184 f.
Supervielle, J. 80, 310, 335
Swedenborg, E. v. 225

Tagore, R. 50
Taine, H. 69
Tardieu, J. 335
Tasso, T. 184
Taylor, S. W. 254
Terk, S. (s. Delaunay)
Terrasse, Cl. 51
Tesauro, E. 231
Theile, W. 244, 265
Thévenin, P. 322 f., 329
Thibaudet, A. 81, 159, 163, 345
Thiessing-Speckert 176
Thomas von Aquin 184
Thomas, H. 252, 332
Thomas, L.-V. 208
Thompson, P. S. 329
Tiedemann, R. v. 290
Tomlinson, Ch. 334
Torre, G. de 345
Tournadre, Cl. 140
Trabant, J. 345
Trakl, G. 42
Treitschke, H. v. 55
Trotzki, L. 108, 175, 197, 198
Trousson, R. 209
t'Serstevens, A. 289
Turner, W. 100
Tzara, Tr. 11, 23, *27 f.*, 43, *82—93*, 115, 127, 139, 141, 208, 228, 241, 242, *245 f.*, 261, 263, 266, 267, 321, 335, 336, 337

Ueding, G. 193
Uhlig, H. 332
Usinger, F. 256 f., 260, 267

Vaché, J. 28, 51, 54, 332
Valerius Maximus 277
Valéry, P. *29—33*, 43, 45, 66, 67, *132—137, 142—164*, 167 f., 169 f., 211, 212, *303—309*, 310, 313, 326, 330
van Bever, A. 68, 245, 290, 337
van Gogh, V. 302, 328, 329

van Lerberghe, Ch. 285, 290
van Lier, H. 291
van Tieghem, Ph. 117, 345
Vélez de Guevara, L. 54
Vergil 162, 303
Verhaeren, E. 38, 68
Verkauf, W. 242, 244, 257, 264
Verlaine, P. 21, 30, 142, 230, 236, 271, 330
Verne, J. 275
Vernier, R. 206
Vernillat, F. 345
Vian, B. 254, 335
Vigée, Cl. 206
Vigier, J.-L. 205
Vigny, A. de 65, 69, 99 f., 129, 170, 212, 330
Villiers de l'Isle-Adam, A. de 72
Villon, Fr. 251, 255, 300, 337
Vilmorin, L. de 335
Vinge, L. 164
Vircondelet, A. 337
Vitrac, R. 215, 265
Vivier, R. 290
Voltaire, 74 f., 241, 244, 257
Vordtriede, W. 65

Wagner, R. 69, 79, 237, 239, 245
Wahl, J. 291
Wais, K. 65, 139, 163, 209, 338
Waldberg, P. 11, 140
Walker, K. L. 196

Waltere, A. 289
Warren, A. 345
Warton, J. 65
Weidlé, W. 62
Weill, K. 301
Weinberg, K. 156, 163, 209, 263, 326
Weinrich, H. 263, 336, 345
Wellek, R. 345
Wellwarth, G. H. 263
Whitman, W. 27, 38
Wilhelm, J.-P. 332
Wilpert, G. v. 18, 170, 236, 309, 346
Winkler, R. 214
Wirpsza, W. 264
Wittgenstein, L. 211, 346
Wolf, H. 277
Wunderli, P. 163

Ximénes Doudan 19

Yourcenar, M. 208, 310

Zeltner-Neukomm, G. 344
Ziegler, K. 313
Zimmer, H. 233
Zingarelli, N. 28, 185, 346
Žmegač, V. 346
Zola, E. 100, 165
Zweig, St. 68

II. Mythische und historische Namen

Agamemnon 303
Amati 184
Amphion 292, 305 f.
Antigone 308
Antiope 305
Archimedes 276 f.
Argos 202, 204
Atropos 200

Bacchus 311
Badoglio, P. 183, 185
Bellerophon 46

Chimaira 46
Christus 129, 216, 272, 311

Danaë 145 f.
David 216
Demeny, P. 26, 159, 165
Deukalion 195
Dreyfus, A. 165

Eros u. Thanatos 152
Eulalia 272
Eupalinos 305 f.

Namenregister

Franz von Assisi 184

Gaia 203 f.
Gentile, G. 55
Gorgo Medusa 46, 51
Gramsci, A. 185
Guarneri 184
Guise, Duc de 232

Hammarskjöld, D. 194
Helikon 46
Hera 201 f.
Herakles 202 f., 204
Hermes 202, 305
Herostratos 279
Hippokrene 46

Iapetos 203
Ikaros 108, 115
Io 201—204
Iphigenie 303
Israel 216

Jeanne d'Arc 272

Kasavubu, J. 192
Kratylos 137
Kouropatkin, A. 277

Lenin 280
Lorenzo de' Medici 184 f.
Lumumba, P. 192—196, 207
Lykaon 194—196

Magdalena 216, 272
Mänaden 311
Maria 216
Marsyas 45, 49
Mobutu, J. 192, 196
Matteotti, G. 185

Maximilian, Kaiser v. Mexico 276
Momos 323
Moses 64, 68
Mussolini, B. 55, 107, 183

Narkissos, Narziss 142—164, 313
Nike 75, 106, 113
Nimrod 46

Ödipus 232
Orpheus 45, 49, 152, 164,
  292—311 (u. Eurydike 300),
  312 f.

Pandora 203 f.
Pegasos 46, 51, 92, 103 f.
Perseus 46
Phaëton 108
Plechanow, G. V. 280
Politzer, M. 188
Pompidou, G. 121, 170
Porpora, N. 184
Prometheus 152, 201 f., 203 f., 209

Sabatier, Mme 232
Sibyllen 311
Sokrates 137
Sphinx 232
Stradivari 184

Tantalos 45
Thamyris 45, 49
Tiresias 45, 50
Toulouse 318

Ucello, P. 184

Victor Emmanuel III. 183

Zethos 305
Zeus 46, 145, 195—204